心の進化を解明する

バクテリアからバッハへ

From Bacteria to Bach and Back: The Evolution of Minds

Daniel C. Dennett
ダニエル・C・デネット
木島泰三 訳

青土社

図 3-3　オーストラリアの蟻塚　©Phiona Stewart 撮影 .

図 3-4　ガウディ、サグラダ・ファミリア　© Diariodiviaggio.org.

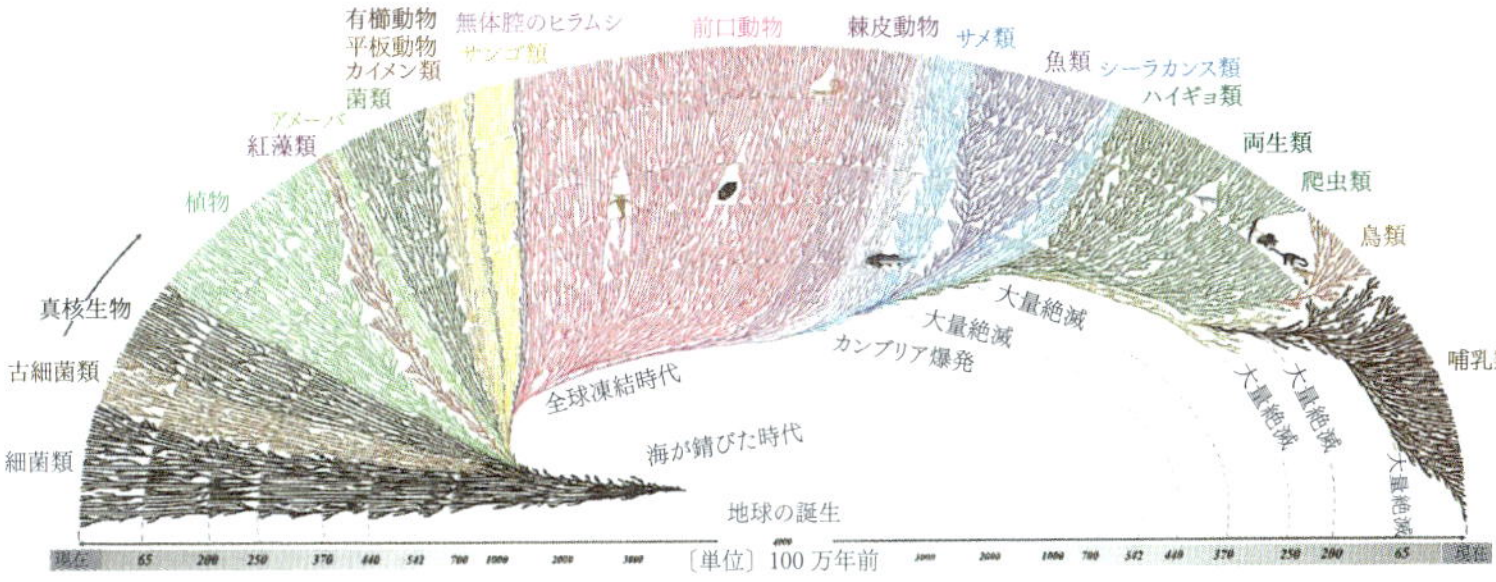

この図では、現存する生物については主要な枝のすべてと、一部のマイナーな枝を示してあるが、絶滅した生物については
ごく少数のみ示してある。例：恐竜類——絶滅

図 9-1　大いなる生命の樹〔系統樹〕　© Leonard Eisenberg.

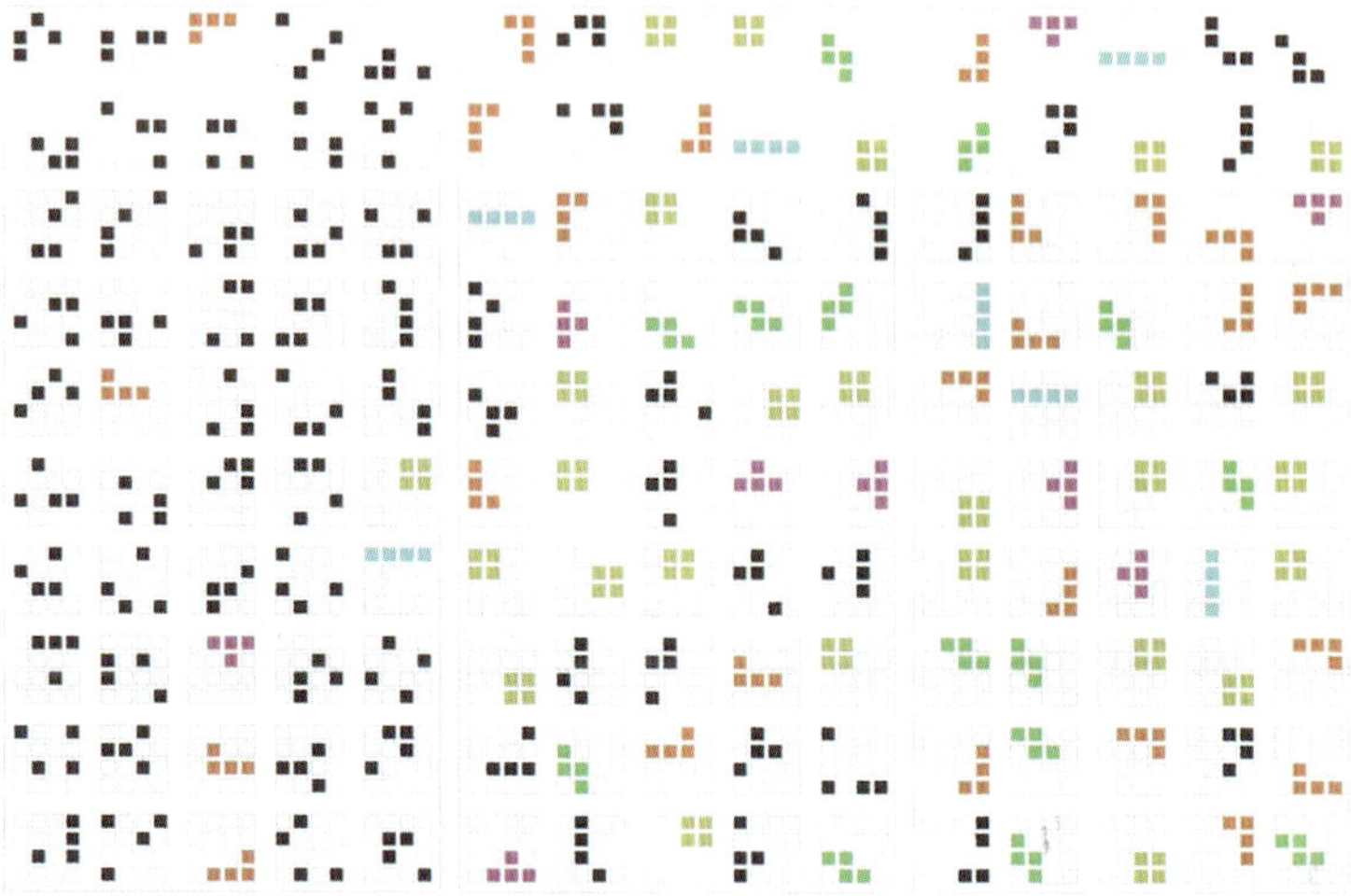

図 12-1　クレードルらの研究より、ランダムなパターンから記憶の容易なテトロミノへの進化　© Nicolas Claidèire.

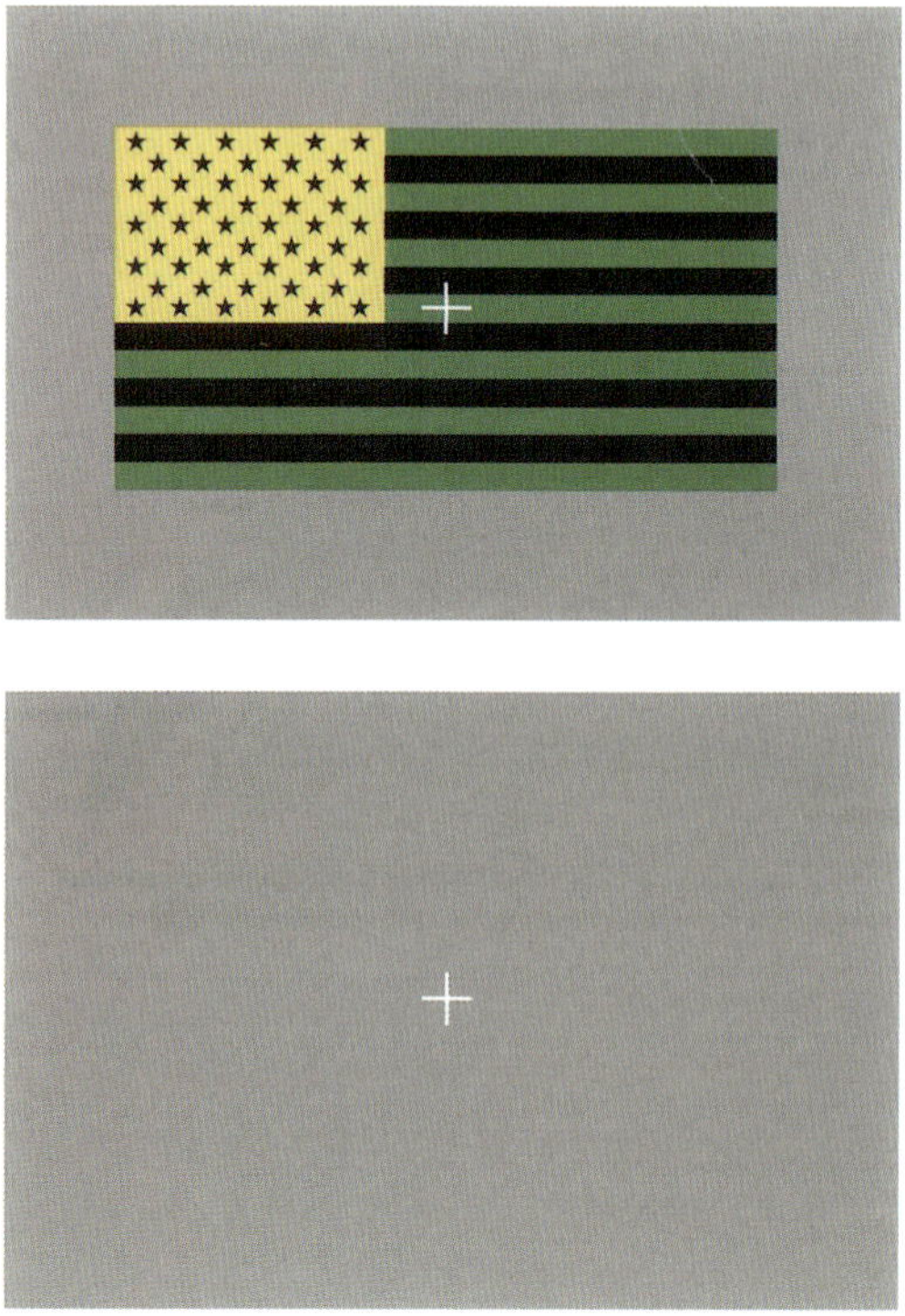

図 14-1　補色残像
まず上のパネル内の白い十字マークをおよそ 10 秒間凝視しよう。次に下のパネル内の白い十字マークに視線を切り換えよう。

心の進化を解明する　目次

第11章　ミーム概念の難点――反論と答弁　337

第12章　言語の諸起源　377

第13章　文化進化の進化　427

第III部——私たちの精神を裏返す

心の進化を解明する

バクテリアからバッハへ

ブランドン、サミュエル、アドゲイル、アリアへ

はじめに

私が人間の心の進化について真剣に考えてみようとし始めたのは一九六三年、オックスフォード大の大学院生時代で、そのときは進化についても人間の心についてもほとんど何も知らなかった。当時、哲学者には科学についての知識は期待されておらず、心の哲学[1]の専門家の最も傑出した人々ですら、心理学、神経解剖学、神経生理学といった分野の研究（「認知科学」や「神経科学」といった用語が発明されるのはそれから一〇年以上後のことである）には総じて無知であった。一九五六年にジョン・マッカーシーが〈人工知能〉[Artificial Intelligence]と名付けた計画は生まれたばかりで、注目を引きつつあったが、ほとんどの哲学者はコンピューターという機械――技術者によって空調の効いた牢獄に保護され、謎めいたうなりを発している機械――に、手を触れたことすらなかった。だから当時は、まったく何の専門知識も身につけていない私のような素人が、上述のすべての分野の教育を受けるには、これ以上ないほど適切なタイミングであった。しかもこういった科学者たちにとって、自分が現在取り組んでいる研究に適切な質問をしてくる哲学者というのは、（君たちは原理的に不可能な計画に取り組んでいるのだ、なぜなら云々、とその理由を説明してくる哲学者とは違って）非常に新鮮で目新しい存在であったらしく、これらの分野の草分けの中でもとびきり優秀な指導的研究者たちが、私を招き入れ、内容豊富な個人指導を与え、真面目に受け入れるべき人物や文献に関する警告を与えてくれて、それでいて私の素朴な誤解に関しては、同じ分野の研究者や大学院生に対するよりもずっと寛大な態度をとり続けてくれたのであった。

現在では、認知科学、神経科学、コンピューター科学の堅実な学際的素養を身につけた何十、何百という若い哲学者たちがいて、その分野で、かつての私をはるかにしのぐ水準に達しているという正当な評価を受けている。彼らのうちの何人かは私の教え子であり、中には教え子の教え子すらいる。それ以外に、私と同世代の、この難易度の高い領域へ（多くは私以上の素養を身につけた上で）飛び込んでいった哲学者もいる。彼らにはそれぞれ、この最先端の分野で研究を前進させた、抜群に優れた数多くの教え子がいて、その中には学際的な哲学者として活躍する人々もいるし、自分の研究室で、哲学の素養を身につけた科学者として活躍する人々もいる。彼らは専門家であり、私はというと依然として素人、ただし今では情報に精通するに至った素人であって、講演者として呼ばれたり、ワークショップに参加したり、世界中の研究室を訪問したりする機会を得ては、その中でさらなる知識を学び、かつて学者生活から得られると想像したどんな楽しみにも勝る楽しみを味わっている。

私は本書を何よりもまず、このような教えすべてに感謝し、教えへの授業料を支払うための書物であると考えている。つまり私なりに、自分が学んだと考えていること――その多くはいまだ非常に憶測的で哲学的な、危ういものであるが――を本書で示すのである。本書の内容は、私たちの心がいかに存在するに至ったか、私たちの脳がその驚異のわざを生み出すのはいかにしてか、それにとりわけ、心と脳について、暗に潜む哲学的罠の数々に引っかからずに考えるにはどうすべきか、といった問題に関する、今のところ最善の科学的説明の素描であり、またその根幹となるものである、というのが私の主張である。もちろん、この主張は異論を招きうる主張であり、私としては、科学者と哲学者双方からの応答、それに、それ以上に明敏なコメントを与えてくれることも多い、一般読者からの応答に取り組むことを切に望んでいる。

私の出してきた本は多くの人々の助力に支えられてきたが、ここでは、本書で取り上げる色々なアイデアに関して格別の助力を与えてくれた人々への感謝を、もっぱら表明したい――なお、その人々が、彼らが忠告する機会をもてなかった誤りに責任を負わないのはもちろんである。この人々の中には、サンタフェ研究所で二〇一四年五月に私が主催した、文化進化を研究するグループへの参加者がいる――シュー・ブラックモア、ロブ・ボイド、ニコラス・クレディエール、ジョー・ヘンリッヒ、オリヴィエ・モラン、ピート・リチャーソン、ピーター・ゴドフリー゠スミス、ダン・スペルベル、キム・スティルレルニー。サンタフェ研究所の他のスタッフにも同じように恩義を負っており、クリス・ウッド、テュンマイ・ブフッタチャリュア、デイヴィド・ウォルポート、クリス・ムーア、マレー・ゲルマン、デヴィッド・クラカトゥアはその筆頭である。私はまた、シビラ・ヘッセ財団のルイス・ゴドボウトに、ワークショップを支えてくれたことへの謝意を表明したい。

さらに、本書の初期の草稿のほとんどすべての章を論じた、二〇一五年春に開講されたタフツ大のゼミナールに参加してくれた学生と聴講者たちがいる――アリシア・アルミホ、エドワード・ビューチェルト、デイヴィド・ブラス、マイケル・デール、ユフェイ・ドゥ、ブレンダン・フライク゠ゴールドスティーン、ローラ・フライドマン、エリッサ・ハリス、ジュスティス・クーン、ルネコ・ロヴェル、ロバート・マタイ、ジョナサン・ムーア、サヴァナー・パールマン、ニコライ・レネド、トマス・ライアン、ハオ・ウァン、チップ・ウィリアムズ、オリヴァー・ヤング、ダニエル・クラウド（彼は自分の新著について議論するためにゼミナールに足を運んでくれた）。他に、ジョン・ヴァージス゠ギフラ、エリック・シュリッサー、ペパ・

トリビオ、マリオ・サントス・ソウザ、およびそれ以外の、私が五月にフェレイター・モラ現代思想講座の招聘講師として、共に刺激的で喜ばしい一週間を過ごした、ジョルナ大学に集った人々がいる。これ以外に本書の試運転の機会を提供してくれた人々としては、アンソニー・グレイリング、および彼がロンドンの人文学ニューカレッジに招集した教員と学生たちがいる。私は同講座でこの四年の間、本書に登場する思想をさまざまな形に変えて試し続けてきたのであった。

これ以外に、私の草稿と取っ組み合い、私の考えを変えたり、誤りを指摘してくれたり、表現をもっとずっと明晰にするようにと私を駆り立ててくれたりした人々としては、シュー・スタフォード、マレー・スミス、ポール・オッペンハイム、デイル・ピーターソン、フェリペ・ド・ブリガード、ブライス・ヒュープナー、イナック・ランバート、アンバー・ロス、ジャスティン・ユンゲ、ロサ・チャウ、チャールズ・ラスコップ、ロナルド・プレイナー、ジル・シェン、ディロン・バウエン、ショウン・シンプソンがいる。立ち入った適切な助言をくれた人々としては、スティーヴ・ピンカー、レイ・ジャッケンドフ、デイヴィド・ハイグ、ニック・ハンフリー、ポール・シーブライト、マット・リドレー、マイケル・レヴィン、ジョディー・アズーニ、マーティン・ブードリー、クリス・ドレガ、フランシス・アーノルド、ジョン・サリバンがいる。

前著『思考の技法──直観ポンプと77の思考道具』〔*Intuition Pumps and Otrher Tools for Thinking*〕〔原題『直観ポンプとその他の思考道具』〕と同じく、編集者であるノートン社のドレイク・マクフリーとブレンダン・カリーは、表現の明確化、単純化、圧縮、拡張、補足説明、さらに時には削除を求めてきた。こうした彼らの専門的助言のおかげで、本書の完成版は、それ以前よりもはるかにまとまりのある、有意味な読書経験を与えてくれるものとなった。ジョン・ブロックマンとカティンカ・マトソンは、いつも通りの完璧な著作権代理人として、著者が家にいるときも外にいるときも、助言や励ましや興味深い経験を——もちろん販売活動に励んでくれるかたわらで——与えてくれた。認知研究センターのプログラム・コーディネーターであるテレサ・サルヴァトは、永年にわたり私の学問計画のすべてを監督し、執筆と調査にかけるための貴重な時間を何千時間も使えるように諮《はか》り、本書のためのより直接的な援助としても、図書館内の書物や論文を調べ上げ、参考文献をまとめるという作業を行ってくれた。

最後になるが、半世紀以上にわたりずっと私の頼みの綱《メインステイ》[2]であり、助言者であり、批判者であり、最善の友であった妻スーザンは、私の気分の浮き沈みのすべてに対して、ヤカンがいい具合に煮立ち続けるちょうどいい火加減を正確に維持し続けてくれた。私たち二人の共同事業に対する彼女の貢献は賞賛に値する。

ダニエル・デネット
ノース・アンドーヴァー、ＭＡ
二〇一六年三月二八日

第Ｉ部
私たちの世界をさかさまにする

第1章　序論

ジャングルへようこそ

心はいかにして存在するに至ったのか？　そして、心がこんな問いを発し、それに答えるということはいかにして可能であるのか？　手短な答えを言えば、進化の産物としての心が数々の思考道具《シンキングツール》を創り出し、やがて心は、それら思考道具を用いて、心がいかに進化したのかを知りうるようになり、さらに心は、心が思考道具を用いて、心が何ものであるかを知りうるようになるという、その仕組みをも知るに至ったということである。思考道具とは何か？　最も単純で、他のすべての思考道具がそれに依存している思考道具は話し言葉であり、ここから読み書きと算術が生じ、さらにそこから航海術と地図作製と徒弟修行、および私たちがこれまで発明してきた情報を引き出し、操作するためのすべての具体的な装置が生じてきた――羅針盤、望遠鏡、顕微鏡、カメラ、コンピューター、インターネット、等々。これらの思考道具が今度は私たちの生活を技術と科学で満たし、他のどんな種の生き物も知らない多くの事柄を私たちが知ることを可能にしてくれている。私たちはバクテリアが存在することを知っているが、犬はそれを知らないし、イルカもチンパンジーもそれを知らない。バクテリアですら、バクテリアが存在することを知らない。私たちは風変わりな心をもつのだ。バクテリアが何であるのかを知るためにはいくつかの思考道具が必要であり、私たちは、精巧に整えられたさまざまな思考道具一式を与えられている、(今のところは)唯一の種なのである。

　以上は手短な、異論を招く余地のない、つるりとした一般論として刈り込まれた答えである。しかしその細部には、意外で、衝撃的ですらあるいくつかの含意が潜んでいて、その含意は十分に理解されておらず、あるいは十分に評価されていない。〈私たち人間は物理的対象であって、物理法則に従っている〉という穏やかな仮定から出発し、科学と哲学のジャングルをくぐり抜け、私たちの意識ある心についての一つの理解へと至る、ある曲がりくねった道が存在する。この道のそこかしこには、経験的困難と概念的困難の両方がばらまかれており、しかもそれらの問題にどう対処すべきかについて、精力的に異論を唱え合う専門家たちがひしめいている。私は五〇年を越す年月の間、それらの錯綜したやぶや泥沼をくぐり抜けようと苦闘してきたのであり、そしてそこを通り抜ける一つの道筋を発見した。その道は、私たちの心の「魔法《マジック》」がいかなる魔法《マジック》もなしで達成されるのはいかにしてかについての、しかるべき条件を満足させる《サティスファクトリー》――そして私たちを満足させてくれる《サティスファイイング》――説明へと、私たちをはるばる導いてくれるが、まっすぐな道でも、平坦な道でもない。その道は提供されている唯一の道ではないが、その道こそ現在のところ最善の、最も見込みのある道だ、ということを示せればと私は願っている。この旅におもむく者はみな、いくつかのかけがえのない直観を放棄することを求められる。だが私は最終的に、それらの「明白な真理」なるものを放棄する行為を、単に我慢できるものにするのみならず、喜ばしいものにすら変えてしまえるやり方を見いだしたと考えている――そのやり方は読者のみなさんの頭をある意味でさかさまにして、現在進行中の事柄に対する、はっとするような新しい見方の数々を生み出す。しかし〔その代わり〕多くの人々が大事に愛しんでいるいくつかの考え方を、思いきって捨て去ってもらわねばならないことになる。

私の永年にわたる提言に対して同意してこなかった多くの著名な思想家がいて、その中には相も変わらず、私の様々な新たな挑戦を、私のかつての努力ともども、とんでもないものだと見なす人々がいると予想される。だが今では私は、私の道を進む優れた同伴者たちと、私が提示したランドマーク[1]を支持する新たな論拠と、これから読者のみなさんを招待する、様々な形態の〈奇妙な推理の逆転〉〔strange inversions of reasoning〕へと私たちを駆り立ててくれる新たなテーマの数々とを、見いだし始めている。その内のいくつかはこれまでの私の著作を読んできた読者にはおなじみのものであろうが、しかしそれらの考え方は修繕され、強化され、再設計されて、ある意味でこれまでよりも〔思考道具としての〕荷重性能が増している。いくつかの新たな考え方について言えば、以前からのものと同様、一見したところ直観に反するものであり、私が示す錯綜した道筋を通らずにそれらを受け容れようとしても、途方に暮れてしまうこと請け合いである——私はこのような反応を、人にそれらをばらばらに説得しようとしては失敗する、という永年の経験から知るに至った。以下は、私が示す道の途上にみなさんが見いだすであろう、〈心地よい思考に対する〉さまざまな障害物への警告リストであり、私としては、みなさんがこのすべてを最初の出会いで「飲み込んで」くれるとは期待していない。

1　ダーウィンの奇妙な推理《リーズニング》の逆転
2　推理〔理由づけ〕する者《リーズナー》なき推理〔理由づけ〕《リーズンズ》
3　理解力《コンプリヘンション》なき有能性《コンピータンス》

「盗用する価値のあるデザインとしての情報、だって？　シャノンの情報理論を知らないのか？」「野生化したニューロンだって？　その反対の、家畜化されたニューロンがあるとでも？」「本気で言ってるのか？　意識が幻想《イリュージョン》だって？　ふざけてるのか？」

もしもそれが、数を増しつつある私と同じ考え方の理論家たち、つまり私の見解の必ずしもすべてではなくとも多くの部分に同意し、またそれに深く寄与する研究に携わってきた、情報に極めて精通した科学者たちと哲学者たちの考え方に沿ったものでなかったとしたら、間違いなく私は意気消沈し、自分は結局混乱していたのだという結論を下していたであろうし、またもちろん、私たちが大胆な熱狂集団として、お互いを妄想にひたらせているという可能性もある。とはいえ、軽はずみな判定を下す前に、まずはことの成りゆきを見届けてみよう。

これらの奇妙な考え方を無視したり、最初に出会ったときによく聞きもしないで退けたりしてしまうのがいかに容易で魅力的であるかを、私は知っている。というのも私自身、これまでそういう態度をとってきたことが数多くあったからだ。ここから連想するのは、ある種のパズルである。つまり、**振り返って見れば**答えは明白だったのに、最初はその答えを見逃し、性急な判断――「そんなの無理だ」――を下してしまうか、じっくり考えることすらせずに済ますといった類の、答えの見通しがまるでもてない類のパズルだ。(1) 私はしばしば、君たちは自分の想像力が挫折しているだけの事柄について、自分が必然性を洞察したと勘違いしているのだ、と他人を責めるので、そんな私自身がこの種の過失を犯してきたと認めるのは気恥ずかしいことである。とはいえ私は、これらの主題を表現するための新しい述べ方を思いついたとき（あるいはそれを人から教わり、苦労の末のみこんだとき）、（あるいは、それを説明してもらうのにひどく骨が折れるとき）、心についての巨大な難問《パズル》に対して私が新たに見いだした解答を、是非ともみなさんに知らせたいと思うようになるのだ。上に挙げた一二の考え方すべて、およびそれらを賞味できるものにしてくれる背景（的知識）は、**おおむね**、上に挙げた通りの順序で示されることになる。おおむねと言ったのは、それらのいくつかは単純な弁護を受け付けないからである――それがみなさんをどこへ連れて行くのかを見極めない限りはそれを受け容れることはできないが、それを受け容れない限りはそれを利用することができないので、

（1）私が大好きなこんなパズルがある。四人の人が夜中に川を訪れる。川には狭い橋がかかっていて、一度に渡れるのは二人まで。四人は懐中電灯を一本持っていて、夜なので橋を渡る時には懐中電灯を使わなければならない。人物Aは橋を一分で渡ることができ、人物Bは二分、人物Cは五分、人物Dは八分かかる。二人の人が橋を渡るときは、遅い方のペースに合わせて進まなければならない。さて問題。彼ら全員が十五分以内に川を渡りきることはできるでしょうか？

みなさんはまずその考え方の部分的スケッチから出発し、それがうまくいくことを見極めてから、一回りして要点に戻ってくる、という作業をせねばならない。

本書の論証は次の三つの想像力の酷使から成り立つ。すなわち、

ダーウィンとチューリングに従って私たちの世界をさかさまにし、
続いて進化を知的《インテリジェント》デザインへと進化させ、
最後に私たちの心を裏返しにする。

基礎は慎重に固めねばならない。これは最初の五つの章でなされる。私たちの想像力を次なる飛躍に備えさせねばならない以上、それが必要なのである。続く八つの章は、心と言語の進化の経験的〔経験科学的〕な詳細の、**私たちの逆立ちした視野に現れる姿に**踏み込んでいく。これによって私たちは新たな問いを立て、それに対する新たな答えを素描できるようになる。そしてこの作業が、すべての中で最も困難な逆転のための舞台を設定する——すなわち、この新たな視界からは意識というものがどのように見えるのかを検討する、という逆転である。

これは骨の折れる道程であるが、息抜きとして、誰もが確実に同じ見解を共有できるように、よく知られた話題を資料として紹介する場をいくつか設けてある。これらの話題を知っている人なら、その気になれば私を飛び越して先へ進むことも可能だし、私がその話題を資料としてどう扱っているかを参考にすれば、その人があまり詳しくない主題について、私をどれほど信用すべきかを推しはかることもできる。では、旅を始めよう。

この旅の鳥瞰図

ほぼ四〇億年の間、生命はこの惑星で進化し続けてきた。最初の（およそ）二〇億年は、自己維持とエネルギー獲得と自己複製のための基礎的な機構を最適化させることにのみ費やされ、そこにいた生物は、**相対的**に単純な単細胞生物だけ――バクテリアとその親類である古細菌《アーケア》、すなわち**原核生物**――であった。続いて、目を見張る出来事が起きた。二つの**別々の**、それぞれ数十億年の独立した進化によって獲得した独自の有能性《コンピータンス》[2]と習性を備えた原核生物が、衝突したのである。同様の衝突はそれまでも無数に生じていたのかもしれない。だが、（少なくとも）一つの衝突において、一方の細胞が他方を飲み込み、他方を破壊して燃料や部品として役立てる（つまり、食べる）のではなく、その代わりにそれを生かしたままにしたのであり、しかもごく稀な幸運により、衝突によって、邪魔者のいない単独航海者であった頃よりも適応的な存在に――ある重要な点でより有能《コンピータント》な存在に――いつのまにか移行していたのである。

これは**技術移転**が成功した初めての事例であったかもしれない。膨大な年月にわたる独立した研究開発〔R&D〕[3]を通じて磨き上げられた二つの有能性《コンピータンス》が、そのいずれよりも大きく、いずれよりも優れたものへと結合されたのである。私たちは、グーグルなりアマゾンなりGM《ゼネラルモータース》なりが、できたての小さな会社を吸収して技術上の新機軸[4]や実務知といった、巨大企業の中よりも窮屈な小部屋の中で育ちやすい研究開発上の進歩を手に入れる、という記事をほとんど毎日目にするが、この戦略を採用した元祖と言うべき出来事は、進化に最初の強大な飛躍をもたらしたのである。でたらめ《ランダム》な融合がいつでもこのようにうまく働くとは限らない。実のところ、そのような融合がそうやってうまく働くことはほぼ絶対にない〔almost never〕が、しかし進化とは、ほぼ絶対にないものを増幅させることに依存する過程なのだ。[5] 例えばDNA内の突然変異はほぼ絶対に発生しないが――一〇億回の複製につき一度発生するかどうかである――、しかし進化はそれに依存している。さらに、突然変異の圧倒的多数は有害か中立的かのいずれかであり、偶発的に「優れた」突然変異はほぼ絶対に生じない。しかし進化はそんな、稀な中でも最も稀な出来事に依存しているのである。

種分化とは新たな種が生成される過程を指し、メンバーの一部が「親」個体群から隔離され、新たな遺伝子プールを形成するような遺伝子空間へとさまよい出すときに生じる。これはきわめて稀な出来事であるが、しかしこの地球に存在してきた何百万、何十億もの種はいずれも種分化の出来事から始まっている。あらゆる系統で生じるいずれの〔個体の〕誕生も潜在的な種分化の出来事であるが、しかし種分化はほぼ絶対に――つまり百万回の誕生につき一回あるかないかしか――生じない。

現在考察中の事例で言うと、バクテリアと古細菌の偶発的な衝突から生じた稀な改善の出来事は、生命を一変させる帰結をもたらした。この同盟を結んだ二人組《デュオ》は、適応していたために競争相手よりも成功した自己複製を行い、いずれの自己複製においても、細胞が二つに分割されると〔バクテリア流の自己複製〕、どの嬢細胞にも祖先の体内に宿っていた細胞の子孫が含まれるようになっていた。以降、彼らの運命は、進化の歴史の中でも最も生産的なエピソードの部類――共生という――に数え入れられることになる。これは親の一方が文字通り他方の中に住んでいたので**内共生**であり、クマノミとイソギンチャクや、地衣類における菌類と藻類のような、共生者が並んで生活する外共生とは異なっている。かくして誕生したのが**真核**細胞である。この細胞は祖先であるバクテリアのような原核細胞よりも機能的な諸部分を備え、より多能的である。[2] この真核生物は長い年月にわたりより大きく、より複雑で、より有能《コンピータント》で、**より優れた**ものに育っていった(「真核《ユーカリオティック》」の「ユー」は、音調《ユーフォニアス》がよい、賛辞《ユーロジー》、それに優生学《ユージェニクス》と同じ意味――すなわち**優れた**〔good〕

――である）。真核細胞は、あらゆる種類の多細胞的な生命形態を可能にする要となる構成要素である。〔厳密な定義ではなく〕大まかな近似をまずは行っておけば、裸眼で見ることができるほど大きな生物はすべて多細胞の真核生物である、ということになる。私たちは真核生物であるし、サメも鳥も木もキノコも、昆虫も蠕虫類《ワーム》[6]も、その他すべての植物も動物も、すべて原初の真核細胞の直系の子孫なのである。

この真核生物革命は、さらなる偉大な段階への移行を準備した。それはすなわちカンブリア紀の「爆発」であり、この出来事はおよそ五億年以上前に起きた、新しい生命形態〔多様な多細胞動物門〕という賜物への「突然の」到達をもたらしたのである。これにちなんだのが、偉大なる造形技術者であるポール・マクレディにちなみ、私がマクレディ爆発と呼んでいる出来事である（ちなみにマクレディはゴサマー・アルバトロス〔有名な人力飛行機〕をはじめとする、記憶に新しいさまざまな驚異を創り出した人物である）。五億三〇〇〇万年前頃の数千年間に生じたカンブリア期の適応放散とは異なり（Gould 1989）、マクレディ爆発はほんの一万年ほど、あるいは人間の世代で言えば五〇〇世代ほどの間に生じた。マクレディの計算によれば（MacCready 1999）、一万年前の人間による農業の黎明期において、地上の全脊椎動物〔昆虫をはじめとする無脊椎動物と水生生物は除く〕のバイオマス〔生物の総量〕中に世界中の人口とその家畜及びペットが占める比率は、ほんの〇・一％に過ぎなかった。マクレディの推定によれば、現在その比率は九八％に達しているのである！（そのほとんどの部分を占めるのは牛である。）この驚異的な発展に対するマクレディの考察は引用す

（2）レーン（Lane 2015）[7]は真核生物の内共生起源という、私がこの二〇年かそこら語り続けてきた物語に、魅力的な刷新（と改訂）を行った。今や極めて確実になったのは、最初のアダムとイブとなったのは、私がこれまでしばしば述べてきたように二体のバクテリアではなく、むしろバクテリアと古細菌であった、ということである。

る価値がある。

何十億年もの間、偶然性という画家が、独特な球体の表面を、生命という絵の具で薄く塗り上げてきた——複雑で、予測不可能で、不思議で、脆弱な絵の具で。その一部分としての私たち人間は突如……人口においても、技術においても、知性においても、恐るべき力を備えた存在に成長した——今や、絵筆を振るうのは私たち人間なのだ。(MacCready 1999, p.19)[8]

これ以外にも、**相対的には**突然と言える変化がこの地球では生じてきた。およそ六千六百万年前に生じ、恐竜を滅亡させた白亜紀−古第三紀絶滅[9]がその例である。だが、マクレディ爆発は確実に、およそこの地球上で起きた主要な生物学的変化の中でも、最も急速なものの一つに数えられる。その変化は未だに進行中であり、しかも速度を増しつつある。私たちはこの地球を守ることも、地球上の全生命を絶滅させることもできるのであり、これは他の種には想像もつかないことである。一見したところ、マクレディが挙げている三つの要因の順序——人口、技術、知性——は逆にすべきだというのは、明白なことに思えるかもしれない。つまり第一に私たち人間の**知性**が**技術**(農業も含む)を創造し、それによって**人口**の爆発が可能になった、というように。だが、これから見ていくように、進化とは共進化の円環とひねりが絡まり合った織物であるのが常である——驚くべきことに、私たちの生まれつきの知性と称されているものは、私たちの技術と人口の多さに依存しているのである。

私たち人間の心は、他のあらゆる種に属する生物の心とは著しく異なっており、それらよりもはるかに大きな力と多能性を備えている。私たちがいかにしてこうした非凡な心をもつようになったのかという問いに対する長い答えに、私たちは焦点を合わせるようになり始めている。ダーシー・トムソン（Thompson 1917）の「すべてのものが現在のあり方をしているのは、それがそのようなあり方を獲得したからである」という有名な言葉がある。人間の意識についての難問〔または「謎」または「逆説」〕の多くは、それが生じるに至ったのはいかにして可能であったか、と私たちが問いかけるならば――そして、実際にその問いに答えようと試みるならば！――たちまち雲散霧消してしまうものだ。この話題に触れたのは、その問いに驚きを見せてから、「それは極めがたい謎だ！」とか「神の御業だ！」とかいう「答え」を述べる人々がいるからである。もちろん、最終的にはこのような人々が正しかった、という可能性はあるが、とはいえ最近獲得された数々の思考道具からなる素晴らしい賜物を使い放題であるはずなのに、私たちはいまだにそれらをほとんど使っていない、という状況に鑑みれば、彼らの答えは著しく時期尚早な降伏宣言である。彼らの態度は敗北主義なのではなく、むしろ防衛的な態度なのだ、という可能性もある。好奇心旺盛な人に向かって、この自分に愛着のある謎はどうか手つかずのままにしておいてほしい、と説得をしたがる人々がいる。こういう人々は、解明された謎はかつての無知な空想よりもずっと魅惑的なものだ、ということに気づいていないのだ。科学的説明に厳しい目を向け、それに同意しようとしない人々もいる。彼らの趣味には、火を噴く戦車やら、争い合う神々やら、蛇の卵からかえった世界やら、邪悪な呪文やら、魔法の庭やらの古代の神話の方が、どんなに厳密で予測力のある科学的説明よりも魅力的で注目に値するのだ。〔こういう人々も含めた〕あらゆる人々を満足させる答えを用意するのは不可能である。

こういった謎への愛好は、〈心がいかにして生まれたのか〉という問いに答えようとするときに私たちに立ちはだかる強力な想像力妨害装置の、ほんの一つに過ぎない。すでに警告したように、私たちが進む道には、一回りして元の場所に戻るような道筋が何度も出てくる。そうやって、答えることができずに先送りされた問いに立ち戻る作業を、〔思考〕道具を使わなければ得ることができない背景〔的知識〕を手に入れるに至るまで、繰り返し続ける。しかもその〔思考〕道具も、それがどこから来たのかを知らない限りはあてにできないものにとどまる。この道程は一つの円環《サイクル》であり、円環《サイクル》をめぐっていく中で、素描にすぎなかったものの細部が埋められていく。そこで素描されたものは、やがて私たちが来た道の全体を振り返ることができる地点に達し、すべての部分がいかにして互いに結びつくのかを眺められるようになるまで、説得力をもつことはないのだ。

ダグラス・ホフスタッターの書物『僕は不思議の輪』(Hofstadter 2007)は、心というものを、複数の円環《サイクル》から自らを組み立てるものとして描く。それらの円環《サイクル》の中には、循環的な処理を行う円環《サイクル》、自己自身をひねり、自己自身に出力を与える円環《サイクル》、様々な再評価に対する、様々な想起に対する、様々な反省への、豊かな反応を創出する円環《サイクル》などがあり、そしてこれらの円環《サイクル》が新たな構造を生成する——すなわち、様々な観念《アイデア》や空想や理論、そして言うまでもなく、様々な思考道具といった構造であり、しかもそれらの構造はさらに多くの同様の構造を創出する、とされる。一読をお薦《すす》めする。想像力がローラーコースターに乗せられ、たくさんの驚くべき真理を学べること請け合いである。本書での私の物語は、それよりもさらに大きな循環過程(から成り立っている過程から成り立っている過程)から成り立っている。その過程がホフスタッター(やバッハやダーウィン)のような心を、単なる諸分子(その構成要素は原子であり、原子の構成要素は……)に過ぎないものから生み出したのである。この作業は循環的なものなので、私たちはどこか中くらいの地点から出発して、何周も循環を繰り返さなくてはならない。またこの作業を難しくしている特徴があり、それは他の科学的探求(例えば宇宙論、地質学、生物学、歴史学など)には類を見ないものである——すなわち、その答えに対する人々の関心があまりに深すぎるため、いざ様々な答えの候補を客観的に考察しようとする段になると苦心することになる、という特徴である。

　例えば、私がたった今述べた「私たち人間の心は、他のあらゆる種に属する生物の心とは著しく異なっており、それらよりもはるかに大きな力と多能性を備えている」という主張に対して、無言でかぶりを振る読者がいるかもしれない。〔そんなことを言う〕私は実のところ**偏見に囚われている**のではないか？　私は実際に人間の心を、イルカ、ゾウ、カラス、ボノボその他の、近年になって認知的才能の高さが発見され、賞賛されてきた賢い生き物よりもずっと素晴らしいものだと考える「熱烈な種差別主義者《スピーシーズ・ショービニスト》」ではないのか？　これは「人間例外主義」という**誤謬**のあからさまな実例ではないのか？　本書を壁に投げつけようと身構えた読者もいようし、私のこんな政治的に正しくない《ポリティカリィ・インコレクト》過失に動揺する読者もいよう。人間例外主義がまったく反対の二つの方向に、同じだけ大きな憤激をかき立てるというのは、（少なくとも私には）興味深いことだ。科学者の一部と動物愛好家の多くは、人間例外主義を知的な罪悪であり、科学的情報の欠如であり、いにしえの悪しき時代、すべての「物言わぬ」動物たちは、私たちの使役と楽しみのために地上に据えられたのだと人々が日常的に考えていた時代の、恥ずべき遺物であると非難する。こういう人々は、私たちの脳は鳥の脳と同じニューロンでできており、動物の中には私たちと同じくらい大きな脳をもつものもいる（そして、その種なりのやり方で、私たちと同じくらいに賢い）、と指摘する。人は野生動物の現実の環境や行動を学べば学ぶほど、彼らの才知《ブリリアンス》の豊かさをより一層評価するようになるのだと。別の思想家たち、とりわけ芸術や人文学や社会科学に携わる思想家たちは、人間例外主義の**否定**を、近視眼的で独断的な**科学主義**の最悪の形態だと考える。**もちろん**、私たちの心は最も賢い動物より何桁分も強力なのだ！

　どんな動物も、芸術や詩を創造したり、科学理論を考案したり、宇宙船を建造したり、大洋を航海したりはしないし、それどころか火を操ることすらしないのだ、と。これが反論をかき立てる――ニワシドリが造る優雅に飾られた住居はどうだ？　チンパンジーの政治的巧知は？　クジラ、ゾウ、渡り鳥の航行術の技量は？　ナイチンゲールの名演奏は？　ベルベットモンキーや、さらに言えばミツバチの言語は？こういう反論は、こうした動物の見事な業も、人間の芸術家や技術者や科学者の才知に比べればみすぼらしい芸当に過ぎない、という応答を招き寄せる。私はもう何年も前に、(3)[10] 動物の心をめぐってこんな猛烈な抗争を繰り広げている二つの立場を名指すために、**ロマン派**と**興醒まし**《キルジョイ》という二つの用語[10]を考案した。動物の知性に関するこの両極端の反応についての、私が気に入っている当時の思い出は、動物の知性に関する国際科学ワークショップの中で生じた出来事である。その席で、ある著名な研究者が、ロマン派の役回りと興醒ましの役回りの両方を、同じ情熱をもって演じたのである――「ほう！　あなたは昆虫がそんなに愚かだとお考えですか！　昆虫がどれほど賢いかをお目にかけましょう！　結果をごろうじろ……！」その後、同じ日の内に、その研究者はこんな発言をしたのである――「ならば、あなたはハチがそれほど賢いとお考えで？　ハチが**本当は**どれほど愚かかお目にかけましょう！　彼奴らは心をもたない小さなロボットなんですよ！」

お静かに！　私たちは、どちらの側もある点で正しく、ある点で誤っていることを見ることになる。私たちは、ときおり自らがそうだと考えるような神のごとき天才ではないが、動物たちもそこまで賢いわけではなく、しかしそれでも人間も（他の）動物たちも驚嘆すべき装備を携え、それによって、常に残酷だとは限らないがやはり厳しい世界が課する幾多の難題に、「才知豊かに《ブリリアントリィ》」対処できているのである。そして、私たち人間の心を比類なく強力なものにしているさまざまなあり方については、〔トムソンの言うように〕人間がそのあり方をいかに獲得したのかを知ってしまえば、理解し始めることができるようになる。

私たちはなぜ、何かに関心を抱くことがこんなにも多いのか？　この問いは、答えを要する数ある深刻な問いの一つであるが、今は、次のようなごく単純な概略以上の答えを示せる段階ではない。すなわち、何かに関心を抱く、というこのあり方に至る過程は何千年もの過去にさかのぼるし、いくつかの特徴は何百万年、何十億年の過去に結びついているのであるが、しかしそれらの過程が最初に共有主題《トピック》――すなわち思考と関心の対象――に転じたのは、一七世紀における近代科学の誕生の時代においてである。それゆえ、その時代こそが私が輪の中へ飛び込み、本書の物語の一つのバージョンを語り始める地点となる。

デカルトの傷

Si, abbiamo un anima. Ma è fatta di tanti piccoli robot!（その通り、私たちには心がある。だが、心とは多数の小さなロボットから作られているのだ！）
――ジュリロ・ジョレッロによる私へのインタビューに付された見出し、『コエーレ・デラ・セラ』紙、ミラノ、一九九七年

ルネ・デカルトは一七世紀フランスの科学者にして哲学者であり、もっともな理由から、自分自身の心

（3）本書はこの種の話題に関する半世紀にわたる研究の集大成なので、通常の学術的な文献参照の慣行に従うと、「(Dennett 1971, 1991, 2013)」の類の挿入物が何ダース分もページ中にまき散らされることになるが、こういう大量の自己参照は誤ったメッセージを伝えかねない。私の思考は数多くの思想家のおかげで形成されてきたものであり、私は本書で論じるすべての考え方の主要な出典をそれらが生じた通りに銘記し、その一方で、私自身がどこでそれらの論点を拡張したのかについての情報のほとんどを〈付録――本書の背景〉に押し込めることにした（六二五頁以下）。これは、それらの論拠を私がどのように発展させたのかに興味のある人には便利であるはずである。

に対する強い感銘を抱いた人物である。デカルトは自分の心をレス・コギタンス、すなわち思考する事物と呼んだが、デカルトは一定の考察を経た上で、その事物は奇跡的な有能性《コンピータンス》を備えた事物である、という印象を抱くに至った。およそ自分自身の心に対して畏敬の念をもつ権利がある人がいるとすれば、デカルトこそがそうである。デカルトは疑いなく、その数学、光学、物理学、生理学の主要著作により、全時代を通じて最も偉大である科学者に数えられる。それに、全時代を通じて最も価値ある思考道具の一つを発明した人物でもある。その思考道具とは「デカルト座標」であり、私たちはこれを使うことで代数学と幾何学を相互に翻訳することができるようになり、これが微分法に道を開くと共に、私たちが探求したいと思うものならば、ツチブタ［aardvark］の成長から亜鉛［zinc］の未来に至る、ほぼありとあらゆるものを座標上に位置づけることを可能にした。デカルトは大統一理論の元祖である独自のＴＯＥ（万物理論［theory of everything］）を提起しており、その理論を『ル・モンド』（『世界論』）という無遠慮なタイトルで出版した。同書はありとあらゆるものを説明することを意図しており、惑星の軌道と光の本性から潮の満ち干まで、火山から磁石まで、さらには、水が丸いしずくになる理由、火打ち石から火が出る仕組み、その他、もっともっと多くのものが取り上げられている。デカルトの理論はほとんどすべて、絶望的なまでに誤っていたが、それは驚くほど見事にまとめられ、現在から見ても奇妙に説得力がある。それよりも優れた物理学を発見するためにはアイザック・ニュートン卿の力が必要だったのであり、ニュートンの物理学書として著名な『プリンキピア』は、デカルトの理論への明示的な反駁である。

デカルトは、驚嘆すべきものは自分の心だけだと考えたわけではない。むしろ、すべての正常な人間の心は驚嘆すべきものであり、単なる動物には真似できず、いかなる想像可能な**機械仕掛け**にも、たとえそれがどれほど精巧で複雑であったとしても、決して到達できないような離れ業を行う力をもっている、と考えていた。かくしてデカルトは、彼自身の心（そしてみなさん自身の心）と同様の心は、肺や脳のような物質的存在ではなく、むしろ物理法則には従わない、**別の種類の材料**で作られていると結論づけた――これが**二元論**、またはしばしば**デカルト的二元論**として知られる見方の表明である。心は物質ではありえず、物質は心ではありえない、という考え方はデカルトが発明したものではない。私たちの心は「外的な」世界の備品とは異なった何かだ、というのは、思慮深い人々にとっては何千年も前から明白だと思われていたようである。**私たち誰もが非物質的な（そして不死の）魂をもっており、それが物質的な身体に宿りそれを操る**、という教義は、教会による指導のおかげで、長い間共通了解として通用してきたのであった。だが、この未加工《デフォルト》の前提から積極的な「理論」を抽出したのはデカルトである[11]――すなわち、私たちが内省によって見知っている、意識ある**思考する事物**としての非物質的な心が、何らかの仕方で物質的な脳とコミュニケーションを行い、そこにおいて脳がすべての入力を提供するのだが、ただしその入力には**理解も経験も一切含まれない**、という理論である。

　デカルト以来の二元論の問題は、それが要求する〈心と身体の間の相互交渉〉なるものが物理法則に反せずにいかに生じうるのか、説得力ある説明をこれまで誰一人提供できなかった、という点にある。その説明のいくつかの候補は現代も棚に陳列中で、私たちはそこから選ぶチャンスを与えられている。つまり、過激すぎて記述すらできないほどの科学の革命か（批判者たちが襲いかかろうと待ち構えているので、記述できないというのは都合のよいことだ）、それとも、ある種の事柄は人間の理解を超えたまったくの〈謎〉だと宣言するか（これまた、何のいい考えもなしにさっさと逃げ出したい人にとっては、都合のよいことである）、いずれかを選ぶのである。だが、私が何年か前に指摘したように、たとえ二元論が論敵を突き落とす断崖[12]である〔つまり、論敵を二元論者だと判定すれば、それ以上の反駁は不要になる〕と見なされがちだとしても、その後高原に残された〔著者を含む〕人々は、偽装した二元論にならない理論を構築するという、手つかずの仕事を大量に抱えている。「心と物質」の間の神秘的なつながりは、一七世紀以来、科学者および哲学者たちの戦場であり続けてきたのである。

最近逝去したフランシス・クリックはDNAの構造の共同発見者の一人であり、〔デカルト以外の〕もう一人の歴史的に偉大な科学者であった。彼は最後の主著『驚異の仮説――魂の科学的探求』（Crick 1994）において、二元論は虚偽であり、心とは端的に言って脳**である**のであって、それは他の生物にない謎めいた特別の性質など皆無の、物質的器官である、ということを論証している。このような二元論の否定を提出したのは決してクリックが最初ではない。むしろそれは、ほぼ一世紀にわたり、科学者と哲学者の双方で――異論がなかったわけではないにしても――支配的な意見であった。実のところ、現場の私たちのほとんどは、クリックの書物の表題に異議を唱えていた。この仮説のどこにも「驚異の」と言うべきところはない。その仮説は私たちが何十年も使い続けてきた作業仮説だ！　むしろそれの**否定**の方が、金が原子からできていないとか、重力の法則は火星には適用されないといった仮説と同列の、驚異の仮説だ。**生命**や**自己複製**ですら物理‐化学の用語で説明されるかもしれない時代に、**意識**というものがこの宇宙を劇的な仕方で二分するのではないか、という期待を抱くべき理由などどこにあるだろう？　だがクリックは同書を科学者や哲学者に向けて書いていたわけではなかったのであり、そして一般の人々の間では二元論の魅力が依然として実に圧倒的なものであることを知っていた。一般の人々にとっては、科学者たちが発見した、脳全体でざわめき合っている神経スパイク列[13]**以外に**、私秘的《プライベート》な思考と経験が何らかの媒体において何らかの仕方で処理されている、というのが明白なことだと見なされているように思われるし、それればかりか、二元論が否定されそうだという見通しは、恐るべき帰結の前兆でもある――もしも「僕らはただの機械に過ぎない」のだとしたら、自由意志と責任はどうなってしまうのか？　もしも僕らが、タンパク質やその他の分子の巨大な集合体が化学と物理学の法則に従ってがちゃがちゃと動いているだけの存在に過ぎないのだとしたら、僕らの人生が意味をもつことなどできるんだろうか？　もしも道徳的な教訓が、僕らの両耳の間〔すなわち脳〕にあるミクロ生物学的なナノマシンの集団が生み出した噴出物に過ぎないものだとしたら、そんなものが尊敬に値する重要な役割を果たすことなど、どうやったらできるのか？

　クリックは「驚異の仮説」を、一般聴衆に理解できるだけでなく、彼らの好みに沿ったものにしようと最善を尽くした。だが、その明晰で、精力的で、比類なき厳粛な筆致にもかかわらず、クリックは大した成果を上げなかった。私が思うにその大きな理由は、クリックが、表題で警鐘を鳴らしていたにもかかわらず、この考え方が喚起する感情的な動揺を過小評価していたことにある。クリックは科学を科学者以外の人々に説明する達人であったが、この領域で持ち上がる教育テクニックの問題は、通常のような、半ば当惑し怖じ気づいている一般の人々を招き寄せ、注目を惹き付け、彼らが見よう見まねで数学を扱うところにまで引き上げるにはどうしたらいいか、といった問題とは毛色が異なる。意識が話題に上るときに求められるのは、様々な不安や疑惑に蓋をしておく、という厄介な作業である。そのような不安や疑惑は人々——多くの科学者を含む——を誘惑し、私たちが知っていることを歪曲させ、彼らがその恐ろしさに薄々感づいている危険な考え方に先制攻撃を仕掛けさせようとするのだ。さらに、この話題については**誰もが専門家なのである。**人々はカルシウムの化学的性質や癌のミクロ生物学的な詳細についての講義は悠然と受け入れる準備ができているが、自分自身の意識経験の本性については、自分に特別の私的な権威があり、その権威によって、自分には受け入れがたいと思えるどんな仮説もやっつけるられる、と思っているのである。

クリックは孤立した例外ではない。他にも多くの論者がいて、このような論者は、その中の最良の論者の一人であるテレンス・ディーコンの言う「デカルトの傷」（Deacon 2011, p.544）、すなわち「近代科学の誕生時に心と身体を切り離した」という「傷」の縫い合わせを試みてきた。彼らの努力はしばしば魅力的で、情報豊かで、説得力があるのだが、しかしいまだ誰一人として全面的な**説得**を成し遂げてはいない。私は半世紀にわたる私の学者生活の全期間をこのプロジェクトに捧げてきた。そのために何ダースもの本と何百もの論文を書き、例の難問《パズル》のさまざまな断片《ピース》に取り組んだのだが、大多数の読者は用心深い不可知論に閉じこもったままで、彼らに穏やかな確信を与えるには至らなかった。私は本書で、めげずに再度それに挑み、今度こそすべての物語を語り尽くすつもりだ。

　私がこれを取り組むに値する仕事だと考えるのはなぜだろうか？　一つの理由は、この二〇年で私たちは目覚ましい科学上の進歩を遂げ、いにしえの、単なる印象に基づくだけの直感《ハンチ》[14]の多くが、今や詳しく調査された知識で置き換えられるようになっている、ということにある。私は、他の人々が近年提供してくれている豊富な理論的、実験的な研究を頼りにしながらやっていこうと決めたのである。もう一つの理由は、現在の私が、さまざまな形で想像力を束縛する秘められた抵抗感について、以前よりも鋭い感覚を手に入れていると考えていることにある。それらを暴き出し無力化させることで、今度こそ本当に、疑り深い人たちが、自分自身の心のあり方について、科学的かつ唯物論的な見方を**真面目に受けとめうる**ところにまで進もうと、私は決めたのである。

長い年月にわたってこの戦場の中を鈍重な歩みでうろつき、多くの小競り合いに首を突っ込みながら、徐々に**見えてき**たのは、ある強い力がこの戦場で働いている、ということであった。その力が――私自身も含めて――人の想像力をねじ曲げ、想像力を最初に一つの道に引き込み、その後で別の道に引き込むのである。もしみなさんが私同様にこの力を知ったなら、様々な事柄が突如、これまでとは違うやり方で、収まるべき場所に収まるのを目にするはずだ。そうして、自分の思考を引っ張っている諸力が何かを見極め、それから自分自身に警告を発するための警報機と、自分を守るための緩衝材を設置することができる。そのような備えを行えば、自分の思考を引っ張っている諸力から効果的に身を守れると同時に、それらの諸力を活用することができるようになる。というのもそれらは単に歪曲を行う力であるだけでなく、みなさんの想像力を拡張し、みなさんの思考を新たな軌道へ飛び発たせる力にもなりうるのである。

三〇年以上前の、ある寒い、星のきれいな夜のことだった。私はタフツ大の教え子数人と共に星空を見ながら、友人の科学哲学者ポール・チャーチランドから、**黄道面を見る**ための方法を教わっていた。その方法とは、まず夜空の中に見えるいくつかの惑星を探し、それらと私たちが、不可視の同じ見えない平面上で太陽の周りを回っていると思い描く、というやり方だった。この時、平面に合わせて首をかしげ、自分のずっと後ろにあるはずの太陽の場所を思い浮かべると助けになる。突然に方向感覚《オリエンテーション》[15]が切り替わり、そうして摩訶不思議《シャザム》[16]、黄道面が見えるようになるのだ！[4] もちろん私たちはみなずっと以前から、太陽系の中での地球の位置がこういうものだと知ってはいた。だが、ポールがそれを目に見えるようにしてくれるまでは、その知識は私たちの知識全体の中のごく不活発な部分に留まっていた。私はこの例を大きなヒントにして、みなさんの目を開かせる経験（実のところ、心を開かせる経験）を提供するつもりである。その経験が、みなさんの心を新たな、喜びに満ちた場所に連れて行くことを期待しつつ。

先に述べた諸力の中でも根源的な力が、私が**デカルトの重力**と呼んでいる力であり、実のところ他の諸力はこの力から生み出されるものなのだ。私は、みなさんがその諸力を私と同じように明瞭に見られるようになるまで、みなさんをその力に何度でもさらすつもりだ。ほとんどどんな人も、その諸力の最も「可視的」な具現化には、すでによくなじんでいるものである。なじみすぎている、と言ってもいい。というのも私たちは、その力の何たるかを自分はとっくに見定めている、と思い込んでいるからである。これはその力の過小評価なのであり、私たちはその背後に目を向け、その彼方の、絶えず私たちの思考を成形し直そうと働いている力のあり方を見るようにしなければならない。

クリックの「驚異の仮説」を振り返ることから始めよう。私たちの中の、この仮説は驚異でも何でもない、と力説する者は、現在では私たちの誰もが当然のことだと見なしている、現代の唯物論的な科学による、とっくに解明済みの難問《パズル》、とっくに調査済みの発見、とっくに確証済みの理論の堂々たるリストを記憶に呼び戻し、私たちが得た自信をさらに燃え上がらせる。よく考えれば、人類がデカルト以来のほんの数世紀の間にいかに多大な発見をなしてきたのか、まったく驚くばかりである。原子の構造がどうなっているかも、化学的相互作用の働き方も、植物や動物の繁殖様式も、微視的な病原体の増殖や伝播の過程も、大陸が移動する仕組みも、台風の発生の仕組みも、それ以外のずっと多くのことについても、今や私たちは知っている。私たちは自分たちの脳が、すでに説明済みの他の事物と同じ成分からできていることを知っているし、自分たちが生命の曙《あけぼの》の時代にまでさかのぼりうる、進化を遂げた系統に属していることも知っている。私たちが**バクテリアの自己修復**や**オタマジャクシの呼吸**や**ゾウの消化**について説明することができるのだとすれば、ホモ・サピエンスの意識的思考が最終的に、科学という、自己改良と自己増幅の力をもつ巨大な存在に対して己の秘密をさらけ出すはずはない、などという理由がどこかにあるだろうか？

これは修辞疑問であり、そして修辞疑問に対して、驚きすくんでしまう代わりに**答えようと**してみる習慣[17]は、養っておいてよい。やってみよう。意識というのは、自己修復や呼吸や消化よりも取り組みがたい主題だろうか？　もしそうだとして、それはなぜだろう？　その理由は、意識というものが非常に難解で、非常に私秘的《プライベート》で、私たち生物の身体内の他のいかなる現象にも類例のないやり方で、私たち各自にとって非常に親密なものとして**利用できる**ものであるように**見える**、ということであるかもしれない。現在であれば、呼吸について、その細部については無知である人にとってすら、それがどのように働くのかを想像することは並外れて難しいことではない。私たちは、人が吸い込んだ空気が異なった気体の混合であることを知っているし、吐き出した息——二酸化炭素——はもはや利用できない、といったことはほとんどの人が知っていることである。肺が、何らかの仕方で必要な気体（つまり酸素）を抽出し、捕らえるのであり、廃棄物（二酸化炭素）を発散するのである。概略を描くのは難しいことではない。これに対して、クッキーの匂いを嗅いで突然幼少期の出来事を思い出す、というのは、機械的なところがまったくない現象であるように見える。「僕を回想機械呼ばわりするのか？」「一体全体、ただの部品の集まりに何ができるっていうのか？」最も教条的な唯物論者ですら、脳の何らかの活動が、例えば回想や、期待に満ちた気持ちや、願望や、うずうずする好奇心といったものとどう対応するのかについては、ぼんやりとしたお題目的な考

（4）　チャーチランドは一九七九年の書物『科学的実在論と心の可塑性』（Churchland 1979）の中に、この喜ばしい効果を楽しむためのやり方を図入りで収録している。〔邦訳五六—六一頁〕

え方しかもっていないことを認めるだろう。

クリックの仮説はそれほどの驚異の仮説でも、断言以外に何も言わない仮説でも、自らの正しさをあてこんでごまかしに終始するだけの仮説でもない、と多くの人が認めるとしてもおかしくない。しかもこの立場を支持することは心地よいことであり、これに異議を唱える人々――科学から意識を防衛すると称する任務を自ら引き受ける人々――は、何らかの恥ずべき過ちに陥っているのだ、と診断したくなる誘惑は強い。例えばナルシシズムや（「僕は、誇り高き僕の心を、科学の罠にはまるがままにさせることを拒否する」）、恐怖や（「もしも僕の心が脳以外の何ものでもないなら、僕は何の責任を負うこともできない。人生には何の意味もない！」）、軽蔑（「単純バカの、**科学主義の**還元主義者どもめ！　やつらには、意味の世界を認めてやろうという自分たちのなけなしの努力が、どれほど貧弱なものでしかないか、まるで分かっていないんだ！」）、といったものに陥っていると診断したくなる誘惑である。

人々へのこんな診断が、まっとうな根拠に支えられていることも多い。意識の防衛者たちが言い立てる痛ましい罵詈雑言にはこと欠かない。だが、そんな彼らを駆り立てている関心は、根も葉もない空想ではない。クリックの仮説は驚異であるだけでなくひどく不愉快なものだと思っている人々は、何か重要なことに勘付いているのであり、反二元論を支持する哲学者や科学者の中にも、唯物論には未だに心休まらぬものを感じ、両者の中道となるものを捜し回る人々がいる。彼らが求めているのは、二元論にも唯物論にも陥らずに、意識の科学を実際に進歩させることができるような何かである。そこでの難点は、このような人々がその何かを誤って誇大に描き出し、深遠で形而上学的なものにしてしまっている、ということにある。(5)[18]

このような人々が感じているものは、ある一つの考え方、つまりある過剰学習[19]に陥っている〔思考の〕

習慣であり、その習慣は私たちの心理の働きの中に非常に深く刻まれているために、それを否定したり放棄したりするのがどんなことになるのか、文字通り思考不可能になってしまっているのだ。科学者たちが、意識を取り扱う一定の話題に接近していくにつれて、彼らが確信している、「外側から」の表現をとる科学的態度が揺らぎ始め、そして間もなく、自身の意向に反して、自分が退けたはずの〈意識防衛者たち〉の視座をいつのまにか採用していることに気づくというのは、そのような習慣の根深さの一つのしるしである。私はさしあたり、この動的な過程を比喩的に記述することにしよう。後ほど、そこで何が起きているのかについて、もっと比喩的でない、より明確で事実に即した仕方で理解していくつもりだが、以下の比喩はそのための土台となる枠組みを提供するものである。

心の説明を志した人物が、彼女**自身の**心から出発する、と想定しよう。彼女は〈住まい《ホーム》〉である惑星デカルト上に立ち、「一人称の視点から」自分の課題への省察を進め、外的な宇宙を眺める。その地点からの眺めによれば、彼女は自分の心のなじみの備品すべてに頼りながら自分の位置を確認しており、そしてデカルトの重力が、彼女をこの自己中心的な「内側からの」視点の中に閉じ込める。彼女はデカルトに倣って、こんな独白を言うかもしれない。「私はここにいる。私は意識ある〈思考する事物〉であり、私自

(5) 何年か前、ニック・ハンフリーと共に、当時は多重人格性障害と呼ばれていた症例について研究していたときに私は、重要で、しかも見慣れないものだという印象を人に与える事柄を大げさに考えてしまいそうになるという、ほとんど抗しがたい誘惑が、ニックや私の中にすら存在していることを発見した。推測するに私たち人間は、本当に奇妙で気がかりなものに遭遇する際、自分が経験しつつあるものを**自分自身に対して**描き出そうとすると、それを実際よりもつまらなく描くのではなく、むしろ誇張して描く、という誤りを犯しやすい**傾向**が常にある、ということではないだろうか。恐らく、その種の対象は見逃すと危険を招くものであり、その正体を明らかにしなければならない、という必須の要求を自分自身に銘記させようとする閾下《サブリミナル》の欲求が、そこにはあるのであろう。

身の心の中の思い《アイデアズ》を親密な仕方で見知っている。それらの思いを私は他のどんなものよりもよく知っている。その理由はまさに、それらが私自身の思いだから、という理由に尽きる」。彼女は自分自身の〈住まい〉の防衛者にならずにはいられない。そんなとき、遠く彼方から科学的な意識の探検家が到来し、自信満々に惑星デカルトを目指す。探検家は計測機器、地図、モデル、理論で武装し、圧倒的勝利による征服を目指して接近を開始する。だが探検家たる彼女は、接近すればするほど、自分自身に対して心休まらぬ感じを強めていく。彼女は自分の方向感覚《オリエンテーション》が別の方へ引き込まれるのを感じる。その方向は避けねばならない方向であると彼女には分かっている。だが、引き込む力はあまりにも強い。惑星デカルト上に着陸した彼女は、自分自身が突如一人称的な方向感覚《オリエンテーション》の中に放り込まれたことに気がつく。惑星上に立ってはいるのだが、今やどういうわけか、任務を果たすために携えてきた道具に手を伸ばし、それを使うことができなくなっているのだ。デカルトの重力は、人が惑星デカルトの表面近くに接近するとき、ほぼ抵抗不可能なものとなるのである。彼女はそこにどうやって到達したのか？　そして、混乱に満ちた最後の瞬間の**逆転**において何が起きたというのか？　（〈奇妙な逆転〉は本書の主要テーマである。）二つの、互いに競合する方向感覚《オリエンテーション》が存在しているように思われる。一つは意識防衛者の一人称的な視点であり、もう一つは科学者たちの三人称的な視点である。この二つは、アヒル－ウサギ図形やネッカーキューブといった〔図1－1と図1－2〕、哲学者お気に入りの錯視図形を見るときの二通りの見方によく似ている。人はこの二つの方《オリ》向感覚《エンテーション》を同時に採用することができないのだ。

　デカルトの重力が提起する問題は時に「〈説明上のギャップ〉」（Levine 1983）と呼ばれることがあるが、その名の下になされている論争は、私の目には総じて不毛な論争であるように映る。その理由は、論争の当事者たちがそのギャップを自分たちの想像力の欠陥としてではなく、超えがたい深淵だと見なしている

図 1-1　アヒル－ウサギの図

ことにある。論争当事者たちは「ギャップ」を発見したのかもしれないが、それが実際には一体何であるのか分かっていないのであり、これは彼らが「それはいかにしてそのようなあり方を獲得したのか？」という〔ダーシー・トムソンの（二九頁）〕問いを発したことがないせいである。このギャップを、もっともな理由によって生み出された動的な想像力歪曲因子として位置づけ直すとき、私たちはそのギャップのまたぎ方を、あるいは――同じことかもしれないが――そのギャップを消滅させる方法を、知ることができるのである。

　デカルトの重力は、物理的な重力とは異なり、物に対して、その物の質量および他の大質量の物との近さに比例して働く、というものではない。むしろその重力は、物についての思い《アイデア》ないし表象に対して、生物の存続において特権的な役割を果たす他の思い《アイデア》との内容上の近さに比例して働くのである。（これが何を意味しているのかは徐々に明らかになると私は期待している――そしてそれが明らかになってくれれば、使い終えたハシゴに頼る必要がなくなるように、こんな比喩的な言い回しは無しで済ませられるようになる。）デカ

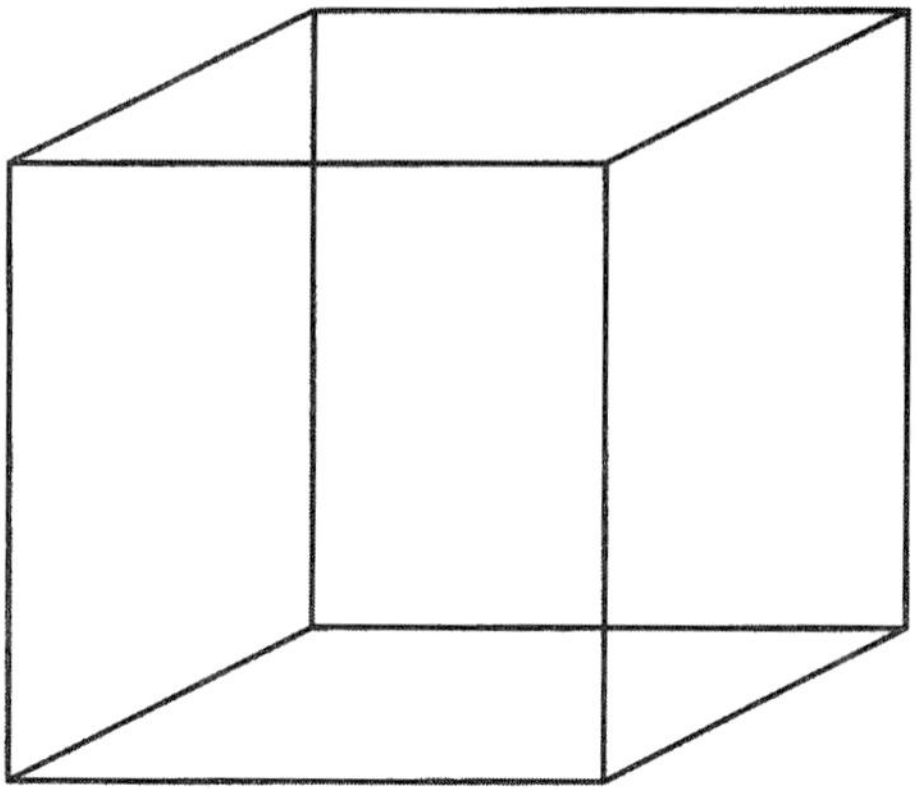

図 1-2　ネッカーキューブ

ルトの重力という考え方《アイデア》は、現在述べてきた限りでは単なる比喩に過ぎない。だが、私がこの比喩を用いて名指した現象は完全に実在《リアル》するものである。それは破壊的な、私たちの想像力を悩ませる（そして時には助ける）力であり、また物理的な重力とは異なり、それ自身が進化の産物である。それが何なのかを理解するためには、それがいかにして、またなぜ、この地球上に生まれたのかを問う必要がある。

＊＊＊

この問いに答えるためには、一つの同じ歴史全体を、その都度異なった細部に注目しながら、何度もたどる必要がある。私たちは自分の想像力を歪曲するさまざまな力の強さを過小評価しがちなのであり、とりわけ、相互に調停できないような複数の「否定しがたい」洞察に直面した場合にはそうである。「否定しがたい」とは、私たちがその洞察を否定**できない**、ということではない。むしろ、私たちがそれを否定**するつもりがなく**、さらに言えば、否定**してみようと試す気すらない**、ということである。簡単に見分けられる諸力——熱狂的種差別主義、人間例外主義、性差別主義など——で練習しておくことは、実際に働いているもっと微妙な諸力を識別するための準備になる。次章で私は、この地球上の生命のまさに始まりにごく短く立ち寄り、この後に続く物語のあらかじめの素描を、いくばくかの細部を補いながら示し、同時に、（予告しておくが）その素描に出会った読者のみなさんに生じるはずの、最初のいくつかの反論に取り組む。私は進化の過程に対して**デザイン**過程（研究開発《リサーチアンドデベロップメント》またはR&Dの過程）という役回りを割り当てるが、この**適応主義的な**視点[20]、あるいは**リバースエンジニアリング**[21]の視点には、長い間不当な猜疑心に覆い隠されてきたという経歴がある。私たちが見ていくように、広く行き渡っている考えに反して、適応主義は存命であり、進化生物学において活躍しているのである。

第2章　バクテリアとバッハの前に

なぜバッハか？

私たちの歴史に対する健全な見方を手に入れるためには、バクテリア以前の、どんな生命もいまだ存在しなかった時代を振り返っておくことが実のところ欠かせない。というのも、とにもかくにも生命を開始させるのに必要だった要件のいくつかは、厖大な時代を越えてその残響を響かせ、現在の私たちの心のさまざまな特徴を説明するものとなっているからである。また、**その**物語に向かう前に、「バッハ」という語句にみなさんの注意を向けさせてもらいたい。私としては「古細菌〔Archea〕からシェイクスピア〔Shakspeare〕まで」[1]や、「大腸菌〔E. coli〕からアインシュタイン〔Einstein〕へ」、ひょっとすると「原核生物〔Prokaryotes〕からピカソ〔Picasso〕へ」を選ぶこともできたのであるが、結局「バクテリア〔Bacteria〕からバッハ〔Bach〕へ」という頭韻の魅力にはあらがえなかったのである。

私は今、偉大な精神《マインド》〔の持ち主〕たち[2]を祀った自分の神殿から候補をいくつか挙げたが、私が挙げた候補がことごとく男性である、といういやでも目に付く事実はどうであろうか？　スタートブロックを蹴った直後の、なんてぶざまなつまずきだろう！　私は本当に、開始早々、多くの読者をのけものにしたいんだろうか？　何を考えているのか？　これには目的がある。本書が扱う、デカルトの重力がもたらすさまざまな重力の一変種の、比較的穏やかで単純な実例を提供しておこうという目的である。私の、全員が男性である天才たちの名簿を見せられた読者の方が怒りをおぼえてくれたなら、首尾は良好である。それは読者のみなさんが、私がみなさんの忍耐を抵当に入れて借金をしている――返済は本書のしかるべき場所で行うつもりだ――という事実を、この先も忘れないはずだ、ということを意味するからである。怒りには（恐怖から歓喜に至るあらゆる強い感情的反応と同様）、記憶をいわば太字で書き込む効果がある。すなわち、気にさわる対象を忘れにくくするのである。ここで読者のみなさんにお願いしたいのは、先制攻撃を仕掛けようという衝動に抵抗してほしい、ということだ。本書の旅の中で、私たちにこの先いつも求められるのは、心休まらぬ事実をそれと見定め、性急な説明や拒絶に突っ走らないでいる、という態度である。じっくり耳を傾けてくれるばかりか、さらに私を追い越して先に進んでいく読者がいてくれたらうれしい限りであるが、私にとってより好ましいと思えるのは、みなさんが自分の不安に穏やかで客観的な態度で向き合い、私の取り組みを妨害したりせず、むしろ私に多少の猶予を与えてくれることだ――なんだったら、私に自分の首をくくるためのロープを手渡してくれてもいい。

というわけで、一歩退き、動きを止め、説明や反論は後回しにして、いくばくかの明らかな事実に目を向けよう。偉大な業績を成し遂げた聡明な女性は数多くいたとしても、その中に、アリストテレス、バッハ、コペルニクス、ディケンズ、アインシュタイン、等々[3]と並ぶ英雄的地位に到達した女性はいない。これに比肩する男性の名を何ダースも挙げていくのは私には簡単にできる。これらの、本書のタイトルに掲げられて象徴的な役割を演じられる男性たちの誰かと、すぐにでも入れ替えられる偉大な女性の思想家を、自分自身で考え出そうとしてもらいたい。（私のお気に入りの女性思想家を挙げるなら、ジェイン・オースティン、マリー・キューリー、エイダ・ラヴレス[4]、アレクサンドリアのヒュパティア[5]、あたりだろうか。他に誰か一目瞭然の候補を見落としていまいかと思うのだが、もしそうならいずれ思い出すだろう。）

今のところは、スーパースターの天才たちに女性はいない。この事実にはどういう説明がありうるだろうか？ 政治的抑圧？ 性差別的な自己実現的予言（予言自体が予言を実現する原因となる予言）が、勇気づけてくれるロールモデルを少女たちから奪ってきた？ 何世紀にもわたるメディアの偏向？ 遺伝子？ 結論に飛びつかないでほしい——たとえ答えは明白だと自分では思っているとしても。（私は思っていない。）私たちは間もなく、遺伝子というものが、たしかに心の歴史のなかで本質的な役割を演じてきたとしても、多くの人が考えているような重要なものでは全くないことを見ていく。遺伝子が基礎的な動物的有能性《コンピータンス》を説明することはあるかもしれないが、**遺伝子《ジーンズ》が天才《ジーニアス》を説明することはないのだ！** さらに言えば、偉大なる人間社会はその偉大さをその住人（の一部）の創造的才知の豊かさ《ブリリアンス》に負っている、という伝統的な見方はまるであべこべといってよい見方であることを、これから示してみたい。人間の文化**そのものが**、男女両性にわたるどんな天才の一団よりも多産的な、秀逸きわまる《ブリリアント》改革の生成者なのである[6]。これらは**文化進化**の過程の成果であり、文化進化こそ、あらゆる個別の思想家に劣らず、私たちの最も優れた成果の「作者」なのである。

自然選択[7]による進化が人間の文化を理解するために根本的役割を果たすかもしれない、という考え方自体に嫌悪感を覚える人々がいて、賢明で思慮深い人々すらその中に加わっている。こういう人々が見るところでは、文化とは超越的な、奇跡による賜物であり、私たち人間を獣類から区別するものであり、忍び寄る還元主義、遺伝子決定論、それに彼らが現代科学に見いだしている俗物主義に対抗する、最後の防壁なのだ。加えて、この種の〔「文化」を食い物にする〕「文化ゴロ」たちに応ずる硬派の科学者たちがいて、こういう人々にとっておよそ「文化」に訴える思想は、謎不思議大好きの酔狂か、それよりひどい臭いをぷんぷんとさせている。

私は「文化」なる言葉を聞くたび、銃に手を伸ばすのである。[6][8]

さて、私は「両方の陣営に向けて」、銃を収め、我慢してもらうようお願いせねばならない。人文学と科学の両方に同時に公正を期すことができる、中道の立場は存在する。すなわち、人間の文化がいかにして立ち上がりまた進んでいるかを、ある文化の単位――すなわち**ミーム**〔*meme*〕[9]――が、ちょうどウィルスが人間の身体に侵入するのと同じようにして人間たちの脳に侵入し、進化してきた過程によって説明する、という立場である。そう。ミームという着想《アイデア》がうまくいかないと示されたことは**未だにない**のであり、そして本書では、ミームたちの弁護の場を設ける予定である。ミームという考え方をあざけり、野次を投げつける人々はどちらの陣営にもいるが、このような人々にはまず、ミームに対する**適正な**反論が存在していること――つまり、単純にこの考え方《アイデア》に我慢できないだけの人々が無批判に受け入れてきた、穴だらけの「論駁」しか存在しないわけでもないこと――はっきりさせる。そしてその上で、こうした適正な反論も、ミームという概念のどこを洗練すればよいかを特定し、それによって最終的にはこの概念を守ることにつながるものとなるのだ、ということをも明らかにするつもりである。

で、私はどちらの陣営に属することになるのか？　問題をこんな言い方で整理しようとする読者は的を外している。野次馬たちが声援や罵声を発して論戦の当事者たちを扇動し、それによって色々あった見解が二極化してしまう――例えばこんな場面で働いている力こそ、本書で私が万人の目にさらし、中立化させようとする力なのであり、これはその最初の、ちょうど目に止まりやすい具体例に他ならない。同種の力の働きは、本書のこの先でもっとたくさん登場する――それらの力はもっと巧妙で狡猾な圧力を、科学者、哲学者、一般の人々の思考に対して、同じように及ぼすのだ。というわけで、先ほどの、物語の最初の入り口に戻ることにしよう。

前生物的世界の探求とチェスの類似点

自己複製可能な、最も単純で最初期の生命形態はバクテリアに似た何かであったが、それはすでに息を飲むほどに複雑で秀逸きわまる《ブリリアントリィ》仕方でデザインされた自己維持システムであった。[10]（ちょっと待った。私は、〈知的《インテリジェント》デザイン〉論[11]の輩《やから》に援助と慰めを与えてはいないか？　いないのだ。しかし、私のようなよき唯物論的、無神論的ダーウィン主義者が、最初期の自己複製的生物が**秀逸きわまる《ブリリアントリィ》仕方でデザインされている**[12]と宣言しながらもすました顔でいられるのは、いかにして可能なのか？　砲撃は待ってもらいたい。）

〈知的《インテリジェント》デザイン〉論の人々《フォークス》が愛好する、有名な〈ニワトリが先か卵が先か問題〉は、生命の起源という「逆説《パラドクス》」を取り除いてみせよという挑戦を仕掛けてくる。自然選択による進化は、**自己複製する**事物が

（6）ヘルマン・ゲーリングの言葉**ではない**（ハインリッヒ・ヒムラーでもない）。ウィキペディアによれば、しばしば誤った人物に帰されているこの言葉は、ハンス・ヨストによるナチ賞賛の芝居に登場する対話の一節として生み出されたという。

存在する前には始まらない。というのも、その場合は最善のデザインを受け継ぐべき子孫が存在しないことになるからである。ところが、最も単純な自己複製をする事物であっても、単なる偶然によって生み出されるにはあまりに複雑すぎる。従って、進化は〈知的《インテリジェント》デザイナー〉の助けを借りなければ始まることはできなかったのだ――こう彼らは主張するのである。[7] これは欠陥を抱えた論証であり、いずれ見ていくように、誤誘導《ミスディレクション》[13]と想像力の不足とが結合してできあがった論証なのだ。とはいえ私たちは、ある真に印象深い事実を受け入れるべきではある。すなわち、史上初めて信頼に足る自己複製が可能となった諸分子の合成体が、複雑な諸部分が何千も組み合わさり、それらが一緒になって働いている、「工学の粋を尽くした《エンジニアリング》」驚異《マーベル》であった――そうでなければならなかった――という事実を。

生命の起源の問題に取り組んでいる研究者からすると、これが突きつける挑戦は率直至極なものだ。すなわち〈こんなことが奇跡の助けなしに**可能**でありえたのは、いかにしてであったのか?〉という問題である。(ひょっとすると他の星雲からやってきた知的《インテリジェント》デザイナーのおかげかもしれないが、これはただ問題を先送りした上に、さらに扱いにくくしてしまうだけである。[14]) 進むべき道は明らかである。まず、生命ある自己複製的な事物の最小限度の条件を特定することから始める――これは、そのような事物が**なしうるのでなければならないはずの**事柄すべてのリストの作成に相当する。そこから過去《バックワード》へさかのぼっていく研究を行う――つまり、利用可能な生《なま》の素材の在庫目録を作成し(この目録はしばしば〈前生物化学供給源諸分子〉と呼ばれる)、それから次のように問いかけるのである――可能な出来事がいかに配列されれば、奇跡なしで、漸進的に、[15] 必要な諸部分が問題の作業〔自己複製〕を達成するための、正しい配置へと集められるに至るのか?――と。注意せねばならないが、〈その事物がなしうるのでなければならないはずの事柄〉が最低限どのようなものかを特定するリストは、その事物の諸機能《ファンクションズ》のリストなのであって、部品や素材のリストではないことである。ネズミ獲り器であればネズミを捕獲せねばならず、缶切りであれば缶を開けねばならず、生物であれば、自己複製するのに十分な間、エネルギーの摂取と自分自身の防護（および修復）をし続けなければならない、ということである。

このような生物が発生することはいかにして可能でありえたのか？　この問いに答えられた人は、チェスでチェックメイトを成し遂げたのとよく似た意味で、**勝った**と言える。これは壮大な企てであり、埋めるべきギャップは依然として数多く残っているとはいえ、勇気づけられる躍進は毎年のようにもたらされており、課題が果たされ、ゲームに勝つことはできるのだという確信は否が応にも高まる。生命が非生命から生じたかもしれない可能な筋道は、実は多数存在するのかもしれないが、（よりよい代案が見つからない限りで）科学的に信頼に値する道筋をただ一つ発見するだけでも、「原理的に不可能だ」を合唱する聖歌隊を永久に封殺できるだろう。とはいうものの、たとえ一つの道筋でも、それを見いだすことは意気阻喪させる課題である。それゆえ研究者の間では、たとえ最終産物の創出に必須の諸過程が、盲目的で目的を欠く過程である、という点ははっきりしているとしても、しかしその最終産物そのものは、単に込み入っているというだけでなく、自分が果たすことを驚くほど効果的に行う存在である――つまり秀逸《ブリリアント》きわまるデザインである――という確信がさらに強力になるのである。その事物が組み立てられる仕方を解明するためには、およそ人間のリバースエンジニアたちが発揮できる創意のすべてが必要となる。ジャック・ショ

（7）本書の中で、――人間による――知的《インテリジェント》デザインについては、多くの議論を行う予定であるが、いわゆる〈知的《インテリジェント》デザイン〉論という、創造論者のプロパガンダの最新流行版については、これ以上に語るべきことはないに等しい。それに対する反論をこれ以上つけ加える価値はないのである。

スタクによる、この数年来で最大級の躍進となった研究（Powner, Gerland, and Sutherland 2009）に対する注釈は、今述べたような態度の完璧な実例となっている。（ここで述べられる化学上の細部に気を煩わす必要はない。私が斜体にした〔訳では太字の〕箇所で明らかになるような、この種の研究の進め方にもっぱら目を向けてもらいたい。）

> この四〇年にわたり、ＲＮＡの**建築ブロック**となるリボヌクレオチドの前生物的合成を理解しようとする努力は、それらのブロックが三つの分子――ヌクレオ塩基（アデニン、グアニン、シトシン、ウラシルのいずれか）、リボース糖、リン酸塩――**を構成要素として組み立てられているという前提にもとづいていた**。この領域で遭遇する困難は数あれど、最も厄介な困難は、**ピリミジンヌクレオ塩基――シトシンとウラシル――とリボースとを適切に合成するどんなやり方もみつからなかった**、ということであった……。だがポウナーらは、糖とヌクレオ塩基が共通の前駆体から出現する、ピリミジン－リボヌクレオチドの合成に至る経路を解明することによって、「先にＲＮＡありき」のモデルを復活させた。この経路においては、遊離糖とヌクレオ塩基分子を中間生成物として用いることなく、完全なリボヌクレオチド構造が形成される。この洞察が中心となり、それに一連の付加的な刷新が結びつくことで、リボヌクレオチドの前生物的合成問題に対する、際立って有効な解決が提供されたのである。
> （Szostak 2009）

進化生物学者のグレッグ・マイアー（Mayer 2009）は、この研究へのコメントにおいて重要な指摘を行っている。

ジョン・サザーランドはポウナーらの研究の共著者の一人であり、当該の研究がなされた研究室に所属する研究者であるが、解決に至るまでの二〇年間にわたりこの問題に取り組んできた人物である。仮に彼が、一〇年目で研究を断念していたらどうなっていただろう？　私たちが、そんな合成は一切不可能だと結論していたということがありうるだろうか？　なかろう。この研究は、例の多種多様な、大前提に無知を掲げ、それに依拠する論証——デザインにもとづく論証、ギャップに宿る神、個人的信じがたさにもとづく論証など——がすべて無益であることを証明している。

私は本書全体で、一貫してリバースエンジニアリングの視点を活用するつもりであり、またその際、神秘の余地のない物理過程が、〔生物を構成する〕すべての要素を漸進的に一つに集めながら進み、かつそれらの要素を洗練していくことで、ありとあらゆる生物が産み出されたのだ、という前提に依拠する。この前提によれば、そのような物理過程が、最終的には私たちが目にするような適切に働くシステムを産み出したということになるし、また、それへ至る途上に仮定される中間段階のシステムは、私たちが知る現在の生物へ向かうはっきりした**進歩**を体現《レプリゼント》するものであったことになるはずだ。そして、そこで進行していた様々な過程の多段連鎖《カスケード》[16]に生じていた変化は、現在から振り返ると、そこで創発しつつあったシステムのデザイン上の改善だったと判明するような変化であったに違いないのである。（私たちはチェックメイトへの道の途上にいる。私たちは現在その道を進歩の方向へ進んでいるだろうか？）厳密な意味で**自己複製的なシステム**と呼ばれうるシステムが存在するようになるまでは、そこで働いている諸々の過程は、単なる前進化的で半ダーウィン的な過程、つまり自然選択による進化の半端な**類比物**に留まる——そのような諸過程は、諸要素の様々な組み合わせを生じさせ存続させやすくする度合いを高め、それが供給源諸分子の濃縮をもたらし、その濃縮が最終的に生命の起源を導くまで続いたのである。生物であれば**十分なエネルギー**と物資を獲得せねばならないし、自己の複製と言えるほど**十分によくできた**複製を構築するのに**十分な時間**、自己を破壊から遠ざけなければならない。リバースエンジニアリングの視点は生物学のあらゆるところに登場し[18]、また生命の起源の探求においては必須の視点である。その視点は常に何らかの種類の最適性の考察を含んでいる。例えば、xをなしうる**可能な**化学構造として**最も単純な**ものは何か？ とか、現象xは過程yを支えるのに**十分なほど安定**であるか？ とかいったような。

ある飛び抜けて影響力の大きな論考において、スティーヴン・ジェイ・グールドとリチャード・ルウォンティン（Gould and Lewontin 1979）は「パングロス主義パラダイム」という造語を、生物学におけるあの銘《ブ》柄《ラ》／烙印《ンド》——適応主義という——を指すための蔑称として考え出した。ここで適応主義とは、予想が結局は外れていたことが明らかにならない限りは、生物のすべての諸部分は**何かのためによい**ものだと仮定しておこう、という方法的な原理に依拠する立場を指している。ここで言う「何かのためによい」とは、生物の諸部分が有益な役割を果たす、ということであり、例えば血液を送り出すとか、移動速度を速めるとか、感染を防ぐとか、食物を消化するとか、熱を発散するとか、つがいとなる相手を魅了するとか、その他諸々である。この種の仮定は、まさにリバースエンジニアリング的な視点の中にそもそも組み込まれていたものであり、つまりはこの〔リバースエンジニアリングの〕視点から見ればすべての生物はその諸部分が諸機能をもつように効果的に構成されている、ということになる。（よく知られた例外は存在する。例えばかつて何かのためによいものとして用いられていた特徴が、今では痕跡的特徴となり、それの維持が高くつき過ぎない限りは、他の特徴たちと共に同乗し続ける場合とか、実際の機能は何らもたず、単なる偶然の「浮動」によって「定着」した特徴のような場合である。）

グールドとルウォンティンが用いたからかいの言葉は、その前から存在していた戯画化の使い回しである。ヴォルテールが『カンディード』で創作したパングロス博士は、私たちの世界こそすべての可能な諸世界の中で**最善の**世界であると力説した哲学者、ライプニッツの悪意ある滑稽な戯画化だったのである。パングロス博士のたくまし過ぎる想像力の中では、自然におけるどんな変事、奇形、大災害であっても、事後的に振り返れば、必ずや何らかの機能をもつと見ることができ、〔神の〕恩寵であると見ることができるのであるし、さらに言えばそれらは端的に、この完璧な世界の幸運な住人たる私たちのために、慈悲深い神が整えたものだということになっている。例えば性病は「諸世界中の最善世界なるこの世界において欠くべからざるものである。というのももしコロンブスが、西インド諸島〔アメリカ〕を訪れたときにこの病に感染しなかったとしたら――その病は生殖の源をむしばみ、しばしば生殖を阻むことさえして、明らかに自然の偉大なる目的に反するのであるが――私たちはチョコレートもコチニールも手に入れていなかったはずである」（Gould and Lewontin 1979, p.151 からの引用[19]）。ライプニッツの研究者たちは、一定の正当性をもって、ヴォルテールのパロディはライプニッツに対してとんでもなく不当な扱いをしていると主張するが、これは脇に置いておこう。グールドとレウォンティンによるその思想の使い回しは、生物学における最適性仮説の使用に対する不当な戯画化であっただろうか？　その通りであり、しかもそこからは二つの不幸な帰結がもたらされた。彼らの適応主義への攻撃は、進化論嫌悪者たちによって自然選択という理論そのものへの反駁であると誤って解釈され、また多くの生物学者たちは、リバースエンジニアリングが、それが可能である場合ですら遠ざけるべき不正な計略であるかのように思い、自分たちの表現のみならず考え方をも検閲し削除せねばならない、と確信するように導かれたのである。

これまで見てきた生命の起源の研究においては、その研究方法が「パングロス」的だという批判は無視されてきた。そこでの研究者たちは、自分たちが立てている戦略的仮定が研究を方向づけ、不毛な無駄歩きを回避するのに役立つ、ということを知っているからである。ある化学反応が、〔生命誕生に〕必須の構成要素だと見られているターゲット構造を生成するという可能性がまったく存在しない場合、その化学反応を観察しても何の意味もないのである。たしかにこの戦略にはリスクがある。ショスタクが指摘しているように、永年にわたり研究者たちは、ヌクレオ塩基をリボースに結びつけるという、一見最善で最も効率的なやり方が直接進められているという誤った仮定を行い、必要に**見えた**中間ステップを経ずに、共通の前駆体からリボヌクレオチドが出現するという、それよりも遠回りの経路を見落としていたのである。

チェスにはギャンビットという戦略がある。戦力の一部を放棄し――一見敗北への一歩に見える――それを、より進展した立場から見た勝利への一歩とする戦略である。対戦相手のこの先の打ち手を計算しようとする場合、ギャンビットは見極めるのが難しい戦略である。というのもそれは一見したところ――対戦相手がそこまで愚かではない以上――うっかりミスとして無視して大丈夫そうに思えるからである。生物学のリバースエンジニアたちには、同様の、遠回りだが実りの大きな経路を見逃してしまうリスクがつきまとっている。というのも、クリックが〈オーゲルの第二規則〉と名付けた規則として述べているように、「進化は君よりも賢い」からである。盲目的で目的を欠く進化の攪拌作業（前生命的な化学進化を含む）が、様々な問題に対する型破りの解決策を発見していく、という尋常ならざる業は、〈知的《インテリジェント》デザイナー〉の証拠でも、リバースエンジニアリングを**あきらめる**――これは研究全体の放棄を意味しよう――ための根拠でもなく、自らのリバースエンジニアリングゲームを粘り強く続け、改善していくための根拠となるものである。チェスの場合と同様、あきらめてはならない。誤りから学び、想像力の限りを尽くして探索を続けねばならないし、自分が立てた仮説がいかにもっともらしくとも、やはり無効になるリスクは抱えているという、虚心に検討すべき可能性も念頭に置いておくべきである。

　生命の起源におけるギャンビットかもしれない例を、一つ挙げよう。最初の自己複製可能な生物は最も単純な生物だったに違いない、というのは（この地球に現在存在している状況からすれば）、当初は魅力的な仮定である。初歩的なものが最初に来る［First things first］――まずは想像可能な単純な自己複製体を作り、次にそれを基礎に建築を行いたまえ、というわけだ。だが、このように仮定すべき必然性はまったくない。私の考えでは、ずっとエレガントさを欠く、込み入った、範囲の広い、緩やかな、がらくたオブジェ《オブジェ・トゥルーヴェ》[20]を寄せ集めて作られたループ・ゴールドバーグ装置［ピタゴラ装置］[21]が最初の自己複製体だったのであり、そしてそれが自己複製のボールを転がし始めた後、この不格好な自己複製体が、同類との競争の中で、繰り返し単純化を受けてきたのである。とびきり不思議なマジックのトリックの多くは、観客たちの想像の中にはマジシャンたちがその不思議なマジックを実現させるために、ばかばかしいまでに長たらしい手間ひまを浪費しているかもしれない、などという可能性が存在していないことに依拠している。マジシャンたちにリバースエンジニアリングを行いたいと思うなら、常に留意しておくべきは、マジシャンというものは、実演の際に利用できる「ちょっとした」効果のためなら、どんなとんでもないコストでも、恥じらいも嫌悪も抱かずに支払うものだ、ということである。そして自然もまた同じく、何の恥じらいも抱かない存在なのだ――しかも自然は、いついかなる時代であっても、予算の制約に縛られる必要がない存在なのである。

　緩慢で不確実な過程としての生命誕生の過程の中で、改善または進歩がなされてきたと語ることは、価値判断という違法な判断（科学にそれが入る余地はないことを認めよう）にふけることではなく、むしろ、どの時代のどの生物にも常に、安定性、効率性、といった要求事項が課されていることを認める（それゆえその

要求事項に関連した改善や進歩を語りうる」、ということなのである。例えば生化学者たちが、何か極めて**恐る**

べき存在、最終兵器とか、自己複製的な殺人光線とか、そういったものがいかに実現されうるのか、その

過程を研究していると想像してみてもよい。この場合でも生化学者たちは、自分たちの研究を規律ある仕

方で進めていくためには、そういう恐ろしいものが構築されるにはどのような経路が可能なのかを、やは

り想像せねばならないだろう。そういう言えばこのような生化学者たちが、自分たちが最終的に解明したデ

ザインの秀逸さに大いに驚嘆する、ということもあってよいのだ。本書ではこの先、生物学におけるリバ

ースエンジニアリングの前提や含意について、もっと色々と述べていく予定だ。現段階での私の希望は、

グールドとルウォンティンによる反適応主義のプロパガンダが適応主義に致命傷を与えたのだ、と直接に、

ないしはまた聞きで説得された人々が、私の計画を性急に無視してしまわないように、ということにある。

彼らの有名な『スパンドレル』論文によってそういう通説が広まっているものの、それとは正反対に、適

応主義は存命であり健在なのだ。リバースエンジニアリングは、そのリスクや責務に対し然るべき注意を

向けながら、依然として生物学における発見への王道であり、生命の起源の前生命化学

という、制約の厳しい世界で新たな発見がなされるための、唯一の通路なのである。

次章で私は生命の起源という現象を、より哲学的な観点から、理由[22]の起源として検討する。自然の内に

はデザインが存在するのか？ それとも単に見かけ上デザインらしきもののみが存在するのか？ 私たち

が進化生物学をリバースエンジニアリングの一種と見なすとして、これは生物の諸部分の配列には諸々の

理由が存在している、ということを含意するのであろうか？ その諸理由とは誰の理由か？ それとも理

由づける〔推理する〕者なき理由、デザイナーなきデザインなるものが存在しうるのであろうか？

62

(8) ニコライ・レネドが私に示唆してくれたところでは、グールドとレウォンティンの有名な論文に含まれている有《テイ》益《クホーム》なメッセージ〔家に持ち帰ってほしいほど重要なメッセージ〕は、「ギャンビットの探索」であり、これはたしかに、どんな適応主義者も従うべきよいアドバイスである。だが、もしもこれがグールドとレウォンティンが意図していたことであったならば、彼らはその意図を一般人と科学者双方の聞き手に伝えることに失敗しているのであり、つまり、彼らの論文は、適応主義を進化論的思考の中心特徴としての地位から降格させる権威的な論文であった、という通説が、彼らの聞き手の間では根強く存在しているのである。

第3章　理由の起源

目的論は死んだのか、復活したのか？

ダーウィンにはしばしば、圧倒的な影響力を誇っていたアリストテレスの学説、すなわち、世界内のすべてのものには目的、またはフランス語で言うレゾン・デートルつまり存在理由がある、という学説を乗り越えた人物である、という功績が帰される（この「目的」［purpose］は、「目的《エンド》は手段を正当化する」という意味での end とも言いかえられる）。

アリストテレスは、およそ私たちが何かについて発したくなる可能性がある問いかけを四つ特定している。すなわち、

1　それは何からできているか、つまりそれの**質料因**は何か？
2　それはどのような構造をしているか、つまりそれの**形相因**は何か？
3　それはどのようにして始まったか、つまりそれの**作用因**は何か？

4　それの目的は何か、つまりそれの**目的因**または**終局因**［telic cause］は何か？

この四つ目の原因はギリシャ語で言うと telos〔目的、終局〕であり、英語の teleology〔目的論、目的論的な過程〕[1]はこの言葉に由来している。私たちがしばしば言い聞かされるのは、科学はテロスというものを追放したのであり、それはダーウィンのおかげなのだ、ということである。カール・マルクスがダーウィンの『種の起源』への賛辞の中で述べた有名な言葉によれば（Marx 1861）、「ここでは、自然諸科学における『〈目的論《テレオロジー》〉』に対して、史上初の致命的打撃が加えられているだけでなく、それらの合理的な意味が経験的に説明されてもいる」ということである。

だがよく見るとマルクスは、次の二つの見方のどちらが、この先も変わらずに有効であり続けるはずなのかについて、あいまいな態度をとっていることが分かる。すなわち、

> 私たちはすべての目的論的な定式化を自然諸科学から追放すべきである、

という見方なのか、それともこんな見方なのか。

> 私たちは、諸々の自然現象の「合理的な意味」を、古びた目的論（エンテレケイア[2]や〈知的造物主《インテリジェントクリエイター》〉やその他）なしで「経験的に説明」できる以上、旧態依然たる目的論を、新たなポスト・ダーウィン的目的論で置き換えることができる。

このようなあいまいな態度は、今日では、多くの思慮深い科学者たちの実際の活動と主張とによって、〔簡単には露見しないように〕しっかり取り繕われている。一方にいるのは〔一般の〕生物学者たちで、彼らは色々な**機能**に言及する。つまり生物学者たちは、食糧集めやなわばり作りのような行動についても、目や魚のうきぶくろのような器官についても、リボソームのような細胞内の「機関《マシナリー》」についても、クレブス回路のような化学回路についても、モーター蛋白質やヘモグロビンのような巨大分子についても、日常的に、あらゆる場面で機能への言及を行うのである。[3] だが〔他方で〕、一定の思慮深い生物学者および哲学者たちは、このような主張に心安からぬものを感じ、機能や目的についてのこういう語り方は、本当のところを言えば単なる略記法であり手軽な比喩なのであって、厳密に言えばこの世界には機能といったものも、目的も、目的論《テレオロジー》〔的過程〕も、一切存在しないのだ、と力説するのである。ここに私たちが見いだすのは、デカルトの重力から生み出された、想像力を歪曲するまた別の諸力である。デカルトの重力の誘惑があまりに強力であるため、私たちは禁欲的原理に従うべきなのだと考える人々が出てくるのであり、そのような人々によれば、前科学的な考え方——魂、霊、アリストテレス的目的論、等々——からの**感染**の危険が存在する場合、過ちの可能性があるならば必ず、塵《ちり》一つない清潔な、完璧に検疫済みの側へと過つべきだ、[4] という原理に私たちは従うべきなのである。これは、多くの場合優れた原理である。腫瘍を切除する外科医は、腫瘍の周囲にたっぷりとある疑わしい「余白」ごと切り取るものだし、政治的指導者は危険な兵器——または危険なイデオロギー——を遠ざけておくための緩衝地帯を設置するものである。

人々に警戒を促すにはちょっとしたプロパガンダが役立つ。これまで、頑固な目的論者たちに対して、「ダーウィン偏執狂」や（Francis 2004; Godfrey-Smith 2009）、「陰謀論者」（Rosenberg 2011）、その他さまざまな悪罵が投げつけられてきた。もちろん、ある種の目的論的な行きすぎは禁じつつ、機能についてより穏やかで制約されたタイプの語り方を許容する、という中道の立場を支持する選択も可能であり、哲学者たちはその種の見解のさまざまな形態を考案してきた。私の何となくの印象では、多くの科学者は、このような健全な中道の立場はもう確立されており、彼らがずっと前に読んだ本なり論文なりに書いてあったその論拠は妥当なものだったに違いない、と想定しているのである。だが、私の知る限りで、この点で満場一致をもたらす古典的文献など存在しない。(9) なのに、各自の研究対象の機能に無邪気に言及する科学者たちの多くは、それでも自分は**決して**目的論の罪を犯してはいない、と言い張るのだ。

それ以外にここで働いているさまざまな力の一つとして、創造論者と〈知的デザイン《インテリジェント》〉論の輩《やから》たちに救いの手や慰めを与えたくない、という願望が挙げられる。[5] 自然の中にある目的とデザインについて語ることで、私たちは彼らの言い分を半ば認めてしまっている（ように見える）。この種の主題に関する厳格な禁止命令を固持し、生物圏の内で、人間による人工物を除けば、デザインされたものなど**厳密に言えば**何も存在しない、と主張し続けることが得策である、と考える人もいるだろう。自然が複雑なシステム（器官や行動など）を生み出すやり方は人工物を生み出すやり方とはまるで異なっているので、両者を同じ言葉で呼ぶべきではない、ということだ。ここからリチャード・ドーキンスは（別の議論のついでにだが——例えばDawkins 1996, p.4）生物の形質がデザインもどき《デザイノイド》であると語り、また『祖先の物語』（Dawkins 2004）の中では、「ダーウィン主義の自然選択が呼び起こすデザインの錯覚は、息を呑むほど強力である」とも述べる（p.457）〔邦訳下巻三二九頁〕。私としては、このような根こそぎの禁欲主義には同意しかねる。それは裏目に出てまずいことになる恐れがあるのだ。数年前、私はあるバーで、ハーヴァード大学の医学部生たちが、細胞内のタンパク質でできた機構《マシナリー》に見られる精巧さに驚きながら話をしているのを漏れ聞いた。その中の一人は声を上げてこんなことを言っていた。「こんなにまでのデザインを前にして、誰がどうやったら進化論なんて信じられるっていうんだい？」他の学生たちは、内心でどう思っていたかはともかく、異論を唱えてはいなかった。誰であれ、一体なぜこんな発言ができるというのか？　生物学者は自然の精巧さに困惑したりしない。むしろその発見に喜びを覚えるのだ。細胞の生命を統御する、細胞内の複雑な機構の進化を発見し説明することは、近年の進化論的ミクロ生物学の偉業の一つに数えられる。だが、この若者のコメントが示唆しているのは、進化生物学者たちは、自然における明白なデザインを「許容」ないし「容認」することに抵抗しているという話が、一般の人々の了解事項の中に広く根付きつつある一つの話題となっている、ということである。人々はより正確な知識を得るべきだし、特に医学部の学生ならばそうすべきだ。

これに関連して、〈知的《インテリジェント》デザイン〉連中にそそのかされ、自然選択説を、それがすべてのデザインを説明できるはずがないからという理由で退けるようになった人物として、ウィーンのカトリック教会の大司教、クリストフ・シェーンボーンを取り上げよう。彼は、『ニューヨーク・タイムズ』紙（二〇〇五年七月七日刊）の「自然の中にデザインを発見する」と題された、悪い意味で有名になった署名入り特集ページで、次のように述べている、

（9）生物学者や哲学者たちはしばしば機能についての語りを主題とした著作を書き、そのような語りを許すためにはどうしたらよいかについて意見の根強い不一致があるにもかかわらず、自然的機能を肯定してくれる何らかのうまいやり方を進化論的な考察が提供する、ということと、人工物への機能の付与は歴史および現在の有能性《コンピータンス》に依拠してなされる、ということについては、合意といってよさそうなものが形成されている。生物学者及び哲学者による最良の研究を集めた優れた論文集としては、Allen, Bekoff, adn Lauder（1998）を見よ。

カトリック教会は、生命の歴史の詳しい解明の多くを科学に委ねるとしても、その一方で、人間の知性が理性の光によって、生物の世界を含む自然の世界の内に、目的とデザインを、容易にまた明晰に見つけ出すことができると公言している。すべての生物が共通の祖先に由来するという意味での進化は、真理であってもよい。しかし、ネオダーウィン主義的な意味での進化——無作為《ランダム》な変異と自然選択による、導きがなく、計画立てられてもいない過程としての進化——は、そうではない。いかなる思想体系も、もしそれが生物学に見いだされる、デザインに対する圧倒的な規模の証拠を否定したり言葉でごまかそうとするなら、それはイデオロギーであって、科学ではない。

私たちはどちらの戦いを望むだろうか？　一般の人々に、生物学のすべてのレベルにおける、茫然とするほど明白なデザインを、君たちは本当《リアリィ》は見ているわけではないんだ、と確信させようと望むのか？　それともむしろ、ダーウィンが示したのは、本物《リアル》のデザイン——およそありうる限り本物《リアル》のと言うべきデザイン——が、〈知的《インテリジェント》デザイン〉なしに存在しているということなのだ、と彼らを説得しようとするのか？　私たちは、原子《アトム》〔不可分割者〕は不可分割的《アトミック》ではないとか、地球は太陽の周りを回っているとかいうことを世間に向けて説得してきた。それなのになぜ、デザイナーなきデザインが存在できることを示すという教育的な取り組みにたじろぐのだろうか？　したがって、私は、ここに（今一度、新たな強調点と共に）次の主張を支持する。

生命圏には、デザイン、目的、理由がくまなく浸透している。私が「デザイン的構え」[6]と呼ぶものは、（いくぶん）知的《インテリジェント》な人間のデザイナーによって作られた人工物のリバースエンジニアリングを行う場合にとてもうまくいく前提と同じ前提を用いることによって、生物の世界の至るところに見いだされる特徴を予測し説明する。

私たちがさまざまな現象を理解し、説明し、予測するために採用する、異なっているが互いに密接に関係し合う三つの戦略ないし構え《スタンス》――物理的構え、デザイン的構え、志向的構え[7]――が存在する（Dennett 1971, 1981, 1983, 1987、他）。物理的構えはリスクが最小であるが、最も困難でもある。この場合人は当該の現象を物理的対象として、つまり物理学の諸法則に従っているものとして取り扱い、難解な物理学を理解し利用することで、次に何が起こるはずかを予測する。デザイン的構えが適用できるのは、人工物であれ、生物であれ、その一部分であれ、デザインされていて、機能ないし目的をもつものに限定される。志向的構えは、**第一義的には**、自らの機能を遂行するために情報を利用するようにデザインされた事物（すなわち志向システム）に対して用いられる。この構えは、事物を合理的な行為者《ラショナル・エージェント》として扱い、その事物に「信念」、「欲求」、「合理性《ラショナリティ》」を帰し、その事物は合理的に行為するはずだと予測する、という仕方で用いられる。

自然選択による進化は、それ自体がデザインされた事物なのでも、目的をもつ行為者であるわけでもないが、しかしあたかもそのようなものであるかのごとくに作用する。それは、諸事物があちらよりもこちらのやり方で案配されている理由《リーズンズ》を「見いだし」、あるいはそれらの理由《リーズンズ》に「追い従う」[8]という一連の過程である。進化によって見いだされる理由と、人間のデザイナーによって見いだされる理由との間にある主要な差異は、人間が見いだす理由がたいてい（常にではないが）デザイナーの心の中で表象されるのに対し、自然選択によって露わになる理由は、自然の産物のリバースエンジニアリングに成功した人間の研究者によって初めて表象される、ということである。ドーキンスの著書『盲目の時計職人』(Dawkins 1986)は、これらの過程の一見して逆説的な性質を巧みにとり出している。すなわち、一方でそれらの過程は盲目的で心も目的も欠くが、他方でそれらはデザインされた存在を豊富に生み出し、しかもそれらの存在の中には有能な工作者となったものが多く含まれ(巣を作る生物、網を張る生物、等々)、知的《インテリジェント》なデザイナー兼建築者もわずかだが含まれている——すなわち、私たち人間である。

　進化の過程が目的と理由を存在せしめるやり方は、それらの過程が色覚を(またそれゆえ色を)存在せしめるのと同じやり方——すなわち、漸進的なやり方——である。私たちが、諸理由の世界という人間的な世界が、もっと単純な、いかなる理由も存在していなかった世界からどのように生じてきたのかを理解するならば、私たちは、色が実在《リアル》するのと同じぐらいに、そして生命が実在《リアル》するのと同じぐらいに、目的と理由もまた実在《リアル》すると分かるようになるだろう。ダーウィンは目的論を追放した、と力説する思想家が首尾一貫した主張をしたければ、科学は色や生命の非実在性もまた証明したのだ、と付け足すべきである。存在するのは原子のみであり、原子は色も生命も備えていない。色もなく、生命もない事物の単なる巨大な凝集体が、全体として色と生命をもつ事物になるということなどいかにして可能だというのか? この修辞疑問には、(最終的には)解答がなされるべきであるし、また解答は可能である。ここで私が弁護したい主張は、タンパク質がなすことには理由があるし、バクテリアがなすことにも、木がなすことにも、動物がなすことにも、私たち人間がなすことにも、理由がある、というものだ。(そして、それと同じくらいに色も、それにもちろん、そうですヴァージニア、生命も本当《リアリィ》に存在するのですよ。)[9]

「なぜ」の異なった意味

理由の実在性《リアリティ》を、また実のところそれが自然の至るところに遍在していることを分かるようにする最もよいやり方は、「なぜ」の異なった意味を考察することである。whyという英単語〔および、対応する日本語の「なぜ」〕は多義的であり、そこでの主たるあいまいさは、それと置き換え可能な、「何のために？」と、「いかに生じるのか？」という、対をなす二つのなじみ深い語句によって特徴づけることができる。すなわち、

「なぜ君のカメラを僕に渡してくるんだ？」は、「君は**何のために**そうするんだ？」を尋ねており、

「なぜ氷は水に浮くのか？」は、「いかに生じるのか？」を尋ねている。言いかえれば、氷が氷であることによって作り出している状態が、どのように氷の密度を液体の水よりも小さなものにしているのか？　を尋ねているということである。

「いかに生じるのか」の問いは、その現象を何の**ために**かを言わずに説明する**過程記述**[10]を問うものである。「なぜ空は青いのか？」「なぜ砂浜の砂粒は大きさが揃っているのか？」「なぜ今しがた大地が揺れたのか？」「なぜ雹《ひょう》には雷がつきものなのか？」「この泥が乾燥したかたまりはなぜこのように割れるのか？」あるいはまた、「なぜこのタービン翼はうまく動かないのか？」世間には、なぜ氷は水に浮くのかという、無生物界の特徴についての問いを、「何のために」という理由——察するに、神の理由だ——を

呼び込むものとして扱いたがる人がいるかもしれない。（「僕は、冬の間も魚が氷の下でも生きられることを神様が望んだんじゃないかと思う。何ポンドもの巨大な氷が下から膨らんでくるような世界は魚にとっては生きづらいだろうし。」）だが、「いかに生じるのか？」の問いに対する物理学や化学の観点からの答えを私たちが手にしている限り、それ以上の答えを求めるのは、実のところ偏執狂と大差ない態度である。

次の四つの問いを比較してみよう、

1　なぜ惑星が球形か知っていますか？
2　なぜボールベアリングが球形か知っていますか？
3　なぜ小惑星が球形ではないか知っていますか？
4　なぜサイコロが球形ではないか知っていますか？

「理由《リーズン》」という言葉はこの四つの問いすべてに適用できるが（少なくとも私の耳にはそう聞こえる――みなさんはどうだろうか？）、しかし（一）と（三）に対する答えは**理由**を挙げるのではなく（そこにはその意味での理由は存在しない）、むしろ**原因**あるいは過程記述を挙げる答えである。不都合にも、「理由」という言葉は文脈によって**原因**を意味することがあるのだ。問いの（二）と（四）に過程記述によって答えることはできよう。「うん、そのボールベアリングは旋盤かその類の上で作られたんだ。この旋盤か何かが金属を回転させて……あと、サイコロの方は、四角い型枠に流し込まれて……」といった具合だ。だが、これらは理由ではない。人々は時にこれらの異なった問いを混同する。その例として忘れがたいのは、一九七四年、西ミシガン大学でスキナー的行動主義の熱狂的支持者であったジャック・マイケル[11]と交わしたやりとりである。やりとりに先立ち、私は「スキナーをむき出しにする」〔"Skinner Skinned"〕（『ブレインストームズ』（Dennett 1978）所収）を発表していた。マイケルはこれへの反論の中で、行動主義のイデオロギーの中でも格別に大胆な主張を論じた。私はそれにこう応じた、「しかしジャック、あなたはなぜそうおっしゃるんですか？」。これにジャックは即座に答えたのだ、「なぜなら、私は過去にそう言ったことで報酬を与えられたことがあるからです」[12]。私はなおも理由を――「何のために？」を――言ってもらいたいと求めたが、返ってきたのは過程記述――「いかに生じるのか？」――であった。その二つには違いがあるのであり、その区別を追い払おうとするスキナー主義者の努力の失敗は、「何のために？」を追放しようと試みる者は事柄の理解において巨額の代償を支払うことになるという警鐘を、実証主義的な精神をもつ科学者たちに向けて鳴らすだろう。

本書の最初の一文は、「心はいかにして存在するに至ったのか？　そして、心がこんな問いを発し、それに答えるということはいかにして可能であるのか？」であった。これは過程記述を求める問いであり、私はこの問いにこれから答えようとしている。だがその答えとなる過程記述はまた、「何のために？」がいかにして存在するに至ったかという問い、および、「何のために？」とは何のための問いなのか？　という問いへの答えでもある。

「なぜ？」の進化――「いかに生じるか？」から「何のために？」へ

自然選択による進化は、「いかに生じるのか？」から出発し「何のために？」に辿り着く。私たちが出発する世界には理由も目的も一切存在せず、ただきまざまな過程が生じるだけだ――回転する惑星、潮の満ち干、凍結、解氷、火山の噴火、それに何億兆もの化学反応。これらの過程の中のあるものはたまたま別の過程を生み出し、そのような過程はたまたま、また別の過程を生み出して、この連鎖はある「時点」まで続く（といっても、明瞭な境界線を求めてはならない）。その時点において私たちは、なぜある事物は現在あるような仕方で構成されているのか、という理由を述べること**が適切であると見いだす**のである。（私たちはなぜそれを適切だと見いだし、また私たちがそのような心の状態へ至ったのはいかにしてだろう？　我慢してほしい。答えはもうすぐ明らかになる。）

他者に対して、自分自身の説明や、自分が行った選択や行為の正当化を求め、そこで返ってきた答えを判断したり、支持したり、反駁したりするという「なぜ？」ゲームが、再帰的な循環をなして進んでいく活動は、人間の相互関係にとって中心的な活動であり、種としての人間が備えている独自の特徴の一つに数えられる。子供は早い時期に自分の役割を飲み込み、またしばしばそれをやりすぎて、両親を悩ませる。「どうして板を切ってるの？」「新しいドアを作ってるんだよ」「どうして新しいドアを作ってるの？」「そうすれば、家から出るときに出口を閉められるからね」「どうして家から出るときに出口を閉めたいって思うの？」……「どうしてあたしたちは、知らない人に家の中の物を持っていってもらいたくない、って思うの？」[13]……「どうしてあたしたちは物をもっているの？」こういう相互の理由確認の活動に私たちがみな参加し、よどみなくそれをこなしているという事実は、その活動が私たちの生を営む上でどれほど重要なのかを証拠立てている。すなわち、こうした理由確認の活動において適切に**応答を返せる**という私たちの能力は、応答可能性《レスポンシビリティ》＝責任能力の根源なのである（Anscombe 1957）。自分自身を説明できない者、あるいは、他者から与えられた理由によって動かされることができない者、つまり助言者の説得に「聞く耳をもてない」者は、責任能力が低下していると正当に判定され、法的に通常とは異なった処遇を受けることになる。

他者の行為の理由を問いかけたり評価したりする活動は、私たちが目覚めて活動している時間をすべて占有しているわけではないが、それでも、私たちが行為する仕方を事前に組み立てたり、若者に大人の役割への仲間入りをさせたり、私たちがお互いを判断する際の規範を確立したりする場合には主要な役割を果たす。このような営みは、私たち人間自身の生のあり方にとってあまりに中心的であるため、社会性をもつ他の種——イルカ、オオカミ、チンパンジーなど——がこの営みなしにどうやって過ごしているのか、想像するのが難しいときがある。例えば若い個体が「自分の持ち場を学ぶ」ことは、自分の持ち場について**教えてもらう**わけでもないのに、どうやっているのだろう? ゾウたちは群れがいつ移動するか、次はどこへ行くかで意見が割れたとき、どうやってそれを収めているのだろう? 彼らにとっては、精巧な本能による是認と否認の信号だけで十分であるに違いないし、また忘れるべきでないのは、私たち人類が達成したレベルの複雑な協力行動に携わる種は他には存在しない、ということである。

ピッツバーグ大学の哲学者であったウィルフリッド・セラーズは、お互いに理由づけ《リーズニング》をし合うということの活動を、「理由の論理空間」の創出ないし設立であると述べ(Sellars 1962)、ピッツバーグにいたある世代の哲学者たちにインスピレーションを与えた。そしてその世代の哲学者たちはロバート・ブランドムおよびジョン・ホージランドによって、この領野を詳しく探求するように導かれたのである。そこで許容される選択肢は何か? そしてそれはなぜか? 新しい考察はいかにしてその空間内に導入されるか? そして違反に対してはどのような対処がなされるか? 理由の空間に満ち満ちていたのは、理由を提供し合うゲームをプレイするための、さまざまな**規範**であり、事柄がいかに進展すべきかについての相互の認識——正しいやり方、間違っていないやり方——であった。それゆえ、理由が存在するところには常に、何らかの種類の**正当化**と、何かが間違っていた場合の**修正**の可能性のための余地、およびそれらの必要性が存在していることになるのだ。

このような「規範性」は倫理の基礎である。すなわち、理由の提供がいかに**なされるべき**かを見定める能力は、社会における生がいかになされるべきかを見定めるための前提条件である。この倫理という営みがなされていたのはなぜでありいかにしてか？　また、倫理の規則が作り出されたのはなぜでありいかにしてか？　それはかつて一度も存在したためしがなかったが、それでも今現在は存在している。いかにして、何のために生じたのか？　ピッツバーグの哲学者たちはこの、いかにして「今あるとおりになるに至ったか」という問いを発してこなかった。それゆえ私たちは理由提供ゲームの進化についての、私たちなりに注意深い憶測〔思弁〕をめぐらせることで、彼らの分析を補わねばならないだろう。私が示そうと思うのは、ピッツバーグの哲学者たちは、この問いを無視したことによって、二つの異なった種類の規範の間の区別と、それに結びついた二つの異なった修正の様式の間の区別を見落としてしまった、ということである。その区別とは、私が**社会的規範性**と**道具的規範性**と呼んでいるものの間の区別である。ピッツバーグの哲学者たちが分析し有名になったのはこの内の前者で、コミュニケーションと協力という営みの内部で生み出される**社会的な**諸規範である（それゆえにホージランドは（Haugeland 1998)、社会のメンバーたちの「難癖好き」が修正をもたらす力であると述べる）。後者は品質管理ないし結果の実効性に関わるもので、工学《エンジニアリング》の諸規範と言ってもいい。こういう規範は、市場に働く諸力や、あるいは自然的な〔やむをえない〕過失において姿を現す。この区別のうまい例示となるのは、〈よい行い〉と〈よい道具〉の間の区別である。〈よい行い〉は、不器用になされようと、たとえ目的を果たすことに失敗しようと、〈よい行い〉である。他方で、〈よい道具〉の中には、効率のよい拷問の道具や邪悪な武器が含まれていてもよい。それぞれの〈よい〉の否定についても、「不品行な」と「愚かな」という、同様の対比を見いだすことができる。人々は自分たちの見識に照らして不品行な人を罰することがあるが、無精神的な自然そのものもまた、愚かな人を罰することがある。後に見るように、自然の中のさまざまな理由を**識別できる**ようにする視点を創り出すためには、このいずれの規範性も必要なのである。

色覚と色は共進化したが、理由評価と理由は同様の共進化をしたわけでは**ない**。[14] 進化の産物としての理由評価は、理由よりも後の、それよりも進んだ産物なのである。

およそ理由が存在するところには、規範への暗黙裏の訴えが必ず存在している。つまり、本当《リアル》の理由は〈よい理由〉であるということが常に想定されているのであり、そこで言う〈よい理由〉とは、該当する特徴を正当化する理由である。（「いかに生じるか」の問いは決して正当化への問いを含意しない。）私たちが新たに発見された人工物にリバースエンジニアリングを施すとき、例えば、この隅についている精巧に作られたつまみは、一見「何をするようにも」見えないのに、なぜここについているのだろう？　と問いかけるかもしれない（ここで、何をするようにも見えない、とは、何の有用なことをするようにも見えない、という意味であり、つまり、つまみがあると光が当たったときに影ができるとか、つまみがあるために重心の位置が変わるとかいうこと以外に、一見して明らかな機能が見当たらないということである）。私たちは、結局そうでなかったと知らされない限り、デザイナーには、そのつまみをつけるための何らかの理由、すなわち〈よい理由〉があったはずだと予想する。可能性として、かつてそこには〈よい理由〉があったのだが、その理由は廃れてしまい、製造者たちはその事実を忘れてしまっているのだ、ということもありうる。この場合そのつまみは痕跡的[15]で機能を果たさないものであり、製造工程における惰性的な力のみによってそこにあるということになる。これと同じ予期が生物に対するリバースエンジニアリング的な探求を促しており、生物の困惑してしまう特徴について、生物学者がなにげなしに「自然の意図」は何だったのか、とか「進化が」その特徴を「選択した」ときに「思い抱いていたのは」何だったのか、といった言い方をしてしまうことはよくある。[10] 疑いないのは、生物学者たちの営みは他の人間によってデザインされ作られた人工物に対するリバースエンジニアリングの直接の子孫である、ということであり、そして後者そのものも、人間のさまざまな活動に対し理由を問いかけ、理由を提供するという社会的な制度の直接の子孫である、ということである。これが意味するのは、このような〔理由提供の〕営みが、前科学的思考から持ち越された、時代遅れの痕跡物なのだ、ということかもしれない——そして生物学者の多くは似たような推測をしている。しかしまた別の可能性もある。すなわちそれは、生物学者たちは、〈自然〉が私たちに与えた思考道具を用い、リバースエンジニアリングを生命世界に拡張するための秀逸きわまる《ブリリアント》やり方を見つけだした、ということなのかもしれないのである——つまり世界の中には、〈一定の実在的《リアル》パターンが存在するための理由〉と呼ぶにふさわしい実在的《リアル》パターンがあって、〈自然〉はこの〔実在的パターンの理由という〕実在的《リアル》パターンを発見するために、そのような思考道具を私たちに与えていた、という可能性である。私たちはこの二番目の主張を弁護するが、そのためには、進化そのものがいかにして始まることができたのか、ということに目を向ける必要がある。

前進し数を増やせ

『ダーウィンの危険な思想』(Dennett 1995)で私は、進化とは**アルゴリズム的な**過程であると論じた。つまり進化とは複数のふるい分けアルゴリズムの集積体であり、このアルゴリズム自身が複数の生成–テスト・アルゴリズムから組織されている。各々のアルゴリズムは生成の段階と、無精神的に進むある種の品質管理テストの段階においてランダム性（〔または〕擬似ランダム性つまりカオス）を利用し、結果としてより多く子孫を残すトーナメント戦の勝者が出てくるのである。このような多くの生成過程の多段連鎖《カスケード》はいかにして進み始めるのだろうか？　前章で指摘したように、生命の起源を導いた一連の過程が実際にどのようなものだったかはいまだ不明である。とはいえボールを転がし始めるためにはさまざまな漸進的な修正過程が利用可能なのだ、ということにいつも通り注意を向ければ、見通しをよくすることができる。

前生命的、ないしは無生命的な世界は完全なカオスであるわけではない。つまりそれは運動する原子のでたらめ《ランダム》なパレードだったというわけではない。特に注目すべきは、そこにはそれぞれさまざまな時間的、空間的な尺度にまたがる、数多くの**サイクル**[16]があったということである――四季、夜と昼、潮の満ち干、水の循環《サイクル》、それに原子と分子のレベルに見いだされる、何千もの化学回路《サイクル》など。これらのサイクルを、アルゴリズムにおける「ドゥ・ループ」〔一定の命令の複数回の繰り返しを命じる命令〕であると考えてもらいたい。そのループは出発し、始まりに戻る間に何かを成し遂げ――例えば、何かを集積する、何かを動かす、何かをふるい分けるなど――、それからそれを反復し（何度も何度も反復し）、その中で漸進的に世界の状態を変化させ、かくして**何らかの新たなものが生じそうな蓋然性を高める**のである。無生命界におけるその

（10）例えば、生物学者のシャーリー・ティルグマンは二〇〇三年のワトソン講義の中でこんな発言をしている。「しかし、先ほど比較した二つのゲノムのどの部分に目を向けてもすぐに明らかになることがあります。それは、進化がゲノムを保存しようとする努力は、私たちが遺伝子とそれに密接に結びついた調整的な要素によって説明できる度合いを超えている、ということです。……科学者たちは、進化がこれらのDNA上の小さな区画に、一体何を思ってこれほど大きな注意を払っていたのかを理解しようとする試みに、思う存分取り組むべきなのです」。

図 3-1　ケスラーとウィーナーより、ストーンサークル　©Science magazine and Mark A. Kessler.

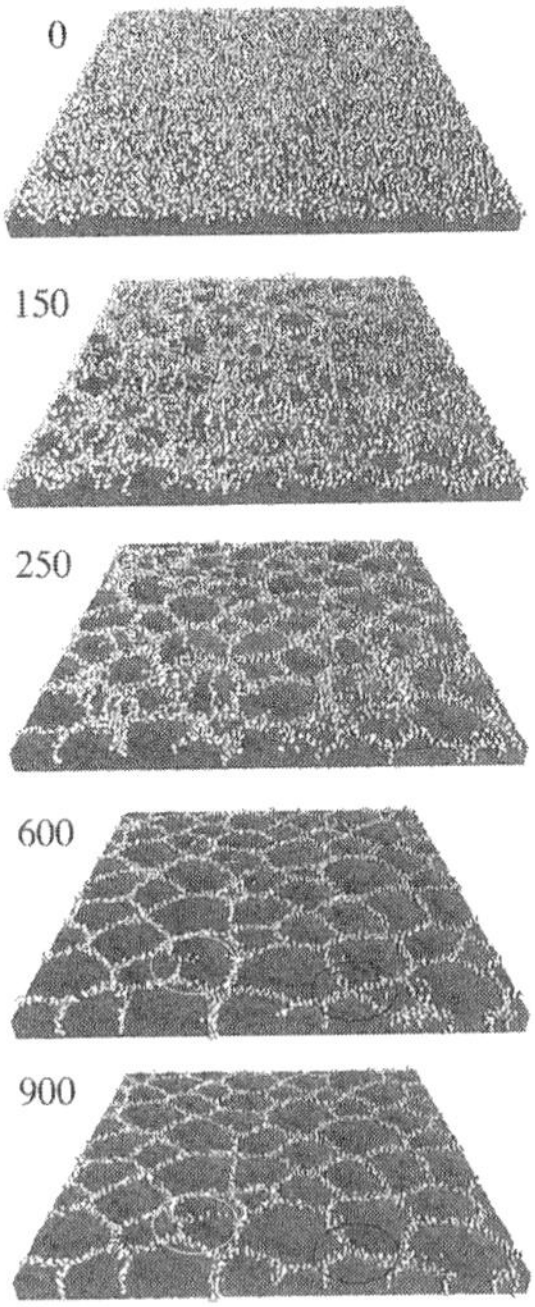

図3-2　ケスラーとウィーナーより、石の選別アルゴリズムの動作　©Science magazine and Mark A. Kessler

印象深い実例が、二〇〇三年の『サイエンス』において図示されている。

この無数のストーン・サークルを見る人は誰でも、極めてありそうにない配列が見渡す限りの大地に散りばめられている、という印象を受けるだろう。まるで「人間が作った」もの――アンディ・ゴールドワーシイの優美な野外彫刻を思わせる――に見えるが、しかしこれは自然の産物であり、北極圏に位置するスピッツベルゲン群島で、無精神的な凍結と解氷のサイクルが何百、何千年もの間続くことでできたものなのである。ニューイングランドの農夫たちは何世紀も前から、毎年冬になると霜柱が「新ものの」石ころを表土の表面に持ち上げることを知っていた。これらの石は土地を耕して作付けをする前に取り除かれる必要があった。ニューイングランドでは、時代がかった「石の壁」が農地の縁に沿って伸び、今では再び森になっているかつての農地を横切って続いているのを現在でも見ることができるが、これらの壁は、何かの出入りを防ぐことを意図して作られたものでは全くない。実のところそれらは壁でも何でもなく、丸石や小振りの岩石が耕作された土地の縁近くに運び出され、狭く積み上げられたものなのである。それは明らかに意図的で労力を要する、目的ある人間の作業の結果である。皮肉にも、農夫たちがもしも石を取り除かなかったならば、無数の凍結と解氷のサイクルを経て、石が前掲の写真〔および図〕のような「パターンある大地」現象のいずれか――パターンは必ずしも円形ではなく、多角形になることが最も多く、迷路状やその他のパターンになる場合もある――を形成したかもしれない。ケスラーとワーナーはあるモデル――アルゴリズム――を用いて、この過程に一つの説明を与えている。[17] そのモデルからは、石の大きさ、表土の湿度と密度、温度、凍結の速さ、地面の傾斜の角度といったパラメータの変化に応じて異なったふるい分け[18]の過程が生み出されるのである。こうして、これらの現象がまさに生じている場所で「いかに生じるのか?」についての、非常に優れた考え方が手に入るのであり、また、誰であれこれらのストーン・サークルに出くわして、それの背後には目的をもつ工作者がいるに違いないという、「何のために？」の問いへの答えを引き出す者は、誤っているということになるのだ。

無生命界では、多くの類似したサイクルが同時的に、しかし同期はせずに、発生する。それらは円環《ウイール》の中の円環《ウイール》の中の円環《ウイール》であり、相互に反復の周期を異にしながら、化学的可能性の空間を「探索」し続ける。これは多様な並列処理となり、工業における**大量生産**といくぶん似たものになるだろう。つまりそれは多くの異なった場所で異なった部品を異なった生産率で作り、それからそれらの部品を一箇所に集めるのである。この無生命的な大量生産が工業における大量生産と唯一異なるのは、それが明らかに計画も動機も欠く過程だということである。無生命界には〈差異化を伴う《ディファレンシャル》**再・生産**《リ・プロダクション》〔自己複製〕〉[19]は存在せず、得られるとしたら〈差異化を伴う存続《ディファレンシャル・パーシスタンス》〉のみである。すなわち、諸部分のある一時的な結合が、他の結合よりも長く居座ることで、修正と調整のために用いられる時間がより多くなるような過程である。平たく言えば、富めるものがますます富む[20]——たとえその富を子孫に残せないとしても——、という過程である。さらに、差異化を伴う存続は漸進的に、〈差異化を伴う**自己複製**〉に移行するに違いない。差異化を伴う「生存《サバイバル》」という、化学的な化合物たちの前ダーウィン的アルゴリズムは、自己触媒的な反応回路《サイクル》を生じさせ、それらの回路が今度は、〈差異化を伴う**存続**〉の単なる一特殊例に過ぎないものとしての、〈差異化を伴う自己複製〉を生じさせる、ということがありうるのだ。それは非常に特殊な事例なのであり、つまり己の有利さを増加させるという、格別の爆発力を備えた種類の事例である。しかもその有利さの増加をもたらしているものこそ……〔自己の〕増加《マルティプリケイション》〔増殖〕なのだ！　このタイプの存続体は、〔それ自身の〕近似的複製であるような存続体を数多く生み出すのであり、生み出された多くの存続体たちは、世界の中の、およそ一つか二つの存続体がなし得るよりもずっと多くの、わずかずつ異なった区域を「探索」することができるのである。

　広告の文句によれば「ダイヤモンドは永遠の輝き」だというが、これは誇張である。ダイヤモンドはその典型的な競争相手たちよりもずっと大きな、格別の存続力を備えているが、しかしそれが行う存続は、〈時間を通じて単線的な系譜に従って子孫を残す〉というモデルに従った存続である——つまり、火曜日のダイヤモンドはその親である月曜日の〔同一の〕ダイヤモンドに類似しており、以下同様、というモデルである。ダイヤモンドは決して増殖を行わないのだ。とはいえ、ダイヤモンドが変化を蓄積することは可能である。例えばすり切れや傷み、乾燥して硬くなった泥に覆われる、等であり、それらによってダイヤモンドは存続の期間を縮めたり伸ばしたりする。それ以外の持続する事物と同様、ダイヤモンドも多くのサイクル、つまりそのダイヤモンドをさまざまな仕方で巻き込むドゥ・ループから影響を受ける。通常、それらの影響は長い間蓄積されることがなく、むしろその後の影響によってぬぐい取られてしまうが、時にはたまたま、遮蔽物が立てられることもある。つまり何らかの壁や膜がさらなる防護物となるのである。

　ソフトウェアの世界には、**セレンディピティ**とその反対の**クラバーリング**という、よく知られた現象がある。セレンディピティとは、二つの無関係の過程が偶然に衝突して幸運な結果をもたらすことであり、クラバーリングとは破壊的な結果を招く偶然の衝突を指す。何らかの理由によってクラバーリングを防ぐことへと向けられた壁や膜はとりわけ存続力が大きく、また内部のサイクル（ドゥ・ループ）に、外的な妨害なしに動作することを許すようになっている。またそれゆえ私たちは、化学回路《サイクル》——クレブス回路《サイクル》やその他何千もの回路《サイクル》——を包み込む膜の、工学《エンジニアリング》上の必要性を理解する。それらが一体となることで生命の出現は可能になったのである。（細胞内の化学回路《サイクル》についてのアルゴリズム的な見方を論じた優れた資料としては、デニス・ブレイ『ウェットウェア』（Bray 2009）がある。）最も単純なバクテリアの細胞ですら、化学的なネットワークから構成されたある種の神経系を備えており、その効率性とエレガントさは卓越している。だがかつて前生命界で、さまざまな膜とさまざまなドゥ・ループをまさに正しいやり方で組み合わせたものが生み出されえたのは、いかにしてであったのか？　「数百万年では無理だ！」と言う人がいる。まことにごもっともであるが、ならば数億年に一度ならばどうか？　それがなさねばならなかったのはただ、自己複製の信管にたまたま一度だけ点火することに過ぎなかったのだ。

　私たちがこのような、存続が漸進的に増殖に転じつつある過程が始まって間もない時代に戻ってきたと想像してほしい。そこで私たちはかつて何もなかった場所に、ある種類の存在物が繁栄しているのを見いだし、そして尋ねるのだ、「なぜ僕たちはここに、こんなありそうにもない事物を見いだしているんだろう？」この問いは多義的だ！　というのも、今や過程記述を答えとする「いかに生じるのか？」と、正当化を答えとする「何のために？」とが、共に存在しているからである。私たちがまさに直面しているのは、ある種の化学的な構造がそこに存在し、同時に、化学的に可能な他の諸々の選択肢がそこには不在であり、そして、私たちがまさに目にしているものが、その局所的な状況において、それらと同時代の他の選択肢**たちよりもうまく**存続する事物である、という状況である。**私たちは有能《コンピータント》な自己複製体を手に入れることができる以前に、有能な存続体、すなわち、修正を取り込むのに十分長く居座るに足るだけの安定性を備えた構造を、手に入れることができるのだ。**言うまでもなくこれはそれほど目覚ましい有能性《コンピータンス》ではないが、それでもダーウィン的な説明を必要とする何かである。それは単なる準《ソルタ》・有能性に過ぎず[21]、過度に奇妙な点はどこにもない。つまりそこで私たちが目撃するのは、**非機能的なもの**が機能的なものによって押しのけられていく、「自動的な」（つまりアルゴリズム的な）そぎ落としの過程なのである。やがてこの時代を過ぎると、私たちは自己複製するバクテリアを手に入れるのであり、そこには機能上の妙技が豊富に存在する。言いかえれば、そこにはなぜ諸部分が現にあるような形と配列をなしているのかの**理由**が存在する。私たちは自己複製的な存在に対してはどんなものであってもリバースエンジニアリングを施せるのであり、すなわち、それがよいものか悪いものかを決定し、**なぜ**それがよいまたは悪いのかを述べることができる。これが理由の誕生であり、ここではそれが、グレン・エーデルソンが〈ダーウィニズムについてのダーウィニズム〉という適切な名で呼んだもの（Godfry-Smith 2009）の一事例である、ということを申し分なく指摘できる。私たちがこの〔存続から増殖への移行の〕時代で目にするのは、単なる原因という種からの、理由という種の漸進的な創発、ある「いかに生じるのか?」からの、「何のために?」の漸進的創発であり、両者の間に「本質的な」分割線は引かれていない。〈最初の哺乳類〉――哺乳類の母親をもたない哺乳類――など存在しないのであるが[22]、それと同じように、〈最初の理由〉なるものも存在しないのであり、すなわち、ある存在をその「競争相手」よりも首尾よく生き残らせ、その存在の存続を促進させるような特徴を、生命圏が最初に獲得した瞬間、といったものは存在しないのである。

従って、自然選択とは自動化された理由発見器だということになる。つまり自然選択は、何世代にもわたって理由を「発見し」「裏付け」それに「焦点を合わせる」のである。ここで述べた言葉にカギ括弧を付したのは、自然選択は無精神的な過程であって、それ自身が理由を有する存在であるわけではないが[23]、しかしそれにもかかわらず、自然選択というものがデザインの洗練という「課題」を遂行しうる点で有能《コンピ》である《ータント》、ということを思い起こさせるためである。このカギ括弧を外して本来の意味を取り出すにはどうしたらいいかを確認しておく。まず、多くの突然変異体をその内に含むカブトムシの個体群を考えよう。一部の個体は（繁殖について）うまくやるが、他の大多数はそうならない。ここで、自己複製においてうまくやった、（典型的には）少数派の個体のグループを取り上げ、一匹一匹のカブトムシについて、それが**な**

ぜ平均よりもうまくいったのかを問いかけよう。この問いは多義的である。その問いは「いかにして生じたのか?」の問いとも、「何のために?」の問いとも解釈できる。そして多くの場合、否、ほとんどの場合、**何の理由もない**、というのがその答えとなる。それは単に気まぐれな運、つまり、幸運や悪運であったに過ぎない。この場合私たちが手に入れるのは、先の問いに対する「いかにして生じたのか?」への答えのみである。しかしそこに〔重要な〕**差異を都合よく作り出すような差異**[24]が生じている事例においては、「何のために?」の問いへの答えが存在している。こういう事例からなる部分集合はおそらくとても小さいのだが、こういう場合には、その事例が共通にもっている何かが、理由の萌芽となるものをもたらしてくれる。呼びたければそれを原・理由と呼んでもよい。過程記述《プロセスナラティブ》はそれがいかに生じたのかを説明し、かつまたその過程の中で、なぜそれらが他よりも優れているのか、あるいはなぜそれらは競争に勝利したのかを指し示す。「最善の存在に勝利を!」が進化トーナメントのスローガンであり、勝利者すなわちより優れた個体が自らの増強《エンハンスメント》[25]に対する正当化をあからさまに誇示するのである。あらゆる世代、あらゆる系統において、自己複製をやり遂げるのは競争者たちの中の一部のみであり、その次の世代の彼らの子孫の各々は、単に幸運であるか、何らかの点で〈幸運にも天性に恵まれていた〉かのいずれかである。後者のグループは**選択された**のだ(いわれがあって〔原因によって[for cause]〕[26]、と言う人がいるかもしれないが、むしろある理由によって、と言うべきである)。この過程は、理由に盲目的に追い従う過程によって機能が累積していくことを説明する。その過程が創り出すのは、目的を目指しているがその目的について知っている必要《ドント・ニード・トゥ・》がない《ノウ》存在である。スパイ小説で有名な「ニード・トゥ・ノウ」の原則〔情報は知る必要のある者にのみ与え、知る必要なき者には与えない、という原則〕は生命圏をも支配している。ある生物はそれが生まれつき備えている天性がなぜ有益なのかの理由を知っている必要がない《ドント・ニード・トゥ・ノウ》し、また自然選択そのものも自分が何をしているのかを知っている必要がないのである。
ダーウィンはこのことを理解していた。

「自然選択」という用語はいくつかの観点においてよくない用語である。というのもそれは意識的な選び取り《チョイス》を含意するように思われるからである。だがこれは、少々この用語になじんだ後では、無視される難点であろう。「選択的親和性［elective affinity］」について話す科学者に異議を唱える者はいないのであり、そして新しい性質が選択される、すなわち保存されるかどうかを生物が置かれた諸条件が決定する、というのと、酸が塩基と結合することを選び取るというのとは何も変わらないのだ。……簡略を期すために、私は時に自然選択を知的な力として語る――これは天文学者が重力の牽引作用が惑星運動を支配している、と語るのと同じ流儀である。……私はまた、しばしば自然を擬人化してきた。これは、このあいまいさを逃れることが困難だと気づいたからである。とはいえ私は自然という言葉について、多くの自然法則の作用と産物の集積であるとのみ解されることを意図している――また法則という言葉については、出来事の確証された系列とのみ解されることを意図している。(Darwin 1868, pp.6-7)

したがって、理由は理由表象者――すなわち私たち――が存在するずっと以前から存在していたのである。進化が追い従うこのような諸々の理由を、私は「浮遊理由［free-floating rationals］」[27]と呼んできたが、この用語に神経を逆なでされた思想家が、少数だがいたようだ。彼らは、私がある種の幽霊を召喚しているのではないかと疑っているのである。まったく違う。浮遊理由とは、数や重心の同類であり、幽霊のようなものでもなければ、問題含みのものでもない。立方体の角の数は、人々が算術を行うはっきりした方法を発明する前からすでに八つであったし、小惑星は、物理学者が重心という考え方を考案し、それを用いた計算を行う前から、すでに重心をもっていた。理由は理由づけを行う者が存在するようになるずっと以前から存在していた。この考え方にうろたえ、そこに「不健全」なものを感じとる人々がまたほぼ間違いなくいるはずだが[28]、私としては論調を弱めるつもりはない。その代わり私は本書で彼らの恐れを和らげ、彼らを説得したい。そして〈理由とは、さまざまな人間の探求者やその他の心によって表現されたり表象されたりする前に、すでに進化によって明らかにされていたのだ〉という語り方が、理由についての語りとして、我々の誰もが完全に満足できるものであるはずだということを受け容れてもらいたいと思っている(11)。口絵に掲載したカラー図版3－3と3－4の被写体である、驚くほどよく似た建築物を考察してみよう。

シロアリの蟻塚とアントニオ・ガウディのサグラダ・ファミリア聖堂は、非常によく似た形をしているが、その起源と建築法にははっきりとした違いがある。シロアリの蟻塚の構造と形状には、**なぜそうなっているのかのいくつかの理由が存在している。**しかし、それらの理由を、蟻塚を構築したどのシロアリも表象することはない。その構造を計画した建築家のシロアリなど存在しないし、個々のシロアリも自分がなぜそれをそういう風に建てているのかについて、ほんのかすかな糸口すら得たことがない。これは理《コンプ》

(11) 私のこの件での妥協のなさについて懐疑を抱いている哲学者の方なら、T・M・スキャンロンが最近出版した本、『理由に関する実在論者《リアリスト》になる』（Scanlon 2014）がお好みかもしれない。同書は、工学的《エンジニアリング》理由を無視し、行為に対する道徳的理由を有することに注意をもっぱら注ぐ場合、人がどのような問題に直面するのかについての、全面的《エクスハウシティブ》で、うんざりもさせる《エクスハウスティング》概観を扱っている。

解力《リヘンション》なき有能性《コンピータンス》であり、[29] それについてはもっと後で見ていく。ガウディの代表作の構造と形状にもまた、なぜそうなっているのかのいくつかの理由が存在している。しかし、それらの理由は（主として）ガウディが有した理由である。ガウディは、自分が命じて創らせた形状について、そのような形状であるべき理由をいくつか**有していた**。シロアリたちによって創られた形状にも、そういう形状であるべき理由がいくつか**存在する**。しかしシロアリたちはその理由を**有する**ことがない。木がなぜ枝を広げるかには、いくつかの理由がある。しかし、それらの理由は、何らかの強い意味における木の〔木が有する〕理由ではない。カイメンのふるまいは、いくつかの理由のためになされる。バクテリアのふるまいは、いくつかの理由のためになされる。ウィルスですら、いくつかの理由のためにふるまう。しかし、それらは、そのような理由を**有する**わけではない。彼らは理由を有する必要がないのである。

　理由を表象する存在は**私たち**だけなのだろうか？　これはとても重要な問いだが、答えを示すのは、本書の構想である視野の転換のための、大がかりな下準備を整えた後に持ち越すことにしたい。ここまでのところで私は、ダーウィンは目的論を根絶したわけではなかったことを示せたと思う。ダーウィンは目的論を自然化したのである――この判定は本来受容されるべき範囲にわたって広く受容されてはおらず、一部の科学者は、根拠のはっきりしない生真面目さに促されて、デザインと理由を語ることへの熱狂的な拒否の態度をとるのであるが。理由の空間を創出したのは理由提供という人間の営みであり、それを拘束しているのは同時に社会的／倫理的でありかつ道具的であるような諸規範である（両者の差異は不品行さと愚かさの差異である）。生物学におけるリバースエンジニアリングは理由提供・理由判断の子孫なのだ。

　「いかにして生じたのか？」から「何のために？」への進化は、生命が、前生命的な諸々のサイクルの多段連鎖《カスケード》を通じ、漸進的に創発した過程を解釈したときの私たちのやり方と同じやり方で見ることができる。浮遊理由は、なぜいくつかの特徴が存続しているのかを説明する理由として創発した。それはデザインがたとえ並はずれて優れたものであったとしても知的《インテリジェント》デザイナーを前提しない。例えばシロアリのコロニーがなぜ現在備えている特徴を備えているのかについてはいくつかの理由が存在するが、シロアリはガウディとは異なって理由を有さず、あるいは理由を表象しないのであり、コロニーが備えている卓越したデザインは誰か知的《インテリジェント》なデザイナーによる産物ではないのである。

第4章　二つの奇妙な推理の逆転[1]

ダーウィンとチューリングはいかに呪縛を解い《ブローク・ア・スペル》たか[2]

ダーウィン以前の世界は科学ではなく伝統によって団結していた社会だった。宇宙にあるすべての事物は、最高の高みに立つもの（「人間《マ》〔男性《ン》〕」）から最も卑しいもの（アリ、石ころ、雨粒）に至るまで、神の被造物であるとされた。そこで神は彼らよりもはるかに高みに立つ、全知全能の知的《インテリジェント》創造主であり、しかも神に次いで高みに立つ存在〔人間〕と驚くほど類似した存在であるとされていた。この見方を創造の上から滴り落ちる《トリクル・ダウン》理論[3]と呼ぼう。ダーウィンはこの理論を創造の下から沸き上がる《バブル・アップ》理論(12)によって置き換えた。一九世紀のダーウィン批判者の一人であったロバート・マッケンジー・ベヴァリーは、次のような生彩ある指摘を行っている。[4]

（12）私は三〇年間以上にわたってずっと、この著者の名を誤ってロバート・ベヴァリー・マッケンジーであるとしてきた。私の誤りを訂正してくれたノートン社のファクトチェッカーのみなさんに感謝したい。

> 私たちが相手にしている理論においては、〈絶対的無知[5]〉が創造主となっている。それゆえ、私たちは、その理論体系全体の根本原理であるものを、次のようにまとめることができよう――〈完全かつ美しい機械を作るためには、それをどのようにして作るかを知っている必要はまったくない[6]〉と。注意深く検討すれば、この命題があの理論の本質的内容を凝縮した形態で表現していることが分かるはずだし、このごくわずかの言葉の中に、ダーウィン氏の意味したものがすべて含まれていることも分かるはずである。ダーウィン氏は、奇妙な推理《リーズニング》の逆転によって、〈絶対的無知〉が、創造的な技をすべて成し遂げた〈絶対的英知〉の座に着くべき完全な資格がある、と考えているように見える。
> (Mackenzie 1868)

これはまさに「奇妙な推理の逆転」であり、ベヴァリーが表明した信じがたさの思いは、二一世紀においても、がっかりするほど大きな人口比にわたって繰り返し表明されている。

ダーウィンによる、下からわき上《バブル・アップ》がる創造の理論に向き合うとき、私たちは、私が〈デザイン空間〉と呼んでいる領域におけるすべての創造的なデザインの作業を、比喩的な持ち上げ《リフティング》として思い描くことがで[7]きる。それは第三章で見たような最初の粗野な自己複製子から出発し、つめ車付きの道を漸進的に上昇し[8]、自然選択の波を何度も繰り返しかぶり、ありとあらゆる形態の多細胞生物へ至る。こんな過程が本当に、生命圏に見られる不可思議のすべてを生み出せたのだろうか？　ダーウィン以来の懐疑家たちがしようとしてきたのは、自然の不可思議をあれこれと挙げた上で、ダーウィンの言うような手間のかかる非知性的な道筋はそういう不可思議を端的に説明できない、と証明することであった。彼らが探してきたのは、生きているが、しかし**進化によって生まれることが不可能な**何かである。このような現象を指すために私は

スカイフックという用語を用いている。この名の由来は、空中に浮かぶフックという、それに引っかけて滑車を吊り下げたり、その他好きなものを持ち上げ《リフト》ておいたりできる、空想上の便利な道具である(Dennett 1995)。スカイフックは祖先たちの支えなしに、知的《インテリジェント》創造という特別の行為の直接の産物として〈デザイン空間〉の高みに浮かんでいる。そして懐疑家たちが発見してきた自然の不可思議が、奇跡的なスカイフックなどではなく、むしろ素晴らしい**クレーン**であることが判明した、という逆転劇は何度となく繰り返されてきた。ここでクレーンとは、デザインの可能性の探索をそれ以前よりもずっと効果的にすることができ、〈デザイン空間〉における持ち上げ《リフティング》をより強力なものにすることができるような、〈デザイン空間〉上の奇跡ならざる新機軸を指している。内共生はクレーンの一つである。それは単純な単細胞生物たちをより複雑な領域へと持ち上げ《リフト》、多細胞生物がそこから立ち現れることが可能になった。性は一つのクレーンである。それは遺伝子プールがかき混ぜられることを可能にし、それによって自然選択の盲目的な試行錯誤の過程はそれ以前よりもはるかに多くのサンプル化を効果的に行うようになった。言語と文化はクレーンであり、進化によって生み出された新奇性であり、それ以前よりもずっと知的《インテリジェント》な（ただし奇跡によらない仕方で知的《インテリジェント》な）デザイナーたちによって探索されうる、莫大な広さをもつ空間を開くものであった。もしも言語と文化が、進化にとって利用可能な研究開発ツールの武器庫に加わっていなかったならば、蛍の遺伝子を組み込まれて暗闇で発光するタバコ属の植物は存在していなかっただろう。それは奇跡を要するものではなく、むしろクモの巣やビーバーのダムと同様の、明らかな生命の樹〔系統樹〕の果実であるが、私たちホモ・サピエンスとその文化の手助けがなかったならば、それが生まれる確率は無に等しいものであったのだ。

これらすべてを可能にしている生命のナノレベルの機構についてより多くを知るにつれて、私たちは第二の奇妙な推理《リーズニング》の逆転を適切に評価することができるようになる。この逆転はほぼ一世紀前にもう一人の才知豊《ブリリアント》かなイギリス人、アラン・チューリングによって成し遂げられた。ベヴァリーの言葉を借りて〈チューリングの奇妙な推理の逆転〉を述べると、次のようになる。[9]

〈完全かつ美しい計算機械を作るためには、算術が何であるのかを知っている必要はまったくない〉

チューリングの逆転以前にもコンピューターは存在しており、科学や工学の計算のために何百、何千もの計算技師《コンピューター》たちが雇われていた。ここで言うコンピューターは人間であって、機械ではない。計算技師《コンピューター》たちの多くは女性であり、その多くは数学の学位を取得していた。この計算技師《コンピューター》たちは人間であって算術が何であるかを知っていたが、チューリングは一つの偉大な洞察を抱いていた。すなわち、計算者《コンピューター》は算術の何たるかを知っている必要がない、ということであった！　チューリングの指摘するように、「計算者《コンピューター》のふるまいはどの瞬間においても彼が見守っているシンボルと、その瞬間における彼の『心の状態』によって決定されている」(Turing 1936)。ここで言う「心の状態」(このカギ括弧はチューリングによるものだ)とは、なすべきことに関する、恐ろしく単純な〈もし〜ならば〉命令、およびその次にいかなる「心の状態」に進むべきかの命令(そして〈停止〉の命令を目にするまではそれを繰り返せという命令)の集合である。チューリングが示したのは、〈絶対的無知〉たる存在でありながら、機械的に実行されることが可能な諸々の「命令」に従って算術的計算を完全に行うことができるような、無精神的な機械をデザインする可能性であった。チューリングが示したさらに重要な点は、**条件分岐**を含む命令に関わる(条件分岐とは、「もし0を目にしたならばそれを1に置き換えた後に左に移動せよ、しかしもしも1を目にしたならばそれをそのままにして右に移動せよ、その後に状態nへ移行せよ」といったような「もし〜ならば」型の命令である）。つまりもし諸命令の中に条件分岐が含まれていた場合、その機械は諸命令に決定されて無際限に複雑な経路をたどることができ、それによって目覚ましい有能性を付与されることになる――その機械は、計算可能なことならばおよそ何であってもなしうることになる――ということである。これは言いかえれば、プログラム可能なデジタルコンピュータ

ーは《万能チューリングマシン》であり、特殊用途のデジタルコンピューターをソフトウェア中に実装するための一連の命令に従うことで、どんな特殊用途のコンピューターを模倣することも可能だ、ということである。（スマートフォンに新しいタスクを行わせるためにいちいちその配線をつなぎ直す必要はなく、ただアプリをダウンロードし、スマートフォンをさまざまな機械に変えればよいのだ。例えば天体観測器や翻訳機や電卓やスペルチェッカ

ーや……。）情報処理の巨大な《デザイン空間》が、チューリングによって接近可能なものとなったのであり、そしてチューリングは《絶対的無知》［Absolute Ignorance］から発して《人工知能》［Artificial Intelligence］へ至る、《デザイン空間》中でなされる長大な持ち上げの系列が、通行可能な経路として存在している、ということを予見していたのである。

ダーウィンの奇妙な推理の逆転に耐えることができない人々が数多く存在する。私たちは彼らを創造論

（13）この論点を述べるための標準的な業界語は《チャーチ＝チューリング計算可能・テーゼ》として知られており、アロンゾ・チャーチはこのテーゼを「すべての有効な手続きはチューリング計算可能である」――言うまでもなく、これに適った手続きの多くは、実際に走らせるには長すぎるために現実の実行は不可能であるが――という定式化を与えている。どんなものが有効な手続き（これは基本的にはコンピューター・プログラムまたはアルゴリズムを指す）に数えられるのかについての私たちの理解は直観に頼らざるをえないものなので、このテーゼを証明することはできないのであるが、それでもこのテーゼはほとんど普遍的に受け入れられているので、チューリング計算可能性を有効性というものの受容可能な操作的定義と見なすのが典型的なことになっている。

者と呼ぶ。この人々は未だにスカイフックを探し求めている――それは「還元不可能な複雑性」（Behe 1996）と呼ばれる、ダーウィン的過程によって進化することのなかった生命圏の特徴を指している。それ以上に多くの人々がチューリングの奇妙な推理の逆転に耐えることがやはりできず、しかも驚くほど似た理由によってそうなっている。彼らが信じたがっているのは、心が備えているさまざまな驚異は、単なる物質的な過程には手の届かないものであるということであり、すなわち心とは、文字通りの奇跡ではないとしても、やはり自然科学を寄せ付けない謎めいたものなのだ、ということである。このような人々はデカルトの傷が癒されることを望んでいないのだ。

なぜそれを望まないのか？　私たちはすでに彼らの、人前に出すのをためらう類の動機のいくつかを指摘した。それは恐怖であり、うぬぼれであり、未解決の謎への場違いな愛好であった。これとは別の理由を挙げよう（これは「いかに生じたか？」の理由だろうか？「何のために？」の理由だろうか？）。すなわち、ダーウィンとチューリングは共に、人間の心にとって真に心休まらぬものを発見したのである――すなわち**理解力《コンプリヘンション》なき有能性《コンピータンス》**という発見を。ベヴァリーが表明した心底からの憤激は、知性なき創造的能力という**考え方《アイデア》そのもの**に向けられていたのだ！　この考え方が、私たちの教育上の指針とその実践において尊重されている、**理解力こそが有能性の（最善の）源である**、という考え方とどれほど衝撃的な仕方で対立するかを考えてもらいたい。私たちが子供を大学に進学させるのは、この先の人生全体の中で役に立つはずの、世界の働き方すべてについての理解を子供たちが獲得し、そうして得た価値ある理解力の倉庫から、必要に応じて有能性を生み出すようになる、ということを目的にしている。（ちなみに私は、〔「理解」または「理解力」と和訳される〕comprehension と understanding を同義語として用いている。これは comprehension の方が understanding よりも、この先何度となく登場する〔「理解力《コンプリヘンション》なき有能性《コンピータンス》」という〕スローガンに使うには好ましいという理由による。）現在、私たちが棒暗記を評価しないのはなぜだろうか？　その理由は、子供たちに何かの主題なり方法なりを**理解**させることが、その主題なり方法なりについての有能性を子供たちに与えるためのやり方（唯一の？　それとも複数ある内の最善の？）であることを私たちが目にしてきたからである——違うだろうか？　私たちは、要点も飲み込まずに枠内の空欄を埋めていくだけの、能のない暗記屋を評価しない。創造的な芸術家になるには数字付き絵の具キット[10]を使えばいい、と言う人がいたら私たちはあざ笑う。こんな私たちのモットーは、次のように表現するといいかもしれない。

子供たちに理解をさせれば、有能性がそこから生じるはずだ！

ここで働いているのが、ちょっとしたイデオロギーなどよりももっと大きなものだ、ということに注意されたい。私たちが尊ぶこの原理を応用しようとして悲惨な失敗に至った例のいくつかはよく知られている。例えば「新しい数学《ニュー・マス》」という運動があった。この運動は子供たちに足し算、引き算、九九の表、分数、それに長除法とか、2や5や10の倍数を数えるといった単純なアルゴリズムを叩き込む代わりに、まず最初に集合論やその他抽象的な概念を教えようとする試みだったが、失敗に終わったのである。

軍隊はこの世で最も効果的な教育機関の一つである。それは「たたき込み、練習する」というきつい経験を与えることで、平均的な高校生を信頼するに足るジェットエンジン技師やレーダー操作手や航海士や、その他無数の技術的な専門家に変える。しかるべき段階になると、さまざまな価値ある理解《コンプリヘンション》が、このような練習を積んだ《プラクティスト》専門家《プラクティショナー》の中に染み込んだ有能性から生じてくるのであり、これは、有能性は常に理解力に依存しているわけではなく、時には理解力に対する前提条件になることもある、ということの優れた経験的証拠となる。ダーウィンとチューリングが直面していたのは、この同じ論点の最も極端な形態である。すなわち、世界における豊かな才知《ブリリアンス》〔秀逸さ〕と理解力の**すべて**は、究極的には理解力なしの有能性から生じてくるのであり、そのような諸々の有能性から、長大な年月を経てより有能な《コンピータント》——そして**それゆえに**理解力を伴う——システムが組み立てられる、ということである。実際、これは奇妙な逆転であり、〈まず心ありき〉という創造のビジョンを転覆させ、長きにわたる過程の果てに私たちという知的《インテリジェント》デザイナーたちの進化がもたらされるという、〈心は最後に〉のビジョンをその代わりに据えるものである。

　理解力《コンプリヘンション》なき有能性《コンピータンス》に対して私たちが抱く懐疑に原因はあるが、理由はない。理解力なき有能性など存在しえない、という主張は「理《リーズン》にかなった」ものではなく、単に正しいような感じがするだけのものであり、そしてそれが正しい感じがするのは、私たちの心がそういう風に考えるように形成されてきたからである。この思考法がかけた呪縛を解くには[11]ダーウィンが必要であったし、その少し後にチューリングが同じ道を通ってやってきて、再びその呪縛を解いた。そしてチューリングは、私たちは伝統的な順序を逆転させ、自然選択による進化が、自分が何をしつつあるのかを理解する必要もないまま、生物の内部構造や器官や本能の秀逸きわまる《ブリリアント》構築を行ったのとまったく同じ仕方で諸々の有能性の多段連鎖《カスケード》から理解力を組み立てることができるのだという、新たな思想を切り開いたのである。

　〈ダーウィンの奇妙な逆転〉と〈チューリングの奇妙な逆転〉との間には、一つの大きな違いがある。ダーウィンが示したのは、いかなる知性も欠く諸々の過程の多段連鎖《カスケード》によって、いかに秀逸きわまる《ブリリアント》デザインが創造されうるか、ということであったが、チューリングの諸過程の多段連鎖《カスケード》のためのシステムは、極めて知的《インテリジェント》なデザイナーたるチューリングが作り出した産物なのである。ダーウィンは自然選択による進化を**発見した**が、チューリングはコンピューターを**発明した**のだ、と言うことができるかもしれない。自然選択による進化が生じるためには、ある知的《インテリジェント》な神がその全条件を設定する必要があった、という考えに満足している人は多いが、チューリングがコンピューターについての基本思想――すなわち〔物質的で、生命も理解力も欠く〕コンピューターが、諸々の基礎的建築ブロックから作られた、進化といくぶん類似する一連のデザイン上の改善から理解力が生じるための舞台となることができる、という思想――を定式化したときに演じた役割は、そのような神の役割と同じものであったように見える。チューリングの知的《インテリジェント》デザイナーとしての役割は、〈ダーウィンの奇妙な逆転〉と**対立する**のであって、その範囲を**拡張する**ものではない、ということになるのではなかろうか？〔結論を言えば〕答えは否《ノー》であり、そしてこの重要な問いへの〔ノーという〕答えを〔詳しく〕語っていくことが、本書のこれ以降の重要な課題になる。先に答えを簡潔に述べておくと、チューリング自身が生命の樹〔系統樹〕から生えた小枝の一つであり、チューリングが作り出した人工物もやはり、具体的な人工物も抽象的な人工物も共に、クモの巣やビーバーのダムと同様、間接的には盲目的なダーウィン的過程の産物なのであって、それゆえ、私たちがクモやビーバーのダムからチューリングとチューリングマシンに移りゆくとき、そこには**根源的な**不連続性あるいはスカイフックの必要性は存在していない、ということである。それでも、埋めるべき大きなギャップは存在する。というのもチューリングがものを作るやり方はクモやビーバーのやり方とははっきり異なっているからである。そして私たちはその差異に対する進化論的説明を必要としている。理解力《コンプリヘンション》**なき**有能性《コンピータンス》がそれほどに素晴しい多産性をもつのだとすると――それは最終的にナイチンゲールをデザインすることができたのだ――、私たちは――ナイチンゲールたちへの頌歌[12]やコンピューターをデザインすることができる者として――なぜ理解力を必要とするのだろうか？　人間流の理解力が表舞台に登場するようになったのはなぜであり、いかにしてだったのだろうか？　手始めに、そこにある対照を鋭く鮮やかなものにしておこう。

シロアリは理解力《コンプリヘンション》なき有能性《コンピータンス》の印象的な実例であり、強固で、安全で、空調の効いた住まいを設計図や親方の助けも借りずに建てることができるが（女王アリは親方というよりは王冠を飾る宝石のようなものだ）。他方でアントニオ・ガウディは〈知的《インテリジェント》デザイナー〉すなわち神の如き親方のほぼ完璧なモデルとして、そもそものはじめから下絵と設計図と、情熱的な文句でしたためられた諸々の理由で埋められた声明文で武装している。バルセロナにあるガウディの壮大な教会は、乗り越え難いトップダウン式の創造の実例であるが、チューリングによるコンピューターの元祖、パイロット・エース（現在はロンドンの科学博物館で見ることができる）はそれを破って一番手になるかもしれない。それは初めての真に実用的なコンピューターの一つとして、一九五〇年にイギリスの国立物理学研究所で稼働を開始した。その独創性と精巧さ――および予算――において、それはサグラダ・ファミリアに匹敵する。いずれの創造者も自分の野心的なデザイン〔設計〕へ出資してもらえるよう支援者たちを説得し、またいずれも入念に描かれた図面を、それを補助する説明を添えながら作り出した。それゆえいずれの場合も、最終的にできあがる実在物《リアリティ》はそれ以前の表象的な存在に依存していた。つまりそれらは、天才の心の中のデザインという目的の――それゆえそのすべてのパーツの存在理由《レゾン・デートル》の――表象の存在に依存していたのである。[14] 人工物を現実に組み立てる段階では、**相対的に**理解を欠き、自分の労働が目指しているものについて最小限の認識しかもたない労働者たちがいた。もちろん、理解における分業ということはあった――ガウディはモルタルをどう混合し、石をどう削るかについて、その仕事に携わっている石工ほど多くの理解をもつ必要はなかったし、チューリングは半田ごての達人や真空管製造の熟練技師になる必要はなかった。このような専門性や理解の分業は、人間の創造的事業の品質証明《ホールマーク》である。現代のハイテクを用いた人工物についてそれは明らかに本質的な特徴だが、それ以前の人工物に関しては必ずしもそうではなかった。一人で槍や、さらにはカヌーや木製の貨車や藁葺き小屋などを作り、そのデザインから組み立てまですべての面を理解しているような職人がいてもよいが、ラジオや自動車や原子力発電所についてそれを一人でこなせる人はいない。

人間による人工物、およびそれを作るために私たちが発明してきた技術の二、三の実例を詳しく見ることは、無知なるバクテリアからバッハへ至る道の中間地点を明らかにしてくれる。とはいえその前にまずは一つの用語を導入する必要がある――もともと哲学に由来し、その後いくつかの科学や工学《エンジニアリング》の分野で用いられるように拡張された用語である。

存在論と外見的イメージ

「存在論［ontology］」とは、**事物**を表すギリシャ語に由来する。哲学では、この語はある人物が存在していると信じる「事物《もの》」の集合、または、何らかの理論によって定義されあるいは仮定される事物の集合を指す。あなたの存在論には何が含まれているだろう？　あなたは幽霊を信じているだろうか？　信じているなら、幽霊はあなたの存在論の中に、テーブル、イス、歌、休暇、雪、その他すべてのものと並んで、

（14）　ガウディが死去したのは一九二八年だが、下絵や指示や模型を遺しており、それらが引き続き、建築途上の教会を完成へと導き続けている。チューリングは〈パイロット・エース〉の完成前にＮＰＬを遺しており、それ以外にもその人工物を完成へと導くための図像等［表象《レプリゼンテーションズ》］をいくつか遺している。

含まれていることになる。この「存在論」〔または「オントロジ」[13]〕という用語をこの第一義的な意味を超えて拡張することには、単なる便宜上の語法に留まらない意味があることが明らかになっている。このような拡張においてこの用語は動物が認識し、それにもとづいて適切な行動をとることができるような「事物」の集合を指すために用いられ（この際、動物が本来の意味で信念をもつと言われうるかどうかは問われない）、また――より近年では――コンピュータープログラムが果たすべき作業《ジョブ》を行う上で扱うことができねばならない「事物」の集合を指すためにも用いられる（その際、**それ**が本来の意味で信念をもつと言われうるかどうかは問われない）。ホッキョクグマの存在論に休暇は含まれていないが、雪は含まれているしアザラシも含まれている。マナティーの存在論に雪は含まれていないと見てよさそうだが、ボートの船外機のスクリューは、海草や魚や他のマナティーと共にそこに含まれている見込みが大きい。カーナビに入っているＧＰＳシステムが取り扱うのは、一方通行の道、左折と右折、制限速度、乗っている車の現在の速度であるが（これがゼロでない場合、カーナビは車を新たな目的地へ向かわせることができない）、ＧＰＳの存在論《オントロジ》にはまた無数の人工衛星や人工衛星からの信号といった、利用者が気にかける必要はないが、ＧＰＳが動作するためには必要なものも含まれている。

ＧＰＳの存在論《オントロジ》はそれを構築したプログラマーによって知的《インテリジェントリィ》にデザインされており、ほぼ間違いなく、そこにおける研究開発の過程では、さまざまな図式が試みられては不十分だと判明するという、試行錯誤が数多くなされてきた。ホッキョクグマやマナティーの存在論は、遺伝的進化と各個体の経験が識別困難な仕方で絡み合った仕方でデザインされている。マナティーの存在論に海草が組み込まれるやり方は、人間の赤ん坊の存在論に乳首が組み込まれるやり方と同様の、本能的な、長大な年月を経て遺伝的にデザインされるというやり方であるかもしれない。船外機のスクリューを自らの存在論に組み入れているマナティーは、経験によってそれを果たしたのである。私たち人類は極度に多様な存在論を備えている。魔女を信じている人も、電子を信じている人も、形態共鳴[14]とヒマラヤの雪男を信じている人もいる。とはいえ、存在論にはある巨大な共通の核心があって、これは通常の人類すべてがごく幼い時期から共有しているものである――六歳の子供ですら、その核心のほとんどすべてを把握しているはずなのである。

この共通の存在論に対して、ウィルフリッド・セラーズ（Sellars 1962）は**外見的〔日常的〕イメージ**という役に立つ名を与えた。[15]私たちが住んでいる世界を考察してみよう。そこを満たしているのは、例えば自分以外の人々、植物、動物、家具と家と車……それに色と虹と日没、それから声と散髪、ホームランとドル〔お金〕[16]、問題、機会、誤り、その他数多くの事物《もの》である。これら莫大な数の「事物《もの》」を、私たちは容易にそれと認め、[17]指し示し、愛し、憎み、多くの場合には操作し、時には創造することすらある。（私たちに日没を創造することはできないが、適切な条件の下でなら、多少の水とちょっとした工夫で虹を創り出すことはできる。）これらは私たちが日々の生活の中で行っている相互の関わりや会話をつなぎ止めるために用いる事物であり、大まかな近似を行えば、私たちの日常会話に登場するすべての名詞には、その名詞が指し示すある種の事物が存在する、ということである。これが、「イメージ」が「外見的〔日常的〕」であると言われるときの意味である――すなわちそれは誰にとっても明白であり、そして**それ**が誰にとっても明白であることを誰

（15）　実際には、セラーズは「『本源的《オリジナル》イメージ』と呼ばれうる……前科学的で無批判的でナイーブな世界・内・人間の概念様式」（Sellars 1962, p.6ff）〔邦訳一二頁以下〕と、この本源的イメージの「精密化ないし洗練」としての外見的〔日常的〕イメージを区別している。セラーズがこの区別を立てた際の主たる狙いは、哲学者たちは数千年単位の年月にわたり、ナイーブな概念様式に対する批判的な反省を行ってきており、それゆえ外見的イメージが直ちに民俗形而上学［folk metaphysics］[18]であるわけではない、ということにある。

もが知っており、しかも**誰もがそれを知っているということ**をも誰もが知っている、ということだ。それはみなさんがネイティブ言語を身につけると共に生じる、**私たちにとっての**世界である。[15] セラーズがこのイメージと対照させるのが**科学的イメージ**であり、その中に住まう住民としては分子、原子、電子、重力、クォーク、が挙げられるし、ことによるとそれ以外のものもこれに加わる（ダークエネルギーがそうだし、あるいは〔超〕弦《ストリング》や膜《ブレーン》もそうかもしれない）。[19] 科学者ですら、目覚めて活動している時間の大部分の間、自分の周りで生じている事柄を外見的イメージに関連づけて概念しながら過ごしている。（「鉛筆をとってくれないか」というのは外見的イメージに依存するコミュニケーションの典型的なひとこまであり、このイメージには、人々およびその要求と欲求、聞く、見る、理解する、行為する、という人々の能力、鉛筆を識別するための典型的特徴、鉛筆の大きさと重さと用途、その他大量の事物が含まれている。「鉛筆をとってくれないか」という要求を理解しそれに応じることができるロボットを作り出すというのは、断じて些末な仕事ではない。その文とその他ごく少数の事柄しか「理解」できないロボットを作ろうというのであれば話は別であるが。）

科学的イメージとはみなさんが学校で学ばねばならないものであり、ほとんどの（一般の）人々はそのごく上っ面を習得するに過ぎない。世界のこの二つのバージョンは、現在では非常に異なった、二つの別の生物種によく似たものになっているが、かつてその二つは単一の祖先的な「誰もが知っている」世界の中で融合し、あるいは絡み合って存在していた。その祖先的な世界の中にはすべてのその地域ごとの動物相と植物相、武器と道具、住居と社会的役割が含まれており、しかしまた、子鬼《ゴブリン》や神々や瘴気や呪いといった、人々の生に不運をもたらしたり、狩りの成功を保証したりすることができるものも含まれていた。私たちの祖先は漸進的に、どの「事物」を自分の存在論から追放し、どのような新たなカテゴリーを取り入れるかを学んできた。私たちのカテゴリーにおいて魔女や人魚やレプラコーン〔アイルランド伝承の小妖精〉は姿を消し、原子、分子、病原菌が含まれるようになった。アリストテレス、ルクレティウス、それにもっと下ってガリレオといったかつての前科学的思想家たちは、日常生活の存在論（外見的イメージ）と科学の存在論との間にはっきりした区別を立てずに自分たちの探求を行ったのであるが、とはいえ彼らは新しいタイプの事物の大胆な提案者であり、それらの事物が人気を博すに当たって最大の説得を行った人々であった。彼らが科学的イメージの存在論を創り出す中で犯した、人を惹きつける力がとびきり大きい誤りのいくつかを取り消すことが、現代科学の主要な課題になっている。

「存在論」という用語とは異なり、「外見的イメージ」および「科学的イメージ」という用語は今のところ哲学から他の分野への移転がなされていないが、私は現在、それを輸出するためのできるだけの努力を払っている。というのも、もうかなり以前から私の目には、この二つの用語が「私たちの」世界と科学の世界との間の関係を明確化するための最善のやり方に見えていたからである。前科学的な外見的イメージはどこから来たのだろうか？　セラーズは人類ないし人類社会の外見的イメージにもっぱら注目していた。私たちはこの概念を他の種にも拡張すべきであろうか？　他の種にも、拡張された意味での存在論がある。他の種に属する生物たちもまた外見的イメージをもつのだろうか？　そして彼らの外見的イメージと私たちの外見的イメージはどのように異なっているのだろうか？　このような問いは私たちの探求にとって重要となる。というのも、〈ダーウィンの奇妙な推理の逆転〉がどれほど大きな離れ業であるのかを理解するためには、ダーウィンが逆転させたものが何であり、また**それ**はいかにして成立したのかを理解する必要があるからである。

エレベーターを自動化する

恐ろしく単純な例から出発するのが役に立つだろう。意識にも、生命にすらも、まるで無縁のものを例として取り上げるのである。すなわち、自動エレベーターを制御する電子機器という例である。私が若い頃にはまだ人間のエレベーター運転士がいた。日常業務としてエレベーターに乗り込み、エレベーターを上下に動かして各階に正しく停止させ、乗客を乗り降りさせるのである。この時代、運転士たちは珍しい形のハンドルを時計回りか反時計回りに回してエレベーターを上下させており、エレベーターをちょうど正しい高さに合わせて停めるためには熟練の技が必要だった。乗客は乗り降りの際に一〜二インチ〔二・五センチ〜五センチほど〕の高低差をまたがなければならないことがしばしばで、そういう場合運転士たちは乗客に注意を呼びかけるのが常であった。運転士たちはいつ、どの階に最初に向かい、どのようにドアを開けるかなどをアナウンスするための数多くの規則《ルール》を身につけていた。これらの規則を記憶し、それを何度も練習し、規則が第二の天性になってしまうまで規則に従い続ける、というのが運転士になる訓練であった。そのような規則そのものが、永年にわたる大量の修正や改善というデザイン過程を経た調整の産物であった。このような調整過程が多かれ少なかれ片付き、その成果として理想的なルールブックができあがった、と仮定しよう。このルールブックは優れもので、それに正確に従えば誰でも優秀なエレベーター運転士になることができるものだった、としよう。（私はネット上でこの種の古式ゆかしいルールブックを発見した。出版元は米軍であった——これは、たたき込み、練習する、という役割において軍が草分け的な役割を果たしている、ということを考えれば驚くべきことではない。図4－1はそのあるページの複写である。）

ここで、単純なコンピュータープログラムが、運転士が行う制御の作業をすべて引き継ぐことができた

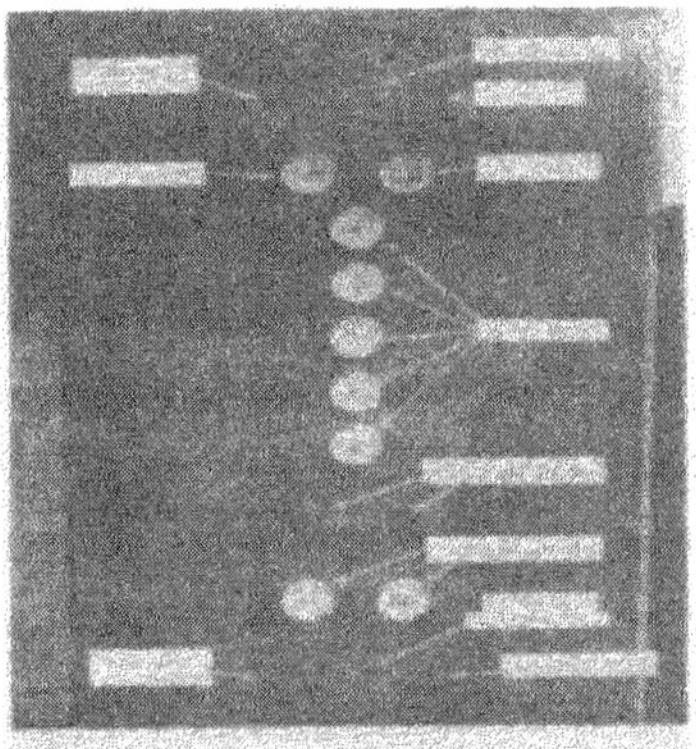

Figure 28. Elevator Control Panels.

numbers given. Be sure buttons for all stops requested are pressed before doors are closed.

(3) Say, "Next car, please," if more than maximum number of passengers attempt to enter car.

(4) Say, "Step back in car, please," in order to prevent crowding at car door.

(5) Ask passengers to, "Face front, please," if car is crowded and passengers are facing back or side of car.

4.2.2.2 Approaching Floor. As elevator approaches floor, operator should:

(1) Announce, "First floor," "Second floor," etc, as car slows to stop.

(2) Announce, "Street floor," as well as floor number, as, "First, street floor." This is necessary particularly in case of buildings on grade where street floor at one end is on different level from street level at other end of building.

4.2.2.3 As Car Stops. As car stops operator should:

(1) Say, "Please wait until car stops," if passengers attempt to alight from or enter while it is still leveling.

(2) Say, "Step up, please," or "Step down, please," if car does not stop level with landing sill. This is important as few people watch door sill when car stops.

4.2.3 Operating Procedures.

4.2.3.1 General:

(1) Parked elevator is never placed in service except under direction of supervisor.

(2) When at main floor, operator stands at attention well within the car.

(3) Operator never steps outside the car except when relieved from duty. Relieving operator steps into car and takes over control before dismissed operator leaves. Passengers are never allowed to remain in car without operator.

(4) When more than one car in bank is at main floor terminal, operators in cars other than next car to be loaded should close gates, and extinguish car lights.

(5) Cars should never be overloaded. Certificate of inspection is authority for weight load or number of persons permitted to ride in elevator.

(6) Floor signals are not passed without instructions from supervisor, unless car is full and signal "Transfer" switch is thrown.

(7) Passengers should not be hurried. It is both dangerous and discourteous.

(8) Operators never give information or make statements, either written or verbal, in connection with accidents occurring in the building. If statements are to be made, they must be given in presence of building manager or supervisor.

(9) When the car is out of service, the control mechanism is left inoperative by pulling "Emergency Switch." Where a motor generator is installed, supervisor shuts down set.

(10) Operators should make complete trips to top floor unless instructed otherwise

59

図 4-1　エレベーター運転士用マニュアルの 1 ページ

場合、どういうことが生じるのかを想像してみよう。（現実には、これは漸進的に生じた。つまりさまざまな自動機械装置が、それほど熟練を要さない作業から運転士を免除し、それに変わってその作業を引き受ける、というようにして徐々に導入されていったのである。だがここでは人間の運転士によるエレベーターが完全なコンピューター制御のシステムへと一挙に移行したと想像することにする。）こう仮定しよう。エレベーターの製造元が、ソフトウェアエンジニア――つまりプログラマー――のチームを招集し、人間の運転士が従ってきたルールブックを彼らに手渡し、こう伝えるのだ。「**必要なスペック**はこれです――つまり私たちが求める性能《パフォーマンス》の仕様書《スペキフィケイション》です。果たしてもらいたい課題は、これに載っているすべての規則に、最も優れた運転士と同じくらい上手に従うコンピュータープログラムを作成することです」。プログラマーたちはルールブックをくまなく読み進めながら、なされるべき行為をすべてリスト化し、またそれらを指示したり禁じたりする諸条件をリスト化する。この過程で、プログラマーたちはルールブックの中の余計な部分を取り除くことができる。例えばプログラマーたちが、エレベーターがいつも正確に正しい高さで停まることができる仕組みをセンサーに組み込んでいた場合、「フロアより下に停止しております、ご注意下さい」とか「フロアより上に停止しております、ご注意下さい」という注意を呼びかけるように運転士に求めるループは除去できる。とはいえプログラマーたちは、そのループの場所に、「［*n*］階でございます。足元にご注意下さい」といった単純な（録音の）アナウンスを発するループを残しておくかもしれない。

　このルールブックは一度に何名の乗客が搭乗可能か、という問題に関わる指示を含んでおり、プログラマーたちはその問題に直面せねばならない。例えば、出入り口に回転ゲートを設置し、乗降者の数をプログラムが数えられるようにすべきだろうか？　これはいい案ではない見込みが大きい。乗員全員の重さを量る計重器の方が適切だし、簡単だし、乗降時の手間も少ない。これがエレベーターの存在論にとって何に当たるのかを見てみると、これは「乗客」や「乗員」などの「可算名詞」の代わりに、「積載貨物」や「積み荷」のような不可算の「物質名詞」が存在論に含まれている、ということになる。私たちは比喩的に、エレベーターが常時問い続けているのは「積み荷の重さはどれぐらいか?」という問いであって、「乗客は何人か?」という問いではない、と言うことができる。同様にして指摘できるのは、ホッキョクグマは雪粒の数を数えようとしたりしないが、雪があるかないかの認識はもっているし、アリクイは無数のアリを飲むのであって、昆虫食の鳥のように個々の昆虫を追尾するわけではない、といったことである。そして注意すべきは、ここに述べた区別を立てるために、私たちがエレベーターの**意識**に関して憶測〔思弁〕をめぐらす必要がなかったのとまったく同様に、異なった存在論を備えた他の動物たちを取り挙げる際に、彼らが自分の存在論を意識しているのか、それとも、（リバースエンジニア、または通常《フォワード》のエンジニア[20]によって）自分の存在論をもっていると解釈されうるような、単なるデザインの受益者にすぎない存在なのか、という問題に**決着をつける**必要はない、ということである。

　エレベーターの存在論に戻ろう。エレベーターは一定の目的のために「積み荷」に依存するかもしれないが、それだけではなく、さまざまな個別の要求をいつも把握し、それに適切に応答できる必要もある。要求には、「上へ」や「下へ」のような外からの要求も、「五人乗っている」「一階にいる」「ドアを開いたままにしておけ」といった内側からの要求もある。また、安全のためには自己監視も必要である。つまりエレベーターのさまざまな内部機器の状態を定期的に点検し、それらが正しく動作しているかどうかについて、現実の状態と想定された状態との一致不一致を確認するのである。押されたボタンを点灯させ、ボタンから伝えられた命令が完了したならば（あるいは他の理由が生じたら）ボタンを消灯させる、という動作も必要である。コントローラーがどれほど実直（ないし強迫的）であるかの度合いはさまざまであってよいが、とはいえ妨害や失敗を無視するように設計《デザイン》されたプログラムが長期にわたって普及することはなかろう。そしてもし複数台のエレベーターが共有のロビーに並んでいる（または大きなオフィスビルやホテルの中にある）という場合、それらのエレベーターが相互にコミュニケーションを行うか、**そうでなければ**、そのすべてに命令を発する上位の命令者が存在するかでなければならない。（「君は私の現在位置から見てどちらにいますか？」のような「直示的な」指示[21]を利用するようにエレベーターを設計することは、結局のところ、個々のエレベーター間の「協力」を単純化し増進して、全知なる上位の制御者《コントローラー》の役割を除去する結果に至るだろう。）

このようにしてはっきりしてくる制御図式は、**擬似コード**[21]で記述するのが有益である。擬似コードとは、日常的な人間言語と、制約がずっと厳しいソースコードの体系の中間にある、一種の雑種的な言語である。擬似コードの一部を見ると、それは次のような具合になっているかもしれない、「if《モシ》 CALLFLOOR《ヨビダシカイ》 > CURRENTFLOOR《ゲンザイテイシカイ》 THEN《ナラバ》 ASCEND《ジョウショウセヨ》 U N T I L《イカノジョウケンヲミタスマデ》 CALLFLOOR《ヨビダシカイ》 = CURRENTFLOOR《ゲンザイテイシカイ》 AND《ソシテ》 STOP《テイシセヨ》; OPENDOOR《どあアケヨ》. WAIT《タイキセヨ》……」

擬似コードでプランが明確になり、求められているものの見通しが得られると、擬似コードをソースコードに翻訳することが可能になる。ソースコードは、擬似コードよりもずっと厳格で組織化された操作《オペレーション》システムであり、用語の定義――変数やサブルーチンなどの――も備えている。それでもソースコードを人間が解読することはごく容易なことであるし――結局、それを書いたのは人間なのだ――、したがってまた、ルールブックにある規則と用語は、その探し方を知っている限りは、ソースコードにおいて明確に表現されていることになる。これをより容易なものにしてくれるのが、次の二つの特徴である。第一に、変数と操作を指すために選ばれた名として、普通は意図された意味を〔英語で〕はっきり表すような名が選ばれる（CALLFLOOR《ヨビダシカイ》、WEIGHTSUM《ジョウインソウジュウリョウ》、TELLFLOOR《テイシカイアンナイセヨ》、等々）。第二に、プログラマーたちはソースコードの中にコメントを書き込むことができる。コメントとは、ソースコードを読む他の人間に、プログラマーが何を意図しているのか、またさまざまな部分が何をすると想定されているのかを告げる、注釈的な説明文である。プログラムを作成するとき、作成者自身のためにコメントを加えておく方が賢明である。というのも作成者自身が、ある行のコードが何を意図したものであったのかを簡単に忘れてしまうかもしれないからである。プログラム上のエラーを修正するためにコードを読み直すとき、コメントがあると実に便利なのである。

ソースコードは、厳密な文法に従って注意深く書き上げなければならない。すべての要素が正しい場所に置かれ、句読点も正しく打たれねばならない。ソースコードをコンパイラプログラムにかける必要があるからである。コンパイラプログラムはソースコードを受け取り、それを現実の機械（ないし仮想機械《バーチャルマシン》）が実行できる一連の基本操作へと翻訳する。コンパイラには、ソースコードのある行でプログラマーが何を意味しているのかを推測することはできない。それゆえコンパイラに対し、ソースコードがどんな操作をなすべきものであるのかを正確に告げる必要がある——とはいえコンパイラプログラムにはそのような作業《タスク》を遂行するための数多くの異なったやり方があるので、状況に応じて効果的なやり方を見つければよいのだが。

擬似コードの何千行もの命令の中のどこかには、次のような命令が書かれた行が見つかるだろう。

IF《モシ》 WEIGHT-IN-POUNDS《ぽんどカンサンノジュウリョウ》 > n THEN《ナラバ》 STOP《テイシセヨ》, OPENDOOR《どあアケヨ》.

｛この命令は最大荷重を超えた場合にエレベーターの動きを止める。また人が降りて重量が軽減した後、通常動作を再開する。｝

括弧内の文章は**コメント**であり、これはソースコードがコンパイルされてしまえば姿を消す。同様に、コードの中の大文字化された用語もコンパイルされ、プログラムを実行するコンピューターチップに組み込まれた後では残らなくなる。大文字の用語もまたプログラマー向けの、どの変数が何に当たるのかを思い出すのを助けるためにあり、上のIN-POUNDSはプログラマーに、プログラム中に書かれた最大荷重を示す数値が、単位としてポンドを受け取るのが望ましい、ということを思い起こさせるためにある。（一九九九年、NASAが一億二五〇〇万ドルを投じた火星探査機、マース・クライメイト・オービターは火星に接近しすぎてしまった。というのも、制御システムのある部分が火星との距離をメートルで表示していたのに、別の部分はそれをフィートで表示していたからである。探査機は火星に接近し過ぎ、自らの破壊を招いてしまった。人は誤りを犯すものだ。）要するにコメントとラベルは**私たち**がシステムのデザインがもとづく理由《ラショナル》を理解するのを助けるものなのであって、ハードウェアにとっては無視される／不可視的なものなのだ。プログラムが完成しテストも済んで満足のいくものと判断されたならば、コンパイルされたプログラムがROM（読み出し専用《リードオンリー》メモリ）に焼き込まれ、これによってCPU（中央処理装置）がプログラムにアクセスできるようになる。デザイン過程の初期の段階ではあれほどはっきり明文化され、あれほどくっきりしたものであった「規則」は、ハードウェアに読み込まれると、0と1の羅列の中に暗黙裏に含意されているに過ぎないものとなるのである。

プログラミングの基礎知識にこうして寄り道をしたのは、完成した動作可能なエレベーターと生物との間にいくつかの興味深い類似点があり、際立った相違点もまたある、ということを示すためである。つまり第一に、エレベーターの動作はその環境に対して目覚ましく適切なものになっている。それはすべての動作を**正しく**こなす、**優良な**エレベーターである。明敏《クレバー》なエレベーターだ、と呼んでしまってもいいくらいだ（往古の人間のエレベーター運転士の最も優れた人をそう呼ぶのと同様に）。第二に、このような卓越性はそのデザインが正しい存在論《オントロジ》を備えている、という事実にもとづいている。このエレベーターは世界の中の、自らの仕事を果たす際に関連する特徴について、それらを常時把捉する変数を利用する一方、他の特徴はすべて無視する（乗客が若いか老年か、死んでいるか生きているか、金持ちか貧乏か、等々）。第三に、このエレベーターは自らの存在論《オントロジ》がいかなるものであり、あるいはなぜそうなっているのかについて、**知る必要**《ニード・トゥ・ノウ》がない――プログラムの**理由**《ラショナル》を知っていなければならないのは、プログラムの設計者《デザイナー》だけなのだ。プログラムの設計者《デザイナー》が理由《ラショナル》を理解している必要があるのは、完成したプログラムを生み出す研究開発がそういう性格を備えたものだからである――つまりそれは（非常に）知的《インテリジェント》なデザインの過程だからなのだ。この三つ目の点は生物との際立った相違点であり、私たちが知的《インテリジェント》なデザインではなく自然選択の産物である単純な生物の存在論を論じる場合、この相違点を明らかにしなければならない。

　バクテリアですら、生命を維持し、適切な動作をなし、彼らの大部分にとって関わりをもつ諸事物を追尾する、といったことを巧みにこなす。木もキノコも同じくらい明敏であり、あるいはより正確に言えば、正しい時に正しい動作をこなすように、明敏にデザインされている。彼らが備えているのはエレベーターと同タイプの「心」であって、私たち人間のような高等《エレベーテッド》な心ではない[16]。そして彼らのエレベーター風の心は試行錯誤による研究開発の産物なのであり――そうでなければならない――そのような研究開発が、彼らの限定された、しかし生死に関わる利害関心に――絶対という保証はなくとも――高い見込みで役立つ

（16）この主張が幾分独断的なものであることは認めよう。私は木やバクテリアが、エレベータ制御システムよりも私たちの心に一層近い制御システムを備えていると考えてよい理由を何も見いだしていないが、彼らがそういうものを備えていることは**可能である**ことを私は認める。私はこの可能性を無視しうるものとして扱い、ゼロではないリスクを戦略的に引き受けることにする。

ように内部機構の状態が次々に移り変わるような構造を、漸進的に作り出したのである。エレベーターとは異なり、彼らの機構は知的設計者《インテリジェントデザイナー》によってデザインされたものではない。すなわち構成部分をどうデザインするかの理由《ラショナルズ》を考案し、議論し、考察する人々によってデザインされたものではないのであり、それゆえソースコードプログラムの中のラベルやコメントの役目を果たすものは何も――まったく何も、どこにも――存在しない。この点は、ダーウィンとチューリングが彼らの奇妙な推理の逆転によって成し遂げた変革を解き明かす鍵となる。

エレベーターは際立って明敏な働きをすることができる。すなわち自分自身の軌道を最適化し、それによって時間とエネルギーを節約し、乗客の不快感を最小化するように速度を自動で調節し、考慮する必要のあるものの「すべてについて考慮」し、命令に従い、さらには頻繁に発せられる要求に答えることすらする。優れたエレベーターとは腕利きの働き手なのだ。エレベーターはこのような働きを、ニューロンも、感覚器官も、ドーパミンやグルタミン酸塩〔いずれも神経伝達物質〕も、その他の脳の有機的構成物もなしで行う。それゆえ、エレベーターがこれほど「明敏に」行うことはほんの一かけらの理解力《コンプリヘンション》も意識もなしでの有能性《コンピータンス》の完璧な事例であるように思われる。もちろんこれは、エレベーターにこのような限定された有能性を与えている機構〔制御用のコンピューター〕が、一かけら、あるいは二かけらの理解力をもっていると見なされることがないという限りにおいてであるが。（そして同様の発想に従えば、エレベーターの目ざとい自己監視動作は意識へ向かう初歩的な段階であると見てもいいことになろう。）

エレベーターに対してごく小さな、無視しうる分量の理解力を認めたいと思うかどうかにかかわらず、私たちはこれと同じ方針をバクテリアにも適用すべきだし、木やキノコにも適用すべきである。彼らは〈自らの限定された生態的地位《ニッチ》の中で生命を維持する〉という目覚ましい有能性を、彼らが備える、優れたデザインを施された機構のおかげで、さらには彼らの遺伝子のおかげで、発揮しているのである。しかし、この機構は自然選択の研究開発過程によってデザインされたものであり、それゆえその研究開発の歴史のどの時点、どの地点においても、コメントやラベルが人間のデザイナー向けにさまざまな機能を表象するのと同様に、システム全体の大きな機能や、諸部分の要素的な機能それぞれの**理由**《ラショナルズ》を表象するものは、何ら存在していないのである。それにもかかわらず、リバースエンジニアリングを用いるとそれらの理《ラショ》由《ナルズ》がその中にあったということが発見される。つまりそのシステムについて、その各部分が**なぜ**現在の形になっていて、各行動が現在あるように組織されているのかの**理由**《リーズン》があるはずであり、そしてその理由がそのデザインを「正当化」するはずだ（あるいはかつての、現在は痕跡的になっているか、さらなる進化によって新たな機能に役立つものに変わったデザインを、以前は正当化していたはずだ）という予期が、多かれ少なかれ可能なのである。ここでその正当化とは、その要素を取り除くか作り替えるかすると、システムは全く動作しなくなるか、あるいは以前ほどうまく動作しなくなるはずだという、工学《エンジニアリング》の観点にもとづく単純明快な正当化である。浮遊理由に関するこのような主張は検証可能であるはずだし、そうでありうるものだ。そして多くの場合、この種の正当化は、あらゆる理にかなった《リーズナブル》疑いを免れ、確証されるのだ。

本題の、自動化に成功したエレベーターに戻ろう。**さてお立ち会い！** 現実の一人の人間――比喩的なホムンクルスではなく――が、機械に置き換えられた。しかもこの機械は、人間の運転士と**同じ規則を遵守する**のだ。本当に？ 分かった、訂正しよう。この機械は、同じ規則を準《ソルタ》・遵守するのだ。これは、行動を命ずる規則を記憶する――また従って心の中でその規則を、文字通りの意味で表象し頼りにする――人間と、自らが「服している」方程式によってエレガントに記述される軌道を描く惑星との間の、もってこいの中間事例である。私たち人間もしばしばこの中間的レベルに身を置く。一連の明文化された規則を、繰り返しの実行によって内面化ないし習慣化してしまい、あとはそれを気にかけなくともよく、忘れてしまってもいい、という場合がそれである（cの後に来る場合を除くeの前のi〔「アイ」ではなく「イ」になる〕や、neighborやweighのような場合〔のei〕がa〔エイ〕のように聞こえることなど）。さらに、まだ明文化されていない規則を準・遵守することも可能である。例えば英文法の規則の明文化は言語学者たちにとっての永年の課題である。つまり言語学者は今日でもなお、英語を話すための満足のいく「ルールブック」のバージョンを四苦八苦して書こうとしているが、一〇歳の英語のネイティブスピーカーなら誰でも、その言語を話し理解するという制御タスクのための実行可能なオブジェクト・コードのまことに優れたバージョンを何らかの仕方でインストールし、それのデバッグも済ませているものなのだ。

動物の心を取り上げる前に、人工物のデザインの事例をもう少し見ておきたい。これは、進化が有能《コンピータント》な動物をデザインする際に解決した問題を輪郭づけるのに役立つはずだ。

オークリッジとGOFAIの知的《インテリジェント》デザイナーたち

第二次大戦に関する未だ明かされていない秘密は、七〇年経った現在でも存在している。アラン・チューリングはブレッチリーパークにおいてドイツの〈エニグマ〉暗号の解読という英雄的な業績をなし遂げ、現在しかるべき賞賛を受けているが、しかしその詳細の一部は今なお公開がためらわれている。原子力工学史の専門家以外、マンハッタン計画を成功裏に終結させる際にレズリー・グローヴス中将[23]が果たした役割について、詳しく知っていそうな人はいないだろう。一九三九年八月にアインシュタイン゠シラードの手紙[24]がルーズベルト大統領の部屋に届き、原子爆弾製造の可能性を伝えてから、一九四五年八月に広島に最初の原子爆弾が投下されるまでに、ほんの六年しか要さなかった。最初の三年は基礎研究と「概念実証」[25]に専心した時期で、初期のこの段階では、それに関わっている人々のほとんど全員が、自分たちが何を実現しようとしているのかについての正確な知識をもっていた。一九四二年、レズリー・グローヴスは後にマンハッタン計画と呼ばれるようになる計画の司令官に任命され、信じがたいほど密度の濃い三年間の内に、兵器に使用可能な純度にまでウランを精錬するというとてつもない規模の（そして生まれたての）課題にさらなる研究開発を絡み合わせ、そのために何千もの労働者が雇用され、訓練され、現場に投入されることになった。彼らの仕事の大部分は、ウラン同位体の一種であるウラン235を分離するために新たに発明された機械の制御にあてられていた。機械にかける前の天然ウランはほとんどがウラン238で、ウラン235の含有量は一％なのである。

　作業の規模が最も大きかった時期には、一三万人の人々がフルタイムで働き計画に参加していたが、自分たちが何を作っているのかを少しでも理解していた人のパーセント数はごくごくわずかであった。理解力《コンプリヘンション》なき有能性《コンピータンス》としてこれに及ぶものはあるまい！　ニード・トゥ・ノウの原則は最大限度にまで強化されていた。テネシー州のオークリッジに急造された都市内に設置された、K25というガス拡散施設[26]では、一万人の男女が昼夜問わず計器を監視し、ボタンやレバーを操作して、一つの作業のために働いていた。彼らは真に熟練した技術でその作業を遂行し、かつ、それについて一切の理解をもっていなかった。広島の惨禍を知ったときの労働者たちの反応から明らかなのは、彼らは自分たちが飛行機の部品を作っているのか、潜水艦のクランクケースのオイルを作っているのか、それとも他の何かなのか、知らなかったということである。人々に専門技能を身につけさせつつも、当人たちはそれが何の専門技能なのかを知らないままでいるような訓練システムの創出を求められる計画、というものを考えてみてほしい。機密保持の水準は、それ以前の（そして多分それ以降の）いかなる場合よりも高かった。もちろん、レズリー・グローヴスと計画立案者たちは計画の大部分を知る必要があった《ニーデッド・トゥ・ノウ》。彼らは知的《インテリジェント》デザイナーであり、この課題の設計明細《スペック》の詳細かつ正確な理解を備えていた。その理解を使用することによって初めて、彼らは理解力なしの有能性のための隔離された環境を創り出すことができたのである。

この計画が疑問の余地なく明らかにしたのは、重度の機密に属する課題に取り組むための、ほとんど理解力を欠く多大な有能性《コンピータンス》を、高度に信頼できる水準で創り出すことは可能だ、ということである。私が確認できる限り、マンハッタン計画全体を通じて、事柄の理解度がどのように配分されていたのかについての正確な情報は、現在に至るまで極秘事項として保護されている。K25の建屋をデザインした技術者《エンジニア》と建築家にとって知る必要《ニード・トゥ・ノウ》のあったことは何だっただろうか？　この建屋が数ヶ月かけて建築された当時、それは世界最大の建造物であった。デザインに携わった人々の中には、極めて特殊な何マイルもある配管の用途を知る必要があった《ニーデッド・トゥ・ノウ》人々が明らかにいたはずであるが、屋根や土台やドアのデザイナーたちは全く何も知らなかった見込みが大きい。グローヴスとそのチームが、最小限の理解力《コンプリヘンション》しか要求されない、何千人もの人々の作業からなるシステムを知的《インテリジェントリィ》にデザインしていたのと同時期、大西洋の反対側ではチューリングとそのチームが、同様の無知なるホムンクルスたちを電子機器で置き換えるシステムを知的《インテリジェントリィ》にデザインしていた、ということに思いを馳《は》せるのは愉快である。[27]　その数年後、時代を画するこれらの戦時プロジェクトのいずれかに参加した科学者ないし技術者《エンジニア》がその大部分を占める人々の集まりが、チューリングが発明した理解力なしの有能な建築ブロックを、〈人工知能〉という野心的な分野を創り出すために利用し始めた。

チューリング自身が（Turing 1950）、世紀の終わりまでに「言葉の用法や一般教育で得られる常識が大きく変化し、考える機械について矛盾を招く恐れなしに語ることが可能になるだろう」と予言していた。この〔人工知能という〕分野の初期の研究は秀逸きわまりなく《ブリリアント》、山っ気たっぷりで、素朴な楽観主義に支えられていた。さらに、傲慢さに満ちあふれていたと言われてもおかしくないものだった。人工の知能たるもの、考えることができるのと同様、ものを見ることができなければならない、というのは確かだったので、まずはものを見る機械を設計《デザイン》しようということになった。一九六〇年代半ばにMITで立ち上げられた、よく知られた「サマー・ビジョン・プロジェクト」は、長い夏休みをすべて使い――より困難な問題は後回しにして！――「視覚を解明する」という試みであった。初期の研究に用いられた「巨大な電子頭脳」は、現在の基準からすればちんけな、痛ましいまでにのろのろした代物で、このような制限の副産物として、効率性こそが最優先の目的とされることになった。一連の現実に即した入力に何日もかけて応答を返すようなコンピューターモデルをわざわざ創り出そうとする人はいないのである。とりわけ、コンピューターの前例のない計算速度を活用《ハーネス》[28]して現実世界のリアルタイムの問題に対処しよう、という目標を立てている場合には、なおさらそれが言える。

　初期のAI、あるいはGOFAI（古き良きよそおいのAI［Good Old Fashoned AI］[29]（Haugeland 1985））は、人工的な知能〔知性〕というものに対して、「トップダウン式」[30]で「主知主義的」な取り組みを行うものだった。つまりさまざまな分野のエキスパートの人間たちが知っていることを、コンピューターが操作できる言語で書き出し、それに**推論エンジン**を備えさせる。この推論エンジンが、注意深い手作業で集められた**世界知識**を収めた「巨大」メモリーバンク内を巡回し、しかるべき情報にもとづく決断や、人工知能の手足やその他の実行装置を適切な仕方で制御するために必要となるであろう命題を、定理として導出するのである。今から振り返ると、GOFAIという営みが創り出そうとしていたのはデカルト主義的な理性主義的《ラショナリスティック》エキスパート、すなわち、メモリの中に何千もの**命題**を備え、その**理解力**のすべてが、適切な諸公理から諸々の帰結を引き出し、その帰結と世界知識との矛盾を突き止める——それもできるだけ効率的に——という能力の実現に尽くされるようなエキスパートであったと見ることができる。自らが知る諸命題を用い、どんな偶発事にも対応できるように、そのための諸行為を計画できるほどの素早さで思考する、しかるべき情報を備えた理性的《ラショナル》存在者が知的行為者《インテリジェント・エージェント》でないとすれば、一体何者が知的行為者だというのだろうか？ これは、当時ではよい考え方であったと思われるし、現在でもなお、この分野の研究者の中にはそう考えている人々がいる。[17]

スピードと効率性の尊重が第一に命じたものはさまざまな「トイ・プロブレム〔おもちゃ問題〕」、すなわち巧妙にスケールダウンを施された問題である。当時考案されたトイ・プロブレムの多くは、多かれ少なかれ解決され、そこで得られた解決は現在でも、制御装置という、それほど要求条件の厳しくない世界で応用されている——例えば（エレベーターや食器洗浄機から、石油精製装置や飛行機に至る）ごく限定された環境で働く制御装置や、医療上の診断、ゲームプレイやその他、相互作用が及ぶ範囲を注意深く切り狭めてある領域（飛行機の搭乗予約、スペルチェックやさらには文法チェック、等々）で働く制御装置である。私たちはこれらのデザインを、グローヴスと彼のエリート・チームが創り出した、高度の機密保持を施されたシステムの非常に間接的な子孫であると考えることができる。このシステムはニード・トゥ・ノウの原則を固守しており、多くの下位システムからなるこのシステムの構成は設計者《デザイナー》たちの理解力に依存している。そのシステムは、自らが直面する可能性のある問題に取り組むのにちょうど必要な有能性だけを、あらかじめ先を見越して装備されているのである。初期のＡＩ設計者《デザイナー》たちたちは、彼らの豊かな才知《ブリリアンス》にもかかわらず全知ではなかったので（しかも時間は本質的な重要性をもっていたので）、彼らは各々の下位システムが受け取って処理すべき入力の範囲と多様性を制限するために、中で働く愚かな奴隷たち〔サブルーチン〕を保護するための遮蔽された仕事場を何千も用意したのである。

彼らは多くを学び、多くの優れた運用法や技法を発明し洗練したのだが、しかしそれらは主に、自律活動可能で、想像力豊かで、状況に応じて自在に修正可能な人間の心をデザインするという課題が、実はどれほど困難な課題であるのかということを劇的に明らかにするのに役立ったのであった。人間の手でコード化され、トップダウン式に組織され、官僚主義的な効率性を備えた、わけ知り顔の歩く辞書（あるいは少なくとも話す辞書）という夢は現在でもなお完全に姿を消したわけではない。とはいえ、実現するための計画の規模が明らかになってくるにつれて、健全な選択として、異なった戦略へ目を向けるという転換が生じるようになってきた。すなわち、途方もない規模の〈ビッグデータ〉と、〔それを分析するための〕新たな統計学的パターン発見の技法を用いたデータマイニング、および必要な情報をよりボトムアップ的なやり方で補うための「ディープラーニング」を利用する、という転換である。[31]

これらの発展について、本書でこの先述べるべきことはもっとたくさんある。はっきり認識しておく必要のある論点は、永年にわたるコンピューターのスピードとサイズの莫大な増大は、〔前段落末のような〕「浪費的」で、「無精神的」で、より少なく「官僚的」で、より進化に類似した、さまざまな情報抽出過程への見通しを開いたということであり、また、これらの情報抽出過程は目覚ましい結果を達成しつつある

(17) ドゥルガス・レナットのCYC計画は、このような種類の人工知能を創出しようとする現在進行中の試みであり、何百人もいるコード入力者（〈サイク〉リスト［CYClist］として知られる）の三〇年間の働きの結果、この人工知能はそのメモリの中に人間の手で定義された概念を一〇〇万個以上も収めることになった。

ということである。[32] これらの新たな展望のおかげで、今や私たちは、自然選択という、ボトムアップ的で予見を欠く粗野な力によって、例えばバクテリアや蠕虫《ワーム》やシロアリなどを制御するための相対的に単純なシステムがいかに進化することができたのかという問いについて、ある程度詳しく考えていくことができるようになった。言い換えれば私たちは、進化が、無知な工員たちを実行力あるチームへと組織するという、レズリー・グローヴスが果たしていた役割を担い、グローヴスには豊かに備わっていた理解と予見**を用いずに**、いかにしてその役割を果たすことができたのか、今や知りたいと望んでいるのである。

トップダウン式の知的《インテリジェント》デザインはうまく働く。最初に計画があり、そこから問題を明確化し、課題を洗練し、各々の段階ごとにそれぞれの理由を明確に表現する、という方針は、何千年もの間、一見して発明者や問題解決者の目に明らかだと思われてきた戦略であるし、また単にそう見えるだけではなく、実際にその有効性を明らかにしてきた——科学や工学《エンジニアリング》に始まり、政治的キャンペーン、料理、農業、航海などに至る、およそ人間が努力を傾けるあらゆる領域では、予見と創意工夫というものが無数の勝利を収めてきたのだから。ダーウィン以前、この方針はデザインが実現されるための唯一のやり方であると見なされてきた。知的《インテリジェント》デザイナーなきデザインなるものは不可能であると思われてきたのだ。だが実のところ、トップダウン式のデザインというのは、一般に評価されているほどには、私たちの世界におけるデザインに対して大きな役割を果たしていない。つまり、再度ベヴァリーの言葉を使えば「創造的な技が成し遂げた成果」とされるものの内のいくつかは、未だに勝利を手に入れそびれているのである。ダーウィンの「奇妙な推理《リーズニング》の逆転」と、チューリングの同様に革命的な逆転は、ある単一の発見の二つの側面であり、その発見こそ理解力《コンプリヘンション》なき有能性《コンピータンス》である。理解力とは、すべてのデザインがそこから流出してくる神のごとき才能などではまったくなく、むしろ理解力なき有能性を備えた諸々のシステム——一方にあるのは自然選択、他方にあるのは心を欠いたままなされる計算《コンピューテイション》――からの創発的現象である。[33] この双子の思想は、あらゆる理にかなった《リーズナブル》疑いを免れた仕方で証明されているが、未だに狼狽と不信を一部の人々にかき立てているのであり、本章で私はその狼狽と不信を追い払おうと試みてきた。今後も、創造論者が生物内部の活動の中にコメントつきのコードを見いだすあてはないし、デカルト主義者が「すべての理解が生じる場」としての非物質的な思考スル事物《レス・コギタンス》を見いだすあてはないのである。

第5章　理解の進化

アフォーダンスに向けてデザインされたものとしての動物

動物が自然選択によってデザインされたのは言うまでもないが、このように進化論への確信を宣言しても、そこに含まれる情報はわずかである。より具体的に言って、進化は妙技《トリック》をいかにして成し遂げたのだろうか？　前章ではエレベーター制御装置やその同類の人工物をデザインする話に立ち寄ったが、そこで得られた成果の一つは、この種の研究開発が自然選択による進化といかに異なっているかについて、鋭い感覚を身につけられたことにある。すでに指摘したように、デザイナー――つまりプログラマー――は問題に対する自分の解決をテストし、実行するためにコンピューターを用いるが、そのコンピューター自体が知的《インテリジェント》デザインの産物である。そこには、建築用ブロックとなるいくつかの有能性《コンピータンシーズ》[1]――すなわち、算術演算と条件分岐――が最初から組み込まれている。このような事情にもとづき、およそプログラマーを志す人であれば誰でも、自分が引き受ける課題もまたトップダウン式の**問題解決**であると考えるのであるし、その問題に関する**自分自身**の理解を、構築中の解決の中に具体化させようと努力するのである。

「それ以外にどうやるというんだ？・」と聞いてくる人がいても当然である。この種の知的《インテリジェント》デザインはある目標を設定して出発し（この目標は先に進む中で洗練されたり、場合によっては破棄されたりすることも十分ありうる）、デザイナー〔ここではプログラマー〕たちが、自分自身に対して設定したデザイン上の問題（そしてその問題の下位問題、下位の下位の……問題）を解決するための探究を導くために、自らが知っていることをすべて利用するというやり方で、トップダウン式に進められる。これとは対照的に、進化はいかなる目標も、あらかじめ確定した解くべき問題も、自らの課題を果たすための理解力《コンプリヘンション》も、もってはいない。進化は、近視眼的で方向づけを欠くやり方で、かつて創造したものを抱えてじたばたしながら、無精神的にひねりや修正を試行し、はっきり有用だとわかるようになったものや、少なくとも格別に有害ではないものを、手放さずに進んでいく。

例えばデジタルコンピューターのような知的に洗練されたものが、ボトムアップ的な自然選択によって進化してくるなどということが、果たして可能だったのだろうか？　これは想像するどころか真面目に受け取ることすら非常に困難な事柄であり、このことが一部の思想家を、進化にはコンピューター（およびその上で走るプログラム）を創造することができなかったのだから、人間の心は自然選択のみによって産み出されたものではありえず、人工知能という夢が叶う見込みはない、という結論を引き出すように鼓舞したのであった。数学者・物理学者であるロジャー・ペンローズ（Penrose 1989）がその最も鮮やかな実例である。[2]　議論の便宜上、自然選択による進化が生きたデジタルコンピューター（例えばチューリングマシンである木や、チューリングマシンである亀）を**直接に**進化させることはできなかった、ということを認めておこう。だとしても、間接的なやり方は存在する。つまり、まずは自然選択が人間の心を進化させ、次に**その人間の心が**『ハムレット』やサグラダ・ファミリアやコンピューターをはじめとするさまざまな驚異を知的《インテリジェントリィ》にデザインできるのだ、としてみよう。このような自己引き上げ過程《ブートストラッピング》[3]は一見したところほとんど魔法に等しいもの、あるいは自己矛盾に等しいものに見える。シェイクスピアやガウディやチューリングが、彼らの頭脳の産物《ブレインチルドレン》のいずれよりもはるかに壮大ではるかに才知豊か《ブリリアント》〔秀逸〕な「創造物《クリエイション》」であることを否定するのか？　ある意味ではもちろん、それは否定されない。だがまた、彼らの頭脳の産物が、それが産み出される以前は存在できなかったようないくつかの特徴を備えている、ということもまた真実なのだ。

　あなたが遠く離れた惑星に降り立ち、海辺で生命のしるしになるものを探し回っているとして、貝を見つけた場合と、潮干狩り用の熊手を見つけた場合とでは、どちらにより興奮するだろうか？　貝は何十億もの精巧な可動部品を含んでいるが、潮干狩り用の熊手はただ二つの単純な固定部品しか含んでいない。だがそれは何らかの生物による工作物《アーティファクト》[4]なのであり、その生物は貝よりもはるかに、途方もなく印象深い存在である。**緩慢な、無精神的な過程がそれ自身では組み立て不可能だった事物を組み立てることができた事物が、緩慢な、無精神的な過程によって組み立てられた事物であった、というのはいかにして可能なのだろうか？**　みなさんの中で、この問いは回答不可能な、修辞疑問に過ぎないものに思われるという人がいたら、その人はダーウィンが解いた呪縛に未だに隷属し、未だ「ダーウィンの奇妙な推理の逆転」を利用できない人である。今や私たちは、その逆転がいかに奇妙で、いかに根源的《ラディカル》であるかを見定められるようになった。すなわち〔神のような〕〈知的《インテリジェント》デザイナー〉なき過程が、〔人間のような〕知的《インテリジェント》デザイナーを創造することは可能なのであり、そうして創造された〔人間のような〕知的《インテリジェント》デザイナーは、〈〔神のような〕〈知的《インテリジェント》デザイナー〉なき過程がさらに諸事物をデザインすることができるような〔人間のような〕知的《インテリジェント》デザイナーを創造する、ということがいかにして可能であるのか〉を私たちに理解できるようにしてくれる事物〔つまり本書〕を、さらにデザインすることができるのである。

これを理解するには、いくつかの中間段階を考えることが役に立つ。潮干狩り用の熊手が工作物《アーティファクト》であるということは、その熊手のどのような点から明らかになるのだろうか？ それは熊手が非常に単純なものだということである。これは熊手が、熱力学の第二法則を退け、諸要素を構成する原子がありそうもない配列で一様かつ対称的な集合体として存続するために、熊手がその熊手以外の何者かに依存している、ということを示すものである。熊手以外のその何者かは、複雑な存在なのだ。

再び、単純な生物に立ち戻ってみよう。あらゆる生物はそれ自身の存在論を備えている（エレベーターが存在論《オントロジ》を備えている、というのと同じ意味で）、という考え方は、ヤーコプ・フォン・ユクスキュル（Uexküll 1934）による生物の**環境世界**〔*Umwelt*〕――その生物にとっての望ましい生存に関連するすべてのものからなる、行動の環境――という概念において先取りされていた。この考え方にごく近い考え方は、心理学者J・J・ギブソン（Gibson 1979）の**アフォーダンス**〔*affordance*〕という概念であり、それは「環境が動物に対して利益《グッド》または害悪《イル》として差し出すところのもの」[5]であるとされる。アフォーダンスとは、何らかの動物の環境における重要性を備えた機会のことである――食べるための対象、つがいの対象、通り抜けるため、あるいは見渡すための空き地、隠れるための穴、その上に立つための対象、等々。フォン・ユクスキュルもギブソンも、至る所アフォーダンスに満ちた環境世界《ウムベルト》を備えているということが、意識（今のところ定義されていない、何らかの意味での意識）を含むことになるのかどうか、ということについては沈黙している。しかしフォン・ユクスキュルの事例研究はアメーバやクラゲやダニを含んでいるので、フォン・ユクスキュルがギブソンと同様、**生物が直面し解決する諸々の問題**を特徴づけることにむしろ関心を向けており、それらの解決がいかにして内的に実行されるのかにはそれほど関心を抱いていなかった、というのは明ら

図 5-1　潮干狩り用の熊手　©Daniel C. Dennett.

かである。太陽はミツバチの存在論の中に含まれる。ミツバチの神経系はミツバチが活動する際に太陽の位置を利用できるようにデザインされている。アメーバとヒマワリもまた彼らの環境世界《ウムベルト》の中に太陽を含んでいる。彼らは神経系を欠いているが、その代替となる機構を用い、太陽の位置に対して適切な反応をとる。従って、技師《エンジニア》が用いるエレベーター存在論《オントロジ》の概念は、〔どんな単純な生物の有能性を説明するためにも〕常に必要となる概念に他ならないのである[6]。私たちは、ある生物なり、生物のある系統なりが備えている存在論が、その生物の内的機構による、デザインされた反応の中に、単に**暗黙裏に含意されている**というだけでなく、何らかの種類の意識に、**外見〔的イメージ〕として現れる**ようになるのかどうか、そしてそうなるのはいつ、そしてなぜなのか、という問いを、もっと後まで先延ばしにしておくことができる。言いかえれば、生物が存在論の中に暗黙裏に含意されているデザイン的な特徴の受益者でありつつ、自分自身ではその存在論を何らかの強い意味において表象してはいない（意識的、半意識的、無意識的のいずれの仕方でも表象していない）、ということはありうることなのである。鳥のクチバシの形は、それ以外のいくつかの解剖学的な補助的特徴と共に、硬い種子を餌としているとか、昆虫や魚を餌にしているといったことを暗黙裏に含意している。それゆえ私たちは異なった種類の鳥のそれぞれの環境世界《ウムベルト》の在庫目録に、彼らの解剖学的な特徴のみにもとづいて、硬い種子や昆虫や魚を種特異的なアフォーダンスとして含めることができる――もちろん、可能な場合には行動を調べて、その含意を確証する方が賢明であるにしても。だがここで、**表象する**という言葉をおよそ何か興味深い意味で解する限り、そのクチバシの形が、鳥が好む、食糧なりその食糧を獲得するやり方なりを**表象する**、ということはない。

古生物学者は今述べたような種類の推理を用いて、絶滅種の捕食傾向やその他さまざまな行動についての結論を引き出し、それでいて、そのような推理が化石になった生物のデザインについての適応主義的な諸前提に依存するし、そういう依存は取り除けないのだ、ということは滅多に明記しない。例として、ナイルズ・エルドリッジ（Eldredge 1983）が、カブトガニの遊泳速度についてのフィッシャー（Fisher 1975）の研究をどう取り上げたかを検討してみよう。エルドリッジがフィッシャーの研究を引用するのは、「何が生じたのか？」（「いかに生じたか？」）という歴史的な問いかけは、最適性[7]を仮定する適応主義的な問いかけ（「何のために？」）よりも優れた戦略であることを証明するためである。だが、古代のカブトガニがどのくらいの速さで泳いでいたのかについてのフィッシャーの結論は、

何が優れているのかについての非常にたしかな適応主義的仮定に依存している。すなわち、**より速い**

方が――ある限度までは――より優れている、という仮定だ。ジュラ紀のカブトガニがより速く泳いでいたという結論は、彼らの形態にもとづくと、ある一定の角度で泳ぐことによって最高の速度を得ていただろうという前提、および、彼らは最高速度を得られるような仕方で泳いでいただろうという前提にもとづいている。それゆえ……一億五千万年前の昔に「何が生じたのか？」について、およそ何らかの足がかりを得るためには、まったく異論の余地のない、実のところ暗黙裏の最適性の考察を用いる〔という必要があるのだ〕。(Dennett 1983)

生物学とはリバースエンジニアリングであり、そしてリバースエンジニアリングは方法論的に最適性の考察を取り入れざるをえないものだということを思い出そう。「この特徴には何のための利点があるのか？――あるいは、あったのか？」というのはいつでも舌先まで出かかっている問いなのであり、この問いがなければリバースエンジニアリングは崩壊し混乱に陥ってしまう。

本書の冒頭で述べたようにバクテリアは自分がバクテリアであることを知らないが、もちろん彼らは他のバクテリアに対してバクテリア流のやり方で応答するし、自らの環境世界《ウムベルト》の中で彼らが識別するものを回避したり追尾〔捕捉〕したり追いかけたりすることができて、しかもその際に自分が何をやっているのかについてのどんな想いも抱く必要がない。バクテリアの存在論の中にはバクテリアが含まれており、これはエレベーターの存在論の中に床やドアが含まれているのと同じで、ただバクテリアの方がずっと複雑であるというだけである。エレベーターの制御回路には、それがなぜそのようにデザインされているのかという理由が存在するが、それとまさに同じように、バクテリアの体内にあるタンパク質制御ネットワークには、なぜそのようにデザインされているかという理由が存在する。どちらの場合でも、そのデザインは直面する問題に効率よく、効果的に対処するために最適化されてきたのである。主要な相違点は、エレベーターの回路のデザインが、諸問題の記述を作成し、理由づけられ、きちんと正当化もされている解決を表象する知的なデザイナーによってなされている、というところにある。バクテリアの研究開発の歴史においては、〈母なる自然〉が何を意図していたのかのヒントとなるようなソースコードやコメントは一度たりとも書かれた試しがなかった。このことは、進化生物学者たちが、進化の産物である一定の特徴にさまざまな機能を割り当てること（水かきの付いた足は水中で水力を得るために用いられる、など）や、特徴によってはそれを自然の過ちとして解釈すること（双頭の子牛など）を妨げるものではない。同様に、著者がはるか昔に死去した文献の校訂者が、そこに出てきそうにない表現を見て、ある表現は意図的に読者を誤らせるために書かれたが、他の表現は誤植か著者の憶え違いである、と解釈するとしても、その校訂者がそのために、文書の背後に秘められた伝記的な事実を暴く、といった作業にどうしても頼らねばならないというわけではないものである。

ソフトウェア開発は、人類が努力を傾けるべき分野としては比較的新しい。この分野がまだ揺籃期だった頃には、多くの欠陥や不調が特定されては修正され、新しいプログラム言語が次々に創り出されてバベルの塔のような状態になり、多くのソフトウェア作成用のツールがその作業を簡易化するために用いられていた。現在でもなおプログラミングは「芸」であり、最良の提供元によって市場で販売されているソフトウェアですら「バグ」を抱えていて、購入後のアップデートで修正が必要になるのだ。なぜ未だにデバッグの作業を自動化し、コストのかかるこういう誤りを最初から取り除くようにはなっていないのであろうか？　最高に知性的な人間の設計者たちでさえ、ソフトウェアの目的に深く精通しているにもかかわらず、やはりコードのデバッグを手強い作業だと見なしている。たとえ彼らが吟味するコードが、厳密に管理された最良の工程《ベスト・プラクティス》の下で作り出され、配慮の行き届いたコメントを付されたものであった場合であっても、この事情は変わらないのだ（Smith 1985, 2014）。なぜデバッグ作業を完全に自動化することができないのか。これには理由が存在する――何をバグだと見なすかは、ソフトウェアの目的（及びその下位目的、そのまた下位の目的）に依存して大幅に変動するのであり、そしてその目的が何であるかを十分詳細に特定するというのは（想像上の自動デバッグプログラムにコードを読み込ませるためには、それが必要なのだ）、少なくとも実用的目的に限れば、最初からデバッグ済みのコードを書くのとまったく同じ規模の作業になるのである！[19] 野心的なシステムのためのコンピューターコードを書き、デバッグすることは、これまでに人間の想像力が考えだした中でも最高に厳しい試練の一つである。そして才知豊か《ブリリアント》なプログラマーが、コード作成者をいくつかの単純作業から免除してくれる新たなツールを考案してくれたと思うと、あっという間にハードルは上げられて、私たちがコード作成者に創り出してもらいたい（そしてテストしてもらいたい）と期待する目

（18） 自然選択の「十分に優れた」産物を指すときに「最適化」という用語を用いることについては、多くの論争がある。自然選択の過程は「すべての事柄を考慮する」ことはできないし、常にデザインのし直しの途上にあるので、どんな特定のデザイン問題に対しても、最適の解決が見いだされるという保証はないのだ。とはいえそれは実際驚嘆すべき優れた仕方でなされており、また最適なデザインを目指して努力している人間の知的《インテリジェント》なデザイナーよりも優れた仕方でなされているのである。

（19） 伝説的なソフトウェア設計者《デザイナー》であるチャールズ・シムネーはマイクロソフト・ワードの開発責任者を務めた人物であるが、二〇年以上の歳月を、この問題、あるいはこの問題の中の価値のある諸部分を理想的な仕方で解決するための、彼が「志向的ソフトウェア」と呼ぶものを創り出そうとする仕事に捧げてきた。ソフトウェア・エンジニアのチームによる質の高い作業が何十年も続けられていながら、未だにそれが完成していないという事実は、その問題が多大な困難を抱えているということを雄弁に物語っている。

標がより上に設定され直すのだ。人類の活動の中に、これ以前に同様の現象がなかったわけではない。音楽や詩作その他の芸術はいつも、創作を志す人々に対して、可能なさまざまな「次の一手」からなる無制約の空間を突きつける。その、さまざまな「次の一手」は曲想や著述や既成の絵画が一度利用可能になっただけで減ってしまうようなものではなく、シンセサイザー、MIDIファイル、ワードプロセッサ、スペルチェッカー、百万色の高解像度コンピューターグラフィックなどが付け加わることで決まりきった仕事《ルーチンワーク》と化してしまうこともない。

〈自然〉はいかにして自らのデザインをデバッグするか？　そこには読み解くべきソースコードも、コメントも存在していない以上、秀逸きわまる《ブリリアント》知的《インテリジェント》説明を要するデバッグは不可能である。自然におけるデザイン上の修正は、多くの異版《バリアント》〔変異〕を公開し試運転にかけ、敗者は**調査もされず**ただ死ぬに任せるという、浪費的な方法に従わざるを得ない。このやり方は、大局的に見て最善のデザインを必ず見つけだすものではないが、局地的に利用可能な最善の型が隆盛を極めることにはなるし、さらなる試運転がさらなる勝者をふるい分け、次の世代の選別基準がほんの少し上がることになる。[20] リチャード・ドーキンスの書物（Dawkins 1986）の印象的なタイトルが強調するように、進化とは〈盲目の時計職人〉なのであって、このような進化の研究開発の方法を踏まえるなら、進化の産物の中に、場当たり的で近視眼的であるのに、遠回りな筋道を経て効果を発揮する〔込み入った〕ひねりや逆転に満ちているというのは、驚くにあたらない――何しろそれは、効果を現さない場合を除けば、効果を現すのだ！[9]　自然選択によるデザインの一つの品質証明《ホールマーク》は、それがコンピュータープログラマーの観点で見るとバグだらけだ、ということにある。それらのバグがデザイン上の欠陥であると判明するのは、生じることが極めてありそうにない状況に限られるのである。というのも、そういう〔稀な〕状況は、そのデザインを今日まで導いてきた〔進化という〕研究開発の有限な経過の中では、決して直面することがなかった状況であって、またそれゆえに、何世代にもわたる取り繕いの作業を経た後でも、その種の欠陥に対する修繕や回避の作業はなされてこないままだったのだからである。生物学者たちが得意とするのは、自分たちが研究するシステムを極めて生じそうもない状況に置き、そのシステムがどこで、またいつ破綻するのか、そしてなぜそうなるのかを調べるための極端な難題をそのシステムに課す、という作業である。

　生物学者が生物をリバースエンジニアリングにかけるとき、そこで見つかるのはふつう、不慣れなプログラマーが書いた、ほぼ解読不可能なまでにもつれた「スパゲティ・コード」に似たものである。こういうスパゲティ・コードを解読しようとする場合、通常は、その設計者《デザイナー》〔プログラマー〕たちが、当面の問題への最善の解決を近視眼的な目で探索するにあたって、彼らが**決して思い浮かべなかった**はずの可能性はどれとどれだろうか、という点に着目するとうまくいくものだ。つまり、「**彼らは何を考えていたか？**」という問いかけを発するのだ。この同じ問いかけを〈母なる自然〉について発するとき、答えは常にただ一つ――「何も考えていない」である。そこにはいかなる思考も含まれてはいない。だがそれにもかかわらず、彼女は四苦八苦しながら、ぎこちない手つきで非常に有効なデザインを作り上げる。そのデザインは過酷な世界の中で競争相手を打ち負かしながら現在まで生き延びる有効性を備えており、そこにあるちょっとした欠点は、聡明な生物学者が現れるまで、露見することはなかったのである。

　多くの生物に見られるデザイン上の欠点として、**超正常刺激**を考えてみよう。ニコ・ティンバーゲンの、カモメを用いたいくつかの実験（Tinbergen 1948, 1951, 1953, 1959）は、彼らの知覚／行動機構の中に興味深い

（20）進化は「隣接可能性［adjacent possible］」を探求する。Kauffmann（2003）を見よ。

偏り《バイアス》があることを明らかにした。カモメのメスの成体は、クチバシにオレンジ色の斑点がついている。ヒナたちは本能的にその斑点をつつき、それが刺激となって彼らの母は餌を吐き戻し、ヒナたちに与えるのである。このオレンジ色の斑点が実際よりも大きかったり小さかったり、実際よりくっきりしていたりぼんやりしていたりすると何が起きるだろう？　ティンバーゲンは、ヒナたちが、厚紙に誇張して描かれたオレンジの斑点の模型を、通常よりもつつきやすくなることを示した。これは、超正常刺激が超正常行動を誘発したということである。ティンバーゲンはまた、明るい青地に灰色の斑点の付いた卵を産んだ鳥が、鮮やかな青地に黒の水玉模様のついた偽物の卵を好んで温めようとすることを示した。この偽の卵は非常に大きく、鳥は温めようと上に乗ると滑り落ちてしまうのだが、それでも鳥たちは上に乗っては滑り落ちを繰り返すのだ。

「これはバグじゃない。仕様《フィーチャー》だ！」と言い返した有名なプログラマーの言葉があるが、超正常刺激についても同じ弁明が成り立ちうる。環境世界《ウムベルト》の中に狡猾な生物学者が現れ、人工的な仕掛けによって鳥たちを魅了する鮮やかな幻惑を仕掛けてこない限り、システムは非常にうまく働き、生物の行動の焦点を、（ほぼ常に）重要な事柄に合わせてくれるのだ。システム全体が用いる浮遊理由が、実用的な目的のためには十分に優れたものであることは明らかであり、それゆえ〈母なる自然〉は賢明にも、そのようなぺてんに対する万全すぎる備えのために無駄遣いをしないのだ。このような「デザイン哲学」は自然の至る所に存在しており、それが〔進化的な〕軍拡競争の機会を提供する。[10]つまりその中では、一つの種が他の種のデザイン中のお手軽に付け入りやすい点に付け込むと、それがきっかけとなって、それに反撃する策略がデザイン空間内で呼び出され、かくして両方の種が、以前よりも優れた防御策と攻撃法を段階的に発展させていくのである。メスのホタルは地面の上にとまってオスのホタルが一定のパターンで光を放つ様子を見守る。オスはそれを見せつけ、メスからの返事を待っているのである。メスがこれはという選択を行い、返事の光を放つと、オスはたちまち降下し、交尾する。だがこのよくできた婚活パーティのシステムは、別の種のホタルの侵略を受けてきた。フォテリスというそのホタルは、オスのホタルをおびき寄せて餌食にするために、〔同じ種の〕メスのホタルのふりを装うのである。フォテリスは長く、強いシグナルを発するオスを好むため、オスのホタルはより短いラブレターを発するように進化しつつあるという（Lewis and Cratsley 2008）。

志向システムとしての高等動物——理解力《コンプリヘンション》の創発

理解力《コンプリヘンション》なき有能性《コンピータンス》は〈自然〉のやり方である。〈自然〉の研究開発の方法もこのやり方であるし、同時にまた〈自然〉の最も小さく単純な産物としての、秀逸《ブリリアント》にデザインされたモータータンパク質、校正酵素、[11]〔免疫系における〕抗体、それに、それらが生命を与えている細胞などもこのやり方に従っている。多細胞生物についてはどうだろうか？　理解力が生じるのはいつからだろうか？　植物は、小さな雑草から巨大なセコイアまで、一見して賢く見える数多くの有能性を示す。それらによって植物は昆虫や鳥を欺いたり、貴重な水源を検知したり、太陽を追尾したり、さまざまな外敵（植物食の動物や寄生者）から身を守ったりする。さらには（例えば Kobayashi and Yamamura 2003, Halitschke et al. 2008 などによれば）植物のいくつかの種は近辺にいる血縁個体に差し迫った危険を警告するために、自らが攻撃されると風下へ向けて危険信号を放出し、それを受け取った血縁個体が事前に防御機構の働きを高められるようにする。つまり、毒性を強めたり、外敵を遠ざける匂いや、外敵を遠ざける共生者をおびき寄せる匂いを生成したりするのである。これらの反応は非常にゆっくりと現れるので、コマ落とし撮影の助けなしには、彼らに固有の行動として見ることが難しいのであるが、しかしそれでも、単細胞生物の微視的な行動と同じく、当事者には理解される必要のない理由《ラショナルズ》がそこに備わっているのは明らかである。

　ここには、何かに性質を帰属させる際の、ある種のダブルスタンダードが創発しつつあることが見てとれる。つまりこれらの植物の有機的に組織され、タイミングよく生じる過程を、行動《ビヘイビア》という言葉で呼ばずに記述したり説明したりすることはほとんど不可能と言っていい。同じくまたその際その過程について、私たちが自分自身の行動を説明する場合と同じような**説明**をしないこともほとんど不可能である。そこでそれらの植物を、知覚的監視《モニター》の過程に似たもの——つまり情報の取り込みによって反応の起動・調節・終結をもたらす過程——に制御されている、と見なさないで説明することも、やはりほとんど不可能である。[12]私たちは、そのような記述や説明をする際に、〔それらの植物に〕単に有能性《コンピータンス》のみを帰しているのではなく、理解力《コンプリヘンション》もまた帰属させている**ように見える**。というのもこのような行動的有能性には——私たちにおいては——理解力が「通常は伴っている」のだからである。これは私たちが、植物やバクテリアを理解するために彼らを擬人化している、ということだ。だがこういう擬人化は〔ただちに〕知的罪悪になるわけではない。私たちは植物たちの活動を行動という名で呼ぶ点でも、それらの生物に有能性を帰属させている点でも、そのような有能性の存在を説明するために、それらの有能性から生物が得る、生存「競争」の上での利益を説明する理由《ラショナルズ》を引き合いに出す点でも、**正しい**。つまり私は、ここで、志向的構えと私が呼ぶものを採用するのは正しい、と言いたい。唯一の誤りは、それらの生物やその諸部分に**理解力**を帰属させる、というところにある。植物や微生物の場合、幸いにも、彼らへの理解力の帰属を常識が食い止めてくれる。彼らの有能性がいかにして機械仕掛けによってもたらされるのかを理解することは、彼らに何らの精神性を押しつけることもなく、十分容易になしうることなのだ。

自分が依拠する理由《ラショナルズ》を何ら理解する必要もないまま、見事な有能性を得ている生物を、**〔天与の〕英才者**《ギフテッド》と呼ぼう。[13] 彼らは与えられた才能の受益者であり、その才能は彼らの個々の探求や実践の産物ではないということだ。彼らはその**天与の英才**《ギフト》により**祝福されている**《ブレスト》とすら言うことができるかもしれない。その祝福はもちろん神からではなく、自然選択による進化から与えられたものである。私たちの想像力に支えが必要だというなら、〈心を欠く機械仕掛けとしてのロボット〉という時代遅れのステレオタイプに依拠してもよい――植物は理解力《コンプリヘンション》をもたない、彼らは生きたロボットだ、というように。(ここで予言をしておこう。このような、二一世紀になっても根強く残る類型的な見方は、百年以内に、理解力を備えたロボットに抵抗する偏見の一部としての、**生物中心主義**の奇妙な化石である、と見られるようになるであろう。)

この話題に取り組む場合、二〇世紀に現れたＧＯＦＡＩへの反論の中でも最も人気のあった、次のような反論を念頭に置いておくのは興味深い。

> これらのプログラムの内にある知性と言われているものは、実を言えばプログラマーの知性――あるいは理解力――である。プログラムが何かを理解することなどないのだ！

私はこの主題を取り上げ、またこの主題の言い分を〔とりあえず〕受け入れるつもりだが、ただし(今のところ)誰にも、何物にも、理解力を認めずにそうしようとしている。すなわち、

> 木やカイメンや昆虫の内にある知性と言われているものは、彼ら自身の知性ではない。彼らは単に、

適切な時に賢い策に従って動くように、秀逸《ブリリアントリィ》な仕方でデザインされているだけであり、そのデザインは秀逸《ブリリアント》きわまるものであるが、デザイナーたる存在もまた彼ら同様に理解を欠く存在である。

ＧＯＦＡＩへの反対者たちは、知性ある《インテリジェント》機械と言われているものへの批判を提起するとき、明白な事柄を断言しているわけだが、しかしこれと同じ考察を動物に適用するところまで踏み込むとき、感情の牽引力がいかに反転するのかに注目されたい。植物や微生物は単に、優秀にデザインされた有能性を、単に天与《ギ》の英才《フテッド》として、また祝福《ブレスト》として、備えているに過ぎず、それを除けば無知なる存在である、という私の考察に、ほとんどの読者のみなさんは——私の推測では——十分満足してくれていると思う。ところが、これと同じ見解をさらに「高等」動物へ適用するところに踏み込むとき、私は恐るべき意地悪、恐るべき興醒ましを仕掛ける輩となるはずなのだ。

　私たちが動物の事例——とりわけ、哺乳類や鳥類のような「高等」動物の事例——に向かう場合、彼らの有能性《コンピータンス》を記述し説明する中で、彼らに理解力《コンプリヘンション》を帰属させたくなる誘惑はそれよりずっと大きくなるし、また——多くの人々が強く主張するはずだが——それは完全に適切なことである。動物たちは、自分たちがやっていることが何なのかを本当に理解しているんだ。動物たちがいかに驚くべき賢さをもつかを見るんだ！　分かる。だが、こういう寛大な見解は、我々が理解力なき有能性という概念をしっかり確保している以上、見直す必要がある。この地球上の全生物の総重量——つまりバイオマス——の内、現在の見積もりではその半分以上をバクテリアその他の単細胞の「ロボット」が占めており、残り半分の内の半分以上を「ロボット的」な植物が占めている。それ以外に昆虫類がおり、そこに含まれる無知なるシロアリとアリのすべてを合わせた重量は、マクレディがその巨大さを示してくれた人類の人口《ポピュレーション》の重量を上回る。

私たちと家畜動物は**地上の脊椎動物**のバイオマス中の九八パーセントを占めているかもしれないのだが、これはこの地球上の生命全体に対する比率としては小さなものだ。理解力**なき**有能性とはこの地球上の生物の圧倒的多数の生き方なのであり、何らかの個々の生物が、自分のしていることを何らかの意味において**理解している**と私たちが証明できるようになるまでは、理解力なき有能性こそが初期設定《デフォルト》[14]の想定とされるべきである。そうなると問うべきは、生物のデザインが、生物が存続するための機構の浮遊理由を**表象し**始めたのは（あるいは他の仕方でそれを知的《インテリジェントリィ》に具体化し始めたのは）いつであり、なぜだったのか？という問いになる。私たちはこの主題についての想像力を刷新すべきである。というのも、「高等動物」については、理由《ラショナル》が存在するところには常にある種の理解が存在している、と**想定する**のが常識的な慣習になっているからである。

特に印象的な例を考察してみよう。エリザベス・マーシャル・トーマスは、（人間という動物を含む）動物に対する、知識と洞察にあふれた観察者であり、彼女の書物の一つ『犬たちの隠された生活』（Marshall Thomas 1993）において、犬たちが彼らなりのやり方で賢明な知性を所有している、という思い切った想像をあえて行っている。「犬たちは知っているが私たちには知られていないいくつかの理由によって、多くのメス犬たちは自分自身の息子とはつがおうとしない」（p.76）。この種の近親交配に対する本能的な抵抗が彼らの内にあることに疑いはない。ありそうなのは、彼らが主に嗅覚の刺激に依存しているということである。だが、それ以外の何かがそこに関与しているなど、誰が知ろうか？――それは今後の研究の課題であろう。とはいえ、犬たちが自分自身の本能的行動と性向の諸理由に対して、私たちが自分自身のそれに対して得ているより以上の洞察を得ている、という提案は、行き過ぎたロマン主義である。彼女自身はこのあたりをもっと適切に踏まえているはずだと思うが、ここで言いたいのは、このような過失は彼女にとってごく自然に生じたものであり、それは犬たちに別格の自己認識を認めるといったような大胆な主張ではなく、広く行き渡っている想定の延長線上でなされたものだ、ということである。それは、火星人の人類学者によるこんな記録に似ている、「人類に知られているが私たち火星人には知られていないいくつかの理由により、多くの人類は眠いときにあくびを発し、親しい知人と出会うと眉を上げる」。これらの行動には理由が**存在し**、またその理由は「何のために？」の理由であるが、しかしそれらは**私たちの**理由ではないのだ。あなたは何らかの理由から嘘のあくびや嘘の眉上げを行う**かもしれない**が――それは、意図的な合図としてであったり、魅力的だがあまり親しくない人物に出会い、親しい知人を装うためであったりするかもしれない――、しかし通常の場合あなたは自分がしたことに気づくことすらなく、それゆえ、なぜ自分がそうしたのかを知る機会すらないものなのだ。（私たちもまた、今のところ、あなたがなぜあくびをしたのか知らない――そして犬たちもまた私たち同様にあくびをするのだが、彼らの探求が私たちよりも先に進んでいるわけではないのは確かである。）

これよりも、より明白に意図的でありそうに見える行動についてはどうだろうか？ カッコウは**托卵**という形態の寄生を行い、自分自身では巣作りをしない。メスのカッコウは巣作りをする代わり、宿主として選ばれた他の種の鳥のつがいの巣に卵を産む。卵は巣の中で、望まずして養父母にされたつがいが注目を向けてくれるのを待ち受けるのである。多くの場合、カッコウのメスは巣の中の卵を一つ転がして落とす――宿主のつがいが卵を数えられる場合に備えているのである。やがてカッコウのヒナが孵化すると（カッコウの卵は宿主の卵よりも早く孵化する傾向があるのだ）、生まれた小鳥は直ちに、多大な努力を払い、巣の中に残っている他の卵をすべて転がし落とそうとし始める。なぜか？ 養父母から得られる養育を最大化するためである。カッコウのヒナによるこの行動の記録ビデオは、効果的かつ有能《コンピータント》な殺害活動のぞっとする例証であるが、そこに犯意《メンス・レア》（犯罪を犯そうという意図を指す法律用語）が働いているという推測を許す理由は何ら存在しない。幼鳥は自分が何をしているのかを知らないのだが、それにもかかわらずその幼鳥は自らの行動の受益者なのである。カッコウほど盗人的でない種に見られる、巣作りについてはどうだろうか？巣作りする鳥を観察するのは魅力的な経験であり、そこには高度の技量を要する編みものや、さらには縫いものの活動が含まれている（Hansell 2000）。そこには品質管理があり、わずかの学習も含まれている。〔すなわち〕巣が作られている様子を決して見たことがない、捕獲下で孵化した鳥も、巣作りの時期になると利用可能な材料を使い、その種独特の特徴を備えた、何とか使えるかどうかの巣を作る。ところが次の年の同じ季節になると、その鳥は前年よりも上手な巣作りを行うのである。

　巣作りをする動物はどれほど多くのことを理解しているのだろうか？　これは研究によって明らかにできる問題であり、また現にさまざまな研究者たちがそれを明らかにしつつある。（Hansell 200, 2005; Walsh et al. 2011; Bailey et al. 2015）。研究者たちはそれぞれさまざまな研究素材を利用することができ、加えて、鳥たちはどれほどの応用力や、さらには予見力を発揮するようになりうるのかを調べるために、状況にさまざまな介入を行う。進化にできることはただ、研究開発の間に直面した難題に対する備えを提供することに限られる、ということを念頭に置くならば、鳥の環境世界《ウムベルト》の中に現れた人間が仕組んだ侵入者がより新奇なものであればあるだけ、その鳥がその侵入者を適切に解釈する見込みはより小さくなることが予言できる——**ただし例外はあり**、すなわちその鳥の系統が高度に多様な自然選択の環境下で進化した場合には、完全な**固定配線**《ハードワイヤード》ではなく、むしろ高度の可塑性と、それに応じた学習機構を備えたデザインを定着させる強要力が環境から自然選択に対して及ぼされると予言できるのである。興味深いのは、〔自然〕選択の環境において、[15] 自然選択に未来の正確な「予言」を可能ならしめるような、長い時間にわたる十分な安定性が存在している（この場合、自然選択は次の世代のために最善のデザインを「選択する」ことになる）という条件が成り立っていない場合、次の世代のデザインを部分的に未固定のままにしておく、というやり方を、自然選択はよりうまいやり方として進めていくことだ。これはちょうど、ノートパソコンの購入者が自分の好みと習慣に応じてパソコンの設定を色々と変更できるというのに似ている。[21] 自然選択が役割を終えると、その場所を学習が引き継ぎ、その個体が遭遇する世界から情報を引き出し、その情報を局所的な改善を行うために用いて、その生物個体の生存期間を最大化させる。これは知性へ向かう道であり、私たちは間もなくこの道についての詳しい検討へ向かう。しかしその前に、浮遊理由を用いた行動とその含意について、もう少々解明を行っておきたい。

アンテロープが草原で捕食者に追われて逃げているビデオを見たことがある人の中には、一部のアンテロープが逃走中に空中高く跳び上がっていることに気づいた人がいるかもしれない。[16] この行動はストッティング〔跳ね歩き〕と呼ばれる。なぜアンテロープはストッティングをするのか？　それが利益をもたらすことは明らかである。なぜならストッティングするアンテロープはめったに捕らわれて餌食になることがないのだから。これは注意深く観察されてきた因果的な規則性であり、また「何のために？」の説明を要求している。その因果的規則性がなぜ存在しているのかについては、すべてのガゼルと捕食者の、すべての細胞内にあるすべてのタンパク質その他の作用について因果的な説明をしても、明らかにすることはできないはずだ。その問いへの、私たちが求めるような答えを得るには〈コストの大きなシグナルの理論〉として知られる進化理論の一部門が必要となる（Zahavi 1975; Fitzgibbon and Fanshawe, 1988）。他の個体と比べて、最もたくましく最も早く走ることのできるアンテロープがストッティングをするのは、追跡者に自分の適応度を誇示するためであり、実際にそれは有効なシグナルなのである。「苦労して僕を追いかけない方がいいよ。僕は簡単には捕まらないからね。ストッティングできない他の仲間の誰かに的を絞ればいいよ――もっとずっと簡単にご飯にありつけるから！」追跡者は、これを偽装の難しい、信頼できるシグナルと見なし、ストッティングするガゼルを見逃す。これは、**コミュニケーション**の活動であると同時に、単に浮遊理由によってのみなされる活動であって、アンテロープもライオンもその価値を理解している必要がない。つまり、アンテロープの方は、ストッティングできるときにそうするのがなぜいいアイデアであるか、その理由にまったく気づいていなくていいし、ライオンの方も、ストッティングするアンテロープがなぜ相対的に魅力のない獲物に見えるか、その理由を理解していなくてもいい。しかし、仮にそのシグナルが、信頼しうる仕方でそのコストを示さないものであった場合、そのシグナルが捕食者と獲物の間の進化的軍拡競争の中で存続することはありえなかったであろう。（つまり仮に、例えば尻尾を振るというような、どれほど虚弱な個体でも、どれほど脚の不自由な個体でも関わりなく、どのアンテロープでも送ることができたような「安物の」シグナルを進化が利用しようとしたとしても、そんなシグナルはライオンが注意を払うだけの価値をもたないし、それゆえライオンがそれに注意を払うことはないはずである。）これは、アンテロープとライオン双方の知性に対する、一見して懐疑的な**興醒まし**の破壊行為と見られるかもしれないが、しかしこれはカッコウやシロアリやバクテリアについての説明をすることができたのと同じリバースエンジニアリングの原理を、厳密に

（21）私はここで、予見能力をもたないことで有名な進化について、それが何かを予言できるとかできないと語っているわけだが、これはいかにして可能なのだろうか？　進化そのものに対するこういう志向的構えの圧縮した手軽な使用は、次のような、印象深くもなければ啓発的でもない言い方へと敷衍することができる。すなわちそれは、高度に多様な環境は、自然選択が（無精神的に）利用できる未来の環境について**いかなる情報も有していない**、ということである（第6章）。

適用した結果である。したがって、〈観察された有能性《コンピータンス》が理解力《コンプリヘンション》への訴えなしに説明されうるならば、途方もない擬人化にふけってはならない〉ということを、理解力の帰属のための規則にしなければならない。理解力《コンプリヘンション》を帰属させるには、これよりもずっと知的《インテリジェント》な行動による支持がなければならないのである。ストッティングは（見たところ）より洗練された、さまざまな話題についての種内または種間のコミュニケーションシステムの要素ではないので、理解力のように見える何かが必要となる機会は、ここでは最小である。もし読者のみなさんの中にこの判定をあまりに懐疑的すぎると思う人がいたら、自分が正しいことを証明できるような実験を想像してみてもらいたい。

　理解力があるという判定を支持する実験が仮に可能だったとしたら、それはいかなるものであろうか？　それは、理解する存在としての私たちができることを、動物たちが多様な行動を用いて行うことができると示すことによってである。ストッティングは誇示ないし見せびらかしの一種であり、私たちもまた誇示や見せびらかしをすることができるが、しかし私たちはまた、単なる誇示や見せびらかしの行動が実りないものであったり悪い結果を招いたりする状況に置かれた場合に、実際以上のはったりをきかせることも、誇示や見せびらかしを差し控えることもできる。私たちには、誇示を調整し、それを異なった受け手に向けることができるし、あるいはある見え透いた大げさな誇示を、それが自分の真意ではなくて単なるジョークなのだとそれとなく伝えるために行うこともできる。そして同様に、無数の異なったことができる。アンテロープに、このどれか一つでもできるだろうか？　アンテロープには、これまでにない新たな仕方でストッティングを無効にしてしまう状況に置かれて、ストッティングを差し控えることができるだろうか？　もしできるとしたら、それは自らの行為の理由《ラショナル》についての、何らかの最小限の理解を得ている――そしてそれを用いている――という一定の証拠となる。

これとはかなり異なった浮遊理由に支配されている行動として、地上営巣性の鳥による擬傷行動がある。例えばフエチドリは羽根が傷ついているような様子を見せ、捕食者をおびき出して自分の巣から遠ざける。捕食者の射程距離ぎりぎりの距離を保って捕食者をひきつけ、巣からずっと離れたところにおびき出すのである。このような「はぐらかし誇示［distraction display］」は非常に幅広い種類の地上営巣性の鳥の多数の種に見いだされる（Simmons 1952; Skutch 1976）。これは鳥の側からの**欺瞞**であるように見えるし、また通常「欺瞞」の名で呼ばれている。その行動の目的は捕食者を**だます**ことである。私たちは「独白」の考案というドーキンス（Dawkins 1975）の便利な説明戦略を採用して、フエチドリのためにこんな独白を創作してやることができる。

> 私は地上性鳥類です。こういう鳥類のヒナは捕食者に発見されたら身を守るすべがありません。接近する捕食者は、注意をはぐらかされない限り、すぐにヒナを発見してしまうものだということが**予期**できます。捕食者の注意は、捕食者が私を捕らえて食べようとする**欲求**を抱くことによって逸らされることができるはずです、その欲求は捕食者が、（まがい物ではない）私を現実に捕らえるための、**理にかなった**機会が存在すると**考え**さえすれば、生じるはずです。もしも私が、自分はもう飛べないと**いう証拠を捕食者に与えたとしたら**、捕食者はまさにそのような**信念**にとらわれるはずです。ところで私は、羽根が傷ついたふりをすることでそれをすることができまして、云々。

なんという洗練だろう！　ここにあるのは目標だけではない。**予期**に関する**信念**があり、捕食者の**合理性**に関する**仮説**があり、その仮説にもとづく**計画**があるのだ。羽毛の生えた「欺瞞者」の中に、このような心的表象を抱くことが可能な者がいるというのは、極度にありそうにないことである。鳥の「心の中」を表象する、より現実的な独白は何か次のようなものである、「あらまあ捕食者が来たわ。いきなり、こんな強烈な感じがこみ上げてきて、あのおかしな、「羽根怪我しちゃったダンス」をしたくなっちゃったわ。何でこんなへんてこな気持ちになるの？」しかしこの独白ですら、私たちがおよそ受け入れているよりも多くの**反省**能力を鳥に帰している。エレベーターと同様、鳥はいくつかの重要な識別を行い、正しい時に正しいことをなすようにデザインされている。かつての研究者たちは、上のような洗練された独白は鳥の**思考**についての説明としてはあまりに出来過ぎて信じがたい、という正当な評価を下した上で、その行動は何ら意図もない、むしろある種の、無方向な痙攣を伴うパニックの発作なのであり、その痙攣が捕食者の注意を惹き付けるという有益な副産物をもたらすのだ、という仮説を立てる誘惑に駆られていた。だがこの仮説は鳥の状況把握を極端に**過小**評価している。リスタウが、ラジコンのデューンバギーの上に剥製のアライグマを載せて走らせるいくつかの巧妙な実験を何通りかフエチドリについて行った（Ristau 1983, 1991）。そこから明らかになったのはこのチドリは捕食者の注意のありか（視線の向き）を詳しく監視しており、その上で擬傷行動をうまく調整して、捕食者の注意をより集中させたり、あるいは、捕食者が狩りをあきらめる兆しを見せた場合には、捕食者が近付くままにさせたりするのである。またもちろんフエチドリは、捕食者が巣から一定の距離まで離れたら直ちに、タイミングを見つけて飛び去る。この鳥はそこにある理由の全体について知る必要《ニード・トゥ・ノウ》がないが、それでもその理由によって示唆される状況のいくつかを識別し、それに適切に反応するのである。その行動はその祖先種から受け継いだ単なる「膝蓋反射《しつがいはんしゃ》」でもなければ、彼女の合理的な心が組み立てた狡猾な計略でもない。それは進化によってデザインされた、状況の中のさまざまな細部に反応するさまざまな変数を組み込まれた常習行動であり、先に挙げた洗練された独白は、そのデザインの理由《ラショナル》に含まれているそれらの細部を——誇張なしに——捉えているのである。

浮遊理由は、**なぜ**この常習行動はこのように組織されているのか？ というリバースエンジニアリング上の問いへの答えである。擬人主義に関する厳格さを貫くなら、私たちは引用符を気前よく多用することで、その答えを、何らかの点でより「精神主義的」ではない用語で語っていると言い張ることができる——その常習行動は「注意喚起」行動であり、この行動は捕食者に見込まれる「目標」と「知覚」に依拠した行動であって、捕食者がチドリを「目指して来る」ように駆り立て、それによって捕食者を巣から遠ざけるようにデザインされている。チドリはこれを捕食者の「注意」を「監視」し、捕食者の「関心」を保つように行動を調整することによって、通常は幼鳥が捕食されるのを成功裏に妨げる。（この長ったらしい答えが、独白によって表現される、志向的構えを用いた答えより「科学的」に見えるとしても、それは単に表面上のことに過ぎない。二つの説明は同じ特徴、同じ最適性の想定、同じ情報的要求に依拠しているのである。）さらなる経験的探求によってさらなる適切な感受性を鳥が備えていることが明らかになるかもしれないし、あるいは、このつぎはぎ細工の装置の中にある欠点が明らかになるかもしれない。フエチドリが、ウシが接近する場合には擬傷行動に向かわず、代わりにウシ**に向かって**飛び、おとり行動ではなく、ウシをつつくことでウシを巣から遠ざけるほどに「十分な知識をもっている」ことを示す証拠が存在している。現実に傷を負った鳥か、あるいはその他の弱い獲物がすでに捕食者の注意を惹き付けていることにチドリが気づいたとすると き、そのチドリは擬傷行動への衝動に抵抗するのであろうか？ あるいは、デイヴィド・ハイグ（Haig 2014 私信）が示唆してくれた、それよりさらに驚異的な可能性はどうか。

ひょっとするとこんな想像ができるかもしれません。実際に羽根に傷を負った鳥が、確信がもてないながら、次のような意図の下に脱出を試みるのです——捕食者は私の行為をこう解釈してくれるかもしれないわ、「鳥が擬傷行動をやっているぞ。ということはこの鳥を獲物にするのは難しい。だが巣が近くにあるんだ」って。さて、ここでもし捕食者が巣を探し始めたら、その捕食者はその鳥の行為が読み取るべきテキストであることに気づきつつも、鳥の動機については誤解していることになるわけです。このテキストのそうした解釈は捕食者にとっては「誤り」であり、傷ついた鳥にとっては「正解」です。そのテキストは傷ついた鳥の意図を実現させたわけですが、意図的に誤りへ導かれた捕食者は裏をかかれたことになるわけです。

ハイグは何のこだわりもなく、傷ついた鳥の動機や意図、捕食者による「テキスト」の「解釈」について語る。このときハイグは、〔第一に〕この先の実験や観察に向けて、ここで述べたような状況を色々と考え出すという作業が、私たちの側で志向的構えを採用することに**依存している**、ということを自覚している。またハイグはこのとき、〔第二に〕動物（ついでに言えば植物やロボットやコンピューター）についての対立する二つの解釈、すなわち、〔一方の〕彼らを**それ自身で**さまざまな理由および理由づけの能力を宿した存在と見なす解釈と、〔他方の〕行動の理由《ラショナル》を〈母なる自然〉に外部委託する存在——つまり自然選択という無精神的なデザイン発掘《マイニング》が引き出した浮遊理由によって行動する存在——と見なす解釈、という二つの解釈の間には、適切で漸進的な相殺取引《トレードオフ》[17]の関係があることを容認しているのである。

擬傷行動という**シグナルの意味**がその**意図された**結果をもたらすのはただ、捕食者がそのシグナルが**シグナルであることに気づかず**、むしろそれを**意図せざる**行動として解釈する場合に限る——そしてこのことは、擬傷行動を行う鳥や捕食者が、状況を私たちが理解する通りに理解しているか否かにかかわらず、真理なのである。捕食者がやがて**勘付く**というのは**リスク**であり、そのリスクが欺瞞者である鳥の**行為**を改善させる選択圧を創り出す。同様に、蝶の翅についている驚くほど真に迫った「目玉模様」は、その迫真性を捕食者たちの視覚の正確さに負っているのだが、しかし蝶たちが自分の欺瞞用の装備の、無知なる受益者であるのは言うまでもない。だとしても、目玉模様には欺瞞のためという理由《ラショナル》があることに変わりないのであり、そしてそこに理由が存在しているとは、そのことが予測でき、またそれゆえそのことが説明力をもつようなある領域が存在する、ということに等しい。（関連する議論については、Bennett 1976, §52, 53, 62。）私たちは、単に自分たちに予測できる明白さのみを理由に、このことを見逃してしまうことがありうる。例えば、捕食者としてコウモリのみがいて鳥がいないような環境的地位《エンバイロメンタル・ニッチ》[18]には、目玉模様の付いた蛾がいるとは予想されない（なぜなら、どんな合理的な欺瞞者でも分かっていることだが、盲目の人や近視の人に視覚的ごまかしを企んでも無駄なのである）。

理解力は徐々に発展する

理解力《コンプリヘンション》なき**有能性**《コンピータンス》というスローガンを再考する時である。認知的な有能性は理解力の産物であるという想定が多くなされているため、私はあえて遠回りをして、このおなじみの想定を全く正反対の方向から、つまりまず有能性から出発して、基礎づけたのだった。理解力は有能性の**源**ではないし、理解力における**実効的な構成要素**でもない。理解力が有能性**から構成されている**のである。私たちはすでに、有能性を結集させるやり方において格別に賢明なシステムに理解力を認めうるような、一、二のごく少数の可能性を考察してきたが、しかしこの考察は、理解力とは有能性の山を登りつめることで何らかの仕方で点火される、分離された要素または現象である、という人を誤らせやすいイメージを助長しかねないものだ。

理解力《コンプリヘンション》ないし理解《アンダスタンディング》を、分離された独立独歩《スタンドアローン》の心的驚異とするこのような考え方は、古くから存在しているが今では廃れてしまった考え方である。（考えてもらいたいのは、デカルトの思惟スル事物《レス・コギタンス》や、カントの『純粋理性批判』や、ディルタイのVerstehen〔理解、了解〕である――このフェアシュテーエンは単にドイツ語の「理解」なのだが、ドイツ語の名詞の常として大文字で始まっているので、眉間にしわを寄せてこれを発すると、還元主義と実証主義に抵抗する防壁、あるいは科学に取って代わるべき人文主義的な選択肢を、多くの人々の心に呼び起こすのだ。）理解とは何らかの分離可能な心的現象であると見なす錯覚《イリュージョン》〔幻想〕[19]は（この錯覚〔幻想〕によれば理解とは、関連する諸々の有能性の集まりより以上のものであり、その有能性の中には、適切な時に他の有能性を行使するためのメタ有能性も含まれる）、「分かったぞ！」現象、ないしエウレカ効果――それまで当惑させられていたものの理解を自分がまさに**成し遂げている**ことを突如自覚する喜ばしい瞬間――によって助長される。この心理現象は完全に実在する現象であり、心理学者たちによって何十年にもわたって研究されてきた。このような突発的な理解の到来は、理解が**ある種の経験**であることの証明であると容易に誤解されうるのであり（それはちょうど、自分がピーナツアレルギーであることを突然知らされることが、アレルギーとはある種の感覚であることを示しているのだ、と主張するようなものだ）、そしてこのことから何人かの思想家は、意識なしの純粋な理解力など存在しえない、と強く訴えるようになったのである（サールの研究（Searle 1992）は中でも最も影響力がある）。それゆえ、意識とは、それがいかなるものであるにしても、ともかく宇宙を二つの領域に分割するものなのだ、という見方――つまり、万物は意識ある存在と意識なき存在かのいずれかであり、意識というのは程度の差を許容するものではないのだ、という見方――を明白だと思っている人にとって、理解力――**本物の**理解力――はただ意識ある存在のみが享受するものなのだ、という見方は理性の吟味に耐えるものであることになるのだろう。ロボットは何も理解しないし、ニンジンは何も理解しないし、バクテリアも何も理解しないんだ。じゃあ牡蠣《カキ》はというと……ふむ。**今のところは**、僕たちに分かっていることはないね——その答えは、牡蠣が意識をもつかどうかにすべてかかっているんだ。もし牡蠣が意識をもたないなら、彼らの有能性は、たしかに驚異的なものではあるにしても、明らかに理解力《コンプリヘンション》なき有能性《コンピータンス》なんだ。

この手の思考法は捨て去ってしまおう、というのが私の提案である。理解力《コンプリヘンション》というものをほとんど魔法じみたものにしてしまうような概念には何の益もなければ、現実世界での適用可能性もない。だが、理解と無理解の間の区別はそれでもなお重要であり、私たちはその区別を、漸進説という、すでによく検証されているダーウィン主義的な観点に立つことで、救い出すことができる——すなわち、理解力《コンプリヘンション》とは段階的に到来するものなのだ。一方の極にあるのはバクテリアが反応するクオラムセンシング〔自分と同種の菌の生息密度を感知して、それに応じて物質の産生をコントロールする機構〕のシグナルという、準《ソルタ》・理解力や、コンピューターの「ADD〔加算セヨ〕」命令という準・理解力である。他方の極にあるのは、人々の感情を構成する個人的諸力と社会的諸力のせめぎ合いに対するジェイン・オースティンの理解力《コンプリヘンション》や、相対性原理に対するアインシュタインの理解力である。だが、有能性《コンピータンス》の最も高次の水準においてすら、理解力《コンプリヘンション》は絶対的なものではない。ある概念や話題に習熟したどんな精神《マインド》にも、把握されていない諸々の含意や、気づかれていない諸前提が常に存在しているものだ。およそ理解力《コンプリヘンション》は、観点の取り方次第では、すべて準・理解力であるのだ。私はかつてイリノイ州のフェルミ研究室で講演を行ったことがある。世界最高水準の物理学者二、三百人からなる聴衆に対して、私は自分が左記のアインシュタインの有名な式について、単に準・理解しかもっていないことを告白した。

私はこの式に単純な代数学的変形を加えることならできるし、それぞれの項が何を表しているのかを言うこともできるし、この発見の何が重要だったのかを（大ざっぱに）説明することもできるが、しかし、狡猾な物理学者の手にかかれば、この式に関する私の何らかの無理解は簡単に暴かれてしまうだろうと私は確信している。（私たち大学教授は、学生に試験を課して、彼らの理解が単なる準・理解に過ぎないことを暴き出すのが得意なのである。）それから私は聴衆の人々に、この中でこの式を理解している方はどれぐらいいるのでしょうと問いかけた。もちろん全員が手を挙げかけた。だが、一人の人物が立ち上がり、大きな声でこんな発言をした、「違う、違います！　私たち理論物理学者はそれを理解する立場にいますが、実験家たちは、自分が理解していると思っているだけなんです！」この物理学者は要点を把握していた。理解が問題になるとき、私たちはみなある種の分業体制に依存する。つまり私たちは、自分たちが日々、半分ぐらいしか理解せずに依拠している難しい諸概念について、専門家が深くて「完全な」理解を手にしていることをあてにしているのである。この先で見ていくように、実のところこれは私たち人類という種の「知性《インテリジェンス》」に対して言語が果たす重要な貢献の一つである――つまりそれは、私たちが準・理解しかしていない情報を、信頼に足るやり方で伝達するという能力である。

私たち人類はこの惑星上にいる理解する存在の第一人者であり、このような私たちが他の種を理解しようとするとき、私たちは彼らの理解力《コンプリヘンション》を自分たちの経験になぞらえてしまいがちである。つまり、まるで動物たちが毛皮を着た変わった姿の人間であるかのように、想像の中で動物たちの頭の中に賢明な反省的思考を詰め込んでしまうのである。私がビアトリクス・ポター症候群[20]と呼んでいるこういう傾向は児童文学に限られたものではない。というより、この地球上のどの文化にも、言葉を話し、考える動物が出てくる民話なり乳母のおとぎ話なりがあると私は思っている。私たちがなぜそうするのかの理由として、さしあたりの近似を言えば、**それがうまくいく**からだ、ということになる。志向的構えは、そこで引き合いに出される理由が浮遊理由であろうと、予測すべき行為者の心の中で明示的に表象された理由であろうと、同様にうまく働くのだ。息子が父親から、狩の獲物が何に注意を向けているのかを読み取る方法や、獲物の用心深い目をいかにしてごまかすかについて学ぶとき、息子も父親も、動物を自分たちの同類として知能戦を挑むべき、思考する存在として扱っている。だがこのように志向的構えが功を奏する場合であっても、そこでの志向的構えが、動物の心の中で生じていることの忠実な表象である必要はないのであり、そこで必要なのはただ、動物の脳の中で生じている何かが、環境内の情報を適切に検出しまたそれに適切に反応するような有能性を備えていることのみなのである。

　志向的構えは心に「仕様書《スペック》」を与え、それがどう実装[21]されているかについては後回しにする。これがとりわけ明らかになるのは、コンピューターのチェスプログラムの場合である。「私にチェスプログラムを組んでもらいたい。単に**ルールを知り、すべてのコマを正しく動かせる**だけではなく、チャンスを**見いだし**、相手のギャンビット〔第二章参照〕を**見抜き**、相手が知的《インテリジェント》な手を打つと**予期し**、それぞれのコマの価値を正しく**評価し**、相手の罠に**警戒を怠らない**ようなプログラムを。それをどういう風に実現するかは君に任せる」というわけである。私たちは人間のチェス競技者に対する場合に、これと同様の決定を保留した戦略を採用する。私たちはチェスの対戦の真っ最中に、対戦相手の詳細な思考過程について推量する——あるいは、それを推測しようとわざわざ試みる——ということを滅多にしないものだ。私たちが予期するのは、彼女にとって何が見えているはずかということであり、彼女が盤面の変化がもたらす重要な含意に気づいているはずだということであり、こちらが選んだ手に対してうまい応じ方をしてくるはずだ、ということである。私たちは相手が誰であれその思考を理想化するものであるし、諸理由を利用できる自分自身の能力すら理想化し、不用意にも、事が終わった後になってから、ありもしない賢明な推論の作業を自分自身に認めてしまうものである。私たちは（チェスの指し手、買い物、打撃の回避などにおいて）自分がなした選択が、正しい時になされた正しい手であったと思いがちであるし、そういう手をいかにして前もって考え出したかを自分自身や他人に説明することに何の困難もおぼえないものだ。だが、私たちはそういう場合、しばしばどこからともなく浮遊理由を引っ張り出し、後から遡ってそれを自らの主観的経験の中に貼り付けているのかもしれない。「なぜそうしたんだい?」という質問に対する最も正直な答えが「僕は知らない。それがただ僕に生じたんだ」というものである場合はしばしばあるものだが、しかし私たちはしばしば、**ホイッグ史観**に肩入れするという誘惑に屈してしまい、**いかに生じたのか**の問いだけで満足することができず、「何のために?」の問いに進んでしまうこともしばしばあるのだ。[22]

理解力《コンプリヘンション》を構成するものとしての有能性《コンピータンス》をモデル化する、という私たちの課題に戻れば、私たちは有能性に四つの段階を区別することができる。この四段階は、コンピューター科学において「生成／検査」法〔「生成させ、検査《テスト》せよ」〕という戦略として知られている手法を段階的に適用したものとして、図式的に特徴づけることができる。第一の最も低い段階に見いだされるのは、**ダーウィン的生物**である。この生物の有能性は自然選択による進化の研究開発によって創り出されたものであり、そのデザインは予め固定されている。この生物はおよそ「知っている」はずのことをすべて「知っている」状態で生まれてくる。彼らは〔天与の〕英才者《ギフテッド》ではあるが、学習する存在ではない。彼らのいずれの世代も変異を生成し、その変異は自然にさらされて検査される。そして勝利者は次のラウンドにより多くの複製を残すのだ。第二の段階は**ス**

キナー的生物である。彼らは、固定配線された性向に加えて、「強化」に反応して自らの行動を調整するという重要な性向を備えている。この生物は世界の中で検査されるべき新たな行動を、多かれ少なかれランダムに生成させる。強化された行動（これは正の報酬による場合も、嫌悪的な刺激――痛みや飢えなど――の除去による場合もある）は未来の類似した状況においてより一層再発しやすくなるのである。生まれつき、正の刺激と負の刺激のラベルが逆転してしまった不幸な性向を備えた変異体は、よいものを避け、悪いものに接近し、子孫を残さないまま速やかに自らを滅ぼしてしまう。これが「オペラント条件付け」であり、きわめつけの行動主義者であったB・F・スキナーは、それが生物の生涯の内に生じるとはいえ、自然選択に劣らず**理解力**を（「排除すべき」精神主義《メンタリズム》として！）要求しない生成／検査による過程であるという点で、ダーウィン的進化を真似るものであるという指摘を行っていた。オペラント条件付けによってある個体のデザインを改善するという能力は、多くの状況下で明らかに適応度を増大させる特徴であるが、しかし同時にリスクを伴う特徴でもある。というのも、その生物は残忍な世界の中で自らの選択肢を（進化が盲目的であるのと同じくらいに）盲目的に試さねばならないのであり、何かを学習する以前に破滅してしまうこともあるのである。

　これよりさらに優れているのが次の段階の**ポパー的生物**である。この生物は残忍な世界から情報を抽出し、それを取り扱えるように携えている。かくしてこの生物はその情報を、オフライン状態で〔つまり外

（22）**ホイッグ史観**という便利な用語[22]は、歴史を進歩の物語として解釈する史観を指し、典型的な形態においては、出来事の連鎖が、解釈者の立つ特権的な地点へと導くものとして正当化される。進化生物学における適応主義にこの用語を当てはめることについては賛成論と反対論があり、これについてはクローニン（Cronin 1992）とグリフィス（Griffiths 1995）を見よ。

界との直接的交渉のない状態で〕仮説的行動を事前に検査《テスト》するために用いることができる。つまり科学哲学者カール・ポパーがかつて述べたように「自らの身代わりに仮説を死なせる」ことができるのである。最終的には彼らも現実世界で活動せねばならないのだが、彼らの最初の選択はランダムな選択ではなく、内的な環境モデルの中でなされた生成／検査競争の試運転で勝利をおさめた選択である。最後の段階にあるのが**グレゴリー的生物**であり、この名は、思考する存在に「潜在的知性」と呼ばれるものを付与するという、思考道具の役割を強調した心理学者、リチャード・グレゴリーにちなんでいる。グレゴリー的生物の環境世界《ウムベルト》には抽象的および具体的な思考道具が豊富に備わっている――例えば〔抽象的な道具としては〕算術、民主主義、二重盲検法による調査[23]、〔具体的な道具としては〕顕微鏡、地図、コンピューター、などである。籠の中の鳥は人間と同様に、〔籠の床に敷いてある新聞紙に書かれた〕数多くの単語を日々目にしているかもしれないが、これらの単語は鳥の環境世界《ウムベルト》の中の思考道具ではない。

　単なるダーウィン的生物は「固定配線された」存在であり、それが備えている巧妙なデザインの利益が理解される必要はない。この生物の無知ぶりを暴くには、この生物が取り扱うべく進化してきた諸条件に新奇な改変を加え、生物をそれに直面させてやればよい。生物は何も学ばず、手だてのないまままごつくことになる。スキナー的生物はいくばくかの「可塑性」を携えて出発する。可塑性とはつまり、生まれついたままではデザインの上で未完成であるような、一連の行動のレパートリーから選択する余地があるということだ。この型の生物は世界の中でなされる一群の試行錯誤によって学習し、「強化的」な帰結をもたらした一群の試行を好むように固定配線されている。この生物は行動するとき、なぜ自分が今、この検査済みの正しい行動を好んで行うのかの理由を、理解する必要がない。この生物はこの単純なデザイン改善用のつめ車《ラチェット》[24]、あるいはその生物自身の携帯用ダーウィン的選択過程の受益者である。ポパー的生物は

「跳ぶ前に見る」ことができる。つまり、可能な行為の候補を、世界に関する、脳内に何らかの仕方で蓄えられた情報に照らして検査する。これはより一層理解力に似たものであるように思われる。というのも、そこでの選択過程は情報依存的であると共に、未来志向的でもあるからである。しかしポパー的生物は自分がこのような試運転にいかにして取り組んでいるのかも、なぜそうしているのかの理由も、理解する必要がない。世界の「未来のモデルを創り出」し、それを意思決定と行動の調整のために使用するという「習慣」は、身につけるに足る優れた習慣であり、そしてこれは、そのことを理解しているかどうかに関わりなく言えることである。かつて並外れて自己反省的な子供であった人でなければ、誰でも子供時代は「自動的に」ポパー的な予見を行い、そこから利益を獲得する行為に赴《おもむ》くものであって、自分がそういうことをやっていると気がつくのはそれからずっと後のことである。唯一、グレゴリー的生物たる私たちのみが、思考道具を意図的に導入し利用するすべを見いだす。思考道具とはさまざまな問題に対する可能な諸解決の体系立った探求であり、心的な探求活動に対する高階の制御をなそうとする試みである。私たち人類のみがグレゴリー的生物であるというのは明らかなことである。

　この辺で、動物が種として示す理解力や個々の動物が示す理解力がどれほどのものであるのかに関する、ロマン派と興醒まし《キルジョイ》（第一章参照）の間の猛烈な不和によって、人間例外主義という激烈なホットボタンが[25]押される頃合いである。動物の知性に関する、今日の研究者の間で優勢な、しかし未だ暫定的な結論によれば、最も賢い部類の動物たちは「単なる」スキナー的生物ではなく、むしろポパー的な生物であって、彼らは自分がかつて観察した賢いやり方を**解明する**ことができるのだという。カラス属（カラスやワタリガラスやその近縁種）、イルカやその他クジラ目の動物、それに霊長類（類人猿と猿）は現在研究されてきた中でも最も印象深い野生動物であり、これにペット・パレードを率いる犬、猫、オウムが加わる。彼らが取り組む探索行動としては、例えば地形を調べる行動がある。彼らはその際にしばしば、記憶の負担を軽減するためにランドマークを定め、頭の中に使いやすい地形情報を収納する。彼らはこれが自分たちの行動の理由であることを知る必要はないが、それでも彼らは不確実性を低減させ、自分たちの予期能力を増大させ（「跳ぶ前に見る」は彼らのデザインにとっての浮遊理由的な格言である）、それによって自分たちの有能性を改善することで、利益を得ている。彼らは自分自身の理解の根拠を理解していないが、この事実は、彼らの理解を理解の名で呼ぶことを何ら妨げない。なぜなら、私たち人類はしばしば、新奇な事柄をどのように解明していくのかについて、同様の無知の状態に置かれているからであり、そしてこれこそまさに理解という能力の品質証明《ホールマーク》なのだ――すなわちそれは、過去の教訓を新しい事柄や新しい話題に適用するという能力なのである。

　動物の中には、私たち人類同様、内的な工房のようなものを備え、その中で日曜大工《ドゥイットユアセルフ》的な理解を、彼らが生まれつき備えている出来合いのデザインを理解するために用いることができるものがいる。個々の生物個体が携帯用のデザイン改善の腕前を備えており、それは未洗練な〈相応の罰を招きうる試行錯誤〉よりもずっと力強いものだ、という考え方は、理解に関する私たちの民俗的《フォーク》理解[26]の核心に位置する、と私は請け合おう。この理解は**意識的経験**に関するいかなる仮定にも依存していない――それがこの基礎的な概念に対するお馴染みの装飾であり、イデオロギー的な拡張化であるのだとしても。私たちはゆっくりとだが、今述べたようなやり方での思考習慣を解明しつつある。この解明は、一部には、無意識的な動機やその他の心理的状態をフロイトが強く弁護したことに負っており、また同時に、認知科学による、知覚的推論、記憶の探索、言語理解、その他数多くの無意識的に進む過程についての詳細なモデル化にも負っている。**無意識の心**とは、もはや「語義矛盾」ではない。むしろ**意識する**心こそが、明らかにあらゆる問題の根源なのだ。現在提起されている難問は「意識とは（それが何かのためにあるとして）何のためにあるのか？」なのであり、無意識的な過程が知覚と制御に関わるすべての認知的作業を果たすほどに十分有能《コンピー》な《タント》のだとしたら、その問いこそが難問となるのである。

要約しよう。動物、植物、さらには微生物すらも、彼らの環境のアフォーダンスに適切に対処できるような有能性《コンピータンス》を備えている。これらの有能性のすべてについて浮遊理由が存在しているが、しかし生物はその浮遊理由から利益を得るために、それを評価したり理解したりする必要はないし、それを意識する必要もない。より複雑な行動を行う動物においては、彼らが示す多能性と可変性の度合いに応じて、彼らにある種の行動的理解力［behavioral comprehension］[27]を正当に帰属させることができるが、ただしそれは私たちが理解力というものを、ある種の独立独歩《スタンド・アローン》の才能であり、有能性の顕れではなく有能性の源なのだ、と考えてしまう誤りを犯さない限りにおいてである。

第二部では、思考道具の反省的使用者たる私たちグレゴリー的生物の進化をゼロに巻き戻して検討する。ここで生じる発展は認知的有能性の巨大な飛躍である。この飛躍は人類という種を独特の生態学的地位《ニッチ》に据えたが、しかしすべての進化の過程と同様、それは一連の予見も意図もされない歩みの連なりから構成されており、そこで「完全な」理解力《コンプリヘンション》というものはずっと後になって現れるものなのであって、それがその歩みを導くようになるのはごく最近になってようやく起きたことなのである。

第Ⅱ部
進化から知的《インテリジェント》デザインへ

第6章　情報とは何か？

中国人いわく、千一語の言葉は一枚の絵よりも価値がある[1]
——ジョン・マッカーシー

情報時代へようこそ

私たちは〈分析の時代〉に生きている、と誰かが言ったとしよう。これを聞いた私たちが、この人は一体、どの種類の分析がこの時代に盛んに行われていると言いたいのだろうかと——精神分析？　化学分析？　統計分析？　それとも概念分析？　と——疑問に思ってもおかしくない。「分析」という用語には多くの用法があるのだ。どこかの偉い先生が、私たちは〈情報時代〉に生きているのだ、と言えば、人々はそれに同意するように思える。だが、この「情報」という用語もまた複数の異なる意味をもつことに気づく人は少ない。情報時代とは、**どの**情報の時代だというのか？——〔一方の〕メガバイトと帯域幅《バンドウィズ》[2]の時代か？　**それとも**、〔他方の〕知的かつ科学的な発見、宣伝と情報**操作**、普通教育とプライバシーの危険の時代か？　この二種類の情報の概念は密接に関係し合っており、議論をする場合にも解きほぐせないほどに絡み合っているが、両者を別々のものとして分けることは可能である。〔二番目の情報概念の〕いくばくかの実例を考えてみよう。

1 脳は情報処理を行う器官である。

2 私たちは〔肉食、草食、雑食と同じ意味で〕**情報食の生き物**〔*informavores*〕である。（ジョージ・ミラー、心理学者）

3 「情報は〔環境内の〕光の中にある。」（J・J・ギブソン、生態学的心理学者、Gibson 1966）

4 神経系の仕事は、行動を成功させるように調整したり方向づけたりするために環境から情報を抽出することである。

5 私たちは情報〔の海〕の中で溺れつつある。

6 私たちはもはや自分たちの個人情報を管理しきれない。

7 中央情報局〔CIA〕の仕事は私たちの敵の情報を集めることである。

8 **ヒューミント**〔人間を介した諜報活動〕あるいは情報収集《インテリジェンス》、すなわち人間の工作員《エージェント》による、他の人間たちとの関わりの中で極秘裡に集められる活動は、監視衛星やその他のハイテクを用いた手法によって獲得可能な情報よりもずっと重要である。

クロード・シャノンの数学的な情報理論（Shannon 1948; Shannon and Weaver 1949）は、私たちを飲み込む情報というものの科学的基盤であり、情報についてのすべての語りを基礎づけ、正当化するものとして賞賛されている。このような賞賛は正当なものではあるのだが、ただ、それらの語りのうちのあるものは〔上に挙げたような〕異なった情報概念を含んでおり、この異なった情報概念についてはシャノンの理論は単に間接的な説明を与えるのみである。シャノンの理論は、最も基本的なところでは、世界の中の異なった事態の間の統計学的な関係に関する理論である——すなわち、状態Bの観察から、状態Aについて(原理的には)何を探り出すことができるかについての理論である。状態Aは何らかの仕方で状態Bと関係づけられており、またその因果関係には何らかの意味での豊かさの度合いの差がある。シャノンが考案したのは情報を、その情報が何**についての**情報であるかとは独立に**測定する**ための一つの手法であり、それは液体の**容積**を、測定される液体がどんな液体であるかとは独立に測定する、というのとよく似ている。(おれは液体を何パイントも何ガロンも持っているぞと自慢しつつ、「何の液体を? 絵の具? ワイン? ミルク? ガソリン?」と聞かれても答える用意がない人物を想像してもらえばよい。)シャノンの理論は、情報を——ビット、バイト、それにメガバイト等の——均質な量へと分解する一つの手法を提供するものであり、これが情報を蓄積し伝達するためのすべてのシステムに革命をもたらしてきたのであった。この理論はコンピューターによる情報の**デジタル化**の力を立証したが、しかし、ちょうどワインの価値が均等に一リットルずつ瓶詰めにされているかどうかにかかわらない、というのと同様、(例えば脳内の)情報は、蓄積、伝達、処理のためにデジタル化されている必要はない。

私たちは〈**デジタル**時代〉に生きている。というのも、CD、DVD、携帯電話がLPレコードやアナログ送受信によるラジオ、電話、テレビに取って代わっているからである。しかし、〈**情報**時代〉が始まったのはそれよりももっと前、人々が字を書き記し、地図を描き、あるいはその他の、高い信頼性をもって頭の中に保持できない有用な情報を、記録し発信する手法が初めて用いられた時である。あるいは〈情報時代〉の始まりをもっと前、すなわち、人々が伝承や歴史や神話を話し、広めることを始めた時に位置づけることもできるかもしれない。あるいは、幾分かの正当性をもって、情報時代の始まりは五億三千万年以上前、カンブリア紀に視覚が進化し、光から情報を収集する軍拡競争の引き金が引かれた時代である、と主張することもできるかもしれない。あるいは、〈情報時代〉の始まりは生命が始まった時代だと、あえて主張してもいいのかもしれない――自己複製する細胞の最も単純なものであっても、それが生き延びてきたのは、自分自身と自分を直接的に取り囲んでいる環境内にある〔重要な〕差異を識別すべく働く部位を備えていたおかげだったのである。

これらの現象を、情報をエンコード〔符号化〕するための現代的なシステムに偏った先入見から区別しておくために、私はその現象を**意味論的**情報の事例と呼ぶことにする。この呼称を採用した理由は、私たちは、ある特定の機会に関心を向ける情報を、その情報が**何についての**情報であるか（出来事について、条件について、対象について、人々について、スパイについて、製品について、等々）を特定することによって見分ける、ということにある。これまでにこれ以外の用語も用いられてきたが、「意味論的情報」は選りすぐりの用語なのだ。トムは背が高いという情報は、トムとその身長についての情報であり、雪は白いという情報は雪とその色についての情報である。これらは意味論的情報の異なった単位である（「情報のビット」について語るなかれ――「ビット」は完璧に申し分のない要素であるとしても、シャノンによる別の意味で解された用語としての情報の要素なのだから）。人々は文字が広まる以前ですら、意味論的情報をよりよく制御するための手法を発明していた。価値ある情報の定式を記憶の中につなぎ止めるための、韻やリズムや音楽的な調子《トーン》といった記憶の補助手段は現代でも見かける。Every Good Boy Deserves Fudge〔どんなよい子もファッジ（ソフトキャンディー）をもらう資格がある〕（楽譜上のト音記号の音階）、HOMES（ヒューロン湖、オンタリオ湖、ミシガン湖、エリー湖、スペリオール湖の五大湖）、太陽系の惑星を内側から順に憶えるための My Very Educated Mother Just Served Us Nachos〔僕の超高学歴の母が今しがたナチョス（メキシコ料理の一つ）を作ってくれたよ〕などである（なお、かつてはNachosの代わりにNine Pies〔パイを九枚〕が入っていた)[3]。

シャノンは地点Aから地点Bへ意味論的情報を移動させるという課題を理想化・単純化するために、この課題を、相互の伝送経路と、事前に確定した、または、相互の合意が成り立っているコード——アルファベットかその他の利用できる信号の集合体——を備えた送信者と受信者(著者注——いずれも合理的行為者とする)という部分に分解した。伝送経路は**ノイズ**(伝達に介入して信号を劣化させるあらゆるものがこれに当たる)にさらされており、上に挙げた課題は、ノイズを克服しうる、信頼性のある伝達を達成するという課題に相当していた。これを実現するためのデザインのいくつかはシャノンが自らの理論を考案する時にはすでに理解されていたものだった。例えばアルファベットの文字列のAble Baker Charlie Dog Easy Fox …の体系が米国海軍のラジオ音声送信機で用いられており(これは、Alpha Bravo Charlie Delta Echo Foxtrot … 体系という、一九五五年のNATOの音声アルファベットを引き継いだものである)、これは(英語でいうと)ビー、シー、ディー、イー、ジー、ピー、ズィー〔Z〕などの韻を踏む文字同士の混同を最小限に抑えるためのものである。

シャノンは、日常言語で用いられる語を含むすべてのコードを二進法のコード(つまり、0と1の二つのシンボルのみを含むアルファベット)に変換することによって、いかにノイズ低減が、際限ないまでに改善されうるかを示し、また、**ビット**——これは**二進数**《バイナリー・ディジット》の略称である——を用いると、そこでのコスト(これはコード化と脱コード化、及び伝送速度の低下に関連する)がいかに正確に測定されうるかを示した。室内ゲームの「二〇の質問」のように、はい/いいえの答えだけが許容されたところでは、すべての情報伝送ははい、または〈いいえ〉という二項からなる決定に分解されうるのであり、そこでメッセージを回復するために必要な決定の数に対して、ビットを用いた一つの尺度が与えられうる。そしてこの尺度が、メッセージに含まれている(シャノンの意味での)情報量だということになる。「二〇の質問」で、「僕は0から8までの数字を一つ思い浮かべています。それは何でしょうか？」と問われた場合、これに確実に答えられるためには何回質問すればいいだろうか？　八回も質問する必要はない（0ですか？　1ですか？　2ですか？……という具合に）。たった三回でよいのだ――4以上ですか？6以上ですか？（最初の質問への答えによっては、2以上ですか？）7〔1〕ですか？　という具合に。はい、はい、はい＝111はすなわち二進数の7である。0から8までの数字を特定するためには三ビットあればよいということだ。一バイトは八ビットであり、一メガバイトは八百万ビットである。従って「二千万の質問」ゲームをプレイすることで、二・五メガバイトのモノクロビットマップファイルを送信できるということである。（最初のピクセルは白ですか？……）

　シャノンの情報理論は文明の偉大な進歩である。なぜなら、**意味論的**情報は私たちにとって極めて重要なものであるため、私たちはそれを効果的に利用し、損なわずに蓄積し、移動させ、変形させ、共有し、隠す、などができることを望むものだからである。情報を扱う人工物――電話、本、レシピなど――は豊富に存在しているし、また情報理論そのものが、元々はそのような人工物の重要な特徴を研究するための人工物として産み出された。当初は工学《エンジニアリング》の一分野として始まったものが、やがて情報を扱う人工物に関心をもつわけではない、物理学者や生物学者などの研究者たちにとって有益であることが明らかにされていったのである。このようなシャノン的な意味での情報のさらなる応用については、後にいくつか例を挙げて簡単に触れたいが、とはいえ、私たちの主要な標的は意味論的情報である。[23]

　シャノンによる記憶の技巧とそのさまざまな子孫は、ある行為者から他の行為者へ情報を送る優れた方法であるだけではなく、**現在の**行為者から、未来の同じ行為者へ情報を「送る」ための優れた方法でもある。記憶とは情報の伝送系路と見なされうるのであり、どんな電話回線もノイズにさらされているというのとまさに同じように、それはノイズにさらされている。**デジタル化は**、原理的には、アルファベット三文字を用いても、四文字を用いても、一七文字を用いても、百万個の別々の記号を用いても、あるいは（後の章で見る予定の）それ以外のやり方でも可能であるが、とはいえ多くの理由から、二進法によるコード化はほとんどすべての目的のために最も優れていることが明らかになった、いつでも利用可能な手法なのである。**およそどんなものでも**コード化可能なのであり（完璧にではないが、しかし好むままにその精度を上げることができる）、そのコード化は0と1の配列、0、1、2の配列、あるいは……という具合にどのような配列によっても可能なのだが、しかし二進数《バイナリー》コードはより物理的に単純で実装しやすく（オン／オフ、高電圧／低電圧、左／右）、それゆえ人間の技術における定着が大いに進んだのであった——ただし、二進数コードから構成される副次的なコードについては複数のコードの間の競合が未だに存在している。（印刷用の文字コードとしてのＡＳＣＩＩコードは、ＡＳＣＩＩコードをその部分集合として含むコードであるＵＴＦ８に取って代わられており、またウェブサイト向けに使用されているコードであるＨＴＭＬは、ＨＥＸとＲＧＢトリプレットという二つの異なったカラー・コードを用いてきた、などの例がある。）

光や音やその他の、意味論的情報を担っている物理的出来事を、二進数ビット列のフォーマット（これは直接シャノン的意味での情報として測定可能なフォーマットだ）へと翻訳または変換するという作業は、現在では成熟を迎えた技術で、さまざまな種類のＡＣＤ（アナログ－デジタルコンバーター）が存在している。つまり、何らかの物理的出来事における連続的変化すなわちアナログ的な変化をとり入れ（マイクに当たる音波、デジカメのピクセルにぶつかる光、気温の変化、pH値の変化、加速度、湿度、血圧、等々）、それらをそれぞれ別個の

（23） コルゲートとザイオック（Colgate and Ziock 2010）は、シャノンとウィーバーの研究から情報についてのさまざまな定義が生まれていった経過の、簡潔で有益な歴史を提供してくれている。

二進数のビット列に変換する装置である。このような装置は、神経系の外縁からの入力を変換する役割を果たす感覚細胞と類比的なものである——目の中の桿状体と円錐体、耳の中の有毛細胞、熱センサー、損傷(痛み)に対する侵害受容体、筋肉の伸びのセンサーその他、自律神経系を含む神経系に入力を与える、内的監視を行う細胞のあらゆる働きがそれに当たる。

脳においては、二進数のビット列ではなく、神経スパイク列[4]への〔情報の〕集約がなされる。これはさまざまに異なった電圧の、あるニューロンから他のニューロンへのごくゆっくりとした——コンピューターのビット列の移動速度よりも百万倍も遅い——推移である。一九四三年(どんなデジタルコンピューターが存在し始めるより以前!)、神経科学者ウォーレン・マカロックと論理学者ウォルター・ピッツは、これらの神経シグナルの働き方に関する、一つの可能性を提起した。すなわち、あるスパイク列が一つのニューロンから他のニューロンへ達するとき、そこで生じる結果は、興奮(賛成《イエス》!)か抑制(反対《ノー》!)かのいずれかであるように思われた。もしも受容するニューロンが閾《いき》[5]のメカニズムを備えていて、賛成票を合算して、そこから反対票の差し引きを行い、その正味の結果に依存して自分自身のシグナルの引き金を引くのだとしたら、そのニューロンは単純な論理関数の計算を行うことができることになる(そこでの最も単純な論理関数としては、ANDゲートやORゲートやNOTゲートなどがありうる)[6]。もしもある〔神経〕細胞の閾値がその細胞の入力と出力の歴史の中の何かによって高くなったり低くなったりすることがあるなら、ニューロンがその局所的な行動を変化させる何かを「学習する」ことがありうる。マカロックとピッツは、これらを単位とする一つのネットワークが、それへの入力に対する論理的操作にもとづいて、どんな命題でも表象するように配線され、あるいは「訓練される」ことができることを示したのだった。

これは極めて示唆深い理想化であり、全時代を通じてなされてきた、さまざまな〈過剰単純化〉の中でも最たるものの一つであった。というのも、相互作用を行っている現実のニューロンはマカロックとピッツの「論理的ニューロン」よりもずっと複雑なものであることが明らかになった一方で、彼らは、単純で、奇跡的なところがなく、愚かな作業を行う諸々のユニットから作られた、表象・学習・制御を行う汎用ネットワークというもの——すなわち、単に有能《コンピータント》であるだけの諸部分から作り出される理解力ある存在《コンプリヘンダー》——の論理的可能性を証明したのだからである。以来、計算論的神経科学の目標は、これよりも複雑なさまざまな種類のネットワークの中のどれが神経系の中で働いているのかを正確に特定することに定められるようになった。現在では、C・エレガンスという線虫の一一八種類、三〇二個のニューロンからなる接続ダイアグラムがほぼ完成間近であり、その活動が個々のニューロン同士のつながりのレベルで理解されつつある。ヒトコネクトームプロジェクトは、私たちの脳にある何百億ものニューロンについてこれと同じくらいに詳細な地図を作ることを、またヨーロッパにおけるヒト脳プロジェクトは「スーパーコンピューター上で完全なヒトの脳をシミュレートする」ことを、それぞれ熱心に実現しようと望んでいるのだが、これらの巨大プロジェクトはいまだ揺籃期にある。脳が二進数コードを実行するデジタルコンピューターでないことは確かであるが、とはいえそれはやはりある種のコンピューターなのであり、この点については後の章で詳しく述べるつもりである。

私たちの脳の、これほど微視的ではないレベルでの計算論的アーキテクチャ[7]については幸いにも大きな進歩がなされてきた。しかしながらこの進歩は、信じ難いまでに入り組んだ、個々のニューロンの連結と活動の細部についての問いをほとんどすべて先送りすることに依存している（そのような細部は人物ごとに劇的に異なっている見込みが大きく、いずれにしてもC・エレガンスに見られる正確な一様性とは異なっている）。脳のある特定の小領域（中に何百万ものニューロンが含まれている）は、顔を見ているときに格別に活性化することが知られているが（Kanwisher 1997, 2013）、例えばこの知見は貴重な躍進である。私たちが知るに至ったのは、**顔についての情報**が、**紡錘状顔領域**内のニューロンの活動により、何らかの処理を受けるものだということである——たとえ、正確なところそれらのニューロンが何をやっており、またいかにしてそれを行っているのかについては未だ漠然としたことしか分かっていないのだとしても。認知科学（およびその他どのジャンルでも）の至るところで見かける「情報」という用語のこのような用法は、シャノン的な意味での情報を指して言われているの**ではない**。何らかの、諸々の可能性の総体をデジタル化するエンコード〔コード化〕図式——二進数（0と1）の図式である必要はない——が提案されるまでは、シグナルとノイズを区別するための根拠になるものは存在しないし、情報量を測定するいかなる手段もない。いつか未来、神経系における伝達作用の自然な翻訳が存在することが見いだされて、伝達され処理され蓄積されているものを**エンコードする**際に用いられる帯域幅や記憶容量をビットで計測することができるようになるかもしれないが、しかしその日が来るまでは、私たちが認知科学において用いる情報概念は意味論的情報の概念であり、すなわち、特定の何か——例えば顔、場所、グルコースなど——**についての**もの**として同定される**ような情報の概念である。

これを言いかえると、現在の認知科学は大まかに言ってDNAの構造が解析される以前の進化学者と遺伝学者が置かれていた状況に近いということである。つまり彼らは表現型——身体部位の形、行動など——**についての**情報が何らかの仕方で世代から世代へ（それが何かはともかく、「遺伝子」なるものを用いて）伝達されていくということは知っていたが、しかし彼らは、親から子へ遺伝的継承物として受け渡されることができる情報が**どれほどの量か**のシャノン的な尺度を提供してくれる、二重らせんのATGCコードを手に入れてはいなかった。中には、恐らくDNAから着想を得て、神経系にはDNAコードのようなエンコード法が存在するに違いない、と考える思想家もいるが、しかし私はこの思想の説得力ある論証をこれまで一度として目にしたことがないし、すぐに見るように、この思想を疑うべき理由がいくつかある。私たちが出発すべき情報概念としての意味論的情報は、それがエンコードされる仕方から際立った仕方で独立している。これは次の意味において言えることだ――二人またはもっと多くの観察者は、お互いにまったく共有されていない経路を通じて、ある出来事に遭遇し、そこから同一の意味論的情報を獲得することができる。(24) 以下は、この点を示すために工夫した事例である。[8]

ジャックが自分のおじをトラファルガー広場で撃ち殺し、シャーロックはその場でジャックを逮捕する。このニュースをトムは『ガーディアン』紙で読み、ボリスは『プラウダ』紙で知る。さて、ジャック、シャーロック、トム、ボリスは非常に異なった経験をしているが、しかし、彼らが共有していることが一つある。つまり彼らはみな、つきつめればあるフランス人がトラファルガー広場で殺人を犯した、ということになるような意味論的情報を共有しているのである。彼らはこのことを「自分自身に対して」さえ言葉にすることはなかったし、察するに、彼らの誰の中にもそのような命題が「生

(24) ジュリオ・トノーニ(Tononi 2008)は「統合された情報」として意識を取り扱う数学的な意識の理論を提起している。この理論はシャノンの情報理論をこれまでにない仕方で用い、ニツイテ性に対してはごく限定された役割しか与えない。この理論は、あるシステムないしメカニズムがそれ自身の過去の状態――つまりそれの諸部分の諸状態――についてもっているシャノン的な情報量を計測する理論である。私が理解する限り、トノーニの理論は何らかのデジタル的な、ただし二進数によるものである必要のないエンコードのシステムを前提している。というのも、その理論は出力可能な状態の計数可能なレパートリーを含んでいるからである。

じること」はなかったし、たとえ生じたとしても、ジャック、ボリス、トム、ボリスのそれぞれにとって生じ方は大いに異なったものであっただろう。彼らは何らのエンコード法も共有していないが、それでも意味論的情報を共有しているのである。

私たちは意味論的情報をどのように特徴づけられるだろうか?

アナログ－デジタルコンバーターは私たちの生活の至るところに行き渡っていて、ほとんどすべての情報伝達のためにあって当然のものだと思われているが、この状況が、無数の警告にもかかわらず、シャノンの数学的な情報理論と、私たちが日頃用いている意味論的な情報概念との混同をもたらす大きな要因になっている見込みは大きい。歩道に舞う紙吹雪の八百万画素の高解像度カラー写真は、例えばアダム・スミスの『諸国民の富』の、二メガバイトに圧縮可能なテキストファイルよりも何十倍も大きい。利用するコーディング体系に応じて(GIFなりJPEGなり……あるいはワードのドキュメントなりPDFなり、あるいは……)、一枚の絵は、ビット換算で「千語の言葉に匹敵する」ことができるが、とはいえ、一枚の絵が千語かそれより多くの語に匹敵しうる、と言えるためのもっとましな意味は存在する。そのましな方の意味を形式化できるだろうか? つまり、意味論的情報を定量化し、定義し、理論化できるだろうか? SF作家でありサイエンス・ライターであるロバート・アントン・ウィルソンは〈ジーザス〉なる単位を提唱している。この単位はイエス〔ジーザス〕が生きていた時代に知られていた(科学的)情報の量として定義される。(科学的情報とは意味論的情報の下位集合であり、当時入手可能だった意味論的情報すべてから、誰がどこに住んでいたか、ある人が着ていたローブの色は何か、ピラトが朝食に何を食べたか、等々の情報を取り除いたものである。)定義上、西暦三〇年に存在していた科学的情報の量は正確に一ジーザスであり、(ウィルソンによれば)その量が倍になるには一五〇〇年後のルネサンスの時代までかかった。一七五〇年までにはさらに倍の四ジーザスになり、一九〇〇年にはその倍の八ジーザスになっていた。一九六四年までには六四ジーザスになり、今現在まで何ジーザス(複数形でジーザシーズと言うべきか?)累積しているかは神のみぞ知る事柄である。ありがたいことにこの単位は特定されていないし、またウィルソンは情報爆発という主題に劇的な表現を与えている点では正しいにしても、そもそも、(科学的)情報の量を表すために現在用いられている、例えば査読付き雑誌のページ数や、オンライン雑誌のテキストおよびデータのメガバイト数といった、厳密ではあっても的外れの指標よりもましな尺度や指標がこの先見つかるのかどうかすら、はっきりしているとは言い難いのである。

ルチアーノ・フロリディは有益な入門書(Floridi 2010)の中で**経済的**情報というものに、〈およそ何らかの労力を払う価値のあるもの〉として別格の扱いを与えている。農園主にとって、牛の数を数え、井戸の水位を測り、農場労働者の作業効率を確かめることに時間と労力を費やすのは賢明なことである。農園主がこのような管理業務を自分で行うことを望まない場合、それを果たすために他の誰かを雇うべきである。自分の生産物、原材料、競争相手、資本、立地……等々(明らかなカテゴリーのみを挙げておく)についての何事かを見いだすことは、「採算がとれる」出資である。そのために市場とトレンドについての公にされている情報を調査したり、競争相手の商品をリバースエンジニアリングのため、または自分の製品との比較テストのために購入したり、あるいは産業スパイを働いてみようとすることができる。企業秘密とは、しっかりした基礎をもつ合法的な情報のカテゴリーであり、盗まれる(または不注意で漏洩したり散逸したりする)ことがありうるものであるし、特許や著作権に関する法律は、企業やそれよりも大きなシステムが研究開発によって発展させてきた情報を、他者が利用しないように抑止するものである。経済的情報は価値ある情報であり、場合によってはその価値は大変大きなものとなるし、その情報を保存し、詮索好きの目から保護するためのさまざまな方法は、自然において同じ目的のために進化してきたさまざまな方法の似姿となっている。

数学理論としてのゲーム理論（von Neumann and Morgenstern 1944）はまた別の秀逸《ブリリアント》きわまる戦時中の革新である。この理論が史上初めて明らかにしたのは、誰かの意図と計画を、対立する相手に秘密にしておくことが大いに重要な価値をもつ、という点である。[9] ポーカーフェイスはポーカーのためだけにあるわけではないのであり、過度に明け透けであることは、この残忍な世界での競争を強いられている個人や組織にとって、まったく文字通りの死を意味する。要するに、生き残るどうかは情報に依存した事柄であり、さらに言えば差異を伴う《ディファレンシャル》情報[10]、ないし、非対称的な情報に依存した事柄である——僕は君の知らない情報を知っていて、君は僕の知らない情報を知っていて、僕らがうまくやれているのはこの状態を維持することに依存している、ということだ。バクテリアですら——さらに言えば、生物ならざるウィルスですら——彼らの押しつけがましく詮索好きな競争相手たちとの軍拡競争の中で、自分自身を隠蔽し偽装するための込み入った計略を実行しているのだ。(25)

以上の議論からの暫定的な提案として、意味論的情報を、**手に入れる価値がある**デザイン、と定義することを検討したい。ただし今のところ、「デザイン」という用語については、第3章で強調した、（知的《インテリジェント》デザイナーという意味での）デザイナーなきデザイン、というカテゴリーが本物の重要なカテゴリーである、という論点だけを唯一認めるだけで、それ以外はできる限り何らかの特定の解釈に偏らず、中立的な意味を保持させておこう。デザインとは常に何らかの種類の研究開発の活動を含意しており、また現在私たちは、それがどのような種類の活動であるかを言える立場にある――すなわち、それは利用可能な**意味論的情報を**、**それの諸部分を何らかの適切な仕方で調整することによって**、将来の見込みを改善するために利用するという活動である。（生物はエネルギーと物質――食糧、薬品、新しい殻など――を獲得することによって将来の見込みを改善することができるが、しかしこれらは**デザイン上**の改善ではない。それらはむしろ、生物のすでに存在しているデザインに燃料を補給し、あるいは修復するという事例なのだ。(26)）世界内の行為者として、ただ**有益な事実を学習するということ**のみによって（どこで釣りをするのがよいか、どんな友人をもっているか）、自分のデザインを改善することができる者はいる。釣り針の作り方や、敵の避け方や、口笛の吹き方などを学習することが、また別の種類のデザイン上の改善である。すべての学習は――〈何が〉の学習も、〈いかに〉の学習も、共に――その学習者が生まれもっているデザインに対する有益な追加ないし改訂なのである。

情報が負担になる場合もある。その者がすでに備えているデザインの最適な行使を妨げる情報を獲得してしまう場合だ。このような場合、私たちはしばしば、その種の望まざる知識から自分自身を保護することを学習する。例えば二重盲検法[11]を用いた実験において、私たちはあらゆる手を尽くして被験者と研究者

(25) 例えばエボラ出血熱のウィルスはアポトーシス細胞〔プログラムされた細胞死に至る細胞〕の断片を模倣し、それによって自らを食細胞（ごみ収集屋）に「食べさせ」る。それによって、身体中を移動する細胞への安全なヒッチハイクを行うのである（Misasi and Sullivan 2014）。ウィルスとバクテリアの偽装や擬態については詳しく研究された事例が数多く存在し、バイオテクノロジーの技術者たちは現在その戦略を模写し、免疫系に攻撃されないような偽装を行うナノレベルの人工物を作成しつつある。

(26) より大きな歯が、何らかの生物においてはデザイン上の改善であると仮定しよう。そのために求められる原材料やその原材料をあるべき場所に移動させるためのエネルギーは意味論的情報とは見なされないが、そのようなデザインのし直しを実現するための発生学的な制御は意味論的情報と見なされる。

に、どの被験者がどの状況に置かれているのかに関して無知なままでいてもらうようにする。こうすることで、被験者についてはバイアスのかかった行動を、また観察者についてはバイアスのかかった解釈を、ほぼ不可能なものにすることができるようになる。この例が鮮やかに示してくれるのは、私たちは、永年の努力の果てに手に入れた反省的知識〔ここでは、人間のバイアスに関する知識〕を、私たちの今後の知識収集能力を改善するために活用することができる〔つまりその知識を用いて二重盲検法という手法を考案し実施することができる〕[12]、ということである。これはつまり、私たちは自分自身の合理性の限界を発見してきたのであり――例えば、いくつかの状況においては、情報のあまりの多さによって無意識に動揺せずにいることができ無理である、というような――そしてその知識を、そのような欠点を修正するシステムを創り出すために用いてきたのである。他に望まれざる知識として、これよりも稀だがよりドラマチックな例を挙げれば、銃殺刑を執行する兵士の中の誰かの弾倉に空の薬莢（または「ダミー」としてロウを詰めた薬莢）を入れておき、それがランダムに発射されるようにするという処置――その際、兵士たちにはその処置の存在を知らせておく――によって、格別に知りたくない知識を遮断し、どの兵士も自分の行為が死をもたらしたという知識を抱えながら生きていかずに済むようにする、というものがある。（あまり指摘されないことだが、兵士の誰かが撃つ銃が空砲であるという事実は、さもなければ何かのきっかけで生じかねない誘惑――ライフルを命令役の上司に向けて反乱を起こすという――を選択肢から取り除くものである。自分の弾倉が発射可能な弾丸で満たされていること知っていれば、それは情報にもとづく合理的選択として利用可能な機会となる。しかし手に入っていない情報は利用することができないのだ。）

他に、誤った情報や、意図的に教え込まれる虚偽の〔嘘の〕[13]情報もまた同じやり方で手に入るが、これらについてはどうだろうか？　これらの現象は一見、私たちが提起した定義への反例であるように思われるが、すぐ後で見るように、実はそれらは反例にはならない。「意味論的情報」と「デザイン」の定義はお互いに循環的定義をなす仕方で関連し合っており、ただしそれは悪循環ではなくよき循環である――すなわち、研究開発の過程〔すなわちデザインワーク〕と見なされうる何らかの過程があって、その研究開発〔デザインワーク〕において環境のある側面〔すなわち意味論的情報〕が何らかの仕方で切り出されると、今度はその切り出された側面〔意味論的情報〕が、輪郭のはっきりした事物の集合体ないしは事物のシステムのデザインを、改善する――すなわち、将来の繁栄／存続／増殖のためのよりよい備えを用意する――ために、利用されることになるのだ[14]。

従って意味論的情報とは「〔重要な〕差異を作り出す区別」であることになる。フロリディ（Floridi 2010）が調べたところでは、この句を最初に思いついたのはD・M・マッケイであり、後にグレゴリー・ベイトソン（Bateson 1973, 1980）や他の人々がそれを**〔重要な〕差異を作り出す差異**[15]として述べるようになったということだ。マッケイは、チューニングとシャノン（それ以外では特に、フォン・ノイマンとジョン・マッカーシー）と並行して、第二次大戦の緊張度の高い研究の中で才能を示した、またもう一人の才知豊《ブリリアント》かな理論家であった。マッケイは情報理論の草分けとなった理論家であり、物理学者であり、神経科学者であり、さらには哲学者でもあった（そしてその深い宗教的確信にもかかわらず、私の個人的なヒーローの一人でもある）[27]。私が提案した意味論的情報の定義は、マッケイによる、「情報一般」を「**表象的活動**を正当化するところのもの

（27）一九四九年、神経学者ジョン・ベーツによってケンブリッジ大学内で設立された〈ラティオ・クラブ〉は、特記すればドナルド・マッケイ、アラン・チューリング、グレイ・ウォルター、I・J・グッド、ウィリアム・ロス・アンブリー、ホラス・バーローなどのメンバーを擁していた。彼らの会合がどのようなものだったかを想像してほしい！

[that which justifies *representational activity*]」とする一九五〇年の定義に近い（MacKay 1968, p.158）。当時のマッケイが焦点を合わせていたのは、ここで私たちがシャノン的情報と呼んでいるものだったが、しかしマッケイは賢明にも、より根本的な、意味論的情報と言える情報への考察に大胆に踏み込んでいたのであり、しかもそのような情報概念を、**形式を規定するところのもの、**と定義していた（Mackay 1968, p.159 の一九五〇年のダイアグラム）。この定義は、〈正当化〉や〈価値〉といった主題を取り扱えるように保持する一方、（何らかの狭い意味での）表象というものには深く関わらない定義なのである。

情報というものが〈〔重要な〕差異を作り出す区別〉だとすると、私たちはある問いかけへと導かれることになる――つまりその〔重要な〕差異は誰にとってのものなのだろうか？　この問いかけ、すなわち Cui Bono?（誰が利益を得るのか？）[16]という問いかけを、適応主義者は常に発するべきである。というのも、その答えが驚くべきものである場合がしばしばあるからだ。この問いかけこそが、私たちの日常生活の中の経済的情報と生物学的情報とを一つにまとめ、意味論的情報という大きな分類[17]に括っている。そしてこの問いかけによって、私たちは誤情報と虚偽情報とを、単に情報を分類するための種類として特徴づけるのではなく、むしろ、**依存的**で、さらに言えば**寄生的**な種類の情報として特徴づけることができるようになる。すなわち、何かが**誤**情報として創発するのは、**有益な**情報を引き出す――また有益な情報に依存する――ようにデザインされたシステムが関わっている文脈の中に限られる、ということだ。〔例えば〕ある生物が、ある別の生物を誤った方向へ導きうる区別（その別の生物のデザインに害をもたらしうる区別）に単純に気づかないだけだとしたら、たとえその区別がその生物の神経系に何らかの（効果のない）仕方で登録されるのだとしても、その生物が誤情報を与えられた、とは言えない。〔具体的に言えば〕スティーヴン・スミスの「手を振っていたのではない、溺れていたのだ」という詩で（Smith 1972）、振り向いて手を振っている人物を浜辺で見ていた人物は誤情報を与えられていたと言えるが、その頭上を旋回しているカモメに誤情報が与えられていたとは言えない。ある区別が、自分に備わっている装備によって識別できない場合、その区別から誤情報がもたらされることはありえないのである。また虚偽情報については、利益ハ誰ニ？という問いかけは、それを理解するために二重に役立つ。つまり〔第一に〕虚偽情報とは、（ある行為者の利益に向けて）他の行為者の識別システムを悪用すべくデザインされた情報であるが、また〔第二に〕そこで悪用される他の行為者の識別システムそれ自体が、そもそも有益な情報を選び取り、それを利用するためにデザインされたシステムなのである。エボラ出血熱ウィルスのデザインが偽装の一例だと言えるのは、これが理由である。

キム・スティルレルニー（Sterelny 2015, 私信）は、一つの重要な反論を提起している。

人間は表象のがらくた収集者であり——食糧収集者としての人間の植物相と動物相〔動植物についての知識〕がいかに、信じられないまでに豊かであるかを考えてみて下さい——、人間の自然史の大部分において、情報は何らの実際的な価値ももっていません。（頭に保存し、頭から取り出すという）情報の蓄積がひとたび安価なものになって以降、〔たしかに〕このがらくた集めの習慣は適応的なものになりました。というのも、情報上のがらくたの中のどれが価値あるものと判明するか、事前に知ることは非常に困難だからです。しかし、だとしても、そのがらくたのほとんどすべてが無価値な代物だろう、という事実に変わりはないのです。

スティルレルニーがさらに進んで主張するところでは、誰もがもっている知識のほとんどすべては「適応的な効果を欠いています。しかしこれは重要ではありません。というのも、それは安価に保存できるからです。そしてその内の重要なごくわずかの部分《ビッツ》に関して言えば、それこそが**本当**《リアリィ》**に**重要なものなのです」。「ビッツ」という言葉の誤解されやすい使用を別にすれば、私はこれにおおむね同意するが、次のようなただし書きは明記したい——日頃私たちに洪水のように押し寄せ、頭に残って離れないごみくずの類ですらも、有用性の見かけ《プロファイル》をもつ。つまりその多くが頭に残るのは、それらが広告会社や広報機関やその他の行為者たちの利益に役立つために、他の行為者たちの心で認められる居留地を構築することで、**頭に残るようにデザインされているから**であり、またスティルレルニーの〔前掲の〕指摘によれば、それ以外のものが頭に残る理由も、いつか将来適応的であるという、（私たちの無意識の評価にもとづく）ゼロではない見込みをもつことにあるのだ。真の「写真記憶」[20]をもつ人々——現実にいるのか、神話的存在なのかはさておき——は、有益な情報を得るとしても、それ以上に厄介な負担を頭の中に抱え込むことで、病的な衰弱に苦しめられることになる(28)。

自然選択による進化は、たゆみなく進み続けながら、表現型（生物が装備しているものすべて）とその周囲環境との間の相互作用から情報の小断片（「ビット」ではない）を自動的に抽出する。自然選択のこのような働きは、より優れた表現型の遺伝子を、より好ましくない表現型の遺伝子よりも頻繁に複製させることによって、自動的になされる(29)。さまざまなデザインが長い時間をかけて「発見」され、洗練されてきたが、これはそれらのデザインと情報との出会いのおかげである。研究開発が生じ、デザインが改善されるのは、それらのデザインがすべて差異化を伴う複製《ディファレンシャル・リプロダクション》において「それ自身で採算がとれる」ものでなければならなかったからであり、ダーウィン的系統は自分たちの**形を**調整することで新たなやり口を「学ぶ」のである。従ってダーウィン的系統は**形を吹き込まれている**《イン・フォームド》〔必要な情報を与えられている[21]〕のであり、それは局所的なデザイン空間における価値ある上昇である。同様の仕方で、スキナー的生物、ポパー的生物、グレゴリー的生物は、自らの生存期間中に、環境との出会いによって自らに**形を吹き込み**〔情報を取り込み〕、その結果、多種多様な新たな事柄のために情報を**使用する**ことで、ますます有効な行為をなしうる行為者になっていく――しかも、その新たな事柄の中には、自らにさらなる形を吹き込む〔情報を取り込む〕ための新たなやり方の開発も含まれている。かくして富めるものがますます富むことになる。[22] このようにますます富んだものたちは、何らかのデザインに着手し、そのとき利用可能だった情報を改善するための、さまざまな体系をデザインし、そこから得られた情報を洗練するために情報を用い、その情報を洗練するためにさらに情報を用いて、ますます〔情報という〕富を増加させていくのだ。

有用な情報という概念は、第5章で紹介したギブソンのアフォーダンス概念の子孫である。私はギブソンの説を、単に植物やその他動物以外の生物のアフォーダンスのみならず、人間の文化の人工物をも含むように拡張したい。ギブソンの言うところでは「情報は光の中にあり」、また動物が世界を知覚するとは、その情報を「抽出する《ピッキング・アップ》」ことによってなされるのだという。(30) 木の幹に降り注ぐ太陽からの反射光と、その

(28) 科学は私たちの〔重要な〕差異を作り出す差異を発見する能力を多大に拡張してきた。子供は木の樹齢を年齢を数えることで知ることができ、進化生物学者がDNAの差異を数えることで二種類の鳥の共通祖先が何百年前に生存したのかをおおよそを知ることができるが、持続期間に関するこれらの情報の断片は、木や鳥のデザインの中で何の役割も果たしていない。その情報は彼らのためにある情報ではなく、現在では私たちのためにある情報に変わったのである。

(29) コルゲートとゼオック（Colgate and Ziock 2010）は、情報を「選択されるところのもの」とする定義を擁護している。[23] この定義が私の定義と調和することは確かであるが、しかし彼らが考察している事例にこの定義を適合させるためには、「選択される」という用語の意味が大幅に変動することを許容せねばならない。

幹にしがみついているリスを考えてみよう。木にとってもリスにとっても、光の中にある**潜在的**情報は同じであるが、木は（それに先立つ系統における研究開発によって）、リスには可能な、**光の中の情報に**もとづいて大きな働きをなすための装備を備えていない。木は光合成によって、光の中の**エネルギー**を糖を作り出すために利用するし、最近の研究によれば、木（やその他の植物）はまた、光が運ぶ情報にも適切な反応を示すという。つまり光が運ぶ情報に反応して、例えば発芽するかどうか、休眠状態から覚醒するかどうか、落葉させるかどうか、いつ花を咲かせるか、といったことを決定するのである。(31)

　私たちは、潜在的有用性については好きなだけ考えることができる。例えばチェーンソーを携えた人間が近づいてきているとしよう。その姿は目を備えたすべての生き物には見えるが、木には見えない。目が木の役に立つためには、木がその情報を利用する何らかのやり方をも手に入れていなければならない（逃げ出したり隠れたりするわけではないにしても、木こりの上に重い枝を落とすとか、ねばついて刃の動きを鈍らせる粘着性の樹液を密かに滲出させるとか）。光の中に情報がまさに存していることが、いつか将来、木が視覚を備える方向への〔進化の〕潮流を「促す」ことも、行動上の見返りが直ちに得られさえするなら、ありえなくはないのだ！　ありそうにない仮定だが、しかしまさにこのありそうにない事柄を集約することこそが進化の核心である。差異を作り出すかもしれない差異は、その差異を何らかの仕方でつなぎ止める何かがそこにありさえすれば、必ずや存在するのである。先に指摘したように、自然選択による進化は干し草の山から針を探し出すことに[24]驚異的に巧みであり、ほとんど目に見えないようなパターンでも、それが偶発的に反応し、その反応がそのパターンに有利に働くならば、そのパターンを探し当てる。生命の起源が、正しい時に、正しい場所で、正しい「原料」分子が生み出されることに依存しているのとまさに同様に、個体群中に生じた変異にもその原材料が存在していなければならないのであり、つまりその変異はそれ以前には機能を欠いていた（あるいは十分利用できていなかった、あるいは冗長なものだった、あるいは痕跡的だった）が、たまたま遺伝的であり、かつ世界内の有益な情報と潜在的に共変的であった[25]ような特徴を含むような変異でなければならないのである。(32)

「原理的には可能」なもののすべてが自動的に利用可能になるわけではないが、多大な時間、多大なサイクルが与えられるならば、手近にある〈妙　手《グッド・トリックス》[26]〉に通じる偶発的な経路が存在する**見込みは大きい**。とはいえ常にそうであるわけではない。このことゆえに、もっともらしい「なぜなぜ物語[27]」（Gould and Lewontin 1979）は確証を要する、説明の**候補**に過ぎないのである。十分に確証されたどんな進化論的仮説も（それは何千と存在する）、当初は、支えとなる証拠を要するなぜなぜ物語だった。そして、ほとんどすべての生物が生まれてから子孫を残さずに死ぬのとまったく同様に、**構想される**に至ったなぜなぜ物語の大多数は、再生産される権利を決して得ることがない。適応主義の罪は、なぜなぜ物語を構想するということ

---

(30)　ギブソンはこの抽出の作業を果たすための内的機構が何であるかという問いを無視しているばかりか、しばしば、そこに答えるべき何らかの困難な問いかけが存在する、ということ自体を否定しているように見えて、この点で大変評判がよくない。過激なギブソン主義者は、「それが君の頭の中にあるというのは間違いだ。君の頭がそれの内にあるのだ」と言うだけですべてを片付ける。この見方には賛成しかねる。

(31)　これらの事実に私の注意を向けてくれたキム・スティルレルニーとデイヴィド・ハイグに感謝する。

(32)　有益な情報は、分子レベルにおいてすら出現する。デイヴィド・ヘイグは魅惑的なエッセイ「社会的な遺伝子」（Haig 1997）において、行為者的《エージェンティカル》な視点を、彼が**戦略的遺伝子**概念と呼ぶ、はるか下位のレベルに適用している。ヘイグの指摘によれば、「自分自身と、自分自身によく似ているだけの他の分子とを識別する能力をもつ分子が生まれたことで、遺伝子に利用可能な戦略は大幅に拡張され、大きな多細胞的身体の進化を可能にした」（p.294）。遺伝子は、利用可能な情報が存在しないところでは、偶然的な成功よりもましな仕方で逃げ出したり同盟を結び合ったりすることができない――〈母なる自然〉による銃殺隊原理の先取りだ。

にはない――むしろ、適切な検証を受けていないなぜなぜ物語を無批判に再生産することにあるのだ。

目をもつ木ほどには空想的ではない可能性として、鮮やかな秋の紅葉について考察しよう。**紅葉**は木の適応であろうか？　もしそうだとして、どんな利点があるのか？　一般に紅葉は適応ではなく、落葉する葉が死ぬ時に生じる化学変化の、何の機能もない副産物に過ぎないものだと理解されている。葉は太陽光が減少する時期になると葉緑素の産生を停止するのであり、葉緑素の分解に伴って、葉の中に存在する他の化学物質――カロテノイドやフラボノイドやアントシアニン――がなおも降り注ぐ光を反射するものとして姿を現すのである。しかしながら現代においては人間たちが、とりわけニューイングランドにおいて、秋の紅葉の鮮やかな色を評価し、そして――通常は無意識的に――最も印象深い木以外の木を先に切り倒し、よい色の木は次の秋に向けて保存し、次の秋に繁殖をさせてやることで、最も印象深い木の健康と繁殖を促進する。まばゆい紅葉は、未だ直接的に計測可能ではないにしても、すでにニューイングランド北部に生える木の適応となっているのである。適応とはこのように、自然選択の揺るぎない過程のみが気づくような仕方で始まる。秋の落葉樹が葉を落とさずにいる期間には大幅な差異がある。ニューイングランドではオークの木の落葉が最も遅く、この木が鈍い茶色の葉を落とす時期よりもずっと前に、カエデは鮮やかな葉をすっかり落としてしまっている。人々が（自覚的であろうとなかろうと）無視できないほどの強さの〔人為〕選択的影響をおよぼすような何らかの環境においては、一部のカエデの系統に紅葉した葉をより長く保持させてくれるような化学的変化が適応的なものになるだろう。ここで、想像力をもう何歩か先に進めてみよう。このような紅葉の期間の延期能力そのものがエネルギーの点では非常にコストが大きく、その周囲に葉の色を鑑賞する人々がいる場合にのみ採算がとれるものだと仮定するのだ。周囲の人々の存在検知器の進化（これは人々を検出する原始的な目というよりも、光子感知器になりそうである）が急に始まるかもしれない。それは、木の系統による**自己の栽培品種化**への歩みであろう。ある系統の子孫がひとたび私たちに好まれ、その繁殖がひとたび促進ないし阻害されてしまえば、私たちはナツメヤシやアボカドの木同様に、一つの種を栽培品種〔および家畜〕に変える道を歩み始めていることになる。はじめの一歩が、私たちによる意識的で意図的で**知的**な選び出しである必要はない（もちろん、木によるそれである必要もない）。私たちは事実、私たちの所有物ではなく、あるいは私たちに好まれているわけでもないのに**シナントロープ化**した系統、すなわちヒトと共に暮らす環境で繁栄するような進化を遂げた系統[28]にまったく気づかずにいることがありうる。トコジラミやネズミはシナントロープ化した種であり、〔雑草の〕メヒシバもそうである。また言うまでもなく、可能な限り私たちの目を盗んで私たちの体に棲息している無数の生物たちもシナントロープ化した種であり、すなわち人間の身体の中や表面やその近辺という生態的地位《ニッチ》で生きるように適応しているのである。

以上すべての事例において、最善の適応の仕方**についての意味論的情報**が、何世代にもわたるサイクルから、無精神的なやり方で収集されてきたのであり、また注意すべきなのは、これが（神経系をもつ生物の場合）生物の神経系の中にも、さらにはＤＮＡの中にですら、直接に**コード化された**《エンコーデッド》ものではなく、あるとすればただ**語用論的含意**に似た何かとしてでしかない、ということである。**語用論**〔*pragmatics*〕とは言語学者や言語哲学者が用いる用語で、彼らはこの用語を文法的意味や語の「辞書的な」意味には含まれず、個々の発話の状況――実のところ、ある発話の環境世界《ウムベルト》――が担っているような意味の側面を指すために用いている。

私がいきなり家の中に入ってきて、周りにいる人たちに〔英語で〕「やかんを火にかけろ！」とわめいたとしよう。このとき私は英語の命令文を発話したわけだが、ここから私がお茶かその他の温かい飲みものを飲みたがっているのだなと推論する人は多そうだし、それ以外にも、私が自分の家に帰ったのだと思いこんでいるのだろうと推測する人や、実際にこの家の住人なのだろうと推測する人もいるかもしれない。しかし、ハンガリー語しか解さない別の人物がそこにいたら、その人物は、（彼女には私の発話が英語らしく聞こえるので）私が何か英語でしゃべっており、また英語で誰かに話しかけている、と推論するだけかもしれない。その一方、**本当に**事情に通じている人ならば即座に、私が封筒を蒸気で開封し[29]、自分宛ではないにもかかわらず、その中身をこっそり読もうと決意するに至ったのだと、つまりは、今まさに犯罪がなされようとしているのだという情報を得るだろう。この出来事からいかなる意味論的情報を収集するのかは、収集者がすでに収集していた情報がどのようなものであるかに依存するのだ。誰かが英語を話すということを知るのは、それを知った人が世界について有する知識の価値ある更新でありうる。それはいつの日か大きな配当金として支払われるかもしれないデザイン上の改善である。また、誰かがまさに犯罪をなそうとしていることを知ることも、その知識を適切に利用できる立場にある人にとっては価値のある能力増進《エンハンスメント》である。ここでのやりとりにもとづいて、それぞれの人がどのような局所的デザイン改善をなしうるかについては、大幅な差異があるのであって、「やかんを火にかけろ！［Put on the kettle!］」という音波としての信号の構造、**あるいは**、そのような英語の文としての信号の構造（「ピー・ユー・ティ・スペース・オー・エヌ・スペース……」）を詳しく調べることによって意味論的情報を取り出すことができるかもしれない、と考えてしまうのは大きな誤りになりかねない。そこで学ばれる事柄すべてに適用される**コードは存在しないのだ**。

同様に、ある鳥の系統のＤＮＡが、子育ての時期に吊り巣を作ることを「学んで」いるとしても、そのＤＮＡの中に巣を記述するコドンの列や、巣をどのように作るかの手順を記述するコドンの列があるわけではない。そのDNAを構成しているのはむしろ命令文の系列であり、例えば「次はリジンを結合せよ、その次はトレオニンを結合せよ、その次はトリプトファンを結合せよ……」（これはアミノ酸の連鎖から何らかの蛋白質を作るためのレシピである）とか、「アンポンタンポカン、三つ数えよ」（これは「ジャンク」DNAの断片をタイマーとして使用している）とか、「ムニャムニャムニャムニャ」（遺伝子座上の寄生者か、他のジャンクDNAの断片）とかいった具合である[30]。いずれにしても、コドンの何らかの列を「巣」や「小枝」や「探せ」や「差し込め」等に「翻訳」できるなどと期待しないことである。それでも、その鳥が一定のコドンの列を「完全に」理解するために人はどれほど多くのことを知らねばならないのかを反省してみるとよい。そのコドンを解釈することをそれ以前の進化の段階においてすでに「学んで」いたおかげで、また、そのコドンを解釈することをそれ以前の進化の段階においてすでに[31]

のはさまざまなアフォーダンスからなる存在論を備えた外見的イメージであり、子は自分にとって最も重要なものを見分ける準備を整えて生まれてくるのである。例のやかんの出来事において、そのメッセージを「完全に」理解するために人はどれほど多くのことを知らねばならないのかを反省してみるとよい。それによって、ある世代から次の世代への、DNA経由でのノウハウの伝達を分析するという課題が、どれほど見極めがたいものになりそうか、その見積もりをうまくつかめるようになるだろう。

言語学者と言語哲学者たちが考案した区別が、以上のような困難をやわらげるように見えるかもしれない。この区別によれば、**表明されている命題**（例えば「やかんを火にかけろ」）と、**含意されている命題**（例えば「彼は英語をしゃべっている」）がある、ということになる。しかしながら、私が思うに、これらの言語学のカテゴリーをD

（33）　この点を示唆してくれたロン・プレイナーに感謝する。

ば「私は封筒を蒸気で開封するつもりだ」）と、発話行為によって**正当化されている命題**（例え

195　第6章　情報とは何か？

NAの情報伝達に当てはめてみたいという誘惑に、私たちは抵抗すべきである。というのは、これらのカテゴリーが当てはまるのは——それが当てはまると言える限りは——単に断片的で、しかも後づけ的な仕方においてでしかないからである。進化とは「バグ」を「仕様《フィーチャー》」に転じ、「ノイズ」を「信号」に転ずることに関わっているのであり、これらのカテゴリーの間のあいまいな境界線は任意《オプショナル》に取り除けるものではない。自然選択の場当たり的な融通無碍《ゆうづうむげ》さは、そのようなあいまいさに依存しているのだ。実のところ、これこそ〈ダーウィンの奇妙な推理の逆転〉の要《かなめ》である。創造論者の「DNAに含まれているすべての情報はどこから来たというのだろうか？」という修辞疑問に対するダーウィンの回答は単純だ——それは漸進的で、目的を欠く、奇跡ならざるやり方による何十億年もかけた、ノイズの情報への転換に由来するのだ。何か新たな「コード化《エンコーディング》」を確立するような革新がなされたとすると、その革新はそもそもの最初から適応度増大の効果を（たまたま）もっていなければならない。それゆえ、何かが意味論的情報を運ぶ能力をもつ場合、その能力が、それに先立つ、その能力をあらかじめ要素の一部に組み込んだコードに依存することはありえないのである。

　ある何らかの信号——祖先が発した遺伝的な信号（つまり遺伝子によって受け継がれる情報）であれ、ある者の感覚経験から得られる環境からの信号であれ——がどれほどの量の意味論的情報を「運んで」いるのかについての特権的な尺度は（今のところ私の見る限りでは）今後も存在しないはずである。シャノンが自覚していたように、情報とは常に受信者がすでに何を知っているのかに相対的なものであり、たとえモデルの中では信号と受信者にさまざまな境界線を「押しつける」ことができるとしても、現実生活におけるそれらの境界線は、それを取り巻く文脈ともども、穴だらけなのである。私が思うに、私たちは規律のとれたやり方で手を振る[32]ことで何とかやっていくしかないのであり、これは私たちが、同胞たる他の人々に対して何かを言い、何かをしてみせることで多くのことを伝えるにはどうすればいいかを、日頃からよく知っていることによって可能になる。（そう。**規律のとれた仕方で**手を振るのだ。意味論的情報の量を測るためのアルゴリズムなど存在しないかもしれないが、私たちは自分に関心のある話題の情報内容を、提起された存在論——さまざまな生物の環境世界《ウムベルト》に備え付けられている存在論——に応じて近似的に捉えるための一時的な構造を好きなだけ構築することができる。）もちろん、私たちはすでにこれを日常生活の中でやっているのであり、そのとき私たちは、私たち人間のカテゴリーと存在論を大雑把で手っ取り早いやり方で用いて、動物がどんなカテゴリーを見分けているか、動物はどんな課題を果たしているか、動物は何を恐れ、好み、避け、求めるのかなどについて、極めて厳格に統制された事柄を予測するのである。例えば私たちは、狡猾なアライグマを捕らえる罠を作ろうとする場合、アライグマにとって〔重要な〕差異を作り出しそうな差異に慎重に注意を向ける。匂いは警戒すべきカテゴリーであるが、罠に近づいてくるアライグマが、罠の入り口とは別の（アライグマにとって一目で分かる）逃げ道を見つけてしまわないようにも警戒すべきだ。そしてその罠にアライグマをおびき入れねばならないとして、アライグマに嗅がれないように防臭や消臭を施すべき臭いの化学成分がどうなっているのか特定しよう、という希望はかなう見込みがあるとしても、**別の逃げ道**というアフォーダンスをそれと示す明確な指標《ホールマーク》というのは、〔化学成分とは異なり〕一つの単純な式に簡単に還元できるものではないのである。[31]

私たちは、多くの理論家が立てたがる**仮定**を立ててしまわないように自制する必要がある。すなわち、ある生物が**捕食者、食糧にできる、危険な、棲み家、母親、つがいの相手**……といったカテゴリーにもとづく有能性《コンピータンス》を示すとしたら、その生物はそのカテゴリーに含まれている各々の用語を用いた「思考の言語」をもつに違いない、という仮定である。DNAは、「作る」や「巣」のような用語を何ら用いずに巣作りの仕方についての情報を運ぶことができる。だとしたら、これに劣らず測り知れない業《わざ》を神経系が行っているという可能性を否定する理由があるだろうか[34]。

自然選択による進化はすべてデザイン変更の過程であり、その大部分においてそれはデザインの改善(あるいは少なくともデザインの維持)である。器官とその機能の喪失ですら、それらを維持するコストが要因に入っている場合には改善と見なされる。有名な、視覚を放棄したドウクツギョはコスト削減に従事させられているのであり、どんな会社の役員でも、そのような対応はデザインの改善なのだと説明するだろう。採算のとれないものは獲得も維持もしてはならないのである。生物学者たちがしばしば、ある系統がその本能的行動を何世代もかけて「学習している」という語り方をするのは偶然ではない。学習とはすべて等しく自己を再デザインする過程と見なされることができ、そしてここで再デザインとは、初期状態《デフォルト》ではデザインの〔改悪ではなく〕改善となっているのだ。私たちはノウハウの獲得も事実情報の獲得も共に学習と見なすが、これが意味するのは、学習とは常に、自分がすでに手に入れている基礎としての有能性《コンピータンス》／知識を、自分が獲得したものの品質管理に向けて利用するための方法であるということなのだ。放棄することは、通常デザイン改善だとはみなされないが、それに劣らず、忘却することもまた通常は学習とは見なされない。しかし時には、(ドウクツギョの場合と同様に)忘却が学習となることがある。多いことはよいことだという理屈がいつでも成り立つとは限らないのだ。法律で廃棄貨物〔flotsam〕と投棄貨物〔jetsam〕は区別されるが、ここではこの区別が適切である。廃棄貨物とは、甲板や船倉の清掃中に、それと意図せず、または偶然に破棄される積み荷であり、投棄貨物とは故意に投げ捨てられた――つまり投棄された〔jettisoned〕――積み荷である。意図的な心の清掃[34]、すなわちその者の平安を脅かす情報や習慣を投棄《ジェッティソン》するというのは稀な現象ではなく、時にそれは逆学習の名で呼ばれる[35]。

意味論的情報は、その担い手にとって常に価値あるものであるとは限らない。ある人物が抱え込んだ不要な事実がその人の負担になることはありうるし、それだけでなく、特定の情報が感情的に重荷になることもしばしば生じる――進化は、競争相手よりも多くの子孫を残す限り、感情的な重荷など気にかけないものである。このことは、意味論的情報の定義に含まれている利益との結びつきをなくしてしまうのではなく、ただそれを込み入ったものにするのだ。（強靭な水泳選手もポケットに金貨をいっぱい詰めて泳ぐと溺れてしまう、という否定しえない事実は、金貨の価値を疑問に付すものではない。）とはいえ、**手に入れる価値のあるデザイン**という意味論的情報の定義に、真っ向から対立するように思われる事実も存在する。すなわち、日々私たちの頭に流れ込んでくる大量の意味論的情報は手に入れる価値のあるものではないし、実のところ、私たちの制御システムを滞らせ、取り組むべき作業から私たちの注意を逸らせる、不愉快な邪魔者である、

（34）先に引いた、コルゲートとザイオックの定義（Colgate and Ziock 2010）には、私がはっきり否定する、次のようなさらなる条項が含まれている、「情報を有益な仕方で選択するためには、その情報は蓄積（書かれること）をされなければならない。さもなければ、何が選択されたのかを決定するすべはなくなる」（p.58）。ここで「蓄積（書かれること）」が何を意味するかにすべてはかかっている。私なら、巣作りについての情報は鳥の系統の中で蓄積されるが、（巣作りの情報として）書き記されているわけではない、と言うだろう。ポール・オッペンハイムが（私信で）思い起こさせてくれたことであるが、F・C・バーレットの古典『想起すること』（Barlett 1932）の狙いは、想起するということを、脳内のどこかに**蓄積された**何らかのものを**回収〔回復〕すること**と見なす考え方への警告を発することにあった。

（35）ロバート・マタイは（私信の中で）進化的な逆学習は実のところ投棄《ジェッティソン》ではないと指摘している。それは、長い時間をかけて投棄貨物《ジェットサム》に似たものに変わっていく廃棄貨物《フロットサム》なのだと。つまりそこでは先を見越した投棄《ジェッティソン》がなされているのではなく、むしろ[35]、船を救うために不要なものを一掃し船外へ捨てたことが、よいことだったと明らかになる、ということなのである。

という事実である。だが私たちは、私たちの〔意味論的情報の〕定義に含まれるこのような「バグ」を、その「仕様《フィーチャー》」に転ずることができる。つまり、情報を取り扱うシステムが存在していることそれ自体が、その情報にデザイン上の価値があることに依存して成り立っているのであり、そもそも、そのようなシステムを構築するための高価な出費はその価値によって正当化されるのだ、ということに目を向ければいいのだ。情報を取り扱うシステム（両目、ラジオ、インターネットなど）は、ひとたび利用可能になると、さまざまな種類のノイズによって勝手に利用される——寄生される——可能性に開かれる。そのようなノイズの中には、まったく意味のない「ランダムな」**ホワイトノイズ**（電波信号が弱い時のトランジスタラジオを妨害する耳障りな「雑音《スタティック》」）もあれば、受信者にとって無益であったり有害であったりする意味論的情報もある。インターネット上のスパムメールやフィッシングメールは分かりやすい実例であり、〔目くらましのための〕砂ぼこりや、（意図的に噴射される）イカの墨はまた別の実例である。このような悪意あるものが与える効果は、受信者が情報媒体に与えている信用《トラスト》に依存している。イソップ以来、私たちは少年がオオカミが来たぞと何度も叫び続けると、人から大きな関心も信用も引き出せなくなってしまうということを知らされている。ベーツ擬態（例えば、毒のあるヘビをまねた模様をもつ、毒のないヘビなど）は、毒を産生するというコストを支払わずに利益を得るという、これと同じ種類の寄生現象であり、擬態者の数が本物の毒ヘビの数を上回ってしまう場合にはイソップの教訓が当てはまり、偽りの信号はその力を失ってしまう。

どんな情報伝達の媒体または経路も欺きとその検出との軍拡競争を開始しうるとはいえ、**ある生物の内部では**、その経路の信頼性は極めて高いものになる**傾向がある**。すべての「利害当事者」が命運を共にし、泳ぐときも溺れるときも一緒であるため、信用《トラスト》が優位を占めるのである（Sterelny 2003）[36]。（いくつかの魅力的な例外としては、ゲノム刷り込み[37]を論じたHaig 2008を参照。）誤謬は常に生じうるものであり、それはシステムの機能不全——摩耗による——や、そのシステムが取り扱うための備えをもたない環境に対して誤って適用されてしまったことの結果として生じる。妄想や錯覚〔幻想〕が認知神経科学における証拠の豊かな源泉となっているのはこれが理由であり、つまりそれらの現象はその生き物が通常の場合に何を**信頼している**のかについて、多くのヒントを提供してくれるのである。しばしば指摘されることだが、知覚における脳の仕事とは、感覚器官に衝き当たるエネルギーの流れの中から、注目に値する特徴だけを抽出し、それ以外は取り除き、無視することである。〔有益な〕情報という鉱石を確保し、それを精錬して、残りをノイズとして放置するのが仕事だ、と言ってもよい。その流れの中のランダムならざるものはすべて、何らかの可能な生物または行為者《エージェント》が、未来を予期するために利用しうる**潜在的に有益な**情報であり、そのようなものとしての実在《リアル》するパターン[38]である。何らかの行為者の世界の中の、このような実在《リアル》するパターンの内、その行為者の環境世界《ウムベルト》、すなわちアフォーダンスの集合を構成するのは、そのごく小さな部分集合のみである。〔その行為者のアフォーダンスである〕それらのパターンは、行為者が自らの存在論の中でもつべき**諸事物**であり、つまり行為者が注意を向けるべき、追尾すべき、識別すべき、研究すべき、諸事物である。その流れの中のそれ以外の実在《リアル》するパターンは、**その行為者に関する限りは**、単なるノイズである。私たちのオリュンポス的な〔神のような〕観点から見るとき〔私たちは神々ではないが、認知的には、他のすべての生物よりも頭一つ分だけ背が高いのだ[39]〕、私たちはしばしば、ある生物にとって極度に重要なのに、その生物はそれを検知する装備を端的に欠いているような意味論的情報が存在していることを目にする。その情報は実際に光の中に存在しているのだが、その生物にとっては存在していないのである。

企業秘密、特許、著作権、そしてバードのビバップへの影響

これまでの私の主張は以下のようにまとめられる。

1　意味論的情報とは〈価値あるもの〉である——誤情報および虚偽情報はこの初期状態《デフォルト》の事例の病理的事例か、寄生により悪用された事例かのいずれかである。

2　意味論的情報は受信者に相対的であって、恣意的ならざる方法での**測定が不可能**であり、単に経験的な検証によって**確証**できるだけである。

3　何らかの限界内に収まるエピソードや項目に含まれている意味論的情報の量もまた、役に立つ仕方で**単位として測定することができず**、単に局所的な状況の中での比較ができるだけである。

4　意味論的情報は伝達されたり保存されたりするために**コード化**《エンコード》されている必要はない。

以上の主張すべてを明確化し裏づけるために、人類の「経済学的」情報を取り上げ、人間社会の法や実践の中で、以上の主張がさまざまな形で公にも支持されている様子を考察しよう。企業秘密を盗み出す、という例を考えてみる。あなたのライバル会社ユナイテッド・ガジェット社が新製品を開発した。新型の、非常に強力なストリングプライザー[40]の内部部品だという。だがあなたはその製品がどんな見かけをしているのか把握できずにいる。というのも、その製品はX線遮断ケースに収納されており、それをこじ開けたり解除したりするためには、その過程で製品の一部を破壊するしかない仕組みになっているのだ。実に巧妙な機密保持の仕組みである。あなたはユナイテッド・ガジェット社にスパイを送り込み、スパイは長期に

わたる工作を行う。そして最終的に彼女はむき出しの状態の製品に遭遇する。ほぼ任務完了といっていい。だが情報をどのように持ち出すべきだろう？　粘土状の素材で製品の型を取れたら最高なのだが、こっそり持ち歩くにはかさばりすぎる。スケッチを取る、写真を撮る、青写真を作る、といったことができれば上出来だが、これまた持ち運びの問題がある。というのもセキュリティが恐ろしく厳重で、電波も漏れなく傍受されてしまうのだ。装置を製造するための、非常に正確な英語のレシピならば暗号化可能で、それ以外のたわいもないメッセージ――例えば健康保険のオプションや約款に関するとりとめのないメモ書きといった――に偽装することができるかもしれない。

〔ここで列挙した以外の〕また別の手段として、体系的なレシピをCAD－CAMファイル化する、というやり方もありうる。[41]製品をCATスキャナ（コンピューター支援X線断層撮影機[42]）にかけ、必要な解像度で高画質のX線断層写真を連続的に撮影し、あなたの手持ちの3Dプリンターに読み込めるレシピを作成するのである。この手法は、解像度次第で、究極的には一つ一つの原子の単位での複製を作り出すレシピを与えてくれるという、理想的な手法でありうる（これは、哲学者やその他のテレポーテーション愛好家が大いに夢見てきた空想である）。この極端な事例の一つの利点は、製品の最大限詳細な仕様を、ビットによる測定の**可能な**サイズのファイルとして作成するという理論上の見込みがある、という点である。[43]製品に関する「完全な」情報、つまり製品のすべての原子を特定する情報を、ほんの幾々百万ゼタバイトのファイルにして送信可能なのである。現在のところは製品一個だが、明日はこの世界そのものだ。これは一般化すれば、宇宙全体はもれなく（？）一つの宇宙的ビットマップとして描きうる、という思想であり、物理学におけるさまざまな、総じて思弁的であるが魅力的な提案の核心にある発想である。そしてもちろん今日この思想は、現実を複製するためのレシピを、原子という旧態依然たる巨大で「低解像度」のレベルに止めることはしない。シャノンの情報理論はこのような応用をたしかに「理論上は」許容するが、とはいえ、ある特定の貝を取り巻く大洋と海底一立方メートル内に含まれる（シャノン的）情報の量を正確に述べることはそこまで非現実的ではないとしても、その情報の中のどれほどが――その分量は〈消えそうなほど微か〉[44]だ――その貝にとっての意味論的情報であるかについて、その情報は何も述べない[36]。

新製品のデザインを盗み取る話に戻ろう。ちょうどよい高解像度のCAD－CAMファイルを作れば、飲み込んでも安全なほど小さい記憶媒体に保存できるだろう。だが、スパイとして働いている彼女が断層《トモ》撮影《グラフィ》法を利用できなければ[45]、単に新製品をその場で〔素手で〕じっくり調べることができるだけだ。裏返したり横にしたりしてあらゆる角度から眺め、持ち上げたり、あちこちひねったり、匂いを嗅いだり舐めたりと色々調べ、それから形を何らかの仕方で記憶し、情報を脳内に入れて持ち運ぶのだ。（ほとんどの秘密はこのやり方で運ばれることに注意しょう。注意深く観察し、後でそれを思い出すというやり方だ。）最もうまく情報を盗み出すやり方が、持ち出し可能ならば新製品を拝借して持ち帰り、詳しく調べてそれを好きなやり方で記録し、必要に応じてコピーを作ってからユナイテッド・ガジェット社へ返すことであるのは、ほぼ間違いない。**必要な情報はすべてこれで引き出せる。**

雇ったスパイが、優れた製品がどんなものかの知識を事前により多くもっていれば、彼女がユナイテッド・ガジェット社からあなたの企業の研究開発部へ運搬ないし送信せねばならないシャノン的情報の量は、より少なくなる。あなたが雇ったスパイは、今の状況下で重要な唯一の新機軸が、出力用の開口部の大きさと形である、ということを一目で見抜くことができるかもしれない。盗用する価値のあるデザイン上の改善の余地があるとすれば、そこだけだ、というわけだ。この例は、意味論的情報とシャノン的情報の関係をよりわかりやすく描き出してくれる。シャノンが送信者と受信者に対して課した、理想化された制約をつきつめて言えば、送信者はすでに、受信者が価値を認めるであろう干し草の中の針[46]を見つけだしている、ということである。針を見つけだす、つまり利用可能なパターンを検出するという作業は背景に退いていて、モデルの一部には組み込まれていないし、またそれゆえ受信者の側での、受信した内容の適切な使用法を見いだすという作業もモデルには組み込まれていない。このような研究と開発こそすべての情報伝達の「見返り」なのだが、それはモデルの一部ではないのだ。

あなたが送り込んだスパイが任務に成功したとしよう。手に入れた情報によってあなたは自社のストリンプライザーを改善できるようになり、市場でのシェアの増大と事業の安定が可能になった。ユナイテッド・ガジェット社はスパイ行為に気がつき（あなたの会社は製品をポットで保護していなかったのだ）、あなたを訴えることになる――あるいは悪くすれば、あなたは産業スパイの罪で逮捕されることになる。新製品が先に述べたような独特のものであるなら、訴えの内容は、デザインの複製（改善や修正はない）のみを基礎にして立証されうる、ほぼ盗用に近いものになる。実のところ、ユナイテッド・ガジェット社が最初から盗まれることを予期していたとすれば、彼らは賢明にも、はっきり識別できるが機能をもつわけではないつまみなりくぼみなり溝なりをデザインの一部に組み込んでいただろう。それがあなたの方の製品にも見

（36）私は、（英語では大文字のVで始まる）〈**超厖大な**［*Vastly*］〉という用語を〈**天文学的数字よりもずっとずっと大きな**［*Very much more than ASTronomically*］〉の［英語での］略称として考案し、**有限ではあるが**、単なる天文学的な量よりも、想像もつかないほど大きな数を表すために用いている。単なる天文学的な量とは、例えばこの目に見える宇宙にある電子の数に、ビッグバン以降の時間をミリ秒で表した数を掛けた数、という程度の大きさのことである（Dennett 1995, p.109）。バベルの図書館は有限の大きさではあるが超厖大である。〈**消えそうなほど微かな**［*Vanishingly*］〉はそれと対をなす用語だ（**無限大**に対する**無限小**のように）。

つかれば、盗みの証拠として一目瞭然である。（これは百科事典が、自分たちの記事を不正に模写《コピーイング》[47]する同業者の尻尾をつかむために昔から用いてきた戦略である。自分たちの本に載っている架空の動物や詩人や山が似たような記述と共に同業者の本にも見つかれば、盗みを働いた方は言い逃れがしにくくなるはずだ。詳しくはグーグルで「ヴァージニア・マウントヴィーゼル［Virginia Mountwiesel］を調べてみよう。）注意すべきは、この自らを暴露《テルティル》する特徴[48]が、元々の「送信者」〔新製品の開発者や事典執筆者〕にとって大いに役立つ情報となるのは、本来の受信者〔不正な同業者〕が、それが意図された信号であると気づかない場合に限られる、ということである〔擬傷行動をとる鳥が発する信号と同じだ〕――この場合、模写を行った方は〈これは元の記述から不正に模写《コピード》されたものです〉という自らに打撃を与える招くメッセージを、無自覚に返信していることになるのだ。

以上のような規則性、つまり行為者間の相互交渉に見られる戦略パターンは、単に**どれだけの量の**情報が複製されるかに依存するだけではなく、**どの**情報が複製されるのかに依存している。それゆえ、シャノンの尺度は一つの限定条件として利用可能であるにしても、〈策略とそれに対抗する策略〉という浮遊理由を説明できるものではない。生物システムの中に、先ほどの〔新製品の開発者や事典執筆者が仕掛けたような〕自らを暴露する情報を見つけるというやり方、すなわち、その情報がどのように「コード化《エンコーデッド》」ないし具体化されているかの詳しい知識をまだもっていない場合でも、そこにあるに違いないと結論できるような情報を見つけるというやり方は、生物学の多くの領域で利用されてきた。例えば、私の同僚であるマイケル・レヴィン（Levin 2014; Friston, Levin et al. 2015）は、「パターン形成システムを原始的な認知的行為者として」（つまり単純な志向システムとして）[49]取り扱うような形態形成のモデルを作り上げてきた。「知識」と「実行課題」をもつ細胞はニューロンだけではないということだ（第8章参照）。

私が思うに、特許と著作権《コピーライト》[50]に関する法律から学べる教訓は他にもある。まず、これらの法律はデザインを保護するために制定されたものであり、そしてこの場合のデザインは、知的《インテリジェント》デザイナーとしての人々によって創造されたものである。人々はしばしばデザインを行い、そしてデザインとは時間とエネルギーを要する活動である（それに、幾分かの知性も必要だ——もしも全くの試行錯誤を延々と繰り返すというなら話は別だが、これは進化が起こるほどの長い時間をかけない限り、興味深い成果をほぼ決して生み出さない研究開発の方法である）。結果として産み出されたデザインは、通常は（誰かにとって）価値のあるものなので、そのデザインの所有者／創造者を保護する法律というのは理にかなっている。

　この法律に関して目につく点がいくつかある。第一に、自分の考案物で特許を取得するためには、その考案物の有用性を証明しなければならない。それに、これまで誰一人としてそれを思いついた人はいなかったことも証明しなくてはならない。どれだけの有用性、それにどれだけの独創性を証明しなければならないのだろうか？　ここのところで、法律はやむをえざる強弁を続けねばならないことになる。例えばカナダの特許法は、以前から予想されてきた発明を、（特許権を保証するために）十分な新しさを備えていないと見なして除外し、このように見なすには、八つの条件を満たしていることを証明すればよいとしている（英語版ウィキペディア「新奇性（特許）［novelty (patent)］」の項目による）。公式に述べられている条件の内の二つを例として挙げておくと、発明に対するそのような予想は、

> 同じ問題に深く取り組んだ人物が、「それは私が望んでいるものを与えてくれる」と言うことができなければならないような情報を含んでいればよい。

一般的な知識をもつ人物が、それを得ると同時にその発明を認識するに違いないような情報を与えれ

ばよい。

特許法が、定義というこの厄介な問題を抱えているというのは驚くに当たらない。新しさとは、意味論的情報一般がそうであるように、それに関わる当事者たちの有能性《コンピータンス》に対して、非常に直接的かつ深い依存関係をもつ。愚者の国では、レンガをドアストッパーに使うという特許を取得できるかもしれないし、技術者の楽園では、太陽光を使って空を飛ぶ家など、既存の知識と実践のつまらない拡張だと見なされてもおかしくない。「一般的な知識をもつ人物」が「それを得ると同時に」何を理解できるのかは、それぞれの時代や場所で何が一般的知識と見なされるかに応じて変動するはずである。

何らかのアイデア（過程なり、装置なり、道具なり、方法なり）で特許を取得することは、まともに作動する試作品を実際に作らなくとも可能であるが、だとしても、自分の下図や仕様書を裏付ける試作品を作り上げる方が確実に望ましいとは言える。著作権を主張できるのはアイデアの個々の表現のみで、アイデアそのものの著作権を主張することはできない。歌に対する著作権を主張することは可能だが、四音の並びに著作権を主張できる見込みはまずない。ベートーベンが現代に生きていたとして、第五交響曲の四音（ジャジャジャジャーン）の著作権を主張できるだろうか？　NBCの三音のチャイムは著作権を主張できるようなものなのか、それとも登録商標——それとは異なった、法的に保護される情報の単位——に過ぎないものだろうか？　本のタイトル単独の著作権を取得することはできないが、短い詩については可能だ。では、次のような詩はどうか？

短い詩って、

短いし[51]

本書全体に対する著作権がこの詩にも及ぶのは疑いないが、自立した「文学作品」と見なされるかどうかは怪しいと思う。著作権法はたび重なる修正を経てきており、厄介な諸問題が依然として未解決のままになっている。本や論文、音楽や絵画、彫刻、ダンスの振り付け、建築といったものは、ある定着した表現と見なされる限りで著作権を取得できる。録音されずに演奏された即興のジャズのソロラインの著作権を取得することはできないし、事前の振り付けも撮影もなされていないダンスのルーチンについても同じである。これはコルゲートとザイオックによる情報の定義に一致しているが、とはいえこれは証拠に対する法的な要求に促された規定であって、情報は「蓄積されて（書かれて）」いなければならない、という何らかの自然の要求に促されたものではないように思われる。チャーリー・（「バード」・）パーカーは自らのソロ演奏に対する著作権を要求できなかったとしても、多くのサクソフォーン奏者やその他のジャズ・ミュージシャンで彼の演奏を耳にした人々は彼の影響を大いに受けたのであり、言い換えれば、彼の演奏から大きな価値をもつ意味論的情報が彼らの中に流れ込んだということである（ただし、提供されたアフォーダンスを抽出して利用することができなかった鈍感な耳の持ち主の中には流れ込まなかった）。人はアイデアや発見の著作権を取得することができないが、だとしたら「我々はどこに境界線を引くのか？」〔この問いについて〕ラーニッド・ハンド裁判官はかつて次のように述べた。「模倣者がいつ「アイデア」をまねることを踏み越え、そのアイデアの「表現」を借用するに至ったのかをはっきり述べることができるような、いかなる原則も存在しない。それゆえ、決断が場当たり的なものになることは避けがたい」（『ピーター・パン・ファブリクス対マーティン・ワイナー社』、F.2d 487 (2d Cir. 1960)、英語版ウィキペディア「実質的類似［substantial similarity］」の項目[52]

より引用)。

興味深いのは、あるものが著作権を要求できるものかどうかを考察するとき、有用性や機能は創造性に抗する仕方で働くということである。というのも、著作権とは「芸術的」創造性を保護することを意図したものであって、これは特許法が（より厳格な条件で）適用されるものとしての機能的な考察とは「概念上分離可能」なものでなければならないからである。これは「機能」についての捉え方を興味深い仕方で狭めている。というのも、すべてとは言わないまでもほとんどの文脈で、美的効果が機能をもつのは明らかだからだ。これで思い出すのは、初期の進化学者たちがダーウィンの性選択という考え方に向けた近視眼的な反論である。ダーウィンの考え方には、美の知覚が機能的役割をもつことがありうる、という――彼らの目からすると誤った――想定が含まれていて、それが彼らの反論を招いたのだ。だが言うまでもなく美の知覚は機能をもつ。メスたちは有望なオスたちがもつ優れた性質を識別するための高度な有能性《コンピータンス》を進化させてきたのだし、他方でオスたちはより印象的な（つまりもっぱら見かけだけ優れているという、美的な意味で印象的な）ディスプレイを進化させてきたのである。つがいをつくることに成功するというのは、一生の中の、無しで済ませられる冒険ではない。それはゴールラインつまり目標なのであり、およそゴールテープを切るために必要とされるものは何であれ、担い手にどれほどのコストなり負担なりがかかろうとも、機能をもつのである。[37] 著作権法は「功利的」機能と美的機能を分離しようとするのであり、そしてその間に明確な一線を引こうとすることにはもっともな法的理由があるが、とはいえこのような取り組みを、ラーニッド・ハンドが「アイデア／表現」の区別について見いだしたような場当たり的なものだと見なすことには、もっともな理論的理由がある。

文化進化に目を転ずると、そこで出会うのはこれと同種の、巨大な規模のコードなき伝達過程である。

私がよく注目を促す事例だが、スポーク付きの車輪をもつ荷車は、[53]単に穀類や荷物をある場所から他の場所へ運ぶだけのものではない。それはスポーク付きの車輪をもつ荷車、という秀逸《ブリリアント》きわまるアイデアを運んでもいるのだ。荷車がこのアイデア——この情報——を道端の犬のもとへ運ぶわけではないのは、太陽光が接近する木こりについての情報を木のもとへ運ぶわけではない、というのと同じである。荷車が運ぶその情報をあなたが利用できるようになるためには、まずは情報を得なければならないし、多くの有能性《コンピータンス》のインストールも必要になるが、その情報そのものは通り過ぎる乗り物の中に具体化されている。私たちに残された課題の一つは、私たち人類が環境から情報を抽出することにかけて他のいかなる種よりもずっと巧みになったのは「いかにしてだったか？」[how come]について理解することである。

私たちが他の種より巧みだというのは本当だろうか？　無数のアフォーダンスに対して私たちが示す腕前を検討すれば、それは疑う余地のないことだ。私たちにとっては、同じ哺乳類に属するいとこたちと共有しているアフォーダンス（飲むべき水、食べるべき食物、隠れるべき穴、たどるべき道、等々）に加えて、私たちが識別可能でよく見知っている、ありとあらゆる人工物が存在している。金物店はアフォーダンスの博

(37)　なぜメスがオスの値踏みをする側で、オスが気取り歩きや高価な宣伝を行う側なのか——両親間の非対称な投資——のついての明白な浮遊理由に対して、抵抗を示す人々を見かける。メスが子供一体あたりにかける時間とエネルギーが通常オスよりも多い種（卵を作るvs精子を作る、授乳、孵卵、養育、等々）においては、メスはオスを受け入れる際の選り好みがより厳しくなるはずである。メスに出来ることは産める数の卵を生み、育てられる数の子たちを育てることだけであって、もしも二流のオスを選んでしまえば、自分の養育能力のほとんどまたはすべてを無駄に費やすことになりかねないが、二流のメスを選んだオスは、自分の貴重な時間のわずかばかりを失うだけであり、しかもいつでももっと多くの精子を作り出すことができるのである。両親の投資がおおむね等しい種では、オスとメスは見かけも行動も極めて似通っている。

物館である。そこにあるのは〔54〕、何百もの違う種類の締め具や留め具《ファスナー》、オープナー、閉じ石や土止め《クローザー》、散布器《スプレッダー》、採掘器具《ディガー》、研磨用品やしわ伸ばし機《スムーザー》、マジックハンド《リーチャー》、グリッパー、カッター、筆記用具《ライター》、収納具《ストアラー》その他諸々の、いずれもそれと分かる、そして適切な状況で利用可能な品々であり、またそれが利用される状況の中には、予め定められた出来合いの部品を用いつつ、その場の工夫で新たなアフォーダンスを考案、構築して得られるような新たな状況も含まれている。私はグレゴリー的生物という名を、知性と道具に関するリチャード・グレゴリーの省察に触発され、彼にちなんで名づけたわけだが、そのグレゴリーはハサミについて、それを使うために知性が必要であることだけでなく、使用者が行使できる有能性《コンピータンス》を大幅に拡張することによって使用者の「知性《インテリジェンス》〔知能〕」を増進する、という点を強調していた。これらの道具はヤドカリの貝殻、鳥の巣、ビーバーのダムなどと同じく獲得されたデザイン上の改善であるが、私たちの延長された表現型の一部ではない（Dawkins 1982, 2004b）。その種の事物に気づき、うまく使う才能こそが、私たちの遺伝子によって伝えられてきた表現型としての特徴なのである。

私は時々学生たちに、自然選択による進化は「万事が盗用《コピー》」の過程——君の役に立つものはまね《コピー》して、そして使うのだ——に他ならないと指摘する。君がまね《コピー》するものが何であれ、それは今や君の遺産の一部だ。君は「車輪の再発明」をする必要もなく、自分の財産を増やすことができるんだよ、と。これこそ〈自然〉が何十億年もの間やってきたことだ。そうする中で、優れたデザイン上の特徴を洗練し、明確化し、この星の隅々にまで行き渡らせてきたのだ。この驚嘆すべき創造性は、ほぼ想像不可能といっていい規模の模写《コピー》がなければ不可能であっただろう。〈自然〉の〈妙手《グッド・トリック》〉は私たちにとっての法律に違反するものであり、それにはもっともな理由が存在している。意味論的情報は創造にコストのかかる、価値の大きなものであり、それゆえに許可なき模写《コピー》は盗みとなる。注目に値するのは、これが浮遊理由ではない、ということだ。特許と著作権（および企業秘密と登録商標）に関する法律が最初に考案され施行されたのは、そのような法律の必要に関する合理的な討論や議論を、予め詳しく明確な形で行った上でのことであった。そのような法律自体が知的《インテリジェント》デザインの産物であり、他の知的《インテリジェント》デザインを保護するためにデザインされている。

シャノン的情報は信号とノイズを区別し、情報の容量と信頼性を測るための数学的枠組みを私たちに与えてくれる。それはどんな研究開発もその中に置かれざるをえない物理的環境のあり方を明らかにしてくれるが、原石を洗練し、干し草から針を探すことのできるパターン発見の「装置」が発展してくる過程をボトムアップ式に理解する、という私たちの取り組みは、現在のところ始まったばかりである。現在私たちはさまざまな目的（合理的選択を人に伝える、運転する、より優れたネズミとりを作る、エレベーターを制御するなど）のために必要とされる意味論レベルの情報について、この意味論的情報が物理的にどのように実現されているのかについての考慮とは独立に推理できるまでになっている。これについては、サイバネティクスの父、ノーバート・ウィーナーはかつて次のように提起した（Wiener 1961, p.132）、「情報は情報であり、物質やエネルギーではない」。こんにち、この点を認めないどんな唯物論も生き延びることはできない。

第7章　ダーウィン空間——幕間として

進化について考える新しい道具

ダーウィンは『種の起源』第4章に付された要約で、自然選択による進化を理解するための基本的な枠組みを提供している。それは次のような、繰り返し読むに値する一節である。

もし長い時間が経過し、生の条件が変化し続ける中で、生物がその組織の何らかの部分で何らかの変化をするとしたら——私としてはこれに異論の余地はありえないと思うのだが——、そしてもし、ある世代、ある季節、あるいはある年に、それぞれの種の高い幾何学的〔指数関数的〕増殖力によって、何らかの生存競争が生じるとしたら——このこともまた異論の余地はありえないのだが——、その場合、すべての生物の、生物相互、および生物とその生存の条件となるもの〔環境〕との間の諸関係の無限の複雑性が、身体構造〔structure〕、体質〔constitution〕、習性における無限の多様性を引き起こし、そしてそれがそれらの生物に有利に働くと考えるならば、人間にとって有益な非常に多くの変異が生じているのと同じ仕方で、その生物自身の幸福に有益な変異が生じることが一切ないとしたら、それはこの上もなく異例なことであろうと私は思う。だが、何らかの生物に有益な変異がもし生じることがあるとしたら、そのように特徴づけられる個体は生存競争において生き残る機会が最も大きいことになる。そして遺伝という強力な原理によって、彼らは同様の特徴をもつ子孫たちを産み出すことになる。このような保存の原理を、呼称の簡略さを期すために、私は〈自然選択〉と呼んできた。

この偉大な洞察の洗練と一般化は長い年月にわたってなされ、さまざまな簡明な定式化が立てられてきた。その中でも、単純性、一般性、明晰性について最も優れている定式化はほぼ間違いなく、生物学の哲学者、ピーター・ゴドフリー・スミスによる次の三つ組の定式化である（Godfrey-Smith 2007）。

自然選択による進化は個体群中の変化であり、それは次のものに由来する、
（i）個体群のメンバーの形質〔特徴〕に生じる変異であり、
（ii）自己複製《リプロダクション》の割合の差異を引き起こし、
（iii）遺伝的である。

この三つの要因すべてが存在しているときにはいつでも、[1]自然選択による進化が不可避の帰結として生じるのであり、これはその個体群を構成しているのが生物であろうと、ウィルスであろうと、コンピュータープログラムであろうと、語《ワーズ》[2]であろうと、その他自らのコピーを何らかの仕方で生み出す諸事物であろうと、関わりなく生じる。アナクロニズムを〔あえて〕犯してこれを言いかえれば、ダーウィンが発見

したのは自然選択による進化という根本的な**アルゴリズム**、すなわち異なった素材ないし媒体《メディア》に実装される、ないし「実現される」[3]ことができるような、ある抽象的構造なのだ。

私たちは自然選択による文化の進化——語《ワーズ》、方法、儀式、文体のような文化的な単位の進化——を検討するつもりであるが、この油断のならない主題について考える際に、想像力を支援してくれる思考道具を一つ紹介したい。罠だらけの地域で方向感覚を見失わずにいるために、格別に有効と思える思考道具、すなわち、ゴドフリー・スミスがその著書『ダーウィン的個体群と自然選択』(Godfrey Smith 2009) で考案した、〈ダーウィン空間〉という思考道具だ。

上に挙げた三つの条件はダーウィン的自然選択の**本質**を定義しているし、いくつかの古典的事例は、ダーウィンの理論の実効性を例証するものとして完全に適切だ、と言いたくなる誘惑に駆られる。だが、ダーウィンによる**本質**主義の否定こそがダーウィンの思想界への最も大きな貢献の一つなのであり、ここで本質主義とは、事物の各々のタイプ、ないし各々の自然種について何らかの**本質**——すなわちその事物がその種類の事物であるために必要かつ十分であるための諸性質の集合——が存在するという、古代から続く哲学上の学説を指している。[4] ダーウィンが示したのは、さまざまな種は諸変異の連鎖によって歴史的に結びついており、その個々の変異はごくごく漸進的なものであるため、(例えば)ここまでは恐竜、ここから先は鳥と言えるような線を引くための原理的な方法など端的に存在しない、ということであった。では、ダーウィン主義そのものについてはどうだろうか? ダーウィン主義に本質はあるのか、それともそれは非ダーウィン的な説明と見分けられないほどに混じり合ったさまざまな変異体の一つということなのか?

ダーウィン的進化の典型例とはまったく言えないような現象についてはどうだろうか? そのような現象は数多くあり、ゴドフリー・スミスは、それらの現象の差異と類似性がはっきり見分けられ、さらにそ

(0,0) ———————————————————————————————— x

伝聞……プロによる速記録……アナログレコード……DNA……デジタルファイル……

れらの現象が自分自身の説明を指し示すことになるようにそれらの現象を配列する方法を示す。

例えば、すべての進化する存在は何か——何かのコピー——を親たちから「遺伝的に受け継いで」いるが、ある種のコピーは忠実性が低くて多くの歪曲や損失をともなっており、他のコピーはほぼ完璧に近い複製品《レプリカ》である。私たちは、忠実性の低いコピーから忠実性の高いコピーに至るさまざまな事例を x 軸上に順に並べたものを想像することができる。

進化が依存しているのは忠実性の高いコピーの作成であるが、**完璧な**コピーの作成ではない。というのも突然変異（コピーの誤り）こそが新奇性の究極の源泉なのだからである。デジタルコピー技術はおよそあらゆる実用的目的に役立つ完璧なコピーを与える。ＭＳワードの一ファイルのコピーのコピーのコピーの……を作るとしても、元々のファイルと一字一句同一のファイルが得られるはずだ。そこに、改善につながるものであれ劣化につながるものであれ、突然変異が蓄積すると期待することはできない。ＤＮＡのコピーはそれ自身としてはほぼ完璧に近いものだが、そこにごく稀な（ヌクレオチド十億個につき一つ未満の）誤りが生じないとしたら、進化は軋《きし》み音をあげて止まってしまうであろう。

変異についての別の例を挙げよう。個体群のメンバーの間の適応度の差異は、「運」に依存することも、「才能」に依存することも、あるいはこの二つの何らかの組み合わせに依存することもありうる。メンバーの大部分が、つがいを作る機会を得る前に雷に撃たれて死んでしまうことで繁殖〔自己複製〕の道が閉ざされる、というような〔自然〕選択の環境があったら、そこで進化が何らかの技量の違いに働きかけることはありえない。私たちは、運と才能のさまざまな分量の混合物を別の軸上に順に並べていくことができようが、注意すべきは、コピーにおける「ノイズ」（信頼性の低い自己複製）が進化の研究開発を妨げるのとちょうど同じことが、環境の「ノイズ」にも言えるということだ（この場合の「ノイズ」は落雷やその他の偶発事故であり、これはそれさえなければ自己複製トーナメントの有望な候補であったはずの存在を取り除いてしまう）。続けて三つ目の次元も加え、さまざまな現象を位置づけられる、x、y、z軸をもつ立方体を描くことができよう。（不幸なことに、私たちの大部分は四つ以上の次元をやすやすと視覚化するということができないので、軸の数は三つにとどめ、目的に応じて図を適宜入れ替えながら、変異の三つの種類だけに同時に注目する、というやり方をとらざるをえない。）

この三次元の配列を用いることで、純粋にダーウィン的な現象、擬似ダーウィン的現象、前ダーウィン的現象、それに（あいまいな境界線をまたいだところに位置する）まるでダーウィン的ではない現象、といったものを図示することができる。こうして、これらの現象が相互のどの点で類似しどの点で相違するのかを一目で見られるようになるというのは、進化について考えるための格別の助けとなる。私たちは、単なる擬似ダーウィン的現象を、自然選択にとって「本質的」な上述の三つの特徴すべてを示す現象から切り離すための明確な境界線を引こうとするのではなく、むしろいずれかの点で準《ソルタ》・ダーウィン的な事柄を位置づけるための漸進的な中間事例がどんなものになるかを考える。すると私たちは、それらの現象がいかにして、またなぜ現にあるとおりにあるのかを説明してくれるような、互いに相殺し合ったり強め合ったりする諸条件を探し、それによってさまざまな中間事例にダーウィニズムの理論を当てはめられるかどうか確かめることができるようになる。ゴドフリー・スミスが気づかせてくれるのは、「進化の過程そのものが進化の産物であり」、漸進的創発と漸進的変遷の結果だということである。要するに、ゴドフリー・スミスのダーウィン空間は、グレン・アデルソンの卓抜な文句を使うなら、私たちの「ダーウィニズムについてのダーウィニズム」を維持し洗練させるのを助けてくれる有益な道具なのである。

このすべての図において三つの次元は0（まったくダーウィン的ではない）と1（これ以上ないほどダーウィン的である）の間の値をとるものと見なされる。したがって、典型的な「最もダーウィン的な」現象が右上の隅の、三つの次元がすべて最大値（1、1、1）をとる場所に来る。そしてどの特徴も明らかに欠いているような現象は（0、0、0）に位置するものとして表示される。私たちは三つの変数となる特徴を好きなように選び、それに x、y、z の三つの次元を割り当てることができる。図7－1のHは遺伝の忠実性を表し、これは x 軸に対応している。左に行くほど小さく、右に行くほど大きい。忠実性が低すぎ、ノイズの中で信号を維持できない場合、進化はまったく生じない——有益な突然変異が生じることはありうるとしても、〔自然〕選択がそれを後続の世代へ押し出す前にノイズの中に消えてしまうのだ。たとえ他の次元がダーウィン的に適切な（つまり1に近い）値を示していたとしても、左側の壁の付近には「エラーカタストロフ」（三〇六頁を参照）の事例が並ぶことになる。（またすでに述べた通り、もし忠実性が完璧なものであっても、変異の欠如によって進化は失速する。したがって典型的な事例は右の壁のごく近くにあるが、その壁に**接する**ことはない。）縦の次元は連続性、ないし「適応度地形《ランドスケープ》」[5]の滑らかさ」を表している。自然選択は**漸進的な**過程である。それは盲目的に進む「小さな一歩」に依存しており、〔自然〕選択の環境がある仕方で組織され、その小さな一歩一歩が盤石な、ないし滑らかな坂の上で進むようになる場合には（その結果、横に逸れた一歩は、それがどんな方向に逸れたのであれ、適応度が上がるか下がるか中立的にとどまるかする一歩でもあることになる）、その小さな一歩一歩連続で「山登り」を行い、その近視眼性（盲目の時計職人としての）にもかかわらず、頂上に到達することが可能になる。それらの歩みの連続が到達するはずなのはただ一つの頂上、すなわち、格別に滑らかな適応地形における大局的最適状態であり、また複数の頂上をもつ局地的な最適状態である。

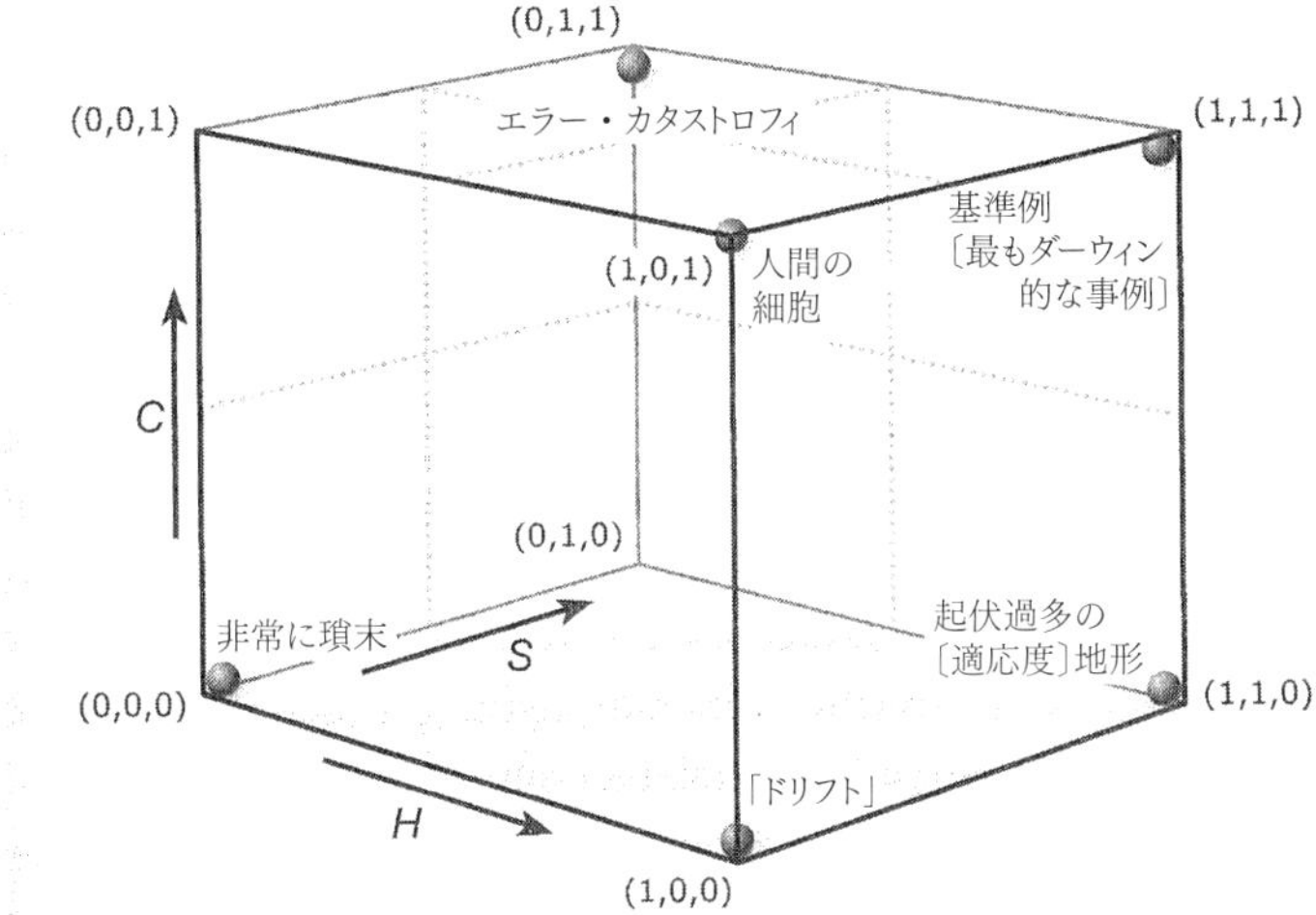

図 7-1　ダーウィン空間　©Godfry-Smith.

地形が「でこぼこだらけ」であるとき、進化はほとんど不可能になる。というのもその場合小さな歩みを踏み出すことと進歩とが対応しなくなり、それどころか、小さな歩みを踏み出すだけで現状の適応度すら維持されなくなるからである。

zの次元にゴドフリー・スミスが位置づけたのは、「内在的性質《イントリンシック》」[6]への依存を表すSであり（なんで「S」なの？　とは聞かないように）、この特徴は〈運 vs.才能〉の対立の次元を捉えている。テニストーナメントの場合、優れた選手が勝利しやすいという傾向があり、その勝利は彼らの有能性《コンピータンス》と才能のおかげでもたらされるものだ。コイン投げトーナメントの場合、結果を決めるのは参加者のもついかなる内的性質でもなく、純然たる運であり、このトーナメントの勝利者が再戦した場合、その勝利の見込みは他の参加者の勝利の見込みとまったく変わらない。例えば遺伝的浮動《ドリフト》[7]の場合（とりわけ「標本誤差」[8]が相対的に大きい小個体群においては）、個体群中で「勝利者」となった特徴〔形質〕は他の候補たちに比べて何ら優れているわけではない。ある特徴を一方向に累積させてその個体群で定着すべく促すような運が単に生じただけのことである。ウサギの小個体群を例に考えよう。個体群中の少数のウサギは他の個体よりも暗い灰色をしているが、その何匹かは路上で車に轢かれて全滅し、別の個体は溺死し、暗い灰色の遺伝子の最後の保有個体はつがいをめぐる競争の途上で脱落し、結局その遺伝子はその局所的遺伝子プールから消滅するのだが、この消滅は偶然による〔一様な原因をもたない〕ものだ。

ダーウィン空間が備えている多くの有益な特徴の一つに、「脱ダーウィン化」の現象を理解する助けとなる、というものがある。「脱ダーウィン化」とは、多くの世代にわたり典型的なダーウィン的条件の下で進化してきた系統が元々の環境を離れ、その系統が発展させた特徴〔形質〕がそれほどダーウィン的ではない過程によって決定されるような、新たな環境の中に入り込むという現象である。図中で示されている人間の細胞はその格好の実例となっている。人間の細胞はすべて、単細胞のまま独立した個体として自分を養っている真核生物（「微生物」ないし「原生生物」）の直接の、ただし大いに隔たった子孫である。この遠い祖先たちは揃いも揃って、上述の三つの特徴すべてに動かされる典型的なダーウィン的進化を遂げた（1、1、1の隅に位置する）存在である。現在みなさんの身体を作り上げている細胞たちはそれを産み出した細胞たちの直接の子孫（それらの「嬢細胞」）であり、それを産み出した細胞たち自身もそれに先立つ細胞たちの子孫であり、この系列をさかのぼっていくと接合体に行き着き、この接合体はみなさんの受胎において卵子と精子が結合したときに形成されたものだ。母親の子宮内と幼児期における発生と発達の中で細胞たちは、最終的にみなさんの体の諸器官を作り上げるのに必要とされるよりずっと多く増殖し、〔自然〕選択の過程が容赦なく過剰分を間引き、さまざまな仕事に就いた勝利者たちの居場所を作り出す一方で、敗北者たちは次の「世代」を作り出す原材料へとリサイクルされる。このような過程がとりわけ明瞭に見られるのは脳においてである。そこでは、多くの生まれたてのニューロンたちに、自分自身を役に立つ仕方で（例えば、網膜のある点から、視覚皮質内の対応する点へ至る道筋の一部として）配線化するチャンスが与えられるのだ。その様子はまさに競走の様子を呈している。あたかもパンくずを落としながら歩いた道のように、A点からB点への間を分子的な指標が点々とつないでおり、それに沿って多くのニューロンたちが成長を求めて競い合うのだ。最初に勝利したニューロンが生き残り、それ以外は死滅して後続の一波のための備蓄食糧になるのである。

「勝利者」たちは、A点からB点へ成長するやり方をいかにして「知る」に至ったのか？　彼らはそれを知らないのであり、到達は運によるのだ（コイン投げトーナメントの勝利者と同じである）。多くのニューロンたちは成長の旅を試み、そのほとんどすべては失敗する。正しい結合を作り出すことのできたニューロンたちだけが救われるのである。生き残る細胞たちは「内的な《イントリシカリィ》」点では競争相手とそっくりである（より強いわけでも、より速いわけでもない）。彼らは**たまたま**正しいタイミングで正しい場所にいたというだけのことだ。それゆえ、みなさんの脳を配線した発生学的な過程は、協力して多細胞生物たちを形成する真核生物を何十億年も前に進化させた過程の、脱ダーウィン化されたバージョンなのである。ある特徴〔形質〕が（人間の細胞同様に）まったくの運によって定着する過程としての遺伝的浮動は、図の中で、同じように、登るべき山の下の方として示される。人間の細胞たちが選択されたのは、現実の不動産業者たちが口にする「立地がいいんです！　立地！　立地！」という理由のためだったが、他方で遺伝的浮動の勝利者たちは単に幸運だったのだ。遺伝的浮動は進化がそこにある限りついてまわるものであり、それゆえ脱ダーウィン化の事例ではない。

図7－2は、ゴドフリー・スミスのまた別のダーウィン空間の図である。今回は x の次元がボトルネッ

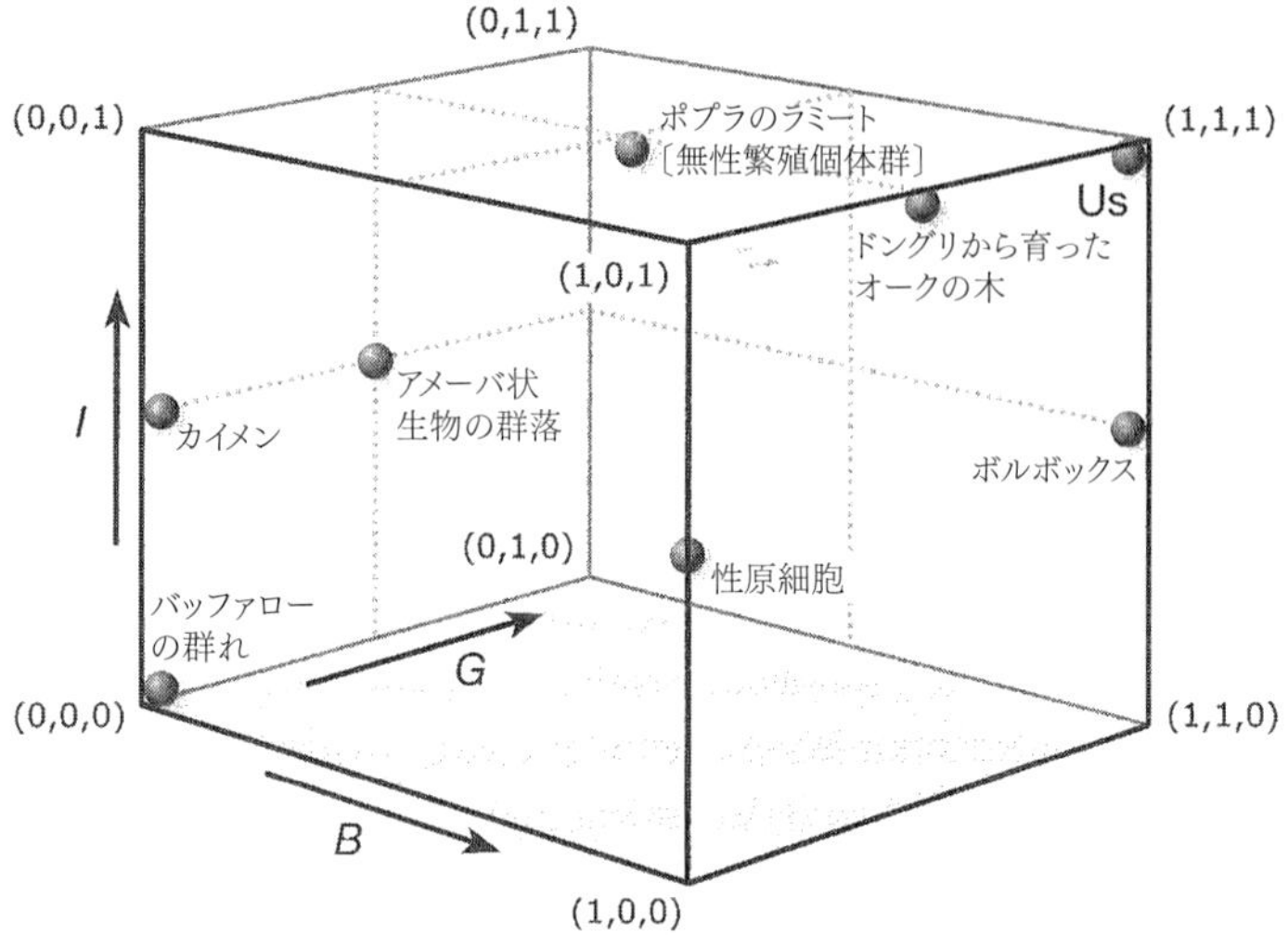

B: ボトルネック
G: 繁殖〔自己複製〕への特殊化（性細胞／体細胞）
I: 全体の統合性

図 7-2　次元の設定を変えたダーウィン空間

[9]クを示すBに対応している。すなわちこの次元は、自己複製〔再生産〕が何らかの種類の絞り込み——極限的には単一細胞への絞り込み——の過程を経るかどうかを表している。みなさんの発生は、両親の何兆もの細胞すべての中のただ一つの精細胞とただ一つの卵細胞が、受胎において結合することで開始されたのである。これとは対照的に、一つのバッファローの群れが二つの群れになる（さらに四つの群れになることもできる）のは、単純に群れが二分されることによっても、一つがいのバッファローが隔離され新たな、遺伝的差異のごく小さな群れの創始者になることによっても可能である。カイメンの体のどの部分も子孫のカイメンになることができるが、それでもカイメンは群に比べると統合の度合いの幾分大きな——より独立性の高い——存在である。

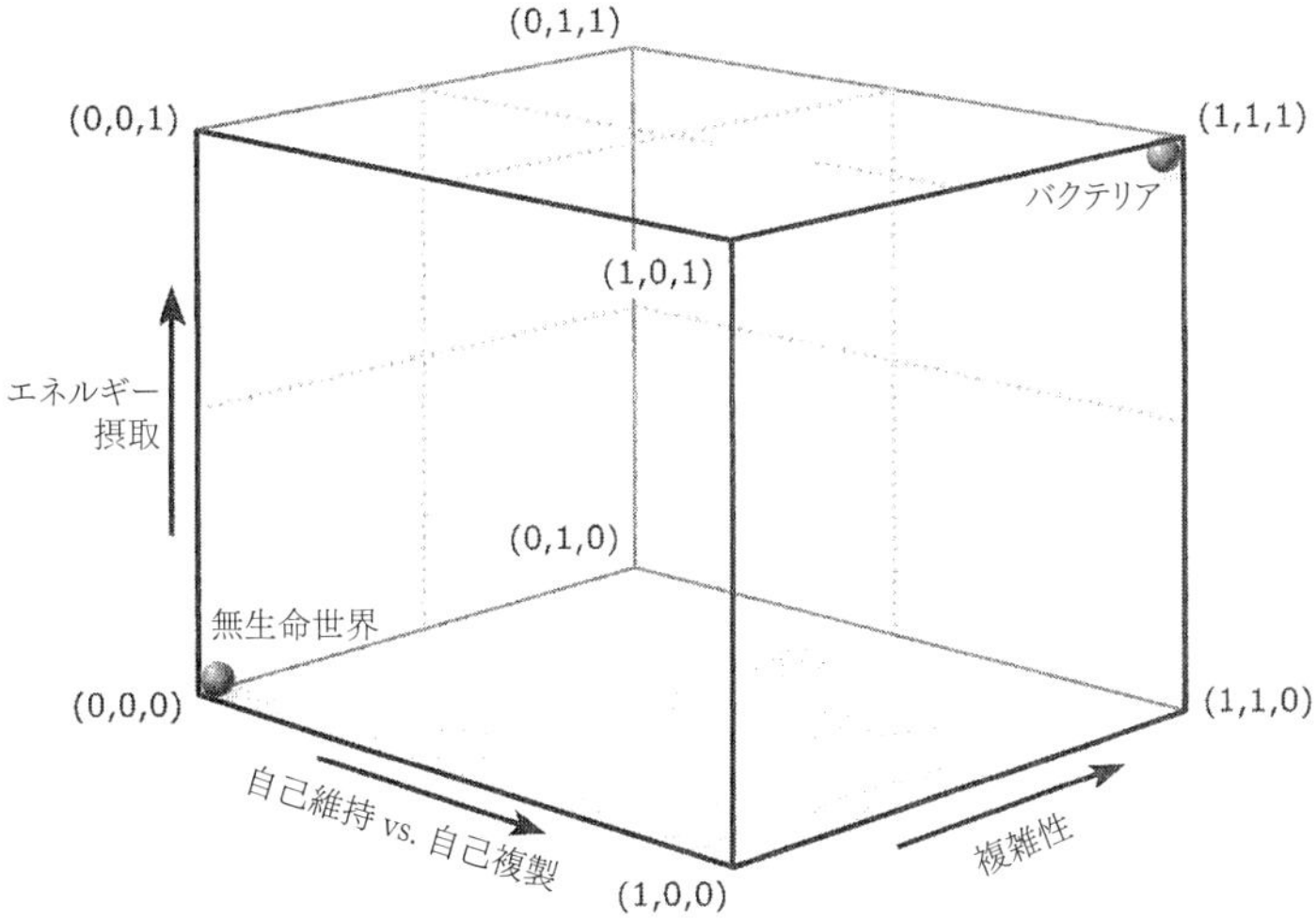

図 7-3　生命の起源についてのダーウィン空間

オークの木は高度に統合された存在であり、自己複製上のボトルネック――どんぐり――を有しているが、植物全般がそうであるように、地面に若い小枝を「挿し木」することで増やすことも可能である。人間の子孫を耳やつま先の小片から作り出すこと――クローン――の技術は、（今のところは）存在していない。私たちはここに示されている三つの次元すべてについて高いところにいる。ポプラ類の木立が興味深いのは、個々の木が地下の根でお互いにつながりあっていて、遺伝的に見るとそれぞれが一個体であるというよりも、膨大な規模の双生児たちが連なりあって形成される単一の「植物」が丘全体を覆っているというのに近い、ということにある。

図7－3は本書のはじめの三章で論じた生命の起源にダーウィン空間の図式を応用したものである。この図は当然、前ダーウィン的過程から原ダーウィン的過程へ、そこからさらにダーウィン的過程へという一連の移行の過程を私たちに示すものとなる。

バクテリアから始める。これは右上の隅に位置する。

そこには完成した自己複製、エネルギー摂取、その他の複雑な機構を見いだすことができる。現在解決のついていない問題は、ここに至るまでにどのような経路を通る必要があったのかという点に関わっている。私たちにできそうなのは、構成要素となるもの（膜、代謝、自己複製の機構、等々）の軌跡をプロットし、まずはそれらを結びつけ、それからそれに洗練を加える、ということであろう。もちろん、この三つ以外の次元をプロットすることもできる。重要だと判明する可能性がある次元としては、サイズと効率性の二つを挙げられよう。第2章で注記したことだが、恐らく最初に準《ソルタ》・自己複製を行った事物・または・その集合体は、相対的に巨大な規模のループ・ゴールドバーグ式〔ピタゴラ装置式〕[10]からくり仕掛けであり、それが十分な安定性をもっていたことで、その後自然選択がそれに刈り込みや簡素化を加えて、高度に効率的かつコンパクトなバクテリアが生まれたのであろう。現在のところ、この図に多くの具体例を書き込んでいくには時期尚早であり、右上にバクテリアを位置づけるという私の位置づけですら、古細菌（か他の何か）こそ最初の明確なダーウィン的自己複製者であったことが判明したならば誤りだということになる可能性もある。

文化進化――ダーウィン空間を逆転させる

ここで、ダーウィン空間を文化進化の現象に適用した一つの例を考えてみよう。細かい説明や弁護論は後回しにする。

x軸に据えたのは〈成長vs.自己複製〉という対立である。ポプラ類の木立は（通常は）「子孫」を残すのではなく、「身体」をより大きく成長させる。これは準《ソルタ》・「単なる成長」であり、かつ準《ソルタ》・〔自己〕複製である。キノコはまた別の例だが、動物の中で、通常の仕方で自己複製〔繁殖〕する代わりに、シャム双生児のような姿を経て自己を分裂させる種を私は知らない。z軸に据えたのは内的複雑性、縦軸yに据えたのは〈文化進化 vs 遺伝的進化〉の対立である。（この両者の中道を行く現象は存在するだろうか？　答えはイエスであり、後ほど見ていこう。）粘菌類はポプラ類の木と同様、差異化《ディファレンシャル》を伴う自己複製と差異化《ディファレンシャル》を伴う成長――子孫が個体として分離していくのではなく、どんどん大きくなっていく――の混合様式をとる。文化においては、ローマカトリック教会は刻々と（現在に至るまで）成長を続けているが、今日では子孫〔教会〕を産み落とすことは滅多にない（一六世紀にはいくつかの大規模な子孫が存在したのであるが）。これとは対照的に、フッター派信徒[11]たちはコミュニティの規模が十分に大きくなると、嬢コミュニティを外部に送り出す取り決め《デザイン》になっている（この進化の詳細は Wilson & Sober 1994 を参照）。宗教（または宗教コミュニティ）は大きく複雑な社会的存在である。語《ワーズ》はそれよりもウィルスによく似ており、つまりより単純で、生命を欠き、自己複製についてその宿主に依存している存在である。（ウィルスがすべて悪いものだというよくある誤った思想に陥らないように。わたしたちの体内には、有害なウィルス一体につき、何百万もの見たところ無害なウィルスがおり、そのいくつかは有益であるか生存に欠かせないものであるかする可能性もある。）

信用《トラスト》は（主として）文化的な現象であり――私たちの遺伝子を基礎にして生み出された現象であることに疑いはないが――、私たちが呼吸している大気と同じように、その外に飛び出してみなければはっきりした**モノらしさ**を感じられない存在である。信用は（おおむね）文化進化の産物であり、これはちょうど私たちが呼吸している大気が何十億年もの遺伝的進化の産物であるのとよく似ている。すなわち、生命が始まったときの最初の生物は嫌気性（つまり酸素を要しない）生物であり、大気はほぼ酸素を欠いていたが、ひとたび光合成が進化するや、生物は大気への（CO_2とO_2という形式の）酸素の放出を開始した。この過程は数十億年を要したようであり、大気上層のO_2の一部はO_3つまりオゾンに代わり、致死的な放射線が地球表面に降り注ぎ、私たちのような形態の生命が存続できなくなることを防ぐ不可欠の条件となった。六億年前の酸素濃度は現在の濃度のたった一〇％だったのであり、これは識別できないほどゆっくりとした歩みであるとしても、長い時間にわたる劇的な変化である。大気圏は進化が生じる〔自然〕選択の環境の固定した特徴と見なすことができるものだが、しかし実際にはそれもまた進化しつつある特徴であり、かつ、この地球上での初期の進化の産物でもあるのだ。今述べた二つの現象——それらを、進化がその中で進む生物学的、および文化的な「大気圏」と呼ぶこともできよう——は、それ自身が自己複製する存在ではないが、しかしそれらは局所的に増大ないし減少し、時間をかけて非ダーウィン的な進化を行う存在である。

図7－5はまた別の概略図である。

この図は、これまでのダーウィン空間の図とは極性を逆転させてある。つまり典型的なダーウィン的現象が（0、0、0）の隅にあり、典型的に非ダーウィン的な現象としての知的《インテリジェント》デザイン（〔大文字の〕〈知的《インテリジェント》デザイン〉ではない——ここで述べているのは宗教とは何の関わりもない現象である）が右上の隅に来ているのである。

私が支持する主張によれば、人間文化は明瞭にダーウィン的なものから出発し、当初はシロアリが蟻塚を建てるのとおおむね似たやり方で、さまざまな有益な構造を生み出す、理解力を欠く有能性《アンコンプリヘンディングコンピータンス》にもとづくものであったのであり、そこから徐々に脱ダーウィン化していき、理解力をますます増進させ、トップダウン式の組織を作ることがますますうまくなり、デザイン空間を調査するやり方がますます効率的になっていった。要するに、人間の文化は、進化を続けるにつれてそれ自身の成果を自ら取り込み、情報を利用

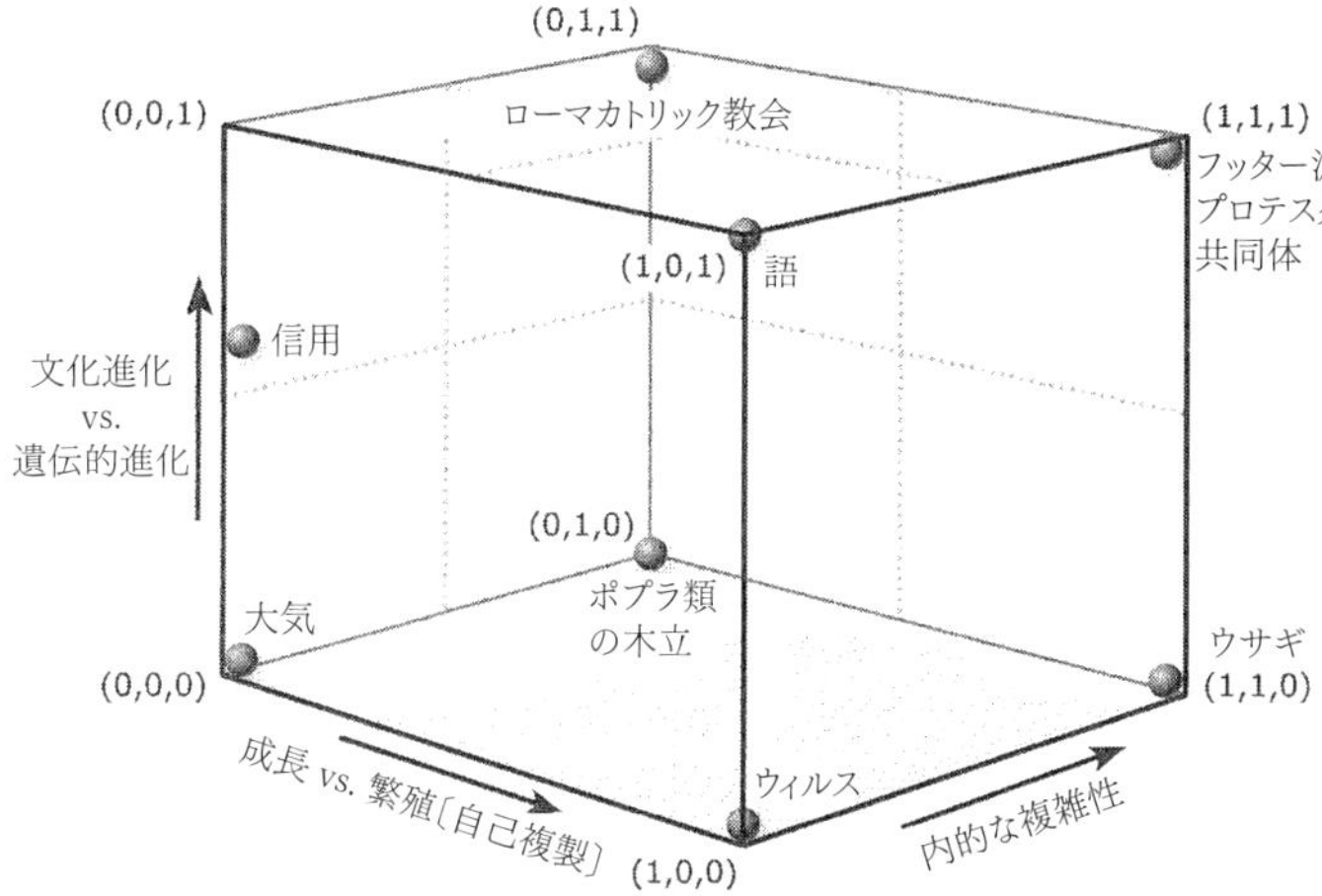

図 7-4　宗教に関するダーウィン空間

してデザインを行う力を増進させ、しかもそれをますます強力なやり方で行うようになってきた、ということである。

　右上の隅の知的《インテリジェント》デザインの極みが位置する点には、事実上決して到達できない有名な理想像が書き込まれている。そこにあるのは神のごとき天才、まさに〔大文字の〕〈知的《インテリジェント》デザイナー〉であり、彼ら以外の私たち死すべき存在は、彼らからトップダウン式に恵みを賜るのである。**現実の**文化現象はその中間の地点を占めている。そこには不完全な理解力、不完全なデザイン空間の探索、多くの凡庸な共同作業が含まれる。

　私はピカソを頂点に据えたのだが、これはピカソが他の天才たちよりも賢いと考えているからではなく、ピカソがかつて「私は探しはしない。ただ見つけるのだ（Je ne cherche pas. Je trouve.）」と言ったことを理由にしている。これは天才を自慢するための言葉として完璧なものであって、次のようなメッセージをごく短い文句に圧縮してあるのだ。「私には試行錯誤によってあくせく探し回ったりする必要はない！　私は、大局的なデザイン地形の

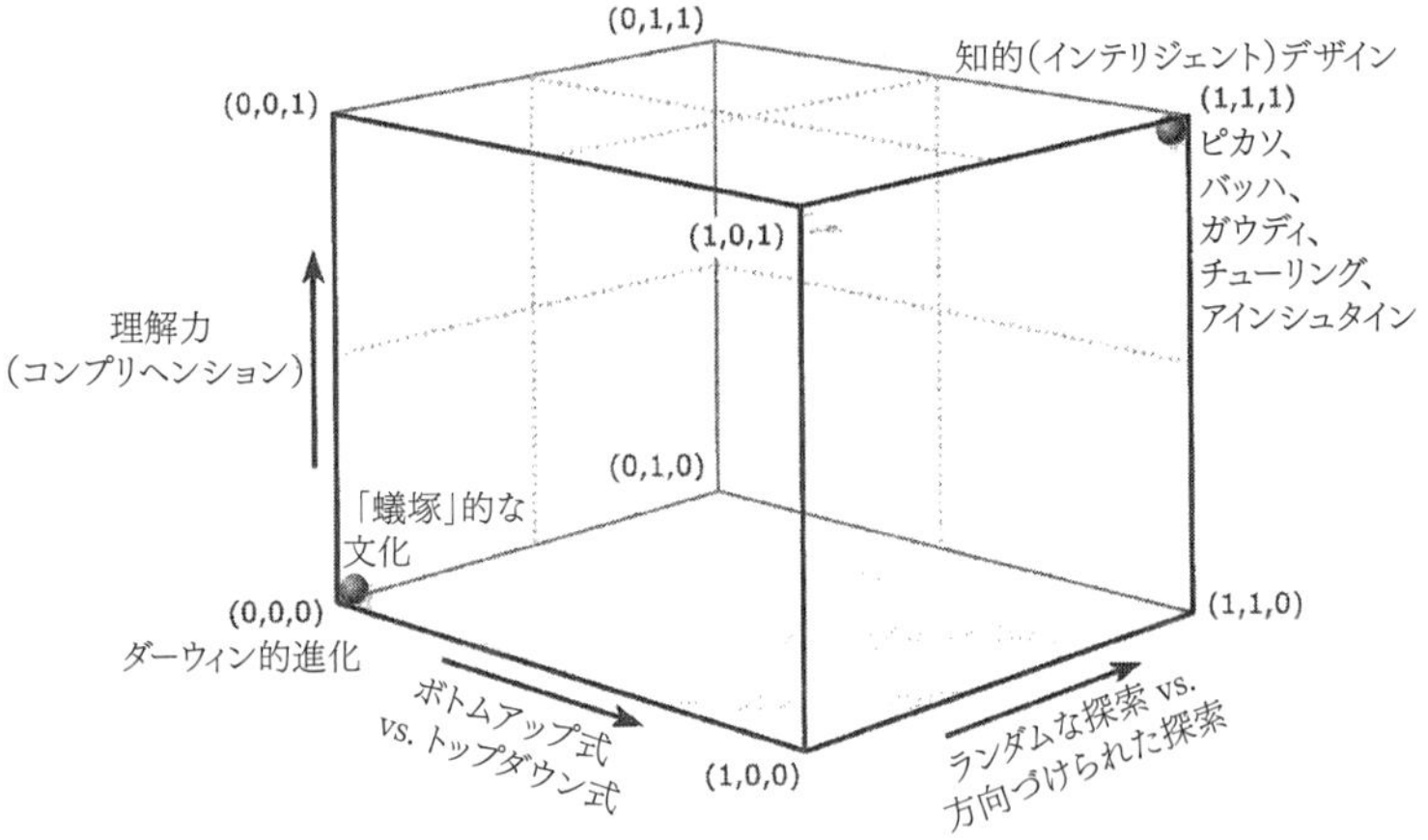

図7-5　逆転したダーウィン空間、すなわち（0, 0, 0,）を0とし、（1, 1, 1）を知的（インテリジェント）デザインとするダーウィン空間

頂点に向かう坂をのろのろと登ったりしないのだ。私はただ単にエベレスト山の頂上へジャンプするだけだ。いついかなるときも！　私は万事を理解しており、私自身の理解力そのものすらをも理解している！」言うまでもなくこれは与太話であるが、しかし霊感に満たされた与太話ではある。ともかくピカソについては、これはあからさまなウソである。ピカソは多くの場合、さまざまなテーマについて何百枚ものスケッチを行い、デザイン空間のあちこちをかじり、ここで止めてもよいと思える何かを見つけるまでその旅を続ける、ということをしていた。（ピカソは非常に偉大な芸術家であるが、彼の真の天才は、上述の非常に多くの習作を捨ててしまわず、その代わりそれにサインすること――そしてそれを売ること――にあった。）

このような〈文化進化の進化〉や、それが私たちの心を創り出したときの役割について探求すべきことはもっとずっと多くあるが、まずはそれがいかにして始まったのかをもっと詳しく検討すべきである。生命の起源と同じく、これもまた未解決の問題であり、また非常に困難な問題である。私たちの心は**いくつかの点**で私たち以外の〔生物の〕心とは違っており、その違いは生物と無生物との違いに似ている。そして私たちとチンパンジーとの共通祖先から私たちに至る一つの説得力ある道筋を見つけだすことだけでも、難易度の高い問題である。競合するさまざまな仮説には事欠かず、また（私なりの知見に照らして）その中のどれが最良かを考察することも後で行うつもりだ。最初にやって来たのは何だったのか？――言語か？　協力か？　道具づくりか？　火の見張りか？　投石か？　対決的屍肉食〔この後の三九九―四〇〇頁参照〕か？　取引か？　それとも……仮にこの中に「魔法の弾丸」に相当する回答が一つも含まれてはおらず、むしろそれぞれがそれぞれを取り込み、結果に寄与する数多くの要因が合わさった一つの共進化の過程を作り上げていたとしても、驚くことではない。それでもなお、私たちが現在のところ爆発的に累積を続ける文化――もう一つの自己複製爆弾――を発展させた唯一の種であり、私たちがなぜ（「いかにして？」かつ「何のために？」）文化をもつのかを説明するどのような思弁的物語も、なぜ私たちだけが文化をもつのかを説明するものでもなければならない、というのはやはり事実である。文化は明らかに私たちにとっての〈妙手《グッド・トリック》〉であり続けてきたが、視覚や飛行もまた〈妙手《グッド・トリック》〉なのであり、視覚や飛行は異なった種において複数回進化してきたのだ。この同じ〈妙手《グッド・トリック》〉を、他の進化する系統が発展させることを阻んできた壁とは、いかなるものであったのだろうか？

第8章　多くの脳から作られている脳

トップダウン式のコンピューターとボトムアップ式の脳

バクテリアの一個体も、その個体にとって重要な物質の勾配〔分布〕を感知したり、生死に関わる環境の変化を識別したり、その個体の小さな環境世界《ウムベルト》たる、なじみの環境で身を休めたりするための装備をもっており、生育と繁殖に必要なエネルギーと物質を、それらの装備によって獲得している。植物やその他の固着性生物は、自らの細胞を、さまざまな作業の遂行に特化した奴隷たちの大軍団へと組織している。この種の生物はそれらの大軍団に、見張り、食糧調達、成長の制御、等々の業務を果たした見返りとして、栄養と保護を提供する。動き回る生物にとって、遠隔知覚のシステムは、ぶつかってはならないものとの衝突を避けるために必要な装備だが、この種の生物には不要である。動き回る生物にとって重要となる有能性《コンピータンス》は、素早い制御である。従って、司令塔を備えた神経系は、この種の生物にとって必須である。（植物には精巧な情報伝達システムがあり、これによって、外界で生じる変化への反応を自ら制御できるが、このシステムにはいかなる中枢も存在しない、という点は注意すべきである。）脳とは、動き回る生物にとってのチャンスとリスク——すなわちアフォーダンス——に素早く適切に対応するための制御中枢なのである。

すでに指摘したように、脳は自然選択によって、こうした制御の作業のために必要な意味論的情報を引き出す装備をもつように——あるいはその装備を信頼に足る仕方で発達させるように——デザインされている。昆虫は通常、一式の有能な機能《コンピータンシーズ》をすべて備えて生まれてくる——あるいは、祖先たちがさまざまな出来事に遭遇したことで予めインストールされるに至った、さまざまな「予期」を抱いて生まれてくる、とも言える。卵生の魚は、幼生の時期に泳ぎを学ぶ時間はないし、泳ぎを教えてくれる親が周囲にいるわけでもないため、作りつけの遊泳「本能」を備えていなければならない。[1] ヌー〔ウシカモシカ〕は生まれ落ちるやいなや、ほぼ字義通りの意味で大地を蹴って走り出さねばならない。世界を探検して回ったり、世界の不思議を学んだりする機会はほぼ皆無である。移動する群れに追いつかなければ、死んで餌にされてしまうのだ。その他の哺乳類や鳥類には、**晩成性**〔**留巣性**〕のものがいる（反意語は**早成性**〔**離巣性**〕という[2]）。彼らは、長期化された幼体時代にわたって親から餌をもらい、保護されて育つようにデザインされている。そうすることで、遺伝子を経由する必要も、危険な世界で**無防備な**試行錯誤をする必要もなしで、意味論的情報を集められるようになっているのだ。たとえ彼らが純然たるスキナー的動物であったとしても、比較的リスクの少ない選択を存分に試す機会が彼らにはある。彼らの親が、そのような学習環境を選んでやったのである（ここで親は有能性を発揮している《コンピータントリィ》と言えるが、そこに大した理解力《コンプリヘンション》は伴っていない）。このようにやり方はいくつかあるが、いずれにしても脳は有能性《コンピータンス》を発達させるのであり、そこで発達する有能性の中には、さらなる有能性を獲得しそれに磨きをかけるために必要な、メタ有能性も含まれている。

この先、脳が意味論的情報を抽出するための特別なやり方をいくつか見ていくわけだが、その前に、巷にあふれるコンピューターと脳がいかに劇的に異なったものであるのかを論じておくのがよかろう。かつて人間の脳に任されていた制御の作業の多くが、現在ではコンピューターに取って代わられている。これはエレベーターの制御から、航空機や製油機に至るまで、多方面にわたっている。チューリングが理論上の構想として提起した直列式プログラム格納型コンピューターは、フォン・ノイマンによって具体化〔実装〕されて運用可能なものとなり、その後六〇年間でその数は指数関数的に増加した。現在、この種のコンピューターは、地上のありとあらゆる環境に居場所を持ち、宇宙空間にもその子孫を何千も、いや恐らくは何百万も、送り出してきた。これは史上最も遠距離に達した、人類の頭脳の産物《ブレインチャイルド》である。シャノン、チューリング、フォン・ノイマン、マカロック、ピッツといった人々によって秀逸《ブリリアント》きわまる〔理論的〕理想化が進められた結果、情報処理において発揮される〔コンピューターの〕有能性《コンピータンス》は爆発的に増大し、今や、脳とは何らかの種類の有機的デジタルコンピューターである、という仮定が一般的になってきただけでなく、シリコンベースのコンピューターが間もなく、人間をしのいで「創造的な技をすべて成し遂げ」る人工知能を現実化させる、という仮定すら一般的になってきた（ここで真似たのはベヴァリーがダーウィンに向けた攻撃の文句で、ベヴァリーはダーウィンが、「絶対的無知」が「創造的な技をすべて成し遂げた」と考えている、といって激怒したのであった）。私はこの一句を、ベヴァリーの立場は反駁されてしまった、という意味合いで用いている。自然選択による進化の〈絶対的無知〉には、実際にヒナゲシや魚のみならず人類をも創造することが可能なのであり、その人類の有能性が、今度は都市、理論、詩、飛行機、それにコンピューターを構築し、そのコンピューターが今度は、その創造主たる人間をも超える高度の創造的技能を備えた〈人工知能〉を実現することが、**原理的には**可能かもしれないのである。

　だが、チューリングとフォン・ノイマンの驚異のマシンで実行されるべく開発された最初期のＡＩ――ＧＯＦＡＩ〔古き良きよそおいのＡＩ〕――は、この重大な課題に適した種類のソフトウェアではなさそうであり、また、その基盤となるハードウェア――フォン・ノイマン・マシンと、その何十億もの子孫たち(38)――も、この課題に最適のプラットフォーム[3]ではないのかもしれない。第4章で述べたように、チューリングはトップダウン式の知的《インテリジェント》デザイナーの権化のような人物であったし、彼が発明したコンピューターは、ありとあらゆるトップダウン式デザインを実装するための、理想的な道具であった。例えば前述のエレベーター制御システムの開発計画は、問題解決をトップダウン式に実行することで進められていた――つまりプログラマーに、あらかじめ「スペック」が**与えられて**いた。それゆえプログラマーたちは、生じうる困難を**先取りして**対策を立てるために、自らの知性《インテリジェンス》〔知能〕を用いることができた。すなわち、自らの知性《インテリジェンス》を用いて、想像の中でエレベーターの動作サイクルをたどり、その中の肯定的アフォーダンスや否定的アフォーダンスを探し回ることができた――例えば、上昇や下降の最中にエレベーターを停止させて乗客を乗せるべきか？　複数の命令を同時に受け取った場合にはどうするか？　上昇と下降を切り換えても、乗客全員を下ろさないのはどのような状況か？　といったように。プログラムの設計者《デザイナー》たちはポパー的生物として、仮説を動作停止中《オフライン》で〔つまり頭の中で〕テストできるが、彼らはまたグレゴリー的生物でもあり、自らの力を増進するための適切な道具を使うこともできる――そして、彼らが作業のために選ぶプログラム言語こそ、彼らにとって最も強力な道具である。プログラム言語の素晴らしい点は、ひとたび、自分のデザインを好みの言語――ＪＡＶＡやＣ＋＋やＰｙｔｈｏｎ――で明晰に書き上げてしまえば、後はコンパイラプログラムにそれを委ね、実行可能な機械語に変換されるのを待つだけでよい、というところにある。(39) それゆえに、コンピュータープログラミングとはまったくのトップダウン式デザインであるわけではなく、ただ半分までトップダウン式であるにすぎない、ということになる――デザインの「ボトム〔下層〕」でのごちゃごちゃした細部は、プログラマーが新たなコンパイル言語を作成中という場合を除けば、無視しても構わない部分なのである。

自然選択による進化の中に、このようなデザイナーの利便性に**ごく**近いものは全くない。とはいえ、ずっと以前にハーバート・サイモンが秀逸《ブリリアント》きわまる著作『人工物の科学』(Simon 1969) において指摘したように、進化可能な複合的システム（基本的には、**すべての**生きた進化可能なシステム）は、「階層的に」組織化されていることに依存して成り立っている、と言うことはできる。ここで階層的な組織化とは、より大きなシステムを構成する諸部分が、全体としての大きなシステムとは独立した安定性を備えており、またそれらの諸部分も同様の安定した諸部分から構成されている、という組織化のあり方を指している。一つの構造——または過程——はただ一度だけデザインされればそれでよい。あとはそれが何度も繰り返し使用され、繰り返しコピーされる。この繰り返しは単に生物一個体とその子孫との間でなされるだけでなく、生物一個体が発生する**中でも**またなされる。リチャード・ドーキンスが考察しているように、一つの遺伝子は、コンピューターのツールボックス・サブルーチンに似ている。

(38) 人工物の系譜と生物の系譜がすべての点で似通っているわけではないのは言うまでもないが、両者の系統で展開された研究開発の間にはめざましい類似がある。この点は後の章で取り上げよう。

(39) 従来、一般にコンパイル言語とインタープリター言語の区別は大変大きなものと見なされてきたが、この点はここで問題にしないし、また今日のほとんどの言語は両者のハイブリッドである。コンパイルプログラムはソースコードのプログラム全体を入力として受け取り、実行可能な機械語のプログラムを出力として紡ぎ出す。インタープリタープログラムが実際にやっているのは、一つ一つの命令が打ち込まれるとすぐにそれをコンパイルする、という動作である[4]。これによってプログラマーは命令一つ一つを書き上げるたびにその実行をテストすることができるようになるし、最終的なプログラムの効率性を損なう代わりに（さほどではない場合もあるが）、開発がより易しいものになる（場合もある）。ＬＩＳＰは元来インタープリター言語であった。

マックには、ROM（読み出し専用《リードオンリー》メモリ）か、パソコン起動時から常時読み込まれているシステムファイル内に、ルーチンを収納したツールボックスがある。こうしたツールボックス・ルーチンは何千と備えられ、それぞれ特定の動作を行っている。各々の特定の作業は、さまざまなプログラム上で、ほんの少しずつ違った仕方で、何度も繰り返し必要となる見込みが大きい。例えば、オブスキュアカーソルと呼ばれるツールボックス・ルーチンは、次の機会にカーソルが動かされるまで、スクリーン上のカーソルを見えなくする。皆さんからは見えなくとも、オブスキュアカーソルの「遺伝子」は、皆さんがキーを打ち始めるたびごとに、読み込まれ、マウスカーソルを消失させるのである。

（Dawkins, 2004, pp.155-156）〔邦訳上巻二七五頁〕

このような階層的なシステム形成は、〈自然〉のあらゆる場所に見いだされる――ゲノムの中にも、ゲノムが導く発生過程の中にも。例えば脊椎形成のサブルーチンを追加でもう何回か呼び出すことができれば、これはヘビを作り出す方法ということになる。生まれつき指が六本ある人々――これはごく普通の突然変異だ――は、指形成サブルーチンを通常よりも一回多く実行するような、手を形成するサブルーチンを備えている。まぶたを形成するプログラムのデバッグがひとたび完了してしまえば、あとは動物界全体で生じる変異に合わせてそれを用いることができる。このように、自然選択による進化が利用しているのは、比較的単純な命令を備えたソースコードに似たものである。この種のソースコードは、さらに多くの命令が多段連鎖式《カスケード》に実行されるための引き金を引き、それらの命令が「モジュール的な」[5]課題を実行するのだ。ただし、自然選択による進化の場合、このすべては「機械語で」呼び出され、実行される。これはコンパイルの必要もなければ、理解のために、備忘のための補助（CALLFOOR〔階を呼び出せ〕、WEIGHT-IN-POUNDS

〔重量はポンドで換算せよ〕——等々。詳しくは第4章参照）を必要とする読み手もいない。発生途上にある生物は遺伝子の命令を準・理解しており、これはフォン・ノイマン・マシンが機械語の命令を準・理解している、というのと同様である——つまりその生物は遺伝子の命令を（準《ソルタ》・）遵守するのである。

脳の中の競争と同盟

自然選択による進化は、たしかに発明力があり、またモジュールを大いに多用する過程ではあるが、だとしてもコンピュータープログラミングのような、トップダウン式の研究開発ではない。それは〈ダーウィンの奇妙な逆転〉としての、ボトムアップ式の研究開発である。これ以外にも、脳とデジタルコンピューターの間にはいくつかの相違点がある。中でも、最もよく引き合いに出されるのは次の三つであるが、私の見積もりでは、いずれもそれほど重要な相違点ではない。

1 〈脳はアナログ式だが、コンピューターはデジタル式である〉。多分これは真実なのだが、ただしこれは「アナログ式」が何を意味するかにかかっている。「アナログ式」が「二進法ではない」（0と1、オンとオフしか用いない）を意味するなら、ほぼ間違いなく脳はアナログ式である。だが脳が、それ以外の何らかの意味でデジタル式であると判明する見込みは、大いにある。等価なクラスに属する、いかなる有限なアルファベット記号も、ある種のデジタル化を行っている（A、a、*a*、A、**A**、**a**はすべてAと見なされる）。この文もデジタル化されているし、次章で見るように、この種のデジタル化は言語の重要な特徴なのである。

2 〈脳は並列型[6]であるが（つまり脳の組織全体で分散的に、何百万もの「計算《コンピューテーション》」を同時に実行するが）、コンピューターは直列型である（つまり単純な命令を一度に一つずつ実行し、こうして多くの演算が一系列の流れとなり、目にも止まらぬスピードがその狭さを補う）〉。例外はあり、中には特殊な目的に特化した、並列処理のためのアーキテクチャ[7]も作られている。だが、目覚まし時計やオーブントースターから自動車に至るまで、あらゆるものに組み込まれているコンピューターは、すべて直列型アーキテクチャをもつ「フォン・ノイマン・マシン」である。読者のみなさんも、フォン・ノイマン・マシンを百個はお持ちだろう。つまりみなさんが使っているスマート家電にはフォン・ノイマン・マシンが目に見えないところに組み込まれており、割り当てられたさまざまな雑事を果たすために、その能力のほんの一部を用いているのである。（チップ上にコンピューターを丸ごと搭載する方が、特定用途のハードウェアを設計《デザイン》するよりもずっと安上がりなのだ。）脳のアーキテクチャが、大規模な並列型であるというのは本当である。例えば〔人間の〕脳は、およそ百万におよぶ、幅の広い〔経路数の多い〕並列的な経路からなる視覚系を備えている。しかしながら、脳の活動として最も驚異的な部類に属する活動には、（おおむね）直列型のものが多い。すなわち、いわゆる意識の流れの中で、観念、概念、思考が浮動するような活動がそうである。このような活動は一系列の流れをなしているからではなく、むしろある種の〈フォン・ノイマンのボトルネック[8]〉のゆえに、直列型になっている。並列型のアーキテクチャの上でバーチャルな直列型マシンをシミュレートすることは可能であるし――『解明される意識』で示したように、脳はまさにこれをやっている――、直列型のマシンの上にバーチャルな並列型マシンを実装することも可能であり、そこでの並列処理の幅〔並列される処理の数〕は、動作速度を犠牲にすれば、いくらでも広くする〔数を増やす〕ことができる。危険に満ちた生ではスピードが要求されるので、脳のアーキテクチャが大規模な並列処理を行っているのは偶然とは言えない。とはいえこんにちのフォン・ノイマン・マシンの「可動部品」の基本的なサイクルタイム[9]は、ニューロンの反応時間の数十億倍なので、スピードに関しては、フォン・ノイマン・マシンはあり余るほど潤沢に備えていることになる。近年の人工知能研究者たちは、脳の神経《ニューラル》ネットワークをおおまかに模倣した**コネクショニスト**ネットワークを発展させてきたが、この種のネットワークは図像中の事物の識別の学習をはじめ、脳が大いに得意とするさまざまなパターン認識を上手にこなすのであり、これは疑いなく並列処理の力を証明するものである（これについては第15章を参照）。とはいえ、実のところこのようなネットワークが行う並列処理はほとんどすべて、通常の直列型のフォン・ノイマン・マシン上でシミュレートされたものである。フォン・ノイマン・マシンは汎用の模倣機械であって、他のいかなるアーキテクチャをもシミュレートできる――こんにちの高速なフォン・ノイマン・マシンは、深刻なボトルネックを抱えているにもかかわらず、それらをデザインした並列処理型の脳に追いつき、追い越すことができる並列処理型の神経《ニューラル》ネットワークであるかのように、ふるまうことができるのである。

3 〈脳は炭素（タンパク質その他）でできているが、コンピューターはシリコン〔珪素〕でできている〉。これは今のところ本当である。ただし、ナノテクノロジーの技術者たちはタンパク質からコンピューターを作り出すという構想に向けてめざましい進歩を遂げているし、細胞内のタンパク質のネットワークは事実、計算《コンピューテーション》を行っているようである（これに関する生彩あふれる解説は Bray 2009 を見よ）。そして未だに、この点での炭素の優位を裏づける化学的特徴を、誰も明らかにしてはいないのだ。

次の相違点はどうだろうか？

4 〈脳は生きているが、コンピューターは生きてはいない〉。

これに対しては、ときおりなされる回答――私がいつも返す回答――がある。つまり、人工心臓は生きていないが、見事に機能する、という回答だ。臀部、つま先、肩の代用は、生きた組織でなくとも務まる。聴覚神経を生命を欠く導線に置き換えたり、連結したりすることは、末端が適切に接合されるならば可能である。その部分が生きていなければ脳が機能できないような、超・特別な部分が、脳の中にあるだろうか？〈人工知能〉〔研究〕における標準的な作業仮説によれば、どんな生きた器官も、炭素でできた、非常に洗練された機械仕掛けの一部であり、入力《インプット》-出力《アウトプット》のプロファイル[10]を同一にすれば――つまり同一の時間枠で与えられる入力に対して、まったく同じことを、また同じことだけを行うようにすれば――損失なしで、生命を欠く代替品に置き換えることができることになっている（部分を順次取り替えてもよいし、すべてを一度に取り替えてもよい）。もしも脳が胆汁を分泌したり、血液を浄化するための器官であったりしたら、その動作に必要な部分の、化学的・物理学的な性質がどうなっているかが非常に重要になってくるだろうし、用いられている素材の適切な代用品を見つけるのが不可能、ということもありえよう。しかし脳とは情報処理の器官なのであり、そして情報とは媒体中立的なものである。（愛や約束を警告したり宣言したりすることは、受け手の側にそれを取り出すノウハウがあれば、「どんな素材を使っても可能」である。）

ところが、心の働き方を探ろうという本書の目的に大いに関わるかもしれない特徴が生物にはあり、テレンス・ディーコンはこれを難解だが重要な近著、『未完成の自然――いかにして心は物質から生じたのか』（Deacon, 2012）の中で詳しく説明している。[11] ディーコンによれば、本書でこれまで〔コンピューターの開発者たちによる〕見事な単純化の成果として述べてきたいくつかの方針が、半世紀かそれ以上にわたり、人々の思想をデザイン空間の間違った場所へ押し込めてきた、という。情報という概念から、熱力学、およびエネルギー（および物質）の概念を捨象したのは、シャノンが成し遂げた力強い成果であった。そこに含まれるものが電子であれ、光子であれ、のろしであれ、磁性領域であれ、プラスチックの円盤上のミクロな細孔であれ、[12] 情報は情報であるということだ。情報の伝達や変形にはエネルギーを要するが（つまるところ、情報とは魔法ではないのだ）、それでも私たちは、必要なエネルギーについての考察をすべて切り離して、情報処理について理解することができる。ノーバート・ウィーナーは、**サイバネティクス**という研究領域を、それを名指す名称と共に創り出した。つまり、「舵取り」や「統御」を意味し、英語の *govern*〔統御する〕の語源にもなったギリシャ語の動詞 **κυβενάω**（キュベルナオー）を、その研究領域の名に採用したのであった。制御を行う者は、（制御の対象が船であれ、都市であれ、物体であれ、製油機であれ）何らかの制御端末《インターフェース》にエネルギーを使わねばならないが（例えば舵をきるため、命令を告げるため、温度を上げるため、等）、とはいえ制御システムそのものを稼働させるためのエネルギーは任意《アド・リブ》である――つまり好きなものを用いてよいし、それほど多くは必要としない。このように、計算《コンピューテイション》を物理的制御の力学から切り離すことで、いまやほとんどあらゆるものを、電池を電源とするスマートフォンで制御することができるまでになった――つまり、スマートフォンを、力仕事にも耐える強靱な変換器《トランスデューサー》と実行器《エフェクター》に接続すればよいのだ。みなさんがスマートフォンのリモート操作で電波信号を送信し、自宅の重いガレージの扉を開けるとき、スマートフォンの電池からはごく微量の電力がちょろりと使われるだけだ。この仕事をこなすための相当量の電流を消費するのは、微弱な信号で制御されるモーターの方である。ディーコンは、私たちが開発したあらゆるハイテク知的《インテリジェント》デザインの繁栄が、このような切り離しによって可能になった、という点は認めている。だがディーコンは、このように情報処理を熱力学から離縁させてしまったために、私たちが基本的に、**寄生的**システムについての理論しか取り扱わないという事態を招いてしまったのだと訴える——ここで寄生的システムとは、エネルギー、構造の保全、動作の解釈、および存在理由《レゾン・デートル》を、それの利用者に負わせている、という意味で寄生的である人工物を意味する。これとは対照的に生物は自律的な存在であるし、さらに言えば、それを構成している諸部分（細胞）もまたある意味で自律的な、生命ある存在である。

これに対する人工知能研究者たちの応答は、次のようなものになりそうである——自分たちは、こういう単純化が利益をもたらしてくれるのを期待して、例えばエネルギー供給、自己複製、自己修復、終わりなき自己改善、といった現象の考察を単に先送りしているだけなのだし、このような単純化から利益を得られるのを期待しつつ、まずは学習と自己指導についての（これらは、たしかに非常に不完全だとしても、しか**しある種の**自律である）純粋に情報的な現象を明らかにしようとしているのだ、と。開発者たちは、チェスプレイ・コンピューターの設計《デザイン》にサンドイッチやジュースからエネルギーを獲得する機能を付けて、設計《デザイン》を複雑化させよう、などとは夢にも思わない。そんな機能は時間の管理のみならず、利用可能な蓄積エネルギーについても、監視機能に負荷をかけることになるのだ。人間のチェスプレイヤーは空腹の痛みや、恥、恐れ、倦怠感といった感情を制御せねばならないのだが、コンピューターはこれらすべての負担を何の苦もなく、なしで済ますことができるのではなかっただろうか？　ディーコンはこの問いにイエスと答えるが、続けて、そこには多大なコストが伴っているのだ、と言う。つまりシステム設計者《デザイナー》たちが、コンピューターの手からこのような関心事を取り除くことで創り出したアーキテクチャは、脆弱で（例えばコンピューターには自己修復ができない）、動作不全に陥りやすく（およそ何であれ、設計者《デザイナー》たちが予見した出来事にしか対応できない)、またそれを取り扱う者に全面的に依存するものになってしまった、というのである。[40]

ディーコンは、これが多大な相違をもたらすと強調する。本当にそうだろうか? ある点ではそうだ、と私も思う。一九七〇年代のGOFAI全盛時代にさかのぼるが、当時私は、その頃の典型的なAIプログラムについて、現実の身体をもたず、「ベッドから起き上がれず」、タイプされたメッセージの読み書きでしかコミュニケーションのできない状態で、高度の才能を得たがっている存在である、という見立てを抱いていた。(コンピューターに視覚を与える研究ですら、単一の固定式カメラを使ったり、あるいは現在パソコンに画像をロードする場合と同じく、単にシステムに静止画をロードする、といったやり方でなされるのがしばしばで、このような視覚システムは、どんな意味であれ目をもつとは言えない。)現実の身体を備え、動き回ることができ、世界の中に自らを定位するための感覚「器官」を用いるロボットであれば、従来容易だと思われていた問題のいくつかはそれほど容易ではなく、従来困難だと思われていた問題のいくつかはそれほど困難ではない、ということを見いだすはずだと思われた。一九七八年、私は「イグアナを丸ごと一匹作ってみよう」という短い論評を書いた。そこで私が論じたのは、(例えば野球についての質問に答えたり、チェッカーをプレイしたりといった)人間のミクロな有能性《コンピータンス》を切り取ってくるのはやめて、完全な、自己防衛とエネルギー供給を行うロボット動物を丸ごと一体作るための計算《コンピューテイショナル》的アーキテクチャを作る試みをすべきだ、ということであった。どんなに初歩的なものでもよいのだ。(どこかで単純化を施すことは避けられない。AIの道は険しいのである

(40) これ以上の驚きかもしれないのは、チェスプレイヤーにできるがコンピューターにはうまくできないことの一つに、見込みのない対戦を放棄する、ということがあるという指摘であろう! コンピューターは恥じ入るということがないので、勝つ見込みがまったくなくなった場合には、人間の「オペレーター」が割って入ることが通常は認められている。

る。）必要な課題を簡易化するためであれば、単に想像上のロボット動物を取り扱うのでもかまわない――例えば、火星探査用の三輪ロボットイグアナなどだ。

ロボット工学者《ロボティシスト》の中には、この挑戦を受けて立った者もいた。例えばオーウェン・ホーランドは〈スラッグボット（ナメクジロボット）〉計画を立ち上げた。これは穀物畑からナメクジを採集し、そのナメクジを消化して、内蔵のコンピューターチップに必要な電力を生み出すロボットを作ろうという計画で、この計画の過程で生み出された独創的なデザインも多い。これはエネルギー供給を実現する例だが、自己修復と自己維持はどうだろうか？　生命に必要なこれらの要件やその他の要件への取り組みは、何十年かにわたって進められており、基礎的な生命過程をさまざまな点で大幅に単純化した、多様なロボットやナノボット〔ナノレベルの微小ロボット〕の創出として具体化されてきた。しかしながら、ディーコンがそうすべきだと主張する域にまで、「イグアナ丸ごと一匹」のアイデアを推し進めている者はいない。これら人工生物の司令中枢は、たとえ並列型アーキテクチャをシミュレートしている場合ですら、依然としてCPUチップ――フォン・ノイマン型ハードウェア――に依存している。ディーコンの主張によれば、脳の構成部分である細胞それ自身が自律的な小型の行為者《エージェント》であり、それ自身のさまざまな行為目標《アジェンダ》を備えている――その行為目標の筆頭は〈生き延びること〉であり、そこから、なすべき作業を見つけたり、同盟者を見つけたりといったさらなる目標が派生するのである。脳（または脳を代替できるもの）が生きたニューロンから作られている、という点を強調するディーコンの主張は、最初の印象ではあと一歩か二歩で生気論《バイタリズム》に行き着くような、ある種のロマン主義――つまりは蛋白質熱狂主義《ショービニズム》――に見えるかもしれないが、しかしディーコンがこのように主張する理由は実際的なものであり、説得力がある。

　ディーコンの主張は、脳の際立った可塑性、という一つの例によって、分かりやすく解説することができる。脳のある部位が損傷を受けると、隣接する領野がしばしば（常にではないが）、失われた組織の役割を素早く、かつ見事に受け継ぐ。十分に使用されていない領野がある場合は、隣接する領野がたちまちその部分の細胞を徴用し、自分たちが携わっている仕事の助けをさせるようになる。一般的に、破壊されたニューロンは、皮膚や骨や血液（やその他）の細胞が別の細胞に置き換えられるような仕方で、別のニューロンに置き換えられるわけではない。神経細胞の「再生」は未だに、おおむね生命工学者《バイオエンジニア》たちの夢にとどまるものであって、神経系の通常の特徴というわけではない。それゆえ、多くの実験で観察される脳の可塑性は、一定のニューロンへの新たな作業の再割り当てや、現在の作業に対する追加労働の要求、といったものによるのでなければならない。では、どこかに〈統轄人事部長〉がいて、新たな求人のための職務明細書を作成し、現場にいる従順なニューロンたちに、高所から命令を下すのだろうか？　コンピューター科学者のエリック・バウムは『思考とは何か？』（Baum 2004）において、このような手順で進められる仕組みを「（旧共産圏式の）政治局的《ポリトビューロ》制御」と名付け、脳は複雑な課題を達成するために、この種のトップダウン式のやり方を用いるわけではない、と指摘している。経済学者たちは、中枢からの指令による計画経済が、市場経済ほどうまく働かないのはなぜであるかを示してきたが、中枢からの指令による計画で働く（トップダウン式の）アーキテクチャが脳の組織では有効に働かない、というのはそれとまったく同じ理由によるのだ。

　ロボット工学者ロドニー・ブルックスが（私信で）教えてくれたところでは、現在あるデジタルコンピューターのハードウェアにとって決定的に欠かせないのは、同一の構成要素が何百万個（あるいは何十億個）も揃っていることである――それらはお互いに、ほぼ原子のレベルに至るまでそっくりな、完璧なクローンなのだ――という。それゆえに、それらは反応するはずの場面で常に同じように反応するのだ――

まさにロボットのように！　技術者《エンジニア》たちの努力が作り出した技術で、今や基板に焼き付けられるコンピューター回路には、何百万ものまったく同じフリップ・フロップ回路〔0と1を切り換え、またその状態を保持できる回路〕が搭載されており、各々の回路は「そのビットを反転《フリップ》させよ」という命令を〔高所から〕受け取るまでは、高い信頼性をもって0なり1なりを保持し続ける。これとは対照的に、個々のニューロンはすべて異なっている。つまりニューロンは成長の過程ではっきり異なった特定の構造タイプ——ピラミッド型、バスケット型、紡錘型、等々——に分かれ、しかも各々のタイプの中でも、二つとして同一のニューロンは存在しないのである。この多様な個体群を組織して、全体として何かを成し遂げることなど、可能なのだろうか？　それらを官僚主義的な階層構造に組織化するというやり方では不可能である。だがボトムアップ式の、競争も数多く含みつつの同盟形成、というやり方によれば、それが可能になるのだ。

ニューロン・ラバ・シロアリ

ニューロンは——私たちの身体をつくる他の全細胞と同じく——自由生活を営む、単細胞真核生物の、飼い馴らされた末裔である。彼らの祖先は、単細胞生物たちの住む過酷な世界の中の野生生物として、単独で生育し身を守っていた。フランソワ・ジャコブの有名な言葉によれば、すべての細胞の夢は二つの細胞になることであるが、ニューロンは通常、〔分裂により〕子孫を作ることができない。ニューロンはラバと同じで、親となる細胞はいるが（母、祖母、とその系列はもいくらでもさかのぼることができる）、自身は子をなすことができない。それゆえ、ニューロンたちの最高善《スムム・ボヌム》は、彼らのダーウィン的な生態的地位《ニッチ》の中で生き続けることに相当する。ニューロンたちは必要なエネルギーを獲得するために働かなければならないし、フルタイムで働ける雇い先が決まっていなければ、たとえどんなにおかしな仕事であっても、そこが受入可能である限りはその仕事に就く。

近年、今述べたような考え方のさまざまなバージョンが、認知科学の諸分野で盛んに提唱されるようになっている。そのため、この分野の科学者たちはこれまで私に、私がずっと支持してきた立場を捨てるようにと説得してきた。だからここで、私がすでに宗旨変えをしていることを強調しておきたい。宗旨変えとは、あのホムンクルスの誘惑——「脳内の小人」を設定し、それを支配者であり、意味理解の中心であり、喜びを味わい、悲しみに打たれる存在だと見なしたくなるという、ほとんど抗しがたい衝動[13]——に自分がどう対処すべきかという問題について、立場を変えているのである。私は『ブレインストームズ』(Dennett 1978) の中で、ライカン (Lycan 1987) により「ホムンクルス機能主義」の名で知られるようになった古典的なGOFAIの戦略を叙述し、それを支持する議論を行った——すなわち**〈小人〉を〈委員会〉に置き換えよう**という戦略である。

AIのプログラマーは、志向的に〔志向的構えによって〕特徴づけられた問題から出発する。したがってコンピューターを、あからさまに擬人主義的な目で見る。このように志向的に特徴づけられた問題を解いてしまったプログラマーがいれば、自分は〔例えば〕英語の質問を理解できるコンピューターをデザインした、と主張するはずである。このようなプログラマーによる、最初の、一番上のレベルでのデザインは、コンピューターをサブシステムに分解し、あらかじめ志向的に特徴づけておいた〔つまり志向的構えを用いて解釈できる〕課題《タスク》を、それぞれのサブシステムに割り当てる、という作業である。ここでは、評価者・想起者・識別者・無視者等々からなるフローチャート〔処理の流れ図〕を作成することになる。これらのサブシステムはいずれも、紛うことなき**ホムンクルス**である……。それぞれのホムンクルスは**さらに小さな**ホムンクルスたちへと分析される。しかしより重要なのは、そのさらに小さなホムンクルスたちが、**さらに愚かな**ホムンクルスたちでもある、という点だ。〔このように分析を進めると〕単なる加算者と減算者であるようなホムンクルスしかいなくなるようなレベルにまで達する。やがて、指示を受けて二つの数から大きい方を選ぶことしかできない知性〔知能〕しか要求されなくなるとき、ホムンクルスたちは、**機械によって置き換え可能であるような**要員《ファンクショナリー》へと還元されることになる（Dennett 1978, p. 80）。[14]

私は現在でも、これは正しい方向の考え方だと思っているが、しかし「委員会」と「機械」という二つの用語がいくつかの独特の含みをもってしまうことを、今では後悔している——そして今では、それらの含みを退けるに至っている。まず、「委員会」という言葉は、明確な上下関係を備えた[15]集団官僚制《コーポレイティブ・ビューロクラシー》を示唆する（このイメージは、古典的な認知科学のモデルに登場する、無駄を省いたフローチャートによって増幅される）。このような集団官僚制は、トップダウン式のＧＯＦＡＩの夢を形にしたものであるが、そこに見られるのは、根本的に非・生物的な種類の効率性である。とはいえこれはまだ、〈チューリングの奇妙な推理の逆転〉をおびやかすものではまったくない——私たちが行う分解の多段連鎖《カスケード》〔つまり、より複雑なホムンクルスをより単純なホムンクルスの集団へと分析する作業の連鎖〕は、**最終的には**、機械によって置き換え可能な、硬直した定型的課題を担う要素に行き着くのであり、その姿は、チューリングの時代にせっせと働いていた〈計算技師《コンピューター》〉さながらである。そして実際にも、ニューロンの内部の最も単純な可動部品である、モータータンパク質や、微小管や、その同類たちは、『魔法使いの弟子』の行進するホウキたち[16]によく似た、動機なき自動機械である。だが、〔一つの脳内に〕何十億と存在するニューロンたちそのものは、かつて私が想像していたような従順な事務係の役割ではなく、むしろ冒険好きで、それぞれが独特の役割を果たす存在なのであり、そしてこの事実が、脳の計算的《コンピューテイショナル》アーキテクチャにとって多大な意味合いをはらんでいるのである。

テカムセ・フィッチ[17]（Fitch 2008）は「ナノ志向性」という用語を考案し、ニューロンに見いだされる行為者性《エージェンシー》を記述するために用いているし、セバスチャン・ソングは神経科学協会の基調講演として「利己的ニューロン」を論じ（Seung 2010）、それに先立って「快楽主義者のシナプス」という論文も発表した（Seung 2003）。ニューロンに何を「欲しがる」ことができるというのか？　生育に必要なエネルギーと、素材となる物質、というのがその答えだ——この点では、祖先である単細胞の真核生物たちや、より遠いいとこに当たるバクテリアや古細菌たちと、何も変わらない。ニューロンたちは準《ソルタ》・ロボットである。つまりニューロンが、何か実質的な意味での意識をもたないのは確実である。彼らがイースト菌やキノコの細胞と同類の、真核細胞であることを忘れてはいけない。仮に個々のニューロンに意識が備わっているとしたら、水虫にも意識があることになるだろう。だが、ニューロンはイースト菌やキノコと同様に、生死をかけた闘争において高度な有能性《コンピータンス》を発揮する行為者《エージェント》である。彼らの闘争の場となる環境はみなさんの足の指の間ではなく、両耳の間〔つまり脳〕という、非常に条件の厳しい環境である。この厳しい環境において、闘争の勝者はより効果的にネットワークを広げる細胞となり、その結果は、人間全体の目的や衝動として見分けられるような、巨視的レベルでの趨勢に影響を与えることになる。

チューリング、シャノン、フォン・ノイマンは、驚異的に困難で新しい工学的《エンジニアリング》な企てに挑み、〔エネルギー供給などの〕必要性《ニーズ》と動作性能《ジョブ・パフォーマンス》とを、それぞれほぼ独立したままにできるコンピューターを、その知性《インテリジ》によって《エントリィ》デザインした。ハードウェアのレベルまで下りていけば、電力は公平に、また潤沢に分配され、どの回路も飢え死にする心配はない。ソフトウェアのレベルでは、善意あるスケジューラ[18]が、優先順位の最も高いプロセスにマシンサイクルを分配してくれるし、[19] 優先性をめぐってプロセス同士が競合する何らかのメカニズムがある場合でも、これは通常順番待ち《キュー》という形式をとるのであって、生存を賭けた闘争となることはない。（コンピューターは何事にも関心《ケ》〔気遣い《ア》〕をもちえないはずだ、という一般に流布した民俗的《フォーク》な直観[20]があるが、このような直観は恐らく今述べた事実をおぼろげに捉えている。コンピューターが間違った材料でできているからではなく――シリコンは有機分子に比べて関心《ケア》〔気遣い《リング》〕に適していない、などという理由があるだろうか？――、むしろコンピューター内部の資源配分《エコノミー》の中にはリスクもチャンスも組み込まれていないため、コンピューターを構成する部品は何ものにも関心《ケ》〔気遣い《ア》〕を向けなくなるのである。）

コンピューター・ソフトウェアはトップダウン式の階層的アーキテクチャを備えており、またオペレーティングシステム〔OS〕の中に多くのスケジューラや交通整理係が満載されているおかげで、マルクスの有名な言葉、「能力に応じて各人が与え、必要《ニーズ》に応じて各人が受け取る」を巧みに実現〔実装〕している。職務を遂行するための電力が尽きかけている場合に、電力を「せがんで」手に入れねばならないような加算回路やフリップ・フロップ回路はどこにもいないし、「昇進」なるものも彼らには存在しない。これとは対照的に、ニューロンは常に仕事に飢えており、そのために探索用の樹状突起を伸ばし、近接するニューロンたちとの間で、**当のニューロン自身にとっての**利益を生むようなネットワークを形成しようとしている。従ってニューロンたちにはチームを自己組織する能力が備わっていることになる。このニューロンたちのチームには、新しい仕事を受け取る準備も、そうしようとする意向も備わっていて、いつでも重要な情報処理の作業を引き継ぐことができるようになっている。新しい仕事を受け取ると、ごくわずかの試行錯誤によるリハーサルで、その課題を習得してしまうのだ。この様子は、職を求めて、自分では理解していない仕事を得ようとオークリッジのゲートを訪れた女性たちの姿に、**非常に**似ている。しかしここには大きな差異がある。脳のデザインための、レズリー・グローヴス中将はいないのだ。それゆえ、それはボトムアップ式にデザインされるのでなければならない。

この辺で、これまでの考察が何を含意しているのか、再検討しておこう。古典的なコンピューターのトップダウン式の知的《インテリジェント》デザインは、超有能《ハイパー・コンピータント》な、しかし根本から非生物的な、驚異の業を創り出した。それが非生物的であるのは間違った素材でできているからではなく、素材が間違った種類の階層構造として組織されているからである。すなわちコンピューターは計画性を備えた官僚制として組織されていて、この種の階層構造は「円滑に機能する機械」である一方、可動部品の厳密な管理を必要としており、どのレベルにおいても、新たな探求や即興といったものはすべて抑止されている。改めて強調すべき重要な点は、今述べた結論が、シリコンを基盤にした脳（あるいはむしろ、どんな媒体を用いるにしても、チューリング〔マシン〕を基盤にした脳）の可能性を、**原理的には**閉ざすものではない、ということである。とはいえ、そのような脳は計算的《コンピューテーショナリー》に非常に高くつく〔効率がよくない〕。というのも、それを果たすためには個々のニューロンすべてを、それぞれの独自性、習慣、好み、弱点について、モデル化する必要があるはずだからである。この点を具体的に示すために、こんな想像をしてみよう。遠くの別の星雲に住む科学者集団がこの地球を発見し、彼方から、この星の都市や街、高速道路、鉄道、情報システムなどを、それぞれ生物であるかのように見なして、研究を進めたとする。コンピューターモデルの熱心な開発者たちがいたため、科学者たちはニューヨークシティのすべての活動のシミュレーションを作り出そうと決意し、このシミュレーションを「ニューヨーカボット」と名付ける。だが懐疑家たちもいて、こんな意見を述べる――「まあ、やるだけやってみればいいさ。だが君らが、ちゃんとした、予測力のあるモデルを十分作れそうなところまで進みたいなら、君らは何百万もの市民たち（あのグニャグニャした小さい可動部分たち）を全部、かなりの細部にわたってモデル化しなければならないはずだ。だがあいつらのどれをとってもそっくり同じではないし、どいつもこいつも好奇心と冒険心が旺盛なんだ」

トップダウン式の知的《インテリジェント》デザインは予見する力に依存しているが、進化は予見をまったく欠く過程である。自然選択によって生み出されるデザインはどれもこれも、いわば後ろ向きである――つまり「かつてうまくいったことがあるから」というので採用されるのだ。過去にうまくいったものが未来でもうまくいくかどうかは、そのデザインが基礎を置いている規則性が、未来でも持続するかどうかにかかっている。ガのデザインは太陽と月の規則性に依拠している。かつての環境では、およそ光源はこの二つだけだった。それゆえ「光に対して角度nを保って飛行せよ」という習慣をガの神経系に配線することが勝利を導いた。だがその勝利は、ロウソクの炎や電灯が出現することで終わりを告げた。このように、〔自然〕選択の環境における過度の規則性は罠になりうる。つまりそのような規則性はある系統を一つの技法なり性向なりに固定させてしまうのであるが、状況が変わると、その技法や性向は有害なものに変わりうるのである。第5章で指摘したように、〔自然〕選択の環境が変動しやすいものである場合、その環境は、まさにその予測不可能性のゆえに、不完全なデザインが〔自然〕選択されることを後押しする。そしてそれに伴って、デザインを状況に適合させるメカニズムや利用可能な可塑性、あるいは、もっとよく使われる用語で言えば、学習、といったものが〔自然〕選択されるようになるのである。もちろん、トップダウン式のGOFAI型システムに、調整可能なパラメータや学習能力といったものを備えつけることは可能である。だが、こうした階層的な制御構造をそれらに組み込む場合、将来生じそうな出来事の内でも「最悪の事態《ワースト・ケース・シナリオ》」と見込まれるものを基準にしてなされるため、そこでの可塑性は一定の範囲に固定されたものになりがちである。[21]

自然選択による進化は、予見能力を欠く、過去に「目を向ける」だけの過程で、知的《インテリジェント》デザインを用いることはないが、だとしてもやはり強力な研究開発の過程である。そしてそれゆえにその過程は、動物《モバイル・ライフ》[22]の遺伝的レシピに、おおよそ何十億年かにわたる蓄積と洗練によって、脳内の一般的な分業体制を書き込むことができる。そしてこれまで見てきたように、遺伝子における洗練と多様性によって十分多くの数のパラメータが設定され、そのおかげで、例えば巣作りのような巧妙な本能行動が何世代にもわたり生き延びることが保証される。〔神経系の〕**すべての**配線を、細部にわたるまで遺伝的命令によって固定するのは不可能であろう。それを実現するためには、ゲノムからゲノムへ伝達されているシャノン的情報――人間の場合、そのゲノムの長さはヌクレオチド三〇億個分の長さになる――を何倍にもしなくてはならないはずである。これこそ、「エボデボ[evo-devo]」(進化発生生物学)[23]からもたらされる、否定しようのないメッセージだ。つまり「エボデボ」の研究が強調するところでは、どんな生物であれ、次の世代を生み出すために、遺伝子に書き込まれた青写真やレシピに単純に従うということはしていない。次の世代とはむしろ、局所的な研究開発にもとづく構築の作業によって生み出されるのであり、この研究開発は、(近視眼的な)局所的行為者《エージェント》が、発生過程を取り巻く環境と相互作用する中で、多かれ少なかれランダムな試行を試みるという活動によって成り立っている。例えばニューロンはスキナー的行為者によく似ている、つまり自分に好都合なチャンスを捉えて、自分が出会うさまざまな状況の中で最も都合のよい状況に変え、またその際、報酬が与えられたふるまい、あるいは強化がなされたふるまい[24]を改善させるために、自分自身の可塑性を利用するのである。とはいえ、このようなニューロンたちの努力は、遺伝子によって書き込まれた、進むべき道を教えてくれる有益な目印《ランドマーク》によって導かれている。**脳は、知的にデザインされた共同**

組合や軍隊よりも、シロアリのコロニーによく似ているのである。

脳はいかにしてアフォーダンスを選び出すか？[25]

　これまで繰り返し登場してきたテーマをおさらいしておこう。まず、バクテリアから私たち人間にいたるあらゆる生物は、一群のアフォーダンスを取り扱うようにデザインされている。それらのアフォーダンスは、その生物にとって、（「事物」を広義に解した上での）重要な「諸事物」である。このアフォーダンスの目録はすなわち生物にとっての環境世界《ウムベルト》であり、その中には二種類の研究開発の余地がある。一つの研究開発は自然選択による進化、もう一つは個体によってなされる、何らかの種類の学習である。ギブソンは、生物がそれぞれのアフォーダンスに気づき、それを特定し、追い求めるために必要な情報をどのように選び出しているのかについては沈黙しており、この点で大変評判がよくない。そして私もまた、ここまでのところではこの問いを先送りにしてきた。これよりその問いに答えていこう。

　生物は厳しい状況に置かれている。つまり、これまで明らかにしてきたように、生物は差異の海の中を浮遊しているが、その生物にとって重要な差異となるものは[26]、その中のごくごくわずかでしかないのである。どの生物も、数々の難題にどうにか対処してきた祖先たちを継ぐ系統の中に生まれ落ちる。その結果、どの生物にも、最も役に立つ差異を抽出し洗練するための――つまりノイズと意味論的情報を分離するための――装置と偏った認識《バイアス》[27]が、あらかじめ装備されることになった。言い換えれば、どの生物も何らかの点で難題に対処するための準備ができている。あるいは生物には何らかの予期があらかじめ組み込まれている。その予期は祖先たちには十分役立ってきたのだが、とはいえそれが改訂を要する場合も常にありうる。ここで生物が何かを〈予期している〉と言ったのは、生物が、部分的にあらかじめデザインされていて、いつでも発動できるようになっている適切な反応を装備するようになっている、ということである。生物は、今からAをするか、Bをするか、Cをするかという問題を、わざわざ第一原理にさかのぼって解決するような、貴重な時間の無駄づかいを必要としない。それは入力と出力、つまり知覚と行為をどう関係づけるかという問題、すなわち、感覚器官に入ってきた刺激に対していかなる反応を引き起こすのか、という問題であって、これは〔その生物にとって〕おなじみの、〔進化の上で〕解決済みの問題である。例えば、乳首は吸引をする状況を提供《アフォード》し、四肢は運動をする状況を提供《アフォード》し、苦痛を伴う衝突は回避をする状況を提供《アフォード》する、[28]というのがその例である。あるいは、その反応が完全に隠された、内的な反応であることもあって、その場合、その反応はニューロンの一群を、未来の課題に向けてより効果的なチームへと組織する、という形をとる。

この、チームの組織という訓練はいかにして生じるのか？　このとき、認知科学の草創期に立てられ、現在ではいささか信用を失ってしまった一つの区別を復活させるのが役に立つ。すなわち、〈有能性《コンピータンス》モデル〉対〈遂行《パフォーマンス》モデル〉[29]という区別である。〈有能性《コンピータンス》モデル〉は、システムがどのように働くべきかを述べるモデルである（例えば言語における文法がそうだ）。このモデルは、第4章のエレベーターの例のように、システムの仕様《スペック》を与えるが、この仕様のさまざまな要件をどう満たすかという、その細部には立ち入らない。それをどう満たすかはデザイン上の問題であり、その解決には複数の異なった方法がありうるが、これはつまり、その解決を果たす複数の異なった〈遂行《パフォーマンス》モデル〉がありうる、ということである。〈遂行《パフォーマンス》モデル〉は、一つの文法を**実装し**、例えば文法にかなった英語の話者を作り出すためのモデルである。恐らくこの課題は遠い未来の神経言語学者に委ねられることになろう。認知科学の草創期、理論言語学者たちは、脳がそもそものようにして「ルールブックに従う」ようになるのかについては棚上げにした上で、文法について論じあっていた。彼らはそこで、まず第一にそのルールブックを手に入れることだけを求めていたのだ。

その一方で心理言語学者たちは、子供の文法的誤りのパターン、発話を妨害する諸要因、文法的判断の失敗、といったものを、巧みな実験を考案して明らかにしていった。これらのパターンを理論的に説明できない場合、彼らは、遂行《パフォーマンス》についてのごちゃごちゃした細部の説明は、自分たちにはまだ早すぎるのだ、と気軽に言い訳することができた。人々は誤りを犯し、間違えやすい記憶をもち、すぐに結論にとびつく存在である。だが、このように個々の機会に示される遂行《パフォーマンス》がどれほどいい加減であっても、人々はやはり、彼らの文法のための基礎的な有能性《コンピータンス》を内に秘めている。したがって〈有能性《コンピータンス》モデル〉が先で、〈遂行《パフォーマンス》モデル〉がその後に続く、ということになるだろう。

このような〔〈有能性モデル〉と〈遂行モデル〉という〕分業体制がいついかなるときも有益であったわけではないし、この分業体制によって創り出された認知科学の中の断絶は、今なお対立と行き違いを創り出している。言語学者たちの言い方は、脳の言語操作に関わる装置をリバースエンジニアリングしようとしても、脳が言語の知覚と発話においてどのようなことを**なしうる**か、また**なさねばならない**かについて、**十二分に**明確な考え方を手に入れるまでは、誤解にもとづく問題に無理やり取り組むような結果に終わる見込みが大きい、という主張については正しかった。だが、利用可能な装置の限界と力は、およそリバースエンジニアリングにもとづく探求のための、仕様《スペック》〔特定すべき事項〕の不可欠の部分をなしている。それゆえに理論言語学者たちは、脳についての問いを先送りにし、心理言語学者たちが引き出してみせた、非常に示唆的な数々の遂行《パフォーマンス》の重要性を過小評価してしまったことで、自らある種の骨折り損《ワイルド・グース・チェイス》をする羽目になったのだ。

以上の警告を心に留めておいてもらえれば、いよいよ本題に移ることができる。すなわち〈脳は利用可能な意味論的情報をどのように選び出し、用いているのか〉という問いかけへの答えとして非常に有力視され、現在認知科学全体に急速に広まりつつある着想をこれより論じていく。その着想こそ、ベイズ階層予測コーディング（Bayesian hierarchical predictive coding）である。（これに関する卓抜な説明についてはHinton 2007; Clark 2013およびHohwy, 2013のClarkへの注釈を参照。）基本的な着想はとても面白い。トマス・ベイズ牧師（1701–1761）は、人の**事前の予期**を基礎にして確率を計算する方法を開発した。この方法を問いの形に直して述べれば、次のようになる。すなわち、自分の過去の経験（その中に、自分の祖先たちから受け渡された予期を含めてもよかろう）にもとづけば、あるしかじかの事柄が予期される（これは、複数のありうる事柄のそれぞれの確率として表現される）とした場合、その後に得られた新たなデータは、未来についての当初の予期にどのような影響を与えるのか？　予期される確率に、どのような調整を加えるのが**合理的**なのか？　このように、ベイズ統計学は規範的な学問であり、確率について考えるための正しい方法だとされているものを命ずる。[41] それゆえに、ベイズ統計学は脳の〈有能性《コンピータンス》モデル〉の有力候補である――このモデルによれば、脳は実行中に新たなアフォーダンスを創り出す〈予期生成機関〉として働くのである。

手書きの記号（〔アルファベットの〕文字や数字）を判別する、という課題を考えてみよう。インターネットのサイトで、このような記号判別の課題が、現実の人間と、ウェブサイトに侵入するようプログラムされたボット〔自動プログラム〕とを識別するためのテストとしてよく使われるというのは、偶然ではない。手書き記号の知覚は、話し言葉の知覚と同様、人間にとっては容易だが、コンピューターにとっては格別に困難な課題であることが明らかになっているのである。ところが今や、手書きの数字――実に、走り書きや殴り書きも含む——の判別を大変うまくこなす、実用可能なコンピュータープログラムが開発されている。このプログラムには多重連鎖《カスケード》になった多くの層《レイヤー》が含まれていて、システム中のより上位の層は、すぐ下の層が次に何を「見る」はずかに関する、ベイズ予測を立てる。この予測が正しくなかったことが明らかになった場合、上位の層はそれを受けてエラー信号を発し、この信号がベイズ的な〔予期の〕改訂をもたらす。するとこの改訂がより下位の、〔もともとの〕入力《インプット》により近い層へ、より近い層へと、順次繰り返しフィードバックされ、最終的にシステムが一定の文字の判別に帰着するまで、この繰り返しが続けられる（Hinton 2007）。ここでは習練がものを言う《プラクティス・メイクス・パーフェクト》[31]。システムは、時間をかけて習練を積めばそれだけ、この課題をうまくこなすようになるのであり、この点では私たち人間と同じだ——ただし、私たちの方がもっとうまくそれをやれるのであるが（第15章参照）。

ベイズ階層予測コーディングは、アフォーダンスを豊富に産み出すための方法である。例えば私たちは、物体には背面があり、後ろに回り込めばそれが見えるようになる、という予期、ドアは開けられるという予期、階段は上れるという予期、コップには液体を注げるという予期を行っている。これらをはじめする、ありとあらゆる種類の予測が、一つのネットワークからあふれ出してくる。このネットワークは、じっと座って情報を受動的に待ち受けるのではなく、むしろ下位レベルからの入力《インプット》として、直後に何を受け取りそうかを、直前に受け取ったものにもとづき、絶え間なく推測し続けている。さらにこのネットワークは、自らの推測の誤りに関するフィードバックを、新たな情報の主要な源泉として取り扱う。つまり誤りに関するフィードバックを、次回の推測に事前の予期を適合させるための、手段として用いるのである。

このように〈脳はどのように学習するのか〉という問題にベイズ的思考を応用することには、格別の魅力的ある。すなわちこの応用により、それまで困惑のタネであった神経解剖学上の事実に対する、単純で自然な説明が得られるのである。例えば視神経の経路[32]を見ると、**下から上へ向かう**経路よりも、**上から下へ向かう**経路の方が、あるいは**入ってくる**経路よりも、**外に向かう**経路の方が、多いのである。しかるに、ベイズ的思考を応用して考察するなら、脳は絶え間なく「先取り《フォワード》モデル」ないし確率論的な予測を創り出し、得られた情報を——必要に応じて——正確さを高めるための情報の刈り込みに利用する、という戦略をとっていることになる。このような生物が、極めてなじみ深いなわばりの中で、万事うまくやれている場合、上層へ戻ってくる修正はごくわずかとなり、脳は妨げられずに推測を行い、それによって生物は、次になすべきことを、首尾よく開始することができるようになるのだ。

これらのベイズ的モデルは、初期の認知科学における「総合による分析」モデルの子孫である。このモデルでは、得られたデータに照らしてテストされるべき仮説の形成を、トップダウン式の好奇心（「こいつはシカかな?」「こいつはヘラジカかな?」）が導くことになる（したがって、みなさんの脳は、まず推測によってデータを**分析**し、次に自分が探しているものについての一つの見解を**総合**によって考案し、さらにその見解をデータに照らし合わせる、ということをしていることになる）。私は『解明される意識』（Dennett 1991, p.10ff）〔邦訳二四頁以下〕の中で、

(41) 反ベイズ主義の立場に立つ統計学者たちも存在する。彼らは、ベイズ統計学が〈今現在の**あなたの**経験を踏まえるとき、あなたはこの機会についてどういう予測を下すか?〉という「主観的な」出発点に立脚している点に難点を見いだす。あなたがその経験をどこから得たのかは分からないし、またそれが私の経験と食い違っている場合にはどうなるというのか? というわけである。ゲルマンの論考（Gelman 2008）は、このような反論やその他の反論についての、明瞭で分かりやすい概論となっている。〔とはいえ〕現在私たちが[30]行っているベイズ的思考の応用について言えば、この反論は的外れである。私たちが行っている応用は、一連の事前確率から恩恵（ないし災厄）をこうむっており、次に何をなすべきかについて迷っているような行為者《エージェント》が置かれている困難な状況に対処するために、特にデザインされているからである。

この〈総合による分析〉にもとづく、夢と幻覚に関する一つの思弁的なモデルを提起した。夢や幻覚といった現象に含まれている内容を洗練できるようになるためには、ただ、無秩序に、あるいはランダムに、あるいは恣意的に、確証と反証を延々と繰り返すことができればよい、とそこでは論じておいた(p.12)〔邦訳二五―六頁〕。最近〈グーグル・リサーチ〉によってなされた研究は、このモデルをめざましい仕方で支持し、また洗練するものとなった(e.g. Mordvintsev, Olah, and Tyka 2015など)。今の私ならば、自分の説をより単純に、次のように述べることができただろう——〈ベイズネットワークの中では、沈黙は確証の証《あかし》と見なされる。高次の階層でなされた推測は、それがどんなものであれ、反証が不在である限り、初期値《デフォルト》として、現実だと見なされるのである〉と。

本書の見地から見た、ベイズ的モデルのまた別の長所として挙げられるのは、生物は官僚機構の中の特別室に鎮座する強力な数学者ホムンクルスなるものを導入《インストール》せずとも、自然選択からの恵みとして、高性能の統計的分析機関を組み込むことができると考えられる、という点である。その機関を〈予期を生成する**組織**《ファブリック》〉と呼んでもよかろう。際立った有能性を備えつつも、何ら理解の力を要しない組織である。私は以前の著作で、「不可思議な組織《ワンダー・ティシュー》」[33]を持ち出す立場に警告を発した。この立場は、脳内に「不可思議な組織《ワンダー・ティシュー》」を要請して、どうにかして果たすべき困難な仕事をそれに委ねるのだが、この組織《ティシュー》がそんな華麗な働きをいかになし遂げるのかについては、何も言わないのである。ここで論じてきたベイズ的組織《ファブリック》が魔法じみたものでないのは明らかである。それは何の神秘もないありきたりのコンピューター上でも、申し分なく実行可能なのである。このような階層的予測コーディングネットワークが、神経科学的にどのように実装されているのかの詳細は未だ明確でないとはいえ、それが明らかになる日はそう遠くないように思われる。[42]

こうしたベイズ的ネットワークは動物の認識において非常にうまく働くのであり、クラークの研究への論評を行った人々の多くは、〈動物の心は実際に、自らの全行動を導くために、目の前のつかの間の場面からどうにか手に入れた確率に依拠して働く、ベイズ的な予期機械である〉という暫定的な結論を大胆にも下すに至った。だが、もしそうだとしたら、繰り返しになるが、動物たちの心はシロアリのコロニー〔の同類〕であって、知的《インテリジェント》デザイナーではないことになる。動物たちの心は非常に有能《コンピータント》なので、私たちは彼らの心にさまざまな種類の行動的理解力《コンプリヘンション》を容認することができる。だがそれでも、この後論じるある重要な点において、彼らの心には、私たちがこなすさまざまな妙技の内の、あるものが欠けている——つまり動物の心は、単に理由**によってふるまう**（*acting for reasons*）だけでなく、理由**を有する**（*having reasons*）ということがないのである。ベイズ的予測者であるために、自分が追い従っている理由を表現したり表象したりする必要はない。ベイズ的予測者〔としての動物の心〕は、進化そのものと同じく「盲目的に」もみ殻から情報の麦粒を選り分け、それにもとづいて行為する。理由というものは彼らの存在論に属している事物ではなく、つまり彼らの外見的イメージの中で際立って目に付く項目ではないのである。

（42）懐疑論者は存在する。ドミンゴス（Domingos 2015）は、ベイズ的な予期生成がMCMC（マルコフ連鎖モンテカルロ—Markov Chain Monte Carlo）アルゴリズム[34]という、非常に大きな引き上げ《リフティング》[35]を力ずくで果たすアルゴリズムに多大に依存している、という指摘を行っている。この指摘によれば、このアルゴリズムによってそこでの課題は果たされるのだが、しかしこのアルゴリズムは「いかなる現実の過程のシミュレーションでもない」とされる（p.164）。「一つ大事なことは、ベイズ主義者たちは何にも増して、彼らの用いる方法が人気を博しつつあることに恩義を負っている、ということだ」（p.165）。この指摘は恐らくその通りだろう。だが、さまざまなベイズ的なモデルが大規模並列〔処理〕アーキテクチャをシミュレートしている以上、それらのモデルがMCMCを使用するというのは、ほとんどやむをえないことなのである。

他方で、私たちにとって、〈理由〉は事物の一種である。〈理由〉とは、トップダウン式知的《インテリジェント》デザインの道具であり、かつその対象に他ならない。それはどこからやってきたのか？　どのようにして私たちの脳にインストールされたのか？　ようやく、これをそれなりに詳しく論じる準備が整った。つまり〈理由〉は、あるまったく新しい——百万年に満たない古さしかもたない——研究開発過程としての、文化進化を通じてやってきたのであり、この文化進化こそが、思考道具をデザインし、広め、何千もの私たちの脳に（また私たちの脳だけに）インストールして、私たちの脳を心へと作りかえた——「心」ないし準《ソルタ》・心ではない、本来の意味での心へと。

野生化したニューロン？

私たちはこれより、ニューロンのレベルを去り、さらなる章へ進んでいく。だがニューロンのレベルを去る前に、ある一つの思弁を披露したいという思いに抗しきれない。この思弁は本書のいくつかのテーマをひとまとめにするものであり、またひょっとすると、ホモ・サピエンスが今のところこの地球で唯一の、本来の意味での心——文化化され、思考道具を万全に装備した心——を備えた種である、という事実の説明にこの思弁が貢献することが明らかになるかもしれない。これまで主張してきたように、つまるところニューロンとは、何十億年もの間、独立自存の微生物としての生に取り組んできた、彼らの祖先である真核生物たちの、飼い馴らされた子孫である。このような〔単細胞の〕真核生物は、バクテリアや古細菌〔単細胞の原核生物〕と区別して、しばしば**プロチスタ界**という一つの界《キングダム》に属している。言うまでもなく彼らはさまざまな事柄にうまく対処する。言いかえれば、この地上に私たち〔多細胞真核生物」がいなかったとしても、アメーバや単細胞藻類といった現存するプロチスタたちが、数多くの多様な才能のおかげで、やはり繁栄しているはずである。プロチスタたちが最初に群れをなし始め、やがて多細胞生物になったときも、彼らは、何十億世代にわたる自然選択によって獲得したすべての有能性《コンピータンス》を指令するゲノムを携えていた。それらの才能の多くは、彼らが新たな、保護された隣人たちの間で生きるために、もはや必要のないものとなり、それゆえその才能は、もはや見返りの得られないものとなったため、失われた――あるいは少なくとも、それに**関連する遺伝子の表現**は失われた。だが、それらの遺伝子をすべて抹消するよりも、その遺伝子をそのままに放置し、発生の過程でのそれ（のいくつか）を表現させるスイッチを切る方が安上がりで手っ取り早い、ということが明らかになっている。（使用されなければ、長い時間が経つ内に、それら表現されない遺伝子は、おのずと消滅していくことになる。）

これは、ソフトウェア開発における「レガシー・コード[36]」と見事な平行関係をなしている。ソフトウェアはしばしば修正されるものだが（私は本書を「マイクロソフト」ワード14・4・8を使って執筆しているが、この名称はこのソフトウェアの来歴を物語っている。すなわち、一四番目の新たな改善されたバージョンの、四度目の大きな修正がなされた中での、八度目の小規模な修正がなされたものなのである）、その修正にあたって、過去の世代のプログラマーたちの苦労の成果をすべて破棄するような愚かなプログラマーはいない――いつ必要になるかもしれないか、分からないのだ。それゆえプログラマーたちには、使われなくなったコードには手をつけず、それに代わる新しいコードと並べて古いコードを残し、それを「コメント中にくくり出す《コメント・アウト》[37]」だけにしておく。つまり、ブラケット［コの字括弧］や、アステリスク［「*」］やその他の、コンパイラプログラムが［コメントとして］認識するための何らかの取り決めにもとづいてレガシー・コードをエンコードすることによって、レガシー・コードが読み飛ばされ、コンピューターが実行すべきコードの一部としては表象されない、という結果が確保されるのである。[43] ゲノムの中にはソースコードとコンパイル済みコードの区別がないということを忘れてはならないが、制御遺伝子（遺伝子のタンパク質における「表現」をコントロールする遺伝子）の働きで、〔「コメントアウト」と〕同じような仕方でコードの沈黙が生じることはありうる。

動物が家畜化されるとき、動物たちを飼い馴らす人々は、望ましい形質を、無意識的にか、方法的にか、いずれかの仕方で選択する。同じ群れ（または同じ母から生まれた幼体たち）に大きくて目に留まる差異が見いだされる場合、その差異は比較的わずかな遺伝的差異の結果である見込みが大きいし、その〔異なった〕遺伝子を共有するすべての個体にその差異が表現される見込みも大きい。動物を飼い馴らす人々は、自分たちが与える影響が、飼っている動物の遺伝子に及ぼす結果について何らの理解も、またその結果を生み出そうとする意図も、もっている必要はない。ただ単に彼らが、飼っている動物を変わらないように保持している間、その遺伝子を沈黙させるだけで、望ましい結果を得るための十分に見込みの大きな手法となるのである。したがって、飼い馴らされた動物の子孫が脱走して野生化した場合、抑圧されていた野性の特徴を復活させるために必要な遺伝的変化は、ただレガシー・コードを括っていた「ブラケット」を取り除くことだけだということになる。それが生じれば、野性の特徴は再び活性化するのだ。これによって、野生化した系統で野性の形質が驚くほど速やかに再出現することがうまく説明できるだろう。例えば野ブタは、ほんの少しの世代を経るうちに、彼らの親類である野生のイノシシの形質――外見と行動の両方――の多くを取り戻すものだし、野生馬――アメリカではムスタングと呼ばれている[38]――は、彼らの飼い馴らされた祖先から枝分かれしてほんの数百年しか経っていないが、その性向は著しく異なっている。

みなさんの平均的なニューロンは、同じ仕事を続けるために長い寿命を費やす、従順な存在であるが、それでもなおある種の自律性の名残を留めている――すなわち、好都合な条件が訪れた場合に自分のいる状況を改善しようとする、穏やかな能力と性向を備えている。さて、次に述べるようなある種の環境が成り立つという想像は容易である——すなわち、より多能で活動的なニューロンが育成されることで、ニューロンたちがより冒険的でリスクの大きな選択肢を切り開くことを好むようになるような環境である。このような状況が成り立つとき、脳内のある重要な領域の中の、少なくとも一部の下位集団において、〈自然〉選択が、長きにわたって沈黙し続けていた遺伝子に味方し、それが新たな表現をもつことを促進するように働く、ということはありうる。このようなニューロンは、つまるところ〈野生化したニューロン〉ということになろう——それはより安定性を欠き、より利己的であり、新しい神経連結へ向けて自分自身を組織する見込みがいくぶん大きいニューロンである。

どんな状況がこのような趨勢に味方するだろう？　侵略者が出現した状況、というのはどうだろうか？　このような侵略者が新たな存在者として出現した場合、彼らは自分たちの複製を促進すると共に、脳内での侵略者同士の主導権をめぐる争いを助ける、局地的な支援者たちを必要とすることになる。侵略軍が、新たに制圧した地域で支配力を振るおうとするとき、どんなことをするだろうか？　牢獄を開け放ち、囚人たちを解放して、非情な現地住民としての彼らを、警護軍として組織するのだ。これは何度も再発明されてきた妙案《グッド・アイデア》であるが、同じことが脳内で、〈浮遊理由〉としての平行的な発展を遂げた可能性もありうる。本書はこれより、伝染する習慣を支配する、情報的ウィルスとしてのミームについて説明し、それ

(43)　レガシー・コードという用語はいくつかの異なった意味で用いられる。ここで述べたのとは異なった意味では、レガシー・コードとは、コンパイル**される**が、ごく特殊な用途だけに限定して使用されるコードを指す（例えば、時代遅れになったプラットフォーム〔ハードウェアやＯＳなど〕でそのプログラムを走らせることためだけに使用される、などである）。

を支持する議論にとりかかる。ミームがある集団全体にまき散らされる際には、ミームが自己複製するための神経的な資源《リソース》が必要であり、これはウィルスが自分自身のコピーを作らせるために、個々の細胞内にあるコピーのための機構を乗っ取る必要があるのと同じである。ウィルスが、彼らが追い従っている理由《ラショナル》を理解できないのは明らかなことである。出会った細胞に対して、〔彼らが従っている〕その結果を及ぼすというのは、〔理解によるものではなく〕彼らの本性に過ぎない。つまるところ彼らは巨大分子であり、生物ですらないのである。そして、情報のみから作り上げられた、心のウィルスとしてのミームは、心の中に入り込む必要があり、またそこで何度も、何度も、何度も、自らを反復《リバース》させる[39]必要があるのだが、その事実やその他いかなることについても、理解《コンプリヘンド》する必要はないのである。

　この奇妙な考え方《ストレンジ・アイデア》、すなわち、心なき情報的事物が、自らを維持するために反逆的ニューロンの集団を組織するという考え方《アイデア》、つまりは脳に感染するミームという考え方を詳しく述べ、支持する議論を行うためには、いくつかの章を用いねばならないだろう。[44]現在指摘しておくのは、もしもそのような侵略に類する出来事が実際に生じたとしたら、そこにはある種の共進化の過程が含まれるはずだ、ということである。つまり、人間の脳――現在のところ、深刻なミームの感染を受けている唯一の脳――に対して、ミームを取り扱い、ミームを保護し、ミームを再生産〔繁殖〕させるように〔自然〕選択が働くという共進化の過程が――ちょうどイチジクの木が、授粉を助けるという見返りを与えてくれる寄生バチと共進化したのとよく似た仕方で――そこには含まれているはずなのである。ニューロンはさまざまな形態や大きさに分化しているが、その一つの種類に、フォン・エコノモ・ニューロンないし紡錘細胞と呼ばれるニューロンがある。このニューロンは、人類および大型類人猿、ゾウ、クジラ目の動物《シティシアン》（クジラとイルカ）といった、大きな脳をもち複雑な社会生活を営む動物だけに見いだされる。それぞれの動物の系統と祖先を共有する〔つまり近縁の〕他の多くの種は、フォン・エコノモ・ニューロンを欠いている。ということは、このニューロンはごく最近、似たような役割を果たすために独立に進化したものであるように思われる（これを収斂進化という）。もしかするとフォン・エコノモ・ニューロンとは、それらの大きな脳の中で、〔脳内の〕長い距離の伝達を担うものに過ぎないのかもしれないが、とはいえそれらはまた――ごく一般的なくくり方をすれば――自己監視、意思決定、社会的相互作用に関わることで知られている脳領域に、集中して見いだされる傾向がある。このニューロンが前記の、いずれも高度の社会性をもつ別々の系統に見いだされるというのは、単なる偶然ではない可能性がある。そしてこの可能性は、このニューロンが、侵略者としてのミームによるさらなる搾取対象の候補となっている見込みが大きい、ということを示唆する。とはいえこの先、私たちが何を探せばよいのかについての知見が進めば、それ以外の候補も発見されるかもしれない。

以上で、侵略の舞台設定は整えた。脳はコンピューターだが、現在私たちが使っているコンピューターとは大いに異なっている。それぞれの特徴をもち、自分で自分自身を養うように進化したニューロンが何十億個も組み合わさってできている脳のアーキテクチャは、すべての仕事が高所から割り当てられる、「〔旧共産圏の〕政治局」的階層構造よりも、自由市場によく似ている。（人間の脳を含む）動物の脳の根本的

（44）エリアスミスによる草分け的な書物『脳の組み立て方』（Eliasmith 2013）が提起する詳細なモデルには多くの美点が備わっているが、その一つが「意味論的指し示しアーキテクチャ（semantic pointer archtecture）」説による、動物の多様性の（知覚および制御《コントロール》にかかわる）行動的理解力の説明であり、この説はこの点に説明を与えつつ、侵略者たち――語《ワード》やその他のミーム――が乗っ取るべき、調節ダイヤル《ノブ》の可塑性をたっぷり残している。このモデルはそもそも、知性に関する言語中心的なモデルでは全くない。この説明がどのように役立ちうるか詳しく論じるためには、別の本が丸一冊必要になるだろう。

なアーキテクチャは、高度に有能な予期生成装置としてのベイズ的ネットワークから構成されている見込みが大きいが、この装置は自分が何をしているのかを理解《コンプリヘンド》する必要がない。理解力《コンプリヘンション》――私たちがもっているような理解力――が可能になるためには、ごく最近の、新たな種類の進化的複製子の登場を待たねばならない。その複製子とはすなわち、文化的に伝達される情報的存在者としての、ミームである。

第9章　文化進化における語《ワーズ》の役割

人々に好まれた一定の語が生存闘争の中で生き残り、あるいは存されるというのは、自然選択である。

——チャールズ・ダーウィン『人間の由来』

語《ワーズ》の進化

本章の主題の簡単な概観は、すでに第7章で行っておいた。その章の中のダーウィン空間を示す図7－4と7－5がそれにあたる。この図によって、私たちは文化進化のいくつかの次元を写像《マップ》できるのであった。図7－4（二二九頁）での語《ワーズ》[1]は、（例えば大気中の酸素濃度や、あるいは信用のように）単に増大したり衰退したりする事物であるというだけでなく、**自己複製もする**事物——つまり子孫を残す事物——であり、その中でも、ウィルスと同様、（例えば生物や宗教と比べて）**相対的に**単純な事物として示されていた。また図7－5（二三〇頁）では**文化進化の**進化が、全面的にダーウィン的な進化（最低限の理解力《コンプリヘンション》しか含まない、ランダムな探索過程によって、新奇な産物がボトムアップ式に生成される過程）から始まり、知的《インテリジェント》デザイン（理解力を用いる、方向付けられた探索によって、新奇な産物がトップダウン式に生成される過程）に至る進化として示されていた。本章に至って、この進化の詳細を提起し、その論拠を示す機が熟したわけである。本章で論証するように、語とは、**ミーム**、すなわち文化的に伝播し、差異化を伴う自己複製《ディファレンシャル・リプリケーション》によって——つまりは自然選択によって——進化する単位の、最良の実例なのである。

他の種にも、文化進化の萌芽に当たるものは存在する。チンパンジーにはわずかだが伝統と言えるものがある。石で木の実を叩き割る、棒やわらでアリを釣る、儀礼的な身振りをする（その他少数）といった伝統である。これらが世代から世代へ伝えられるのは遺伝によってではなく、むしろ親たちの行動を子が知覚することで成り立つような、**行動様式**によってである。鳥には自分の種に特異的なさえずりを獲得するための多様な様式があり、詳しい研究がなされている。例えば、カモメやニワトリの鳴き声は完全に本能的なもので、何らかの音声のモデルを発達させる必要がないが、他のほとんどの種に属する鳥の若鳥は、（動物行動学者ピーター・マーラーの言うところの）「学習への本能」をもっている。親鳥の、その種に特異的なさえずりを耳にするだけでよいのだが、ともかくそうする必要があるのだ。**ヒナ交換**の実験で、異なった種に属する二羽の鳥の卵を「間違った」巣に置くと、幼鳥は自分の養父母のさえずりをできる限りで忠実に模写《コピー》する結果になる。長い間、遺伝的に受け継がれる「本能」だと考えられていた動物の性向（行動様式）が、後の研究によって「伝統」として受け継がれる——親から子へ、遺伝子ではなく、知覚を経路として受け継がれる——ものだったと判明した例は、大変豊富である（Avital & Jablonka 2000）。[2] とはいえ、このような種のいずれにおいても、このやり方で獲得される行動様式はごくわずかにとどまる。

私たちホモ・サピエンスは、累積的な文化を豊富に備えた、（今のところ）唯一の種であり、またこの累積的文化を可能にするための、要《かなめ》となる文化的要素こそが言語である。私たちが累積し続けている人間文化のおかげで、私たちはこの星を覆い尽くし、環境を改造し、絶滅事象《イベント》の引き金を引くことになった——この絶滅事象《イベント》は現在進行中のさまざまな流れをいくつか逆転させる道へ踏み出さない限り、近いうちに、過去何十億年に何度か生じた大絶滅に匹敵するものになるかもしれない。私たちの種は、（飼育されたニワトリ、ウシ、ブタを除けば）脊椎動物の種としては前例のない規模で、長きにわたる個体数増加を続けてきた。過去二世紀の間に、私たちの人口は一〇億から七〇億に膨れあがり、増加率は目に見えて低下しているとはいえ、国連による最新の見積もりによれば、一〇年以内に八〇億に達することになる。

過去五万年の間、私たちの遺伝子にそれほど大きな変化はなかったし、生じた変化について言えば、ほぼ間違いなくそのすべては、例えば料理、農業、移動手段、宗教、科学といった、人間による文化的革新が創り出した新たな選択圧[3]によって直接間接に駆り立てられたものであった。新たな行動様式が広く採用されることで創り出されるのは、一方通行のつめ車《ラチェット》[4]である。ひとたび、ほとんど誰もが調理された食物を毎日食べるようになってしまえば、人類の消化器系は遺伝的に進化し、生のままの食事で生き続ける生活は事実上姿を消す——さらには、もはや不可能になる。ひとたび、人々が交通手段を用いて世界中を移動するようになり、まずはすべての島と大陸に人々が住み着き、やがてすべての島と大陸への訪問／侵略がなされるようになってしまえば、以後の人類は旅行者がもたらす病気への大量の防御策を欠かすことができなくなる。

取り替え可能な選択肢《オプション》だったものが、やがては必須のもの《オブリゲイトリィ》になるというのは、遺伝および文化の両方についての、生における事実である。賢明な新しい考案がなされ、その利用者が他の仲間よりも突出した利益を得るとすると、その考案はたちまち「拡散し、定着する」——そしてその段階になると、その考案を利用しなかった者は消え去る定めとなる。捕食者を逃れるために穴に隠れることが、死を逃れる手段として十分な通用するものであるとしたら、隠れる穴をあらかじめ見つけておくという行動は、当初、個体群中の少数個体による風変わりな行動として始まったとしても、最終的には本能に組み込まれ、種にとって必要な行動になる。ほとんどの哺乳類はビタミンCを自前で合成できるが、霊長類にはそれができない。霊長類は、幾千年にわたって食物摂取における果実への依存度を増加させてきたのであり、その結果、ビタミンCを作り出す生まれつきの能力を失ってしまったのだ——使用せよ、さもなければ廃れるのみ、ということだ。ビタミンCを摂取しなければ、みなさんは壊血症やその他の病気にかかってしまうが、この事実の発見は、人間による長距離の航海がなされたことで初めて可能になった。こうした長距離航海は、（結果的には）一定の試験集団を隔離状態にしたのであり、このような試験集団の健康と食生活は、海軍の軍人や船医の注目を引くだけの重要性を備えていたのだ。この発見（および、何百とある他の発見）がなされてからほんの二、三世紀の間に——進化的には瞬時にして——現在のような、人類の代謝の生化学に関する、すばらしく詳細な科学知識がもたらされたのである。私たちは今でもビタミンCの摂取を必須《オブリゲイト》とするが、もはや果実食の生活を必須とはしない。というのも、私たちは必須栄養素としてビタミンCを摂ることができるからである。現在、クレジットカードや携帯電話をもつように人々を義務づける《オブリゲイト》法律はない。これらはほんの少し以前では、なくとも困らない贅沢品《ラグジュアリアス・オプションズ》であった。現在、私たちはこれらに深く依存しており、それを義務づける《オブリゲイト》法律は必要ない。遠からぬうちに現金は消滅するかもしれず、そうなると私たちがクレジットカードないしその後継物を取り扱うコンピューターテクノロジーを使用することは**必須**《オブリゲイト》となるだろう。

　現在、私たちは、ビタミンCに依存しているのとほとんど同じぐらいに、語に依存している。語は文化進化の生命の源〔たる血液〕《ライフブラッド》である。〈それとも〈言語は文化の背骨《バックボーン》である〉なり〈語は文化進化のDNAである〉と言うべきだろうか？　この種の生物学的な隠喩には抗しがたい魅力があるし、誤った含意を注意深くそぎ落とす必要を自覚している限り、有益な役割を果たしてくれる。）私たちの爆発的な文化進化において、語が中心的かつ不可欠の役割を果たしているのはたしかなことであり、語の進化の探求は、文化進化についての、また、私たちの心を形づくる際にそれが果たした役割についての、恐しく厄介ないくつかの問いに取り組むための、格好の入り口になってくれる。始まりがどこにあるのかを知るのは難しい。私たちが現在豊富な文化をもっていること、および、私たちの祖先が文化をもたなかった時代があったことはいずれも明白であり、それゆえ、文化がどこかで進化したのでなければならない、というのも明白である。だが、それはいかにしてであったのか？　この問いへの答えは、明白というにはほど遠い。リチャーソンとボイド（Richerson & Boyd 2004）が考察しているように、

人間の文化の存在が、生命そのものの起源に匹敵する進化論上の深い謎である、ということに私たちが納得できるようになるためには、ちょっとした科学理論の構築が必要になる。（p.126）

ダーウィンは賢明にも、彼の「一つの長い論証」を中間地点から始めた。『種の起原』は、あらゆる種がどのように始まったのかという主題に関しては何も述べておらず、生命の究極的な起源に関わるあいまいな細部については、別の機会に委ねるとしている。『種の起源』刊行の一二年後の一八七一年、ダーウィンはジョセフ・フッカーあての有名な手紙の中で、「温かい小さな池沼」が、生命が働き出すためにまさに適切な条件に置かれていたのではないか、という推測を検討していたが、その後一二〇年後経った現在でも、私たちは相変わらず〈温かい池沼〉仮説や他の代案を探求し続けている。人間の言語の起源もま

た別の未解決の難問であり、ダーウィン以来好奇心と論争とをかき立ててきたのだが、これは両方に共通するいくつかの理由によっている。まず、その始まりの「生痕化石」[5]が少数ながら存在しており、その中でも高い信頼性をもって同定されうるものについては、多くの解釈の余地がある、ということがある。またいずれの難問も、決定的に重大でありつつ、この星の上でたった一度しか生じなかった可能性も十分にあるような出来事に関わっている。

また、いずれについても――述べ方には注意が必要なのだが――、生命および言語が、何度か、それどころか何度も何度も出現した、という**可能性はある**が、しかしもしそうだとしたら、これらの追加分の起源は、私たちが発見できるどんな痕跡も残さずに抹殺されていることになる。（とはいえ、この先どんな発見がありうるかなど、誰にも分からないわけであるが。）生命についても言語についても、少なくとも一度の起源がなければならなかったし、起源が一度よりも多かったことを示す説得力ある証拠は存在しない。それゆえ、生命についても言語についても、ただ一度の起源しか存在しなかった、という仮定を出発点にしよう。そうすると次に私たちに残されるのは、これらの二つの、成功裏に進んだ進化的研究開発の歴史がどのように生じてきたのかについての、科学的に信憑性があり、間接的に検証可能なさまざまな仮説を構築する、という課題である。いずれの分野においても、この数十年で、さらなる探求を鼓舞するのに十分な進歩が経験〔科学〕的な研究として成し遂げられており、またそこでは、私たちがたどることができる、現存する子孫に至る系統の「樹」が、最終的には単一の幹に発しているという仮定が、初期設定《デフォルト》の（そして暫定的な）仮定として受け入れられている。

すべての種を図示する〈生命の大樹〉[6]（口絵のカラー図版9－1参照）や、特定の系統だけを扱う、より限定された系統樹などの系統図ないし**分岐図**《クラドグラム》は日々明確になりつつある。これは、DNA配列中に蓄積された差異についてのバイオ情報論的研究が、それまでのギャップを埋め、かつての解剖学や生理学にもとづく探偵めいた探求の誤りを正していることによっている。(45) 言語学的系統樹（glossogenetic trees）[7]――すなわち諸言語の系譜（図9－2）――もまた、広く用いられている思考道具であり、何世紀にもわたる諸言語の族（と個々の語）の先祖－子孫の関係を図示するものである。

系統樹を描く生物学者たちは、アナストモシス、すなわち異なった系統の合流を表現せねばならない場合に困難にぶつかる――現在理解されているところでは、このような合流の現象が、生命が始まったばかりの時代には優勢であったのだ（真核生物の細胞内共生による起源は、その証拠となる）。言語学的系統樹を描く歴史言語学者は、諸言語の融合による合流《アナストモシス》が至るところに存在するという事実（そこから、例えばピジンやクレオール[8]が生じるのだ）に直面せざるを得ないし、またそれよりもさらに頻繁に生じる言語間での語の転移に直面せざるをえない。「イグルー」や「カヤック」といったイヌイットの語[9]は、身近にイグルーやカヤックが存在する状況が一般的になると、たちまち多くの言語に採用されることになるし、英語の「コンピューター」や「ゴール」は英語を話さない人々でも、ほぼ全世界で理解される。

ドーキンス（Dawkins 2004, pp.39-55）〔邦訳六五―九八頁〕の指摘では、「遺伝子の水平伝播」すなわち遺伝子がある種の系統から別の種の系統に跳び移る場合があるため、多くの場合、個々の**遺伝子の**系統を示す樹

---

(45)　〈生命の樹〉の図は、ある一つの点で逆さまである。つまり、より後に生まれた、**ディセンダント**たち〔**下ってくる**者たち＝子孫〕が、祖先たちよりも**上に**位置する枝として描かれているのである。この事実はさほどの〈奇妙な逆転〉ではないが、気になる読者は図を横向きにすればよい。〔どちら向きに倒すかについて言えば〕私はこれまで、時間が右から左に流れるように描かれた横向きの分岐図を一度も見たことがないが、もしかするとアラビア語やヘブライ語の教科書ではそういう図が用いられているのかもしれない。

図 9-2　インド・ヨーロッパ語族全体[10]の言語系統樹[11] ©Nature magazine.〔なお、図内の訳語「ブリテン諸語」については訳注［12］を、「ブリトン〔ブルターニュ〕語」については訳注［13］を参照。〕

形図の方が、**種の**系統を示す伝統的な系統樹よりも信頼性が高く、情報も豊かになるという。とりわけバクテリアやその他の単細胞生物において、**垂直的な**遺伝子の系統としての繁殖とは別のさまざまな過程により、遺伝子の交換や共有がなされていることが今では明らかになっている。同様に、語に関する語源《エテ》学《ィモロジー》的関係（〔語の〕先祖から子孫への系統）は、それらの語を含んでいる諸言語の系統よりも安定しているが、これは諸言語間での水平的な語の転移があることによる。

言語とは進化するものであり、現在存在している語は何らかの過去の語の子孫である、という考え方は、実のところダーウィンによる種の進化の理論よりも古くからある。例えば、ホメロスの『イーリアス』と『オデュッセイア』のさまざまなテキストは、ホメロスの時代の口承を祖先とし、さかのぼればそこに行き着くさまざまなテキストの子孫としてのさまざまなテキストの、そのまた子孫としてのさまざまなテキストがコピーされることで現在に至っている、ということが知られている。ルネサンス以来、文献学者や古文書の研究者は、言語と写本の系統の再構築を続けてきた（例えば、プラトンの対話編の現存するさまざまな写本について）。ゲノム間の類縁関係を特定するために現在利用されている、最新のバイオ情報論的な技法の内のいくつかは、それ自体が、古代のテキストの写し間違い（突然変異）を追跡するために考案された技法の、洗練された子孫なのである。ダーウィンが指摘しているように、「異なった諸言語の形成と別々の種の形成、それにこの両方が漸進的な過程を通じて発展〔進化〕してきたことを示す証拠は、興味深い仕方で類似している」（Darwin 1871, p.59）。私たちはダーウィンの例に倣って中間地点から始め、言語のそもそもの起源についてはもっと後の章〔第12章〕に回しておき、現在進行中の言語の進化、および、とりわけ語の進化について、確信をもって何を言えるのかを検討することにしよう。

語に関するさらに詳しい考察

語とは何か？　一つの役に立つ哲学の業界用語《ジャーゴン》がある。チャールズ・サンダース・パースが定式化した（Peirce 1906）、〈タイプ〔type〕／トークン〔token〕〉の区別である。

（1）「語」は語で、この文に「語」のトークンが三度登場する。〔"Word" is a word, and there are three tokens of that word in this sentence.〕

この文の中に何個の語〔単語〕が登場するだろうか？　トークンを数えれば一五個であるが（〔英文を〕マイクロソフト・ワードを使ってカウントした結果である）[14]、タイプを数えれば一三個しかない。文（1）を声に出して読むと、「語」というタイプのトークンが、数秒間の連続した音声の中で、三回別々に生起することになる。また、印刷されたページ上には、三つのお互いによく似た別々のインクのパターンが記されている（〔英語の場合〕一番目のパターンの一文字目が大文字になっているが、これはこのパターンがwordタイプのトークンであることを妨げない）。トークンは、聴き取りうる音声でも、インクのパターンでも、〔飛行機の〕空中文字のパターンでも、石に彫り込まれた文字でも、コンピューターのビット列でも、いずれでもありうる。[46]

語はみなさんの脳内の無音の出来事でもありうる。みなさんが文（1）を黙読するとき、ページ上の視覚的トークン以外に、みなさんの脳内にもトークンが生じるのであり、またこのトークンは発音されるトークン同様、物理的性質と計測可能な生起時間を備えている。（書かれたトークンの寿命は長い。インクが乾かないうちから始まり、紙がぼろぼろに劣化するか、燃やされてしまうかするまで続くのだ。）語の脳内トークンを物理的性質によって特定する方法は未だに知られていない。着実な進歩が続いているとはいえ、「**脳の読み取り**」は未だに実現していないのだ。しかしそれでも確実に言えるのは、「語」タイプの脳内トークンは、書かれたトークンとも、語られたトークンとも、物理的に異なっているはずだ——書かれたトークンと語られたトークンが、お互いに異なっているのと同じぐらいに——ということである。脳内トークンは「語」〔の文字〕と見た目が似ていることも、「語」〔の音声〕と似た響きを発することもないはずであるが（それは**脳内の**出来事であって、脳内は真っ暗で静まりかえっているのだ）、それでも間違いなくそれは、みなさんが「語」を目にしたり耳にしたりするときに通常脳内で生じる出来事のいくつかと、物理的に類似したものであるはずである。

この興味深い事実は、意識の理論を提起する人々にしばしば見逃されており（これについては第14章で見る予定だ）、そのせいで目に余る結果が生じるのだ。文（1）を**黙読で**、ただし、声の調子《ピッチ》を高めにして読んでもらいたい。それから**黙読で**、ノルウェー語風のアクセントで（つまり調子《ピッチ》の高低を多めにして）読んでも

(46) 場合によっては重要な意味をもつ専門的な区別に配慮するなら、the cat is on the mat〔マットの上に猫がいる〕という文の中には、the のタイプの二回の**生起**〔*occurrences*〕と、t のタイプの四回の**生起**がある、という点に注意すべきである。生起とはタイプと同様、抽象物であって、具体的存在ではない。同様の区別が、遺伝子について語る場合には必要となる（しかしこの区別はしばしば無視され、混乱を招く結果となる）。とりあえずの近似を言えば、ある人の身体のどの細胞にもその人の遺伝子タイプのトークンが少なくとも一つあるが、その同じ人のゲノム〔遺伝子型〕の中にはコドンの同じ並びの生起が数多く含まれている、といったところである。例えば、遺伝子の**重複**は進化における主要な新機軸の多くで重要な役割を果たす現象であるが、そこでは一つの遺伝子**トークン**の多重コピーがただ一度生じることで、その後の子孫の細胞内でそのトークンが何兆もの数に増幅される。分かりやすい説明としてはドーキンスを参照されたい（Dawins 2004）。

らいたい。心の耳で、「ノルウェー語風の音声」が聞こえただろうか？　心の中で語を発音するというのは、熟練した言語使用者が必ずしも必要としない、また別種の作業であるが、新しい言語を学ぶ際には――文を読む際に唇を動かしてみる、というのと同じように――役に立つ支えになってくれる。みなさんの脳には、話し言葉の音声を識別するために特化した聴覚「装置」と、舌、唇、喉頭を制御するために特化した発音「装置」が装備されている。これらの神経システムは言語習得の過程で訓練され、「心の中で語を発する」ときに大きな役割を果たすのだが、とはいえこの脳領域が活性化するときに、脳領域そのものが音を発するわけではない――脳内に適切な高感度マイクを埋め込んで振動を計測しようとしても無駄なのだ。次に目を閉じて、文（1）の最初の四つの語を心の目で「見て」もらいたい――その際、まずは黒地に黄色い文字で、それから白地に黒い文字で、それをやってほしい。私たちが「語を頭の中で連ねていく」とき、内省によって判断する限り（内省は欺きやすく、信頼性の低い方法だが、それでもこういう探求の手始めの場面では欠かせない方法だ）、通常私たちはそれらの語を、声色、正確な発音、強調、といった聴覚的特徴をすべて備えたものとして「聞く」ことや、それを（特定の字体《フォント》、色、サイズをもつものとして）「見る」ことに、何の困難もおぼえないものである。彼女、名前は何だっけ？　と名前がどうしても思い出せないとき、みなさんの心の中で、その名はいつも大文字で始まっているのではないか？　あるいは、音を出さず、息だけでその名を発音しているのではないか？

それゆえ、それぞれ別々の特定の語について、語られた語と書かれた語――あるいは、聞かれる語と目で読まれる語――が区別される以前に私たちの心の中でトークン化される際、そこには数多くの中間段階があるように思われる。さらにまた、「語を用いない」思考、すなわち、思考に必要なすべての語を苦労して「探し出す」必要すらなく、ただ**それの裸の意味をトークン化**すればいいだけの思考もまた存在するように思われる。例えば「言葉が舌先まで出かかっている〔思い出せそうで思い出せない〕」現象において、私たちは「探し求めている」語について多くのことを知っているかもしれないが、それでも、その語が突然「浮かんでくる」までは、探し当てることができない。ええと、ize で終わる言葉で、三音節で、「見逃す」の反意語で。そうそう！ Scrutinize〔詮索する、吟味する〕だった！ 私たちは時に、探り当てようとしている語を見いだせずに動きが取れなくなり、問題解決への思考を阻まれてしまうことがあるが、別の場合には語を用いず、英語でも、フランス語でも、他のいかなる言語でもある必要のない、裸の意味あるいは考え〔観念《アイデア》〕でその場をしのぐこともできる。こう問いかけてみると面白い――もしも私たちが自分の母語を習得する途上の「心の訓練」に相当する神経システムを欠いていたとしても、私たちにこういうことはできていたのだろうか？ 語を用いない思考とは、ベアフットウォータースキー〔素足で行う水上スキーの競技〕のようなものかもしれない。板を外して滑走できるようになるためには、まず板を履いて練習する必要があるのだ。以上で述べたようなその場の内省にもとづくひじ掛け椅子的な〔頭の中だけの〕考察は、心理言語学者と神経言語学者たちにとっての便利な出発点となる。彼らはこの種の考察から出発し、統制された実験や、発話がどう産み出され知覚されるのかに関するさまざまなモデルによってその考察を補っていく（また、しばしば置き換えていく）のである。（ジャッケンドフの著書（Jackendoff 2002）の、とりわけ第7章「処理へ向けてのさまざまな含意」は、この話の役に立つ紹介となっている。）

内省というものが抱えている問題は、内的な目や内的な耳というものがあって、今述べたようなごくなじみ深いもの、すなわち、デカルト劇場〔カルテジアン劇場〕（Dennett 1991）という舞台上を堂々と歩き回る意識の対象を見たり聞いたりする、という錯覚〔幻想〕――あるいは、内的な心があって、それがこれらの対象をただ考えるのだという錯覚〔幻想〕――を、内省は**黙認**してしまう、ということにある。デカルト劇場は存在しない。デカルト劇場とは、ただ存在するように見えるだけのものだ。実際、これらの視覚的なもの〔心の中の視覚像〕や聴覚的なもの〔心の中の音〕、および思考されうるもの〔心の中の思考対象〕は存在していると見られるし、それらが実際に、脳内でそういう役割を演じている物理的なトークンでなかったとしたら、——魔法は論外として——それらがそういう見え方をすることはありえなかったはずだ。だがこれらの役割のどれかを脳内の何かが演じているときの、その物理的な仕組みがどのようなものなのかというのは、将来の科学的探求のための主題であって、内省のための主題ではない。

話を先に進めすぎてしまった。今述べたような考察をまとめ上げて意識の理論にしていく場は、第14章で設ける予定である。現在のところは、公共的な〔音声や文字として他者に知られうる〕語のトークン以外に、私的で内的な語のトークンもまた存在する、という明白な事実を認めた上で、それら内的トークンの物理的な性質について、私たちは多くを知っているわけではないという、それほど明白ではない事実に注意を喚起しておくだけにしたい。内的なトークンは外的なトークンに似ているように見えるが、これは、私たちが外的なトークン同士の類似や差異を検出するために利用する神経回路とまったく同じ回路を利用するからそう見えるのであって、この回路が、そこで類似していると見なされているトークンの**コピーを作成**

するからではないのである。⑰

たとえいつの日か、人々が脳内に抱いている——トークン化されている——語を同定できる技術を自在に操れるようになったとしても、この技術そのものは、「人々の心を読む」能力となるわけではない——それは人々が何を信じているかを発見する能力ではないし、人々が何を思っているのかを発見する能力ですらない。なぜそうなるかを飲み込むために、「民主主義をぶっつぶせ!」という文を五回、無言で発してもらいたい。私がその脳内トークンを読むことができるとする。つまり、心の中で何を発話しているのかを見抜くことができるわけである。だがお分かりのように、これは、この無言で繰り返された《リハースト》文をあなたが信じていることを示してくれるわけではなかろう。この種の心の読み取り《マインドリーディング》はいつの日か実現するかもしれないし、またもしそうなるなら、このような心的語トークンの同定技術は、現在の、回線の盗聴〔傍受〕にごく近い証拠能力をもつことになるだろう――多くの秘密を暴露するとはいえ、相手に一定の信念を帰属させるための決定的な証拠とは、とても言えないものに。

いずれにしても、これを読んでいるあなたの脳内の「語」のトークンが、私の脳内の「語」のトークンと（形や場所や、その他の物理的性質において）(48) 物理的に類似している、という見込みはほとんどないし、あなた自身が「語」を表すための、物理的に異なった多くの種類の脳内トークンをもっている、という命題を否定する方に賭けるつもりは私にはない――脳内トークンの中には、あなたの脳内の言語処理を行う部位全体に散らばっているニューロンたちの連合体が含まれていて、そのニューロンたち相互の形やその他物理的性質の違いは、例えば、**語** 語 **語** **語** **語** 語 **語**のような書かれたトークン相互の間での違いよ

(47) この点をイメージするには、Shazamという、ラジオで流れている楽曲を同定できるスマートフォンアプリとの比較が役立つ。マイクによって変換されたシグナルをプログラムが同定するためには、〔電気信号同士の比較で十分なので〕それが「音声へと復元」される必要はないのだ。

(48) 異なったタイプの語の知識――食物や、楽器や、道具などの――を蓄積するために、それぞれ異なった脳領域があるということは知られている（これらの脳領域が打撃やその他の脳内の出来事によって損傷してしまうと、意味の知識に関する選択的な喪失が生じるのだ）。それゆえ、これを読んでいるあなたの「バイオリン」の〔脳内〕トークンと、私の「バイオリン」の〔脳内〕トークンは私たち二人の脳内の同じ場所で活性化しているのかもしれない。とはいえ私の脳内の「バイオリン」「トランペット」「バンジョー」の場所を特定したことが、あなたの脳内のこれ以外の言葉をピンポイントで特定するのに役立つはずだ、と期待するのは度を超した楽観論である。

りも大きい、ということがその命題には含まれている。ある何かが、何らかのタイプのトークンとなるのは、単純な類似性にもとづくわけではまったくない――「ネコ」〔原文はcat。以下も同様〕という書かれたトークンと、このトークンを声に出して読んだときの音声は、いずれも「ネコ」タイプのトークンであるが、それらはお互いに全く類似していない。複数の語られたトークンの間にすら、性質のめざましい違いがありうる。例えば「ネコ」をバッソ・プロフンド〔最低音域のバス〕で発音するときの音声と、同じ語を五歳の少女がひそひそ声で発音したときの音声とでは、共有されている物理的性質がほとんどないこともありうる。ところが日本語〔原文では英語〕の話者であれば、どちらの音声も「ネコ」〔*cat*〕のトークンであると**簡単に**識別できる。こんな想像をしてみよう。まずアランがベスに向かって「チョコレート」という語を発し、ベスはその語を紙切れに書きとめ、コーリーに渡す。コーリーはデイブに「チョコレート」と耳打ちし、デイブは自分のアイフォンに「チョコレート」と打ち込んで、それをエミリーに見せる、等々。[16]あるタイプの既存のトークンから同じタイプの新たなトークンを作り出すあらゆる過程は複製と見なされ、これはそれらのトークンが物理的に同じであるかどうかには関わりなく、さらに言えば、物理的に類似しているか否かにも関わりなく、そうである。語のトークンはすべて何らかの種類の物理的対象であるが、語は情報からできていると言ってもいいし、またほとんどの事例では、個々の語をその語たらしめているものは、その語のトークンではなく、むしろその語のタイプである。みなさんのノートパソコンに現在インストールされているマイクロソフト・ワードのバージョンは一つのトークンであるが、私たちがマイクロソフト・ワードについて語る場合――さらに言えば、マイクロソフト・ワード14・4・1について語る場合――、私たちは普通そのタイプを意図して語っているのであって、トークンを意図しているのではない。

ダーウィンにとって、語は自然選択によって進化してきた、という考え方は明白なものであった。では、脳内の生得的〈言語習得装置〉という考え方の草分け、ノーム・チョムスキーにとってはどうだっただろう。言語一般、およびその一部としての語が、いかにしてこんな並はずれた特徴を備えるに至ったのかという問題について、チョムスキーもまた進化論的な説明を好意的に見ていたのだろう、と思う人がいるかもしれない。ところがチョムスキーは、言語学における進化論的な思考を、ほぼあらゆる側面において難じてきた人物なのである（詳しくは第12章で述べよう）。言語学者および言語哲学者の多くはチョムスキーに従い、忠実に進化論的思考に抵抗してきたが、わずかながら注目すべき例外はある。哲学者ルース・ミリカンは、草分け的な著作『言語・思考・その他の生物学的カテゴリー』（Millikan 1984）において、語は「声道[17]によるジェスチャー」の子孫である、という推測を行った。哲学者デイヴィド・カプラン（Kaplan 1990）は、語を持続的要素［*continuances*］とし、個々の発語［utterances］ないし表記［inscriptions］（または頭の内部での生起［occurrences］）を**局面**［*stages*］とするモデルを導入したが、これは明らかにダーウィンから想を得た「自然主義的」モデルであり、とりわけ、不変のプラトン的本質に対する拒否と、物理的性質においては広範な多様性をもつさまざまなトークンが、それでも同一タイプに属する、という認識においてそれが言える。（実のところ、カプランはトークン－タイプという用語法——永らく言語哲学における主要商品となっていた用語法——自体を、この用語法が本質主義の気配を残しているからという理由で難じている。とはいえカプランも最終的には態度を軟化させ、こう言う——「私としては、みなさんが発語および表記を「トークン」と呼び続けるかどうかは気にかけない。ただ私は、トークン－タイプというモデルの形而上学に私たちが巻き込まれてしまわない点で、「発語」および「表記」を好むということである」（p.101）。）カプランのこのような進化論への浮気は、MITのチョムスキー陣営、および哲学者シルヴァイン・ブロンバーガー（Bromberger 2011）からの抵抗を受けた。ブロンバーガーの場合、次のような、典型的なＭＩＴ流の対応を行っている。

語の変化について語るのは、よくとも便利な省略語法であり、経験的な細部に立ち入らずに済ませる方法以上のものではないという事実は、やはり異論の余地のないままである。ところが、ここで私たちはまたもや次のような教訓を学ぶのだ――およそ言語の存在論に真面目な関心を抱く者は、変化について語る慣用句《ファソン・ド・パロール》を文字通りの意味で受けるべきではない、ということだ。……変化するのは人々なのであって、「語」が変化するのではないのである。（pp. 496-497）

ブロンバーガーは脚注でこう付け足している。「もしも語が抽象的対象であるとしたら、それが変化することなどいかにしてありうるのだろうか？」まるで、決定的な言葉だと言わんばかりである。こういうブロンバーガーは、遺伝子についてどう考えねばならないだろう？　遺伝子〔の変化〕というのもまた慣用句《ファソン・ド・パロール》に過ぎない、とでも言うのか？　チョムスキーや他の一部の言語学者、および世界中に存在するチョムスキーの追随者たちによる進化論的思考への反対論は、言語哲学者たちにさまざまな可能性の検討を思い留まらせるように働くのが常であった。しかし時代は変化しつつある。ミリカン、カプラン、それに私以外にも、ダニエル・クロード（Cloud 2015）は進化論的な視点を採用してきたし、マーク・リチャード（Richard 近刊）は生物学的な種と言語的な意味との間のアナロジーを探求している（詳しくは第11章で論じる）。

私の同僚の言語学者レイ・ジャッケンドフ（Jackendoff 2002）は進化論の知見を踏まえた言語理論を展開してきたが、彼の説によれば、語とは記憶構造であり、それは個々別々に獲得（学習）されねばならないという意味で、自律的な構造である。(49) 語とは第6章で定義した意味での、情報でできた単位である。これ以外の情報構造の例をいくつか挙げれば、物語、詩、歌、スローガン、キャッチフレーズ、神話、技法、「成功事例《ベスト・プラクティス》」、思想上の学派、信条、迷信、オペレーティングシステム、ウェブブラウザ、JAVAアプレットなどがあり、他にもたくさんある。情報構造はさまざまなサイズをもつ（このサイズは構成部分の数で測られるものであって、〔ハリウッドにある〕HOLLYWOODという看板のような、トークンの物理的な大きさで測られるわけではない）。小説は非常に大きいサイズをもつし、詩は通常それよりもずっと小さい。交通標識（〈右側通行〉）はさらに小さい。登録商標は（任意の素材の）ただ一つの図形であることも多い。

語には、そのトークンの視覚的ないし聴覚的な部分以外にも、情報からなる部分《パーツ》が数多く備わっている（つまり、その語のトークンに付加されて、名詞や動詞、比較級や複数形を作り出す部分である）。語はある意味で自律的である。すなわち、語は言語から言語へ移り住むことができるし、公共の場でも私的な場でも、多くの異なった役割の中で生起することができる。語は、ウィルス同様、ありうる限り最小の**行為者**《エージェント》の一種である。すなわち語は、**自らが語られることを望んでいる**（Dennett 1991, pp. 227–252）。なぜそう言えるのか？その理由は、もし語られなければ絶滅してしまうからである。語は、遺伝子が利己的であるのとまさに同じ仕方で**利己的**である（Dawkins 1976）。この比喩的な言い方は、進化論にもとづくさまざまな見方を、私たちの心に向けて啓発する大きな効果がある。（メタファーは、それが無害である限りは恐れるべきものではない。

(49) ジャッケンドフは、「語」という日常語には問題のある含みがあるという理由から、専門用語として「語」に代わるより正確な「辞書的項目［lexical item］」という用語を提唱し、それの定義を与えている。その定義によれば、例えば、辞書的項目の中には発音されないものも含まれることになる。

とはいえ、それを聞いてショックを受けた場合に、いつでもその比喩をあるがままの事実に戻す術《すべ》は身につけておくべきである。）

情報的な存在物が心をもつわけではないのは、ウィルスが心をもつわけでないのと同じぐらいに言うまでもないことである。だが、ウィルス同様、それは（主に進化によって）自己複製するチャンスを作り、またそのチャンスを増やすようにデザインされているし、また**それが産み出すあらゆるトークンはいずれもそれの子孫に属する**。その子孫たちからなるトークンの集合は、一つのタイプから発した一つの祖先トークンの子孫であり、それゆえその集合は〔生物の〕種に似ている。私たちはここでカプランの、タイプ—トークンを区別し続けることへのためらいを評価できる。というのも、トークンは新たな**タイプ**が創発するに至るまで、徐々に変化し続けるものであるからであり、これはちょうど、ある恐竜の子孫たちから、最終的に新たな鳥の種のメンバーとなる系統が創発するのとまさに同じなのである。ある語トークンの子孫は、私的な発語として生じるだろう。その宿主である人間は、自分だけに語りかけており、もしかすると心の中の語を強迫的に延々と繰り返し《リハーシング》ているのかもしれない。これはトークンの個体数爆発であり、脳内でそのトークン自身のために、それまでより一層堅固な生態的地位《ニッチ》を構築する営みである。（さらに言えば、これよりもずっと多くの内的なトークン形成——子孫形成——が、私たちの意識的な注意の全く及ばないところで行われているというのもありそうな話である。まさにこの瞬間にも、みなさんの胃袋の中で自己複製している微生物と同様、語はみなさんの頭の中で、気づかれないうちに競争的な自己複製を行っているのである。詳しくは後ほど。）その子孫の内のあるものは声に出して発語されるか、書き留められるはずであり、書物に印刷されることすらあるかもしれない。そうなった語の子孫のうちのごくごく一部のみが、他人の脳内の住み場所を占有できる。子孫たちはそこで、すでに準備済みだった住みかを見つけだすか——これは新たな宿主にその語がすでに認識されている場合である――、さもなければ新たな生態的地位《ニッチ》を創始せねばならないことになる。

語はいかにして自己複製〔増殖〕するか？

ウィルスがそうだが、数の多さは安全につながる。一つのウィルスの単一のコピーが新たな宿主に感染することはありうるが、大量のウィルスが押し寄せる場合、それらが宿主に根付いて一種のコロニーを形成する見込みはずっと大きくなる。同様に、語がただ一度聞かれただけでも、特に聞き手が関心をもった成人であるならば、新しい語彙の項目、あるいは語トークンの新たな生成者を確立するために十分であるような場合もありうるとはいえ、語が聞かれる場が複数になれば、乳幼児に対して、ほとんど文字通りの意味でその語の印象を刻みつける見込みは、ずっと大きくなるものである。

語はいかにして乳幼児の脳に自らをインストールするのだろう？　子供は、誕生から六歳までの間に一日平均でおよそ七つの語を学ぶ。（どうやって分かったか？　単純である。まず、六歳児の語彙数を計数する――一五〇〇〇語前後である。それからその数を、彼女が生きてきた日数――誕生日から数えて二一九〇日――で割るのだ。彼女は、初めの二年間で約二〇〇語を学び、その後短い年数の間に語の獲得過程は加速し、それから急激に先細りになる。みなさんがここ一週間でおぼえた語は何語だろうか？）彼女が語を習得し始めた時期に時間を巻き戻したとしよう。そこで分かるのは、その時期の彼女の中に、ある語を言おうとする最初のはっきりした努力を生じさせるためには、平均およそ六回、その語をトークン化して子供に提示する必要があるということである。つまり、その子供がある語のコピーを発語するまでには、それが必要だということだ。（Roy 2013; ロイによる、秀逸《ブリリアント》きわまるＴＥＤ講義も参照――http://www.ted.com/talks/deb_roy_the_birth_of_a_word.）従って語はウィルスとは違い、産み出されるために複数の親が必要なのだが、ただしその親は同時にやってくる必要はない、と言ってもいいかもしれない。乳幼児が聞く語のほとんどは、彼らに向けて語られたものではない。乳幼児は親や保育者たちの会話を漏れ聞く場合がほとんどなのだ。〔平均六回とされる乳幼児への語の提示の内の〕最初の語の生起は、ある複雑で、非常に識別しにくい知覚的文脈の中での、新奇な聴覚的出来事として生じる。二番目の生起は、このように印象づけられた最初の生起に付け加わるのであり（その子供がしゃべれたとしたら、「あら、**あの音**がまた聞こえたわ」とでも言うかもしれない）、また、それが生じる文脈は、最初の生起の文脈といくつかの特徴を共有しているかもしれない（あるいは、何も共有していないかもしれない）。三番目の生起は、ほんの少しなじみ深いものになっており、またそれが生じる文脈は、すでに何らかの点で注目を引くものになり始めているかもしれない。四番目、五番目、六番目の生起は、言語学者が**音韻体系**《フォノロジー》と呼ぶ聴覚記号を深く刻みつけ、脳内にある種の錨《いかり》を下ろす。この段階になると、子供の中には行為の目標が生じている――すなわち「それを言え！」という目標が。私たちは[18]、このような目的を形成する性向が、現在では人間のゲノム内に遺伝的にインストールされていると想定できる。しかし初期のヒト亜科の発声／コミュニケーションにおいては、この性向は、親または保育者の模倣や、彼らとのコミュニケーションを促進するように働く遺伝的傾向が偶発的に拡張され、個体ごとにさまざまな特異的傾向となったものとして存在していた見込みが大きい。(50)（言語の起源については第12章でもっと詳しく論じる。）

子供が語を口に出す試みを開始すると、大人たちはすぐ、子供と関わるときには話す速度を落としたり、簡単な語彙を選んだりするという対応をとる（Roy 2015）。子供はもはや、たまたまその場で漏れ聞く立場ではなく、会話参加者の予備軍となるのである。子供が、自分が遂行したことからのフィードバックを用い、次の実行でそれを改善しながら、トークンの〔コピーたちの〕世代をほんの少し先に進めると、それと見分けられるコピー――「赤ん坊が最初に発した語」――が創発してくる。しかし、その赤ん坊はその語を理解していなければならないわけではまったくないし、そもそも自分が発したものが語だと理解していなければならないわけでもない。赤ん坊はただ、以前よりも特殊な文脈の中で、これらの構造化された音声を発する習慣を発達させているだけである。また彼女は時に、発語の直後にご褒美をもらえるが、これは彼女の「本能的な」泣き声が食事や、抱っこや、不快な事柄の中断をもたらしやすくする、というのとごく近い。さまざまに種別化された語の音声は、発語と聞き取りの両方での反復が積み重なる内に、よりなじみ深く、より識別可能で特定可能なものになっていく。そうなると発音可能な語が乳幼児の脳内の居場所を占めたことになり、またこの段階でそれが何の役に立つかと言えば……ただその語の自己複製のために役立つだけである。それから間もなく、語は乳幼児が（無意識的に）識別できるさまざまな用途を獲得し始め、また漸進的に、その子供にとって何事かを意味するようになり始める。

このような〔語による語の〕子孫の生成は無意識的なものかもしれない。というのも、このときの乳幼児は、刺激と反応の奔流から、有能性《コンピータンス》を備えた意識を発達させるに至っていない見込みが大きいからである。この〔意識という〕論争の多い主題は、注意深く取り扱うことにしよう。意識的活動と無意識的活動との区別については、仮に最終的に明確な一線が引かれるのだとしても、今のところは線を引こうとする必要はない。深い眠りから目覚めるとき、意識が再開する最初の瞬間がはっきり目立つことはないものだが、そ

（50）　**ヒト科**［*hominid*］というのは、チンパンジーやその他の類人猿を含む霊長類のカテゴリーであるが、**ヒト亜科**［*hominin*］はそれよりも狭いカテゴリーで、六百年前に枝分かれした、人類とそれにごく近縁の祖先のみを含む群である。

れと全く同じように、意識という用語の尊重すべき意味においては（つまり、植物やバクテリアにも普通に認められる感受性や刺激反応性を超えた何か、という意味では）、乳幼児における意識の発達は、生における他の重要な変化と同様、漸進的なものである見込みが大きい。

人々の中には、〈意識とは大きな例外的事象であり、宇宙を互いに交わらない部分にはっきり二分する、全か無かの性質である〉、という見方に固執する人が一定数存在する。彼らによれば意識をもつという性質は、**まさにある特定の感じのこととして与えられるあり方**であって、それは他のいかなる感じのこととして与えられるあり方でもないのだ[19]（Nagel 1974; Searle 1992; Chalmers 1996; McGinn 1999）。これについて、もっともな理由を挙げた説得力ある論証に、私は一度もお目にかかったことがない。この思想は、私の目には生気論の怪しげな子孫であるという印象を与える。生気論とは現在ではほぼ完全に廃棄された学説で、生きているというのは形而上学的に特別な性質であり、エラン・ヴィタル[20]のような不可思議な材料を何らかの仕方で混ぜ込むことを必要とする、と唱える。意識に関するこの種の途方もない見解は、哲学者と科学者とを問わず、一部の非常に思慮深い人々の間で未だに人気があるので、この段階の乳幼児は、自分の脳内で繁栄し始めた語の子孫を（本当には、またそれほどには）意識していない見込みが大きい、と認めることにしておきたい。前述の思慮深い人々が正しいことがいつの日か明らかになったら——つまり、宇宙が本当に二つの領域に分割されているのだとしたら——私は自分の主張を撤回しよう。仮に明日、〔意識をもたらす〕魔法の閃光の正体が突き止められたとする。そんなものが見つかったならば、意識とはある〈偉大な《マグニフィケ》る時点《ント・タイム》T〉に乳幼児に到来するものなのだ、という結論を私も認めるはずだ。だが、たとえそんな発見がなされた場合でさえ、私はやはりこう断固主張するはずである——すなわち、意識に備わるおなじみの才能、つまり、意識ある行為者の、**意識をもつがゆえになしうる一定の行為**への能力が発達するためには、それに先立ち、その意識ある行為者が、何千ものミーム（語以外のミームも含まれる）に漸進的に占拠され、神経接合がそれらの才能を支えるような形へと（再）組織化されていなければならないのだ、と。

ここまでのところで私たちが注目しているのは、乳幼児の人生の中の、ある短い期間である。この期間においては、ランダムな発声（あるいはそれは、耳にした音のコピーの試みかもしれない）は意味のない赤ちゃん語になりうる。このような赤ちゃん語は、機能なしに繁栄し続ける以上のものには決して発展しない。これらの言語的なミクロ習慣は、数ヶ月の間自分自身を繰り返《リハースト》させようとし、それよりも有効性を備えた音声との競争に敗れて絶滅するか、熱心な協力的対話者のおかげで局所的な意味を獲得するかするまで、その試みは続く。ほとんどの人々にとっては、色々な赤ちゃん語の内、その後の人生全体でその「造語」が首尾よく成功した語だけが残っていくことになる。仮に、赤ん坊を溺愛する親や兄弟姉妹が、溺愛が高じ、意味のない赤ちゃん語を赤ん坊に言い返し、しかもそれに何の意味も結び付けない、という事態に陥ったとしたら、その親や兄弟姉妹は、純粋発音ミームの創造に加担していることになる。それは自己複製以外のいかなる機能ももたないミームであり、益も害ももたらさず、それでも一時的には繁栄する、偏利共生的な心のウィルスである。(51)

これよりも有効性の大きな語は、相利共生的ミームとして、どんな人にも欠かせない道具箱ないし語彙となって、それらの意味論《セマンティクス》、構文論《シンタクス》〔文法〕、含意《コノテーションズ》を獲得する。その獲得の過程は、ボトムアップ式の学

（51）共生者［*symbionts*］は三種類に分けられる。一つ目は**寄生者**［*parasites*］であり、これは宿主の遺伝的適応度に害をもたらす。二つ目は**偏利共生者**［*commensals*］で、これは中立的（ただ「同じ食卓で食事をしている」だけ）である。三つ目は**相利共生者**［*mutualists*］であり、これは宿主に利益をもたらし、すなわち宿主の遺伝的適応度を増進する。

習を用いた、漸進的な擬似ダーウィン的共進化の過程であり、そこでは脳のパターン検出の妙技や、脳内にあらかじめデザインされた一連のアフォーダンス検出装置が利用される（Gorniak 2005; Gorniak and Roy 2006）。これは思いきった断言であり、自然言語の意味論と構文論について知られている複雑さを前にすると、無責任な思弁だという印象を理論言語学者たちに与えるかもしれない。だが、この断言がいかに穏健な主張を行っているか考慮してほしい。最初に来るのは音韻論《フォノロジー》であり、これが脳内に、その語の聴覚記号のための結節点《ノード》または焦点《フォーカス》を創り出す。これは引き続き、音声の周囲に意味論と文法、および発音特性《プロファイル》[21]——話し方——を構築するための基礎、錨《いかり》、または集約点となる。ここで私は、さまざまな論争のいずれかの陣営の肩をもとうとしているわけではない——私自身がどちらかの正しさを確信している論点に関してすらそうである。チョムスキー主義者たちが「普遍文法」と呼ぶバイアスが、「〈言語学習装置〉」の中にどの程度まで遺伝的にインストールされているのかをめぐる特定の見解を擁護しなくとも、十二分に擁護できる主張を私は行っている。あるいは、そのバイアスがどのような形式をもたねばならないか、あるいはもちうるかについて、私は何の規定も行わない。しかしともかく乳幼児の脳は、何らかの仕方で、いかなる種類の意図的な（いわんや意識的な）「理論構築」もなしに、感覚に提示される意味論的情報に敏感に反応しながら、親たちと同じ習慣の獲得へ向けて、まっしぐらに進むのである[52]。

　現在、人間の乳幼児へのネイティブ言語のインストールは、巧みにデザインされた過程となっている——この過程は何千世代にわたる人間の言語学習者に対して選択的影響を加えてきたのであり、それによって〔この過程自身が〕利益を得てきた〔それによってデザインが洗練された〕ことは疑いない。この進化的過程が働く中、多くの近道の発見がなされてきたかもしれない。それらの近道によって言語はより獲得しやすくなり、語の発音と識別がより容易になり、断言、疑問、要求、命令を定式化し、表現することが容易になったのである。このような進化の過程は、当初は遺伝子の差異化を伴う複製《ディファレンシャル・リプロダクション》〔遺伝子への自然選択〕を含まず、むしろそれよりもずっと素早く進む、ミームの差異化を伴う複製〔ミームへの自然選択〕を含んでいたと思われる。言語が脳に適するように進化する方が先で、脳が言語により一層適合すべく進化したのはその後だということである。(53)

発音ミームが、何らかの程度で発音と人間の聴覚の物理および生理の制約を受けていることは疑いない。各言語の間にどれほど大きな変異があるとしても、子供たちは通常、識別や発音をなしうる大人と同じ水準の有能性《コンピータンス》を、ほとんど、または全く教えられることなく獲得する。また子供たちが新たに語を考案した場合、それらの語が共有している意味論的性質はいずれも、ひとたびしっかりインストールされてしまうと、人間の環境世界《ウムベルト》――すなわち、さまざまなアフォーダンス、およびアフォーダンスを取り扱うためのさまざまな行為から成り立つ〈外見的イメージ〉――の非言語的要素の構造に依存するようになることにも疑いはない。ここでもまた、子供たちは意味論を、ほとんど何も教えられることなく獲得する。ほとん

(52)　ここで私は「意味論的情報《セマンティック》」という言葉を、〔狭義の文法カテゴリーの「意味論《セマンティクス》」に関する情報としてではなく〕第6章で論じた広い意味で用いている。つまりここで言及しているのは、構文論《シンタクス》、〔乳幼児を聞き手とするときの〕音韻体系〔音韻論《フォノロジー》〕、語用論《プラグマティクス》、文脈、および獲得された項目の意味《ミーニング》（すなわち意味論《セマンティクス》）**についての**（意味論的《セマンティック》）情報である。

(53)　Deacon 1997がこの点の優れた説明を提供している。Deacon 2003とDennett2003bも参照。いずれもデプリュー／ウェーバー編『進化と学習――ボードウィン効果再考』（Depew & Weber 2003）に収録されている。より近年では、クリスチャンセンとチェイター（Christiansen and Chater 2008）が、『行動および脳の科学』誌〔*Behavioral and Brain Science*〕のターゲット論文としてこのテーゼ（のより極端なバージョン）に対する野心的な擁護論を提起しており、同時にさまざまな代案の総覧と、格別に有益な応答の集成もなされている。

どの文化で、わが子を溺愛する親たちは子供たちに、物の名前を熱心に教えたがる。ところが、彼らがどれほど熱心にこの営みに力を注いでも、彼らの子供たちはほとんどの語の意味を、はっきり注意せず、親からのいかなる意図的な指導もなしで、漸進的に獲得するのである。文脈の中で何千もの語に繰り返しさらされ続けることで、語が意味すべき意味を受け取るために必要な情報はほとんどすべて提供されるのであり、あとはただその後の状況が、ちょっとした微調整を強いてくるのを待つだけでよい。（ポニーは馬の仲間かしら？　キツネは犬の仲間かしら？　あたしは今、**恥ずかしがってる** [*ashamed*] のかしら？　それとも**照れくさがってる** [*embarrassed*] のかしら？）

ソクラテスは、人々がただある語の**定義**をめぐって語り合っているだけで、いかにしてその語の**定義**を見いだすことができるのかと困惑した。もしも人々があらかじめ、その語が何を意味しているのかを知らないとしたら、互いに質問をぶつけ合って、一体何の実りがあるのか分からないし、もしも人々がすでにその語が何を意味しているのかを知っているとしたら、なぜわざわざそれを定義する必要があるのか――またそもそも、その語の定義がなぜそんなに難しいのか――分からないのだ。この窮状を解消する方法の一部は、語を理解することは語の定義を獲得してしまうことと同じ**ではない**、と認めることである。[54]

もしかすると、これらの意味論的、および音韻論的な制約以外に、私たちの脳の構造的な性質によって課せられている、種に固有《スペシフィック》の、遺伝的にデザインされた**構文論的**な制約およびアトラクタ[22]があるのかもしれない。もしかするとこの制約とアトラクタはそれ以前の進化の歴史の中で生じた〈凍結した偶然《フローズン・アクシデント》〉[23]であり、またそれが現在、学習可能な言語に制約を加えているのであり、もしそれがなかったら、歴史は微妙に異なった経過をたどっていた、ということなのかもしれない。一つの例を想像するのが役に立つ。まず、何人かの理論家が提起しているように、言語の起源は発声ではなく身振り《ジェスチャー》にあった、と仮定しよう。このとき、ある種の順序づけの原則が、**身振り言語にとっては**最適に働くものだとして（例えば、腕の位置を激しく動かすと、おしゃべりな身振り言語話者の筋肉に負担をかけるのだが、そのとある原則に従うと、激しい動きが最小限に抑えられるという利点がある、など）、その原則が何らかの仕方で音声言語への制約として持ち越された、ということもありえよう。それが持ち越されたのは、〔音声言語において〕有益な効果を発揮するからではなく、それがかつての身振り言語において有益な効果を発揮**していた**からなのだ。その原理はキーボードのQWERTYUIOP配列[24]のようなもので、あの配列には、キーに結びついたレバーと印字部分のレバーの機械的な連結に関わる、その時代なりのもっともな理由があった。すなわちその配列においては、英語で多用されるthやstのような文字は比較的遠くに配置されているのだが、これには、印字部分のレバーが紙に当たったり離れたりする際に、互いに絡まり合ってしまうことを防ぐ効果があったのである[25]。あるいはもしかすると、進化の産物としての脳構造によって課されている構文論的な制約とは、大局的《グローバリー》に最適であるのかもしれない。すなわち、この地球で最初に言語が進化した時代の哺乳類の神経アーキテクチャが与えられてしまえば、この星での言語がまさにこのような構文論的特徴を備えるべきことは、偶然ならざる仕方で定まってしまうものなのかもしれない。あるいはもしかすると、この構文論的な特徴は〔チェスなどで言う〕〈妙手《グッド・トリック》〉なのであって、この宇宙のいかなる場所であれ、およそ自然言語が出現するなら

（54）GOFAI〔古き良きよそおいのAI〕が備えているトップダウン式知《インテリジェント》的デザインの側面が格別に際立つのはこのような場合である――もしもある行為者の知識が、ユークリッド幾何学のような公理と定理の集合のようなものだと考える人がいたら、その人は「自分の用語を定義する」必要があるだろう。CYCが手入力でコード化されデータベース化された何千もの定義を備えている、という事実は、トップダウン式AIの完成への道は遠い、という一部の人々の確信に裏付けを与えるものである。

ばそれを備えるはずだ、という予言が可能であるのかもしれない。そしてもしこの〈妙手〉がそのように、場所と時代を問わず優れていると言えるものであるとしたら、（現在までに）ボールドウィン効果によってゲノムにインストールされるに至った幸運な偶然があるということになる。（Xという行動上の新機軸が現れたとする。この行動Xが、それを実行しなければ必ず損失を蒙る、というほどに有益であり、個体群中で生じるあらゆる変異について、行動Xを獲得ないし採用することが遺伝的な〔自然〕選択の対象となる、という事態はありえよう。そしてこのような事態が成り立った場合、何世代かを経た後の子孫たちは、どんな事前練習《リハーサル》もほとんど必要としない「生まれつきのX実行者」となっているはずだ。そしてこのような場合、行動Xはボールドウィン効果によって、本能としてゲノム内に組み込まれた、と言えることになる。）あるいはもしかしたら、その〈妙手〉は世代ごとに新たに学習されねばならないのだが、〈妙手〉であることが非常に明白であるため、その学習はごく容易になされる、ということであるのかもしれない。[55] 人類はあらゆる場所、あらゆる時代にわたり、ヤリを尖った方を前にして投げるが、この事実が、〈尖った方を前にして投げる本能〉のための遺伝子が必ずや存在することを示すとは誰一人想定しないはずである。

いずれにしても、生まれたての乳幼児が直面する認識論的な問題は、大人のフィールド言語学者が未知の言語に直面し、そこにある一つの文法と辞書を取り出そうとしているときの認識論的問題と似ている、とは言える。とはいえ、無知と知識の間のギャップを狭めるためにそれぞれが用いる方法は、非常に異なったものである。大人の言語学者は、仮説を設定しそれを検証するという方法を用いる。その中で、情報にもとづいて立てられた推測を確証または反証する証拠を探し求め、自分が定式化した一般化を洗練し、通則からの不規則な例外を見つけ、等々をしていくのだ。対して、乳幼児が用いるのは、ただあれこれと音声を発し続けるという方法である。そうやって彼女の飢えと好奇心を満たそうと試み、その中で漸進的に自分自身を理解力《コンプリヘンション》〔をもつ存在〕へと引き上げていく。これは厖大な試行錯誤からなる無意識的な過程によってなされ、言語学者と同じ認識路的妙技を、理論の助けを借りずに、達成する。これはまさに自然選択による進化が、流体力学の理論の助けを借りずにさまざまな鳥の羽根をデザインしたのと同じやり方である。言うまでもないがこれは、トップダウン式の知的《インテリジェント》デザイン――本書の例で言えばガウディ、チューリング、ピカソ――と、ダーウィン的研究開発とのあの対比を連想させる。子供たちは自らのネイティブ言語を擬似ダーウィン的な過程によって獲得する。理解力《コンプリヘンション》の基礎となる有能性《コンピータンス》を、理解力《コンプリヘンション》なき有《コン》能性《ピータンス》の過程によって達成するのである。

従って、最初に発された語――現在の乳幼児が最初に発する語と、私たちの種の言語の秘められた歴史の中で最初に発された語の両方――は、シナントロープ的な種（第6章参照）と見られるのが最もよい、ということになる。それはシナントロープ的な種として、（遺伝的および文化的な）自然選択により、人間と関わる場所で生育すべく、そのあらゆる特異な心理、習性、必要性《ニーズ》と共に、進化したのである。私たちが家畜化した種のほとんどすべては、シナントロピーから始まって家畜化の道をたどった見込みが大きい。例えば、コッピンガーとコッピンガー（Coppinger & Coppinger 2001）が論証しているように、オオカミがイヌになったのは、勇敢な家畜馴致者たちがいて、彼らがオオカミのねぐらから野生の仔オオカミを意図的に連れ出したことによるのだ、という神話にはほとんど説得力がない。ほぼ確実なのは、ひとたび人間が開拓

(55) 注記しておくと、ここで〈妙手〉が明白であるというのは自然選択にとってそうだということであり、他方で人間の研究者にとっては極めて見極めにくい、ということもありうる。「進化は君よりも賢明である」という〈オーゲルの第二規則〉を忘れないようにしよう。

した地で、まだ食べられる残飯の集積が始まると、そのゴミの山は野生のオオカミたちにとって魅力的なものになった、ということであり、また、オオカミたちの間には最初から、危険な人間たちにどこまで我慢して接近できるかという能力の点で色々と幅があった、ということである。オオカミたちの中でも、人間のごく近くにまで来ることに耐えられる個体は、もっと用心深い、人間と距離を置き続けるいとこたちから、地理的にも、生殖的にも、隔離される。[22] やがて長い時間を経て、凶暴なイヌが創発する。このイヌは誰にも所有されず、誰のペットでも、誰の相棒でもないが、それでも、家に巣くうネズミ〔マウス〕やドブネズミ〔ラット〕やリスたちと同じように、共同体の中で普通に見かける存在となる。要するに、多くの世代を経たイヌたちは、隣人の人間たちが彼らを所有し、彼らの相棒となり、庇護者となり、主人になる前の段階までは、**自分自身を家畜化してきた**ということだ。

同様に、こんな想像もできる――乳幼児がいて、すでに色々な語を**使用**し始めることが可能になっているのだが、それでも、自分がそれを**有している**とすべての語について自覚するようになる過程は、あくまで漸進的にしか進まないのだ、という想像である。実際、乳幼児がそれらの語を使用し始める時期、および、それらを使用して何かに役立て始める時期に比べると、自分がそれをやっていると自覚するようになる時期は、ずっと遅れてやってくる。やがてそれを自覚する時期が来ると、彼らは、自らの〈外見的イメージ〉の中に現れるさまざまな語を、**自分自身で所有している**と言える状態に達する。そこでの語は、棍棒やヤリのように、彼らの道具箱《キット》に収められたアフォーダンスであって、投げられる石や、隠れられる洞穴といった、自然の中で現れてくるだけのアフォーダンスとは異なっている。このとき、彼らが用いる語は家畜化されたと言えるのであり、この過程についてはダーウィンが、まず『種の起源』(Darwin 1859) の最初の章で輪郭を描き、後に重要著作『家畜・栽培植物の変異』(Darwin 1868) で詳しく論じている。それによればこの過程は、ダーウィンが「無意識的」選択と呼ぶものから始まる。このとき人々は計画もなく、あるいは特に注意を払わずに、新たに生まれた動植物の内のあるものを好んで選び、代わりに他のものを見捨てる。これによって人々は一つの選択的力《セレクティブ・フォース》を創り出すのであり、この力が後に、より焦点を絞られ、より方向性のはっきりした力になっていく。やがて私たちは「方法的」選択に至る。このような選択の場合、例えばハト愛好家、バラの栽培者、ウシやウマの育種家らは、ある特定の目的、すなわちターゲットと目される特殊な特徴を心に抱いて、それを目指して選択〔育種〕[27]を試みる。これはトップダウン式の知的《インテリジェント》デザインへ向かう大きな一歩であり、ここで家畜化〔および栽培植物化〕を進める人々[28]は、自分自身がなしつつあること、および、成果として期待しているものについての、理由（まともなものも、まずいものもある）を**有している**のである。語の家畜化の場合、この変化が創発するのは、個々人が自分の言語使用を反省し、あるいは自ら意識的し始めて、ある種の語を印象的でないとか、侮辱的だとか、時代遅れだとか（でなければ、俗語的に過ぎるとか、新奇すぎるとか）、そのような認識にもとづいて拒否するときである。

人々が自らの言語産出を編集するとき〔「編集」は執筆については文字通りの意味であるし、声に出する前に黙って頭の中で文を発してみる場合は、比喩的な意味である〕、人々はダーウィンが考える家畜化〔および栽培植物化〕にとっての決定的な必要条件を満たしている。すなわち、ある種に属する成員——少なくともその中の、人々が「所有」している成員——の繁殖〔自己複製〕を制御する、という条件である。[56]注意が必要なのは、

（56）この論点のさらなる展開はCloud 2014を参照。私が見るところ、クロードの説明は、私がかつて行った語の家畜化についての簡略な注記を、根本的には好意的な仕方で改訂したものであって、それを反駁するものではないと思われる。だが私たちの間にはそれでもなお残る不一致点があり、それについてはこの後で選り分けなければならない。

人々が「無意識的に」一定の語を拒否し、別の語を好んで選ぶときにも、何らかの理由が**存在する**ことはありうるが、しかし、そのような無意識的な選別は完全に家畜化された言語をもたらすわけではなく、人々がその理由を**所有する**ようになるとき、はじめて家畜化された言語がもたらされる、という点である。シナントロープ的な語は、シナントロープ的な生物と同様、繁殖〔自己複製〕のときが来たら、自分で自分の面倒を見なければならない。彼らは、所有者による管理を受けるに至っていないのだ。一方、家畜化されてしまった彼らは、ある意味で緊張を解かれる。つまり、庇護者からの世話のおかげで、彼らの繁殖〔自己複製〕はほぼ確保されたといってよくなるのだ。例えば科学における注意深く選定された専門用語《テクニカル・ターム》は、若者に根気よく教え込まれ、またその際に反復《リハーサル》とテストを強要されるという点で、完全に家畜化されたミームの最も主要な実例である。このような専門用語は、ほとんどの成功したシナントロープ的自己複製者が備えているような、面白みも、刺激も、タブーによる誘惑の色調も、帯びている必要はない。家畜化された語は〈体制派《エスタブリッシュメント》〉からの支援を得ており[29]、およそ何であれ、うまくいくことが明らかになった方法の助けを借りて繁殖〔自己複製〕されていく。とはいえ、ダーウィンの教えに従い、完全な家畜化の事例と、特定の文脈に向けられた語への無意識的選択をもたらす選好パターンとの間には、ある種の連続性が存在していることを認めるのが賢明である。

音素は[30]、恐らく人間の言語が備えている最も重要なデザイン上の特徴であり、語がシナントロープ的存在であった時代、すなわち語がミーム環境が帯びる目立たない特徴であって、人類が所有すべき価値ある財産ではなかった時代には、音素が大いに活躍していた見込みが大きい。音素が達成したのは、発話の聴覚的媒体のデジタル化である。いかなる音声言語も、何らかの種類の有限な聴覚的アルファベットをもつ。それが音素であり、語はこの音素から構成される。cat と bat と pat と sat の違いは語頭の音素にあり、slop

と slot の違いは語末の音素にある。[31]（「フォニックス」と呼ばれる読み方の方法を学ぶと、字形と、ある特定の言語に属する音素（区別される音声的単位）を構成する単音《フォーン》（つまり音声）とを対応づける方法を学ぶことができる。tuck の t は、実のところ truck の t とは微妙に違うのだが、これは単音《フォーン》が違っているのであって音素《フォニーム》が違っているのではない。というのも、（英語の）いかなる二つの語も、例えば tuck と duck が別の語になるような仕方で、その違いだけで別の語になることはない（つまりほとんどの英語話者にとって知覚できない）からである。[32]）

音素の秀逸《ブリリアント》きわまる点は、アクセントの差異や声の調子《トーン》の差異やその他の、日常会話でよく見られる多様な差異に対して、音素が総じて影響されない、というところにある。つまり please pass the butter（「そこのバターをとって」）を発語するには何百もの異なった仕方が存在するが（カウボーイ風の鼻声、ヴァージニア風の物憂げな口調、バレーガール風[33]の哀願口調、スコットランド風の耳打ち、等々）、ほとんどすべての英語話者はそのすべてを聞いて、何の努力も要さず、please pass the butter と言っていると同定する。物理現象の多様な差異はほとんど途切れのないグラデーションをなしており、それがプロクルステースの寝台の流儀で強引にふるい分けられて[34]、「規範に合わせて正され」、「白黒がはっきりつけられる」ことになる。かくして、境界線上のあいまいな事例がどれほどあっても、これかあれかいずれかの音素に分類されることになる。これこそがデジタル化の核心をなす仕組みであり、すなわち、連続的なグラデーションをなす物理現象に、不連続で〈全か無か〉式の現象へふるい分けを強いるのである。音素は、**タイプ**間の境界線を保護するように働く。それによって音素は大幅に多様な**トークン**をもちうることになるが、これは信頼性のある複製の要件である。私たちの聴覚系は誕生以前から（そう、子宮にいるときから）、幅広く多様な音声の途切れないスペクトルを、私たちのネイティブ言語、ないし第一言語の音素の個別事例として分類するように、調整され続けている。そしてもし私たちが十代になるのを待ってから他の言語の学習を始めるとしたら、私たちはほぼ間違いなく、毎回アクセントの付け方に苦労するだろうし、それればかりか、他者の発話をすんなりと聞き分けることにすら苦労するだろう。というのもそういう場合の私たちの音素検出器は信頼できない、不完全なものであるからだ。

デジタル化の仕組みがなかったとしたら、可聴音を記憶し続けることも、再現することも困難になり、再現しようとしても、祖先となった音〔最初に耳にした音〕から気づかない内に遠ざかっていき、「エラーカタストロフ」現象に至る見込みが大きい。これに陥ると自然選択は働くことができなくなるのであり、というのも突然変異の累積速度が、それらを支持したり退けたりする選択が働きうる速度を上回り、突然変異が担うことができたかもしれない意味論的情報を破壊してしまうからである。ある可聴音が、記憶し、再現し、コピーする**に足る価値をもつ**かどうかに関わらず、もしもその音がデジタル化可能なものでなければ、その音が将来も正しく記憶され続ける見通しは暗い。それゆえ、シナントロープ的な可聴的ミームは、相利共生者、偏利共生者、寄生者のいずれであろうと、たまたま音素的な構成部分を備えていた場合に限り、存続し、かつ幅広く広められることになる。例えば「フィドル・ディ・ディー」、「ラザマタズ」、「ヤダ・ヤダ」のように。[35]

コンピューターに目覚ましい信頼性を与えているものこそ、これと同じデジタル化である。チューリングが指摘したように、自然の中に真にデジタルなものは存在しない。どこに行っても、存在しているのは途切れないグラデーションをなす多様な差異である。すべての信号をデジタルなものとして取り扱い、個々のトークンの独自性を、コピーするのではなく、むしろ捨ててしまう装置を作り出す、というのは、偉大なデザイン戦略である。このデザイン戦略のおかげで、文書ファイルや音楽ファイルの実際上**完璧**とも言えるコピーを作ることが可能になる。CDのコピー装置と、〔写真や文書をコピーする、いわゆる〕コピー

図9-3　セルフリッジの自動認識されるＣＡＴ

機を比較してみよう。例えば一枚の写真をコピー機にかけ、できあがったコピーをまたコピー機にかけ、コピーのコピーをまたコピー機にかけ、を延々繰り返すとする。すると、汚れやその他の視覚的「ノイズ」が漸進的に蓄積していくはずである。一方、ＣＤに保存されているＪＰＥＧ画像ファイルをコンピューターにダウンロードし、そのファイルを用いて別のＣＤに画像ファイルの別のコピーを作成することもできる。この手順は何度も何度も、無際限に繰り返すことができ、それでいて画像の鮮明さあるいは複写の信頼性は全く損なわれない。その理由は、それぞれのコピーがなされる際に、個々の０と１のトークンにちょっとした違い〔変異〕がどれほどあったとしても、その違い〔変異〕はコピーの過程で無視される、ということにある。同じことはもちろん、書き言葉についても成り立つ。つまり有限個の文字〔英語の場合はアルファベット〕は、**字の形**および**サイズ**における、本質的に無限の多様性を正規化するのである。この仕組みが話し言葉〔および書き言葉〕にもたらすのは、**理解力《コンプリヘンション》が不在のままでの**、途方もない信頼性を備えた情報伝達である。

オリバー・セルフリッジが考案した、書かれた文字の有名な例がある（図９－３）。英語の話者であれば、これをTHE CATと読むはずである——たとえ、一番目の記号と五番目の記号が完全に同じ、どっちつかずの形をしているにもかかわらず。話された語もまた、聞き手の言語にもとづき、自動的に音素配列へと押し込められる。英語を話す聞き手は、**mundify the epigastrium** とただ一度聞いただけで、何の苦もなく同じ言葉を完璧に再生できる。たとえ耳にした言葉が一体何を意味しているのか皆目見当が付かない場合ですら、そうなのである（これは胃の裏側を落ち着かせる、という意味で、一部で「酒を飲む」を表すために使われるスラング表現である）。ところが、その同じ聞き手が、逐字訳をすれば fnurglzhnyum djyukh psajj となる音声を聞かされても、それを正確に再現することはできない。どれだけ大きな声ではっきりと発音されても、この音声の並びが英語の音素へ自動的に再配列されることはないのである。一方、たとえ意味のない文字列（例えば the slithy toves did gyre and gimble in the wabe といった）ですら、〔音素の〕規範体系のおかげで、容易に聞き分けられ、正確に伝達されることができる。

　このように、音素は聴覚刺激を信頼性の高い伝達に向けて組織する秀逸《ブリリアント》きわまる手法なのだが、しかしそれに尽きるものではない。音素はまた、良性な種類に属する錯覚《イリュージョン》〔幻想〕でもある。その働きは、あのよく考えられたユーザーイリュージョン[36]に似ている。つまり、図像《アイコン》をカチリと押して引っ張る《クリック・アンド・ドロップ》とか、書類束《ファイル》を放り込む《ドロップ》ことができる小さい薄茶色の書類入れ《フォルダー》とか、その他、みなさんのパソコンのデスクトップ画面上の、かつてよりずっとなじみやすくなった色々なアイテムである[37]。実際には、デスクトップ画面の背後では頭が麻痺してしまいそうなほど込み入った処理が進行しているのだが、ユーザーはその処理を知る必要がない《ドント・ニード・トゥ・ノウ》。それゆえ知的な《インテリジェント》インターフェース設計者《デザイナー》たち[38]はアフォーダンスを単純化し、人間の目にとって格別にくっきり目立つようにした上で、さらに注意を引きつけるための効果音も付け足したのである。コンピューターの内部には、デスクトップ画面上にある小さな薄茶色の書類入れ《フォルダー》に対応するような、コンパクトでくっきり目立つものは何ら存在しない。そして、cat を bat と bad と bed から区別し、ball を bill と fall と full から区別するコンパクトでくっきり目立つものは、これらの異なった音素の生起〔実際に発される音声〕が備えている物理的性質の中には何ら存在しないのである[39]。これらの語の差異は単純かつ明白なものであるように見える。しかしこの見かけは私たちにあらかじめ埋めこまれた有能性《コンピータンス》が作りだした錯覚《イリュージョン》〔幻想〕なのであり、信号そのものの中にあらかじめ単純性が備わっていたわけではない。現在、音声認識ソフトウェアは、ほぼ五歳児と同じ有能性《コンピータンス》をもち、人間の耳や機械のマイクに達する音響学的な大激流から、その場でなされた発話を抽出できるが、ここに至るまでには何十年にもわたる研究と開発が重ねられてきたのである。

音素のデジタル化には奥深い含意がある。つまり語が文化進化において果たす役割は、DNAが遺伝的進化において果たす役割に**類似している**のである。ただし、アデニン、シトシン、グアニン、チミンでできた二重らせん状のはしご〔DNA〕のどの段も、〔四つの分子それぞれについて〕いずれも物理的に同一であるのに対し、語というのは物理的に同一であるような自己複製子ではない。語は、もっぱら外見的イメージというユーザーイリュージョンのレベルでのみ「同一である」と言われるのだ。だから語はある種のバーチャルなDNAである、と言ってもいいかもしれない。つまりそれは外見的イメージの中だけに存在する、おおむねデジタル化された媒体なのである。

オークの木やリンゴの木は、次の世代が始まるという「希望を抱い」て、何百万個ものドングリやリンゴの実を世界に向けて放つ。私たちが何百万もの語を放つとき、そこで抱かれている「希望」は、私たちの子孫ではなく、それらの語そのものの子孫へと向けられている。ちょうど、私たちが同席している人に向けてくしゃみをするときにまき散らされる、風邪のウィルスの子孫と同じである。語の子孫たちは他者の脳に達しても「片耳から入り反対の耳に抜けていく〔馬耳東風〕」だけかもしれないが、場合によってはそこに根を下ろすかもしれない。小学校時代、ある教師が私たち生徒に、語彙の増やし方を教えるために「一つの語は三回使いなさい。そうすればその語はあなたのものになります!」とよく言っていた。この教師の話は的外れどころではなかったのである。

ここまで来ると、顔をしかめ、私が非常にあぶなっかしい薄氷の上を滑っているのではないか、と心配する哲学者もいるはずである。語はそもそも、存在する何かなのか？　語は、君の存在論の一部なのか？　語は存在すべきものなのか？「情報でできている」ものとしての語、という語り方は、非常に危うい語り方ではなかろうか。大げさなごまかし《ハンドウェイビング》[40]をただ積み重ねているだけではないのか？　哲学者によっては、ここで決然と歯を食いしばり、厳密に言えば、**語など存在しない**のだ、と断固主張する者もいるはずだ。語は質量も、エネルギーも、化学組成ももたない。それゆえ語は、このような哲学者が存在論の究極の裁定者と目するはずの、科学的イメージの一部を占めるものではない、ということになる。だが、語は私たちの外見的イメージの中でも非常に目立つ住人である。たとえ科学が、語に**言及**しないでも成り立つとしても、語を**使用**せずに科学を営むことは不可能であるし[41]、それゆえ語は恐らく、私たちの存在論の中に含まれている。語は重大なものとして私たちに迫り、私たちの注意を簡単に占有してしまうのである(57)。

この点で、私たち人間とチンパンジーとの対比は印象的である。現在までに、何千というチンパンジーたちが人間の飼育下で全生涯を過ごしてきたのであり、そこで人間の子供が耳にするのとほぼ同じ多さの語を耳にしてきたのだが、語に注意を払う個体は滅多にいないのだ。彼らにとって人間の発話は、木の葉ががさがさいう音にごく近い何かである。たとえその発話の中に多大な量の意味論的情報が含まれており、発話の中身をただ引っぱり出しさえすれば、彼らにもその情報が利用できるはずだとしても、そうなのである。もしもチンパンジーに飼育者たちの会話を漏れ聞き、理解する能力があれば、彼らが拘束状態から脱出したり、実験者たちの裏をかいたりすることがどれだけ簡単であるか、考えてほしい。チンパンジーに、話された語や、プラスチックの板に書かれた語に注意を向ける習慣を獲得させるには、途方もない規模の訓練体制を用意する必要がある。これとは対照的に、人間の乳幼児は出生時から言語経験に飢えている。語は、私たちの脳がそれを「拾い出す」（ギブソン）ように、（進化の過程によって）デザインされているアフォーダンスであり、そしてこの語というアフォーダンスは、ありとあらゆる用途をアフォードする〔その用途を促進し容易化する〕ものなのである。

---

(57) 恐らくこの主張は強すぎる。「語」という語をもたない言語は存在してもよいし、このような言語の話者が、自分の言語が固有の部分に分解できるという事実に注意を払ったことがないこともありうる！　子供が語のつづりを学ぶとき、語をどのように「言い分ける《サウンドアウト》」のかを教えてもらわなければならないのと同様、人は誰であれ、自分がこれほど自然に話しているものが、使い回しのできる諸部分から構成された何かである、という事実を教わらなければ気づかないものなのだ。私たちはみな自己意識的な語の行商人であるが、民俗言語学〔folk linguistics〕のこの特徴は、私たち人類の全員にとってそれほどに自明のものではないかもしれないのである。

第10章　ミームの目からの視点〔1〕

語とその他のミーム

新たな種類の自己複製子が、この星の上にごく最近出現していると私は考えている。それは私たちの目の前にある。それは未だ幼少期にあり、未だ原始スープの中をぎこちなく漂っているような段階にある。しかしそれでも、それはすでに進化的な変化を開始しており、しかも、息を切らして追いつこうとする旧来の遺伝子をゆうゆうと引き離すほどの急速なペースでの変化なのだ。……この新しいスープは人間の文化というスープである。私たちには、この新たな自己複製子を呼ぶための名前が必要である。つまり、文化的な伝達の単位、あるいは模倣の単位、という観念を運ぶための名詞が必要なのである。

——リチャード・ドーキンス『利己的な遺伝子』〔邦訳三三〇頁〕

私の確信するところでは、生物学的進化と人間の文化および技術の変化を類比することは、利益よりも遥かに巨大な害悪をもたらす。

そして、この、何より一般的な知性への罠の実例には事欠かないのである。……生物学的進化は自然選択を原動力としているが、文化的進化はまた別の、私にはかすかにしか理解できていない一連の原理を原動力としているのである。――スティーヴン・ジェイ・グールド『がんばれカミナリ竜』〔邦訳上巻八三―四頁〕

語は外見的イメージの中に存在しているが、しかし語とは何ものなのだろうか？ イヌは哺乳類の一種であり、あるいはペットの一種である。語は何の種類に属するのか？ 語とはミームの一種である。ミームはリチャード・ドーキンスがその著『利己的な遺伝子』の中で提起した造語であり、その定義は本章のエピグラフの中で述べられている。語はどんな種類のミームであろうか？ **発音されうる種類のミームである。**語以外にも、別の**辞書的項目**《レキシカル・アイテム》〔*lexical items*〕（Jackendoff 2002）〔原注（49）参照〕は存在する。例えば〔英語の〕不規則変化をする複数形や、語とは別個に、語と並んで記憶に蓄積されねばならない、言語規則の「例外」がそれに当たる。例えば child のような不規則変化をする名詞の複数形は、他の話者から新参者の話者に**伝達されるもの**であり、そこで新参者の話者により拾い上げられるものであるが、このような項目が辞書的項目である。語や辞書的項目は、すべて範列的《パラディグマティック》な**ミーム**[2]であり、すなわち言語または文法に**元来備わっている**特徴ではなく、むしろ取り替え可能《オプショナル》な、文化に拘束された特徴であって、言語共同体の中で拡散される必要があり、しばしば他の変異体たちとの間で競争関係に入る。これ以外のミーム、例えば野球帽を後ろ前にかぶるとか、**それ**を賛意を示すための身振りとして用いるとか、**その様子**を模したアーチを建造するとか、そういったミームは、やはり何ら発音されるものではなく、それゆえ語ではない。

ミームは何の種類に属する存在だろうか？ ミームとは**行動のやり方**〔*ways*〕の一種であり、（大まかに言って）コピーの対象になり、また想起、教示、拒否、非難、誇示、嘲笑、パロディ、検閲、崇敬、の対象にもなるものである。科学的イメージの専門的言語の中には、ミームはこの事物の一種である、とうまく分類してくれる、すぐに利用できそうな用語は存在しない。外見的イメージを語る日常言語に依拠するなら、**ミームはやり方《ウェイズ》である**、と言うことができるかもしれない。つまり、何かをするやり方《ウェイズ》、何かを作るやり方《ウェイズ》だが、しかし**本能**ではないもの、ということである（本能は、また異なった何かをするやり方《ウェイズ》、または何かを作るやり方《ウェイズ》である）。その違いは、ミームは知覚によって伝達されるのであって、遺伝的に伝達されるのではない、というところにある。

ミームは、盗用する、ないしコピーする価値のある意味論的情報である。ただしこれはそのミームが誤情報である場合を除く。この場合、そのミームは、贋金《にせ》と同じように、それが価値ある、有用なものだという誤った想定の下で伝達され、保存されるものとなる。(58) そしてこれまで見てきたように、虚偽情報はコピーする価値のあるデザインである。つまるところインターネットスパムは、プロパガンダと同様、デザインの産物なのである。[3] だが利益は誰に？　受益者は、スパムの受け取り主《ホスト》である場合も、スパムの作成者である場合もあるし、ミームそのものである場合もある。ミームの中には作成者をもたないものもあるが、そのようなミームも〔生物学的〕ウィルスのように（ウィルスもまた作成者をもたない）、自分自身の適応度、つまり、相対的に測られる複製能力を備えている。

（58）この〔ミームが有価値で有用だという〕想定はしばしば浮遊理由の側に属していて、受け手の側で意識的に想定されてはいないものである。だまされやすい子供が嘘つきにだまされてしまう場合、その子供が〔単に〕真理と虚偽を見分ける力をまだ身につけていないせいでそうなっている、ということもありうる。

語はミームの最良の実例である。まず、語は私たちの外見的イメージの中で非常に際立って見え、また単位としての個別化が十分になされている。また、語は発音においても、意味においても、明確な〈変化を伴う由来〔進化〕〉[4]の歴史を備えており、また多くの場合、その歴史を何千年も前まで追いかけることができる。さらに、語は計数可能な単位であり（語彙には大小があることを考えよう）、また語の媒介者《ベクター》または宿主である個々の人間の中に、ある語が存在しているのか不在であるのかは、単純なテストで検出できる。さらに、語の拡散は観察可能であり、また現在ではインターネットのお陰で、より多くのデータ収集が可能な、優れた実験室が手に入る。実験室での研究の常として、局限された人工的環境の中に〔調査すべき〕現象を限定することで、相応の見返りが得られると共に、被験者の人口構成についての深刻なバイアスが入り込むリスクもそこには伴っている（つまり明らかにそれは、〈すべての言語使用者〉ではなく、〈インターネット使用者〉に限定されている）。一九七六年にドーキンスによって確立された「ミーム」という種（つまりミームという用語）のトークン個体群は、このトークンを使用するための理想的な生態的地位《ニッチ》をインターネットが提供する以前には活気がなかったのだが、これは偶然ではない。

語が最良のミームであるとしたら、なぜドーキンスはミームの説明の中で語を取り上げなかったのだろうか？　実のところドーキンスは文化進化を論じる章を、チョーサーの時代から現在までの英語の変化を引き合いに出すことから始めていた。「言語は非遺伝的な方法で「進化」するものであるように思われるし、そのペースは遺伝的進化と比べると桁違いに速いように思われる」（Dawkins 1976, p.203）〔邦訳三二六頁〕。ドーキンスが挙げるミームの最初のリストは、「楽曲《チューン》、考え《アイデア》、キャッチフレーズ、洋服のファッション、壺の作り方やアーチの建造法」であった（p. 206）〔邦訳三三〇頁〕。〔この内の〕キャッチフレーズは語から作られた辞書的項目であるが、「考え《アイデア》」の伝達における語の役割をドーキンスは強調していない。その理由は疑いなく、考え《アイデア》が語なしでも共有され伝達されることができることにある（例えば、何かを見せたり、何かを〔あえて〕記述しない、または定義しないでいたりすることによって）。そしてドーキンスは、ミームという概念が、語に留まらずそれ以外の文化的な事物についても当てはまり、それが自明とは言えない範囲にまで及んでいる、ということを特に強調しようとしていた。例えば楽曲は必ずしも歌詞の付いた歌である必要はないし、洋服のファッションには**それを呼ぶ名があってもなくともよい**、等々。「ミニスカート」や「蝶ネクタイ」のような用語は、目に見える具体例に〔最初から〕添えられて拡散していくが、考案者のいない、自然発生的なファッション[5]が拡散する場合、目に見える具体例が多数積み重ねられた後で、ようやく注意が向けられ、またその結果名づけられることになる。例えば、野球帽を後ろ前にかぶる、破れたジーンズを履く、靴下を履いたままサンダルを履く、などがそうだ。

ゲノム操作において大きな力を発揮する技術がPCR、すなわちポリメラーゼ連鎖反応《チェーン・リアクション》である。この技術を使えば、DNAの任意の試料を大量にコピーすることができ、それによってその検出、識別、操作を簡易化することができる。ロンドン地下鉄のエスカレーターの壁には、同じ広告のコピーが大量に刷られてずらりと並んでいる。イギリス英語で「ホールディングス」と呼ばれている仮設の木製掲示板には、同じく大量に刷られた広告のコピーが、隙間なくずらりと並べて貼られる。このような掲示は抵抗しがたいパターンを形成し、見る人の目を引き付ける。毎度おなじみの事柄だが、反復は新たなアフォーダンスを創り出す鍵となる要素であり、これは広告や同一のヌクレオチドの断片のように、同時的に空間内で列をなす場合も、あるいは、一つの楽曲や語を何度も繰り返し《リハーシング》たり、パリで遠くのエッフェル塔に何度も何度も注意が向くときのように、時間の中で連鎖をなす場合もある。何かのコピーが大量に作成されると、人間のパターン認識の仕組みは、認識装置内部に、更なる別のコピーを作りやすくなる傾向があり、それによってミームは拡散の機会を得ることになるのだ。

図7－4において、語は複製－成長の対立軸において高い値をもち〔複製寄り〕、また文化－遺伝の対立軸においても高い値をもち〔文化寄り〕、複雑性の軸において低い値をもつ〔単純〕。ドーキンスの主張には、例えば歴史学者、文学研究者、哲学者、言語学者、人類学者、社会学者、といった他の文化研究者から反発が向けられたが、仮にドーキンスが、語こそミームの範例である、という主題を展開していたならば、その反発のいくつかを予防し、あるいは和らげることも、もしかしたらできたかもしれない。彼らは、語が――恐らくごくわずかの造語を別にすれば――誰かによって意図的にデザインされた創造の産物では決してない、と想定してきた。語とは知的《インテリジェントリィ》にデザインされた文化的人工物である、という神話などいまだかつて存在したことはなかったのだから、彼らはこのような神話を既得権益として防衛すべき立場にはないはずであるし、文化を構成する要素の中には、**語に類似する**要素が、彼らが気づいているよりもずっと多く存在しているのだ、という提案に対して、もっと寛大な態度をとってもいいはずなのだ。いずれにせよ、以上により、本書の主張の一つを提起し、展開する準備が整った――すなわち、語がひとたび、文化的な革新と伝達における支配的な媒体になると、それによって進化の過程そのものが変化し始め、伝統的な、神話めいた知的《インテリジェント》デザインの理想[6]にずっと近い、新たな種類の研究開発をもたらす、という主張である。

ミーム概念の利点[7]

私たちは〔進化的〕適応に役立つ情報に対して見さかいない欲望を抱くが、その対価として、ときに目を見張るほど病理的なものとなる、厖大な数の文化的営みの宿主の役割を演じることになる。

——リチャーソン&ボイド『遺伝子だけによるのではない』

文化進化を研究する科学者たちの間には、文化を通して拡散する〈何かをするやり方《ウェイズ》〉や〈何かを作るやり方《ウェイズ》〉を名指すために、ドーキンス（Dawkins 1976）の「ミーム」という用語を用いてはならない、という禁止令めいたものが存在してきた。しかしながら、私が思いつく限り、どの論者もその〈やり方《ウェイズ》〉に当たる単位を呼ぶための何らかの用語を黙認している——考え、実践、方法、信念、伝統、儀式、用語、等々。これらの単位はすべて**情報的事物**であり、病原菌《ジャームズ》やウィルスと多かれ少なかれ似た仕方で、人類の間に拡散されるものだ。遺伝的進化と同様、文化進化も、情報を取り扱う過程である。リチャーソンとボイド（Richerson and Boyd 2005）は、この点について次のように指摘している。

> 私たちには、人々の脳内に蓄積される情報を何と呼ぶかについての、何らかの適当な合意事項が必要である。この問題は些細なものではない。というのも、心理学者たちの間には、認識や社会的学習がいかなるものであるかについての、深刻な不一致が存在しているからである。（P. 63）

文化的に進化してきた情報、というものについて語るとき、私たちが**ビット**（すなわちシャノン的情報）について語っていることは、仮にあるとしてもごく稀である。従って、**遺伝子**と並ぶ――かつ、それと対比される――、情報のはっきりしたまとまりないし小片を呼ぶための、何らかの一般用語があると便利である。**ミーム**という語は、『オックスフォード英語辞典』の最新版に「非遺伝的な方途によってやりとりされると見なされうる文化の単位」として登場しており、すでに英語という言語の中に確固たる足場を築いている。それゆえこの語を、およそ何であれ文化に基礎を置く**やり方**《ウェイズ》を呼ぶための一般用語として定めてしまうのは、都合のよい決着でありうる。同一性条件〔つまり定義〕[8]について未だに争われている用語の使用を毛嫌いする人々は、これと対をなす用語としての「遺伝子」をめぐる状況を思い出すべきである。つまりこの遺伝子という用語についても、同様の論争は未だ渦巻き続けているのだが、この用語を捨ててしまえと推奨する論者は皆無に等しいのだ。それゆえ私は、この語を拒否するという伝統に抗して、文化的単位（の多く）を「ミーム」と呼ぶ用語法を固守し、この先の論述でこの用語法を擁護していくつもりだ。なぜなら、私が思うに、ドーキンスのこの用語は、これまで残念な含意を帯びてきたとはいえ、それをはるかに上回る貢献を、文化進化についての私たちの理解にもたらしてくれるからだ。

ミームという用語は、なぜあれほど悪い評判を招いてしまったのか？　一部には、不勉強な自称ミーム主義者が色々と誇大な主張を行ってきたためであり、また一部には、さまざまな文化進化の現象を解明してきた理論家たちが、自分自身の理論的研究を語る際にドーキンスの用語を採用することで、ドーキンスを過大評価してしまうことを望まなかったためである。ドーキンスのミーム説のいくつかの論点に対する注意深い批判もわずかだがなされており、それはこの後、しかるべき場所を設けて検討する。しかし私の見るところ、これよりも大きな影響をもってきたのは、自分たちの聖域に生物学が恐るべき侵攻をかけてきたのを目にし、狼狽してしまった人文・社会科学者たちのアレルギー反応としての、狂乱した的外れの批判キャンペーンである。(59) 第11章で、この方面から向けられている標準的ないくつかの反論に応答を行う予定である。

ドーキンスのミームは文化進化の研究にさまざまな洞察をもたらしたが、その内の主要な三点を挙げておこう。

1 理解力《コンプリヘンション》なき有能性《コンピータンス》。文化的要素の中には、デザインされたものとしての性格を備えているものがあるが、その性格は、作者ないし作者集団、建築者、知的《インテリジェント》デザイナーたちに帰されるわけでは全くない。その諸部分の配列の疑いようのない賢明さや適合性は、すべて自然選択――情報的共生者たちの差異化《ディファレンシャル・リプロダクション》を伴う複製――によるものであって、その共生者の宿主は、チョウが自分の翅についた目玉模様についてまるで無知であるのと同じぐらいに、無知である。（人類はしばしば、自分が熱心に拡散する考えの卓越性に高い評価を与えるが、この後見るように、これは文化進化が備えている特徴としては、おおむね最近の、また取り外し可能《オプショナル》なものである。人間の理解力――および賞賛――は、文化においてミームが定着するための必要条件でも、十分条件でもない。）

(59) このような敵意は、永年にわたり、後期のスティーヴン・ジェイ・グールドによって鼓舞されてきた。グールドは「ダーウィン原理主義」全般、および、とりわけドーキンスに対抗するキャンペーンを展開し、多くの非生物学者たちに、彼らはグールドのより宗派合同的で、人文主義〔人道主義〕により友好的だと称する形態のダーウィニズムのもとに結集すべきである、と説得した――事実を言えば、グールド版ダーウィニズムは、その穏やかさのオーラをまとう代償に、法外な不明瞭さと混乱をもたらすものであったのだが。グールド自身が、人間の文化が進化する世界にいかにして適応しているのかについて、「かすかにしか理解できていない」と主張していた。より鮮明な理解を得たいならば、グールドを棄て、ドーキンスがまばゆく照らし出した道を歩き始めるのがよい。

2　**ミームの適応度。**したがって、ミームはちょうどウィルスと同じく、自らの自己複製〔繁殖〕における適応度をもつ。ドーキンスが述べているように、「ある文化的な特徴が進化した理由は、単にその特徴が、その特徴だけに利益をもたらすことにしかないのかもしれないという可能性に、私たちはこれまで考察を向けてこなかった」（Dawkins 1976［1989］p. 200）〔邦訳三四三頁〕。あるミームが宿主――自分が運んでいるデザインを採用し、使用している人間たち――の繁殖における適応度を増進させるかどうかは問わず、自然選択はそのミームそのものに働き続けているのである。ミームは、ほんの十年程度で定着することができ、またそれと同じ期間内に絶滅しうる。これは、進化の過程が人類の産み出す子孫の数の増減を識別する〔つまり遺伝的な自然選択による進化が有効に働く〕には、素早すぎる変化である。（たとえすべてのミームが相利共生的なミームであり、実際に宿主の繁殖上の適応度を増進する適応を運んでいる可能性があるとしても、その相利共生的効果によっては、そこでの素早い拡散速度を説明することはできない。）

3　**ミームとは情報的な事物である。**ミームとは、実行ないし表現されずに伝達、蓄積、突然変異が可能な「処方箋」である（ゲノム内で沈黙したまま運ばれる潜性〔劣性〕遺伝子によく似ている）。マルコ・ポーロは麺《パスタ》ミームを中国からヨーロッパにもたらした人物であると考えられているが、彼自身が麺《パスタ》料理人でなければならなかったわけではない。彼がすべきだったことは、そのミームに感染することができ、またそのミームを自分の行動のやり方の中に表現できる他の人間たちがいる環境の中で拡散させる、ということに尽きていた。

人文・社会科学における文化の変化に関する伝統的諸理論は、以上のような考え方を欠いたままで難渋することがしばしばだった。昔ながらのデュルケム的機能主義は、例えば、社会のさまざまな仕組みの機能や目的を、高度の説得力をもって発見した――タブー、実践、社会的区別、等々。だが、これらの高度に有効な仕組みがいかにして存在し始めたのかについては、説明できなかった。それは王や首長や僧侶たちの賢明さに由来するのか？　神からの賜物か？　単なる幸運か？　それとも、何らかの神秘的な「集団精神《グループマインド》」に由来するのか？　あるいは「民衆的天分《ジーニアス・オブ・ピープル》」が人々に共有されており、それがこれらの仕組みの特徴をまずは評価し、次にそれにもとづいてそれを採用したのだろうか？　「目的論《テレオロジー》〔的過程〕」を無料で手に入れることはできないのであり、デュルケム主義者は自分の債務を清算するための、弁護可能な方法を全く持っていない。しかし、魔法のメカニズムを要求する必要は全くない。ミーム間の自然選択が、人間や神や集団の理解力《コンプリヘンション》の後押しなしで、そこでのデザインの仕事を果たすことができるのである。デイヴィド・スローン・ウィルソン（Wilson 2002）が指摘しているように、機能主義が廃れたのは、信憑性のあるメカニズムを欠くためであった。自然選択によるミーム進化の理論がそこで必要とされるメカニズムを提供するのであり、これはちょうど、大陸移動説を真剣に受け入れるために必要なメカニズムをプレートテクトニクスが提供したのと同じである。[60][9]

伝統的な文化理論のまた別の難点として、伝統的な理論が情報的存在者を取り扱うために、「心理的な」カテゴリー――より特定して言えば、**考え**《アイデア》または**信念**――を選ぶ傾向がある、ということが挙げられる。たしかに、考えと信念（ここでは、あくまでも心的ないし心理的な、状態ないしエピソードとして特徴づけられる概念を想定している）が、人間文化において大きな役割を果たしていることは明白である。とはいえ、文化的な伝達と進化がすべて**意識的な了解**やそれに類するものに依存しているわけではないのである。一つのグループが、ある語のアクセントや、身振りの動作や、壁にしっくいを塗るときのやり方などを**感知されない仕方で**変動させ、そこで生じた変動にまったく気づいていない、ということはありうるのだ。語の意味でさえ、使用者の視野から完全に外れたところで進む過程の中で、差異化を伴う複製《ディファレンシャル・リプロダクション》の働きで進化することがありうる。現在、誰かが心酔しきった様子で、「あの講義は**とてつもなく素晴らしかった**〔*incredible*〕。ただもう、**すごい**〔*terrific*〕と言うしかないね」と言ったとして、これは〔incredible を文字通りの意味でとって〕人々がその講義を信じなかったが、それでもその講義を恐ろしい〔terrifying〕と感じた、という意味にはならない。誰かがこれらの意味を修正しようと決断したわけではないし、趨勢に賛意を示したわけですらない。意味の修正は、文化内で産出されるトークン個体群内の変動によって、ただ生じただけなのだ（詳しくは Richard 近刊を参照）。

文化的特徴の変化が**気づかれないまま**拡散しうるという事実は、考え《アイデア》と信念〔への注目〕という、伝統的な心理学的視座を採用する場合には説明が難しいものとなる――また従って、見過ごされてしまう見込みが大きい。ミームという視座には、このような見逃しを是正してくれるよさがある。だがそれよりもずっと重要なのは、ミームにもとづく説明が、文化が運ぶ情報が**理解なしで**脳にインストールされる仕方について、これまでとは異なった見方を提供できることである。標準的な見方の問題は、この見方が、志向的構えの中にあらかじめ組み込まれている合理性の前提に、**無批判に**依存しているという点にある――つまりそれは、人々や、さらには「高等」動物たちは、目の前に差し出されたものが何であれ、それを**理解している**はずだという、民俗心理学にとっての初期設定《デフォルト》の前提に無批判に依存している。新奇な考え《アイデア》、信念、概念は、ほぼ「定義によって」**理解されたもの**だとされる。考え《アイデア》をもつとは、自分がもつ考え《アイデア》がいかなるものであるかを知ることであり、デカルトが言ったように、その考え〔観念〕《アイデア》を明晰かつ判明に概念することなのである。議論したり考察したりするために何らかの考え《アイデア》を特定しようとするとき、私たちはその考え《アイデア》をその内容《コンテント》によって特定するのが常であるということに、私たちはほとんど気がつかない（つまり例えば、「トムが最初に言及した考え《アイデア》」だとか、「私が野球についての考え《アイデア》の直後に抱いた考え《アイデア》」のような特定の仕方はしないものだ）。これは、理解力《コンプリヘンション》は有能性《コンピータンス》の源であるという、至るところに見いだされるダーウィン以前の思想の一適用例なのであり、そして私たちはこの思想を逆転し、それによって、史上初めて、理解力なしの有能性が、いかにして漸進的に産み出されてくるのかを、少なくとも素描することができるようになった（この課題は第13章で果たされる）ということが重要なのだ。

伝統的な文化理論の論者たちは、個々の発案者の貢献を過大評価しがちであり、個々の発案者たちが、彼らが発案し、伝達し、改善したデザインについて、現実に必要だったよりも大きな理解力《コンプリヘンション》をもっていたに違いない、と想像しがちである。理解力は、デザインの**改善**のための必要条件ですらない。ロジャースとエーリッヒ（Rogers & Ehrlich 2008）は、ポリネシアのカヌーの進化についての研究の中で、フランスの哲学者アラン（Alain［1908］1956）の次のような文章を引用している（述べられているのはポリネシアのカヌーではなく、ブルターニュの漁船である）[61]。

（60）ウィルソンが代表する進化論的説明はミーム進化ではなく、彼が提起する「多レベル集団選択」の理論である。私がかつて指摘したように（Dennett 2006, pp.180-188）（邦訳二五〇―六一頁）、彼の集団選択が生じるための条件は、あまりにも頻度が小さい〔滅多にしか生じない〕と共に、歴史的時間において有効な効果を発揮するために、あまりにも多くの「世代」（個体の世代ではなく、集団の世代）を要求する。さらに言えばウィルソンは自分の説明のためにどうしてもミームを必要とするので、ウィルソンにはミーム進化を認めないためのいかなるまともな理由もないことになる。これは適切な現象があれば、社会集団の機能的要素の、それと気づかれないダーウィン的進化が生じる、というのと同じである。

どんなボートも、他のボートの複製《コピー》である……。ダーウィンの流儀に倣った推理をしてみよう。非常にまずい作りのボートは、一、二回の航海で沈没する羽目になるはずであり、従って決して複製《コピー》されないはずだろうというのは明らかである。……従って、完全な厳密さをもってこう言うことができよう。すなわち、ボートの意匠を決めたのは、つまりどの機能を残しどの機能を廃棄するかを選び取ったのは、〔母なる〕海それ自身である。〔邦訳八四―五頁〕

ボートを組み立てた人々は、父や祖父たちから組み立て方を教わった工作物について、それをどう改善するかの何らかの理論——正しいことも、誤っていることもあろう——をもっているかもしれない。彼らが自分自身の創作物に、その理論にもとづく修正を加えるとき、その修正は正しいものである場合も、そうでない場合もあるはずである。これ以外に、遺伝的な突然変異と同様の、単なる複製《コピー》の誤りとして新機軸がもたらされることもありうる。このような複製《コピー》の誤りが幸運《セレンディピタス》な革新となる見込みは乏しいが、その滅多にないことが起きれば、ボート組みたての工法に部分的改善がもたらされることになる。帰ってきたボートは複製《コピー》され、それ以外のボートは忘却の彼方へ打ち捨てられる。自然選択の働きの古典的な事例である。複製《コピー》されたボートが、純然たる機能的な適応以外に、余分だが無害な要素——つまりは装飾物——を採用することもありうる。後の時代に、この単なる装飾物が何らかの機能を獲得するという結末に至ることもありうるし、そうはならないこともありうる。ミーム説の視座はこのように、人工物や儀式やその他の人間の実践に付加される修飾物について、機能をもつ修飾物と、単なる伝統にもとづく修飾物との両方を説明できるし、この二つのカテゴリーを分かつ「明確な一線」を引くことがなぜできないのかを説明することができ、しかもその際に、これらの修飾物を創造した、不可知の「民衆的天分」なるものに訴えるともしないのである。いかなる理解力《コンプリヘンション》も**必須事項**ではない。たとえ、理解力があれば研究開発の過程は遅らされるよりも加速されることの方がずっと多いことはほぼ間違いのないことだとしても、それは必須事項ではないのだ。(62)

　文化についての伝統的思考法の多くに見られるまた別の欠点として、良質のもの《グッド・スタッフ》にばかり注目して、がらくた《ジャンク》を無視するという傾向がある。文化に対する**経済学的モデル**を採用することは、文化の中でも有益であることが明らかなもの（または単純に良好で無害なもの）としての、その文化のテクノロジー、科学、芸術、建築、文学――一言で言えば、「高踏文化《ハイカルチャー》」――に対する**さしあたりの近似としては**適切である。実際、これらはその社会の宝物であり、これらを保存し維持すること、および存続に役立つものを何であれ広めようとすること、たとえそれらを何世紀にもわたって「生きた、すぐれた」ものとして維持するためには、何年もの厳しい教育と反復練習《リハーサル》の期間を要するとしてもなお、それらを次世代に遺すべき立派な遺産として確実に継承していくこと（そしてそうする方が合理的であるということ）には、しかるべき経済学的な意味がある。(63)　しかし、文化の中の、有害で、無益で、重荷となり、適応度を減少させるような要素についてはどうだろうか？　これらの、実のところ誰一人賞賛していないのに、風邪のウィルスやマラリアのように、

(61)　Dennett (2013) でこの一節を引用したとき、私は誤って、アランがポリネシアのカヌーについて語っていると見なしてしまっていた。ロジャー・デプレッジ［Roger DePledge］の指摘によれば、アラン（エミール＝オーギュスト・シャルティエの偽名）が書いていたのは「ポリネシアのボートではなく、ロリアンの沖合に浮かぶ島であるグロア島（北緯四七度三八分、西経三度二八分）に住むブルターニュの漁師のボートである」という。

(62)　発明と工学の歴史は、革新への道を悪しき理論が妨害し、進歩を数十年、それどころか数世紀単位で停滞させた例で満ちている。例えば、「向かい風を受けて帆走することはできない」というのが「自明の理」であると見なした場合、この「不可能事」を果たす見込みのあるデザインをわざわざ実験してみることはなくなってしまうだろう。

根絶しようとするとコストがかかりすぎる要素は、どうなっているのか？　ミームという視座は、相利共生者、偏利共生者、寄生者、という生物学由来の三分類（第9章、二九七頁原注（51）参照）の、両極も中間例もすべて取り扱う。

第7章で指摘したように、ミームはウィルスのようなものだ、という考え方に拒否感をもつ人々は多いが、これは彼らが誤って、ウィルスは常に私たちにとって悪しきものだと思い込んでいることによる。すべてのウィルスが悪なのではないし、実のところ今現在私たちすべての中に住みついている何兆ものウィルスの内の、ごくわずかの少数派のみが、何らかの点で有害であるに過ぎない。いくつかのウィルスが実際私たちにとって有益であり、さらに言えば、消化管内の微生物叢が私たちの生命に必須のものであるのと同様、不可欠の相利共生者であるという可能性も、未だ退けられてはいないのだ。

私たちが順調に生きていくためには、いくつかのウィルスが**必要である**のだろうか？　恐らくそうである。[10]そして私たちが、自分がもつミームの内の多くを必要としているというのは、確かなことである。ダニエル・デフォーの『ロビンソン・クルーソー』（Defoe 1719）は、人が生き延びるために必要とするミームをまとめた百科事典の名にふさわしい書物である。さらに言えば――歴史の紆余曲折のために――この種の自力生活のためのミームは、平均的な一八世紀の成人の方が、先進国に住まう平均的な二一世紀の成人よりもたくさん身につけていたことはほぼ間違いない。（私たちの中に、翌年の種まきに向けて種を集める方法や、ブタンのライターを使わずに火を灯す方法、あるいは木の伐採法を知っている人がどれだけいるだろうか？[64]）

純然たる**寄生者**ミームが繁栄することはありうるだろうか？　この問いに肯定的に答えたことが、ドーキンスがミームを導入した際に最も注目を集めた点の一つであり、ミームへの反感の多くは、ほぼ間違いなくこれによって引き起こされたものである。つまり（多くの読者にとって）ドーキンスは、すべての文化は恐るべき病、脳に感染し、自己破壊的な活動を喚起する感染症である、と言っているように思われたのである。ドーキンスはそんなことを言っていないのに。この誤った仮定のはなはだしい事例が、ディヴィド・スローン・ウィルソンの著作に出てくる（Wilson 2002）。ウィルソンは、文化のための進化的基礎が必要であるという点についてははっきり認めている。

〔社会的経験の〕それぞれがもつ性質にもとづき、あるもの〔社会的経験〕は成功し、他のものは失敗するが、この過程が盲目的な変異と選択的保持の過程を構成するのであり、この過程は遠い進化的な過去において働いていただけでなく、最近の人間の歴史の経過の中でも働いている。（P. 122）

しかしウィルソンはミームを、それが「寄生的」存在であると見なすがゆえに（p.53）、性急に却下する。それによってウィルソンは、ミームがある種の文化現象――とりわけ宗教――に対する、自分自身の「多レベル集団選択」説よりも効果的かつ検証可能な進化論的説明を提供するかもしれない、という可能性を

（63）リチャーソンとボイド（Richerson & Boyd 2005）は、「合理的選択モデルは文化進化の一つの極限的事例である」（p.175）と指摘している。

（64）現代の人間生活を支えるために必要なすべてのミームを誰か一人の個人がすべて宿している必要がない、というのは明白なことである。というのも私たちはずっと昔から分業と専門化を確立し、個々人が専門の職業に特化できるようにしてきたからである。ロビンソン・クルーソーは多くの点で魅力的な思考実験である。例えばこの思考実験は、私たちがどれほど多様な有能性《コンピータンシーズ》を他者に頼っているのか、ということ証明してくれる。そのような多様な有能性は、たとえ一八世紀の段階においてすら、個人で完全に身につけたと主張できる人がいるとしてもごく少数であるようなものであったということだ。

決して考察しない。実のところウィルソンは、自分自身がときおりミームをほのめかすような発言をしていることに気づくことができていない。例えば、ウィルソンは〔カトリックの〕教理問答集を、適応的な共同体を発展させるために必要な情報を複製しやすい形式で含んでいる、「文化的なゲノム」として特徴づけるのは有益なことだと見なしている（p. 93）。別の折には、（e.g., pp. 118-189, 141, 144）、ウィルソンは単純に、自分の仮説に対するミーム説的代案（例えば『解明される宗教』（Dennett 2006）のような）が単に利用可能であるばかりか、より説得力のある代案であることに、気づき損なっている。(65)

多くのミームは、あるいは、もしかするとほとんどすべてのミームは相利共生者であり、適応度を増進させる補助装具として、私たちがすでに備えている適応（例えば知覚システム、記憶、移動や操作の能力など）を増進させてくれる。相利共生的なミームがはじめから存在していなかったとしたら、そもそも文化がいかに始まることができたのかは理解しがたいものとなる（文化の起源については後ほど詳しく論じよう）。だが、ひとたび文化のための下部構造がデザインされ、インストールされてしまうと（これは後ほど見ていくように、文化進化と遺伝的進化の相互作用によってなされる）、寄生的ミームがその下部構造を悪用する可能性の余地が、多かれ少なかれ確立してしまう。リチャーソンとボイド（Richerson & Boyd 2005, p. 156）は、その種のミームを「ならずものとなった文化的変異体」と呼ぶ。近年の明白な事例を挙げておこう。インターネットは非常に複雑かつコストのかかる人工物であり、あるこの上なく実用的、ないし生死に関わる目的のために知的《インテリジェントリィ》にデザインされ、構築された。つまり現在あるインターネットは、一九五八年にペンタゴンが創設したＡＲＰＡ（現在はＤＡＲＰＡすなわち国防高等研究計画局［the Defense Advanced Research Projects Agency］）の出資によって作られた〈アーパネット〉の直系の子孫である。ＡＲＰＡの創設は、ロシアが人工衛星スプートニクでアメリカを揺るがせたことへの対応としてなされ、軍事技術の研究開発を促進することを目的としていた。そして現在ではスパムとポルノ（およびネコの写真やその他のインターネット・ミームたち）が、ペンタゴンが出資するさまざまな研究所のあらゆるハイテクデザインの共有を阻害するようになっているのである。

私たちは、この種のがらくた《ジャンク》から手頃なステレオタイプを取り出し、それを人間の適応度を増進しないミームの典型例だと決めつけてしまう前に、そもそも進化生物学の文脈で「適応度」が何を意味するものなのかを思い起こすべきである。つまりこの文脈での「適応度」とは、健康でも、幸福でも、知性でも、満足でも、安全でもなく、むしろ**子孫を増やす才能**だということである。実際、どのようなミームが、持ち主が残す孫の数の見込みを平均より多くするというのか？　ごくごく少数しか存在しないように思われる。さらに言えば、私たちが最も愛しんでいるミームたちの多くは、明らかに、生物学的な意味での適応度を**減少させる**。例えば、**大学教育を受ける**というのは、そのような適応度減少効果を甚大にもたらす営みであり、その度合いは、仮に、例えばブロッコリーの摂取が同じ規模の効果を与えるとしたら、次のような公衆衛生上の警告文がほぼ間違いなく掲げられる規模に及ぶはずだ――「〈警告！〉ブロッコリーの摂取は、生存するあなたの孫の数を平均値より下に引き下げると見込まれます[66]」。私は自分の学生たちに、この印象深い事実に衝撃を受けたかどうかと聞いてみると、彼らはそんなことはなかったと答えるし、彼らは本心を言っているのだと思う。彼らは、同種の他の個体よりも多くの子孫を残すことより、もっと重

(65)　例えばウィルソンは、「カルヴァン主義の**詳しい内実**（強調は引用者）は、他のいかなる対抗仮説よりも、それを集団レベルの適応として説明する仮説が最もよく説明される」と力説する（p. 119）。しかし、数多くあるその詳しい内実のうち、集団としての結束に何らかの関わりをもっているのはごく少数なのである。

(66)　あるいは、リチャーソンとボイドの次のような警句もある、「もしも自分の子供たちのためを考え、彼らの遺伝的適応度を向上させたいと思うなら、彼らが宿題をするように手助けしてはならない！」（p.178）

要なことが人生にはある、と考えているのだし、これは人類全体にわたり、完全に普遍的な態度だとは言わないまでも、優勢を占める態度ではある。そしてこの事実そのものが、私たちを他のあらゆる種から隔てている。私たちは、遺伝的適応度を人生の最も上位の目的、あるいは最高善《スムム・ボヌム》の地位から引き下げるような視座に立とうと努めてきた唯一の種である。[67] 子孫を残すことの追求こそ、鳥が巣を作り、ビーバーがダムを作り、クジラが何万マイルも移動し、ある種のオスグモが、つがう相手による死の抱擁へと飛び込んでいく理由である。川を必死にさかのぼって進むサケには、自分を見直し、代わりにバイオリン演奏を学ぶ生き方はどうだろうか、と思いをめぐらせることのできるものは一匹もいない。私たちにはそれができる。

私たちは、それ〔遺伝的適応度〕以外にも自分の命をかける（そしてそのために他者を殺す）べきものを見つけ出した唯一の種である――すなわち、自由、民主主義、真理、共産主義、ローマカトリシズム、イスラム教、その他多くのミーム複合体（多くのミームからできたミーム）である。どんな生物とも同じように、生き続け、子孫を残すことを好む強いバイアスを、私たちも生まれもっている。このバイアスは私たちの「動物的本性」のほとんど抗しがたい衝動の中にも、それよりも微妙な、無数の習慣や性向の中にも、はっきりと現れている。だが、私たちはまた説得されることが可能な種なのであって、すなわち鳥やサルのような単に学習可能な種、あるいは、イヌやウマ（および厳格な管理体制を敷かれた実験室内の動物たち）のような単に訓練可能な種とは異なり、理由によって、しかも単なる浮遊理由ではなく、**私たちに対して表象された**理由によって、動かされることが可能である。先に、蟻塚を建築するシロアリや、ストッティング〔跳ね歩き〕をするアンテロープという例を見たが、これらの生物の営みには理由があるにしてもその理由はその生物がもつ理由ではない。動物たちがある理由のために［for reasons］何かをするとき、その理由

──なぜそれをやっているのかの理由──に対するその動物自身の理解は全く存在していないか、ごくごく限定されたものに留まる。動物たちには、当初彼らが理解しているように見えていたものを、新しい形式やより広い文脈[11]に向けて一般化し、応用する能力が欠けている、ということを証明する実験が無数になされていることからも、これは明らかである。

これとは対照的に、私たち人間は単に、何かを理由のために行う存在であるだけではない。私たちはしばしば、私たちがすることの理由を**有する**。これが意味するのは、私たちはその理由がどんなものかを自分自身にはっきりと語ったし、しかるべき考察の後に、その理由を支持した、ということである。私たちが、自分がやっていることの理由についてもつ自己理解は、しばしば不完全で、混乱したものでありうるし、欺瞞的なものですらありうるが、だとしても、私たちがその理由を〔賢明にであれ、愚かにであれ〕**所有**できるという事実のおかげで、私たちは理由にもとづいて語りかけられること、そして理由に訴えて他人に語りかけることができるのである。〔だが〕私たちが、何らかの説得〔自己自身に向けられたものでもありうる〕によって、いわゆる心変わりをするとき、私たちが、口では出来心でやってしまったんですと言いつつも、自分が行った理由の改訂〔ここで言う「心変わり」〕を本当に「心から」認め、それに親しもうという

(67) イヌが飼い主のために自分の生命を危険にさらしたり、さらには生命を投げ出したりする逸話は数多くあるので、イヌはこの一般化の重要な例外であることになる。イヌは〔ネコを含む〕他のいかなる家畜よりも人間に似ているが、これは偶然ではない。イヌは何千年にもわたり、この類似性を目指す無意識選択を受け続けてきたのである。そして皮肉なことに、ホモ・サピエンスとカニス・ファミリアリス〔イヌ〕との両方について、これとは別の印象深い事実か成り立っている。すなわちこの二つの種は共に、より高い者からの呼びかけに繁殖〔への関心〕を従わせる能力をもつにもかかわらず、彼らの最も近縁な非家畜種を厖大に上回る個体数を擁しているのである。

気にならない、という可能性はいつでも存在している。教訓というものは、説得者や教師が望むような長期的な影響を、私たちの確信や態度に対して及ぼさないかもしれないのだ。それゆえに私たちは、ウィルフリッド・セラーズ（Sellars 1962）が注目を捉した、理由を提供し理由を受け取る（そして理由を拒む）という私たちの実践の中で、自分の理由を繰り返し《リハース》、改訂し《リバイズ》、説明し直し《リ・エクスプレイン》、再確証し《リテスト》、見直す《レビュー》のである（第3章の「理由の空間」を参照[12]）。

アリストテレスは私たちの種を合理的《ラショナル》〔理由をもつ〕動物として他の動物から区別し、デカルトをはじめ、現在に至るまでの多くの人々は、推理《リーズナー》〔理由づけ〕する者としての私たちの才能を、神によって脳に組み込まれた、特別な**レス・コギタンス**すなわち**思考する事物**に帰属させてきた。[68] 私たちの合理性が神から与えられたのでないのだとしたら、それはいかにして進化できたのか？　マーシアーとスペルベル（Mercier & Sperber 2011）が論ずるところでは、人間個人が備えている推理能力、すなわち論理的な論証を表現し評価できる能力は、説得という社会的な慣習から生じてきたのであり、その結果として、私たちの推理能力の中には、その起源が生痕化石として見いだされるという。悪名高い**確証バイアス**は、私たちが現在もっている信念と理論を支持する証拠にばかり注目を向け、否定的な証拠を無視するという私たちの傾向である。このバイアスやその他の、よく研究されている人間の推理の誤りのパターンが示唆するのは、私たちの〔推理の〕技能は、議論において他者の肩を持ち、他者を説得するために〔進化的に〕磨き上げられたのであって、必ずしも事柄を正しく知るために磨き上げられたものではなかった、ということである。私たちの中には「正当化しやすい決断を好むが、必ずしも優れた決断を好むわけではない」ような才能が根を下ろしているのである（p.57）。この種の技能をデザインすることができた進化による研究開発の過程は、たとえ未発達ではあれ、必ずやそれに先立つ言語使用の技能に依存しているはずである。それゆえ私たちはその進化の過程を共進化的な過程であると考えている。すなわち、一部は文化進化、一部は遺伝的進化という過程であり、発音ミームとしての語の文化的な進化がその過程を導いたということである。

(68) 「テクノロジーは神の賜物である。生命という賜物を別にすれば、多分これこそそれに次ぐ最大の神の賜物であろう。テクノロジーこそ文明、芸術、そして科学の母である」――フリーマン・ダイソン (Dyson 1988)。少なくともここでダイソンは、私たちの才能がテクノロジーから育まれてきたものだと見ており、才能そのものが自らの究極の源泉であるとは見ていない。

第11章　ミーム概念の難点——反論と答弁

ミームなど存在しない！

私はこれまでミーム〔という概念〕に対する敵意に何度も遭遇してきたが、多くの場合、そのような敵意には次のような冷笑が伴っていた——「ミーム？　ミームだって？　君はミームが存在することすら、そもそも僕に証明できるのかい？」　非存在に関わる主張は、ほとんどいつも滑りやすい。とりわけ、哲学者が科学的な気質を抱く場合か、あるいは科学者が哲学的な気質を抱く場合にはそうなる。私たちの誰もが人魚、ポルターガイスト、フロギストン、エラン・ヴィタルが存在しないことについては合意できる[1]——そのはずだと思う——が、遺伝子、〔超〕弦理論の〕弦、〔私的言語から構成されたものとしての〕公共言語、数、色、自由意志、クオリア、さらには夢などの存在が問われるとき、分野によっては大論争が巻き起こる。ある場合には、否定論は、実在に関する非常に厳格な学説にもとづいている。つまり、「原子と真空」以外は何ものも現実には存在しない、といった厳格な学説である〔この「原子と真空」の部分は、原子以下の粒子と物理学的な場であったり、時間の始まりから終わりにかけて、時間の中を猛烈な速さで行き来する単一の原子以下の粒子であったり、あるいは――物理学者ジョン・アーチボルド・ホイーラーが提案するような――自らを織り上げる織物であったりする)。哲学者も科学者も共に、この種の最小限主義《ミニマリスト》の見方に長い間魅せられてきた。私の教え子の一人が、かつてこんなノートをとっていた。

パルメニデスは、「ただ一つのものだけが存在し、そしてその何かは私ではない」と主張した哲学者である[2]。

別の場合には、全面的否定論は外見的イメージの全項目を対象にする。つまり、科学的イメージが公式に認める項目だけが存在し、稠密な物体[3]、色、日没、虹、愛、憎しみ、ドル〔お金〕[4]、ホームラン、弁護士、歌、語、等々は現実には存在しないということになる。〔彼らに言わせれば〕これらは恐らく有益な錯覚《イリュージョ》〔幻想《ン》〕であって、〔パソコンの〕デスクトップ画面に置かれたアイコンのようなユーザーイリュージョンと同じようなものだ、ということである。コンピューターの画面上の色の付いたピクセルは実在《リアル》するが、それらのピクセルが描き出しているものは、バッグスバニーやミッキーマウスのようなフィクション上の対象なのだ。同様に、外見的イメージには、イメージの集合体――私たちがその中で生きている映画のような――としての実在性《リアリティ》があるが、それらのイメージを、私たちが関心を向け、操作を行うための「事物《シング》」と見なしたり、実在物《リアリティ》だと思いこんでそれに恋したりするのは誤りだ、と主張する人もいるだろう。

こういう立場は支持しうるものだ、と私は思っている。実のところこれは私が、それぞれの種にはそれぞれの外見的イメージがある、という話をした際に、それらの外見的イメージついて述べた主張の一**バージョン**である。つまり私の説明によれば、それらの外見的イメージは、その使用者《ユーザー》の必要に適するように、進化によって秀逸きわまる《ブリリアントリィ》仕方でデザインされた、ユーザーイリュージョンなのであった。私のバージョンが異なるのはただ、これらの存在論〔種ごとにさまざまな外見的イメージ〕は、実在を切り取る異なったやり方であり、単なるフィクションではなく、むしろ、現実に存在しているもの、すなわちリアル・パターン[5]の異なったバージョンである、ということを進んで積極的に認める、というところにある。この見方をもっとショッキングな言葉で、「私たちは一つの虚構《フィクション》の世界、夢の中の世界、非実在の世界に生きている」と言い換えることは、混乱をもたらす原因になりがちである。というのもこの言い換えは、私たちが何らかの悪しき力に欺かれている、ある種の犠牲者なのだ、ということを示唆するからである。例えばドルが存在することを否定するが、愛と憎しみと虹をなんの困難もなく受け容れる論者たちがいる。ところが愛や憎しみや虹の実在性《リアリティ》について彼らは一度も言及しない。なぜなら彼らにとってそれらが存在することは「明白なこと」だからだという（ところが、ドルが存在することは彼らにとって明白ではないというのだ！）。

この種の過激な形而上学説を別にすれば、通常、〈Xが存在していることを否定する〉とは、〈Xについてのある理論がよくない理論である〉を意味している。その理論が外見的イメージから持ち込まれた、いわゆる「民俗理論《フォーク・セオリー》」[6]である場合、このこと〔よくない理論であるという反論〕はしばしば否定しようのないものである。例えば色についての民俗理論は、誤りと混乱に満ちている。だが、これは色が本当《リアリィ》に存在しないことを意味しているのだろうか？　私たちは、例えば人魚の存在を信じてしまった場合のように、色の存在について幻惑されているのだろうか？　その通りだ、と主張する人はいるだろう。その道を突き進むことに、それよりもためらいをおぼえる人もいるだろう。カラーテレビを売っています、と主張しているからというので、ソニーが虚偽広告を出していますと訴えるべきであろうか？　一つの中道の立場は、色とは現実《リアリィ》には存在しないが、あたかも存在するかのようにふるまっている、一つの「有益な虚構《フィクション》」だと述べる。

これとは別の選択肢は、色は実際に存在していると断固主張する、というものだ。色とは単純に、民衆がこうだと考えているようなものではない、というだけのことなのだ。私は研究人生のすべてにおいてこの道を進んできた。色だけでなく、意識も、自由意志も、それからドルも実在する、と断固主張してきたのである。ドルは興味深い事例である。ドルの実在性《リアリティ》への信念への閾下《サブリミナル》での支持物の中でも、最も強力なものの一つが、見たり、重さを確かめたり、手で扱ったり、持ち運んだりできる、ドルの紙幣や硬貨といった法定貨幣の存在に由来している、というのはほぼ間違いないことである。これとは対照的にビットコインは、ほとんどの一般人《フォーク》にとって、これよりもずっと錯覚〔幻想〕《イリュージョリイ》めいている。だが彼らもドルについてよく反省すれば、触れたり持ち運んだりできる物理的対象としてのドル紙幣は、ひとたび歩き方を覚えてしまえば手放してしまえるような、いわば存在論的な松葉づえであることに気づくはずである――つまり、相互の期待と習慣が成り立つようにしておけば、原理的にはそれだけでドルもビットコインも支えることができる、ということに。実に、二〇世紀に入ると、この種の松葉づえ――金本位制や、銀証券など――を維持すべき必要性をめぐって政治的論争が過熱したのであった。しかしながら将来の子供たちはクレジットカードしか持ち運ばず、それだけで支払いを済ませ、それで何の問題も感じないようになるかもしれない。ドルは実在《リアル》する。ただしそれはみなさんがこうだと思っているものとは異なっている、というだけなのだ。

意識は存在する。ただそれは、一部の一般人《フォーク》がこうだと思っているものではないというだけだ。そして自由意志も存在する。ただしまたもやそれは、多くの人々がこうでなければならないと思っているものではない。しかしながら、これまでの経験から知るに至ったのだが、一部の人々は、意識や自由意志が実在《リア》

す《ル》**る**ためには、それらがどんなもの**でなければならないはず**か、について自らが知っていると確信しており、そのため私の主張を、本心を隠したうわべの主張だと見なして却下するのである。つまりこういう人々は私が、本物《リアル・シング》を安っぽい代用品にすり替えてつかませようとしているのだ、と主張するのだ。以下はその例である。

> もちろん、ここでの問題は、意識は物理的な脳状態と「同一である」という主張に関わっている。デネットらが、これによって何を言おうとしているのかを私に説明すればするほど、彼らが本当に言おうとしているのは、意識とは存在しないということなのだ、という確信が一層募るのである。（Wright 2000, ch. 21, fn. 14）

> 〔デネット〕は、ほとんどの人々が信じたいと望み、また現に信じている、「絶対的」と言われる類の自由意志と道徳的責任を基礎づけていない。そのような基礎づけは不可能であるし、彼〔デネット〕にはそのことが分かっている。（Strawson 2003）

私の理論によれば、意識とは非物理的な現象**ではない**し、自由意志は因果関係から切り離された現象**ではない**。そしてライトやストローソン（や他の人々）の見解に照らせば、私は大胆にも、意識も自由意志も本当《リアリィ》には存在しないと認めている**のでなければならない**。（恐らく、彼らの攻撃を和らげる一つの可能な道は、私が「虚構主義者《フィクショナリスト》」になり、意識も自由意志も本当《リアリィ》には存在しないが、あたかもそれらが存在するかのように行為することは実際立って有益なことなのだ、と主張することであろう。）何が**本当**《リアリィ》**に**存在するのかについての、批判者たちの理解と私の理解とを比較したとき、なぜ批判者たちが、自分たちの理解の方が私の理解よりも優れていると思っているのかが、私には分からない、というのが私の彼らへの反論である。[7]

いずれにせよ、私がなすべきミームについての議論は、これらの議論よりも容易に論じられる。私がここで擁護しようとしている理論は、比喩的ではなく字義通りに、そして何の注意事項も付さずに、〈語とは発音されうるミームである〉と宣言する。ミームは存在するが、それは語がミームであり、かつ語は存在するからである。また同様に、その他の非遺伝的に伝達される**何かをするやり方**《ウェイズ》もまた存在する。もしも読者の中に、語が存在することを否定したいと思う論者がいたら、その読者の方は反論を別の方面に求めねばならないはずである。というのも、私は自分の存在論の中に、外見的イメージを構成する備品一揃《そろ》えをすべて——そこには語も申し分なく含まれる——含めることに満足しており、そのことにさらなる論証を要してはいないからである。ということで、これより、私が擁護するミーム理論に対する実質的な反論を考察していくことにしよう。

ミームは「離散的」かつ「信頼性のある仕方で伝達される」ものだと述べられているが、文化的変化の多くはそのいずれにも当てはまらない

リチャーソンとボイド（Richerson & Boyd 2005）は、ドーキンスの主張の多くに共感しつつも、文化的な情報を担うものをミームと呼ぶことには一切反対している。その理由は、ミームには「離散的で[8]、信頼性のある仕方で伝達される、遺伝子に似た存在者という含意が備わっているが、私たちには、文化的に伝達される情報の多くが、離散的でもなければ、信頼性のある仕方で伝達されるわけでもない、と信ずべきしか

るべき理由がある」（p.63）からだという。だがすでに見てきたように、語とはまさに、極めて「離散的かつ信頼性ある仕方で伝達される」存在者であり、また、語は少なくともある点で「遺伝子に似た」ものであって、あるいはむしろ第8章で見たように、遺伝子は**ある点で**「語に似た」ものなのであり、これを私たちはドーキンス（Dawkins 2004）の、マック〔マッキントッシュ〕のツールボックス・サブルーチンの類比によって明らかにしたのであった。

> ある一点で、語との類比は誤解を招きやすい。語は遺伝子よりも短いからであり、それゆえ論者の中には遺伝子を文になぞらえる人もいる。しかし文というのも、別の理由でいい類比ではない。というのも、諸々の固定した文のレパートリーをただ順序を変えて組み合わせることでは、さまざまな本を書くことはできないのだ。ほとんどの文は、唯一無二のものなのである。この点で遺伝子は語には似ていても、文には似ていない。つまり遺伝子は異なった文脈で同じものが何度も何度も使い回される、という使われ方をする。遺伝子に対する、語や文よりも適切な類比物となるのは、コンピューターにおけるツールボックス・サブルーチンである。（pp.155-156）〔邦訳上巻二七五頁〕

というわけで、語は遺伝子に似たものである。すなわち両者とも、（サブルーチンと同じく）情報構造であり、そのようなものとして何かをするやり方《ウェイズ》を決定するのである。この後で見るように、リチャーソンとボイドは「文化的に伝達される情報の多くが、離散的でもなければ、信頼性のある仕方で伝達されるわけでもない」と主張する点では正しく、またしたがって彼らの〈ミームとは、文化進化が発見し洗練する情報のごく小さな部分、多分主要ではない部分を占めるに過ぎない〉という反論は、この見解にもとづけば、恐らく正しい。仮に、語が唯一のミーム、または、ほぼ唯一に等しいミームである、と仮定してみよう。この場合には、ミーム学《ミメティクス》または〈ミームの目からの視点〉を文化進化の一般理論と見なすことが難しくなるだろう。これと似た議論を行っているのが、また別の厳しいミーム批判者たるダン・スペルベル(Sperber 2000)である。すなわちスペルベルは、ミームを「模倣によって広められる文化的な自己複製子」と定義し、このような存在者が少数ながら存在していることを認めつつも――彼はチェーン・レター〔不幸の手紙の類〕に言及してはいるが、語を典型例と見なしてはいない――それは文化的な伝達のちっぽけな部分を表しているに過ぎない、という立場をとるのである。

> ミーム学が適切な研究プログラムになるためには、複製活動《コピーイング》と、複製《コピー》を増加させることでの差異化《ディファレンシャル》を伴う成功が、文化の内容のすべての、または、少なくともほとんどすべての形成において、圧倒的な働きをしているということが事実成り立っていなければならない。(p.172)

これは強すぎる要求だと私は思うし、また私はスペルベルが「圧倒的」と「または、少なくともほとんどすべて」との間で揺れているという点に、彼は同意するだろうと予測している。いずれにしても問うべきは、果たして語だけが唯一の典型的なミームであるのかということだ。たとえそうだったとしても、やはり明らかでありそうなのは、私たちの文化のような累積性をもつ文化は、これらの〔語という〕ミームに依存しているがゆえ、〈ミームの目からの視点〉には、文化進化の諸理論の中での支配的な役割が与えられる――語という形式で伝達される情報の割合が、たとえどれほど小さかったとしても――ということである。しかるに実際には、人間の文化の中には、信頼性の高い自己複製子が、これらの批判者たちが認めるよりも多く存在している。そしてこれらの自己複製子はすべて何らかの仕方で、音素《フォニーム》とよく似た、さまざまな形のデジタル化に依存している——思い出してもらいたいが、音素こそが、物理的に多大なさまざまな差異があるにもかかわらず、人間の進化した聴覚システムおよび声道の働きによって、**主観的に類似した**（すなわち一目で同定でき、異論の余地なく分類できる）トークンを創り出すのである。car のさまざまな子孫トークンは、その祖先トークンの物理的な模写物《レプリカ》ではない。むしろそれらは——こう言ってよければ——バーチャルな模写物《レプリカ》であって、話者が無意識に知覚と発音を正す際に依拠する有限な規範システムに依存している。そしてこの——物理的模写物《レプリカ》ならざる——バーチャルな模写物《レプリカ》こそが、信頼性の高い情報伝達のために必要とされるのである。

音楽には、これと同じ種類の抽象作用、および、同じような〈規範に合わせた修正〉が見られる。（私が考察するのは、私がその理論についてよく知っており、またほとんどの読者もそうだろうと見込まれる、西洋調性音楽[9]である。）調性音楽——ド、レ、ミ、ファ、ソ、ラ、シ——は誰が発明したものでもないが、それをコード化し、それぞれの音《トーン》に合わせて歌うための階名《シラブル》を選定し、音楽の記譜法を一つの体系へと仕上げるにあたっては、多くの音楽家および音楽理論家の貢献があった。一一世紀に始まり、何百年もの間続いたその過程は、ダーウィン的な文化進化と、知的《インテリジェント》デザインとの精妙な混合物である。調性音楽は、規範に合わせた修正を可能にしてくれるものとしての、デジタル化されたアルファベットの好例である（「そこの音階で歌声がシャープ気味になっていますよ。直して下さい！」）。音楽における革新は数多くあり、その中にはベンディング〔ジャズで、二音を一音として演奏する〕、スライディング〔他の音に移行する際に、音高を連続的にずらす〕、音階を意図的に半音下げる《フラッティング》（例えばブルースでなされる）などがあるが、この種の逸脱技法の基礎には、正規的《カノニカ》な《ル》音《トーン》が確固として存していることである。「グリーンスリーブス」のメロディをハミングで歌えるだろうか？（クリスマスキャロルの「御使い歌いて"What child is this?"」と同じ曲である。）歌えた人はこの、特定の主音《キー》も、特定のテンポも決まっていないメロディのトークンの非常に長い系譜に、新たなトークンをつけ加えたことになる。ビーバップサキソフォン奏者が、Cマイナーで、ぶっ飛びそうなスピードで演奏した「グリーンスリーブス」も、ギターで、Eマイナーで、物憂げに演奏された「グリーンスリーブス」も、共に同じタイプのトークンである。仮にこの古くからあるメロディが、パブリック・ドメインに属していなかったとしたら〔つまり著作権者なしの状態でなかったとしたら〕、この曲の著作権は、あらゆる楽器または声による、あらゆるテンポ、あらゆる主音《キー》での演奏に及んでいたはずである——これらが構成する聴覚的出来事の集合体は、**物理的な**類似性はごくごくわずかしかないのに、私たちの外見的イメージの重要な部分としての音楽世界において、容易に発見できる同一性を備えている。またもちろん現在では、このメロディを楽譜に記すことは容易である。そしてこれによってこのメロディは現在保存されているのであり、これは古代の口承で伝えられた英雄伝《サーガ》が文書として保存されているのと同じである。とはいえ、今でもなお、楽譜とは独立した**書かれざる**音階《スケール》の体系は——書き言葉が発明される以前の言語体系と同様——単純なメロディやハーモニーを「耳で」保存するために十分なだけのデジタル化であり続けている。

文学には、これよりもさらに高いレベルの、タイプからの信頼性の高いトークン化をもたらす抽象作用が存在している。*Moby Dick*〔メルヴィルの『白鯨』〕の異なった刊本（恐らく活字も異なっている）は同じ小説が複数冊《コピー》あると見なされるが、それだけではなく、この小説のさまざまな言語への翻訳〔日本語の『白鯨』など〕もまた、同じ小説の別の本《コピー》と見なされる。[10]（違うと言う人は、自分がホメロスの『イーリアス』やトルストイの『戦争と平和』を読んだと主張できるだろうか？）翻訳は**理解力**《コンプリヘンション》**を要する**過程である（少なくともグーグル翻訳がもっと発展するまでは）。しかしこの事実は、言語間の障壁を飛び越して、信頼性のある伝達がなされ、文化的な項目が多くの重要な特徴を保存したままで、高い信頼性をもって全世界的に拡散することを可能にすることを妨げるものではない。このような例が示すのは、単純な物理的模造物の作成にとどまらない、さまざまな種類の、高いレベルの抽象的な類似性が存在し、それが〔自然〕選択の出来事を通じて情報を保存し、第7章で述べた「エラーカタストロフ」に陥らずに、自然選択による文化進化の生起）を可能にする、ということである（二二〇頁参照）。『ウェストサイド・ストーリー』は『ロミオとジュリエット』の子孫の一つであるが、それはインクで書かれた記号なり、シェイクスピアの劇の音声なりの並びが物理的に複製されたからではなく、むしろ描き出された状況と人間関係がコピーされるという、純粋に意味論的なレベルでの複製のゆえにである。よくある免責条項の文句をもじれば、『『ウェストサイド・ストーリー』の登場人物と『ロミオとジュリエット』の登場人物の間のいかなる類似点も、単なる偶然の一致では**ありません**」ということである。この種の意味論的な複製が果たしてミームの複製の一つに「数えられる」のかどうかといぶかしく思う人がいたら、思い起こしてもらいたいのは、ミームとは通常は価値のある──コピーする**価値のある**──情報的構造であり、そして著作権法とは、まさにその価値を保護するために考案され洗練されてきたものだ、ということである。翻訳──信頼できる訳かどうかは問わず──だけではなく、あらすじ、映画脚本、小説原作の演劇やオペラ、果てはテレビゲームまでが、ミーム複製の内に数え入れられる。著作権法によれば、一九世紀のボストンに住む架空の人々についての小説を選び、登場人物の名前をすべて変え、小説の舞台を一九世紀のパリにして、その他は元のままにした小説を書くことは禁じられている。これは剽窃すなわちデザインの盗用であり、そのとき、コピーと見なされた物理的対象が、原作である物理的対象と何らかの物理的性質を共有している必要がないにもかかわらず、そう見なされる。

ミームについてのこのような探求から得られる、格別に重要な論点は、これら高レベルのミームのいくつかは、実際に、単なるコピーのための**有能性**《コンピータンス》ではなく、むしろ**理解力**《コンプリヘンション》に依存している、という点である——たとえそれらが、コピーのための、理解力《コンプリヘンション》を要しない有能性《コンピータンス》のシステムに基礎を置いている、ないし依拠しているのだとしても、そのことは成り立つのである。実のところ、この見地に立つとき、私たちは、高い信頼性をもつDNAのコピー過程という、複製に関する私たちの主要モデルが、複製における無精神性の極限的な事例としてそびえ立っていることが分かるようになる。分子レベルで高い信頼性をもつ複製を行うためには、高分子構造（例えばポリメラーゼ分子や、リボソームなど）を「読み手」ないし「コピー作業の担い手」として用い、恐ろしく単純なコピー作業——実に、原子と原子を対応づける「再認《レコグニション》」と、それに続く複写——に訴えなければならない。より高いレベルには、これよりも洗練され、これよりも有能性の大きな「読み手」がいるので、物理的な変動にもっと寛容なシステムを創り出すことができる。話された語がその主要な実例であるが、それ以外の実例もある。ごまちゃぜにさたれ語をともどおりにるすのは単簡でるあ。ほとどの人は、こ文を読のにたいし苦労しなかっはずである。[12] チューリングは、自分の偉大な発明を、彼が想像できる限り無精神的な再認《レコグニション》システムに基礎づけることの重要性に気づいていた——例えば〈0／1〉、〈紙の上に穴がある／ない〉、〈回路の二点間の電圧が高い／低い〉といった二者からの選択である。原理的には、ラブレターで0を、殺害予告の脅迫状で1を表す二進法コードを使って、高い信頼性を備えた伝達を達成することは可能であろう。ただしその場合、伝達の信頼性を確保するためには、〔手紙を判別できる〕理解力を備えた読み手が必要となる。[69]

　このようなコード化は原理的には可能であるし、これ以外の無数のデジタル化の図式でも同じことが成り立つ。しかし、人間文化の中で、これに似たようなものが重要な役割を果たす例が実際にあるものだろうか？　現実に存在するのである。コンピュータープログラマーたちは誤義［thinko］[13]という、卓抜な業界用語《ジャーゴン・ターム》をもっている。誤義《シンコー》は誤記［typo］——活字上の誤り[14]——に似ているが、それよりもレベルの高い、意味論的なレベルでの誤りである——すなわち、文字の誤りではなく、思考の誤りである。〔プログラミング言語で〕PRINTをPRITNとタイプしてしまうことは誤記《タイポ》だが、ブラケット〔角括弧〕を閉じ忘れるとか、コメントの前後にアステリスクを付け忘れる〔または、その他のプログラミング言語が要求する手続きをし忘れる〕とか[15]、四座の関数が必要だったのに三座の関数を定義してしまう、というのは誤義《シンコー》である。悪名高きY2Kバグ〔いわゆる二〇〇〇年問題〕は、データ構造の中に「19」で始まらないデータの余地を作らなかったというバグであるが、これも誤記《タイポ》ではなく誤義《シンコー》である。誤義《シンコー》は、計画が設定した目的が、一定の特定可能な「成功事例《ベスト・プラクティス》」を要求してくる試みにおいては、常に**はっきりそれと分かる誤り**である。コンピュータープログラムにおける「バグ」は、ソースコード中の誤記《タイポ》に由来する場合もあるが、誤義《シンコー》に由来する場合の方が多い。〔ほとんどの誤記《タイポ》はコンパイラプログラムによって検出されて、実行可能なコードが構成される前にプログラマーに返送される。〕〔コンピュータープログラムによって〕何かの目標が達成できなかったとして、専門家たちが異論の余地のない欠陥を特定できなかった場合、それは恐らく嘆かわしい失敗なのであっても、誤義《シンコー》ではない。〔誤義《シンコー》は野球の「エラー」に似ている。エラーをする、すなわち標準を下回るプレーをすると「非難」を受ける。一

(69)　このようなシステムには、興味深いデジタル的性質がある。つまり、読み手と書き手は該当の文書——ラブレターと脅迫状——を理解できる者でなければならないはずだが、それにもかかわらず、両者ともそこで二進法の形で伝達されているメッセージについては完全に無理解であってもよい、ということである。そのメッセージは暗号化されているのかもしれないし、あるいは、例えばスウェーデン語で書かれたプレーンeメール〔文字修飾や画像のない、テキストのみのeメール〕なのかもしれない。

方、そのときどういうプレイが最善〔成功事例《ベスト・プラクティス》〕だったかはっきりしなかったり、惜しい失敗をしたような場合、失敗が失敗を犯さなかった場合と比べて派手に見えるわけではないので、エラーとは言えない。）信頼性の高い複製のために重要なのは、誤義《シンコー》をそれに合わせて、日常茶飯《ルーチンリィ》のやり方で修正できるような、実践の規範が存在している、ということである。トルーマン・カポーティ[16]はかつて、彼の賛辞を求めて送られてきた短編の草稿を突き返し、「こんなもの著作《ライティング》じゃない、タイピングの練習だ！〔This isn't writing; this is typing!〕」と言ったとされるが、このとき彼は、誤義《シンコー》を特定したわけではなく、むしろ日常茶飯事《ルーチンリィ》としてなされる〔普通の基準での〕成功事例《ベスト・プラクティス》を果たしただけでは及びもつかないような、ある卓越性の水準があることを示したのだと思われる。

この日常茶飯《ルーチン》〔決まりきった作業〕というものそれ自体がミームである。このミームは何世代にもわたる差異化を伴う複製《ディファレンシャル・レプリケーション》によって磨き上げられたものであり、また熟練者には「読み」や「書き」が可能な、より大きな実践を組み立てるための要素になる。矢や斧を作ること、火種を絶やさずにおくこと、料理、裁縫、織物、壺やドアや車輪やボートの製作、漁のために網を仕掛けること――これらはみな何世代にもわたり、単純な物理的必要と地域ごとの伝統が結びついた作用によって修正される余地のある、〈やり方《ウェイズ》〉である。これら地域ごとの伝統が進化し、単純な動作の「アルファベット」になると、そこから誤義《シンコー》、誤料理〔cookos〕、誤織物〔weavos〕、その他、容易に修正可能な誤りが大量にもたらされるようになり、それによってその伝統が――恐らくは言語なしで（これについては第13章参照）――信頼性ある仕方で伝達されうるようになる。そして通常、この「アルファベット」がこんな利益をもっていることを誰一人理解している必要はない――それの直接の受益者であるミームたちがそれを理解していないのは確実である。悪い習慣から構成されている伝統――人間の適応度を引き下げる寄生者――が、これと同じ仕方でデジタル化されてしまうこともありうるが、その場合このような伝統も、他の条件が等しければ、〔ミーム間の〕自己複製競争の中で〔デジタル化の力により〕競争相手よりも長く生き延びるはずである。

ダンスは、これまで述べてきた主題の興味深い類例を提供してくれる。「フォークダンス」[17]と、洗練されたコレオグラフィ〔振付法〕[18]を比較してみよう。典型的なフォークダンスは、そこで踊る人々《フォーク》によく知られているアルファベットをもつ。例えばスクエア・ダンシングとコントラ・ダンシングには、誰もが知っている、それほど多くない数の**名前のついた**基本動作があり、そのおかげでコーラー〔動作の指示者〕は、基本動作の順序や「値」をただ変えるだけで、その場で新たなダンスを創り出すことができる。例えば、「パートナー」におじぎ《オナー》して、「コーナー」におじぎ《オナー》して、男性は右手を「スター」にして中央へ……それからパートナーを「スウィング」して、相手の女性の定位置に向かって「プロムナード」していくように、といった具合で、これはコントラ・ダンスを構成するための、恐ろしく単純なプログラミング言語ということになる。このようなシステムのデジタル化の結果として、何十年も「バージニア・リール」[19]を踊っておらず、どう踊るのかすっかり忘れてしまった人でも、ほんの少しのリハーサル（すなわち複製）をするだけで、パートナーと組んでダンスを復元することができるようになるが、これは、多数決原理が誤記《ティポー》や誤《シン》義《コー》（つまりミスステップ）を洗い流して、そのダンスの「正しいつづり」を回復させることによっている。「アルマンド・レフト」を厳密に同じやり方で踊る男女のペアは一組たりとも存在しない。しかしそれぞれのペアによる変異は、受容可能な水準で、そのダンスにおける同じ役割を満たすはずなのだ。この種の「投票行為」は、人間文化において何度も繰り返し再発明されてきたのであり、またこれは、個々人の、当てにならない、信頼性の低い記憶を通じて、伝達の信頼性を増進させるための、信頼性のあるやり方なのである。

斉唱というのは、伝統的宗教〔の儀式〕やそれ以外の儀礼で普通に見られるものだが、これもまた同様の仕方で、歌い手の記憶を修復するのに役立つのであり、つまりここでも、個々の歌い手の誰一人として、独力では、去年の演奏の忠実なコピーを提供できないこともありうる、ということである。一八世紀にクロノメーターが発明されたとき、航海士たちは長い航海に向けて、クロノメーターを二つではなく三つ持参すべきだと知っていた。三つあると、多数決原理――当時すでに気づかれていた、家畜化されたミーム――にもとづく仕掛けを利用できたのである。部族の歌唱の複製力は、歌い手たちに気づかれている必要はなかった――人々《フォーク》の中の反省的な人々が、それを見つけていた可能性はあるにしても。浮遊理由は、遺伝的進化においてと同様、文化進化においても至るところに存在している。そしてどちらにおいても浮遊理由は、私たちが、生物――またはミーム――が賢いふるまいを示すのを観察し、それらに**理解力**《コンプリヘンション》を帰属させるという伝統的な習慣をどうにか抑え込んでしまいさえすれば、理論を構築する際の有益な情報を与えてくれるのである。

フォークダンスとは対照的に、洗練されたコレオグラフィ〔振付法〕には繊細さが要求され、そのためには、より表現力の大きなレシピの体系が必要になる。そして、これは音楽の録音が、楽譜の欠如という問題を「解決」したのとちょうど同じ仕方で、映画やビデオによる録画によって力ずくで「解決」されてしまった問題ではあるが、コレオグラフィはその名に反して、ダンスの動作を、ダンサーおよびコレオグラファーの間で定着するに至るほど有効な図像化の体系を、現在に至っても欠いたままだという問題を抱えている。一九二〇年代にルドルフ・ラバン[20]が考案し、その後長い年月をかけて洗練と補足が加えられてきたラバノーテーションは、熱狂的なファンによる忠実な団体を擁しているが、未だにダンスにおける公《リング》用語《ア・フランカ》としての地位を確立してはいないのである。

次のような漸進的な推移を見いだす誘惑に駆られる。まず最初の段階では、

1　部族の人びとの間で、「感染性のある」リズムに乗る娯楽が生まれる。即興的に人の集まりができあがり、そこで人々はダンスをし、音を鳴らし、声を出す。その中で人々は気に入った動作を反復し、また互いの動作を模倣する――これはダンスの**シナントロープ的**な起源であり、リーダーも、コーラーも、コレオグラファーも、何ら必要としない。

2　次の段階は、より自己意識的な儀式である（これにはリハーサルが必要であり、意図的な教えや修正も加えられる）――これは繁殖〔自己複製〕の注意深い制御による、ダンスの**家畜化**である。

3　到達するのは、現在のような専門的なコレオグラファーたちである――彼らは**ミームエンジニア**であり、彼らの芸術的対象を知的《インテリジェントリィ》にデザインし、それを文化的世界に向け、希望を持って送り出す。

この見方によると、起源時のダンスの**やり方**《ウェイズ》は、誰にも「所有」されていなかったミームであり、彼らは無精神的に、人間の骨格、足取り、知覚、感情の喚起などを自分のために利用するように進化している。このミームたちの存在はどのような善へと向けられているか？　人間のいる場所で繁栄するためである。彼らは風邪と同様、拡散できる限りは拡散する、習慣〔としての存在〕なのである。

　もちろん、仮に起源時のダンス・ミームが、原ダンサーたちの遺伝子に何らかの利益をもたらしていたとしたら、それは役に立つものであったはずだ。だがそのような相利共生は、偏利共生、それどころか寄生の関係から始まり、競合し合うミームたちが時間と利用可能な身体をめぐって闘争する中で、漸進的に

進化するしかなかったはずである。感染性のある悪しき習慣は、根絶が難しいものでありうるが、もしもその習慣が有益な習慣へと己を変型させることができたら、彼らの繁殖〔自己複製〕の上での成功の見込みは増進されるだろう。やがて彼らは、最初はおぼろげに気づかれ（ダーウィンの言う「無意識選択」として）、続いて意識的に気づかれる（ダーウィンの言う「方法的選択」）。そしてひとたび気づかれてしまえば、彼らの繁殖〔自己複製〕は多かれ少なかれ彼らの宿主たちから保証される。そしてそうなったミームたちは緊張状態を解かれ、刺激や、抗し難い魅力や、人を虜にする力や、鮮烈さや、忘れ難さが弱まるようになる。というのも彼らはその分だけ有用なものになっているからである。（家畜化された動物の脳は、彼らの野性の近縁種と比べると、例外なく小さい。〈使用せよ、さもなければ廃れるのみ〉であり、家畜化された動物は、捕食者や飢えから保護され、繁殖の時期が来ればつがいの相手を与えられて、相対的に危険の少ない生を営んでいるのである。）言うまでもなく、ここから帰結する派生命題もある。すなわち、〈何か退屈なものが拡散するためには、それが宿主から、格別に有益であるか格別に価値があり、それゆえ**飼育する**価値がある――念入りな訓練によって宿主たちに教えこむだけの価値がある――という評価を受けているに違いない〉という派生命題である。思い浮かぶのは複式帳簿による簿記や、三角法などだ。〈影響力のある宿主たちに価値あるものとして評価される〉ということ自体が、ミームの間には頻繁に見いだされる適応である。その最も極端な例には、聴けば眠くなる無調《アトーナル》の「シリアス」音楽や、現代芸術のコンセプチュアル・アートのいくつかの系譜が含まれる。これらは――産卵用に飼育されるニワトリのように――家畜化の結果、裕福な管理者の援助がなければ、一世代で絶滅してしまうようになった例である。

したがって、リチャーソンとボイド、スペルベル、その他の人々が指摘しているように、人間文化の多くの重要な領域が、時間の経過の中で見せる変化は、「離散的で、遺伝子に似た」情報的存在者の、高い信頼性を備えた伝達システムの直接的な影響で生じるわけではない、というのがたとえ本当であるとしても、そのようなシステム――語だけではなく、音楽、ダンス、工芸、その他のアフォーダンスの伝統――は、文化的情報を世代から世代へ運ぶことができる、さまざまな経路を提供する。そしてこれらの経路は、**相対的に**無精神的な仕方で、漸進的な突然変異の過程が[21]、最低限度の理解力《コンプリヘンション》しか要さずにさまざまな改善を蓄積していけるだけの、十分な信頼性を備えているのである。カヌーの例で見たように、人工物そのものが修正のための規範を提供する。一般則として、豊富に存在し、有用性の証を示している人工物があれば、それはどんなものであれ〈よいもの〉である。この一般則に従えば、〈よいもの〉がなぜよいのかの正確な理由を知らないまま、〈よいもの〉を悪いものから見分けることができる。当然のことだが、〈よいもの〉はコピーすべきものなのだ。ダーウィンの秀逸《ブリリアント》きわまる着想としての、家畜化への漸進主義的な推移の中にある無意識的選択は、文化進化の中でも同じく重要な用途を得ているのである。私たちの祖先は「自動的に《オートマティカリー》」[22]同じ腹から生まれた家畜の仔の中のみそっかすや、船団の中の役立たずを見捨ててきた。そしてその結果、どんな場合でも、それらの子孫たちには〔人間の好みや必要性に関しての〕漸進的改善が生じてきたのである。

ミームは遺伝子とは違い、遺伝子座《ロキ》をめぐって競合する対立遺伝子《アリールズ》をもたない

遺伝子はDNAの中で、ヌクレオチド――ATGC[23]――の長い連鎖として表現〔表象〕されている。このやり方で表現〔表象〕されていることによって、異なったゲノムとゲノムを比較し、それらがどの点で類似し、どの点で異なっているのかの場所――座《ロキ》――を同定することができるようになっている。ミーム

の物理的表現〔表象〕の中には、これと似たものは（今のところ）まったくない。ある特定のミーム、またはそれの競争相手であるミームのトークンが生じているとき、それらのミームを表現〔表象〕するための、共通の基盤となるコードは何も存在していないのである。例えば、ベンジャミン・フランクリンは遠近両用眼鏡の発明者であり、彼の脳の中には、彼の頭脳の産物《ブレインチャイルド》たる遠近両用眼鏡の概念を具現化ないし表現〔表象〕する、何らかの神経構造（群）が存在していたことは疑いない。フランクリンが自らの発明を公表すると他の人々はその着想《アイデア》を採用したが、彼らの脳内の神経構造が、遠近両用眼鏡の概念をフランクリンと同じやり方で「つづって」いたと仮定すべきもっともな理由は存在しない。このことは、一部の〔ミーム〕批判者にとって、**遠近両用眼鏡**ミームなど存在せず、ミームなど存在せず、ミーム理論とはよくない着想《アイデア》である、ということに等しい。これが意味するのは、一つには、異なった脳の中に**座**《ロキ》を同定しうる共通のコードを私たちは利用できない、ということである。つまりもしそのような共通のコードを利用できなければ、遺伝子検査である人がハンチントン舞踏病やテイ＝サックス病の対立遺伝子（変異）をもつどうかが明らかになる[24]、というのと同じやり方で、**遠近両用眼鏡座**《ロクス》[25]の上に、そのミームの同じつづり、または異なったつづりがあるかどうか確かめることはできない、ということである。

しかし、すでに見たように、語、音楽、その他の多くのミーム族には、「アルファベット式」の体系があり、それらの体系が、いくぶん異なった対立遺伝子間の競争のための、役割、ないし整理箱、ないし座《ロキ》を創り出す。語においては、発音における競争が存在するし（**コン**トロヴァーシー［CONtroversy］／コン**トロヴ**アーシー［conTROVersy］、データ［dayta］／ダッタ［datta］）、他言語からの借用語は、しばしば他言語の発音（の近似物）と、よりあからさまに自言語化された発音の間の競争をもたらす。読者のみなさんの中には、牛肉の肉汁がけ［au jus］が〈オー・ジュース〉［Oh! Juice］である方もいるだろうし〔元のフランス語では「オ・ジュ」のように読む〕、フランス語のシェーズ・ロング〔chaise longue〕〔長椅子〕はアメリカ英語ではシェーズ・ラウンジ〔chaise lounge〕〔ラウンジの椅子〕になり、ランジェリー〔lingerie〕（おおむね、lanjereeと読む）はラウンジェリイ〔lawnjeray〕へと進化している。あるいは私たちは、発音が同じままにされていて、音素的な座をめぐる意味の競争が生じるのを見いだすことがある。terrific〔恐るべき／すごい〕とincredible〔信じ難い／素晴らしい〕には反対の意味があり、どちらも否定的な意味はほぼ絶滅している〔三二四頁〔原著p.213〕参照〕。またhomelyは、大西洋の両側で途方もなく違う意味をもつに至っている〔アメリカでは主に「魅力のない」、イギリスでは主に「家庭的な、気持ちのよい」〕。beg the questionは長い間、元々の哲学および論理学の専門用語の意味〔「論点先取」〕をとどめていたが、現在のトークンの多く（あるいは、ほとんどすべて？）は「問題を提起する」（におおむね相当する事柄）を意味している。[26]現在では、影響力のある著者の口頭やペンからこの意味が発されるようになっており、この意味を誤用だとする非難は、学者ぶった懐古趣味の響きをもつようになり始めている。

　遺伝子と同じように、突然変異は伝達の誤りであるが、それがたまたま幸運《セレンディピタス》[27]な革新となることがある。つまりバグとして始まったものが仕様《フィーチャー》となるのである。従って、skyline〔空の線〕と似たような事例が一定数存在するということになる。skylineは元々、「地上と空をくっきり分ける、視知覚的光景の中の線」（『オックスフォード英語大辞典』参照）を意味していたが、気づかれないまま、都市の光景だけを指すように意味が縮小してきた（Richard近刊参照）。荒野に広がる山の尾根は、もはやskylineと呼ぶのが適切ではなくなっているのだ。[70]あるいは私たちは、意味が不変のままにされていて、同義語をめぐる戦いの中で意味論的な座《ロキ》が争われているのを見いだすこともありうる。このような戦いは、地域性の砦と、語句が喚起するノスタルジーが、その語句の廃用を食い止める場合に生じる。（私が一九五〇年代に住んでいたマサチューセッツ州の近辺では、ソーダないしソフトドリンクをtonicと呼び、ミルクセーキをfrappe——「フラップ［frap］」と発音する——と呼んでいた。[28]）以上のような意味や発音（および文法）の変遷は、ミーム（という概念）が登場するまで気づかれなかったというわけではない。実のところそれらは何世紀にもわたり、歴史言語学者やその他の専門家によって熱心に研究されてきた。しかしこれらの学者は時に、**本質的な**意味に関する想定に足を取られてしまい、その結果創り出された人工的な（実体のない）論争は、ダーウィンの登場によって緩和された種、属、変種、亜種をめぐる分類学者たちの論争とよく似たものであった。[71]（incredibleという語は、**本当は**《リアリィ》「信じ難い」を意味する——語源を見さえすれば、これは言うまでもない！ もっともであり、同じく鳥は**本当は**恐竜なのであり、イヌは**本当は**オオカミなのである。）

音楽においては、それぞれの流行歌が一つの座《ロクス》となっていて、別のバンドが歌う**カバー版**が原曲を押しのけて支配的になる様子を見いだすことができる。この視座から見るとき、ある歌のヒットしたバージョンが首尾よく定着するに至るというのは、元々リリースされたバージョンの対立遺伝子となる突然変異なのだ、ということが分かるようになる。シンガーソングライターの中には、後から出たカバー版が元のバージョンをしのいでヒットし、カバー版の作者として有名になった人々もいる。（「ミー・アンド・ボビー・マギー」のクリス・クリストファーソンによる原曲を一度でも聴いたことのある読者はいるだろうか？[29]）このようなシンガーソングライターは、後の解釈者によって付加された価値がレコードの売り上げの多大な取り分《ライオン・シェア》を稼ぎ出している場合ですら、やはり他の歌手によるバージョンからの印税《ロイヤリティ》を受け取っている。こういうことは、ある音楽のレコーディング技術の存在が、それぞれのバージョンの物理的な同一性を確定させることで、ある歌の定着した正規版を提供することで可能になったのである。ダニエル・レヴィティン（Levitin 1994, 1996）が行ったいくつかの実験は、このような規則性を利用し、人間の被験者が流行歌のピッチとテンポをどのぐらい記憶しているのかを調べている。「グリーンスリーブス」には特定の正規のピッチ（主音《キー》）もテンポもないが、「ヘイ・ジュード」や「サティスファクション」にはそれがある。[30] そしてこれらのレコードのファンは、記憶にもとづいて、かなり正しいピッチとテンポで、これらの曲を歌ったりハミングしたりするのが驚くほど巧みであった。

〔ミームの〕色々な適応が蓄積していくには、ミームの複製が十分な信頼性をもってなされねばならないが、その信頼性を検討する場合、私たちは、文化における〔複製精度の〕増幅技術も検討すべきであり、これは、遺伝子について同様の検討を行う場合と同じである。〔遺伝子の場合〕生命誕生後最初の一〇億年ほどの間で、DNA複製機構の改良のために多大な進化的研究開発が注ぎ込まれた。書き言葉の発明はこれと似た仕方で言語伝達の信頼性を押し上げてきたのであり、これは数千年にわたる多くの場所での多くの精神が産み出した成果であった。書き言葉の「発明者」がわずかでも存在していたとしたら、自ら考案した機構の「スペック」を明確に把握していた――あるいは、把握している必要があった――であろう。つまり自分たちが「解決」した「問題」を明確に把握していたであろう。（彼らの業績を、チューリングによるコ

（70）ペンシルヴァニア州レディングには尾根沿いに都市を見渡せる「スカイライン・ドライブ」があるが、これはかつての意味の生痕化石である。これは、語尾がフォード［ford］で終わっていながら、もはや川を渡るための浅瀬《フォード》がない、あらゆる川沿いの街と同様である。

（71）リチャード（Richard 近刊）は、言語哲学における悪評高い〈分析－総合〉の区別に対するW・V・O・クワインによる攻撃について、ダーウィンによる反本質主義の哲学への拡張と見なすときにその性格がよく理解できるようになることを示している。エルンスト・マイアが訴えるように、自然種への厳格な分類というものはすべて集団思考［population thinking］に取って代わられるべきである。

ンピューターの発明や、「トップダウン式」のエレベーター制御システムのデザインと比較されたい。）第6章で指摘したように、著作権《コピーライト》は相対的に恒久度の大きな記録（書面か、音声録音）の存在を要求する。だが、ある発明をこのような媒体に翻訳ないし変換する能力には、〔著作権という〕単なる法的な保護にはとどまらない、より深刻な影響力がある。「書き言葉という媒体は、話し言葉とは異なり、ページ上の文字が霧散してしまうことがないため、より複雑なものになることができるが、著者が何を意図していたのかを発見するまでは、何度も調べ直される余地がある」（Hurford 2014, p.149）。このことによって私たちは、重要な語句や文（または散文や大河小説《サーガ》や宣伝文）を世界内へ**転送《オフロード》し**〔31〕、私たちの限られたワーキングメモリの負担を軽くできるようになる。そしてこの能力によって私たちは、文書の一部を相手に、反復《リハーサル》のたびに微妙な変形が起きていないか、とか、記憶からすべて抜け落ちてしまうのではないか、といった不安なしで、**自分のペースで見直し**ができるようになるのだ。[72]（頭の中で三桁のかけ算をすることは、たくさん練習すれば可能であるが、ペンと一切れの紙があればどれほど簡単になるかを考えてほしい。）

その後のさらなる新機軸の数々のおかげで、私たちは今や、文化進化におけるさらなる変転の時代の間際にいるのかもしれない。現在、文化のためのＤＮＡは存在しない。しかしＨＴＭＬ（インターネットにおいて内容を表象するための基盤となっている言語）やその子孫が将来非常に支配的なものとなり、ほとんどのミームが自らをＨＴＭＬで表現させない限り、この混み合った情報世界の中での「目」や「耳」をめぐる競争をやっていけなくなることもありうる。現在すでに、コンテンツを検索し、コンテンツを認識ないし識別するボット〔自動プログラム〕やアプリは存在している（スマートフォン・アプリのＳｈａｚａｍがその例だ）。このようなボットやアプリの子孫が、人間の脳にまったく頼らずに価値判断に当たるもの（リチャーソンとボイド（Richerson & Boyd 2004）が〈バイアスのかかった伝達〉と呼ぶもの）を行い、ミーム間の差異化《ディファレンシャル・》を伴う複製《リプロダクション》を促進するようになったとしたら、近い未来のミームたちは、人間の直接的な介入なしで繁栄しているかもしれない。彼らは依然としてナヤツバメ〔いわゆるツバメ〕やエントツアマツバメのようなシナントロープ的存在であるが、二一世紀に人類が構築したテクノロジーにおける生態的地位《ニッチ》の快適な環境に依存しているのである。これらのデジタル的にコピーされるミームを、スーザン・ブラックモアはかつて「テーム〔teme〕」と呼んだことがあるが、より最近ではトレーム〔treme〕という呼称を用いることに決めたという（二〇一六年の私信による）。

文化におけるすべての変化が遺伝子座《ロキ》をめぐる対立遺伝子《アリール》間の競争と類比されるものをもつわけではない。しかしいずれにしてもこの特徴は、ある進化の過程が他の過程よりもより「ダーウィン的」な変異であると見なされる複数の次元の、ほんの一つであるにすぎない。ダーウィンは対立遺伝子の座《ロキ》という概念をもっていなかったし、自然選択による進化の理論の概略を描く際にその概念を確立している必要がなかった。（ゴドフリー＝スミスによるダーウィン空間の一種の中には、変異を定位するためのこれとは別の次元も含まれているのであり、それらについては第13章で見ていこう。）

（72）　スーザン・ソンタグ『写真論』（Sontag 1977）の論じているところでは、高速度撮影は（顕微鏡や望遠鏡に匹敵する）多大な認識論的進歩を科学にもたらした。時間を「凍結させる」ことは、空間の拡張に劣らぬ価値がある。近年の画像静止機能付き双眼鏡の開発には、同様の利点がある。波で双眼鏡の視界が揺れるために船の名前がうまくはっきり読み取れない場合、少しの間画像を静止させることで読み取りやすくなるのだ。

ミームは、私たちが文化についてすでに知っていることに何も付け足さない

この主張が言わんとしているのは、ミーム学者を志す者たちは、より伝統的な、非生物学的な思想をもつ諸学派の文化理論によって十分に記述され説明されてきたカテゴリーや、彼らが発見した関係や現象をただ丸ごと乗っ取り、その全体にミーム学という新しいブランドを刻印しただけなのだ、というものである。この反論によれば、これは考え、信念、伝統、制度についての語りを、ミームについての語りに（擬似生物学的、擬似科学的な光沢を添えて）切り換えただけで、そこにはいかなる価値も加わっていない、ということになる。〔生物学ないし自然科学による〕このような帝国主義的な乗っ取りに動機なり保証なりを与えるはずの、新奇な洞察、従来の知見への修正、あるいは事柄のさらなる解明、といったものがどこにあるというのか？──ということであり、つまりはミーム学者たちがやっていることは、よくとも〈車輪の再発明〉の類なのだ、ということである。（以上のまとめで、この反論がしばしば表明する、断固譲らない憤激の態度を適切に再現できていることを祈りたい。）

この非難にはいくばくかの真実がある。とりわけ、（私自身を含む）ミーム学者はときおり、伝統的な文化理論の研究者たちに、彼らがすでにかなり以前に定式化し、消化していた洞察を、新たな洞察と称して提起してきたのだ。いくつかの現象について、彼らがずっと以前に著した、より詳細で論拠のしっかりした説明にたまたまよく似ている初歩的なミーム学的説明を我慢して聞かねばならないというのは、文化理論の研究者──例えば歴史学者や人類学者や社会学者──にとって格別に苛立たしいことに違いない。だが、ミーム学以前の文化理論研究者が理論においてすべて間違いを犯しているとか、ミーム学が指摘するあらゆる区別に彼らの目がふさがれていた、ということが仮に明らかになったとしたら、それはむしろ衝

撃である。それゆえミーム学者は、文化理論の研究者たちが、**いくつかの面で**、ミーム学なしで説明の仕事を十分にうまくこなしてきたことをためらわずに認めるはずだ。

実のところ、ミーム学者たちは伝統的な文化研究者たちによって収集された洞察を追求し、それを重要視するはずであり、この態度はダーウィンが、多数の同好の士や書簡相手から学んだ博物学の財産を取りこんだという、優れた先例に倣うものである。**前**ダーウィン的研究者たちが、動植物のあらゆる側面に関して収集し配列したデータは、バイアスで判断を曇らせている強硬なダーウィン主義者（や強硬な反ダーウィン主義者）が収集したわけではない、理論的無垢というまれなる美徳の歌声を備えている。そして非ダーウィン主義的な前ミーム学的文化理論もまた、同じ理由で価値をもつはずである。すなわち、データ収集という、社会科学においては常に観察者のバイアスに汚されるリスクを伴う活動が、少なくともミーム学を支持する意図をもってなされずにきたのである！　仮にミーム学が、それ以前の理論が扱っていた主要な領域を引き継ぎ、同じ主題について、用語法の若干の修正のみを行って述べ直す、ということを**していなかった**としたら、その場合ミーム学の、文化進化の優れた理論の候補たる地位は疑わしいものになっていたであろう。

しかし、ミーム学は将来の展望においても純然たる進歩をもたらすはずであり、私はすでに私なりにミーム学の主要な貢献と思えるものを素描したし、それに対応する伝統的な文化諸理論の弱点も述べてきた。文化には優れたデザインの産物が満ち溢れているが、伝統的な文化理論の研究者は、人々に理解力《コンプリヘンション》、発明の技能、天与の才を過度に与えてしまうか、さもなければ――人々はチョウやアンテロープのような、彼ら自身が理解する必要のない構造物の受益者かもしれないということに気づき――そこで必要とされる研究開発がどのようにやってきたのかを説明する責任を、単純に放棄してしまうかの、いずれかであった。

遺伝的進化（「本能」）はこの仕事を果たすほどの速さで働くことができない。そこにはミーム学によって埋められるべきギャップがぽっかりと空いているのであり、それ以外の、この課題を果たしうるどんな積極的な着想《アイデア》も、文化に対する伝統的なアプローチからは得られないのだ。

　ミーム学の視座は、新機軸（よいものも、悪いものも）の拡散を**脱心理学化**するという点でも価値がある。文化進化（時間の中の文化の変化という中立的な意味での）に対する、「観念《アイデア》の歴史」や文化人類学といった伝統的なアプローチは、人々がそもそも知覚し、信じ、想起し、意図し、知り、理解し、気づく者である、と見なしている。どんな条件であっても、昏睡や睡眠の最中にある人物は文化の変換／伝達の担い手ではない。それゆえ、文化における新機軸とはまず**気づかれ**、次に（多くの場合は）**採用される**のだ、というのが自然な仮定である。これらの新機軸は通常、**評価され**、**価値を認められ**、あるいは単に**望まれた**ことの**ゆえに**採用されると見なされている。（もちろん、誤りによって採用してしまうこともありうるとされる。）このすべては、人々を合理的行為者《ラショナル・エージェント》であり、すなわち、信念と欲求と合理性を帰属させることで、原理的には行動を予測可能な志向システムである、と見なす初期設定《デフォルト》の見方と滑らかに――滑らかすぎるぐらいに――適合する。そして今度はこの見方が、文化の保存と伝達に関する何らかの形態の経済学モデルを産み出す。すなわち、これら価値あるものと見なされる文化的な「よいもの《グッズ》」は保存され、維持され、次世代に遺される、さもなければより高い額を出す入札者に売却される、というモデルである。しかしながら、多くの文化的新機軸は、閾下《サブリミナル》調整とでも呼ばれうる、長い時間におよぶ、気づきも意識的賞賛も全く不要の過程によって生じるのである。ミームはウィルスのように、宿主から宿主へと、宿主に気づかれないまま拡散しうる。集団《ポピュレーション》レベルの効果は、集団《ポピュレーション》の成員に顧みられないままで蓄積しうる。これらの蓄積した変動はしばしば、後の時点から振り返って初めて認められるものでありうる。例えば、国外追放者の共同体に、故国から新たな加入者が参入したとして、その新参者の話し方が奇妙な点でなじみ深いと共に、奇妙な点で疎遠であるときに、「おや！　僕らもそんな風にしゃべっていたのを思い出すよ！」となる場合などがそうである。閾下《サブリミナル》で変遷しうるのは、発音や語の意味だけではない。原理的には、態度や道徳的価値といった、ある文化の最も象徴的な独自性が、緩やかすぎて知覚されないほどのペースで、軟化、硬化、浸食、破砕などを受けうる。文化進化は、遺伝的進化と比べると稲妻のごとき速さで進むが、その場その場の観察で識別するには漸進的でありすぎることもありうるのだ。

それゆえ、「病理学的な文化的変異体」なるものは存在するのである。固執力のある文化現象の多くは不適応的なものなのであって、〔それゆえ〕文化的な革新と遺伝的な革新は軌を一にすると見なす理論（つまり「〔遺伝的〕適応が〔文化という〕別の経路で伝達される」と見なす理論）は、この種の現象を説明する手だてを一切もっていないのだ。リチャーソンとボイド（Richerson & Boyd 2005）の書物の「文化は不適応である」と題された章は、ミーム学の擁護論として置かれているわけではないが、アーミッシュのような（現在まででは）繁栄している再洗礼派などの、他の仕方では説明困難な現象の変種に対するミーム学的な説明の視座を採用している。リチャーソンとボイドは、ミーム〔概念〕のいくつかの側面に対して不信の念をもっているにもかかわらず（例えばp.6参照）、「利己的ミームの効果は極めて堅牢である」ことを認め（p.154）、次のように述べる。

> これまでのところ、再洗礼派、および超正統派のユダヤ教などのごく少数の集団だけが、近代性の感染に対する十分な抵抗力をもってきたように思われる。再洗礼派は、堅固に組み立てられたカヤックのように、荒れ狂う近代主義の海を航海している。見た目は非常に脆弱そうに見えるが、それでも生

き延びているのは、それが直面する巨大な負荷にもかかわらず、水漏れのない作りになっているからである。一つでも深刻な文化的水漏れがどこかに発生すれば、それは沈んでしまうのだ。再洗礼派の文化的未来——ただ一つかもしれないし、複数の展望がありうるかもしれないが——を予言するのは不可能である。その一方でみなさんはこのデザインの美しさに賞賛を禁じえなくなるのだ！（p.186）

ミーム科学とされるものが予測力をもつことはない

ある意味でこの主張は真実だが、しかしこれは反論にはならない。遺伝的進化の理論もまた、ホモ・サピエンスの未来（ないしはタラ、ホッキョクグマ、トウヒ〔マツ科の高木〕の未来）がどうなるかについて、それなりの確実性での記述を可能にする、という意味での予言力はない。これには深い理由がある。ダーウィン的な進化の過程は、**ノイズの増幅装置**である、という理由である。第1章で指摘したように、自然選択による進化の興味深い特徴として、それが「ほぼ決して《オールモースト・ネバー》」生じないような出来事に決定的に依存している、ということがある。つまり適切な時期に増幅されて新たな種、新たな遺伝子、新たな適応をもたらすような、一〇万分の一の出来事など予測できないのであるから、進化の理論は、非常に仮定的な仕方でなければ、未来の予測ができないのである。非常に仮定的な仕方での予測とは、例えば〈**もしも**かくかくのことが生じたとしたら、その場合（それ以外の予測しがたい出来事が増幅されて妨害者とならない限りで）、しかじかのことが生じるはずだ〉というような予測である。しかし、この種の現在の時点からの未来予測は、真面目な科学にとってはどうしても必要な要件だというわけではない。——はっきり分かる例を挙げれば——化石発掘によって何を発見するはずであり、何を発見するはずがないかの予測は、突き詰めれば、何百万年も前の出来事に関するものだとしても、やはり予測である。進化生物学は、羽毛の代わりに体毛が生えている鳥は、どれほど遠くの隔離された島に行っても、決して発見されるはずがないと予測するし、これまで未知だった昆虫が世界のどこかで発見されたら、その昆虫のゲノムのある特定の場所に、ある特定のDNA配列が見つかるはずだ、ということも予測する。

従って、ミーム学者が大きな信頼度をもって、どの歌が二〇一七年のトップ二〇入りを果たすかとか、スカートのすその高さが上がるのか下がるのか、といった予測をすることができない、というのは、科学としてのミーム学に対する深刻な反論にはならない。よりよい問いかけをするなら、果たしてミーム学は、それ以前の文化研究者たちが記録していたが、統合も説明もまるで果たせていなかったパターンに、統合された説明を提供できるのかどうか？　というものになるだろう。そして私は、〈ミームの目からの視点〉は、遺伝的に伝達される本能と、理解力《コンプリヘンション》にもとづく発明との間を隔てている大きくて厄介なギャップ――すなわち、有能《コンピータント》な動物と、知的《インテリジェント》デザイナーとの間のギャップ――を埋めるものだと主張してきたのだし、またそのギャップを埋めるのに必要なのは、**よい**デザインの蓄積を奇跡なしで説明できる理論枠組みをただ一種類使用するだけ――すなわち、子孫の差異化を伴う複製《ディファレンシャル・レプリケーション》という枠組みを使うだけ――でよいのだ、と主張してきたのだった。このギャップを、文化的変化に関する他の進化論的な理論が埋められるかどうかは、今後を見守るしかない。

ミームが文化のさまざまな特徴を説明することはできないが、伝統的社会科学にはそれができる

この反論がミーム（という概念）の要点を捉え損ねていることは、遺伝子に対する同様の「反論」に取り組んでみることで分かるようになる。**遺伝子が（構造や器官や本能やその他の）適応を説明することはできない。**これは真実である。だからこそ私たちは、個別の適応がどのように働くのか、なぜそれが適応的なのかを説明するために、分子生物学、生理学、発生学、動物行動学、島嶼《とうしょ》生物地理学、その他あらゆる生物学の専門分野を必要としているのだ。私たちはまた、寄生者はいかにして宿主を自分のいいように利用するか、クモの網はどの点でコスト効率のよい餌用の罠なのか、ビーバーはどのようにしてダムを造るか、なぜクジラは鳴くのか、等々を説明するためにも、これらの他の分野を必要とする。同様に私たちは、文化的な諸特徴（よいものも悪いものもある）が現にある通りに働いているのはいかにしてであり、またなぜなのかを説明するために、心理学、人類学、経済学、政治科学、歴史学、哲学、文学理論を必要としているのだ。

テオドシウス・ドブジャンスキーが述べた「進化の光に照らされない限り、生物学に属する何ものも意味をなさない」という言葉は引用に値する正しい言葉だが、しかし彼はここで、進化の光が生物学におけるすべてに意味を与える、と言っているわけではなかった。骨の折れるデータ収集や、あるいは音楽、芸術、宗教、共同体、軍隊、同好会、家族、チーム、学校、キッチン、その他人間生活のあらゆる文脈における人々の「行動生態学」によるパターン証明に取って代わるものを、ミーム学が提供できるわけではない。ミーム学が約束するのは、**何らかの点で**このすべてに意味を与えるための枠組みの提供である。誰も

生まれつき僧侶や配管工や売春婦であったわけではないし、彼らがどのようにして「その生き方をする」ようになったかを、彼らの遺伝子だけによって、あるいは、彼らに感染したミームだけによって、説明できるようになる見込みはない。前ダーウィン主義的な博物学は、よくとも、検証可能な仮説と説明を豊富に備えた、十分に発展した体系科学、というべきものであったが、ダーウィンが多数の新たな問いかけを加え、それらの問いかけがそれぞれの一般化を新たな光の下でもたらすようにしたことで、それをさらに豊富にしたのである。本書全体にわたる私の主張は、進化論的な視座一般、および、文化に関しては特にミームの視座が、意味や意識といった、生についての永遠の難問に見える問題の多くを変形させるということである——このような変形は、自らがそれと共に育った外見的イメージと、自らが訓練を受けてきた諸学科の彼方に目を向けることがない人にとっては、試みがたいものである。

文化進化はラマルク主義的進化である

これは、文化進化に対するダーウィン主義的なアプローチがなぜ的外れであるのかに関する、最も人気のある「説明」の一つであり、背後にある混乱（と自暴自棄的心情）が見え隠れしている。察するに、この「非難」をぶつける人々が念頭に置いているのは、ダーウィンの先駆者であるジャン＝バティスト・ラマルクが提起したことで最も有名になった学説であり、それによれば、個々の生物が生涯の内に獲得した形質は子孫に遺伝的に伝達されうるという。例えば、鍛治屋によってせっせと使用されたたくましく膨らんだ二頭筋は、彼の子孫に、（子供に厳しい習練の習慣を強要することによってではなく）**遺伝子を通じて**伝えられる、ということになる。同様に、このラマルク主義的な見方によれば、冷酷な主人との出会いの結果、あるイヌの中に植えつけられた人間への恐怖は、子犬の中の**本能的な**恐怖となるのであり、この本能を身につけるために、予期すべき冷酷さを経験している必要も、冷酷さに恐怖する必要もない、ということになる。しかしそんなことは起きない。獲得された形質が生物の遺伝子に調整を加えて、その形質が次世代に遺伝的に受け継がれるようになるための道筋などは存在していないのだ。（これが生じるためには、生物身体が、まずは体細胞《ソマティック》の（つまり身体に生じた）変化をリバースエンジニアリングにかけ、次に、正常な発生の途上で生じたこの新奇性を作り出すためのレシピがどのようなものかを突き止め、最後に精子ないし卵子の中のDNA配列を適切に修正する、という作業を行わねばならないことになろう。）この正真正銘異端的な考え方《アイデア》は、ラマルクによって信奉されていただけではなく、一九世紀にはさまざまな形態をとり、非常に人気のある見方として広まっていた。ダーウィンもその一形態に惹かれていたが、結局、標準的なネオダーウィン主義の進化理論においては放棄されることになった。獲得した特徴を子孫に伝達しているように見える過程を含んでいるために、見たところ大いに「ラマルク主義的」に見える実在の現象は各種存在するが、その種の現象では、伝達は遺伝的に（遺伝子を通じて）なされているわけではない。例えば、恐怖をおぼえた母イヌが、フェロモン（「恐怖の匂い」）や、胎盤で共有されるホルモンなどを通じて、子犬に恐怖を伝達することはありえよう。しかしこれは遺伝子を通じた伝達ではない。いくつかの点でラマルク主義的**に見える**現象としては、ボールドウィン効果も存在する。これがラマルク主義的に見えるのは、ある世代が獲得した行動が、続く世代の中で、その行動を獲得しやすい傾向ないし才能を高めた子孫に有利に働く選択圧を作り出し、この選択圧が最終的にその行動を「本能的」なものに変えていくからである。それ以外にも現在ホットな話題として、「エボデボ」生物学[32]たちが明らかにした、発生に関わる複雑な問題、中でも「エピジェネティックな」形質がある。二〇〇八年に合意に至った定義によれば、エピジェネティックな形質とは「DNA配列の変更を伴わない染色体中の変化に由来する、恒常的に遺伝される表現型」[33]とされる（Berger et al. 2009）。この話題がホットな話題となっている理由はいくつかある。〔エボデボの〕研究者たちは、進化理論という大河小説《サーガ》を解き明かす中で、分子レベルでの新たな魅力ある妙技を明らかにしてきた。そしてこれらの研究者の中には、自分たちの発見は真に革命的な、ネオダーウィン主義正統派を疑問視するものだ、と吹聴してきた者もいた。そしてその結果、生物学の外部にいるダーウィン恐怖者たちの耳がピンと立ち、耳にした話を膨らませ、自然選択による進化はラマルク主義的な遺伝の発見によって「反駁された」のだ、というデマを広めるようになったのだ。ナンセンスである。

察するに、ミーム批判者の中には、もしも文化進化がラマルク主義的であるなら、それはダーウィン主義的ではありえない（なんと！）という印象にもとづいて活動している人々も一定数いるだろう。親によって獲得され（見本を見せたり、訓練したり、訓戒として教えられたりして）若い世代に植えつけられる特性ならば、何であれ文化的な伝達の対象になりうる、という点では批判者たちは正しい。しかしこのことは、文化進化がダーウィン的自然選択によって達成されるわけではない、ということを示すわけではない。それは事実にはほど遠いのだ。つまるところ親たちは、獲得した病原菌、細菌類、ウィルスなどを若い世代に受け継がせるのであるし、この種の現象がすべて、（非ラマルク主義的な）ダーウィン的自然選択に服するという点には、何の異論もないのである。ひょっとするとこのような批判者たちは、ミーム進化において肝心なのはミームそのものの適応度なのであって、宿主の適応度ではない、という点を忘れてしまっているのかもしれない。〔ミーム進化において〕ラマルク主義に関わる問題があるとしたら、それは〈**ミームが獲得した**特徴が、**そのミームたちの**子孫に伝達されうるかどうか〉という問いになるはずである。そしてこの場合、〈遺伝子型／表現型〉の区別という、ラマルク主義的な伝達をほぼ不可能なものにしてしまう区別が不在であるため、ラマルク主義的な伝達は異端ではなく、むしろ単なる、自然選択の別の形態であることになる――つまるところ、ミームは遺伝子をもっているわけではないのだ（例えば二二四頁の図7－2の、G次元を含むダーウィン空間を参照されたい。この次元は〈生殖細胞／体細胞〉の区別を表しており、G次元上の地点が異なれば、以上のような意味で理解されたラマルク主義的遺伝は許容されるのである。）例えばウィルスにおいては、生殖系列の突然変異と獲得形質との間の明確な一線は存在しない。つまり自己複製子《レプリケーター》と相互作用子《インターラクター》[34]が――ほとんどの目的に関して――同じ一つのものとなっているのである。

　文化進化をラマルク主義的と見なすことができるような、これよりも面白い見方もあり、これは、本書におけるミームの範例たる語に目を向けると分かりやすい。第9章で見たように、乳幼児は語をまねしようとし始める前に、およそ六つのトークンを耳にしなくてはならない――これらは〔乳幼児の最初のトークンの〕六つの「親」であり、つまり親の数は通常のように二（単性生殖をする生物の場合は一）ではないということだ。一方、成人である私は新しい語を、それが何を意味しているかを明らかにしてくれる文脈の中で、誰かの発言を耳にすることで学ぶ、と想定されたい。私は、その人が発したトークンのコピーを、脳内の新たな辞書的項目《レキシカル・アイテム》[35]として蓄積する。私の頭の中の情報構造は、その人のトークンの子孫であり、私がその語を繰り返し言う《リハース》たびに新たに作られるトークンは、いずれも、その人が発した単一のトークンのさらなる子孫――つまり孫とひ孫――である。だがここで、私がその語を声に出して言う前に、その人物が再度それを口にするのを耳にしていたり、あるいは、別の話者たちの口から発せられていたのを耳にしていた、としてみよう。この場合、私は自分の新たな語のモデルを複数もっており、要するに新たな語の親を複数もっている、ということになる。

　このとき、私の新たな語には、乳幼児の場合同様に複数の親がいて、**そのすべてが**、彼らの子孫となる情報構造〔私が学んだ新語〕の定着に貢献した、という考察が可能であろう。しかしまた、最初に耳にした発語だけが**唯一の**親（無性的に繁殖〔自己複製〕するウィルスの場合のように）であり、私なりのその語のバージョンの安定した特徴が定着するのを助けたその他のトークンは、親というよりはむしろ**影響者**である、という考察も可能であろう。つまるところ、最初のトークンをその人物から聞いたことで、私の記憶と知覚系の、さらなるトークンを認識する準備は整ったのであるし、私が二番目以降のトークンを聞いたとき、この出来事が私に、自分自身でさらなるトークンを作り出そうとする促しを与えたということはありうるとしても、これはその二番目以降のトークンを**模倣する**ことではなく、むしろ「**複製の引き金が引かれた**」ことであったはずである（Sperber 2000）。しかるに複製の引き金を引くことはそれ自身、たとえ親になることではないとしても、少なくとも助産婦的な役割を果たすという点での貢献――恐らくはバイアスのかかった貢献――を、その語のタイプのさらなる複製に対して行うことである。私の中のその語のための情報構造は、二番目以降の同じ語のトークンとの出会いによって調整されたかもしれず、それゆえ二番目以降のトークンは、私なりのバージョンのさらなる子孫に受け継がれるような、特徴上の変化をもたらしたかもしれない。これは、ミームレベルでのある種のラマルク主義でありうるが、ダーウィン的集団《ポピュレーション》で働く自然選択がとりうる多くの可能な形態の、ほんの一例に過ぎない。さもなければ私たちは語を、あるいはミーム一般が産み出される過程を、時間的幅をもつ多様な複製過程の集まりとして見なすこともできるかもしれない。（これは、父親の貢献が「受胎時」にではなく、もっと後の、母がすでに出産を終えた時点でなされる、というのと似ている。）有性生殖〔有性の自己複製〕の標準的な様式に対する想像可能な変種の一つとして、このようなものもありうるだろう。

それゆえ、文化という聖域への、恐るべきダーウィン帝国主義的襲撃への防壁を立てたりせずにも、文化進化をラマルク主義的と見なすことは可能なのである。スティーヴン・ピンカー——ミームに対してまったく友好的ではない人物——は誠実にも、次の点を容認している、「文化進化はラマルク主義的であると主張することは、それがどんな風に働くのか、何の考えも浮かばない、と告白することに等しい」。しかしながらピンカーはこれに続けて、それがどう働くかについての彼なりの考え方の一端をはっきりと語るところへ進んでいく。

> 文化的産物の印象深い特徴、すなわちその巧妙さ、美、真理（これらは生物の複雑な適応的デザインの類比物だ）は、心的計算《メンタル・コンピューテイション》に由来するのであり、この心的計算こそが「突然変異」を「方向づけ」——すなわち発明し——、「形質」を「獲得する」——すなわち理解する——のである。(Pinker 1997, p.209)

これは完璧に、〈私たちが文化的な項目の中に見つけ出す革新——巧妙さと美と真理——をもたらすものは発明者すなわち知的《インテリジェント》デザイナーの理解力《コンプリヘンション》である〉、という伝統的な見方の表明である。その通り。文化における**いくつかの**驚異の業は、その発明者たちの天才に帰されるものでありうるが、その割合は一般の想像をはるかに下回っている。そしてその種の驚異の業もそれ以外もすべて、何千年もかけて築かれた〈よきデザイン〉という基礎に依存しているのであり、それら〈よきデザイン〉を築いてきたのは、脳内で反復《リハーサル》される時間をめぐって競合するミームたちを何ら理解していない、宿主たちだったのである。

ミーム〔という概念〕へのさまざまな異論をこうして考察してきたわけだが、この考察からはいくつかの主題が浮かび上がってくる。第一に、争点の所在は、ドーキンスはミーム概念の最初の導入にあたり、最善の定義を述べられていたのか、とか、私なり、他の誰かなりが、すでにミーム概念の鉄壁の定式化に成功しているのか、といったことにはないということだ。むしろ争点は――科学の常であるが――現在までの探求から創発する、有益な概念と視座が存在するかどうかというところにある。遺伝子との類比は実り豊かだが、部分的なものに留まる。むしろ〈ミームの目からの視点〉の主要な利点は恐らく、この視点が、他の視点に立つ限り思いもよらなかった問いを、文化現象に関して提起する、というところにあるのだ――例えば、〈xは知的《インテリジェント》なのか？〉、〈xは保存し次世代に遺して行くに値するのか？それとも寄生的ながらくた《ジャンク》なのか？〉〈xには、xがかつて直面し、打ち負かしてきた他の候補たち《オルタナティブズ》（対立遺伝子）があるのか？〉などの問いである。

第二に、ミーム〔という概念〕が、文化的変化に対するさまざまな伝統的説明と競合している点はもっぱら、伝統的な説明が人々（または神秘的な社会的諸力）に理解力《コンプリヘンション》を帰すという、デザインの卓越性以外に何の証拠もない論点のみだということである。従って、第13章で見ていくように、ミームの視座は、あらゆる水準、あらゆる種類の人間的理解力《コンプリヘンション》を位置づけるための、広々とした競技場を提供するのである。

未だに、形式化されたミームの科学は存在していないし、もしかするとそんなものは永久に存在しないままなのかもしれない――草分け的な大胆な試みはさまざまな仕方でなされているとしても。だが、たとえその通りであるにしても、生物学において数学的な取り扱いによって成功してきた進化生物学の一部の分野は、単なる部分に過ぎないのであり、ダーウィンは何らその種の手法なしでうまくやっていけたのだ。ダーウィンはまた賢明にも、進化がいかに始まったのかについての探求を、道の途上で働く作用、すなわち「変化を伴う由来」〔進化の過程〕を注意深く記述してしまうまで、先送りにしてもいた。私たちはこのダーウィンの導きに従い、語やその他のミームがいかにして、その祖先から変化を伴いつつ由来してくることができるのかを見てきたので、今や、あの難しい問いに立ち戻ることができる。すなわち、文化進化一般、および、特にその一部としての言語が、私たちの種の中にいかにして起源したのかという問いである。

第12章　言語の諸起源[1]

言語が起源したのは、さまざまな自然的な音の模倣と変異、および人間自身のはっきりと区別できる叫びに、記号や身振りの助けが加わったものによっているということを、私はほとんど疑えない。
――ダーウィン『人間の由来』

「ニワトリが先か、卵が先か」問題

以上で、ミーム一般、および中でも特に語が、いかにして私たちの心を育んだ環境を創り出したのかを見てきたので、今や言語および文化の起源にさかのぼり、それがどのように生じたのかについて、どんな解明が可能でありそうかを確かめる時である。第9章で指摘したように、言語の起源という主題は、生命そのものの起源という主題に似ている。いずれも、（ほぼ間違いなく）この惑星でただ一度の出来事であり、それがどのように生じたかについてはごく少数のかすかな手がかりしか残さなかった。言語の進化は「科学における最大の難問」であると見なされており（Christiansen and Kirby 2003, p. 1）、ダーウィンが一八五九年に『種の起源』を出版したすぐ後から論争の的になっていたのは確かである。

実を言えば、言語学で最もよく広まっているミームの一つがあり（私も今に至るまでその拡散に加担しているのだが)、それによれば、言語の起源というこの主題はあまりに思弁的に過ぎるため、〈パリ言語学協会〉は一八六六年に言語の進化に関するすべての議論を禁止し、このポリシーは一八七二年のロンドン文献学協会でも踏襲された、という(例えばCorballis 2009なども参照)。言語に対するあらゆる進化論的アプローチを、科学的評価にふさわしくない「なぜなぜ物語[2]」として却下したがっているチョムスキー主義者は多く存在し、何十年もの間この話は、彼らにとっての旗印になっていた。ところが今や、パリ言語学協会というのが、健全な科学を是認するどころか、まさにその反対のことをしていたことが明らかになったのである。すなわち同協会は、〈人類学協会〉の唯物論者たちに反対する教条主義的な立場をとり、それとは正反対の君主制とカトリックの諸見解を推進することにいそしんでいたのである! マレー・スミスから最近教わったことだが、

パリ・ソシエテ・ランギスティーク〔言語学協会〕は現在でも存在しています。同協会はウェブサイトをもっており、それによれば一八六六年、同協会はいくつかの準則を作成し、そこでは(第二項目として)「当協会は言語の起源〔「進化」ではありません――マレー・スミス〕、または普遍言語の創出に関わる一切のやりとりを受け入れない」と述べられていました。当時の歴史状況の中で、同協会はこの規則の制定によって、自分たちを実証主義者および共和主義者のサークルから区別することを狙っていました。同協会は論争含みの主題を違法化していたわけではなく、その論争におけるある一つの立場を支持していたということです。(二〇一五年の私信)

何十年にもわたって、この禁令に関するえせ事実《ファクトイド》――事実にしては出来過ぎであったことが判明した話

——は、言語に対する進化論的アプローチの意気をくじくのに役立ってきたのだが、関連する複数の分野を横断する最近の進歩は、言語学、進化生物学、人類学、神経科学、心理学に属する勇敢な研究者たちをさまざまな展望で武装させ、見通しのよい場所へと引き寄せるようになっている。私たちに必要なのはただ、さまざまな立場の相違にもかかわらず魅力をもつような、一つの鳥瞰的な視点である。私たちは、そこでありえたさまざまな可能性を考察する際に、ギャンビットが見えなくなってしまう危険（第2章、六〇頁）、すなわち、適応主義的な想像力に対するバリケードを築いてしまうという危険を警戒せねばならない。先にも指摘したように、最初の生物、すなわち最初の自己複製的存在《リプロデューシング・シング》が、効率の悪い諸部分から組み立てられたぶざまな寄せ集めであり、それが、私たちが現在知っているような、無駄がなく効率のよいバクテリアへとスリム化されるのは、その後の進化的な競争を待たねばならなかった、という見込みは十分あるのである。では、現在の巧みにデザインされた言語の祖先は、どのようなものであった見込まれうるだろう？　それが、効率が悪く、習得が困難で、「ちゃんと働く」ことが滅多にないような行動パターンであったというのは、ほぼ間違いないことである。だが、どのような諸条件が成り立てば、このような初期のバージョンの言語が、考案する価値ある何かになったのであろうか？　初期バージョンの言語は、言語使用という値の張る支払いに対して、「見返り」をまるで与えてくれないものであった可能性すらある。つまり、むしろ感染性が高く、振り払うのが難しい寄生者的な習慣であったかもしれないのだ。それゆえ私たちはこう問わねばならない——〔言語の〕筆頭の受益者は誰なのか？　語なのか？　それとも話者なのか？　答えが「話者」だというのは。多くの人にとって明白なことであるように思われるが、しかしこの回答は、単に彼らが〈ミームの目からの視点〉を一度も考えてみなかったことに由来しているだけかもしれない。私たちは、遠回りで、至るところギャンビットで満ちている道筋をじっくり調べるべきである。

たしかに、**現在の**言語が宿主の人間にとって目覚ましく役立つものであることにほとんど疑いはないが、初期の時代の言語が、恵みであるよりもむしろ負担であった可能性はあるのだ。言語が一体いつ、どのように始まったのかはともかく、最終成果としての現在の言語がそのために役立っている機能の暫定的なリストを挙げておこう。

コミュニケーションの効用。命令し、要求し、知らせ、問いただし、教え、霊感を吹き込み、怯えさせ、なだめ、誘惑し、愉快にさせ、慰める、という言語の力。

生産性［*Productivity*］。〈超厖大〉な（第6章、原注36、二〇五頁）数の異なった意味（文および発話）を、有限個数の辞書的項目の蓄積から生成するという言語の力。形式的に考えれば、文法にかなった英語〔や日本語〕の文の数にはいかなる限度もない――例えば〈語数がn個よりも多い文は存在できない〉のような規則は存在しない――が、たとえ一文あたりの語数を、例えば二〇個に限定したとしても、明確に文法的で意味をなし、通常の成人が一度聞いただけで容易に理解できる文の数は、依然として〈超厖大〉なものになる。（前の文がかつて誰かによって表明されたことはほぼ決してなかったはずであり、〔英語原文の〕語数は六三語〔日本語の字数は句読点等含めて一六四字〕だが、何の苦労もなく読める文――のはず――である。）

デジタル性。言語の受信者／発信者が「規範に合わせて修正する」という言語の能力。これによって、たとえ理解できない状態に陥っている場合ですら、ノイズの多くが信号の中から洗い流される。

不在のものへの指し示し。視野の外、過去、想像や仮説の中など、コミュニケーションの担い手がいる環境の中に存在していない事物を指し示すという言語の力。

獲得の容易さ。話し言葉または手話が子供に取り入れられる際の、（読み書きや算術などと比較したときの）目覚ましい素早さ。

人間以外の社会性動物——類人猿、オオカミ、ゾウ、クジラ、コウモリなど——は、もし言語をもっていたならば見事な言語の使い手になりそうに思えるし、これらの種のいくつかはよく知られたコミュニケーションの技能をもっている。しかし、人間以外のいかなる種も、人間の言語に、その強力さという点でかすかでも類似する能力を備えてはいない。[73] 私たちの言語なき祖先たちは、言語という宝へ至る稀な小道に、何らかの仕方でひょっこりと遭遇したのであり、またその後、その道を進むことで得られる何らかの近視眼的な利益を追求したか、あるいは少なくとも、大当たり《ジャックポット》を引き当てるまで足場を見失わずにいつづけたのである。これはいかにして、そしてなぜなされたのか？　そしてなぜ他の種は同じ〈妙手《グッド・トリック》〉を発見してこなかったのか？

言語には何らかの先行形態が必ずあり、その先行形態は、何らかの種類の遺伝的な調整に支えられた、

(73)　私は、こういう自己満足的な一般化によって不快感をおぼえ、例えばイルカが人間のような生産性の大きな言語をもっていても、僕らはそれをただ知ることができないだけなのだ、と力説する学生が出てくるのを見てきた。この主張は大いに容認しよう。たしかにイルカには、人間のそれに等しい言語と知性《ブリリアント》があってもおかしくない。そしてもしそうだとすると、イルカたちはその事実を人間から隠すという英雄的かつ秀逸きわまる課題を果たしており、その課題を果たすために無数のチャンスを犠牲にしているのだ。例えば、仔イルカがおしゃべりをしていれば自分の命や同類の命が助かったかもしれないのに、それを犠牲にしているのである。（なお、イルカたちが視野の外にあるアフォーダンスについての情報を相互にやりとりできる限定的な能力をもつ、ということを示唆する実験は少数ながら存在している。）

何らかの種類の前言語的な伝達であったに違いないのであり、これを否定する人を思い描くのは難しい。例えば、**同種内の拡大した家族と協働する本能**は、プレーリードッグからゾウやクジラに至る、多くの非言語的な社会性動物に見いだされるが、ここに、(親、年長者、同胞たちを)**模倣する**という強力な本能的習慣をつけ加えるだけでも、その協働本能は、飛躍的に進行する文化進化――私たち人間においては、言語に依拠することで最終的に創発した進化――を支えるための環境を創り出すのに十分なものであったかもしれない。言い換えれば、語とは最良のミームであるかもしれないが、最初のミームではなかったということだ。これらの本能は、環境上/行動上のいくつかの新機軸なしでは成功し繁栄することはなかったかもしれない。すなわち、それ以降の個体群《ポピュレーション》中のメンバーの課題を引き上げ、協働への性向を**増進させる**ような――つまりより速やかに、より容易に、より専心して協働するような――選択圧を創り出す新機軸が、そこには必要だったかもしれない。同様に、年長者をコピーするという本能は、すべての状況ではなくとも、多くの状況で適応度を押し上げる働きをもつことがありうる。遺伝的進化が、ヒト科の生物の一系統に修正を加え、文化的な新機軸の共有を可能にするような本能を、他の系統よりも多く付与したのだろうか? ただ一グループに限定して及ぼされ、そのような文化的共有の道を開くような選択圧とは、どのようなものでありえたのか? 言語以前にグループの協働は進化していたのか? チンパンジーはしばしば、**ある点で**協動的な仕方で、コロブスザルの狩猟に加わる。環境内に何ら新たな難題が生じ、それがヒト科生物の一グループ(私たちの祖先)を強いて、協働への依存度を強め、新しい注意の習慣を産み出した(Tomasello 2014)、ということなのか? 私たちの祖先の子供たちが、自分のグループの発生に強い関心を示し、それを非常に熱心に模倣しようとするようになったのは、どんな利益のためだったのか?

リチャーソンとボイドは『遺伝子だけによるのではない』(Richerson & Boyd 2004)において、言語に関しては意図的に、巧みな沈黙の態度をとっている。同書の半ばで彼らはこう言う。「これまでのところ、私たちは言語に関しては何も述べてこなかったが、その理由は単純である。つまり、古人類学者は、人間の言語がいつ進化したのかについて何の知見も得ていない、というのがその理由である」(pp. 143–144)。論争の的になる過去の窓の幅は二百万年間に及んでいる。つまり、(ヒト亜科の生物の化石化した頭骨から導き出される) いくつかの神経解剖学的な細部によれば、言語を構成する諸要素が何百万年にもわたって存在していたことが示唆されるが、一方で、五万年前に至っても言語はよくとも萌芽的なものであった、ということを示唆する証拠もあるのだ。

言語は、石器を砕く技能を伝達するために必要なのか? 物品《グッズ》(資材や食物や道具) を交換する技能のため? 火の番をする技能のため? 若いヒト亜科の個体が、言語による教えを受けずに、火を要領よく絶やさずにおくための自己制御と予見力 (および、その後の自己自身への警告) を身につけると想像できるだろうか? シュー・サヴェージ゠ランバーフによれば (一九九八年の個人的対話)、飼育下のボノボは、キャンプファイヤーの周りに座り込むのを大変好むというが、彼らを訓練して、薪を集め、燃料を足し、燃え過ぎを避けて、いつまでも火を絶やさないように番をするように訓練できるものだろうか? この問いへの回答がどうであっても、その回答は、私たちの祖先が、少なくとも何らかの粗削りな形態の言語を手に入れる前に火の番をできたのかどうかについて、実際に参考になる知見を与えてはくれないはずだ。なぜ参考にならないか? それは、ボノボの進化が、私たち〔現生人類〕のさかのぼりうる限り古い――およそ六百万年前――共通祖先から逸れたところで進んだからであり、また、飼育下のボノボに訓練用の管理体制を課すことができる人間の訓練担当者の視座および才能と、自分の子供を一人育てる大人のヒト亜科個体の視座との間には、刈り込むことも調べ尽くすこともしがたい、多大な差異の世界が広がっているからである。かつて私は（Dennett 1978）、「クマは自転車に乗ることができるが、これは、理論的な重要性の所在をつかみにくい類の驚くべき事実である」という考察を述べたことがある。ラスコー洞窟の壁画（二万年から三万年前）は、言語をもたないホモ・サピエンスの芸術家の作なのだろうか？（Humphrey 1998 参照）[3]。これらやその他の重要な問いはいまだに答えられていないし、もしかすると答えようがないものであるかもしれない。

適切に機能する言語がいつ舞台に登場したのかについてのあらゆる仮説を先送りにすることからは、一定の利益も得られる。リチャーソンとボイドはこの先送りによって、ある重要な意味で最小限主義《ミニマリスト》のモデルを探求することができるようになった。すなわち彼らは、いかなる**コミュニケーション**も前提していないがゆえに、ほとんどいかなる理解力《コンプリヘンション》も前提していないことになるからである。（私は、学生たちが彼らの本を読むとき、「カメやカモメやヒツジの間で活発な文化伝達を行わせるためには、何が必要だろうか？」という問いかけを自問させるのが役立つことに気がついた。これは、登場人物たちの中に理解力を性急に仮定してしまうことによる想像力の困難を防ぐための一つのやり方である。）例えば、リチャーソンとボイドは、**バイアスのかかった伝達**が存在し、そのバイアスが、あるミームを他者に移すためのなにがしかの働きをなしうる、というモデルについて調べている。[74]〈バイアスのかかった伝達〉とは、そのバイアスがよいバイアス、賢明なバイアス、理解されたバイアスであるかどうかにかかわらず、一つの〔ダーウィン的な〕選択力《セレクティブ・フォース》と見なされる。「その動きをするものを何でもコピーせよ」や「最初に目にした大人をコピーせよ」というバイアスよりも、「多数派をコピーせよ」（順応主義バイアス）や、「成功者をコピーせよ」や、「評判の高い者をコピーせよ」の方がより価値が高いバイアスになりやすい。そして、BがAをコピーするときにはいつでも、AからBへの情報の移動があるとしても、その移動はつねにコミュニケーションであるわけではないのであり、これは、

BがAから風邪をうつされることがコミュニケーションではないのと同じである（「**コミュニケーション性の病** [*communicative disease*]」〔伝染病〕という言い方はあるにしても）。

このような最小限主義《ミニマリスト》の〔つまり理解力も本来のコミュニケーションも前提しない〕条件において、自分独りで試行錯誤によって学習するよりも、（基本的に何も考えずに）何かをコピーする習慣を身につける方がよりよい、という状況は成り立つだろうか？　だが、よりよいとは誰にとって？　利益ハ誰ニ《クイ・ボノ》？　コピーを行う個々人にとってよりよいのか？　その習慣を採用する集団《ポピュレーション》にとってよりよいのか？　それともミームそのものにとってよりよいのか？　リチャーソンとボイドは、不適応な文化が拡散しうる可能性に十分気づいているが、それでも彼らは、**適応的な**文化（その保持者の遺伝的適応度を増進させる文化）が一つの足場を確立していない場合は、文化が依拠する、遺伝的に維持される習慣と器官は直ちに逆選択〔俗に言う「淘汰」〕を受ける、と主張する。そしてその理由は、ミームとウィルスの平行関係によってはっきりする。ウィルスは独力で自己複製できない。彼らは、生きた細胞の核の中の、信頼性あるコピー機構に命令することに

（74）　すでに注記したように、リチャーソンとボイドは「ミーム」という語を使わずにおくことをよしとしており、その理由は、ミームには「離散的で、信頼性のある仕方で伝達される遺伝子に類似した存在者」という含意があるからであったが（p.63）、とはいえ彼らは、「人々の脳内に蓄えられる情報」を呼ぶための「何らかの便宜上の合意」の必要性を認めている。私と彼らは共に、これらの次元に沿って多様なあり方をするミームを認めており（本書二二六―三一頁、その論争におけるいずれかの立場に与するわけではないので、私は彼らの抵抗を認めて、『オックスフォード英語大辞典』の定義に依拠すると共に、彼らの論点をミームの言葉で語り直したのである。『遺伝子だけによるのではない』の全体を熟読した上で、彼らの論点をすべてミームの用語で語り直して、それでもなお不一致が残るかどうかを明らかにする、というのは有益な練習問題である。私の見るところ、本書第11章のミーム擁護論の中で、実質的な争点はすべて対応済みである。

頼って〔自己複製して〕いるのであり、そしてそのコピー機構は、何十億年にもわたる研究開発が産み出したものなのである。ミームは〔宿主に〕役に立つものであろうとなかろうと、何よりまず自分自身をコピーさせなければならない。それゆえ少なくとも、十分に遺伝的に確立された下部構造――〔模倣すべき〕他者に注意を向け、知覚された**やり方**《ウェイズ》（のいくつか）をコピーしようとする性向――こそ、ミームが根付き、繁栄するための唯一の基盤である、ということになるはずである。

情報交換のための使い勝手のよい《ユーザーフレンドリー》媒体の創出、およびその**最適化**は多大なデザインワークを必要とし、そのために「誰かが支払いをする」必要のあるものだが、いったん基本的なコピーのシステムが成立してしまうと、利己的なもぐり業者がシステムをハイジャックできるようになる。もしかすると私たちは、――風邪のウィルスに私たちが操られている、というのと大差ない仕方で――ミームに操られる脳をもつ類人猿[4]に過ぎないのかもしれない。もしかすると私たちは、祖先たちの**有能性**《コンピータンシーズ》のみに注目するのではなく、同時に、祖先たちの**脆弱性**にも注目すべきなのかもしれない――すなわち、祖先たちが言語を使用するようになるには、事前にどのような**有能性**《コンピータンシーズ》が必要だったのか、という点だけに注目するのではなく、むしろ祖先たちが備えていた、感染力旺盛だが有害ではない（ミームとしての）習慣に対する**脆弱性**にも注目すべきかもしれないのだ。つまり私たちの祖先は、そのような習慣（ミーム）の理想的な宿主だったのであり、私たちはその習慣（ミーム）により、自らが属する個体群《ポピュレーション》中で、それらの習慣（ミーム）に〔自己〕複製を許すほどの期間生き長らえ、活動できるようになっている、ということかもしれないのである。

文化進化が最終的に産み出したものは、――現在のところは――人類の人口《ポピュレーション》数の目を見張る増加であり、何十万ものミームがこの地球のすみずみにまで見いだされる――その中には、ホモ・サピエンスがミームによる手助けなしには占有することができない多くの環境も含まれている。しかるに、とがった葉の先端によじ登るアリが、ランセット吸虫がウシやヒツジの胃袋に飛び込むための手段である〔5〕のとまったく同じように、私たちは、月へ行く宇宙飛行士はミームが次世代の科学狂に乗り移るための手段なのだ、と考えるべきなのかもしれない(75)。

ミームの目からの視点は、遺伝的進化と文化進化の関係に関する、さまざまな形態の**二重継承**〔*dual-inheritance*〕モデル、ないし二重ハイウェイモデル(Cavalli-Sforza and Feldman 1981; Boyd and Richerson 1985、その他多数)に、部分的ではあるが有益な修正を加えることを許してくれる。適応(適応度の増進)は、遺伝的にも、文化的にも伝達されうる。遺伝的な情報ハイウェイは何十億年をかけて最適化されてきた。それはDNAの複製《コピー》および編集機構と、ゲノムへの寄生者を処理するシステムとを装備した、息を飲む複雑さを備えた工学《エンジニアリング》の驚異である(ゲノムへの寄生者とは、ならず者DNAと呼ばれる、ゲノムの中に足場を確立するDNAであり、これが入り込んだ場所では、そこで引き起こされる損害が多かれ少なかれ制御ないし最小化されるようになっている(76))。**文化的**ハイウェイもまた、これよりもずっと短い期間をかけ、信頼性のある情報伝達を促進するための無数のデザイン的特徴を進化させてきた。それらの特徴を創り出し磨き上げてきた研究開発の多くは、ミームそのものの「脳に適応する」ための進化であったが、他方でその〔ミームの〕進化に引き続いて、脳に対

(75)「ヌクレオチドが人類を発明したのは、ヌクレオチド自身の複製を月の上ですら行えるようにするためであった」(ソル・シュピーゲルマン、Eigen 1992, p.124 での引用より)

(76) DNAの複製《コピー》システムに見いだされる興味深い複雑性の一部は、何十億年にもわたる戦争の結果である——すなわち、利己的DNAと呼ばれる、生物個体の維持や生存への貢献をまったく果たさずに自己自身を複製《コピー》させることを「望む」DNAと、この非協力的なDNAが遺伝システム内にはびこることを阻止するために進化した、治安維持システムとの間の軍拡競争である。これに関する魅力的な分析は、バートとトリヴァースの『闘争状態にある遺伝子たち——利己的な遺伝因子の生物学』(Burt & Trivers 2008)で読むことができる。

する遺伝的な調整も生じてきた。これは共進化の過程であり、そこでは「研究《リサーチ》」は主にミームによってなされ、それに続く「開発《デベロップメント》」は主に遺伝子によってなされてきた、ということになる。つまりまず、**ミームにおける**新機軸が、脳内でミームたちをより効果的なミームに変えるが、このときその脳は、**いまだ**それらの新機軸を取り扱うべくデザインされていない。このときその新機軸は、初期の「概念実証《プルーフ・オブ・コンセプト》」[6]を提供しうるものとなる。そしてこの「概念実証」が、やがてはより高価で時間も食う、脳のハードウェアの遺伝的調整を保証するものとなり、この調整によって、ミームと宿主両方にとっての動作環境が改善されることになるのだ。

この基本パターンは、コンピューター時代の初期から、何百回も繰り返されてきたものである。つまりまず、ソフトウェア上の新機軸が先行し、その後、ソフトウェアの各バージョンがうまく動作することが実証されると、ハードウェアの再デザインがその後を追うのだ。現在のコンピューターチップと、その五〇年前の祖先とを比較すると分かるのは、現在のチップに組み込まれている多くの新機軸が、当初は、現実のハードウェアコンピューター上で動作する新たな〔バーチャルな〕コンピューターの**シミュレーション**としてデザインされていた、ということである。それらの新機軸は、ひとたびその長所が明らかになり、かつその短所が除去ないし最小化されてしまえば、シミュレーション版よりもずっと高速に処理を行う、新たな集積回路《チップ》を作るための仕様《スペキシフィケーションズ》として利用可能になるのだった。コンピューターにとっての新たな環境が創発するたび、諸々の行動上の有能性《コンピータンス》〔機能〕は、まずはじめに汎用コンピューターの上で走るプログラムという形で探られ、次にさまざまな競争相手と比較するための入念な実地テストにかけられ、最終的には「専用」ハードウェアへと組み込まれることになる。例えば、現在のスマートフォンには、ソフトウェア上を走るソフトウェア、という無数のソフトウェアの層《レイヤー》に加えて、グラフィックや音声の合成および認識などに特化した**ハードウェア**が、マイクロチップ上に組み込まれているが、これらのハードウェアはそれ以前にまず〈デザイン空間〉で探り出されたソフトウェアの子孫なのである。

言うまでもなく、このようなコンピューターの研究開発はすべてトップダウン式の知的《インテリジェント》デザインであった。すなわちこのデザインは、音響学、光学、その他関連する物理学の諸部分を含む〈問題空間〉の詳しい分析を用い、また費用対効果《コスト・ベネフィット》分析を明示的に適用し、それを指針にして進められたものであった。とはいえ、このデザインがこれまで解明してきた〈よいデザイン〉へ至る道の多くは、それよりもずっと長い時間にわたって、ボトムアップ式のダーウィン的デザインが盲目的に突き止めてきた道と同じだったのである。例えば、みなさんのスマートフォンには言語処理に特化したハードウェアが組み込まれているが、しかしそれは英語なり中国語なりの〔特定の〕言語の処理に特化しているわけでは**ない**。英語なり中国語なりの特定言語の処理に特化した有能性《コンピータンス》〔機能〕は、そのスマートフォンが所定の環境を決められた後で、はじめてつけ加えられることができる。なぜか？　その理由は、子供の脳が言語中立的である理由（これは浮遊理由である）と同じであり、すなわち、多能性があることで、デザインの「市場」は広くなる、という理由である。この理由は変化しうる。もしも、ただ一つの人間言語が、何らかの度合いで全地球的に定着したとしたら（毎年、何百もの言語が絶滅しているという状況はこれを予示している）、その特定の言語の学習へのバイアスをたまたま組み込まれている乳幼児の脳は、肯定的な〔自然〕選択を受けるだろう。そしてこれは、多くの世代を重ねた末に、基盤となる人類のハードウェア内の言語的多能性の喪失をもたらすことになるだろう。このような結末は、ボールドウィン効果の鮮やかな実例となるだろう。すなわちそれは、行動（または発生における可能な経路《オプション》）に遺伝的制約という拘束具を押しつけ、無理やりに「成功事例《ベスト・プラクティス》」へと向かわせることで――つまり第9章で見てきたように（二九九―三〇〇頁）、多様な選択肢《オプションズ》の一つを義務的な《オブリゲイト》行動に転換することで――遺伝的な多様性ないし多能性の**減少がもたらされる**経過を示す実例となるであろう。

文化的ハイウェイが出現すると、ミーム的特徴と脳の特徴の間の、つまりソフトウェアとハードウェアの間のどのような協調作用についても、文化的寄生体（ボイドとリチャーソンの用語では〈ならず者の文化的変異体〉、ドーキンスの言葉では〈寄生者的ミーム〉）が栄える余地が出てくる――進化における他のあらゆる局面と同じく、そこには軍拡競争という形での寄生者への対策が存在するにもかかわらず。

すべての環境が文化進化のための肥沃な土壌となるわけではない。コピーをする者を情報の**便乗者**、学習をする者を情報の**生産者**、と見なすことにしてみよう（Richerson and Boyd., p. 112 で引用されている、Kameda and Nakanishi 2002）。このとき私たちは、そこにある種の、潜在的には均衡に達しうる相殺取引《トレードオフ》が成り立つのを見いだすことができる。つまりそこでは、一部の新機軸考案者が研究開発のコストを負い（この研究開発は情報ハイウェイの構築に向けられるものはなく、何であれ彼らがもたらす発明／発見のためのものである）、その他の者はより低いコストで情報を利用するのである。[77] 単純なモデルからこのような動的平衡状態が導かれるという事実が示唆するのは、[7] 探求心（たとえ高価でも研究開発を好む）の度合い、および、同調性（時代遅れの可能性があっても、コピーすることを好む）の度合いに十分な幅があるような集団《ポピュレーション》の中でなら、その集団《ポピュレーション》が言語を欠くとしても、このような動的平衡状態は存在しうるということである。[78] しかしながらこのような特徴は環境の可変性の度合いに依存している。もしも環境の予測可能性が高すぎたり低すぎたりすれば、文化的伝達（コピーすること）は足場を失ってしまうのだ。ここから私たちは、ある可能な閾《いき》条件[8]の実例を得る。すなわち、文化的伝達はあるゴルディロックス環境〔ゴルディロックスは『三匹のクマ』の少女[9]〕の中でなければ進化しないはずだ、ということである。すなわち環境が、新しい習慣を創り出す機会を進化に与え、かつそれが集団《ポピュレーション》内に定着できるほどの期間、熱すぎ——カオス的でありすぎ——でもなければ、冷たすぎ——不変的でありすぎ——でもないことが必要なのだ。もしもこのような長い期間が〔適度な環境を維持したままで〕経過することが稀なことであったとしたら、他の点では文化的伝達の利点を利用する準備が十分に整っている集団《ポピュレーション》であっても、必要なステップを踏むに至らない見込みが大きいはずである。

　ホモ・サピエンスにとって、文化は目覚ましく成功した〈妙手《グッド・トリック》〉であり続けてきた。文化の採用を阻む、どうにか乗り越えるべき障壁、すなわち閾条件を最低一つでも設定しないどんな文化理論も、文化的伝達がそれほど簡単なことだとしたら、〔他の〕多くの種——哺乳類、鳥類、魚類など——もまたこれまで文化をもつようになってきたはずではないか、という異論に抗しきれない。ちょうどよい度合いの変異の歴史をもち、単調過ぎず、せわしなさ過ぎることもない環境、というのは一つの可能な閾条件である。これまでに、他の閾条件も色々と考えられてきた。**二足歩行《バイペダリティ》**、すなわち二本の足で直立して歩くことを考えてみよう。これは、〈人間とは羽根のない二足動物である〉と述べたプラトン以来、絶えず取り上げられてきた人気のある性質である。ヒト科の動物の中でも、ヒト亜科のみがこの特徴を示すし、またこの特徴が、私たちの祖先の手を自由に使えるようにし、それによって人工物を作り、人工物や必要な材料を持ってあちこち動き回ることを可能にしたのは確かなことである。だが、進化に予見力はない。それゆえ、こ

---

(77)「何も考えずに《マインドレスリィ》多数派をコピーせよ」という戦略が目覚ましく有効な戦略であることは明らかになっている。有能性《コンピータンス》（ないしは行動的理解力《コンプリヘンション》）を備えている個人は、コピーする者が現れるやいなや、彼らに対する優位を失ってしまうのだ（Rendell et al. 2010）。

(78) リチャーソンとボイドは、人間およびハトを用いたいくつかの実験（Kameda & Nakanishi 2002 など）が、参加者間のコミュニケーションなしで、同様の分業体制の形成を示すことを指摘している。

の卓抜なデザイン上の新機軸が向けられていた元来の浮遊理由は、何か他のものであったのかもしれない。ここにはまた別の〈ニワトリと卵〉問題がある――初歩的な道具製作（チンパンジーに見られる種類の）が、道具の材料やできあがった道具を遠くへ持ち運ぶ能力への選択圧を創り出したのだろうか？ それとも、何か別の理由で進化した直立歩行が、効果的な道具製作のための〈デザイン空間〉を開いたのか？ 仮説は数多く存在している。例えばサバンナ仮説によれば、以前よりも乾燥した気候により、私たちの祖先が森林から草原地帯へと追いやられて以降、背の高い草よりも高いところから周りを見ることができるように（および／あるいは、強烈な日差しの照射を最小化できるために、および／あるいは、移動のために費やされるエネルギーを最小化できるように）直立歩行が好まれるようになったとされる。他方で、水中歩行説（ないし水生類人猿説）によれば（Hardy 1960; Morgan 1982, 1997）、浅い水域の貝類を収穫することが生態学的な新機軸であったとされる。あるいはもしかすると、水生植物こそが、困窮した時期の「緊急食糧」となり、どんな深い水域でも水中歩行できるように、息を長く止めることや、その他の生理学的な修正を促進したのかもしれない（Wrangham et al. 2009）。以上すべては論争の最中にあるか、いずれ論争の的になる見込みが大きい話題である。いずれにしても、二足歩行と、それに引き続いて可能になる一連の有能性《コンピータンス》が、言語と文化の水門を開くことはありえたのだろうか？

これ以外に提案されている閾条件としては、社会的知性〔知能〕がある（Jolly 1966; Humphrey 1976）。社会的知性〔知能〕とは、他の者たちを志向システムであると解釈できる有能性《コンピータンス》であり、すなわち他の者たちを、彼らが何を観察しているかを観察し、何を欲しているかを突き止める（食物、逃走、こちらを捕食する、つがいの機会、構わないでほしい、など）ことによって、どう行為するか予測できる存在として解釈できる有能性である。この有能性《コンピータンス》はしばしばTOM（theory of mind すなわち〈心の理論〉の略称）と呼ばれる。ただしこの名称は選択ミスであり、なぜならこの名称により、そこで名指された有能性《コンピータンス》を備えた存在が、理解力《コンプリヘンション》を備えた理論家、明敏な証拠収集者、仮説検討者であって、自分で理解している必要のまったくない解釈の才能に恵まれた、〈勘に頼って行動できる《フライングバイ・ザ・シート・オブ・ゼア・パンツ》〉行為者予測力の持主であるわけではない、という想像を促してしまうからである。いずれにせよ、このような視座の採用は、複雑な文化的情報が伝達されるようになるためには必要なものであり、これはちょうど二足歩行が、道具、武器、容器、衣類、ボートといった複雑な物質文化のために必要であるように見えるのと同様である。

人間の認識の進化という分野のもう一人の主導的な研究者であるマイケル・トマセロ（Tomasello 2014）によれば、このような視座の採用は、当初は（同種間、および狩猟における）競争を増進させるために進化し、そこから、例えばチンパンジーの狩りにおいても萌芽的に見いだされる協働の本能へ進化し、その後「社会的協調のために組み立てられた、共同《ジョイント》目的や共同《ジョイント》注意[10]を含む共同《ジョイント》志向性というさらに洗練された過程へと進化した」、という可能性があるという（p. 34）。トマセロの主張によれば、

> 新たな生態学的圧力が現れ（例えば個人で獲得可能な食物の消失、それに人口数と他のグループとの競争の増加など）、それが人間の社会的な相互作用と組織化に直接働きかけて、より協力的な人間の生き方の進化を導いた（例えば、食糧集めのための協働作業や、あるいは集団の協調と防衛のための文化的な組織化など）（P. 125）。

トマセロは言語を「人間固有の認識と思考の冠石〔頂点〕であって、その基礎ではない」と見なしており（Tomasello 2014, p. 127）、私も前言語的な文化的、遺伝的な進化の多大さと複雑さへのトマセロの強調には同意し、それなしでは言語はありえなかっただろうと認める。とはいえ、言語が舞台に登場したことで累積

的な文化進化が可能になったのであり（また実のところ、それに反応する遺伝的進化も可能になった）、このランナウェイ過程[11]はそれまでよりもずっと素早く、ずっと効果的に、新奇なデザインおよび発見を集積していくものであったのだ。言語は基礎ではないかもしれないが、それでも私はそれを冠石と呼ぼうとは思わない。私に言わせれば、言語とは人間の認識と思考の、〔ロケット〕発射台である。

ラランド、オドリング＝スミー、フェルドマン（Laland, Odling-Smee, & Feldman 2000）は、生態的地位《ニッチ》構築という概念を導入した。この概念は、生物は生まれ落ちた〔自然〕選択の環境にただ反応しているのではなく、むしろ生物の活動が環境の特徴を非常に素早く変化させ、それによってまったく新しい選択圧が創り出されたり、他のそれまでの選択圧が解除されたりすることがありうる、という考え方《アイデア》を指している。このような生態的地位《ニッチ》構築が生じた後では、子孫たちが活動する生態的地位《ニッチ》には、祖先たちが関わってきた生態的地位《ニッチ》との重大な相違が生じている場合もありうる。この生態的地位《ニッチ》構築は自然選択の選択圧の単なる一結果に過ぎないものではない。それはまた、新たな選択圧の重要な原因でもあり、さらに言えば選択圧の不安定化をもたらす原因でもあって、これは〈デザイン空間〉において著しい持ち上げ《リフティング》の力を備えたクレーンであると言える。ヒトという種がこれまで生態的地位《ニッチ》構築に多大に関わってきたということに疑いはない。

スティーヴン・ピンカー（Pinker 2003, 2010）は私たちの世界を「認知的生態的地位《ニッチ》」と呼んだが、ここで強調されるのは、この世界が人間の理解力《コンプリヘンション》の**産物**である、という点である。ボイドとリチャーソンとヘンリッヒ（Boyd, Richerson & Henrich 2011）はピンカーに同意せず、ピンカーが提起しているものはむしろ、理解力《コンプリヘンション》がその中で育まれる**有能性**《コンピータンス》の足場《プラットフォーム》としての、「文化的生態的地位《ニッチ》」と呼ぶ方がよい、と提案している。この後見ていくように、私たちが現在住み着いている生態的地位《ニッチ》を構築した研究開発は、ダーウイン的なボトムアップ式の過程と、トップダウン式の知的《インテリジェント》デザインとの、さまざまな割合での混合物である。このような私たちの生態的地位《ニッチ》が、他のいかなる種のそれとも似ていないのは確かである。この生態的地位《ニッチ》はほとんどどんな獲物も捕食者も含んでおらず（漁師や、あるいはサメがうようよいる海で活動するサーファーなどは別として）、居住者は〔人間を除けば〕ほぼ人工物、飼育植物、家畜動物だけから構成されており、社会的役割、財産、評判、専門技術、流儀《スタイル》（衣服、話し方、歌、ダンス、演劇での）といったものが、遺伝的適応度をもたらす有益な長所として、強い筋肉や速い足や鋭敏な視力といった長所におおむね置き換わっている。

　このような変遷を可能にし、増進させるに当たって、言語が何らかの役割を果たしたことはあまりにも明白であるため、この推定を見直すための批判的検討を行なうのが、ある種の伝統となっている。つまり、少なくとも原始的な形態の農業、漁獲、着衣、宗教、装飾、食糧備蓄、その他文化の標準的な項目が言語**なしでも**営まれ、伝達されえたのだ、という主張がこれまでなされてきたのである。〔だが〕例えば、埋葬前の死体に儀式的な準備を施すという活動は死後の生への信仰にごく近い何かを強く示唆するが、そこで信仰箇条に似た何かの共有が、言語的表現なしでいかに可能だったのかは理解しがたいことである。つまるところ、入手困難な情報を伝達するための言語的な手段と非言語的な手段は現在でもなお共存しているのだから、例のごとく私たちには、数万年にわたる人間同士の相互作用が、それまでよりも効果的で体系的なやり方《ウェイズ》（つまりミーム）の漸進的な採用――その中には、単なる模倣から徒弟関係への移行のような(Sterelny 2012)、ミーム獲得のためのやり方《ウェイズ》も含まれよう――を導いたのだと想定できる。これらのミーム伝達のいくつかには共同注意《ジョイント・アテンション》が必要だし、別のいくつかには（原）言語的な指導が必要だし、また別のいくつかには完全な言語的指導――記憶手段としての呪言《マントラ》や、その他の言語的な装置――が必要である。

ここで、想像力を鍛えてくれる面白い問題を考察してもらいたい。何かの動物の親（イヌ、オオカミ、イルカ、言語をもたないヒト亜科生物、他何でもよい）が、自分が苦心して手に入れた経験を若い個体に伝えるにはどうすればよいか、と――細部まで詳しく――考えてみるのだ。例えばあるオオカミが、ヤマアラシは避けるべきで、飛びかかってはならないということを、苦労の末に学んだとする。彼女は仔オオカミたちが経験を利用できるようにしてやるために、何をすると考えられるだろうか？　恐らく、仔オオカミたちを手頃なヤマアラシのところへ連れていき、何らかの種類の、彼らの注意をしっかり引きつけるような、「じっとしていなさい」の信号を発するのではないだろうか。この方法は共同注意と自分の仔からの信頼／服従に依存している（人間の親たちが言語習得前の乳幼児に対して、熱いストーブから離れるように警告すると、それなりにうまくいく場合もある、というのと同様である）。しかしながら、教える者と学ぶ者の共同注意を引きつける見本例がない場合、親のオオカミにはなすすべがない。不在の事物および状況への注意を喚起できる、という言語の能力は、とてつもない能力増強《エンハンスメント》なのである。

デレク・ビッカートンの最新の著作（Bickerton 2014）は、この「不在の対象の指し示し［displaced reference］」がもつ力こそ、言語がもたらした新機軸の要《かなめ》であると見なしている。しかしながらビッカートンは、私と彼が同時に取り組んでいる問いに、微妙に異なったひねりを加えており、このひねりは彼の本のタイトル、『自然の必要以上のもの――言語・心・進化』がほのめかしている。ビッカートンは、「種としての人類は、人類が生存のために必要としうるどんなものよりも強力に見える、心というものをいかにして獲得したのか？」と問う（p.1）。ビッカートンによれば、「人間と他の動物の間の認識能力のギャップは、進化論のアキレス腱である」（p.5）。ビッカートンの見るところ、これは単純な自然選択によってコミュニケーション行動が徐々に強力さを増していき、最終的に言語に至った、という説明では、説明しきれるものではない。

例えば、社会性動物であれば階級《ランク》の変化や、誰が何を誰にしたのを追尾し続ける必要があるが、そのような戦略的価値の大きなうわさ話《ゴシップ》が伝達されるためには次の条件が満たされねばならない。すなわち、

> 言語がそれ以前にすでに十分な度合いで発展している〔という条件である〕。言い換えれば、最初のいくつかの段階を踏んだばかりの言語は、わずかばかりでも興味を引きそうなうわさ話《ゴシップ》を表現することができなかったし、これらの段階の言語を駆り立てていたのは他の動機であったに違いないので、グルーミング[12]の代替物としてのうわさ話《ゴシップ》が、言語の起源の基盤となった選択圧を作り出すことはできなかった。(p.63)

これは、おなじみの創造論者の論法を思い出させる。この論法は、例えば目なり羽根なりバクテリアの鞭毛なりは、完全なデザインが整ってしまうまでは役に立たず、それゆえ何世代にもわたって維持され続けることがないはずであるという、**君はここからあそこへ行くことはできない**式の、進化論への反論である。しかしながらビッカートンは創造論者ではなく、他の人々の試みの欠点と目されるものを明らかにしてしまうと、この「認識のパラドクス」の彼なりの解決を提供するのだ。

私たちが通常の〔自然〕選択過程と魔法じみた形態の進化論を除外してしまうとしたら、残るのは何だろう? たった二つの事柄だ、というのがその答えである——すなわち、語と、語がもとで生じる神経科学的過程である。この〔語という〕共生的単位の発明——というのも語は、意識的でも、意図的なものですらなかったとしても、やはり発明されたものでしかありえないから——が、脳にとって

の決定的な諸帰結をもたらしたのである。（p.91）

この一節には〈進化と発明〉という二分法があり、また、無意識的になされる、プロメテウス的な創造性の飛躍が要求されているが、ここに含まれている皮肉は、私にとって味わい深いものであった。というのも、十年あまり前に私たちが出会って以来、デレクは、ミームならば説明できるが、他の仕方では説明できないような社会的または文化的な現象の例を一つ――たった一つでいいので――示してみたまえ、という挑戦を私に仕掛けることに大きな喜びをおぼえてきたからである。つまりここで彼は、この挑戦に対して二つの例で答えたのである――すなわち、人間の言語と認識という例で。彼は自分の回答をミームという用語で述べてはいないのだが（「ミーム」という用語は彼の本の索引に登場しない）、しかし以下に引く二、三の印象的な箇所を考察されたい。

脳は、脳内への語の獲得に対してどのような反応をするだろうか？（p.100）

語による脳の植民地化に対する、脳による最もありそうな反応。（p.108）

語を発するというのは自己触媒過程である――人がそれをより多く使えば、その人はそれだけ、発語を産み出す前に心で発語を組み立てる態勢に、より素早く移行できるようになる。（p.123）

同書のもっと前の部分を見ると、彼がまさにどの地点で重要な論点をつかみ損ねてしまったのかが明らかになる。

（原）言語的行動が最初期の発語から見返りを得ない限り、その行動の遺伝的下部構造は定着するに至らなかったことを忘れずにいよう。その上で、何か任意の選択圧を想定した上で、そのような最初の発語はいかなるものであ**りえたのか**、そしてその発語が、保持され、追加されるに足るだけの**十分な有益さを備えたもので**ありえたのか、ということを考察してもらいたい。（p.63）

あるいは、**十分な感染性を備えたもので！** ビッカートンがここで見逃しているのは、理解力《コンプリヘンション》を欠くコピーの習慣がひとたびインストールされてしまえば、単純な（「動物的」）信号作用でも提供できるようなコミュニケーション上の有効性に促されることで、**ミームに対する**選択圧が変化しうるし、しかもその変化は、ミームが洗練され拡散されることで生じる（人間の適応度にとっての）効用とは無関係でありうる、という可能性である。[79] これらのミームはシナントロープ的な種として、忘れがたく、注意を引きつけて離さないものとなっている必要がある一方で、少なくとも最初の段階では、格別に有益なものである必要はないのである。

ビッカートンは、トマセロの研究を土台にして、共同的《ジョイント》な協力から完全にできあがった言語への道行きは、**対決的屍肉食**［*confrontational scavenging*］によって導かれたという思想を築き上げている。それによれば、

（79）ブラックモア（Blackmore 1999）は、言語が寄生者的なミームとして始まり、最終的に共生者になったのかもしれない、という推測を詳しく論じている。

気候の変化によって私たちの祖先は食物を変化させ、サバンナでの屍肉食者になることを強いられたのだが、しかしこのような祖先たちには、捕食者および他の屍肉食者をはねのける必要があり、そのために大集団を作り、鋭い石の刃、恐らくはヤリで武装する必要があった、ということになる。屍肉食者の食糧となる死骸を探し回る際に、集団でまとまって動き回るのは有効ではなかっただろう――それよりも、多方面に一人か二人ずつ斥候を送り出し、食べられそうな死骸を見つけたら基地に帰還して報告する、という（ミツバチに似た）やり方が効果的であっただろう。ハチと同様に彼らも、食糧の場所とその状態の良好さについての情報を提供しようと最善を尽くしたであろう。ビッカートンによれば、これこそが〈不在の対象の指し示し《ディスプレイスト・リファレンス》〉の誕生であり、すなわち、（単なる警戒声や求愛声には見いだされない）見えも聞こえもしない事物に注意を喚起できる意味論的な力の誕生だという。詳しく検討すべき種は、ボノボではなくハチなのだ。

　何かこれと同様の、私たちの祖先が手探りで乗り越えた一連の閾条件、ないしボトルネックの稀なる連鎖があったことは間違いない。このとき祖先たちが、自ら知的に《インテリジェントリィ》「言語をデザインしよう。そうすれば、私たちの活動を協調させて、視野に入るものすべてに幅をきかせることができる！」と考えたわけでないことは確かである。そして祖先たちが、穴居人的なブーブー声や叫び声を文法的な言語に切り換えるだけの十分な賢さを身につける前には、何もせずに近縁のヒト科生物たちよりもずっとずっと賢くなることなどなかった、というのはほぼ明白なことである。彼らに役立つ突然変異が生じても、しかるべき選択圧がなければ数世代で雲散霧消してしまう。私たちの祖先は何らかの仕方で、多大な見返りをもたらす稀なチャンスが含まれている状況の中に自らを住まわせたのである。これ以外の、同じ困難に直面したヒト科生物たちがこのチャンスと出会える高みに至ることを妨げたものは何だったのだろうか？　リチャーソンとボイド（Richerson & Boyd 2004）は、この問いを「適応主義者のジレンマ」と呼び（p.100）、次のように指摘している。

私たちは、更新世初期に何が生じていたのかについては確かなことが分からない、という確信をますます強めつつあり、そしてこの点に関しての無知は、知識と同じぐらいに重要なものなのだ。（p.142）

言語の究極の起源（一度または多数）と、生命の究極の起源（一度または多数）は、依然として未解決の問題であるが、そのいずれにおいても、説得力があり、反駁されることも確証された仮説に転ずることもありうる〈なぜなぜ物語〉は、豊富に存在している。そこには、将来の研究者たちを惹き付ける、困惑してしまうほどの豊かさがあるのだ。[13]

人間の言語へ至る、複数の曲がりくねった道

原・言語が何らかの足場を確保して以降の進化もまた、論争や混成的な学説のための幅広い余地を提供している。

1　最初に存在していたのは、ベルベットモンキーの警戒声《アラーム・コール》[14]によく似た短い発声であり、[80]そこには生産性《プロダクティビティ》もなければ、命令と叙述の区別――これによって「木に登れ！」と「ヒョウが近付いてるぞ！」の区別が可能になる――もない（Bickerton 2009, 2014; なお、Millikan 2004 の「オシツオサレツ表象」[15]に

関する議論も参照)。ここで想定されているのは、ヒト亜科生物の生活における危機的な出来事によって喚起される信号であり、このような信号は重要なアフォーダンスに対する、適切で、そ《リ》れと認められた《コグナイズド》反応であっただろう。そしてそのようなものであることにより、その信号そのものもまたアフォーダンスとしてヒト亜科の環境世界《ウムベルト》の一要素として存在していて、それゆえに受益者による分析を要しないものであっただろう。これは別の動物種において、〔その動物種の〕警戒声が受益者に分析を求めない、というのと同じである。

2 もしかすると、最初に生じたのは聾唖者の手話によく似た身振り《ジェスチャー》言語であり、発音は注意を引きつけたり強調したりするために用いられていたのかもしれない（Hewes 1973; Corballis 2003, 2009)。多くの人々にとって、身振り《ジェスチャー》**なしで**話すというのは難しい技であるが、[16] 身振り《ジェスチャー》と発声はかつて逆の役割をもっていたこともありうる。つまり現在では身振り《ジェスチャー》が果たしている潤色の役割を、かつては発声が果たしていた、ということだ。多くの人々にとってほとんど抵抗しがたい、〔会話中の〕痕跡的な手の動きは、実は起源した頃の言語の生痕化石であるかもしれないのである。

3 もしかすると、聴覚的な「クジャクの尾羽」型の軍拡競争がかつて存在したのかもしれない。そこでは雄性のヒト亜科個体たちが、音楽的な発声の才能を誇示する競争を展開し、その結果、ナイチンゲールその他鳴禽《めいきん》類の競争的ディスプレイ〔自己誇示〕行動と同様、競争の中に即興が含まれるようになったかもしれない。この場合、音節《シラブル》〔音階〕は、魅力以外のいかなる意味または機能ももつ**必要が**なかったであろう。また、音楽とは一般にそういうものだが、そこでの即興性は、〔心地よい〕親しみ深さに〔心地よい〕新奇性が時折挿入された混合体を構成する手段として好まれた可能性もあろう――トラララ、ヘイ・ノニノニ、デリダ・デリダ、ファララララ、イーアイイーアイオー、といった具合に[17]。一方の雌性個体たちには、競争を判定するために批判能力が必要となるが、雌性個体たちが、この批判能力の副産物として、お互いの間で意味のないおしゃべりを行う才能を発達させた、ということもありうる。多くの鳴禽類は、人間と同様に自分たちのさえずりを学習する必要があり、こうして学習されたさえずりは、つがいをめぐる競争において、自らが優秀であることを示す大いに真正な信号となる。また、非常に興味深いことだが、鳴禽類の脳と人間の脳との間には、神経解剖学上の平行性があるのだ（Fitch, Huber, and Bugnyar 2010）。とはいえ、ハーフォードが指摘するように（Hurford 2014）、言語と呼ばれる資格のある《コンピータント》言語[18]は、思春期に達する前に発達するのであり、「繁殖可能になる前に性的パートナーを魅了するというのは努力の浪費であり、潜在的に有害なことである」（p.172）。この議論は決定的なものではないし、性選択は（see, e.g., Miller 2000）言語に関わる高度な技量を磨き上げる過程のどこかで役割を果たしたこともありうるのだ。

（80）ベルベットモンキーの警戒声は生得的なものか？それとも学習されたものか？ いくつかの孤立した個体群に属するベルベットモンキーの警戒声は相互によく類似しており、これは警戒声そのものが生得的に固定されたものであることを示唆する。ところが、成体のベルベットモンキーは、若い個体に比べて、警戒声に対するより大きな選択性を示すし、成体の警戒声の方がより頻繁に注意を引きつける。それゆえいつものことながら、ここにあるのは「本能」か「学習行動」かという二分法ではなく、両者を極とする勾配［さまざまな度合い］なのである（Seyfarth, Cheney, and Marler 1980; Cheney and Seyfarth 1990）。

（81）ハーフォードはまた、大胆不敵にも、人間以外の動物や幼い乳幼児の行動の理由（これは通常浮遊理由である）を特徴づけるために、志向的な言語を採用することもしている。例えば、「このとき、歯をむき出す個体は、自分が歯をむき出したときに、他のイヌが服従するか、何か服従的な姿勢をとる様子を見ることができる……それは両者に暗黙裏に理解された信号なのだ……。信号の儀礼化を記述する際に「擬人的な」やり方をとることは便利であるが、これは必ずしも、私たちが動物に意識的な計算を帰属させている、ということではない。」（p.41）

以上の可能性、およびその他の可能性に対する明晰で包括的な分析は、ジェームズ・ハーフォードの『言語の諸起源――わずかばかりのガイド』（Hurford 2014）に登場するが、ハーフォードの説明の格別な点は、「いかに生じたのか？」という問いだけではなく、「何のためにあるのか？」という問いもまた存在しているという点を、彼が（明確に述べてはいないとしても）自覚しているところである。[81] 例えば言語には二つの別々の構築体系がある。一つは「音素戦略〔phonotactics〕」であり（これは意味と独立にどの音素がどの音素に後続するかを支配する――これによって例えば英単語の中からfnakやsgopnが除外される）、もう一つは「形態構文論〔morphosyntax〕」である（これは意味を組み合わせて意味を作り出すために、語順および前置詞と接尾辞を支配する）。[19] だが、なぜ構築体系が二つあり、しかも一方は意味論的で他方はそうでないのか？ 音素戦略的構築構造はおおむね、音声制御、聞き取り、記憶、といったものの制約ゆえに必要となるものである。

私たちの舌が発話のために調達できる音声〔的区別〕の在庫数には限りがあるし、私たちの耳が識別できる音響的区別も、その精密さのレベルには限界がある。それゆえ、音韻論的なレベルでの構築問題に対する解決は、純然たる物理的経済性と効率性の考慮が命じてくるものである。しかしそもそも、〔要素を組み合わせ語や文を構築するという〕構築性〔compositionality〕を追い求めるようにと駆り立てているものは何なのであろうか？

それゆえ、もし私たちがこれらの音を記憶された系列として並べることができ、かつその種の系列（すなわち語）を何千も蓄えられるだけの記憶力を備えていたら、それは、意味論的構築を行う構文論

が開く莫大な数の意味をどのように表現するか、という課題に対する効果的な解決であることになる。（p.127）

言語の生産性《プロダクティビティ》は、世界について多くの事柄をコミュニケートできるようになるという有用性「によって動機づけられて」いる（p.128）。ハーフォードは、言語の進化に関する「何のために？」の問いへの回答となる浮遊理由を示唆するためにいくつかの語り口を用いるのだが、これはそのような語り口の一つである。つまり、〔言語の〕生産性の**存在理由**《レゾン・デートル》は、要素の数をむやみやたらに増やさないままで、コミュニケーションシステムの表現力を増大させることにある、ということだ。だが私たちはここで立ち止まり、前述のビッカートンの考察を検討すべきである。つまりビッカートンによれば、最初期の原・言語が「莫大な数の意味」をコミュニケートすることはできなかったのであり、それゆえそれをコミュニケートするという新たな「課題」が、原・言語使用者が取り組むべき明らかな歩みとなることはなかったはずなのだ。（この課題を〈ちょうど手の届かない枝先にある、目で見える、魅力的な果実をいかにして手に入れるか〉という課題と比較してほしい。この場合、課題に直面した者には果実がよいものであることが分かっており、それゆえ熱心な試行錯誤の試みに取り組もうという動機をもつようになる状況は容易に生じる。その場しのぎのハシゴができあがるという見込みは、その場しのぎの文法ができあがるという見込みよりも大きい。初期の言語における、のどから手が出そうなほど魅力的な報酬とは、一体何だったのだろう？）言語の発明者がいたとしても、この種の有益なコミュニケーションシステムを創造しようと夢見ることは——現実には、一個の細胞が二個の細胞になりたいと〔文字通り〕**夢見る**ことなどないのに劣らず[20]——決してなかったはずだが、とはいえ**事後的に振り返れば**、それが言語を求めるべき理由《ラショナル》となるのは十分に明らかである。では、この理由《ラショナル》を見いだした過程はいかなるものであったのか？

ハーフォードは、「いかにして生じたのか?」の問いに対するはっきりした回答を保留しているとはいえ、発音を話題にする中で、次のような有益な一節を提供している。

人々は、年齢と個性に応じた幅はあれ、しばしば意識的な努力もなしで、最終的には周囲の人々と同じように話をするようになる。母音体系の進化は「自己組織化」の事例である。このような体系はいかなる意図的な計画も介さず、ただ長い時間にわたる、目前の圧力に反応する個々人による無数の微小な調整を介して進化していくのだ。(p.153)

このようにして体系性と生産性へと接近していく過程は、互いに強め合う二つの理由《ラショナル》に導かれていると見られる。すなわちまず、聴覚的ミーム――有意味なものであるかどうかは問わない――にとっては、競争相手と自分をはっきり区別し、さらに、何かを言う際のその地域で優勢な習慣――例えば〔古代〕ローマでは、ローマ人の発音に似た音声以外は絶滅する危険があった――を何であれ自分のために利用する、ということは、「自己の利害にかなう」ことであるが、しかしまた、宿主/話者/聞き手にとっては、十分に手軽で効果的なはっきりした音声タイプのレパートリーをいつも用意しておくことで、記憶と発音における負担を最小限に抑えるというのは「自己の利害にかなう」ことである。そこにはいかなる「意識的な努力」も不要であり、なぜならそこで働く圧力は、差異化を伴う複製《ディファレンシャル・リプリケーション》の選択圧なのだからである。

この種の過程の説得力ある事例を提供しているのが、次に述べる、クレディエールらの魅力的な実験である(Claidière et al. 2014)。飼育下とはいえ、囲われた広い敷地内を自由に動き回っているヒヒたちがいて、敷地内に実験用の場所が設置されている。彼らがその場所に入ると、〔コンピューターディスプレイ上の〕四×

四、計一六マスの盤面中の任意の四マスが、数秒間だけ発光する。その後、発光したマスの場所を正確に記憶できれば〔つまりタッチパネルの盤面を正しく押せれば〕、報酬として餌がもらえるのである。四つのランダムな場所で発光するマスを見たヒヒは、最初はたくさんの失敗をする。しかし彼らは漸進的に成績を向上させ、やがては盤面のコピーを非常にうまくこなすようになる。彼らがこうなったところで、次に、彼らの反応を個体から個体へ伝達させる。つまり、一番目の個体の一連の反応〔五〇回分の試行への反応——訳者〕を、間違った反応——突然変異に相当する——も含めて、記憶すべき項目として二番目の個体に伝えるのである。すると、それぞれの個体が記憶すべきパターンが、一番目の個体に与えられていたランダムなパターンから漸進的に推移して、記憶しやすい、マスとマスが接する「テトロミノ」——直線、正方形、L字、T字、S字のいずれかをなす形状[21]——になっていくのである。口絵に掲載したカラー図版12－1を参照されたい[22]。

これはダーウィンの言う無意識的選択〔のミーム版〕である。すなわち、ここでヒヒたちが**しようと試みている**ことは、正しい四つのマスを押して報酬を得るということに尽きる。ところが反復を続ける内に、知覚／想起の一層容易なパターンが生き残り、他のパターンは絶滅していく。この事例に登場する項目には、意味論的な解釈は一切不可能である。それらの項目はミームなのであり、自らのコピーという〔自らへの〕報酬以外のいかなる利益ももたらさないにもかかわらず、（差異化を伴う複製《ディファレンシャル・リプリケーション》によって）伝播されるべく巧みにデザインされているのである。著者のクレディエールが言うように、彼らの研究が示すのは、人間以外の霊長類における文化的な伝達は、効果的で、構造化された、それぞれの系統に固有の行動が自発的に創発した結果でありうるのであり、それゆえこれは人類のような文化を創造するための本

質的な要件の多くを、私たちが最も近い親類たちと共有していることの証明でありうる。（p.8）

これと似た過程が、人間の言語が原始的だった時代に、音声に関する優れた組み立てブロックをもたらした、ということはありうる。この音声的な組み立てブロックは**発音の**やり方《ウェイズ》としてのミームであるが、その後意味論的な組み立てブロック――**コミュニケートの**やり方《ウェイズ》としてのミーム、つまりは意味をもつ語――として採用されることも容易であったかもしれない。生産性のある仕方《プロダクティブリィ》で生成されるさまざまな音声〔すなわち語〕が豊富に存在し、それらが（絶滅を避けるよい手段としての）働き場所を探し求めている、という状況は、大量の区別があるが、それを表現する音声が未だに存在していない場合よりも、「発明」の工房としてはより生産的である。〔現在〕適切かつ有益な新語を考案するためには、ある特別な種類の知的《インテリジェント》デザイナーが必要である。現在の私たちの中には、周到な仕方で言葉を作り出す弁舌家が数多く存在している。一方、原始的言語の時代にすでに通用することができた音声は、多かれ少なかれ、さまざまなきっかけで無意識的に用いられるに至ったものであっただろう。つまりあるなじみ深い音声と、ある目立った事物（という二つのアフォーダンス）がたまたま同時に経験されることで、その場で結合し、文脈上意味が明らかな新たな語を形成するのである。

以上のようにして音韻論と意味論が辞書に組み込まれることになるが[23]、では文法はどこに入ってくるのだろうか？〔ベルベットモンキーの〕警戒声のような、孤立し、慣習的に定着した発音の意味論的な多様性には限界がある――やあ［*hello*］、ぎゃあ［*ouch*］、ひゃあ［*yikes*］、あああ［*aaah*］、しっしっ［*scram*］[24]といった具合だ。名詞‐動詞の区別が、原・言語的な、叙述と命令の内容的区別を欠く合図《シグナル》や警戒音から創発したのはいつ、そして、なぜだったのか？ ハーフォードが論じるところでは、いかなる言語にも〈主題／

コメント〉の区別（おおまかに言えば、〈話者が何について話しているか〉と〈話者がその何かについて何を言っているか〉との区別）がある――なければならない――ということである。[25] だが、言語の中には、名詞と動詞の違いがほとんど見分けられないものがある。さらに、名詞と動詞の違いを尊重する言語の中でも、ある言語はSOV（最初に主語、次に目的語〔国文法では「修飾語」〕、その次に動詞〔国文法では「述語」〕）というパターンを尊重し、他の言語はSVOというパターンを尊重する（英語がそうで、〔「トムはステーキを食べる」を〕Tom eats steak とは言っても、Tom steak eats とは言わない）。（なお、ウェールズ語はVSOの言語である。）いくつかの言語は従属節を頻用するが、他の言語はあまり使わない。ハーフォードは、義務的《オブリガトリー》なものと任意的《オプショナル》なものを区別し、さまざまな言語を取り上げ、それぞれについて各要素が何かを示している（義務的《オブリガトリー》なものについては、なぜ義《オブ》務的《リガトリー》であるか――「何のためにあるのか」――を問うことができ、ハーフォードはそれを述べている。一方の任意的《オプショナル》なものについては、単なる歴史的な説明、つまり「いかにして生じたか?」の説明しか存在しないこともありえよう）。機能語について言えば、英語の of や for や off などの前置詞はしばしば動詞や名詞に由来しており、冠詞はしばしば数字の一を表す語であるか（フランス語の un やドイツ語の ein）、あるいは数字の一を表す語からの派生語である。内容語（機能語に対する名詞、動詞、形容詞など）が機能語に由来することはない。これやその他の歴史的な手がかりは何世紀にもわたる学問的研究に由来しており、文法の漸進的成長に関するハーフォードの仮説はそれらの知見にもとづいている。

このようなハーフォードの仮説の中でも、最も含蓄ある仮説の一つは、世界の言語における（文法と発音の両方での）複雑性の度合いの多様性に関するものである。私たちの祖先と同じ、小規模な狩猟採集集団においては、ごく最近まで、

> 集団の同一性《アイデンティティ》〔帰属意識〕が、他の集団との競争の中で社会的団結を高めるための力となっていた。……いかなる外婚制〔結婚相手を集団外に求める習慣――引用者注〕も、ごく近隣の、似たような言語を話す集団との間でなされる傾向がある。子供たちはよそ者との接触をほとんどもたずに育てられる。よそ者とコミュニケーションしようとする動機はほとんど、あるいはまったく存在していなかった。ここからして、この種の小集団の言語は、各集団自身に特異的な仕方で、他の言語からの影響なしに自由に進化することができた。ある言語の形態的複雑さと、その言語を話す人々の人口《ポピュレーション》の規模との間には、確固とした負の統計的相関〔反比例の関係〕が存在している。(Hurford 2014, p.147)

言い換えれば、小規模で孤立した集団は、〔生物的環境としての〕島に類似しているということだ――つまり島においては、より大きな競争的世界では生き残れないような豊富な新奇性が進化によって産み出されうるのである。そこで定着するに至るミームは、宿主に重要な利益をもたらすかもしれないが、そうでないこともありうる。これらのミームは、自分の隠れ家の中でどうにか生き延びている状態なので、侵入してきたミームとの競争を強いられない限り、偏利共生的ミームや寄生的ミームであることも同程度にありうるのである。

「異なった言語を話す成人同士の接触は、形態的複雑性を脱落させた種類の言語を産み出す傾向がある」(p.148)。ここで働いている「動機」を分かりやすく捉えるには、話者たちが、会話相手がこちらを理解しなかった場合の反応として、より単純な発語へと無意識的に「引き寄せられる《グラビテイト》」と考えてみるとよい。このような「引き寄せ《グラビティション》〔重力〕」は、いくつかの事例では、正真正銘の浸食に似たものになる可能性がある。つまり、発音に対する身体的な必要性に対する応答を、単純に、乏しいものに変えてしまうのである。怠惰または節約の結果、何らかの短絡がもたらされ、それを他の話者たちがコピーするということだ。これはつまり、〔話者たちが会話を重ねる中で〕経済効率〔伝わりやすさ〕の影響を受け、〔単純化へ向かう〕坂道を滑り落ちていくという現象であるが、これと同じ結果は、話者が自己を理解させようとする際のやり方《ウェイズ》〔ミーム〕における突然変異と〔自然〕選択によって生じる可能性もある――この場合の話者は、〔経済効率への配慮のような〕意図的、ないし方法的な導きにほとんど、あるいはまったく頼らず、会話相手の表情やその他の反応といった微妙な手がかりを追いかけること〔だけ〕により、同じ結果へ向かっていくのだ。[26] この種の漸進的な「引き寄せ〔重力〕的《グラビテイショナル》」変化は、エネルギーと時間を節約する単純化であるだけでなく、強力化と洗練をもたらす変化でもある。とはいえ、いつものように、ここでも私たちは、「無意識的選択」から途切れなく「方法的選択」へ移行し、最終的に「知的《インテリジェント》デザイン」へ至るというダーウィンの架け橋を見いだすことができる。しかもその最終的な「知的《インテリジェント》デザイン」そのものが、さまざまな程度の差を伴って現れてくる。すなわち、まずは比較的想像力に乏しい試行錯誤〔現地の人々に「聴き取りやすい英語」を理解させようと何度も怒鳴り声を上げる素朴な旅行者のように〕によって生じ、やがてそれが、身振り《ジェスチャー》やパントマイム、あるいは、文脈上意味の明らかな、その場限りでの「取り決め」の素早い設定などを足場とする、洞察に導かれた革新に道を譲るのだ〔例えば、英語を解さない魚の行商人に対し、首を振りながら「それは小さい」と思わず口走ると、やがて、売り物の中のより小型の種が、両方にとって「より小さい」と知られるようになる場合など〕。〔原始言語における〕最初の語が、「私たちがその概念をもつ諸事物」に割り当てられていたことに疑いはない――これが意味することは単純で、つまり〔原始言語の時代の〕私たちは、それらのアフォーダンス〔つまりその諸事物〕を識別し、注視し、追尾し、正常な状況下でそれらを適切に取り扱うための、私たちに生得的な遺伝的素質か、あるいはそのときまでに得た経験を十分に装備していた、ということである。

一体何が働いて、このような有能性《コンピータンス》を脳内に根付かせたのかについては、いまだ大部分が不明のままであり、あるアフォーダンスを使いこなす能力の具体化《エンボディイング》（具脳化《エンブレイニング》？）には、多くの異なったやり方《ウェイズ》があるという可能性もある。とはいえハーフォードは、この点に関する適切な神経科学理論がなくとも、私たちには進歩できる可能性があると考えている。

> 語と事物の関係、すなわち意味とは、間接的な、言語使用者の頭の中の概念に媒介された関係である。それゆえ私たちは三種類の存在者を扱うことになる。すなわち、〔第一に〕語や文のような言語的対象であり、〔第二に〕概念のような心的対象であり、〔第三に〕イヌ、雲、食べること、誰かより誰かの背が高いこと、といった世界内の対象および関係である。……脳に関して言えば、私たちは概念が何らかの仕方で脳に蓄えられていることを知っているものの、それが正確に言ってどのような仕方でなされているのかについては、ほとんど何の知見ももっていない。……この点に不安をおぼえる読者は、ナイル川の源流に関する一九世紀の研究を考えてみてほしい。人々は、どんな川とも同じく、ナイル川にも源流が存在することを知っていたし、それがアフリカ南部のどこかにあることも知っていた。最終的にその場所は特定された。**ナイル川の源流**という語句は、その指示対象がピンポイントで特定されていないときでも、無意味な語句ではなかったのである。（P. 60）[82]

これらのアフォーダンスの中には、発音、ラベルづけ、合図を出す、何かを言うこと、といったことを果たすための多くのやり方《ウェイズ》があるが、私たちがこれらの〔言語に関わる〕やり方《ウェイズ》を身につけてしまうと、共生といくぶん類似する出来事が生じうるようになる。つまり、二つのアフォーダンスが結合して新たな何かを形成しうるようになる。その新たな何かこそ**概念**であり、しかも〈理解された意味〉という優れて人間的な語義で解された**概念**である。私たちが、このような――語と対象という――異なった事物を、私たちの外見的イメージの中で一緒に働かせるというのは、いかにして可能なのだろうか？　私たちは乳幼児の時代にこれらの語のすべてと対象のすべてを発見する。子供たちは大量の時間を費やして、色々な物――ブロック、人形、棒、食べ物、ゴミ、その他手が届き、手で扱えるあらゆる物――を並べていくという探求活動を行う。

これは何だろう？　私はしきりにそれを目でくまなく調べたり、口に入れたり、鼻に近づけたり、手のひらで叩いたり、バンバンと打ちつけたり、押しつぶしたり、落っことしたり、投げたり、握りしめたり、頭に乗せたりする。そしてそうしている間中、私はしきりにバブバブ言ったり、くうくうとのどを鳴らしたりして、それらの発音できる「事物」に親しんでいく。そしてこうなると私が、**この物**は**何**と**呼ぶ**のだろう？と、そして、**この音**は**何を**意味するのだろう？　という疑問をしきりに抱くようになるのはもうすぐだ。(83)[27]

（82）　この未踏ノ地《テラ・インコグニタ》への有益な進出に乗り出した探検家たちの中でも、言語と思考についての私たちの現在の知識を出発点にしている最良の研究者として挙げられるのがジャッケンドフ（Jackendoff 2002, 2007, 2007b,2012）とミリカン（Millikan 1984, 1993, 2000, 2000b, 2002, 2004, 2005, 2017）である。

（83）　この疑問は**意識的な**疑問だろうか？　必ずしもそうとは限らない。それは単なる認識的飢餓、すなわちあらゆる動物における探索を「動機づけて」いる浮遊性《フリーフローティング》のものであってもよいのだ。

さまざまな場面での、極めて混沌としたごちゃまぜの中から、ほとんど何の意図もなく、ただ間欠的に注意を向けることだけによって、色々な規則性が創発するということはありうる。さまざまな物に十分親しみ深くなると、その物は**所有された**〔*appropriated*〕と言われる。例えば僕のブロック、僕のお人形、僕の食べ物、それに僕のことば〔語〕、というように——ただし最初は、意識的な**僕のもの**という思考があるわけではなく、単に自分の所有物として取り扱われる、というだけにとどまる。識別と再認ができるようになると、反省能力が見込まれるようになる——すなわち、この二つの物は同じだとか、この二つは違う物だ、という判断ができるようになると、**同じであることや違っていること**という高次のパターンの再認ができるようになり、またそうなるとこれら高次のパターンは、その子供の外見的イメージの中に加えられた二つの「事物」となるのである。これらの繰り返しなされる操作は、生命と進化そのものが創発する元となった相互作用的過程を提供した、前生命的サイクルと同じように、さまざまな組み替えを推し進める動力として働くのであり、その組み替えの過程により、成熟へ向かう子供の、数多くの住民の住まう外見的イメージが構築可能となる。第14章では、この外見的イメージが**その子供に対して現れる外見**となること、つまりは意識経験の一部になるということがいかにしてなされるのかを、もっと詳しく見ていこう。

脳はあらゆる種類のアフォーダンスを拾い上げ、それらに対して適切に反応する技能を洗練するために、うまくデザインされている。脳が発音ミームたちを居住させ始めると、それらのミームたちが〔脳の〕熟練のための機会を提供し、脳がもつパターン発見に関わる諸能力は、それらのミーム同士の関係を発見したり、あるいはそれらと他のアフォーダンスとの関係を発見したりする仕事にとりかかる。第9章で述べたように（二九一頁）、子供は生後六年間の間に平均一日七つずつ新たな語を学ぶが、それらの語のほとんどは意図的な指さしによって教え込まれたものではなく（「ごらんジョニー、ハンマーだよ。ごらんルーシー、カモメだよ!」のように)、ましてや定義を教わったものでもない(「**コンバーチブル**とは、屋根を畳むことのできる自動車のことである」のように)。子供は、これら学んだ語のほとんどについて、その意味を漸進的に獲得し、通常はいつそれを理解し始めたのかにすら気づかない。その過程は意図的な仮説形成・検証という過程とはまるで異なっているが、それでも、獲得された結果の信頼性を保証できる能力に関してだけは、その種の意図的過程とよく似ている。つまりそれは子供が遭遇する、多岐にわたる刺激に対する、無意識的、不随意的な統計的分析なのである。[84]

文法および形態論〔語形論〕の「規則」が、有能《コンピータント》だが理解力《コンプリヘンション》を欠くボトムアップ式の過程によって獲得されることはありうるだろうか? 答えはイエスであり、なぜなら誰一人として、自分の**第一**言語の文法を学ぶ際に、「トップダウン式の」明示的な一般化(「ドイツ語には三つの性がある。男性形、女性形、中性形である」)を用いたり、あるいは明示的な規則(「フランス語の名詞と形容詞は性と数に一致しなければならない」)を用いたりする者はいないからである。ジャッケンドフ(Jackendoff 1994)はこの点を、彼の言う「言語獲得のパラドクス」として、次のように劇的に描写している。

高度の訓練を積んだ教授たち(理論言語学者たち——引用者)の共同体全体が、長い年月をかけて意識的注目を向け続け、情報を共有しながらも、正常な子供ならば誰もが一〇歳前後までに、無意識的かつ

(84) ランダウアーとデュメス(Landauer & Dumais 1998)による「潜在的意味論分析[latent semantic analysis]」の考案以来、この種の過程の実現可能性は周知のものとになった。この分析を先駆とする「ディープラーニング」アルゴリズムは、IBMのワトソンやグーグル翻訳、その他無数の印象深いアプリケーションとして応用されている。

誰の助けも借りずに達成する妙技を再現することができないままでいるのだ。（P. 26）

だが、この種のノウハウをボトムアップ式の過程で獲得できるようになるためには、二つの異なったやり方がある。つまり、ある種のディープラーニング[28]、つまり無意識的なパターン発見過程によるか、あるいは、遺伝的に受け継がれたものによるかのいずれかである。実際には、以上の二つの極が存在し、その両極をつなぐスペクトル中のどこに真理が存するのかについての論争が盛んになされている、と言う方が正確である。一方の極では、完全に一般的で、特に言語のみに関わるわけではないようなパターン発見の有能性《コンピータンス》によって、必要な作業が果たされる。他方の極では、ほぼ完全な生得的体系（普遍文法）が存在しており、必要なのはただ、経験によっていずれか一つの言語に合わせて設定される「パラメータ」だけである（これはワープロソフトを、自分のタイピングのスタイルに合わせてカスタマイズする、というのによく似ているが、乳幼児の言語学習者の場合、意図しないままでそれがなされるという点は異なる）。論争が過熱すると、論敵はいずれかの極端な立場を支持しているのだ、とどうしても主張したくなるものだが、実のところ中間的な立場というのは完全に可能であるし、その方が支持しやすい。スペクトル中の、**主に学習による**という立場の最先端を占めているのは、近年では機械学習モデルの支持者と、――本書でもたびたび登場した――**至るところに見いだされる漸進性**に行き当たった言語学者たちである。この漸進性という特徴は、〔生物の〕種や亜種の特徴であるのと同じぐらいに、文法的カテゴリーの特徴でもあるのだ。以下の〔英語の〕イディオムがそれぞれどう違っているかを検討してもらいたい。

one fell swoop〔一挙に、一網打尽に〕や in cahoots〔結託する、企む〕などのイディオムは内部構造の分析を

まったく受けつけず[29]、

that doesn't cut any ice〔(スケート靴のエッジが)氷を切らない＝効果がない〕や kick the bucket〔(首つり自殺の踏み台の)バケツを蹴る＝くたばる〕などの表現の意味は、部分の意味から容易に引き出すことができず(それゆえ、全体で一個の自立した辞書的項目として学ぶ必要があり)、

pass muster〔検閲を通る＝合格する〕や close quarters〔接近戦＝殺気立っている〕などは、軍隊の活動について多少の知識があれば分析可能だが、その種の知識なしでも学び、使用することができるぐらいには親しみ深く、

prominent role〔突出した役割＝重要な役割〕、mixed message〔混合されたメッセージ＝混乱したメッセージ〕、beyond repair〔修復の彼方にある＝修復不可能〕などは、「プレハブ」〔のイディオム〕(Bybee 2006)、すなわち、「常套句だが〔従って本来は慣用の知識が必要だが〕、(意味を——引用者)他の点から容易に推測できる」表現であり、

where the truth lies〔真理の所在〕や bottom-up process〔ボトムアップ式の過程〕などは、要素の意味を知る者であれば誰もが文脈から意味を理解できる。

このような表現の多様性は、その歴史で自らの袖を飾っている《ウェア・ゼア・ヒストリーズ・オン・ゼア・スリーブズ》〔＝自らの歴史を露示している〕(この表現は中間的事例の好例である)[30]。というのも私たちは〔この種の表現の多様性から〕、文法化《グラマティカリゼイション》の過程を再構成することができるからである。つまり、まず**〔語の〕結合の頻繁な複製**がなされ、そこから漸進的にその結合が強められていき、やがて全体が一つの単位となり、その単位がそれ自身でさらなる結合の単位として複製されるようになる、という過程である[31]。とはいえ、たとえ「原理上は」すべての文法的規則性が言語共同

体内部での進化の産物でありえたし、遺伝子の手を借りずに個々人にインストールされることもありえたことだとしても（この立場は**主に学習による**という立場の極に位置する）、しかし、何らかの生得的要素の貢献を支持する強力な事例は存在している。

専門化した〈生得的言語獲得装置〉［Language Acquisition Device］（すなわちＬＡＤ）（Chomsky 1965, p. 25）の存在の論証の中でも最も影響力をもったのが、「刺激の貧弱性」論証である。この論証は、人間の乳幼児は、端的に言って、〔言語を獲得する〕生後わずかな年数の間に、自分が身につける文法を「理論」として構築するために必要なデータを提供するに足るだけの、十分多くの文法的言語を耳にしていない（また非文法的言語が修正されるのも耳にしていない――つまり試行**錯誤**を積んでいない）、と主張する。巣作りの様子を一度も見たことのない鳥が、種ごとに特徴的な、実際に利用できる巣を即座に作ることができるのは、彼らの生得的な営巣有能性《コンピータンス》のおかげである。副詞や前置詞の適切な挿入箇所を一度も教わったことのない乳幼児が言語を身につけられるようになるのも、これと同じ仕方によってなのだ、とこの論証は続ける。すなわち、文法有能性《コンピータンス》がどこかからやってこなければならないはずである以上、その有能性は、少なくとも部分的には生得的なものでなければならないのであり、つまりそれは何らかの原理、ないし規則、ないし制約の内的な集合体でなければならないのであり、それによって子供は、ランダムではなくむしろ方向づけられた試行錯誤によって、〈超厖大〉[32]な可能性の空間の探索を削減することができるようになる――というより、実際にはそうすべく強いられる――、というのである。実のところ、この種のクレーン（第4章参照）があれば、子供が自分のネイティブ言語の文法に向かっていく過程があれほど容易に進むことが説明されるだろう。つまりこのとき子供たちは、ＬＡＤという備え付けの制約によって絞り込まれた、比較的少数の習得可能な言語の集合から選択していることになるのだ。ところがチョムスキーは、自然選択によってＬＡ

Dのデザインを説明しようとする[33]どんな試みにも断固たる抵抗を示すことで、以上のような主張を多方面からの疑いにさらすことになったのだ！　チョムスキーの立場は、LADをクレーンというよりもスカイフックに変えてしまうものであった——つまりそれを、〈デザイン空間〉における説明不可能な跳躍であり、多くの世代にわたる進化による、骨の折れる研究開発の成果ではなく、むしろ神からの賜物として、奇跡的に生じたものにしてしまったのだ。

　恐らく、このような批判への応答もどこかで意図したのであろうが、チョムスキーはあるとき（Chomsky 1995, 2000, 2000b）、自らの理論に劇的な変更を加え、それ以後は最小限主義《ミニマリスト》のプログラムを擁護するようになった。このプログラムでは、以前の見解で支持されていた生得的な機構および制約はすべて破棄され、その機構や制約が果たすべくデザインされていた役割のすべてを、〈**併合**〔*Merge*〕〉[34]と呼ばれるただ一つの論理演算子が達成することになっている。（『サイエンス』誌に掲載された、この立場の有名な擁護論として Hauser, Chomsky & Fitch 2002 を参照。また、詳細な反駁と、彼らの論文が呼び起こした爆発的な批判的文献の有益な一覧表については、Pinker & Jackendoff 2005 を参照）。〈併合〉は万能の結合演算子として「二つの要素（語または句）を再帰的に結び付けて、多くの二分岐を組み合わせた一つの樹形構造《ツリー》を作り出し、その内の一つの枝が全体のラベルとなる」（Pinker and Jackendoff 2005, p. 219）。かくしてチョムスキーによれば、言語のために必要なのはただ一つの認知的才能だけだということになる。この才能つまり有能性《コンピータンス》は、人間だけにあって他の動物にない、**再帰性**〔*recursion*〕として知られる論理演算子であり、自然選択による冗漫な研究開発なしにインストールされうる。つまりそれは進化によって生じた道具ではなく、むしろただ一歩の宇宙的偶発事、または——幸いなる私たちによる——ファウンドオブジェクト〔珍奇な拾得物〕[35]なのである。

　数学およびコンピューター科学で言う**再帰関数**とは、「それ自身〔その関数自身〕を値としてとることができる」関数を指す。これが意味するのは単に、この種の関数を一度適用し、古い要素から新たな要素を作り出した後で、その同じ関数をその新しい要素に適用する〔それによってさらなる新たな要素を得る〕ことができ、さらに同じ手続きを何度でも無限《アド・インフィニトゥム》ニ繰り返すことができる、ということに過ぎない。この小技により、ロシア人形〔マトリョーシカ〕[36]のような複数の入れ籠《こ》構造を生成できるようになる。真の再帰性は強力な数学的道具であるが、それ以外にも、本来の再帰性を欠きながらおおむね同じような仕事をこなすことができる、安価な類似物が存在する。自然言語における標準的な再帰性の実例は、従属節の埋め込みである――「これはジャックが建てた家に据え付けられていた棚の上にあったチーズを食べたネズミを殺したネコである」。この種の従属節を積み上げることで、原理上は際限なく長い文を作ることができるのは明白であり、この〔原理上の〕無限性は自然言語の品質証明《ホールマーク》の一つとなっている。つまり、最長の英語〔日本語〕の文は存在しないということである。[37] だが、この無限性は別のやり方でも得られる。例えば「トムは豆を一つ食べ、もう一つ豆を食べ、もう一つ豆を食べ……」というやり方でも無限に長い〔そして無限に退屈な〕文を生成できるだろうが、しかしこれは単なる反復であって再帰性ではない。そして、たとえ自然言語に再帰性が含まれているとしても、〔通常の〕有能性《コンピータント》を備えた話者が把捉できる再帰的埋め込みの数には、明らかな限界がある。自分は七つまで把捉できる、という読者のあなたは構文解析の有段者《ブラックベルト》と言えようが、しかし私としてはあなたが、私がこの非形式的な証明によって、あなたですら、私には推測しかできないとはいえ、恐らく七つ前後までが把捉の限界である、ということをあなたに説得しようとしていることに、気がついているのかどうか疑問なのであり、ちなみにこの文の埋め込みの数は六つなのだ。[38] さらに言えば少なくとも一つ、この種の埋め込みを一切もたない言語が存在している。アマゾンのジャングルに住むピダハン族〔Piraha〕の言語である。[39] その他にも、一見再帰的に見えるが、それを二回〔ないし任意の有限数（n回）以上繰り返そうとしてみると、より単純な機能〔関数〕であることが判明する場合もある。例えばマイクロソフト・ワードには、上付き、下付きという文字修飾機能があり、次に示すような表記を作り出せる。[40]

基数^{指数}　人間$_{\text{女性}}$

ところが、上の「基数^{指数}」[41]にさらなる上付きの文字を付け足そうとしても――ちゃんと意味をなす文字列のはずなのに――、付け足すことができないのだ！　数学上は、指数に指数を付加する作業は永遠に繰り返すことが可能であるが[42]、マイクロソフト・ワードによってそれを画面に表示させることはできないのである（それができる、TeXのようなテキストエディタシステムは存在する）。さて、私たちは人間の言語が真の再帰性を使用できると確信できるだろうか？　もしかすると、その中のいくつか、ないしすべては、マイクロソフト・ワードに似たものかもしれないのではないだろうか？　私たちは文法が再帰的だと解釈しているが、この解釈はむしろ、現実の文法の「可動部品」に対するエレガントな数学的理想化である可能性はないだろうか？

ピンカーとジャッケンドフは、チョムスキーが自らの最小限主義《ミニマリスト》プログラムを支持するために提起している諸思想への力強い反論を、豊富な経験的証拠と共に提示している。[85]　彼らが示すのは、かつてのチョムスキーの体系が果たしていた働きを〈併合〉が果たしている、という主張は虚偽であるか、さもなければ空疎なものである、ということである。その理由は、チョムスキー主義者たちがそれ以来、公式には最小《ミニ》限主義《マリズム》によって捨て去られたはずのデザイン的な特徴を、〈併合〉を通じて組み込まれた〔実装された〕構造として再導入している、ということにある。従って皮肉にも、〈自然選択がLADをもたらした〉という仮説に対するチョムスキーの敵意を度外視すれば、チョムスキーが提起した基本的な〈併合〉の動作は、文法という適応の初期の形態――後の文法ミームがすべてその子孫として生じた――のもっともな候補であるように見えてくるのだ。

さらに言えば、〈併合〉そのものが、幸運な大躍進でもデザイン上の跳躍でもなく、むしろより具体的な形態をとる〈併合〉から漸進的に発展してきたものではないか、というもっともな推測が可能なのである。ここで具体的な〈併合〉と言ったのは、例えばブロックの上にブロックを積んだり、大きなハンマーストーン〔石器を削るための石〕をもっと小さいハンマーストーンを作るために使い、できあがった小さいハンマーストーンをさらに小さいハンマーストーンを作るために使ったり、ベリー〔イチゴ、ブルーベリーなどの小果〕を山積みし、山積みのベリーをもっと大きな山に積み上げ、その山をさらに大きな山に積み上げたり、バッグの中のボウルの中のカップにその山を入れたりなどの、現在の子供（や大人）が行う操作の中に見いだされる〈併合〉である。だが、今述べたような過程の中に、**本物《リアル》の**再帰性は含まれているだろうか？　これは、〈ヒト亜科の生物の中に本物《リアル》のホモ・サピエンスが含まれているのか？〉という問いと同様、的外れな問いかけである。私たちが知っているように、漸進的な推移こそが進化の常道であり、本物《リアル》の再帰性（に近い何か）――自然言語のために十分なだけ本物《リアル》らしい再帰性――が漸進的に創発してきたのではないだろうか。そして今後その点が明確に明らかになれば、そこでの創発過程が〔真の再帰性への〕ちょうどよい足場となってきたことも分かるはずである。[43]

さらに注意すべきは、仮にいつの日か、チョムスキーの提言する〈併合〉のようなものが人間の脳内に固定配線されていることが証明されたとしても、それはスカイフックではなかろう、ということだ。言い換えればそれが、宇宙的な偶然の一致により、たまたま私たちの祖先に驚異の新技能を付与した、偶発的突然変異の産物であることはなかろう、ということである。ある生物種がただ一つのランダムな突然変異によって一挙《ワン・フェル・スウープ》に変貌する、という考え方《アイデア》は、信憑性のある〈なぜなぜ物語〉とはほど遠いものだ。それはむしろ、超人ハルクやその他のコミック本の、常軌を逸したアクシデントに見舞われ、そのせいでスーパーパワーを使えるようになったアクションヒーローが登場する空想物語にこそよく似ている。[44]

永年にわたり、理論言語学の最も抽象的な領域における論議は、厳密極まりない「必要十分条件」や「判定基準《クライテリア》」や「〔重要な〕差異の源［difference-makers］」——名詞と動詞の差異、主題とコメントの差異、文と従属節の差異、それに何より、言語Aと言語Bの差異に関する——という主題が含まれていた。一言で言えば、言語学者たちはしばしば、**本質**を措定したいという誘惑に惹かれてきたのだ。だがそもそも、二

（85）　これ以外に、クリスチャンセンとチェイターの「脳によって形成されたものとしての言語《コンピータンス》」（『行動と脳の科学』誌の二〇〇八年のターゲット論文）、および、この論文の後に付された、〈私たちの言語的有能性を創り出す際により大きな役割を果たしたのは遺伝的進化か文化進化か〉をめぐる精力的な論争への、詳しい注釈も参照されたい。クリスチャンセンとチェイターは私とおおむね一致する立場を支持しているが、いくつかの点でミーム学的アプローチを誤解しており（詳しくはBlackmore 2008参照）、また、遺伝的進化が主要な役割を占めたとする立場への彼らの反論は度を越している。私の現在の見解は、ハードウェア（遺伝的に伝達される脳構造）はソフトウェア（文化的に伝達される脳構造）の後を追いかけるが、現代の人類において両者の割合がどのようになっているのかを解明する手段は今のところ存在しない、というものであり、私のこの見解は〔クリスチャンセンとチェイターにも〕明らかになっているはずである。私たちはギブソンに倣ってこう言ってもいいだろう——情報は音声の内に存在するが、それを拾い上げるためには脳内にそのための装置がなければならず、そしてその装置の内部にどの程度の情報が組み込まれているのかを、いまだ知るに至っていないのだ、と。

人の話者が（厳密に）同じ言語を話すというのは——もしあるとして——どんな場合なのか？　個々の現実の話者は個人言語《イディオレクト》——すなわち、ネイティブ言語の使用者一人一人に固有の方言——をもつ、と言うことはできるし、私の英語個人言語とあなたの英語個人言語は実際上区別できないが（これによって私とあなたがこれほど効率よくコミュニケーションできることが説明される）、しかし、私たちの間で、ある特定の文が文法にかなっているかどうか、とか、ある種類のものが、もっと大きな種類の一部に属するかどうか、といった見解の不一致が生じた場合、突き詰めて言えば、そこには多数決以外に訴えるべき権威など何も存在していない。だが、ある局所的な多数派を、広域的な支配的多数派として扱うべきタイミングをどのように決めればいいのか？　私の知人の言語学者／哲学者が、ジョセフ・コンラッドもウラジミール・ナボコフも、**厳密に言えば**英語をしゃべっていたわけではない、という大胆な主張を行ったことがある。**ネイティブイングリッシュ**の話者だけが英語をしゃべるのだ！　というわけである。[45] だが、いったいどのネイティブイングリッシュの話者なのか？　ロンドンっ子か？　ブルックリナイト〔ブルックリン出身者〕か？　バレーガールか？[46]　キーウィーズ、つまりニュージーランド出身者か？　言語分類学者が陥っている困惑は、ダーウィン以前の時代に属や種や変種を定義しようとしていた人々の困惑と非常によく似ている。ダーウィン主義者に従って個体群思考《ポピュレーション・シンキング》[47]を採用すれば、これらの問題が、場違いな本質主義が作り出した人工物であったことが判明するのだ。だが、何からなる個体群《ポピュレーション》だろうか？　ミームの個体群である。

一九七五年にチョムスキーはLADを支持するための論拠として、こんな指摘を行った——「正常な子供はこの知識（文法——引用者）を獲得する際に……特別の訓練を要しない。やがてその子供は何の努力もなしで、特殊な諸規則が複雑に絡み合った構造や、自分の思考を伝えるための案内をしてくれるさまざまな原理を使いこなすようになる」（Chomsky 1975, p. 4）。もしもチョムスキーの〈併合〉ないしそれに近い何かの装いを一新し、現在のような言語へ向かって連続的に進んでいった革新の、初期段階の候補と見なしてもよいなら、私たちは初期のチョムスキーと後のチョムスキーを調停して、「特殊な諸規則が複雑に絡み合った構造や、自分の思考を伝えるための案内をしてくれるさまざまな原理」と言われているものは、明示的な規則というよりも、**話すためのやり方**《ウェイズ》の奥深くに組み込まれているパターンなのだ、と主張することができよう――原・言語が成功し、それへの応答として進んだ文化的・遺伝的な進化が一連の改善を成し遂げ、その集成としてそのような**話すためのやり方**《ウェイズ》ができあがった、ということである。本章で何度となく見てきたように、私たち人間は他の動物と同じく、必要な研究開発の見返りとして得られる目的を達成すべく、秀逸きわまる《ブリリアントリィ》仕方でデザインされたさまざまなシステムの、無自覚な受益者なのであり、これは理解力《コンプリヘンション》をほとんど、あるいはまったく要せずに進化した有能性《コンピータンス》のまた別の事例である。

言語の進化的な起源は、未解決ではあっても、解決不能な問題ではない。経験的、および理論的な研究が進歩し、文化進化と遺伝的進化の両方における漸進的かつ累積的な過程――私たちの祖先のより初歩的な才能を、現在の言語使用者の器用さと饒舌さへ作り変えることができた過程――に関する、検証可能なさまざまな仮説が形成されるようになっている。そして言語の到来によって、進化の歴史におけるさらなる偉大な契機の舞台が整う――すなわち、理解力《コンプリヘンション》の起源である。

次章では、言語的有能性《コンピータンス》の増大に伴い、文化進化の加速がもたらされただけでなく、その過程――文化進化の過程――そのものを、よりダーウィン的でない、つまりよりボトムアップ的でないものへと進化させられるようになっていく様子を見ていく。このようなさらなる進化が、生命の樹〔系統樹〕に実った最も新しい果実への道を整備し、知的《インテリジェント》デザインの時代の幕を開いた。個々の人間がもつ創造性は、彼らを創造した研究開発過程を、高速かつ凝縮した仕方で繰り返すものと見なすことができるのだ。

第13章　文化進化の進化

素手で大した大工仕事はできないし、素の脳で大した考えはできない。

——ボー・ダールボム

ダーウィン的な出発点

第7章であらましを予告しておいた図を思い出そう（二三〇頁）。

自然研究家《ナチュラリスト》たちは何世代にもわたり、動物の親たちが、言語的な指導を利用しなくとも、子供たちに技能や選択傾向を伝えることができるという証拠を固めてきた。このような「動物の伝統」（Avital and Jablonka 2000）は一種のミーム進化であるが、しかし一般に動物のミームは、語のように、別のさらなるミームが生まれる機会を作り出すことがない。そこに、言語によって可能となる類の、雪玉式に膨れあがる累積過程は存在しないし、第12章で指摘したように、目の前で知覚されることがなく、言語がなくてはまったく伝達不可能な事実の中には、生態環境の中で重要な事実や、さらには命の危険に関わる事実も含まれる（例えば、もしクマに出くわしたらどうしたらよいか、など）。ビッカートンや他の論者が論じているように、〈不《ディ》在の対象の指し示し《スプレイスト・リファレンス》〉は〈デザイン空間〉における巨大な一歩なのである。

本章に至ってようやく、本書第II部の中心主張を肉付けする段階に達した。すなわち、次のような主張である。

人間の文化は、理解力なしの有能性によってさまざまな価値ある構造を生成するという、シロアリが蟻塚を建築するのと大同小異の、根本からダーウィン的なものとして出発した。そしてその後の二、三十万年間で、文化による〈デザイン空間〉の探索は漸進的に脱・ダーウィン化されていった。そこにおいて、探索がさまざまなクレーンを発展させ、そのクレーンはさらなるクレーンを組み立てるために利用でき、組み立てられたさらなるクレーンによってさらに多くのクレーンを利用できるようになり、やがて以前よりも多くの理解力《コンプリヘンション》に基礎づけられた過程になっていくのである。

類人猿レベルの理解力《コンプリヘンション》しか備えていないホモ・サピエンスは、その出発点からどこまで遠くに到達できたのだろうか？　協動的な狩猟と屍肉漁《あさ》り、火の制御、住居の建築、さまざまな道具および武器の作成、といったさまざまな里程標が現れた時期を大まかに確定できるほどの証拠が手に入れば、いつの日かそれを解明できるかもしれない。とはいえ、言語が現れて以来すべてが変化した、ということはもう分かっている。再掲した図で示せば、人間の文化は左下の隅から出発し、そこから漸進的に遠くへ広がっていったということであり、その中には理解力《コンプリヘンション》の増大（垂直方向に伸びる y 軸を上昇する）、よりトップダウン的な制御（水平方向に伸びる x 軸に沿って進む）、より効率的に方向づけられた探索（手前から奥に伸びる z 軸に沿って進む）、といった変化が進んだ小領域が含まれている。私が主張するのは、この三つの次元は、純粋なダーウィン的過程から始まり、（究極的な意味では到達不可能である）知的《インテリジェント》デザインという頂点へ向かう対角線に

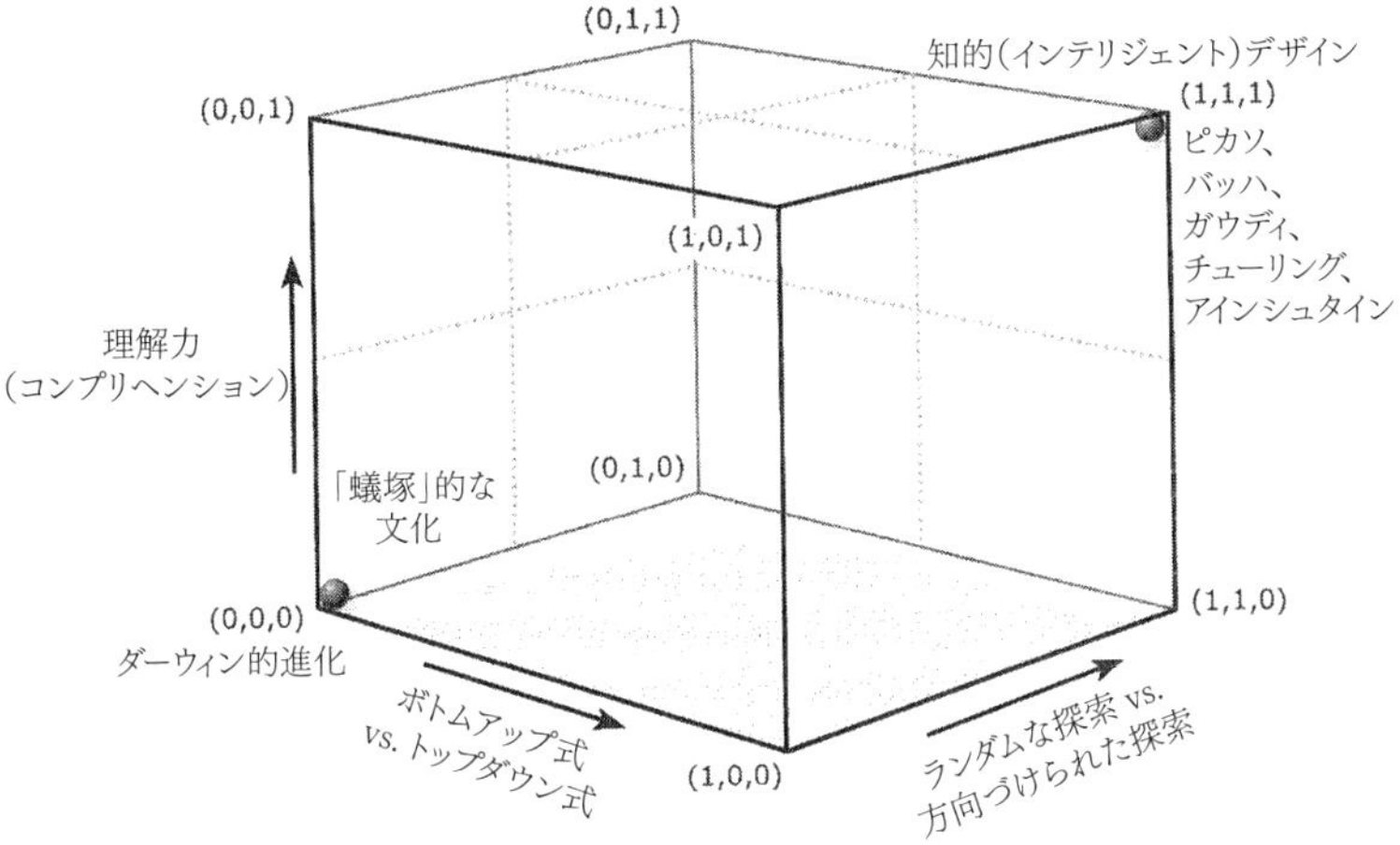

図 13-1　ダーウィン空間

沿って、自然に空間を横断していくものだ、ということである。というのも、各次元に沿って並ぶさまざまな現象を見ていくと、並びの先に進むほど意味論的情報の使用がますます多くなり、またそれゆえ**デザイン上のさまざまな改善**が進んでいくのであり、そのためにより多くの研究開発が要求されるからである――それはより多くのものの収集と利用と洗練であり、研究開発の常として、それ以前の(よりダーウィン的な)研究開発によって確立された成果を基礎に構築されている。その歩みの幅はさまざまであるが、私たちが現在いる場所に達するために、フリーマン・ダイソンの言う〈神からの賜物〉[1]は不要である。この後、文化進化が今現在どのような状況にあるのかをめぐる諸論争を詳しく見ていくが、その前に、それを導いた、ダーウィン的、半《セミ》・ダーウィン的、半《ヘミ》・半《セミ》・半《デミ》・ダーウィン的な現象の概観を済ませておこう。

舞台設定は第12章で整っている――ミームは、ウィルス同様、宿主の自己複製機構に依存し、それを自分自身の目的のために利用する共生体であり、それゆえミームの人口《ポピュレーション》爆発が生じるためには、〔祖先の人類に〕模倣ないしコピーへの本能があらかじめ存在していて（またはその時点で進化しつつあって）、その本能が何らかの（遺伝的）適応度の利益を私たちの祖先に提供し、それによって「採算が取れる」ようになっていたのでなければならない。私たちに最も近い非人間種の祖先[2]は、見たところ、そのような本能をもたらす状況に出会わなかったか、そのための重要な歩みを、私たちのように十分長く歩まなかったようである。急速に累積する文化という野火こそが私たち人間を他のヒト科生物から区別しているが、例えばチンパンジーとボノボは、その野火に点火するために必要とされる関心、共同注意[3]、模倣の才能、といったものを示さない。(86) その点火がいかに生じたのかについては、さまざまな仮説が現在は拮抗し合っているが、将来の研究がこの均衡状態を破り、いずれかの仮説を支持するようになるかもしれない。とはいえ私の考えでは、私たちが現在に至る道を歩み始めるに当たって、奇跡が起きる必要はなかった、ということを安心して確信し続けられるに足るだけの事柄を、私たちはすでに見てきたのである。

道を歩み始めた私たちは、（ミームに）感染した脳をもつ類人猿となった。ウィルスをはじめとする、私たちの身体に永住してきた何兆もの共生体と同じように、この〔ミームという〕侵入者は、身体内の競争相手との争いを耐え抜き、新たな宿主への分散をめぐる競争に勝利し、より効果的な自己複製体となるように進化してきた。これらの侵入者〔ミーム〕の中には、宿主を殺さない寄生体だけでなく、相利共生体も偏利共生体も十分多く含まれていたに違いない。ただし、最終的に長期的な足場を確保できる程度に無害な感染が広まる前に、〔有害な〕ミーム感染が波状的に押し寄せるということは完全に可能である。（私たちの祖先になるかもしれなかった一集団が、狩猟も採集も放棄してしまうほど強力なダンスへの熱狂に陥り、集団的飢餓状態に至ってしまったとか、ある不幸な一系統が、クジャクの尾羽〔と似た進化の文化版〕の的外れな形態に陥り、成人の儀式に行う割礼の切除部位をどんどん増大させていった、といった例は想像可能である。）初期の生命についても同様に、可能性としては、生命は何度も進化したのに、結局はその都度雲散霧消してしまうだけに終わり、私たちの生命の起源に至ってようやく際限なく生き延びることができるような十分な細部の調整を（十分なだけ）正しく果たすに至った、ということもありうるのだ。(87)

最初期のミームは、発音可能な語の先駆形態《プロト・ワーズ》であれ、他の種類の沈黙の行動であれ、シナントロープであって家畜化されたミームではなかったのであり、〔それゆえ〕コピーのルーチンを増強する一連の遺伝子およびミームが整うまでは、格別に「感染性の大きな」ものでなければならなかった。それらの中で、自らを複製する能力以外の、およそ何らかの機能する能力を備えていたものは、ほぼ間違いなく少数派であっただろう。悪い習慣でありながら**人を惹きつける《キャッチイ》**習慣というものには、ごく少数の本当によい習慣を手に入れるための支出としての価値があったかもしれない。この場合、一定のよい習慣が広まれば、行き過ぎのいくつかを引き戻し、取り除くための、文化的および遺伝的な研究開発の十分な時間ができることに

(86) 現在のチンパンジーとボノボが、彼らと私たちの共通祖先から分岐した六百万年間の内に、認知的な有能性《コンピータンス》と好奇心を喪失してしまったのではないか、という可能性は念頭に置いておく価値がある。ドウクツギョの祖先にはものを見る能力があったが、現在はものを見ることができない。彼らよりもヒト〔ホモ属〕に近い種で、およそ一万年前、オーストラリアとタスマニアをつなぐ地峡が沈下していた時期の、孤立し、縮小した個体群《ポピュレーション》は、それ以前何千年か有していた、弓矢、ボート、それにもしかすると火を灯す能力、といった技術を喪失していた。その興味深い詳細は以下を参照。Diamond (1978), Henrich (2004, 2015), Ridley (2010)。

(87) 実を言えばこの文は同語反復の一種である。生命は誕生しては死滅し、誕生しては死滅し、誕生しては死滅し、〔また誕生して、今度は〕最終的に死滅しなかったが、それはそこで生命が自らを死から遠ざけ続けるのに十分なだけ事柄を正しく整えたからである、ということだ。この文は大いに情報豊かだとはいえないが、空虚な文ではない。というのもこの文は生命の奇跡的起源を主張するあらゆるスカイフック的理論に対する、（原理上）整合的で、しかも満足がいくとすら言える代案であるからである。

なろう。この過程は、私たちのミクロな機構が、転位因子〔トランスポゾン〕[4]や分離歪曲因子[5]のようなゲノム内寄生体をはじめとする、ゲノムの中の厄介者に対処する各種の対策を進化させてきた、というのとよく似ている（第12章、三八七頁参照）。言語的なコミュニケーションが、単なる〈妙手《グッドトリック》〉に留まらず、私たちの種にとってなくてはならない才能になってしまうと、言語獲得の過程を増進し効率化するような身体的変異を促進する選択圧が、常に加わるようになるだろう。こうして人間に備わるようになった重要な新機軸の中でも主要なものとして、晩成性（幼少期が長くなること）がある。[6] これによって、生まれた子が防衛、栄養、および——偶然ではまったくなく——教育について、親たちに依存する期間が引き延ばされたのである。このような「面と向かって話をする時間《フェイス・タイム》」[7]の莫大な増加は、視線の検出によってさらに増幅され、それが今度は注意の共有と、トマセロの指摘する意図の共有を可能にした。（人間以外の、視線検出を通常の活動とする唯一の哺乳類は家畜のイヌであるが、彼らは他のイヌではなく、飼い主の視線を検出する。例えばEmery 2000とKaminski 2009を見よ）。人類の「白目の部分」を、他の類人猿の、瞳の周囲を取り囲む黒色に近い強膜と比較してほしい。これは視線検出を増強するために最近得られた適応である見込みが大きく、文化／遺伝共進化の格好の実例と言える。ミーム伝達を増強するためにデザインされた行動が新奇に登場し、その行動への遺伝的な反応としてそれが生じたのである（一つの概観としてFrischen et al. 2007を参照）。

草創期のミームの宿主にとって、**それはどんな感じのことであっただろうか？** それは何かに似ていたのか〔何か感じのすることだったか〕[8]？ 彼らの頭は、いずれも情報からできている道具、玩具、がらくたで満たされており、それらは脳組織を占領し、脳のエネルギーを自分のために利用している。だが、それらの侵入者の中の、宿主に自らの存在を知らしめるものは——存在するとして——どのようなものであろうか？ 身体を占領している細菌類《ジャームズ》やウィルスは、何らかの大規模な身体的変化——痛み、くすぐったさ、嘔吐、くしゃみ、めまい、など――を引き起こさない限りは、私たちの監視の目をかいくぐって動き回っている。第4章で見たように、エレベーターのデザインに暗黙裏に含まれている存在論《オントロジ》が、自己の活動を制御できるというエレベーターの有能性《コンピータンス》を説明するとき、そこにはエレベーターによる自分の活動の理解《コンプリヘンディング》もなければ、意識もない――仮にここでの「意識」が、エレベーターの存在論《オントロジ》の中にも含まれるものを指すような、最低限度の意味で言われているならば、その限りではないとしても（エレベーターは少なくとも自己の活動を**感知**せねばならないし、取り扱う諸要素を識別せねばならないし、さまざまな差異に対して異なった仕方で反応せねばならない）[9]。この存在論《オントロジ》は、技術者《エンジニア》たちが、自分たちがデザインしているエレベーターのために考案した存在論《オントロジ》である。私たちの祖先の存在論もこれと同様の仕方で語やその他のミームを含み、それらの語を有能《コンピータントリィ》に使いこなし、語を役立てていながらも、例えばいまだに自分が語を用いていることを**自覚して**いなかったり、自己の外見的イメージの中で、語が**語である**という**外見**をとることがなかったりしていた、ということはありうる。祖先たちは、ある最小限度の意味で語に気づくことはしていた――つまり、エレベーターと同じように、語を知覚的に感知し、語によって異なった反応をとっていた――であろうが、しかし、自分が**気づいていること**に**気づく**ことをしていなかったであろう。語が祖先たちの間で知覚的にやりとりされ、彼らの体内に入り、根差す際のあり方は、ビタミンや腸内菌叢のような、宿主による自覚にも、まして宿主による評価にも依存していない有益な共生体とよく似たものでありえたのである。

　それでも、ミームが由来した自然の故郷は外見的イメージの中にあり、（ビタミンや腸内菌叢が見いだされる）科学的イメージの中にはない。ミームが空中を移動できると言えるのは、ミームが人間の知覚的な反応を産み出す限りにおいてである。それゆえ、ミームの多くが気づかれず、公然と姿を現すことがないとしても、しかしミームとは一般に、注意作用にとって**利用可能**な存在である(88)。従って、ミームはウィルスや病原菌とは異なり、私たちがそれに最初から気づき、自覚し、想起し、適切な反応をとるようなアフォーダンスとして存在しているということになる。つまりミームは、たとえ他の動物にとって通常は「不可視」の、つまり彼らの存在論の中にはまったく含まれていない項目であるとしても、しかし**私たちの**存在論の中に確かな居場所を占める項目なのである。ここで私たちは、セラーズが立てた、〈外見的イメージ〉と（それよりも原始的な）〈原初的イメージ［original image］〉の区別を想起すべきである（一〇七頁、第4章原注(15)）。私たちがミームに気づき、ミームの所有と反省を始めたときに、私たちは〈原初的イメージ〉から〈外見的イメージ〉という、私たちがそこで生き、しかも**自分たちがそこで生きている**と知っている世界へと居場所を変えたのである。

人間のコミュニケーションにおける浮遊理由

理解力《コンプリヘンション》なき有能性《コンピータンス》は、動物、バクテリア、エレベーターにおいてと同じく、人間生活においても至るところで見いだされるのだが、私たちはこの可能性を見逃し、人間の行為が成功した場合、その行為の理《ラショ》由《ナルズ》への自覚的な評価を、その行為に関わった賢明な人物に帰属させる傾向がある。これは驚くことではない。結局のところ、私たちはオオカミや鳥やミツバチに、証拠にもとづいて支持できるよりも多くの理解力を帰属させる傾向がある――このように種の垣根を越えて行動を解釈するとき、私たちは志向的構えを用いる。ところがそこには暗黙裏に合理性が前提されており、これが〈合理性が行動の当事者の合理性でないとしたら、いったいその合理性は誰の合理性なのか?〉という疑問を招き寄せる。つまり浮遊理由という考え方《アイデア》そのものが、そもそも〔合理性に関する通念を覆す〕〈奇妙な推理の逆転〉なのだ。そしてこの点は、言語哲学における非常に高名な研究が喚起した、一群の論争から明らかになる。以下、それを紹介しよう。

二〇世紀の言語哲学が打ち建てた画期的な業績《ランドマーク》の一つに、H・P・グライス（Grice 1957, 1968, 1969, 1989）による、コミュニケーション、あるいはグライス自身の言葉で言えば「非自然的意味[10]」の必要条件に関する説がある。グライスの中心的主張は、〈ある人物が何かをなすことによって何かを意味する〉ということを規定する、三つの定義から成り立っている。ストローソン（Strawson 1964）その他の論者はこの定義に解説を加えており、それによれば、xをすることによって何かを意味するためには、S〔行為主体〕は以下のことを意図しなくてはならないことになる。

（1）xが、一定の聞き手Aの中に反応rを産み出すこと、

（2）AがSの意図（1）をそれと認める《リコグナイズ》こと[11]、

（3）Aが（1）をそれと認めたということが、Aの反応rの理由の、少なくとも一部として機能すること

この簡明《エレガント》な再帰的重層構造は多くの事柄を捉えている。**S〔行為主体〕が、x〔行為〕をすることで何かを意味〔意図〕する**ということが成り立っていない場合でも、A〔聞き手〕は、Sについて非常に多くの事柄

（88）情報の「密かな侵入」はユーモアにおいて重要な役割を果たす。Hurley, Dennett, & Adams 2011 参照。

を学ぶことがありうる。例えば、（1）Sが痛みのあまり叫び声を上げたり、気絶して倒れ込んだりしたら、AはSが何かひどく苦しんでいるという情報を得るが、しかしSはAにこの情報を伝えることを**意図して**いなかったかもしれない。その行動は不随意的な、苦痛に伴う行動かもしれないのである。（2）SがAに何らかの情報（または嘘の情報）を伝えようと意図しては**いる**が、しかしAがその意図がそれと認められる《リコグナイズド》ことを意図していないとしたら（野戦病院に自分を運ばせようとして仮病を使う兵士や、擬傷行動をする鳥を考えてもらいたい）、これまたコミュニケーションとは見なされない。最後に、（3）［SがAにある信念をもたらすとしても］Aが信念をもつに至るのが、AがSのコミュニケーションの意図をそれと《リ・》**認めること**《コグニション》によってなされるのではないとしたら、たとえそこでAがどれほど豊かな情報を得るとしても、それはコミュニケーションの事例ではない。例えば私の妻が、私が洗う食器に私が間違いなく気づくようにと、キッチンの照明を点けっぱなしにしているとしよう。妻は私が皿を洗い始めることを望んでいるが、しかしこれは必ずしも、私へのメッセージの発信であるとは限らない。実は妻は、私がやるべき仕事に私の注意を向けさせせようという彼女の意図を、むしろ私に気づいてほしくないと思っていたのだ。

　グライスの分析は、出会った人々のほとんどに真理の響きをもって受け止められており、その分析に触発されたさらなる理論的研究も氾濫している——その多くは周到な反例やさまざまな問題を、見たところ終わるあてもなく、延々と追加し続ける研究である（鋭い洞察に貫かれた詳細な概観として、Azzouni 2013を参照）。この分析は人類の相互作用のあり方に見られる微妙な差異に注目し、その過程の中で、動物のコミュニケーションシステムに欠けているように見える微妙な特徴を際立たせる。ベルベットモンキーのある逸話を考えてみよう。そのベルベットモンキーは、ライバルの群れとの競り合いで自分の群れが負けそうになったとき、虚報であるタカ警報の警戒声を発した。それによって敵意の停止が引き起こされ、劣勢だった群れは態勢を立て直したのだという。この逸話は（**意図的な**[12]）欺きの事例なのか？　それともまぐれ当たりの事例なのか？　ストッティング〔跳ね歩き[13]〕をするガゼルにとって、自然に活力があふれている様子と、故意の活力の誇示とをライオンに区別してもらう必要はない。ガゼルがストッティングしていれば、それがどちらの理由であっても、ライオンはそのガゼルに手を付けないはずだ。それゆえ、グライスが立てた重層的な条件は、人間のコミュニケーション行動が、それより単純な動物行動とは異なった地位をもつことを示すものなのだ、と結論づけたくなる誘惑は非常に大きい――そして（私も含め）多くの人々はその誘惑に抗することができない。つまり人間のコミュニケーション行動は、少なくとも次の四階層の志向性を含んでいる、ということだ。

> Aがpということを（4）**信じる**ことを、Sは（3）意図しているということを、Aが（2）**それと認める**《リコグナイズ》、ということを、Sは（1）**意図している**[14]。

グライスに触発されたのは哲学者だけではない。人類学者／心理学者であるダン・スペルベルとデアード・ウィルソン（Sperber & Wilson 1986）はグライスを出発すべき拠点と定めた上で、それに対抗する意味の理論を構築しているが、それでも彼らは、グライスの洞察に対する一般的な賞賛を躊躇なく表明する。

> 心理学的な観点から見ると、コミュニケーションをさまざまな意図および推論に関連づけて記述することもまた、適切に意味をなす記述方法である。他者に意図を帰属させることこそ、人間の認識と相互作用に典型的な特徴なのである。（pp. 23-24）

これとは対照的な、決然たる否認を最初に表明したのがルース・ミリカン（Millikan 1984）である。

> もし私が、自分のベッドの下に切り裂きジャックが潜んでいると信じていたら、ベッドに飛び込み、飛び込むや否やぐっすり眠り始める、といったことをしないはずである。〔従って〕ベッドに飛び込むときの私が、「切り裂きジャックがベッドの下にいる」と信じていないことは明らかである。実のところ私が、切り裂きジャックの話など聞いたこともないということすらありうる。だがここから、私が「切り裂きジャックがベッドの下にいない」と信じている、ということが帰結するわけではない。同様に、私がある命令に従う、ということが話者の意図ではないと信ずべき理由が私にあるなら、私はその命令に従わない見込みが大きい、ということが事実であっても、そこから、命令遵守の正常な状況において、私が話者の命令遵守の意図を信じている、ということが帰結するわけではないのである。（p.61）

続くページでミリカンはこの主張を和らげ、次のように述べる。

> 最初に来るのは、ある一定の信念ないし意図を抱くとはそもそもいかなること**である**か？　という問いに他ならない。それに続く問いは、何かをするために信念を**使用する**とは——例えば何かをなしつつある**かたわらで**、単にその信念を抱いている、ということとの対比において——いかなることであるか？　という問いである。さらに私たちはまた次のような問いも問わねばならない——すなわち、〔第一に〕グライス的な意図および信念は、発話および思考がなされている間に実際に使用されるもの

なのか？　それとも、〔第二に〕グライス的な意図および信念とは、それとはまったく違う身分をもつ何かであり、しかしそれでもグライス的な理論の支持者たちが、あらゆる非自然的記号がもつものとしての「意味」を他の種類のものから区別するために要求する仕事を果たしてくれるものであるのか？という問いである。

ミリカンは、明確な非グライス主義を表明する論者として、最終的に次のように結論する。

意味の理論が何らかのグライス的信念に興味を向けることがありうるなら、それは発話と思考の過程の中で現実に使用されるグライス的信念〔前述の第一の意味〕に限られるだろう。（p.66）

だがミリカンのこのような発言が、他の人々に、何らかの点でグライス的なプログラムの採用を思い留まらせることはなかった。最近では、私の同僚であるジョディ・アズーニ（Azzouni 2013）の前に、このグライス的分析が立ちはだかった。このアズーニが、彼への猛攻撃を和らげるために払った苦労を紹介しておくのは有益である。

本書における私の主要な目的は、グライス主義および新グライス主義のアプローチすべてを一挙に反駁することにはない。グライス主義は非常に幅広く普及しているし、その無数の支持者たち一人一人が採用するアプローチはあまりにも多岐にわたっている。それ以外にも（ここで著者は注を付している――引用者）、いったい誰がわざわざ、これほど多くの敵を一度に作らねばならないというのか？（p.4）

文学を学ぶ者にとって、アズーニの論述の労を尽くした想像力豊かなメスの切れ味は必読である。(89) とはいえここでは、私たちを揺すぶって非グライス的視座に目を開かせるために彼が工夫した、多くの面白い直観ポンプ[15]の中から、ただ一つ紹介しておくだけにする。

それぞれまったく類縁のない言語を話す二人の人物が、一つの島にいると想像されたい。男がある物体を取り上げ、ある身振りをし始める。その間中、女は男が何を言おうとしているのか突き止めようとする。ほぼ間違いなく、これ以上にグライス的な状況はないだろう。つまり女は、男がコミュニケーションの意図をもっていることをそれとして認《リコグナイズ》めており、男は女が、男にコミュニケーション的意図があることをそれとして認めている、ということをそれとして認めている(この反復はさらに際限なく続きうる)。この点にもとづき、かつ文脈にもとづき、かつ、その他の背景的な相互的知識にもとづいて(彼らは多分これと似たことをしばらくの間行っていたのであるし、それによっていくつかの意味のレパートリーを構築していた[ので、背景的知識も構築されている]のだ)、女は男が何をコミュニケートしようとしているかを特定しようとするし、またその帰結として、男が取り上げた物体が何を意味するのかを特定しようとする。

これ以上にグライス的な状況はないが、しかし(お互い正直になろうではないか)これほど、苛立たしいまでに典型から外れた状況もまたない。正真正銘《リアル》のグライス的コミュニケーションとは、正真正銘の苦痛である(およそその状況を強いられた人ならば、**怒り狂って**そう言ってくるはずである)。(p.348)

アズーニのこの例は、日常的なコミュニケーションが、グライス的コミュニケーションにどれほど途方もなく似ていないかを示しているが、だとすると一つの難問が生じる。いかにしてグライスはあれほど多くの人々に、彼が独創的で重要なことに気づいたという確信を根づかせることができたのだろうか？　グライスは、人々を知的な集団幻覚に駆り立てたとでもいうのだろうか？　その通りである――ある意味では。ここで上に引いたアズーニの文章に続く一節が、正しい方向を指し示している――「進化論的に言って、日常言語は正真正銘のグライス的コミュニケーションにどこか似た出来事にその起源をもつのかもしれないが、しかしそれ以後大きく変化を遂げたのであり、とりわけ、私たちの脳が大きく変化してきたのだ」(p.348)。

グライスが――その自覚なしに――やったことは、人間のコミュニケーションのリバースエンジニアリングであった。すなわち彼は、語を道具として用いるという基本的な〈妙手〉《グッド・トリック》がひとたび確立されてしまうと、あとは長大な期間にわたる文化的および遺伝的進化によって自然に発見されるはずの浮遊理由を挙げ、それに依拠してそのリバースエンジニアリングを行ったのである。私たちがストッティングをするガゼルや、他のヒナを殺害するカッコウのヒナのような現象を説明する場合とまったく同様に、そこで私たちの心に、それらの現象を説明するための用語として自然に湧き出てくる語りの方便《ファソン・ド・パロール》こそが、志向的構えである――この構えは行為者を、行為の理由が明らかになった合理的行為者《ラショナル・エージェント》として取り扱うが、それらの理由が行為者によって理解されることも、注意されることも、さらには表象されることすらも必要なか

（89）アズーニの書物は、本書とよく調和する多くの視座を提供しており（例えばpp.83ffの、語を道具と見なす彼の議論など）、また、彼によるタイプ－トークンの区別の廃棄のように、量化［quantification］および存在論的コミットメントとの決別のような同書のその他の新機軸の助けを借りて、本書での議論の一覧にうまく組み込まれる可能性をもつ視座もいくらか提起している。

った、ということには注意を向けない。コミュニケーションの主体としての人間たち（自分たちが意のままに使用できる道具〔語〕の潜在的な力をすべて把握してしまった後の人間たち）は、これらの〔グライスが挙げた〕特徴《フィー》〔仕様《チャー》〕を自分に役立てるための有能性《コンピータンス》——そして他者が、その特徴をその他者自身のために役立てることを回避する有能性——を身につけている、というのがグライスの分析の要点だったのであり、あるいは要点であったはずなのである。

ここで忘れないでほしいことがある。私がこれまで指摘してきたように、言語の獲得——また、より一般的にはミームの獲得——は、あらかじめデザインされた、とてつもなく強力なソフトウェア・アプリのインストールによく似ている——例えばアドビのフォトショップには、専門家向けの非常に多くのレイヤー〔重ね合わせ可能な描画の層〕が装備されており、大部分の素人のユーザーはそれらのレイヤーに一度たりとも出くわさないものだ。人間のコミュニケーションには大きな多様性があり、またコミュニケーションシステムの使用の大部分は、初歩的で、決まりきった、習慣にもとづく使用であって、しかもその習慣そのものが、ほとんどの観察者（および自己観察者）の目を逃れてしまう潜在的なものである。しかしながら、そこで用いられる道具それ自体は、いくつかの非常に洗練された応用《アプリケーション》を許すものである。人々の中には、天性の操作者、印象創出者、欺瞞とほとんど無自覚的な甘言とを使いこなす達人がいるし、その一方で、明け透けで、率直で、素朴で、発話に無防備である人々——〔語という〕道具の初心者だ、と言ってもいいかもしれない——もいる。しかしいずれの種類の人々も、なぜ日常的なコミュニケーションの道具が、彼らが用いているオプションの機能を果たすことができるのかの理由を理解して**いなければならない**わけではない。

私たちの（言語的な）コミュニケーションのさまざまなシステムは文化の自然選択の過程によって秀逸《ブリ》

きわまる仕方《リアントリィ》でデザインされてきた。この過程がそれらのシステムに多数の特徴《フィーチャー》〔仕様〕を与えたのであり、新たな使用者《ユーザー》たちはその特徴《フィーチャー》〔仕様〕を漸進的に獲得できるのみであるし、またそれを深いレベルまで理解することは決してない。使用者《ユーザー》たちはコミュニケーションの中で、リスクや危険やチャンスに対する鋭い、自分自身では分析不可能な感性を発達させることがありうる。例えば、話者の顔を見たり、声の調子《トーン》を聞いたりすることすらなく、虚言や偽りの謙遜といったものの「匂い」を嗅ぎつけるなどである。語句の選び方がどこか「真実らしく響かない」といった感覚は、自分自身でいくら分析に努めても、見通せない仕方で生じるものだ。同じ言語の話者でも、中には「おしゃべりの素質に恵まれた」人や、それよりさらに洗練された素質――安心させ、説得し、誘惑し、楽しませ、霊感を吹き込む素質など――に恵まれた人がいることがある。[16]このすべては「天性の素質」として一部の人々に備わったものであり、総じて、他の人々の才能の及ばない領域にある。また一部の人々、とりわけ自閉症スペクトラムに属する人々の中でも、テンプル・グランディンのような「高機能自閉」の人々は、多大な努力と巧みな工夫によって、真の意味でのTOM〔Theory Of Mind〕、すなわち心の**理論**《セオリー》を自分で作り上げ、ほとんどの人が「直接知覚」の対象にすることができている〔が、彼らにとっては〕万華鏡じみた場としての社会的世界を解釈する手助けとするのである。私たちはまた、私たちのさまざまなコミュニケーションシステムがもつ特徴《フィーチャー》〔仕様〕がなぜ備わっているかの理由についての理論的な理解、そして真の意味での理解《コンプリヘンション》を漸進的に獲得しつつある。この研究において卓越している人々はしばしば、コミュニケーションの知的《インテリジェント》デザイナーとしての自分を売りにするが――公式の話し方のコーチや、マーケティングコンサルタント、広告業など――、とはいえ、人間が努力を傾ける他の領域――ジャズが思い浮かぶ[17]――では確証しうることだが、**理論**は、たとえそれが優れた理論であっても、しばしば〈耳〉にはかなわないものだ。こう言えば納得してもらえるだろうか——グライスの分析が〔言語〕遂行理論として当てはまる場合があるとしても、[90] それは例えば、アスペルガー症候群を抱えた才知豊《ブリリアント》かな科学者がいて、言語行為やその他の人間関係上の計略を、目にもとまらぬスピードで仕掛けてくるのだが、同時にまたそれを技巧的にやっているという兆候がありありと示されている、といった、ごく稀な状況に限られているのだ。

　人間の活動に、志向的構えを通じてリバースエンジニアリングを施そうという企ては、そのような名目でなされるわけではないにしても、哲学者たちによって頻繁に考案されてきた。G・E・M・アンスコムは彼女の埋もれた名著『インテンション〔意図〕』[18]（Anscombe 1957）の中の、アリストテレスの実践三段論法を論じている箇所で、次のように述べている。

> 仮にアリストテレスの説明が、現実の心的過程を述べていると見なすならば、その説明は端的に馬鹿げた説明である。この説明の関心事は、およそ行為が意図をもってなされるあらゆる場合に、そこに成立している秩序[19]を述べることにあるのだ。（p.80）〔邦訳一五二頁〕

「そこに成立している秩序」とは？　どこに成立している秩序か？　脳内にではないし、環境の中にでもないし、どこかに**表象されている**わけでもない。私なりの見解を提起するなら、彼女はアリストテレスを、私たちの最も合理的な実践的行動を「支配」している、**必ずしも常に表象されるとは限らない**浮遊理由の発見者だと認めている、ということなのである。

　従って、たとえ語そのものが、家畜化された道具として所有されるようになり、それによって外見的イメージの一部になった後でも、私たちのいくつかの実践のデザインの浮遊理由を私たちが想像すらしない、ということはありうるのだ。グライスの分析はその浮遊理由の解明であったと見なすことができる。つまりグライスがしたことは、人々が非自然的意味に関わるときに「そこに成立している秩序」を見いだし、それを単純に、その時点での人々の志向的構えの説明として描き出す、ということであったと見なすことができる。人々に過剰に理由を認めすぎてしまうという私たちの営みは、それほどまでに自然なものなのだ。そしてここに、私たちが集団幻覚に陥ってしまう余地が生じるのである。

思考のための道具を用いる

歩く犬を見て、はじめて「ワンちゃん！」としゃべった幼い子が、そこで発した語で、自分が見たもの

---

(90) スペルベルとウィルソンは、有能性《コンピータンス》モデルが役割を果たす余地を認めている。彼ら自身の説にもとづき、彼らはこう述べている。

> すべての人類は、可能な限り最も効率的な情報処理を自動的に目指す、というのが私たちの主張である。人々がこれを意識しようとしまいと、それは成り立つ。実のところ、個々人の意識的な利害関心の多大な多様性や変転は、この恒久的な目的を、常に変化している状況の中で追求するということの結果なのである。(p.49)

アズーニの指摘によれば、スペルベルが述べているのは〔有能性モデルというよりも〕最適化モデルの一種であり、このようなモデルは「検証可能性の問題に直面する。というのも、一般に（進化的諸要因による圧力にさらされてきたものとしての）どのような認知過程も、その過程を進める処理のコストと、処理によって産み出される価値の対立に関わる一定の最適化戦略に類似するようになるはずだからである」(p.109)。

にラベルを付与していることを理解している、という想像は自然なものかもしれない。とはいえ事実がその通りである必要はない。私たちはこういう場合、有能性《コンピータンス》と理解力《コンプリヘンション》の混同に格別に用心しなくてはならないのだ。実を言えば大人が、言葉を発し始めた頃の子供に、子供たちが実際に備えているよりもずっと多くの理解を想定することは、（たとえ理論的には誤りであっても）実践的に有用である見込みが非常に大きい。というのも、このように大人たちが子供に会話の「足場を作ってやる」ことで、子供の、自分の属する言語の中での成長を助けることになるからである（McGeer 2004）。[20] このようにして、前・ラベル貼りはラベル貼りへの道を整え、前・要求は要求への道を整えるのである。その子供は、本当《リアリィ》に会話のやり方を会得するまでに何百時間もの「会話」を必要とするかもしれないし、会話をしているときに自分が何をしているのかを理解するまでには、さらに多くの時間を必要とするかもしれない。

　ミームとは〈やり方《ウェイ》〉、すなわち、コピーされることにより宿主から宿主へ伝達されうる、内的および外的な、行動ないしふるまいのやり方《ウェイ》であることを思い出そう（第9章と第10章を振り返ってもらいたい）。これを言い換えれば、本章でこの後見ていくように、ミームとはソフトウェア・アプリ、あるいはアプレット[21]によく似たものだ、ということである。実際、ミームとアプリは**非常に**よく似ている――それは（それ以前の時代の自然選択によって）デザインされた、比較的単純な情報構造であり、役に立つものであれ、立たないものであれ、一つの才能、つまりちょっとしたノウハウを新たに与えてくれる何かである。このようなアプリ〔としてのミーム〕は、使用者がそれを実行しているとき――語が聞かれたり発されたり、行為が観察されたり遂行されたりするとき――、他の人々にも見えたり、聞こえたりするし、使用者自身にも、通常の自己監視の働きによって、聞かれ、見られるものである――つまり、使用者は自分自身が話すのを聞き、自分自身の身振り《ジェスチャー》や行為や移動を、見たり感じたりする、など。だが、自分自身が話すのを聞くということと、自分が何かを話しているということに気がつくということとは、まったく違う。小学校で子供が、舌が滑って先生を「ママ」と呼ぶ。クラス中が驚き、本人は恥ずかしさで真っ赤になる――自分が何を言ったか気づいたときに！ 大人ですら、自分の話を自覚せずに話をすることはしばしばある。そういう場合も、恐らく自己の言語的出力の監視は行っていて、語の発音ミスの修正もしてはいる。しかしそれでも、自分の行為の内容については――睡眠中にしゃべるときのように――まったく気づいていないのだ。私たちは、こういう人々が自己監視を行っていることを知っている。なぜなら彼らはときに――遅ればせに――二度見《ダブル・テイク》[22]をするからである――「僕がそんなことを言っただって？ 本当に、そんな言葉を⁉」

ここで次のような想像をすべきだと提案したい。私たちの祖先である草創期の言語使用者たちは、みなさんと同じぐらい流暢なおしゃべりをやってのけ、この新たな習慣からあり余る利益を得ていた――たまには、獲物を怖がらせて逃してしまうこともあったにせよ。そこでの彼らは、ある場合にはほとんどコミュニケーションに取り組まず、別の場合には雄弁に（ただし、雄弁術などは学ばず、無自覚に）コミュニケーションを行っていた。そうして、ただ漸進的にのみ、そして後の時点から振り返って、自分たちが何をやってきたのかを自覚するに至ったのだ。つまりここで提案している想像によれば、ストッティングしているアンテロープには自分が何をやっているのかの自覚が決して到来することがない、というのとまったく同じように、語を用いた活動をしていた祖先たちには、自分たちが何をやっているかの自覚が到来している必要はなかった、ということになる。その自覚が到来せざるをえなくなるのは、彼らが――ダーウィンによる巧みな呼称を用いれば――無意識的選択から、完全に家畜化されたミームの方法的選択への切り換えを果たした後である。今日の子どもたちは、意味のない喃語《なんご》から発話と理解への非常に速やかな移行を行う。その移行の速やかさは、突然の相転移[23]とみなしてもおかしくないほどだ（それはヘレン・ケラー（Keller

1908）が、水汲みポンプに歩み寄ったときに得た体験に似ている――正確さのほど確かめがたいが、印象に残るあの逸話である）。しかしながら、初期の言語においてはほぼ間違いなく、この過程はずっとゆっくりとした、今より効率の悪い仕方でなされていたはずである。そこでは現在のように言語獲得を効率化するための、例えば発話された音声に合わせて好奇心のレベルを調節する、といった遺伝的調整の恩恵はいまだ受けられず、それゆえこの時期においては、発話された音声の分析のためにより多くの注意――脳の努力――が費やされることになったはずである。私の思弁的な推測を言えば、そこには漸進的かつ累積的な有能性《コンピータンス》の成長の過程が存在していたのであり、その過程の中で、自己監視、反省、新たな**思考しうる対象**としての語やその他のミームが、私たちの外見的イメージ中に創発するに至った、ということになる。

　この過程を成り立たせていた一連の微小な〔漸進的〕歩みによって、語やその他のミームは私たちの存在論、すなわち外見的イメージの中に姿を現すまでに高められ、私たちにあらかじめ備わった好奇心に対して広大な展望を開くことになったのであり、また同時に、同書の微小な歩みは、〈デザイン空間〉の「トップダウン式」の探索の開始を可能にしたのだ、というのが私の主張である。[91] 私はこの革新の歩みの単純な構図を一九九一年に『解明される意識』で提起した。そちらでは私は、厄介ごとにぶつかると単純な問いを発する、という習慣を獲得した祖先たちが、時に**自分以外**の誰も聞き手がいない場合ですら、自分が求めている回答を自ら発見する、という営みを発見したという想像を提起した（Dennett 1991, pp.193ff）〔邦訳二二三頁以下〕。この想像上の祖先は、自分自身の問いかけに自分自身で回答することを見いだしたことになる。これは〈自分自身に向かって話しかける〉という活動の発明であり、そこからは直ちに利益が得られる――同時に、直ちにその価値が認識される。だが、自分自身に話しかけることが、何の役に立つだろう？　自分で昼食を作り、その手間への賃金を自分自身に支払う、というのと何が違うのか？　私たちには、脳のある部分で「物事を知っている」のに、たとえそれが必要な場合でも、脳の別の部分からその知識にアクセスすることができないこともありうる、ということに気づけば、これらの逆説の気配は解消する。自分自身に話しかけるという習慣は、新しいコミュニケーションの経路を創り出すのであり、それによって、場合によっては隠された知識を探り当て、明るみに出すこともありうるのだ。

「あのときはいい考え《アイデア》に思えたのに」というのは、大きな失態で厄介ごとが生じたときの定番のおどけ文句であるが、この痛ましいせりふを心底から訴えていたとすれば、それは愚かさの証明書であるどころか知性《インテリジェンス》の明瞭な証となる——自分が現実に何を考え、それをどう感じていたかを正確に想起できる思索者は、自分自身の思考過程のデバッグ〔プログラムのバグ修正〕への道を半ば以上進んでおり、それゆえ同じ罠に二度は陥らないはずである。誤りが微妙なものになればなるだけ、自己監視の習慣はその分有益なものとなるのであり、このような習慣は、日頃から自分自身に話しかけるようにすることで可能になるのである。（今度、何か難題の解決に取り組むときは、独白をはっきり声に出して言ってみてはどうだろうか。これは自分の思考の穴《ギャップ》に気づくためのよい方法なのだ。）

言語をもたない動物が、秘められた手がかりを求めて「脳みそをしぼる」ことは**あるのかもしれない**

（91）　本書をほぼ完成させた頃、私にピーター・カルーサーの『中心化された心』（Carruther 2015）の刊本が送られてきた。ざっと読んだ限り、同書には、ここに挙げたような人間の自問できる才能が、いかにして私たちに固有の認知的な力を付与したのかについての私自身の見解としばしば一致し、さらには、それを先取りする優れた思想《アイデア》がたっぷり詰まっていることが分かる。カルーサーの主張に対するしかるべき評価を行うことは本書の範囲を超えているが、それが必要であることは明らかである。本書の付録には、出会うのが遅すぎたせいで私自身の思考の中に組み込むことができなかった、適切に関連するこれ以外の書物もいくつか挙げてある。

――この種の隠れた行動を示す兆候は乏しいのだが。しかしいずれにしても、明示的な自問という私たちの営みからはさらに、私たちが熟考した内容を記憶しやすいものに変え、後知恵としてそれを振り返ることができるようにするという、多大な利益がもたらされる。そして、人が問題提起の態度をとる習慣をひとたび身につければ、その後の研究開発はより一層トップダウン的になり、方向づけられた探索をより一層用いるようになり、ランダムな変異〔の生成〕と〔好都合な変異の〕保持の過程に依存することがより一層少なくなる。[24] ランダム性（あるいは、進化論においてランダム性と見なされているもの――すなわち、候補となるものの生成と、成功の基準とが分離されている過程[25]）が根絶されることはない。最も洗練された探求ですら、しばしば「ランダムな」試行錯誤が決する過程を故意に組み込んで、それを役立てるものである。しかし、すでに別の文脈で獲得された情報を用いることで、大部分の領域は見込みがないか、関連がないと見なされて除外されて、探索空間が絞り込まれることはありうる――ただしこれは、思考している者が、その時点でふさわしい仕方でその情報を思い出せる場合に限る。自分に話しかけること、自分に問いかけること、あるいは、さらに言えば、単に重要な語句（「キイワード」）を心の中では繰り返し唱える《リハーサル》こと、これらは、それぞれの語に結びついた連想のネットワークを探査し、現在の困惑に関連しそうな、見逃していた可能性を想起するための効果的な方法である。

チューリングによるデジタルコンピューターの発明は、私たちのトップダウン式知的《インテリジェント》デザインの壮観な実例として役立つが、この発明がなされた英雄時代の記録から拾い集めた知見によると、チューリングの歩んだ道は栄光への最短距離ではなく、むしろ、曲がりくねった道であった。それは脇道や、誤った出発点や、目標の見直しを含むさまざまな可能性の探索であり、その探索の過程は、別の問題を考察する理論家たちとの出会いによる、セレンディピティ的な〔類い稀な幸運の――八六頁〕助力に満ちていた。意識ある人間の心の理想の形は、自己のもつすべての知識が等しくアクセス可能に、すなわち必要なときにいつも利用可能になっていて、しかも知識の歪曲も起きない場、あるいは、ちょうどよいタイミングで手を貸してくれるエキスパートたちが住まう伏魔殿《パンデモニアム》となることである。[26] 動物や子供の、ベイズ的に動作する脳は、進歩した追加の思考道具の手を借りずに、このような手がかりの探索のいくつかをボトムアップ式に行える装備を十分に備えているが、成人の心には——実行される機会は稀であるとしても——構成員たちを見事に律し、優先順位を決め、無駄な競合を抑圧して、探索部隊を組織する能力があるのだ。

ハーフォードは、言語の進化を論じた本のある箇所でこう述べている、「一定レベル以上に進化した人間以外の動物たちは、豊かな心的生活を営んでおり、その心的生活は、彼らが世界に向き合って何とかやっていくことを可能にしてくれる、ある種の自然知能〔知性〕である」(Hurford 2014, p.101)。文の後半は否定し難いが、果たして世界の中でうまくやっていくために、意識ある生活という意味での「豊かな心的生活」が必要なのかどうかは、今のところ裏付けられていない。私が論じてきたことを突き詰めて言えば、脳はベイズ的な予期生成装置であるとしても、そのために、その働きによって追尾し利用するアフォーダンスを所有している必要はない、ということである。人間以外の動物たちが、思考について思考すること、あるいは、何らかの仕方で自分自身の心的状態の「メタ」に進むことができるのか否かは、いまだ答えが出ていない経験的な問いであるが、反省の水準を上昇する能力を欠くような「豊かな心的生活」とは、実のところまったく豊かとはいえない。例えば嗅覚において力強く正確な知覚がなされるとしても、その知覚をもつ心に、知覚に対する二次的、三次的な反応がもたらすさまざまな結果を比較し、想起し、驚き、楽しみ、気づく力がほとんどないとしたら、その知覚にどれほどの価値があるだろうか？[92] ここで注意。私は、人間以外の動物と乳幼児は意識をもたない、とは言って**いない**（目下、私は意識に関するすべての議論を先送りにしている）。もしも、意識そのものが程度の差を許容すると見るのが最適であるとしたら（これは私がこれまで擁護してきた見方であり、本書でもこの先、適切な場所で再度擁護する予定だ）、私たちは意識の多様なあり方（あるものは「豊か」で、他のものはそうでもない）を考えることができるだろう。

実際、〔「豊か（裕福）《リッチ》」という〕財産の概念は、現在述べている視座の説得力を示すのに適している。ある運のいいヤツがいて、その男の所有地の中には、海賊が集めた金塊の隠し場所がある。ある意味でこの男は裕福《リッチ》〔豊か〕である。だが男がその事実を知らなかったり、知っていても隠し場所を発見できなかったりして、海賊の黄金という財産をまったく利用できないのだとしたら、この財産なるものは、せいぜい名《ピ》ばかりの《クウィキアン》ものであるにとどまる。[27][93]これと同じように、自分のいる世界の中の多様な差異を追尾し、気づき、反省を向け、比較し、ありありとイメージし、想起し、予期することが（何らかの意味で）できるようになる前の幼児は、そのような活動が利用可能になっておらず、それゆえ潜在的な富《リッチズ》しかもっていないと言うのが適切であろうし、この反省的な立脚点に決して立つことができない動物がいたら、その動物の富《リッチズ》は潜在的なものですらない、ということになるだろう。（飼っているオウムに『ノヴァ・ドキュメンタリー』〔アメリカの科学ドキュメンタリー番組〕のシリーズを見せれば、オウムの目と耳を鮮明で詳細な情報のパレードが通過することは間違いないが、オウムがその経験から――たとえ生かじりなものであっても――科学的教養を身につけるだろうなどと期待すべきではない。）

私は今のところ、意識という難問に正面から立ち向かうことは先送りにしている。それゆえ私が、〔今述べたような〕追尾、気づき、反省、その他が必ずや意識を伴わねばならないという主張（ないしはその否定）を行っているわけではない、という点に注意してもらいたい。私が主張しているのは、これらは非常に重要な反応的有能性《コンピータンス》であって、私たちの祖先にこれらが欠けていたら、彼らの意識（それがどんなものであれ）

が、有能性の成長に、また従って理解力《コンプリヘンション》の成長に、貢献することはほとんどあるいはまったくなかったはずだ、ということである。本書第5章では、理解力は徐々に到来するものであり、実のところそれは有能性の産物なのであって、独立したものとしての理解力が有能性の源泉となっているわけではない、ということを論じた。今や私たちは、この〔理解力という〕産物がどのようにして創り出されたのかを、見ていくことができるようになった。まずは、遺伝的に受け継がれた自然的素質としての基礎的なアフォーダンスがあり、これらのアフォーダンスはベイズ的な学習によって、環境内のパターンを強調するように増強されている。この増強されたアフォーダンスが、昆虫や蠕虫《ワーム》からゾウやイルカに至るあらゆる動物《ロコモーター》〔動くもの〕に、豊富な有能性《コンピータンス》を提供している。このような有能性《コンピータンス》の中には、格別に目立つ、――ある種の《オブ・ソート》〔準〕――理解力《コンプリヘンション》のしるしであると受け取るのがごく自然であるものが含まれている。[28] 道具を使うカラスや、イエローストーン国立公園の、ツーリスト通のハイイログマの才能は、その都度独特なさまざまな状況に対応できるレベルの適応性を証明しており、そこに理解の働きが存しているという判断を招き寄せる。理解の働きとは、このような行動の領域にあるのだ、という主張すら可能かもしれない――つまり、理解とはコミュニケーション可能な理論知ではなく、真底実践的なノウハウである、という主張だ。

（92） 鳥類と哺乳類にはある程度の初歩的なメタ表象の能力があることは、最近なされたいくつかの実験で証明されている。具体的に言うと、高リスク、高報酬の選択肢か、もっと安全な賭けかのいずれかを選択する機会を動物に与えると、自分の直感《ハンチ》を疑ってかかるべき根拠をすでに手に入れているような事例の場合には、二番目の選択肢への選好を示すということである（Crystal and Foote 2009; and other essays in Cook and Weisman 2009）。

（93） プラトンの（『テアイテトス』で描かれる）素晴らしいイメージを想起されたい。それによれば、知識とは鳥かごの中に満載された鳥たちである。その鳥はどれも君の鳥だが、果たして、君が呼んだら来てくれるものだろうか？

このようなノウハウが人間以外の動物の理解力《コンプリヘンション》の限界であるとしたら（ここまでのところから、そう言えよう）、人間の理解力《コンプリヘンション》はそこに何を付け加えたのだろうか？　ノウハウ（ならびに事実知）を同種個体にコミュニケートする能力だけではない。むしろ、検討中のどんな話題についても、その話題をそれ自身として吟味し、分析し、在庫目録に加えるべき事物として扱う能力である――この能力は、その話題を、語や図表やその他の、自己刺激の道具[29]を通じて明示的に表象する能力によって成り立っている。素の脳では大した思考はできないが、これらの単純な道具で武装すれば、思考に導かれた探索が爆発的に利用可能になる。それ以前にもしばしば生じたように、自然選択――今や、文化的なそれと遺伝的なそれの両方――によってデザインされた一つの有能性が、一つの理解力なしの有能性（この場合は一つの言語を使いこなすようになること）という賜物を創り出し、この理解力なしの有能性が、さらなる、そのレベルを伸ばし続ける有能性をもたらすのだ。これらはメタ有能性《コンピータンス》であり、そこで私たちは自らの思考道具を、食べ物、隠れ家、ドア、容器、危険なもの、その他の日常生活に関わるアフォーダンスについて思考するために用いるだけでなく、食べ物と隠れ家に**ついての思考**について思考するためにも、食べ物と隠れ家に**ついての思考についての思考について**思考するためにも用いるのであり、これはこの文そのものが証明しているとおりである。

　哲学は数千年にわたり、メタ表象を扱う学問の本拠地であり続けてきた。プラトンとソクラテス、その後のアリストテレスが、大いなる賢明さを駆使して万物を理解し、さらにはその理解するという営みそのものの地位をも〔万物の一部として〕理解しようとする、というまったく新しい課題に必死で取り組んでいる様を見守るのは、魅惑と楽しさが交錯する経験である。そこでの反省の歩み――意味の意味や、理解の理解を検討したり、語を分析するために語を使用するなど――が最終的にもたらすのは、ダグ・ホフスタッターがかつて述べた「僕には、君がすることは何でもメタにできる[30]」という自覚である。これはいつでも洞察をもたらしてくれるわけではなく、時にはそれに参加する者を、現実世界に何ら根差さない鏡の広間に置き去りにしてしまう危険をはらんでいる。とはいえこれも、このミーム（メタ・ミーム）がもつ驚異的な力ゆえの行き過ぎなのである。

知的《インテリジェント》デザインの時代

ここで述べてきた再帰性、すなわちメタ表象を何層にも積み重ねることは、マクレディ爆発の引き金を引いた。この爆発は過去一万年ないし二万年の間に華々しく展開し、現在でもなおその速度を高めている。私は先に、ミームはソフトウェアに非常によく似ている、という指摘を行ったが、これよりその指摘を敷衍し、先鋭化させていきたい。

Ｊａｖａアプレットを考えてみよう。読者のみなさんはきっと、日々Ｊａｖａアプレットに出会っているはずだ。インターネットに時間を割いている人ならば確実にそうだといってもよさそうだ。とはいえそれは総じて目に見えない形をとっている。そうデザインされているのだ。Ｊａｖａ（一九九一年にジェームズ・ゴスリングらによって開発された）は、インターネットに現在のような汎用性を与えた最大の要因となった発明である。Ｊａｖａはみなさんに小さいプログラム——Ｊａｖａアプレット——をウェブサイトからダウンロードさせる。これによってクロスワードパズルを解いたり、数独〔ナンバープレイス〕を解いたり、地図を探ったり、写真を拡大したり、地球の裏側にいるプレイヤーたちと共にアドベンチャーゲームに参加したりできるようになり、また「真面目な」計算をすることもできるようになる。ウェブサイトのデザイナーはＪａｖａプログラム言語でプログラムを書けば、自分のウェブサイトを訪れるユーザーが使っているコンピューターがマックであるかPC〔ウィンドウズマシン〕であるか（あるいはまたリナックスマシンであるか）、確かめる必要がなくなる。なぜならJａｖａアプレットは常時、マックなりPCなりリナックスマシンなりに合わせて専用に設計されたJＶＭ（Jａｖａバーチャルマシン）[31]上で実行されているからである。みなさんのコンピューターに適切なJＶＭがダウンロードされ、インストールされるにはほんの数秒しかかからない。そしてインストールが済めば、以後はJＶM上でJAVAアプレットがまるで魔法のように実行されるのだ。（読者のみなさんの中には自分のコンピューターがJａｖａアップデートのダウンロード中になっているところに気づく人がいるかもしれない――つまり、気づかないこともありうるのだ！　自分のコンピューターにどのJＶMがインストールされているかは忘れてしまい、訪問したウェブサイトが自分のコンピューター上のJＶMで実行されているJａｖａアプレットを使っているか、最新のJＶMアップデートをひっそりやってくれるかを期待できるようになっている、というのが理想的である。）

JＶMは、Jａｖａコードを、そのユーザーが使用するハードウェア上で実行可能なコードにコンパイル[32]する、インターフェース[33]である。Jａｖａのスローガンは WＯＲＡすなわち Write Once, Run Anywhere〔ただ一度（コードを）書けば、どこ（どのマシン）でも実行できる〕であり、これは、デザイン上の問題はただ一度解決すればよい、ということを意味する。この構成方式の卓抜さは、JＶMをみなさんの脳のウェットウェア[34]にインストールされているEＶＭ（English Virtual Machine ＝英語バーチャルマシン[35]）と比較すれば簡単に分かる。これはつまり、〔原著の〕読者のみなさんは英語話者〔邦訳の場合は日本語話者〕であり、さもなければ本書を読むことはできないはずだ、ということである。本章を書いていたとき、私は述べ方や解説の仕方について、多くの問題に解決を迫られたのだが、その際私は、最終的に本章を読むに至るさまざまな脳の神経解剖学的な詳細について知っておく必要は一切なかった。私はただ一度書いただけであり（もちろん草稿はたくさん書いたが、出版した文章を書いたのはただ一度である）、その結果、書いた文章は、ＥＶＭさえ備えていれば、「どこ〔どの脳〕でも《エニィウェア》実行《ラン》できる」ようになったのである。これを実行できない脳もある。本書〔原著〕の効果が万人に体験されることができるようになるには、本書は英語以外のさまざまな言語に翻訳されねばならない。それ以外の仕方で本書〔原著〕の読者になろうとするなら、ただ英語を学べばよい。

このようなＥＶＭによって、教師、ガイド、インフォーマント〔言語学者や人類学者への情報、資料の提供者〕、トレーナー（さらに言えば、詐欺師、宣伝家、宗教的改宗の推進者も）にとって、みなさんの脳にさらなるミームをインストールし、みなさんにさらなる情報を与え、みなさんを新たな道具で武装し、みなさんに影響を与えるためのよい機会をもたらすはずの視角をデザインすることが、どれほど簡単になっているかを考えてほしい。私はただ自分が考案したことを書き下ろす。するとそれだけで読者は、私の書いたものを読むことで、新しいアプリを自分のネックトップ[36]〔脳〕にインストールする。これほど単純なことはない。私の著作『思考の技法――直観ポンプと77の思考術』（Dennett 2013）は七二の章からなり[37]、いずれの章も少なくとも一つ以上の思考道具を、その思考道具の使用法、そしてそれをどう批判的に検討するかの方法と共に紹介し、読者のみなさんがダウンロードできるようにしてある。言うまでもないが、読み手があらかじめ、多くの話題に関して、一般的な知識を非常にたくさんもっていることを想定して書かれており、それゆえ読者はそれらの〔一般的知識としての〕思考道具も事前にインストールしておかねばならない。無作為に選んだページで（英語版七一頁〔邦訳では一二〇頁冒頭から一二一頁半ばまで〕）、私が説明抜きに使用している語を挙げてみると、**ヒナギク**、**ヒトデ**、**アリクイ**、**オリーブ**、**一塊《ブロブ》**、**舌**、**〔遺伝的に〕継承された**、**幼少期〔子供時代〕**、**カテゴリー**、などがある。以上のようなおなじみの道具をたまたま自分の道具箱に収めていない読者がいたら、その読者にとってこのページの読解は難航するだろう。これよりも難しい用語（**存在論**、**環境世界**《ウムベルト》、**外見的イメージ**、**フリッカー値**[38]、**物質名詞**[39]、**ソータル**[40]）については、私の議論の中で適宜説明してある。一定の新しいアプリは、古いアプリに依存する新しい他のアプリに、依存しているわけである。

　ジャッケンドフ（Jackendoff 2002）が考察していたことであるが、動物を被験者とする実験の多くでは、被験者の動物が実験に先立ち、非常に特殊な課題を遂行できるように――ほとんどの場合はちょっとした食物を報酬にして――訓練を受けている必要がある。つまり、ネコやサルやラットに、三角形ではなく四角形を見たとき、またはブーッ音ではなくビーッ音を聞いたときに、いつもレバーを押してほしいと思うなら、その動物を、信頼でき、実験に注意を向ける被験者とするために、何百回または何千回もの試行訓練を行わねばならない場合もありうる。ところが認知心理学者が、人間の被験者に同じ課題を遂行してほしいと思う場合、（被験者の理解できる言語で）単純な事前説明《ブリーフィング》（セッション終了時に支払われる報酬の約束も含む）と、わずかの回数の試行の練習のみで、実験中、人間のボランティアのほとんどを完璧な課題実行者たらしめるのに十分なのである。これは要するに、人々は試行錯誤や連想の訓練なしにバーチャルマシンをダウンロードし実行して、必要に応じて何百もの役割を素早く、信頼性ある仕方で果たすことができる、ということである。

　したがって、私たちを（相対的に理解力《コンプリヘンション》を用いない）模倣者たらしめるのに必要な神経科学的な可塑性と注意の習慣が基礎となり、言語の獲得を可能にしているのだが、この言語がさらに、〔実験手順などの〕指示を聞き、**理解**《コンプリヘンション》**し**、それに従うための認知的な妙技の基礎となる、ということになる。またしたがって言語の理解《コンプリヘンション》は、さらに多くの行動および世界全体の理解《コンプリヘンション》をもたらすということにもなる。しかしここでもまた私たちは、言語によって可能になる伝達の有効性を過大評価してはならない。第6章で示したように、技能の中には他の技能より伝えるのが難しいものがあるし、中には入念な反復練習《リハーサル》と記憶術のような小技を必要とするものもある。このような情報伝達の初期の努力の、現在でも生き残っている名残を一つ挙げれば、星座に与えられた想像力豊かな名称と、それに合わせてあてがわれている図形がある。とはいえ私たちは、誰か賢明な天文学者が、〔天体についての〕教育法の自覚的な改革を目指してすべての星座を考案した、と想定する必要はない。ほぼ間違いなく、星座を構成する連想は、物語りの伝統が、それなりの利益をもたらしながら漸進的に成長したことで生じた産物なのであり、当事者たちにとって、最終的な産物はごくゆっくりと気づかれていったに過ぎないものであったはずだ——その過程で、二流の、より記憶しにくい連想は絶滅に向かい、つまりは競争の中で自己複製に失敗し、やがて記憶されやすい勝利者のみが生き残ったのである。

すでに見たように、Ｊａｖａアプレットとミーム〔あるいはデジタルコンピューターと脳〕の平行関係が厳密なものでないことは言うまでもないが、その上で二、三の論点を強調させてほしい。何らかのオペレーティングシステム〔ＯＳ〕（ウィンドウズや、マウンテンライオン〔マックＯＳ〕やリナックスなど）なしではどんなコンピューターも動作のしようがないのは本当であり、またこれと同じ理由から、素の脳では大した思考はできないというのも本当である。とはいえ脳はデジタルコンピューターとは異なり、交通整理を行うタイミング・パルス[41]を用い、優先順位の決定その他を行う、中枢化され、階層化された制御を受けていない。交渉従って、私が自分のアプリを、**単純に**読者のみなさんにダウンロードし、実行することはできない。交渉や外交的手腕、さらに場合によっては嘆願や脅しやその他の感情的な一突きによって制御を成し遂げなければならない。一般的に言って、私はみなさんの注意や協力、さらには——ある程度の——信頼を、確実に保持しなければならない。なぜならみなさんは、他の行為者が仕掛けるかもしれない操作を警戒しているし、警戒すべきだからである。コンピューターは当初、差し出されたどんな作業《タスク》でも——なんの疑問ももたずに——忠実に実行するものとして設計されていたのだが、インターネットの成長に伴い、「マルウエア」すなわち、よからぬ目的のためにコンピューターを乗っ取るべくデザインされたプログラムがはびこるようになると、オペレーティングシステムのデザイナーたちは、防御のための層《レイヤー》を何重にも組み込まねばならないようになった。その結果として現在のような厄介な状況、すなわち、新しいソフトウェアが入っても、そのコンピューターのユーザーまたは管理者による明確な許可が下りていない限りは〈このコードを実行してはなりません〉が表示されるという状況に至ったのである。私たち人間のユーザーを保護する防衛線は現在、これまでにないほど弱くなっており、私たちの信頼を勝ち取るように知的《インテリジェントリィ》にデザインされた、誘惑の力をますます強めている「フィッシング」〔偽装ウェブサイト詐欺〕の疑似餌《ルアー》[42]がほとんど毎日登場しているのである。

図13−1の助けを借りれば、人間の文化がますます素早いペースで蓄積を続けている様子を描き出すことができる。このペースの速まりは、〈方向づけられた探索〉と〈トップダウン式の問題解決〉とが増加することで、問題解決がより一層効果的になっていくことによっている。そこには能力の増大をもたらすさまざまな新機軸があり、その中には、筆記、算術、貨幣、時計、暦などの秀逸《ブリリアント》きわまる「発明」が含まれている。これらの発明のどれもが、斬新で多産な表象の体系に貢献し、そうしてもたらされた表象の体系が、私たちの外見的イメージに、それまで以上に持ち運びやすく、取り外しやすく、操作しやすく、再認しやすく、記憶しやすいような、**何かをするための何らかの事物**を提供し、そしてその事物を、私たちがそれ以外の諸事物を巧みに取り扱う力を増大させるために利用するのである。そして今挙げた諸事物〔筆記、算術、等〕は、少なくとも分かる範囲で言えば、ダーウィン的な「発明」、すなわち、発明者または

予見力ある作者が不在の発明であって、つまりヘリコプターの回転翼よりも鳥の翼に似たものである。

　これらの発明の特徴や構造の浮遊理由は、後代の受益者たちによって漸進的に捉えられ、表象され、喧伝される。彼らは後付け的なリバースエンジニアであり、語の音素による表象や、数としてのゼロや、偽造の困難な硬貨や、線、円、ないしかさによる時間の表象や、固定した周期で循環する一連の短い名称〔曜日〕を日々にあてがうとかいった営みがもたらす格別の効用を、世間に向けて説明することができた人々である。これらの文化的に伝達されてきた人工物はいずれも、抽象的なものであれ、具体的なものであれ、疑いなく、うまくデザインされた思考道具であるが、だとしてもそれらは知的《インテリジェント》デザイナーである誰か特定の個人の頭脳の産物《ブレインチルドレン》であったわけではない(94)。

　これと同じことは、私たちが、何千年にもわたって私たちの道具箱に付け加えてきた他の用途の道具の多く——恐らくはその大部分と見て間違いない——についても成り立つ。人類学者ジョセフ・ヘンリッヒは『私たちの成功の秘密』（Henrich 2015）の中で、例えばカヤックのような卓抜な人工物について極めて詳しい探求を行った上で、誰であれ単独のデザイナー／工作者が発案できたのは、せいぜい二、三の特徴や改善点を、その人物がモデルにした人工物につけ加えたことに限られていた、と論じている。そのような

（94）　これらの事例について議論や思弁の余地は存在するし、ミームの発明というより、むしろ洗練と普及に関してであれば、特定の個人に指導的な役割を帰するための歴史的な根拠は存在している。このような洗練と普及は、上からの命令によってなされる場合もあれば（地域の通貨や暦を支配者が定める場合など）、影響力の大きな利用法を示すことでなされる場合もある（書字の方法や、数学の記号法など）。最近の例で言えば、アル・ゴアは「インターネットを発明した」わけではなく、自分が発明者だと主張しているわけでもないが、それでも、インターネットを先見の明をもって支援し、一般に普及させた功績に値する人物である。

人工物を核にして構築される伝承は、ほとんどの場合は後づけ的な理論化の産物であって、元来の発明ではない。そのような伝承が作り出されたのは、ほとんどの場合、技能を弟子に伝えようとする努力の副産物として、また聞きによる注釈をつけたことによる。この注釈のおかげで工程の全体の理解が改善されることもありえるし、「虚偽意識」、すなわち、当該の話題に関するもっともだが誤った「理論」になってしまうこともありうるだろう。

人々が問題解決のために新しいミームを採用し使用すると、その人々の中に以前よりも大きな理解力《コンプリヘンション》が産み出されるのが普通であるが、常にそうだというわけではない。問題の「解決者」がそれと気づかずにたまたま解決に行き当たることや、行き当たった解決を誤解することもありうるのだ。このような「解決者」の勝利は広く知れわたり、しばしばそれに便乗して彼ら自身の名声も高まる。チェスで「秀逸きわまる《ブリリアント》」手を打ったが、実はその手の有効性を事後的に悟っただけで、その時点で気づいていなかったにもかかわらず、そのことは自分だけの秘密にしている、という人がいれば、その人はこの現象をよく知っているのだ。つまり、何らかの革新を成し遂げた人物に対しては、実際に相応である以上に過大な、事前の理解力《コンプリヘンション》を認めてしまう、という寛大な傾向が存在しており、そしてこの傾向が、〈神のごとき能力〉を有名な天才たちに、さらにはその延長として私たち全員に帰属させる、という神話を蔓延させることになる。私たちはアリストテレス以来、**合理的〔理性的〕動物**であると公認されてきたのではなかったか？――というわけである。理解力《コンプリヘンション》にまつわる同様の幻想〔錯覚〕は、賢い策略をめぐらせる動物（および植物とバクテリア）に対する私たちの評価を浸食する傾向があるが（この点はすでに見た通りである）、同胞の人間たち――および自分自身――の評価をも歪曲するのである。

巧妙にデザインされた詐欺が採用する経験則の一つに〈自分にはインチキを見抜く賢さがある、という私たちの自己了解につけいるべし〉というものがある。つまり私たちの判断力に挑戦を仕掛ける前に、まずは私たちに、懐疑の力を発揮する機会を提供しておくというやり方である。私たちは、自分たちがどれほど詐欺や与太話に引っかかりやすいかの真相を知らされるとしばしば衝撃を受けるが、こうして、自分も詐欺の犠牲者になるかもしれない、という自覚を抱くまさにそのときに私たちは、詐欺師たちに、実際に相応であるよりも過大な賢さを帰してしまうという、二番目の罪を犯す。この評価が過大評価であるのは、詐欺師たちの手口は通常古来から存在し、何世代もの欺瞞者たちに受け継がれてきたものであって、継承のたびごとに実地試験と巧みな洗練を経て今に至るものである、ということによる。古典的な例としては、少なくとも古代ギリシャ時代にさかのぼる歴史をもつ〈シェルゲーム〉がある。あなたはまず、三つのクルミの殻《シェル》、ないし伏せられたカップを見せられる。三つのうちの一つに豆が入っているところも見せられる。次にこの三つの殻が、テーブルの上で素早く動かされ、位置を変えられる。さあ豆はどの殻に入っているかな？　賭けてもらいましょう。その前にあなたは、殻を操る人物の周りに小さい人だかりができ、殻を操る動きをその人々が追いかけ、どこに豆があるのか賭けているところを目撃しているかもしれない。あなたはしかるべき慎重さを発揮し、ポケットの中の財布に用心深く手を置き、人だかりに加わって、人々の様子をしばらく観察する。勝つ人もいれば負ける人もいるが、あなたは——賢明な人物として——殻を操る人物が巧妙に注意を逸らしたり《ミスディレクション》[43]、小手先のごまかしを使ったりしているところを実際に見抜く。あなたは一連の流れを十二分に偵察した後に財布を取り出し、タカのように目をこらして、追跡する練習を積んだ密かな手の動きを見すえる。そうしてこれという殻に賭け——そして**負ける**のだ！　どうやったらそんなことが？　単純である。小手先のごまかしの技が二パターン存在するのだ。一つはあなたが見破り、目で追うことができた技である。そしてもう一つは、殻を操る人物が一度も使わなかった、熟練した手品師や詐欺師以外には事実上発見できない技だ。人だかりの中のあなた以外の人々は共犯者——サクラ——なのであり、彼らはほんの少し愚かで、ほんの少し不注意で、過度にお人好しな人物をうまく演じていた。その結果あなたには彼らの負けの「説明」がつくようになり、自分がゲームに参加するときには同じ過ちを犯さないようにしよう、という準備が整うことになるのである。ここで、殻を操る人物は正真正銘の優れた技能をもっており、あなたが金を落とすタイミングを待ちかまえながら、決定的な技をいつ使うか、どこまでそれを隠しておけばよいかをきちんとわきまえている。とはいえそのトリックは、あなた以外の人にとっては新しくも何ともないものなのである。

これよりも立派な社会的な場面でも、同じ理想化された理解力《コンプリヘンション》の威光《オーラ》が私たちの知覚を曇らせる。それは農業、商業、政治、音楽と美術、宗教、ユーモア——要するに人類の文明全体にわたって生じるのだ。誰よりも大きな農園をもつ農夫たちは自分がどうやったかを知っているに違いないし、誰よりも多く利益を上げる株式仲買人たちも、誰よりも有名なミュージシャンたちも、誰よりも再選回数の多い政治家たちも、そうであるに違いない、というわけだ。私たちは、まぐれが何らかの見極めがたい仕方で働いていることを認めつつも、(見たところの)成功者の助言を求める、という一般則に従うものだ。古典経済学のさまざまなモデルは〈合理的な行為者《ラショナル・エージェント》たちが利用可能な情報を用いて、市場での自らの意思決定の最適化を図る〉という想定を行うが、このことは、〈合理性の想定〉というものがもつ否定しがたい魅力を、はっきり示している。これらのモデルは、世界の中で実際になされている取引を過度に単純化し、理想化することによって、人間の乱雑な活動を、ある種の予測可能かつ説明可能な現象の集合に変えるのであり、そしてこういったモデルは多くのさまざまな目的のために有効に働く。私たちは完全に合理的ではないかもしれないが、**それほど**不合理であるわけではないのだ。例えば〈需要と供給の法則〉の説明は、次のような単純明快な仕方でなされる〈一般的に言って、買い手は支出を最小化しようとするし、売り手は正味の収入を最大化しようとするものである。従ってどんな商品の価格も、その商品の利用可能性と望ましさの度合いに応じて上下する〉。この法則は物理法則ではないし、合理的行動の指針でもないが、それでも〈需要と供給の法則〉に反対する方に賭けるのは愚かであろう。〔市場には共有されていない重要な何かを内面の知識として手に入れている人がいたら、その人は〈需要と供給の法則〉を免れているように見えるかもしれない。しかしそのような人も実際にはこの法則から自分の利益を引き出している。一定の人々がこの法則の通りに行動するという一般的な傾向をもつ限り、その人々の傾向にもとづくことで、彼らよりも優位に立ち、彼らを利用することになるからである。〕

〈時間の中での文化の変化〉という中立的な意味で解された文化進化を取り上げてきた諸説に目を向けると、それらが圧倒的に経済学モデルを基調としていることが分かる——あたかも、人間の文化進化は理解《コンプリヘンション》力が及びうる頂点の近くで進んでおり、そこで登場する対象はすべて、**しかるべき理由にもとづいて評価されている**かのように論じるモデルである。このモデルによれば、文化的な事項《アイテム》は**財《グッズ》〔よいもの〕**で成り立っており、それは合理的な仕方で獲得され、維持され、修復され、また保存と利用のノウハウともども、次世代に相続されるものだとされている。そこで私たちは、私たちが価値を認めたものを保護し、それを次世代の人々に、彼らの利益が増進されることを願って受け渡し、財《グッズ》〔よいもの〕を実効的な水準に保持するために必要な基盤構造〔インフラ〕への投資を行うのだ。このモデルは、文化的ながらくた《ジャンク》——私たちが低い評価しか与えないにもかかわらず広まってしまう、嘆かわしいが感染力の大きな習慣[95]——や、あるいは、人目を忍ぶ、すなわち、気づかれずに自己複製する文化的変異体〔例えば beg the question の新たな意味など〔三五七頁参照〕〕を相手にする場合には役に立たなくなるが、それでも、人間文化の中の、社会の少なくとも一部の成員から社会の宝と目されている部分を相手にする場合には、非常にうまく働く。

グランドオペラが現存しているのはパトロンたちのおかげであり、彼らはまた、遺贈すべき品目の再生産を成し遂げるために、音楽学校《コンサバトリー》[45]の設立に貢献したり、各種の賞を設立したりもしている。美術館、図書館、大学、歴史的建造物、有名な古戦場、記念碑などはすべて、コストを投じて維持される必要があり、これらの役割に価値を認める人々は、それを保存するための確実な資金源の確保に四苦八苦している。人生を伝統工芸や伝統的活動の保存に捧げる人々は数多く存在する。織物、刺繍、木工、鍛冶、モリスダンス[46]、ウィンナ・ワルツ[47]、調馬、日本の茶道、などである。さまざまな宗教は、それに属する人々から集めた献金の非常に多くの部分を、その宗教自身の保存と高揚、大がかりな建造物の設立、スタッフへの賃金のために費やしており、貧しい人々への援助や食糧提供にあてるための資金がごくわずかしか残らないこともしばしばである。

現代の人間文化の頂点に位置するものは、すべて抽象的および具体的な、卓抜な人工物である。それらは私たちを無精神的な苦役から解放し、健康と安全を維持し、新たに確保された自由な時間を、ありとあらゆる美術、音楽、娯楽、冒険で満たしてくれる。これらをつぶさに調べてみると、そこには知的《インテリジェントリィ》にデザインされた存在が豊富に満ちていることが分かる。私たちは、これらの存在が知的《インテリジェントリィ》にデザインされたことを知っている。なぜなら私たちは、そのデザインの過程について数多くの証言や記録を手にしているし、デザイナーたちと談話してきたし、彼らの探求活動やその根拠のありかを耳にしてきたし、彼らの技法、目的、審美的な規範を学んできたし、また多くの場合、彼らが示す証拠や記録を確かめてきたからである。

実のところ、私たちが生きている時代は知的《インテリジェント》デザインの時代であり、この時代は数千年前——少なくとも歴史記録が存在する時代——から始まっている。ピラミッドを建設した人々は自分たちが何をやっているのか知っていたし、はっきり表現できる目的と計画をもっていて、それを彼らは理解し、正確に実行して、何千人もの労働者の人間を組織していた。その過程はシロアリの巣の構築とはまるで似たところのない、トップダウン式の制御と目覚ましい水準の理解力《コンプリヘンション》に依拠したものであった。だが、こう言ったからといって、ピラミッドの建築者たちが、それに先立つ数千年間にわたり相対的に無精神的な差異化《ディファレンシャル》を伴う自己複製《・レプリケーション》による洗練と最適化を受けてきた、大量のノウハウ——すなわちミーム——に依拠しなかった、と主張しているわけではない。どの世代にも累積された知識が遺産として受け継がれていったのであり、その知識の大部分は、現在に至るまで、何千もの応用の中で実際上の確証を受け続けてきたのである（その中には、伝統に決然と抵抗し、伝統とは異なる方法や基準を試みて失敗に終わった反乱者たちの、記憶すべき失敗も含まれる）。このように苦労の末に手に入れた知識の多くは、およそ想像しうる限りのあらゆる話題に関する論考の中で、表現され、説明され、分析され、合理化されてきたが、しかしこれらの論考の著者たちは、自らが教える原理や実践の発明者ないしデザイナーである場合が多いのだ、と考えてしまう誤りに陥るべきではない。アリストテレスの時代から現代に至るまで、私たちが有している一般知識の宝庫の説明や正当化は〈ホイッグ史観〉、すなわち勝者によって書かれた歴史であるのが一般的なのであって、[48] すなわち自分たちの発見は勝ち誇って説明するが、コストの大きな誤りや見当ちがいの探索は見過ごしてしまうものなのだ。

（95）なかなか根絶できない、感染力の大きな文化的がらくた《ジャンク》の具体例を教えて下さい、と聞いてきた学生に対し、私はこう答えた、「そうだな。えーとそれは、えーと、君が、えーと、実際に、えーと、何のまともな働きもしないのに、えーと、使い続けてしまうような、えーと、そういう言葉をだね、えーと、使うような、えーと、そんな場合だね。」学生はこう答えた、「要点は、えーと、わかりました。だけど、えーと、具体例を聞きたかったんですが[44]」。

知的《インテリジェント》デザインについて明晰な理解を得ようとするなら、このような後付けの神話形成に抵抗し、失敗の歴史に注目すると共に、自分たちの周囲に見いだされる二級のデザインにも注目する必要がある。これらに注目する一つの利点は、それによって最善の作品の真価がはっきり分かるようになる、ということである。例えば、偉大な芸術作品がどれほどまでの壮麗さを備えているのかについての私の理解は、ヨーロッパのいくつかの美術館で、二流の美術品の鑑賞に時間を費やしたことで拡張された。これらの美術館には、ラファエロ、レンブラント、ルーベンス、ロダン[49]といった人々と同じ様式、同じ熱望のもとに制作された無名の作品群が何百と展示してあり、それらを見ればたちどころに、その大部分が名作と比較すると、いかに精彩を欠き、バランスに欠けた作品であるかが分かるのである。[50]世界の音楽ライブラリーには、もっともな理由から、ほぼ間違いなく二度と演奏されることがないと見られるクラシック交響曲の楽譜が、何千も収められている。（もしかすると大部分のぱっとしない曲に混じって、無名の傑作もわずかながら含まれているのかもしれないが、そのわずかの傑作を探索しようというんざりする作業に取り組むほどの、熱意ある音楽家は滅多にいないだろう。）このような、ほとんど目に見えない文化的蓄積の在庫《バックログ》[51]が果たす役割は、すべての種に属する生物の中の、子孫をつくらずに死に絶えた生物たちが果たしてきた役割、すなわち、現在まで子孫を生き残らせた生物を、競争によって鍛え上げる[52]という役割によく似ている。ハイドンやモーツァルトやベートーベンが彼らの才能を育んだ世界には、彼らよりもごくわずかに才能に欠けるか、ひょっとすると単に運がなかっただけの作曲家たちが大勢いたのである。(96)

以上のような、家畜化〔栽培化〕されたミームの意図的な畜産〔農産〕が進行していく途上で、意識的《コンシャス》で注意深い《コンシェンシャス》意思決定は数多くなされてきたのであり、経済学モデルはこの領域を取り扱うとき、市場という競技場を取り扱う場合に劣らず、そこでなされる意思決定のパターンをうまく説明できる。調馬学校についても、棒付きキャンディの製造会社についても、その未来の軌道は〈需要と供給の法則〉によって支配されているのだ。とはいえ、たとえこれ以上ないほど官僚主義的で合理化の進んだ制度においてすら、経済学モデルの把握に抗し、単なるノイズか偶発事に見えるような変化の——進化の——パターンは存在する。この種の厄介な変動の〔ごく〕一部が、ほぼランダムな、端的なノイズであることに疑いはないとしても、しかしその多くは、市場という場所での合理的圧力によってではなく、むしろダーウィン的なミーム進化の軍拡競争によって駆り立てられた変化である——すなわち、ミームの間には自己複製をめぐる絶え間ない競争が存在しているのであり、その競争を過熱させるさまざまなバイアスを考慮に入れる場合には、純粋合理性という頂点から下降し（図13－2）、中間地帯に目を移す必要がある。この地帯では、半ばだけ理解力《セミ・コンプリヘンディング》を備えた行為者が、半ば《セミ》だけうまくデザインされた企図に取り組んでいる。このような企図は大量の弱点を産み出すが、これらの弱点は、**弱点につけ込む者たち**を惹き寄せる新鮮な標的となる。しかもこの弱点につけ込む者たちもまた半ばだけ理解力《セミ・コンプリヘンディング》を備えた行為者であって、ミームを採用したり、ミームに適応したり、ミームのデザイン（この段階では、自然選択と知的《インテリジェント》デザインの混合物である）を改変したりすることが自分の利害に役立つはずだということを察知しているとはいえ——彼らは一見して標的の弱さを突き止めているようにふるまい、そしてその弱さから自分の利益を得るのだが——、その察知の正確さにはさまざまな幅があるのである。このような軍拡競争は、三〇億年にわたる遺伝的進化を駆り立てて

（96）作家たちは、記憶に残る作品を残せなかった落伍者たちをよみがえらせてきた。例えば、ロバート・ブロウニングのアンドレア・デル・サルト（ラファエロやミケランジェロの影で生きた、「卒のない」絵画で有名な画家）を取り上げた詩や、ピーター・シェーファーの戯曲『アマデウス』——若きモーツァルトの影に埋もれたアントニオ・サリエリの苦難を、フィクションとして描いた作品——などがある。

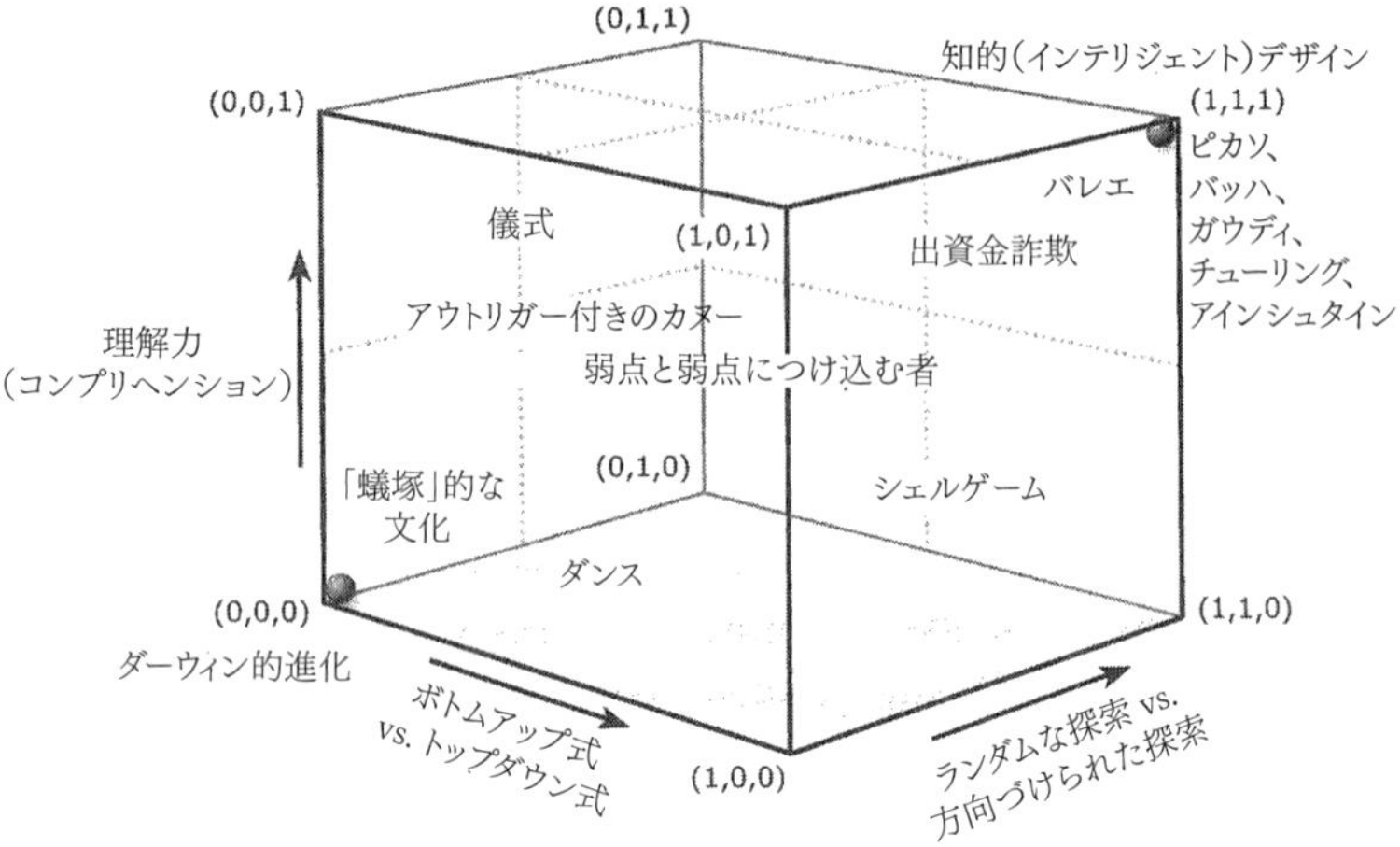

図 13-2　文化進化および過渡的諸現象のダーウィン空間

きた創造的な軍拡競争の最後の一波であり、その中に目覚ましい度合いの理解力《コンプリヘンション》を含んでいるという点でそれまでの軍拡競争と異なっている——その理解力《コンプリヘンション》によって革新とそれへの応答の過程が円滑になり、加速されることになるのだ。このような理解力《コンプリヘンション》を産み出す上で圧倒的に大きな役割を果たしたのは、言語やその他のコミュニケーション媒体《メディア》である。

　このさまざまな形態の情報のやり取りが舞台に登場したことで、〔自然〕選択の環境に革命的な変化が生じることになる。自然選択によるダーウィン的進化は、標準的にはあらゆる予見を欠いたまま、同じく予見力を欠く個体群の中を推し進んでいく。生存者は、同じ世代の他の個体と比較して、たまたま新たな状況への対応策を装備していた幸運な個体であり、そこに新たなリスクや新たな好機への警戒を進歩させる余地はほとんど、ないし全く存在しない。ヌー〔ウシカモシカ〕の一個体が、捕食者から身を守る新しい逃げ方を思いついたとする。このとき、群れの中の他のヌーたちがこの逃げ方を採用できるようになるための手っ取り早いやり方は存在しないし、サバンナにいる他の群れたちに、そのやり方が「一語たりとも」広まることがないのは確実である。一方私たちには、新たなアドバイス（よいものも悪いものもある）が利用できるようになると直ちに収集し、受け渡すための、大いに発展したさまざまな伝統がある。ゴシップや噂話は、ありとあらゆる寓話、俗説、珍案、および、「母のひざで学んだ」ありとあらゆる世間知を供給し、さらに文字、印刷、加えて現代のハイテクメディアの力で、それが増幅される。これが軍拡競争の加速と激化をもたらし、さらに、人々が想像力をありとあらゆる情報で満たし、その情報をさまざまな可能性を夢想するために用いるようになると、脇道に逸れたり、賭けの相手を増やしたりして、軍拡競争が複雑化するのである。

二〇年前に比べると、〈ナイジェリアの王子〉詐欺の「カモ」になる人を見かけることはほとんどなくなった。これはこの詐欺が、ユーモアの定番のネタになるまでに有名になったことが理由だ（Hurley, Dennett, & Adams 2011）。だが、ここで疑問を抱く人がいるかもしれない。なぜこの詐欺はいまだ消えずに残っているのか？　それになぜ詐欺師たちはあの、ナイジェリアの王子が財産を移転したがっていて、そのためにあなたの助けが必要なのですという、古臭くて疑わしい話を相も変わらず使い続けているのか？その答えは、詐欺師たちが、時間と努力を賢い人々に向けて費やすことを望んでいない、ということにある。最初に、カモをおびき寄せるeメールを何百通も送信するコストは、疑似餌《ルアー》に食いついたカモをたぐり寄せるためのコスト（時間と努力）に比べれば取るに足らないものである。そして「食いついた」カモがあまりに多いと、すべてを引き上げている余裕がなくなる。引っかかった潜在的犠牲者の大部分は、すぐに疑いを抱き、簡単に真実を見抜いて、一銭も落とさずに手を引く。中には詐欺師たちをからかうために、ぎりぎりまで話に乗ったふりをする人すらいるかもしれない。引き上げられる前に釣り針から逃げてしまう魚を、わざわざたぐり寄せるのはコストを要する。このコストを最小化するには、最初に撒《ま》くエサを非常に不合理なものにしておいて、とても鈍く、世間知らずで、だまされやすい人物しか真面目に乗ってこないようにするのがよい。要するに、詐欺そのものの中に懐疑家を選り分けるフィルターが組み込まれていて、詐欺師の努力を、最も脆弱な犠牲者に集中させることができるようになっているのだ。

政治顧問、広告業者、トレンド分析家、投資家、といった人々は、ミーム圏《スフィア》[53]を精力的に観察し、かつかき乱しながら、一部の素朴すぎる人々を除くあらゆる人々が自己防衛のために使用している懐疑心と警戒心という鎧《よろい》の新たなひび割れとしての、新たなやり口、新たなチャンスを待望している。誰もが、自分自身のお好みのメッセージが「〔ウィルスのように〕わっと拡散する《ゴー・バイラル》[54]」ことを望みつつも、こちらの注意を引こうとしてくる、次々に襲いかかるうんざりするメッセージをやり過ごすための、新しいやり方を探している。このような人間文化における情報伝達の流動性によって、また、その流動性を新たなミームたちと戦い、信用をおとしめ、廃棄するために用いたり、あるいはまた改訂したり、改善したり、それに適応したり、拡散させたりするために用いることによって、ダーウィン的なミーム進化は背景に退いていくことになる。

この主張によって私は、ミーム学は、現代（および将来）の文化進化のモデルとなる有益な理論的道具にはなりえない、ということを認めたことになるだろうか？　第11章で引用したスティーヴン・ピンカーの主張を再び引いておこう。

> 文化的産物の印象深い特徴、すなわちその巧妙さ、美、真理（これらは生物の複雑な適応的デザインの類比物だ）は、心的計算《メンタル・コンピーテーション》に由来するのであり、この心的計算こそが「突然変異」を「方向づけ」——すなわち発明し——、「形質」を「獲得する」——すなわち理解する——のである。(Pinker 1997, p.209)

いくつかの文化的産物について言えば、これは真理にごく近い主張である。だが、すでに見たようにピンカーは、そこで働いている現象は発明と理解のみであると力説することによって、私たちの注意を向ける先を文化的な宝だけに限定してしまっているし、またそれらの宝の創出における知的《インテリジェント》デザインの役割を誇大化している。さらに言えばピンカーは、私たちの言語的実践に組み込まれている歪曲を過小評価している——すなわち、私たちが、返答できる限度を超えた理由をも相手に求めてしまう、という歪曲である。私たちは、自らの母語を身につけるとき、〈諸理由の空間〉〔七七頁〕への参加を認め《イニシエイテッド》られることになる——そこでの〈理由〉は浮遊理由ではなく、むしろ**定着した**理由であり、**表象された**理由であり、私たちが自ら所有し、是認する理由であり、「なぜ？」という問いに対する答えとなるものとしての理由である。この〔理由の空間への、あるいは、浮遊理由から所有された理由への〕移行はぎこちなく進む。なぜなら、私たちはいつでもしかるべき理由を手にしているわけではなく、しかも、だからといって〔理由を与え合うという〕ゲームをやめるわけではないからである。

君はなぜボートをこのやり方で組み立てるんだい？

それはこのやり方が、僕らがボートを組み立てるときのいつものやり方だからだ。

でも、なぜそれがちゃんとした理由になるんだい？

それは、ただそうなっているからだよ！

理由提供という活動が備えている規範性は、たとえ答えに窮している場合ですら、自らを強要してくる。人は自分の行動についての提供すべき理由をもたねばならない、という義務が存在しているのだ。ここで働いているのは、常に理由の存在を**仮定する**ものとしての、〈志向的構え〉である――つまり、しかるべき理由は常に**存在していなければならない**のであって、もしその理由がなかったとしたら、私たちは実際にふるまったようにはふるまわなかったはずだ！　ということである。この〔理由提供の〕要求に直面するとき、ありそうな理由を何もないところから取り出し、訳知り顔でそれを差し出すという誘惑に、人はしばしば屈してしまう。こうしてお手軽なイデオロギー――たとえ正しい場合でもイデオロギーには違いない――が誕生するのだ。もっともな理由が何も浮かばない場合、どうしてもそれが求められるなら、〈祖先たちの知恵〉なるものをひねり出すことができる。

> 祖先たちはその理由を知っている。僕らは祖先がそれを教えてくれたことに感謝すべきだ――たとえ、それがなぜかを教えてくれなかったのだとしても。

ここまで来れば、つぎのような理由を言い出すまであと一歩である。

> 神の神秘的な御業が働いたのです。(97)

言葉を話し始める前の乳幼児は、イヌを訓練するのと大同小異の仕方で訓練されなければならない――「触っちゃ駄目！　来ちゃだめ！　やめなさい！　いいわ。もういっぺんやりなさい！」親たちは、それがなぜなのかを乳幼児が理解するとは想定していない。彼らは赤ん坊にすぎないのだ。ところが、乳幼児たちが言葉を話しはじめると、私たちは彼らに理由を与えるようになる――「触っちゃ駄目――熱いわ！　触っちゃ駄目――汚いわ！　食べて――体にいいのよ！」従順さは、たとえ盲目的な従順であっても、基礎として役立つ。相手が従順に従ってくれるおかげで説明する時間ができ、後から裏付けを与えられるようになるのだ。「わたしがそう言っているんだから！」は大事な段階なのである。やがて私たちが成長するにつれ、私たちの目の前には人間社会の規範が開かれることになるが、この規範の際立っている点は、お互いに対する合理性の仮定を含んでいるというところにある。この合理性の仮定はとりわけ成人同士の間でなされるものであり、言うまでもなく家畜に対してなされはしない。カウ・ポニー〔牧牛を集める訓練を受けた小型の常用馬〕が、乗り手と共に実行している作業を見抜いている様子を示せば、私たちは喜び、驚く。何て賢いんだろう！　牧羊犬はワクワクする事例である。そしてなぜワクワクするかといえば、彼らが例外的な存在だからなのだ！　私たちは、自分たちが達していると相互に認め合っている基準に、動物たちが達しているとは認めていないのである。

　このような特徴は、言語使用に備わる消し去りがたい特徴である。〔相手に対する〕理解力《コンプリヘンション》の仮定は初期《デフォ》設定《ルト》なのであり、まさにそれゆえに、この仮定が破られてしまうとき、私たちは途方に暮れてしまいがち

（97）理由の提供と規範性に関する研究は、セラーズのピッツバーグでの議論に始まり、ブランドン、マクダウェル、ホージランドを経て〔七七―九頁参照〕現在も続いているが、私の知る限りでは、この研究がこれまで一度も強調してこなかった論点がある。すなわち〔ここで論じているように〕この理由付与という極めて重要な人間的実践は、理由の要求《デマンド》〔需要〕が利用可能な供給《サプライ》の限度を越える場合は常に、虚偽のイデオロギーの体系的な産出装置になってしまう、ということである。

なのだ。あなたが異国の地にいるとしよう。道を聞く必要があるあなたは、楽観的な希望の下、自分のネイティブ言語を使ってみる。万が一でも、それが分かる人の耳に届くことがあるのだ。地元の人はにこにこしてそれに耳を傾け、うなずき、目を輝かせる。それであなたは確信を強め、話を続ける。そうして話を終えたとき、会話の相手があなたの言葉を一言も理解していなかったことが判明する。ガクッ！　なんてガッカリだ！

　私たちが送る日常生活は、このように、〔相手が理由を〕理解しているという仮定にどっぷりと浸されている。この仮定は家族や友人だけでなく、ふいに出くわした見知らぬ人物にも適用されるのだ。私たちは人々が、こちら側にそれなりの理由があるだろう、と期待してくるのを期待する。ここで言う理由とは、何であれ私たちがしようとすることの理由として私たちが表明するものだ。それに私たちは事前に答えを用意していない質問をされると、何の努力もなしで――しばしば自覚もないまま――理由をでっち上げる。そしてこういったことを背景に据えるとき、ピンカーが言うように、ミーム学は実に見当外れで、実に破壊的なものに見えてくる。僕たちは理由提供者だ！　そして知的《インテリジェント》デザイナーだ！　万物の説明者なのだ。僕たちの脳内の嵐《ブレイン・ストーム》の一部が〔例えば創造性の発動その他ではなく〕ただそれだけのものである、などと言い出すのは侮辱だ[55]――つまりそれが、支配権を得るまで際限なく争い続けるミームたちの侵入によって引き起こされた脳内の撹乱《かくらん》にすぎない、などと言い出すのは。僕たちはまさに変化しつつあるのだ！

　そして私たちはまさに変化の途上に**いる**――それも素晴らしく大きな規模の。この変化はミームによる侵略の勝利である。それが私たちの脳を心――**私たちの心**――に変えてきた。この心は、〈ネックトップ〈脳〉〉にインストールしたアプリの働きで、出会った考え《アイデア》を受け入れ、また拒む心であり、また、**私たちが表明するのを常とする理由のために、**それらの考えを廃棄し、発展させていく心である。

だが、わたしたちはいつでも理由を**有している**わけではない。そしてこれは、GOFAI〔古き良きよそおいのAI〕としての合理的行為者《ラショナル・エージェント》という、想像こそ可能であっても〔現実には〕不可能な知的《インテリジェント》デザインの究極の夢と、私たちとを区別する特徴の一つである。この種の〔夢想された〕知識体系においては、——ありとあらゆる事柄についての——理由が表象されている。この場合これは、すべての思考が定理の証明と見なされる、ということを意味する。GOFAIがみなさんに語りかけるとき、みなさんは、原理的には常にその言葉の理由を求めることができる。そしてその理由はいずれ返答されるはずである。なぜなら、およそGOFAIがみなさんに語りかけることは何であれ、その中の諸公理のデータベースからの合理的推論として生成されねばならないはずだからだ。GOFAIはこちらに証明を示すことができるし、こちらは手順を踏んで、好きなだけそれを批判することができる。

「ディープラーニング」[56]とベイズ的な諸手法の登場は、認知科学に携わる人々の多くに複雑な感情をもって見守られている。なぜか？　これらの新たな認知的道具立てが実に見事な働きをするという事実は驚嘆すべきことであり、喜ばしいことである。そしてその応用の成果はまさに世界を席巻しつつある。だが……たしかにそれらの道具立ては、それまでになかった仕方で数々の難問に堂々たる回答を与えてくれるとしても、それがなぜそうなのかを語ってはくれないのだ。それらは神託を継げる巫女《みこ》のような存在であり、このような存在は理由提供ゲームの参加者にはなりえないのである。（この点については、最終章で詳しく述べよう。）

ピンカー、ワイルド、エジソン、フランケンシュタイン

人生の第一の義務とは、およそ可能な限り技巧的《アーティフィシャル》に生きることである。
——オスカー・ワイルド

スティーヴン・ピンカーは、私が行った二〇〇九年のハーヴァード〈心‐脳‐行動〉講義に対する彼らしい明快な論評の中で、ミームに対する彼の批判を敷衍し、次のように語っている。

デザイナーなきデザインは、生物学的進化にとって決定的に重要なものである——しかし、それを文化進化に適用するのはひねくれている。なぜなら文化進化には現実にデザイナー——人間の脳——が存在しているのだし、こう言ったからといって、そこには何らの謎や神秘も含まれないからである。

（二〇〇九年四月二三日公開、https://www.youtube.com/watch?v=3H8i5x-jcew）

言うまでもなくピンカーと私は、生物学的（遺伝的）進化がデザイナーなきデザインとして進むことに同意している。人間の脳にはデザイナーとしての力があり、その力が、脳に対して（ごく最近まで）なされてきたデザイナーなきデザインの過程に依存していることにも、私たちは同意している。しかし私がこれまでずっと論証してきた主張は、この研究開発の過程の大部分は**ミーム進化**なのであって、**遺伝的進化**ではないのだし、そうでなければならない、ということであった。私たちは、デザイナーとなる脳を手に入れ

るずっと以前に、ミームによる侵略という形式のデザイナーなきデザインを取り入れられる脳を手に入れていたのである。

とはいえ、ミーム学が説明を果たすべき事柄はさらに多い。今や私たちは知的《インテリジェント》デザインの時代に入ったと十分に言えるが、この時代についてもそれは変わらない。ピンカーは彼の論評の中で、二つのうまい例を紹介している。一つは acne〔にきび〕という語の起源で、この語はギリシャ語の acme すなわち「頂点」を指す語のミスプリントが修正されないまま定着して今に至っている。ピンカーはこの例を〔もう一つの例である〕palimony〔同棲し別れた相手へ渡す金や財産〕という造語と対比する。この語は創造性、ないし洞察、ないし機知《ウィット》〔才知〕のひらめきによって取り入れられた語――すなわち pal〔仲間〕と alimony〔別居／離婚後の扶養料〕の混成語――なのである。だが、この話は本当かどうか分からない。palimony という語を公の場で最初に用いたのは、離婚弁護士マーヴィン・マイケルソンであり、彼の依頼人ミシェル・トリオラ・マーヴィンが、法的な婚姻関係になかった俳優リー・マーヴィンに対して起こして敗訴に終わった訴訟で、この語を用いたということである〔英語版ウィキペディア palimony の項目による〕。だが、このマイケルソンの創造が、果たして機知《ウィット》〔才知〕のひらめきであったのか、だらだらと続く変異の系譜の最終産物であったのか――「alimony、ballimony〔うーん〕、calimony、dallymony〔いいかも〕……galimony〔お、なかなか〕……palimony――いいぞ、これにしよう」――私たちには分からないのである。私の知人には常習的なダジャレ好きが二人いるが、彼らが打ち明けてくれたところでは、彼らは耳にする言葉のほとんどすべてについて、強迫的に、素早くダジャレを考えてから、そのうちの九九パーセントかそれ以上を棄てているのだということである。このような、労多く乱雑な、半ば《セ》だけ《ミ》方向づけられた探索を伴う過程は、大いに知的《インテリジェント》なデザインだとは言えないのではないか、と思うがどうだろうか？

機知《ウィット》〔才知〕や天才を私たちが高く評価するとき、私たちは、それがどのように働くのかを知らずに済ますことを好むのが常である。私たちはオスカー・ワイルド[57]を偉大な機知《ウィット》〔才知〕の持ち主であると考えている。だが仮にワイルドが毎晩、寝る時間を何時間も削り、「誰かが……と聞いてきたら、今度はどう答えようか？……それと、……についての寸鉄的な見解として、どんなものを抱けばいいだろうか……？」のような独白を強迫的に行っていたことが明らかになったとしたら、彼の名声が大幅に下落することは疑いない。仮定してみよう。ワイルドが本当に毎晩、何十もの〔機知に富む《ボン・モッツ》〕名文句を苦労して案出し、練り直し、記憶の中で精巧な見出しを与えて整理し、即座に口に出す――簡潔さこそ機知《ウィット》〔才知〕の魂だ――ための準備をしていた、ということが明らかになったとするのだ。しかしこのやり方で口から出た名言もやはり、**彼の**名言なのであるし、また〔かのポーランド系コメディアンの言うように[58]〕その愉快さは口に出すタイミングにかかっているのである。ほとんどどんな知的《インテリジェント》活動にとっても、タイミングは重要な要素である――だからこそ、およそ可能な場合にはいつでも問題を先取りし、あらかじめ解決しておくことは知的《インテリジェント》だと言えるのだ。ワイルドがこんな力ずくの名言産出方式を採用していたと分かれば、私たちはがっかりするかもしれないが、とはいえそれは、すべての知的《インテリジェント》な反応はコストの大きな研究開発に依存しており、また、その結果がタイムリーにもたらされる限りは、その〔事前の〕作業がどれほど広い時間間隔に分散してなされていたとしても、大した違いはない、という事実に注意を喚起してくれるのである。

トーマス・アルヴァ・エジソンは、天才とは「九九パーセントの汗《パースピレーション》〔努力〕と一パーセントの霊感《インスピレーション》」である、という有名な言葉を述べた。この言葉を聞いて、エジソンやその他少数の発明家のような、不屈だが鈍才に過ぎない人々は実際にこうなのだろうが、しかし本物の天才は――まさにピカソが誇っていたように――このパーセンテージを逆転させるのだ！　という心ない思想を抱く。だがこういった態度は、創造性と意識の関係に対する私たちの目を曇らせてしまうものだ――これは〈デカルトの重力〉の一つであって、私たちは意識に接近すればするだけ、この重力を一層強く感じ始めるのだ。私たちは自分の心に「霊感が吹き込まれ」たり「神秘の境地に達する」ことを望むものだし、このような境地を私たちへの最も貴重な賜物と見なし、それを解剖しようとする試みは無礼な暴行（および追放すべき俗物根性）であると見なしがちである。「私たちの心が一定の神経的機構に尽きる、という考えを抱けるほど愚かな人はみな、私たちの心の魔法《マジック》に立ち会った経験が、みじめなまでに乏しいに違いない！」というわけである。

　リー・シーゲル（Siegel, 1991）の、インドのストリート・マジックに関する素晴らしい著書には次のような一節が出てきて、私はしばしば引用させてもらっている[59]。

> 「私は今、マジックに関する本を書いています」と説明すると、「本物《リアル》のマジックについてですか？」と聞かれる。本物《リアル》のマジックということで、人々は、奇跡や超常的な技や超自然的な力といったものを考えている。「違いますよ。マジックと言ったのは手品のトリックのことで、本物《リアル》の魔法《マジック》ではありません」と私は答えることにしている。言いかえれば、「本物《リアル》のマジック」と呼ばれる魔法《マジック》は実在《リアル》していないのであり、現実《リアル》のマジック、すなわち実際に行うことができる奇術《マジック》は、本物《リアル》のマジックではないのである（p.425)。

自然主義者を自認する神経科学者の多くですら、神経機構が実際に見せる驚異の業の核心に迫ることには尻込みし、例の「〈ハードプロブレム〉」（Chalmers 1995）[60]については、取り組もうとする試みすら自分たちはしない、という穏健なる立場が、それなりに彼らを引きつけるようになっている。このような立場は意識という「リアル・マジック」を宇宙的な神秘として放置し、その正体の解明は何世紀も先、現在のところ想像も不可能な革命が物理学に生じ、その助けを借りなければ果たされない、と考えるのである。このように考える人々は、最良のステージマジシャンの一人、ジェイミー・イアン・スウィス〔Swiss 2007〕が暴露した、次のようなマジシャンの企業秘密をじっくり検討すべきである――「私たちがみなさんをだますために、こんな手間のかかることを一度でもやるだろうなどとは、誰一人決して考えない。これこそが秘密であり、そしてマジックの方法なのである」。マジックが、退屈な骨折り作業を山のように積み重ねることでなされているかもしれない、という可能性を想像すらしようとしない人は、永久に謎に惑わされたままだろう。第2章で、マジシャンたちが〔人をかつぐ際に〕何の恥じらいも感じないことに触れたが〔六一頁〕、脳もまた同じなのだ。

「本物の魔法《リアルマジック》」の類は存在しないのであるから、天才の心がたどろうと努める軌道は、究極的には、過去何十億年にわたってデザインされ、築かれてきた無数のクレーンの多段連鎖《カスケード》によって説明されねばならない。つまり天才の心は、何らかの仕方で〔巧みなデザインによって〕〈デザイン空間〉中のある領域へ持ち上げられ《リフテッド》、その場所から、畏敬すべき素早さと有効性をもって、さらなる躍進を果たしたのである。「霊感《インスピレーション》」とは、一パーセントであろうと九九パーセントであろうと、〈デザイン空間〉を探索するための乗り物が備える特徴でなければならない。そしてこの乗り物自体が超自然ならざる研究開発の歴史の産物であり、それは典型的にはさまざまな要素からなる、構成の見極めがたい複合体であって、その要素は遺伝子、教育、人生経験、人から受ける指導をはじめ、その他予想もできないものを含んでいる。例えば食事や、たまたま耳にした音楽の旋律や、一時的ないし恒久的な感情の不均衡、加えて、そう、「狂気」

——運良く（芸術家本人に対してではないとしても、芸術界全体に）利益をもたらした、精神的な不調や病理——が挙げられる。

芸術家個人の創造性に帰属できる考案物が「どれほど多かったのか」を突き止めようとするとき、最終産物に達するまでに通過した〈デザイン空間〉内の特定の領域を具体的に想像すると、少なくとも大まかな知見《アイデア》が得られるものだ。ここで、この問題に的を絞っている思考実験を紹介しよう。

こう仮定しよう。フランケンシュタイン博士がショイクスペアというモンスターをデザインして組み立てた。するとショイクスペアは机に向かい『スパムレット』という戯曲を書き上げた。さて、『スパムレット』の作者は誰か？[61]

あらかじめ、この思考実験について私が関連しないと思うことを注記しておく。私は、ショイクスペアがロボットであるか否かは明記しなかった。つまり金属やシリコンチップからできているのか、それとも人間の組織から——細胞、タンパク質、アミノ酸、炭素原子から——できているのかを、あえて明記しなかった。デザインワークと組み立てがフランケンシュタイン博士によって実行された限り、その原材料が何であるかは重要な違いをもたらさないからである。机に向かい一編の戯曲をタイプで仕上げるのに、適切な大きさで、スムーズに動き、十分なエネルギーを持ったロボットを製作する唯一の方法が、精巧なタンパク質製のモーターと炭素系ナノロボットをふんだんに使った人工細胞を用いたロボットを製作するという方法以外にありえない、ということが判明するかもしれない。これは確かに、科学的、技術的には興味深い探究すべき問題であるが、ここでは関係がない。まったく同じ理由で、ショイクスペアが金属やシリコンでできたロボットである場合、課題に見合う複雑さをプログラムに備えさせるための要件を考えると、星雲レベルを超えた大きさになることも許容されよう——そしてこの場合、この思考実験を進めるために、光速の限界を単純に取り払ってしまうことになろう。この種の思考実験を行う際、このような技術的な制限には触れなくてよいのが普通なので、それに従うことにする。フランケンシュタイン博士が、彼の人工知能（ＡＩ）ロボットを、タンパク質などそれに類するものから作ろうという選択をしたとしても、それは彼の勝手である。このロボットが普通の人間と交配可能で、子を作っておそらく新しい種であるものを作り出すことができるとしたら、それはそれで面白いことであるが、私たちの関心事は、ショイクスペアの頭脳《ブレインチャイルド》の産物とされる『スパムレット』である。それでは、私たちの最初の問いにもどろう。

『スパムレット』の作者は誰か？

この問いを適切に把握するためには、ショイクスペアの中で起こっていることに目を向け理解する必要がある。一つの極に位置する想定として、（ショイクスペアがコンピューター・メモリを備えたロボットであるとして）ショイクスペアの中に『スパムレット』のファイルが見つかる場合が考えられる。つまりメモリ上に、すべてがロードされいつでも実行可能な状態にある『スパムレット』が見つかる場合である。このような極端な事例では、フランケンシュタイン博士はれっきとした『スパムレット』の作者であり、〔記憶〕媒体の役目を果たすショイクスペアを作り上げ、それを、単なる保存《ストレージ》と運搬《デリバリー》用の装置《デバイス》として、とりわけ風変わりなワードプロセッサーとして、ショイクスペアを使用している、ということになる。つまり、あらゆる研究開発はそれ以前になされ、何らかの方法でショイクスペアにコピーされただけだったということになる。

これをもっと分かりやすく視覚化できる方法として、〈デザイン空間〉の中に、一定の下位空間を創造する、というやり方がある。私はこの下位空間を〈バベルの図書館〉と名づけている。〈バベルの図書館〉という名は、ホルヘ・ルイス・ボルヘスによる、この名を表題とした古典的短編（Borges 1962）に由来する。そこでボルヘスは私たちに、書物で満たされた、とある施設を想像してみようと呼びかける。この施設は、その住人が見る限り、無限に広いように見える。住人は結局、そこが無限に広いことはない、と結論するのだが、とはいえそこは無限に広いといって差し支えない。というのも、どうやらそこに設置された棚には――ひどいことに何の順序もなく――すべての可能な書物が収められているようなのだ。さてこれで、『スパムレット』という干し草の中の針〔発見困難なもの〕[62]を論じ、この〈バベルの図書館〉内の特定の場所に至る経路を現実の〔ショイクスペアの〕歴史がどのようにたどったのかを考察をする準備は整う。もしも、ショイクスペアのメモリが組み立てられ、情報で満たされた時に、『スパムレット』星雲への旅がすべて終わっていたということが分かれば、ショイクスペアはその探究に何の役割も果たしていないということが分かる。遡行的分析〔リバースエンジニアリング〕[63]の結果、ショイクスペアの唯一の役割が、まず内蔵されたテキストをスペルチェッカーにかけ、次にその結果を使ってテキストをタイプすることに尽きると分かれば、仮にショイクスペアが著作者性《オーサーシップ》〔著作権〕を主張したとしても何の説得力もないだろう。このような作業が占める割合は相当に大きいが、それでも〈研究開発〉全体の中では〈消えそうなほど微か《バニシングリィ》に〉[64]小さな部分にすぎない。つまりほぼ双子のような『スパムレット』のテキストから成るかなり大きな星雲が存在する――一冊につき一つだけの未校正の誤植を含むほんの少しずつ異なった変異体が、おおよそ数億は存在し、誤植の頻度が一ページにつき一回であるようなテキストをすべて含むものまで範囲を広げると、同じ主題についての異本の数は〈超厖大〉[65]の領域に達する。さらに遡り、誤記《タイポ》から誤義《シンコ》に目を移すなら〔三四九頁参照〕、単なる整理編集作業とは対照的に、真の意味での著作者性の領域に足を踏み入れることになる。整理編集作業は、**相対的に**些末な作業であるが、最終的な出版物を作る上で無視しえない重要性がある。どんなわずかな持ち上げ《リフティング》でも価値があり、時にはたった一つの持ち上げ《リフティング》がまったく新しい軌道へと導く。このような事柄の些末さも重要性も、この〈デザイン空間〉というメタファーの中で、ちゃんと表現されている。私たちはこの局面で、いつものように、ルードヴィッヒ・ミース・ファン・デル・ローエの言葉「神は細部に宿る」を引用してよいだろう。

さて、ダグラス・ホフスタッター（Hofstadter 1981）の勧めに従い、この思考実験の色々な調節ダイヤル[66]を回し、反対側の極に位置する想定、すなわちフランケンシュタイン博士がショイクスペアに作業の大半を委ねたケースに目を向けてみよう。最も現実的《リアリスティック》なシナリオはきっとこうなるだろう。まずフランケンシュタイン博士は、仮想《バーチャル》の過去すなわち全人生に渡る疑似記憶をショイクスペアに備えつけていた。そしてショイクスペアは、その中の多くの経験を使って、博士が組み込んだ〈戯曲を書きたい〉という強迫的な欲望に答えようとする。これら疑似記憶の中には観劇や読書などが考えられるが、片想いや、ショッキングできわどいやり取り、恥知らずの裏切りなども含まれよう。さて、何が起こるのだろうか？ 恐らくこうなるだろう。例えばニュースで見た、何か「人間臭くて面白い」ストーリーがいくつか合わさって、それらがきっかけとなり、ショイクスペアは滅茶苦茶に試行錯誤を繰り返す。つまり、使えそうなテーマやストーリーの断片を、例の記憶の中から限なく探し求め、見つかればそれをうまく変移させ——つまり形と場所を変え——、時系列を整えて、完成に役立ちそうな有望な〔物語の〕構造を見つける。それらの大半は、辛辣な批判的プロセスによって取り除かれるが、この批判プロセスが役に立つ断片をあちこちで明らかにすることもあり、こうして試行錯誤の過程が延々と続く。この多レベルの検索はどれも、内的に発生する多レベルの評価によって何らかの仕方で導かれているが、このすべての多レベル的探索は、多レベル的な、内的に生成された評価によって何らかの仕方で導かれており、そこで生成された評価には、現在進行中の探索に対する……評価に対する反応として機能する評価に対する……評価に対する評価が含まれている。ここでもし、驚異的な天才たるフランケンシュタイン博士が、最も混乱した無秩序な段階ですでに、今述べた活動のすべてを、最も微細な細部に至るまで実際に予期していて、まさにこの『スパムレット』という創作物を産み出すように、ショイクスペアの仮想《バーチャル》の過去と検索装置のすべてを自らの手でデザインしていたのだとしたら、博士はまたしても『スパムレット』の作者ということになろうが、それはまた一言で言えば、博士は神だということにもなろう。そのような〈超厖大な〉予備知識は、端的に言って奇跡である。ここで私たちのおとぎ話にちょっとしたリアリズムを回復させるために、調節ダイヤルをそれほど極端でないところに合わせ、フランケンシュタイン博士はこのような詳細のすべてを予期できたわけでなく、むしろ、困難な作業のほとんどをショイクスペアに一任したのだと想定しよう。そこで委ねられた困難な作業とはすなわち、ショイクスペアの内部で生じるその後の研究開発によって決定されるような、ある文学作品へと至る〈デザイン空間〉中の軌道を完全にたどる、という作業である。このちょっとしたダイヤルの調整によって、私たちはやっと、現実のすぐ隣までたどり着いたと言える。というのも、私たちには、印象深く記憶に残る人工的な作者、すなわち、その創造主の予測を〈超厖大な〉レベルで凌駕した人工作者の実例があるからである。真剣な注意に値する人工的な戯曲作家をまだ誰も創造していないとはいえ、ＩＢＭの人工的なチェスプレイヤーであるディープ・ブルーと、デイビッド・コープによる人工作曲者であるＥＭＩはいずれも、いくつかの点について、人間の創造的天才が産み出しうる最善の成果に匹敵する成果を達成しているのである。

ショイクスペアが〈デザイン空間〉の中でたどる軌道についてのこの思考実験は、人間の創造性と発見に関わる他の領域の分析にも利用できる。『スパムレット』のテキストがどれほど洗練されているかは、何らかの尺度によって測定可能である。なぜなら、そのテキストのすべての異版《バリアント》〔変異体〕がボルヘスの〈バベルの図書館〉の住人であるからであり、それらの異版の間にある差異――誤記《タイポ》や、誤義《シンコ》や、本筋からの退屈な脱線――を特定し、評価することが可能だからである。私たちは、非難すべき盗作と賞賛すべき〔他作品からの〕啓発《インスピレーション》を特定することができる――これらの領域を分かつ明確な一線が存在しないとしても。私たちは今や3Dプリンターを利用できるため、どんな三次元の対象でも表象〔再現〕できる大量のフォーマットをデジタルファイルとして手に入れ、それらのファイルを異版〔変異体〕と比較できるようになっている（その対象は洗濯ばさみ、電気式缶切り、ロダンの彫刻、ストラディヴァリウスのバイオリン、などさまざまである）。ピカソは自転車のサドルとハンドルを、自分がまさに制作せねばと思っていた雄牛の頭部と見なしたが[67]、このときピカソは実は盗作をしていたのだ、ということではないのであって、むしろ、〔自転車の部品として〕慎重にデザインされ最適化された形状および素材を、彼なりに、芸術的実践という自分自身の目的のために利用したのだ――この芸術的実践は固有の名で尊重されており、その名もオブジエ・トルーヴェ[68]という。

従って、すべての具体的な新機軸とその流用――道具、器具、芸術的なオブジェ、機械――は〈対象図書館〉と呼んでもよい多次元空間の中に固有の位置を占めており、それの発明／発見の系譜を〈生命の樹〔系統樹〕〉で描かれた系統とよく似た仕方で位置づけることはできる――ただしそこでは枝の〔分岐ではなく〕融合も多数含まれることになるが。二つの物がどの次元においてどれほど類似しているのかは――その類似が単一のデザインとして、特許や著作権によって保護される価値がある場合は――「算定《カウント》」されなければならない。とはいえこの種の問いに、簡単な客観的解答が存在していると期待してはならない。とりわけ抽象的な発明は、何か特定の次元を設けて「アルファベット順に」並べられることを拒む。これはすべての非還元主義者にとって好ましい香りを発する新鮮な指摘であるが、とはいえある心から他の心へとその抽象的発明を**運ぶ〔具体的な〕活動**は、依然として同じ、語や、イメージや、その他の記憶と伝達の可能な表象の組み合わせに依存しているのである。チューリングの、まず符号を読み、それからそれを消去し（または消去せず）、次いでそこから移動するような、紙テープをがちゃがちゃと動かす機械、という秀逸《ブリリアント》きわまる〈寓話／イメージ〉は、彼の発明の中のあってもなくともよい《オプショナル》特徴ではないのである。このことは、〈特許はそれに効用があることを証明すべきであり、音楽的な新たな着想に著作権が認められるためには「定着した表現」がなければならない〉という法的な要件に対する（二〇九頁を見よ）、また違った視角を与えてくれる。多次元的な〈デザイン空間〉の中で〈生命の樹〔系統樹〕〉は生育してきたが、今やその空間は私たちの〈頭脳の産物《ブレインチルドレン》〉が住まうためのより小さな子孫としての〈デザイン空間〉をそのうちに含むようになっている。この子孫である〈デザイン空間〉は、親となる空間よりも次元と可能性の数をより多く含んでいる。そして私たちは（今のところ）この子孫の空間を探索できる唯一の種なのである。

　スティーヴン・ピンカーは「人間の脳は本物のデザイナーである」という主張において正しいが、しかしこの主張はミーム説からのアプローチとは別の代案としてではなく、むしろ半・知的《セミ・インテリジェント》デザインを漸進的に脱ダーウィン化していく時代にまで、ミーム説のアプローチを継続するものだと見なされるべきである。私たちは伝統的に、天才とはその創造的な力において、自然選択とは**全面的に**類似していないものである、とする描像を描いてきたのであり、天才がしばしば、神がかった、超自然的な、神に似た存在だと見られるのは偶然ではない。つまるところ私たちは、神を私たちの自身の〔外見的〕似姿《イメージ》として創造したのであり[69]、これはつまり、志向的構えを宇宙にまで過大に拡張した産物だということである。ピンカーは勇猛で想像力豊かなダーウィン主義者にして自然主義者であり、心についての私たちの〔偏った〕概念が産み出す神秘を一掃するために、できる限りのことを行ってきた人物であると共に（Pinker 1997）、大胆不敵なダーウィン主義者として人文諸科学への侵攻を行い、そのせいで手ひどい攻撃を受けてきた人物でもある。しかしながらここにきて〈デカルトの重力〉が彼の〔探求の〕歩みを、バクテリアからバッハへ至る全経路から微妙に逸らしてしまっているのである。

知的《インテリジェント》デザインのランドマークとしてのバッハ

組織から余分な成分や有害な成分を取り除くために排出される物質が、やがて（それ以外の——引用者）高度に有益な目的〔蜜によって虫を引き寄せて授粉をさせるなど〕のために利用されることになったというのは、自然選択によって働く自然の図式に、完全にかなっている。

——チャールズ・ダーウィン（Darwin 1862）

詩の出来を判断することは、プリンや機械の出来を判断することに似ている。そこで必要なのは、その詩がちゃんと働くことである。その理由は単純である。すなわち、およそ人為の産物は、私たちがそれの製作者の意図だろうと推論した働きをするものだ、という理由である。

——W・ヴィムサット&M・ビアズリー

チューリング、ピカソ、アインシュタイン、シェイクスピア——みな、知的《インテリジェント》デザイナーの卓抜な実例である。だが私はヨハン・セバスチャン・バッハ（一六八五―一七五〇年）をより詳しく検討したい。彼は知的《インテリジェント》デザイナーたちがもつさまざまな美徳を、格別に有効《インフォメイティブ》[70]なやり方で一身に集めたような人物なのである。一方で、バッハは音楽家の家に生まれた——彼の父と叔父・伯父たちはみな著名なプロの音楽家たちであり、バッハの二〇人（！）の子供たちのうち、生きて成年に達した四人は著名な作曲家または演奏家となった。それゆえバッハには並外れて強力な「音楽の遺伝子」が盛られていたという、有力な見込みがある。（とはいえ私たちは、音楽が「家系に受け継がれる」過程で文化が果たす役割を無視してはならない。音楽家の家に生まれるとは、遺伝子がどうであれ、音楽に囲まれ、家族の音楽的生活に参加するように励まされ、音楽の重要さを心に吹き込まれることなのだ。）他方で、バッハはその「神与の」音楽的有能性《コンピータンス》を幅広い勉学で補完した。彼は対位法と和声のエキスパートであったし、過去の作曲家たちに関する大変博識な研究家であって、彼らの作品を深く分析していたのだ。彼はまた、いわば一八世紀版の情報官僚《テクノクラート》であった。すなわち〔パイプ〕オルガン奏者であると共に、今日の電子的なシンセサイザーの名誉ある祖先たる、壮大な機械的驚異の数々を設計《デザイン》し、修復し、保守管理するエキスパートでもあったのだ。

バッハを、また別の真に偉大な作曲家である、アーヴィング・バーリン[71]と比較してみよう。バーリンは楽譜を読むことができず、ピアノの演奏はいつも同じキーで行っていたし（F#の音で、それゆえ彼の演奏はほとんどいつも黒い鍵盤しか叩かないのである！）、彼が作り出す偉大なメロディを書きとめ、ハーモニーをつけるために、音楽専門の秘書に頼る必要があった。助手の書き取りによって曲にハーモニーをつける際、彼は非常に正確な調整を意のままに行っていたようだが、それはすべて「耳によって」なされていたのであって、和声理論についてのどんな知識にもよってはいなかった。彼は裕福かつ有名になると（音楽家を始めて間もない時期にはすでにそうなっていた）、特注のピアノを作らせた。鍵盤の下にスライドがついており、演奏中にスライドを移動させ[72]、その場所の鍵盤のキーを移調させることで、常にF#の音で演奏を続けられるようになっているのだ。

このように無学な作曲家は才知豊か《ブリリアント》な作曲家と言えるだろうか？　絶対にそうだと言える。作曲家としてのバーリンへの熱心な崇拝者の中にはコール・ポーター[73]とジョージ・ガーシュウィン[74]がいるが、両者とも高度の訓練を受けた音楽家である。ガーシュウィンは彼自身が巧みな演奏家であるが、バーリンを「この世に生まれた中で最も偉大なソングライターである」と呼んでいる（Wyatt & Johnson 2004, p. 117）。楽譜を読むことができない偉大な作曲家は、決してバーリン一人ではない。ほぼ間違いなく、ビートルズは最も有名な例であろう。少なくとも数ダースに及ぶ歌がインスピレーションを与え、カバーやアレンジやオマージュの対象となっていったのであり、その範囲はヒップホップから弦楽四重奏まで、幅広い範囲の音楽にわたっている。

レナード・バーンスタイン[75]はハーヴァード大で教育を受け、古典的な訓練を積んだ作曲家にしてオーケストラ指揮者であるが、一九五五年に「二階に行って素敵なガーシュウィンの歌を書いてはいかが？」という楽しいタイトルの小論を公表した。その中で彼は、高い音楽的教養を身につけた友人とのコラボレーションで、ティン・パン・アレイでヒットする［ブロードウェイのミュージカル向けの］歌[76]を書こうとして失敗に終わった経緯を詳しく述べている。技術的なエキスパートであることと、（金銭的、音楽的な）成功を得ることとの間の大きな溝を適切に把握できる人物として、バーンスタイン以上の適任者は存在しないだろう。バーンスタインはその小論を、こんな希望を打ち明けて締めくくっている――「せめてただ、誰かが、どこかで、一度でいいから、何かの折に、私の曲を口笛で吹くのを聴けたら、どんなに素敵だろうか」。その二年後、彼の希望は実現した。〔舞台の〕『ウェストサイド・ストーリー』の音楽を担当したのである。とはいえバーンスタインは、彼の天才的才能にもかかわらず、一躍スターとして輝いたというわけではなかったし、この点に関して言えばバッハも同様であった。作曲家としての厖大なアウトプットにもかかわらず、死期を迎えた時期のバッハは、主に偉大なオルガン奏者として知られていたのであり、他の作曲家、批評家、音楽家がバッハの名声を確立し始めたのは死後およそ五〇年経った頃であった。それ以降、彼らが西洋音楽の歴史の中に、バッハのミームを熱心に定着させていったのである。

バッハが生前、自分の作曲した曲の拡散に失敗したのは、それらの曲の自己複製を確保しよう、という関心がバッハの側に欠けていたせいではない。実のところバッハは、芸術の分野で、伝統から成功例を取り入れるという手法の先駆者であった。バッハはライプツィヒでトマス・チャーチやその他の教会のカペルマイステル（音楽指導者）を務めており、その期間は一七五〇年に死去するまでの二五年間にわたっていた。コーラスやソリスト〔独唱者〕向けの手の込んだ歌であるカンタータを作曲し演奏する、というのが彼の職務の一つであった。演奏は室内オーケストラを伴ってなされたが、オルガンだけでなされる場合もあった。バッハは何百ものカンタータを書き、その内の一曲を教会暦の毎週日曜日に演奏していた。各回の曲は、その都度の典礼や儀式に合わせてアレンジされていた。バッハが述べているところでは、彼は丸五回の年周期（Jahrgänge）分の曲を作曲したということだが、そのうち今も残っているのは三曲である――従って、大雑把に計算して一〇〇曲ほどのカンタータがどうやら永久に失われてしまったらしい。

バッハは二年目のはじめ、すべてのカンタータを、コラールと呼ばれる、すでに存在していたルター派の賛美歌をもとにして作曲するという方針を採用するようになった。これらの曲はほとんどの信徒団になじみの曲であった。そのメロディは何十年、ないし何世紀にもわたって自らのよさを示し、その間生き残ってきたことによって、宿主の耳と心によく適応していることを証明していた。従ってバッハは、爆発的に流行《ゴー・バイラル》するわけではないにしても、生存し続ける力を備えた音楽ミームを作り出すという企図において、幸先のよいスタートを切ったということになる。もしもみなさんに、年に五〇曲ずつ庶民向けのテーマソングを作曲する、という仕事が課されたとしたら、バッハのやり方に倣って、「アメイジング・グレイス」、「おいらは線路工夫〔線路は続くよどこまでも〕」、「ジングル・ベル」（ジェームズ・ロード・パーポン作曲）、「おおスザンナ」、「スワニー河〔故郷の人々〕」（スティーヴン・フォスター作曲）、「ユー・アー・マイ・サンシャイン」（ジミー・デイヴィス作曲）といった曲を作曲に役立てるのがいいかもしれない。バッハはコラールのメロディを骨格として採用し、その上に息を飲むほど美しい音楽的肉体を構築して、その曲に新たな命を吹き込んだ。まさに音楽をよみがえらせるフランケンシュタイン博士である。

ここまでの、バッハ、バーンスタイン、バーリン、ビートルズ[77]を論じた数段落を読んだ音楽愛好家で、こんな確信を表明する人が出てくるのは疑いない――「ミーム論なぞをわざわざもてあそぶというのは、ひどい俗物がすることだ。量で質を語ることはできないのだ」。実を言えば私は、こういう感情をうまく喚起できていればと望んでいる。それは他でもない、その感情を自分なりに開いてもらう――そして、開いた感情をまた梱包して送り出してもらう――ためである。高踏文化《ハイ・カルチャー》、大衆文化《ロー・カルチャー》を問わず、文化の客観的で科学的な研究を行うことと、審美的な判断を形にすることとが、互いに対立し合うものである必要はまったくない。ミーム学者は批判的〔批評的〕な判断の場への参加を拒まれるものではないが、それはまさにミーム学者の主張が、ミームの差異化を伴う自己複製《ディファレンシャル・リプロダクション》の測定、予測、説明を試みよう、ということにあるからである。

バランスをとるために述べておくと、芸術や人文学に携わる人々の中で、ベストセラー小説、グラフィックノベル〔アメリカの大人向けマンガ〕、プラチナ〔大ヒット〕アルバムなどは、そういうものである時点ですでに芸術的にはゴミである、と見なしがちな人たちは、その偏見を捨て去り、芸術の全範囲にわたってなされている、質と量の多大な相互作用を見極めることを学ぶ必要がある。私はまた、科学を一般人にむけて説明しようというすべての試みを軽蔑する科学者たちも、全く同じアドバイスを考慮する必要がある、とつけ加えてもよかったかもしれない。私がある機会に調査したところでは、**科学者が**語る話の聴衆の多くが、自分はスティーヴン・ホーキング、E・O・ウィルソン、リチャード・ドーキンス、ダグラス・ホフスタッター、スティーヴン・ピンカー、その他卓越した科学解説者の書物を読んで、科学者になろうという思いを吹き込まれた、と打ち明けている。実際、芸術家や人文学者が、これらの科学者に匹敵するほどの偉大な解説者／賞賛者たちを産み出そうと努めてこなかったというのは、一つの恥である。レナード・バーンスタインは一つの例になるし、ケネス・クラーク卿[78]も別の例であるが、彼らが活躍したのは半世紀前のことだ。それ以降、**量**の上で大きな聴衆たちに十分な質を届ける著作を産み出そうとした者が、誰かいただろうか？　ウィントン・マルサリス[79]とスティーヴン・グリーンブラット[80]の名は思い浮かぶ。仮にこの分野において、自分たちの言葉を幅広く拡散するための知的《インテリジェント》デザインがもっと多く注ぎ込まれていたら、芸術と人文学が陥っている孤独な窮地に心を痛めることも、ひょっとしたらもっと減っていたかもしれないのである。

現在、〔バッハの〕「主よ、人の望みの喜びよ」よりも〔バーリンの〕「ホワイト・クリスマス」を鼻歌で歌える人の方が多いというのは、発見に値する客観的な文化的事実である。逆方向の事実としては、ブラームスの例を挙げることができる。ブラームスは生前から世間で高名な作曲家であったが、それだけではなく、レコードに曲を吹き込んだ最初の有名な芸術家でもあったのだ（一八八九年、ブラームスによる最初のハンガリー舞曲の演奏の一部を、エジソンの同僚がシリンダー式のレコードに録音したのである）。量は質に匹敵できないが、拡散に成功することは、最終的に、ミームにとって（どんなに卓越したミームであっても）必要とされることであり、この点は生物と同様である。ほとんどの生物は子孫を残さずにこの世を去るし、ほとんどの書物は何千もの読者を得ることなく、せいぜい数ダースの読者を得ただけで永久に印刷されなくなる。天才たちの手になる最も偉大な書物ですら、差異化を伴う複製《ディファレンシャル・リプリケーション》のテストに合格する必要があるのだ。現在、ハーマン・メルヴィルの *Moby-Dick*〔白鯨〕（Melville 1851）は、英語で書かれた最も偉大な小説に数えられるという、正当な評価を得ている。しかしこの小説は著者の生前に絶版になっており、一九一九年まではほとんど忘れ去られていた。その年はメルヴィルの生誕一〇〇周年に当たり、好意的な回顧的批評がいくつか現れたのである。これらの批評に続き、二本の映画が公開された（内容は原作とはひどくかけ離れていた）。その後の一九三〇年、一度見れば忘れられない、ロックウェル・ケントによる木版画イラスト付きの、シカゴ版が出版された。これが最終的に一九四三年の〈モダン・ライブラリー・ジャイアント〉版の出版につながった（この版にもケントの秀逸《ブリリアント》きわまるイラストが挿入されている）。それ以後、『白鯨』の「不死性」が確保されることになるのである。

もしかすると、一部の批判者たちが想定するように、真に最も偉大な芸術作品は、いかなるときでも、時間と空間を通じてしっかりと広まるものなのであり、何らかの仕方で、人々の心の琴線に触れる方法を自ら見つけだすのであって、たとえその作品が、創作された状況から切り離されたとしてもそれは変わらないのだ、というものなのかもしれない。あるいはもしかすると、そんなことはないのかもしれない。「埋もれた名作」が復活する過程には、しばしば複数の特徴が印象深い仕方で結びついているものだが、それらのどの特徴をとっても、著者の思慮深いデザインによる卓越性や、まして、その後に生じるセレンディピティ的な〔幸運な〕出会いによる「琴線に触れる」要素などとは、ほとんど関わりのない特徴ばかりなのである。それゆえ、たとえ私たちの脳が、その最善の働きにおいて、知的《インテリジェント》なデザイナーとなれるのだとしても、文化における支配的なパターンを説明するためには、生き残りをめぐる栄枯盛衰の過程と、作品の創造を取り巻く状況とを、分けて考える必要があるのである。

　私が第2章で提起し、答えを保留したままにしていた問いがある。すなわち〈有名な女性の天才はなぜ数が少ないのか?〉という問いである。その理由は遺伝子にあるのか? ミームにあるのか? 両者の混合にあるのか? 現在到達した視界から見渡すなら、答えは脳皮質《コーテックス》にあるというよりは、文化《カルチャー》にあることが示唆される——ただしこの判断は、一九六〇年代の信用を失ったお題目《マントラ》、「男の子と女の子は「生物学的に」同じであり、すべての差異は社会化やその他の文化的圧力のせいである」を支持することで裏づけられるわけではない。この主張は政治的に正しい《ポリティカリィ・コレクト》ナンセンスである。男性の脳と女性の脳が厳密に同じであるという主張は成り立たない。父親の生物学的役割と、母親の生物学的役割の差異を踏まえるとき、男女の脳の違いがどうなりうるかを考えてもらいたい。この点については、神経解剖学的な差異やホルモンバランスの差異、その他の生理学的兆候における差異が、何ダースもの信頼できる仕方で発見されており、これらの差異が遺伝子に由来することは疑いない。さらに言えば、これらの身体的な差異からは、認知や感情に関わる有能性《コンピータンス》やスタイルの、統計学的に有意な差異が生じる（例えば Baron-Cohen 2003 を参照）。とはいえ、女性の間、男性の間の変異は大量に存在するため、ほとんどの場合に男性が優れた結果を出す課題について優れた結果を出す女性は一定数いるし、その逆も然りである。

あるいは、私たちの問いは〈女性の知的《インテリジェント》デザイナーたちよりも、男性の知的《インテリジェント》デザイナーたちの方が大きな名声を得ている、という事実はどう説明されるのか？〉という問いでもある。たった今指摘したことだが、大きな名声というこの性質と、デザイナーの心の質とのつながりは、非常にゆるく、あてにできないつながりである。ある歌やジョークが何によって爆発的に拡散《ゴー・バイラル》するのか、ということと、ある人物の名と名声が何によって爆発的に拡散《ゴー・バイラル》するのか、ということは、同じぐらいに見極めがたいことであり、そこには全く盲目的な仕方で選別を行う、ありとあらゆる種類の自然選択が、検討に値する候補として豊富に存在している。これは、誰が有名になるかは端的な運の問題だ、ということではない――男性と女性の〔有名な天才の比率に関する〕不均衡は、実質的にそれが事実でないことを裏づけている。（ひょっとして、男性には幸運のための遺伝子が備わっているが、女性にはそれが欠けている、という可能性もありうるだろうか？[81] そんな見込みはあるまい。）それゆえ、平均的なスタートラインに何らかの不均衡が存在しているに違いないのである。つまり男性は女性よりも、〈有名な天才〉サイコロゲーム[82]において、スターの座につくチャンスにより一層恵まれている、ということだ。過去何世紀かについて言えば、以上のような説明は明白なものである――何千年にもわたり、自分の才能を発展させるチャンスに恵まれた女性はごくごく少数だったのだ。さらに言えば、近年に至っても例えば、ある発見や証明の功績に最も値するはずの女性科学者が顧みられず、同僚の男性科学者たちが名声を得ることになった、といった逸話は数多く存在している。そして現在、ついに女性たちは男性が支配していた分野に大がかりな侵入を開始したが、しかし同時に科学は、これまでよりも一層大きな研究者チームによって営まれるものに変わりつつある。そこでは、一人で目立つチャンスが、プロジェクトの管理上の要求によって削減される。同じことは知的《インテリジェント》デザインがなされる他の領域についても成り立つ。現代のどこにバッベジやエジソンやワットがいるだろう？　そういう人物はグーグルやアップルやアマゾンで、チームと共に働いているのだという話が、その同僚たちの間で伝説的に語られている。そうなのかもしれない。しかし、だとしてもそういう人物もまた、より広い世界の中では、相対的に匿名的な存在として生きているのである。第15章で見るように、知的《インテリジェント》デザインのヒーローが活躍する時代は、知的《インテリジェント》デザインのヒロインになりうる女性たちがついにその力を発揮し始めたまさにその時に、衰退を始めつつあるのだ。

人間文化に対して〔自然〕選択を及ぼす環境の進化

人間文化の曙の時代、祖先たちは有益なミームたちに宿り場を提供していた。そこで祖先たちが理解していたことは、遺伝的に受け継がれた本能に対する彼らの理解と大差ない〔乏しい〕ものであった。祖先たちは、新たな有能性《コンピータンス》を獲得するために理解を必要とはしなかったし、新たな有能性を得たことによっても、理解の力が大して増すこともなかった。しかし文化が生じた初期の時期、重要な違いが生まれた。すなわちそれは、文化が産み出したさまざまな（行動の）やり方《ウェイズ》が、〔やり方《ウェイズ》としてのミームの〕宿主の単一世代内で作り直され、血縁者以外の相手にも伝達され、また誕生時だけでなく、人生全体を通じて獲得できるようになったことに他ならない。こうしてミームが蓄積し、宿主への宿り方の点でより一層効果的になっていくと、（すなわち、より有益になり、ないし、より阻害的でなくなり、あるいはそうでなければ、彼らの宿主を彼ら自身の利益により従順に従わせるようになっていくと）、外見的イメージの中にはより多くのアフォーダンス、より多くの追尾すべき好機、そしてより多くの、事物を追尾するのに役立つ道具として利用できる事物——すなわち語——、等々が住み着くようになる。あるミームは道具になり、あるミームはおもちゃになり、あるミームは注意を逸らす対象になり、あるミームは妨害的な寄生者になる。そしてこれらのミームはすべて、生存し続けるために文化的複製に依存している。

このような競争的環境は進化的な軍拡競争を創り出す。そしてその競争は、人間の争いに用いられるテクノロジーや対抗テクノロジーを伴い、これらのテクノロジーもまた避けがたく膨張する。例えば嘘や脅しやはったり、あるいは検査や試験がある——例としてはシボレステストと言われる、ある種の言語的パスポートとして利用されうるテストが挙げられる（shibboleth を正確に発音できるだろうか？　できない者は私たちの仲間ではないのだ）。[83] 一連の成功事例《ベスト・プラクティス》——物々交換、約束、情報交換、攻撃前の警告、など——はおのずと効果が知られていくし、そうでなくとも地域的に定着し、万人に知られ、かつ、万人に知られていることが万人に知られている伝統を創り出すのであり、またそれによって、それを知る人々を、度合いの差はあれ定着した行動環境と見なし、その環境の中で、計画を立てたり、論じたり、反駁したりできるようにするのである。このような実践のうち、完全にできあがった、文法のある言語がなくとも達成できるものがどの程度あるのかは、現段階では推測するしかない。とはいえ、たとえこれらの要素がすべて適切な順序で歴史に登場してこなかったとしても、私たちは、小さな新機軸、調整、洗練の積み重ねが、知的《インテリジェント》デザインの助けを大して借りずに、卓抜なデザインを備えた文化的慣習および制度を構築し、それによって行動の洗練の度合いが漸進的に高まっていくありさまを、目にすることができるだろう。「まず学習がなされ、次に学習のための適応が生じる」（Sterelny 2012, p. 25）。つまり、素早い学習によって相対的成功をおさめた者が現れ、素早い学習の価値が明らかになると、その過程を加速するためのさまざまなやり方《ウェイズ》が、文化的にも遺伝的にも進化するようになるのだ。こうして進化した、最大級の価値をもつ新機軸の一つとして、個人的な記憶の負担を減らすために環境中にしるしをつける、という営みを挙げることができる。これは「延長された心」[84]（Clark and Chalmers 1998）という領域への最初の侵入である。このようなしるしが、やがて数の体系と書き言葉へと進化し、それらが論拠立てられた教育を増進させていき、やがてほんの二、三千年の内に、ソクラテス、プラトン、アリストテレス、語りについての語り、思考についての思考、想像上の国家、悲劇と喜劇の理論などが現れるようになったのだ。今や知的《インテリジェント》デザインの時代は絶頂期にある。単なるスキナー的生物やポパー的生物がグレゴリー的生物〔一六〇―二頁参照〕に追いつくことはできなかった――グレゴリー的生物の心は、彼らが出会う複雑な環境を、それまでよりも素早くかつ正確に見定めることを可能にしてくれる、新たな道具たちであふれかえっているのである。やみくもな試行錯誤ではもはや十分ではない。互角に競争《コンピート》するためには、理解《コンプリヘンド》しなければならないのだ。[85]

　私たちの住む世界では、作者が明らかでないミームたちが今なお爆発的《ゴー・バイラル》に拡散し続けているが――突発的な流行、ファッション、発音の変化、流行語など――、現在ではこれら作者なきミームたちは、ミーム工学的な発明品たちとの競合《コンピート》を迫られている。これらの発明品は、専門的なミーム職人たちの手で、予見と目的をもって創り出されたものであり、このような専門家、すなわち著作家、芸術家、作曲家、レポーター、コメンテイター、広告業者、教師、批評家、歴史家、スピーチ代筆業者などの専門家たちは、現代社会の中で重要な役割を演じている。ピンカーは、ここに挙げたような人類の一員の頭脳の産物《ブレインチルドレン》が、何らの神秘もなく知的《インテリジェントリイ》にデザインされたものだ、と述べた点では正しいが、それでも彼らの頭脳の産物《ブレインチルドレン》は、半ばだけ知的《セミ・インテリジェントリイ》にデザインされた競争相手、半《ヘミ》・半《セミ》・半《デミ》・知的《インテリジェントリイ》にデザインされた競争相手、および進化によってデザインされた競争相手が渦巻く大海を泳いでいるのだ。そしてこれらはみな、依然として、自らの系統の存続に関して、新たな人間の脳に入り込めるかどうかに依存しているのである。この状況は変化するのかもしれない。文化進化はこれまで、それ自身の産物によって脱ダーウィン化を果たしてきたのだ。しかしそれでも、それらの祖先がダーウィン的なものであったことには明らかな証拠があるのだし、バクテリアが私たちに数の上でも重量の上でも勝っているように、シナントロープ的なミームと作者なきミームたちは、依然として日々私たちを取り囲んでいるのである。

第III部
私たちの精神を裏返す

第14章　進化したユーザーイリュージョン(98)

開かれた心で心に向き合う

ついに、ばらばらのピースを一つに集める準備が整った。つまり、人間の意識をさまざまなバーチャルマシンからなる一つのシステムと見なし、詳しく調べていく準備ができたのだ。つまり私たちは、この意識というバーチャルマシンを、何千年にもわたって私たちの祖先が構築してきた「認知的生態的地位《ニッチ》」〔三九四頁〕の中で、非常に特殊化した役割を演じるものとして、遺伝的進化とミーム進化が産み出したも

---

(98) デンマークの科学ジャーナリスト、トール・ノーレットランダーシュは、『ユーザーイリュージョン——意識という幻想』(Nørretranders 1998)をデンマーク語で一九九一年に出版した。これは私の『解明される意識』(Dennett 1991)の刊行と同年であり、同書で私は、意識はユーザーイリュージョンであるという説を打ち出していた〔第10章第四節「ゾンビ、ジンボ、ユーザー・イリュージョン」〕。私も彼も、お互い相手を引用すべき立場にはなかったのは明らかである。ノーレットランダーシュの本の英訳版が出版されたのは一九九九年のことなのだ。私が同書で注記したように(p.313, fn.9)〔邦訳三七三頁、原注9〕、何らかの点でこれと似通った思想《アイデア》を〔それ以前に〕提案した論者として、コスリン(Kosslyn 1980)、ミンスキー(Minsky 1985)、エーデルマン(Edelman 1989)がいる。

のであると見なしている。そして私たちには、〈デカルトの重力〉に真正面から向き合い、次に挙げるような大問題に直面し、それにぶつかっていく準備ができている。[1]

1 人間の脳は、知的《インテリジェント》デザイナーなしに、いかにして「局所的な《ローカル》」有能性《コンピータンス》を用いて「大局的な《グローバル》」理《コンプ》解力《リヘンション》を達成したのか？

2 私たちの心は他の動物の心と違っているのか？ また、そうだとすると、それはいかにして、またなぜそうなのか？

3 私たちの外見的イメージが私たちにとっての外見となるのは、いかにしてか？

4 私たちの経験は、なぜ私たちが現に経験しているようなあり方《ウェイ》をしているのか？

短い概要を与えておこう。進化はすべての生物に、それぞれの生物なりのアフォーダンスに対して、適切に反応できるような必要手段を付与している——すなわちどの生物も、局所的に《ローカリィ》有益なものだけを用い、それ以外のすべては無視して、よくないものを見つけてそれを遠ざけ、よいものを見つけてそれを手に入れるようになっている。これが理解力《コンプリヘンション》なき有能性《コンピータンス》をもたらすのであり、このことが分子のレベル以上の全てのレベルで成り立っている。理解力なき有能性というものは**存在しうる**し、また理解力〔「本物の《リアル》」理解力〕というものは高価な〔獲得するコストが大きい〕ものなので、自然が〈ニード・トゥ・ノウ〉〔「知る必要のあることしか知らせない」〕の原則〔八九頁〕を大々的に利用してデザインした生物たちは、大いに成功を収め、達人的な技をもち、さらにはずる賢くすらあるのに、自分が何をしているのかも、なぜそれをしているのかも全く頭に浮かばないようにできている。〔それらの行動の〕理由は豊富に存在しているが、それらの理由の大部分は浮遊理由であって、その受益者自身はその理由を夢にも思い浮かべないのである。リバースエンジニアとしての私たちは、木やノミやハイイログマの環境世界《ウムベルト》の中のアフォーダンスを支える存在論を解明することができるが、その際、それらのアフォーダンスが彼らにとって「何らかの感じのことである［it is like anything］」[2]かどうかについては、完全な不可知論の態度をとり続けることができる。

木がさまざまな活動をするとき、その木そのものはその活動の理由を〔「心の中」に？〕**有しては**いないが、それでもそれらの活動の理由は存在できる。ノミが何らかの理由のために何かの行為をするとして、その行為が、そのノミは木とは違って理由を**有して**おり、何らかの点で、そのノミが自分の行為を律している理由の「真価を認めている」ことを証明する、ということがありうるだろうか？　ノミであるとはどんな「感じのこと」でもないかもしれず、あるとしてもせいぜい、〈自動エレベーターであるとはこんな感じのことである〉というのと大差ないのかもしれない。では、この問いをハイイログマにも向けるとき、[3]〈ハイイログマであることは何らかの感じのことであるはずだ〉と私たちに確信させるものは何なのだろう？　たしかに私たちにとって、〈ハイイログマであること〉は〈何らかの感じのこと〉であるに違いないように**見える**——ただ、彼らのふるまいを見て、彼らの鳴き声に耳を傾けさえすれば！　〈ハイイログマであることは何らかの感じのことである〉という主張は、そのハイイログマの毛皮の中に潜んでいるノミについて〈ノミであることは何らかの感じのことである〉と主張するよりも明白なことを主張しているように見える——そうではないか？　しかし、もしかするとここで私たちは、自らの想像力の罠にはまっているのかもしれない。私たちは〈私たちであるとはしかじかの感じのことである〉と知っているが、なぜそれを知っているかといえば、私たちがその、しかじかだと感じられる何かについて日々語っているから、という単純な理由によっている――私たちは、誓いや不平や記述、詩や小説や哲学書、さらには査読付きの科学論文の中で、それを語っているのである。これは私たちの外見的イメージが備えている中心的な特徴であり、**私たちの言語を十分に長く研究してきた「火星人の」科学者たちの誰もが明白だと認める、客観的事実である。**[4]私たちが内省によって何かを明るみに出すという行動は、食べたり、走ったり、戦ったり、愛したりすることと全く同じぐらいに観察可能で測定可能な行動なのである。私たちと他の動物が同じようになしうる活動の中で、〈他の動物も、多かれ少なかれ私たちの意識に似た意識をもつ〉という主張の可否を確定させてくれるような活動が――それについて語る、という〔私たちにしかなしえない〕活動以外に――存在するだろうか？　火星人の科学者たちが〈人間以外の地球生物――イルカ、チンパンジー、イヌ、オウム、魚など――が、この言葉を話す地球生物と類似しているのかどうか？〉という問いを立てるとしたら、その科学者たちは何に目を向け、何に印象づけられるだろうか？　またそれはなぜだろうか？　これは適正な科学的問いというだけではなく、答えねばならない問いであるが、しかし、思想家たちは通常、この問いへの回答を辞退する。彼らは、だいたい次のような弁明でこの問いを回避するのだ。

生命の複雑性の幅広い段階の、どの地点に線を引けばいいのか、僕には、思い付かない――蠕虫《ワーム》が〔すでに〕意識をもつのか？　それとも魚？　爬虫類？　鳥類？　僕たちには決して分からないのかもしれないが、それでも僕らは、人類だけに意識があるわけではないことを知っている。それは明白なことだ。

この弁明は受け入れがたい。これには理由が二つある。一つ目の理由は〈たとえどこに引かれるべきかが未知であっても、ともかく引かれるべき一線は存在するし、存在せねばならない〉という発想《アイデア》は、根本的に前ダーウィン的な発想《アイデア》であるということだ。詩人《ポエット》に始まり、ポッサム〔小型有袋類〕、インコ《ピーコック》、桃《ピーチ》を経て原生動物《プロトゾーオン》に至る、[5] ありとあらゆる〔意識の〕多様な形態が存在するだけで、発見すべき意識の「本質」などどこにも存在しない、ということもありうるのだ。ネーゲル（Nagel 1974）の「それ〔コウモリであることなど〕はどんな感じのことか？」[6] という有名な定式は今や、その場しのぎのつっかい棒[7]として用いられている。つまりその定式は、〔今のところ〕無内容だが、それでも探し出すべき、推定上の〔宇宙的〕区別を指すための合図として用いられているのである。この事実は、許容できる妥協ではないし、一部の哲学者が考えるような、理論の根本要素などではなく、一つの恥だと見なされるべきである。二つ目の理由は、先の弁明が、何らかの点で誤っているかもしれない一つの直観――直観以上の何ものでもないもの――に私たちを縛りつけて身動きできなくしてしまうことにある。意識に関する暫定的な不可知論は適切なものであるが――私もまさにそれを支持してきた――、しかし〈**他の動物にも意識があるというのは言うまでもない。たとえそれが何を意味するのか知り得ないとしても**〉という但し書きを支持するために用いられる不可知論は、適切なものではない。この但し書きはよくとも、外見的イメージの長い敗北の歴史を前にしつつも、最後には外見的イメージが科学的イメージに勝利するのだ、という確信の表明以上のものではない。つまるところ、かつては太陽が地球を回っているということも明白な事実だとされていたのである。ハイイログマが〔何を意味するのであれ〕「私たち同様意識をもつ」のかどうか、**考える**ことすらあえてしようとしない人々は、常識ではなくイデオロギーに屈しているのだ。このような人々の動機は十分に敬意を表しうるものかもしれない――そういう人々は、ハイイログマも**苦しむことが**できるのだからという理由で、道徳的配慮を義務づけられる存在者の範囲を拡張することに熱心なのだ。しかし、ここで問題となっている〔意識という〕重要な特徴を同定し、またそれがなぜ重要な問題なのかを説明できるようになるまでは、このような身振りは空虚であるよりもなお悪しきものである。なぜ悪しきものかと言えば、それが、例えば苦しむとは正確に言ってどういうことであるのか、そして、昆虫や魚やヒナギクは苦しむことができるのか、という困難で重要な問いへの取り組みを、無期限に先送りしてしまうからである。私たちには、道徳的な理由ゆえに「一線を引く」〔実際上の〕必要がある。そして、〔例えばジャイナ教徒を除く〕ほとんどの人々はカやシカダニやツエツエバエ、それにプラスモディウム・ファルキパルム〔マラリアの原因になる微生物――原生動物は苦しむことができるのだろうか？〕を、傲慢にも殺害しようと提唱する政策に満足している。ほとんどの人々は、ドブネズミは絶滅してもよいと認めるが、彼らの齧歯類《げっしるい》のいとこで、洞見あるコメディアンによれば〈ＰＲに成功したドブネズミ〉であるところのリスについては、同じことを認めない。しかしながら私たちは、他でもない、民衆的知恵の重要かつ衝撃的な例外を自分たちの科学が発見する場合、自分たちの科学の中立性を維持すべきなのである。

みなさんはそろそろ〈デカルトの重力〉のきしみを感じている頃だろうか？　ハイイログマであることが、どんな感じのことでもないだって？　からかっているのか？　私はからかってなどいない。証明の責任を要求しているのだ――つまり、機敏さが増大していく〔見たところ〕連続的な系列の中のどこかに、ある特別な相転移が生じ、その結果引かれた宇宙的な分割線が、木とノミ〔あるいはノミとハイイログマ――選択はお任せする〕を隔てている、という主張の論証を望んでいる人々は、それを証明すべきだと言っているのである。そういう分割線は存在するのかもしれない。しかし、境界線の一方の側にいる生物が、〔ネーゲル的な〕「何かがしかじかの感じのことであること」によって**何か重要なことができる**ようになるが（その何かとは、**苦しむこと**かもしれない――だとしても、それを検出する客観的な手法は必要となる）、もし別の側に属していたらそれができなかったはずだ、ということが成り立たない限りは、その分割線は民俗的《フォーク》な伝統にもとづくものでしかない。そのような分割線が存在することを否定しているのではない。私は、その問題を先送りした上で、その種の分割線を要請せずに、どこまで遠くに到達できるのかを見極める作業をしようと提案しているのであり、これこそがあらゆる科学的探求が進んでいくやり方なのである。これほどの公明正大さに自分は耐えられない、と思う人がいたら、その人は〈デカルトの重力〉がもたらすさまざまな効果に対する過剰補償を行っていて[8]、それによって探求に参加できなくなっているのだ。（思い出しておくべきは、デカルト本人はこの問題を一つの決断で解決したということだ――〈人間だけが意識をもち、動物は心をもたない自動機械である〉と。）私たちがデカルトの判定にたじろぐのだとしたら、当面はどこかに**道徳的な**一線を引いておく必要がある――過つなら、安全な方に過つ方がよい。だが、より優れた判断を見つけだすまでの間、**科学的**判断は保留しておく必要がある。さもなければ、私たちの知見が増したとき、その線を改めて是認したり、あるいはずらしたりするための根拠を失ってしまうことになる。イギリスでは一九八六年以来、タコ（ただしオクトパス・ウルガリス一種のみで、他の頭足類は含まれない）を法的な庇護を得る資格をもった「名誉脊椎動物」とすることが法律で定められている。例えば、生きたロブスターやガを熱湯に放り込むことは法的に許されても、タコについてそれを行うことは禁じられる。タコには、哺乳類、鳥類、爬虫類などに認められているのと同じ庇護が与えられているのだ。この法律は拡張すべきか？　縮小すべきか？　そもそもこれを可決した議員たちの判断は正しかったのか？　この問いへの支持しうる回答を得たいのなら、私たちには、自分たちの腹の底からの直観の正体を探る――その上でそれをカッコにくくる――必要がある。私たちの道徳的な直観によって、経験的な探求を最初から歪めてしまうことはあってはならない。

無知なる行為者《エージェント》たちの妙技を過小評価すべきではない。シロアリの蟻塚、カッコウのヒナの殺卵行為、その他数多くの行動上の驚異は、もっぱら行動的理解力《コンプリヘンション》[9]と呼ばれる類の、明確な自覚も考察も伴わない実践的なノウハウに当たるもののみによって達成される。私たち人間は観察者／説明者／予測者として、このようにうまくデザインされた優秀性を目の当たりにするとき、そこでの植物や動物のふるまいの理由を自動的に解明しようとし始め、志向的構えを利用したリバースエンジニアリングを始める。そしてすでに見たように、私たちがそれに取りかかるとき、ごく一般的かつ自然な成り行きとして、生物に実際よりも多くの理解を帰してしまう。これにはもっともな理由がある。つまりその行動は一見して賢い行動なのであり、そしてその賢さがその生物自身の賢さでないとしたら、誰の賢さなのか分からないことになるのである。皮肉にも、仮に私たちが創造論者であったなら、すべての理解を神に帰属させて満足し、生物たちにそれを帰さなければならない、という思いを感じなかったはずである――それらの生物はすべて神の操り人形なのだから。ダーウィンが、自然選択という無精神的過程を発見し、暴露したことによって、私たちの想像力は解放された。すなわち、自然のあらゆる驚異にリバースエンジニアリングを施し続けながらも、そこで発見された理由を宿しているはずの心を特定しなければならない、という義務を感じる必要がなくなったのである。

人間の脳が「局所的な《ローカル》」有能性を用いて「大局的な《グローバル》」理解を達成するのはいかにしてか？

言語が人間に与えられたのは、自分の思考を隠すことができるようにするためである。

——チャールズ＝マウリス・ド・タレーラン

言語は、また同じく意識も、必要に応じて生まれた。すなわち、他者との交渉の必要性のために生まれたものに過ぎない。

——カール・マルクス

意識一般は、コミュニケーションの必要性という圧力の下で発展したものであるに過ぎない。

——フリードリヒ・ニーチェ

シロアリのコロニーに、シロアリたちを組織し命令するレズリー・グローヴス中将〔第4章参照〕はいないし、人間の脳には、シロアリよりもさらに無知なニューロンたちを組織し命令するレズリー・グローヴス中将はいない。人間の理解力《コンプリヘンション》が理解力なきニューロンたちの活動から構成されることは、いかにして可能なのか？　私たちが備えている多くの構造、習慣、その他の特徴を説明するさまざまな浮遊理由以外に、定着した諸理由、すなわち、私たちが自分自身に、また他者に対して表象するさまざまな理由が存在している。これらの理由それ自体が、私たちにとっての**事物**である——すなわち木や雲、ドアやカップ、声や語や約束、といったものと並んで**私たちの**存在論を作り上げる、私たちの外見的イメージの住人である。私たちはこれらの理由に関して**何事かをなす**《ドゥ・シングズ》[10]——理由に異を唱えたり、見直したり、放棄したり、支持したり、否認したりする。そしてこれらの、しばしば外側からは見えない行動は、私たちが言語による多様なアプリを、あらかじめネックトップ〔脳〕にダウンロードしていなかったら、できなかったはずの行動である。要するに、私たちはそれらの理由——よいものも、よくないものもある——について思考することができるし、またそのことによって、それらの理由に私たちの外面的な行動への影響力を与えることができる。これは他の生物には未知のふるまい方《ウェイズ》である。

フェチドリの擬傷行動、ないし〈傷み羽根ダンス〉〔一五一頁以下〕は、キツネに〔ヒナへ向かう〕進路を変え、母鳥に向かうべき理由を与えるが、キツネはこれによって母鳥を信頼したのだと認めているわけではない。母鳥は、キツネの注意を引きつけておくために、もがく身振りを調節しているかもしれない。しかし彼女がこの調節をコントロールするためには、キツネの心的状態に対する原始的な「見積もり」以上のものは必要とされない。他方のキツネもまた同様に、まさになぜその地域の偵察を続けるのをやめ、見つけた獲物〔母鳥〕の追跡を始めるのかの理由について、何の理解《コンプリヘンション》ももっている必要がない。私たちも同じように、これから何をするのか、漠然としか考えていない状態で、数多くの非常に巧妙な、**後からさかのぼってはじめて**正当化できるような行為を遂行できる。こういう漠然とした思いは、しばしば後知恵をめぐらす中で、理由の自己帰属の働きにより、素早く際立たせられるものだが、この最後の一歩こそ、私たちに独自のものだ。自己正当化（あるいは自画自賛、自己弁明、自己慰撫、自己賛美、等々）は、私たちが自分の頭を、文化が生み出したミームで埋め尽くしていく過程で獲得された行動のやり方《ウェイズ》（思考のやり方《ウェイズ》）であり、そのミームの中でも特に重要なのが、自己非難、自己批判の習慣である。これによって私たちは、人生の諸問題にあらかじめ解決を与えるために、事前に計画を練り、それらの問題について他の人々と語り合い、また自分自身と語り合うことによって、理由を厳しく吟味し、批判するという習慣の使用を学ぶ。さらに、ただ自分自身と語り合うだけでなく、人生の問題を想像し、心の中でそれをさまざまに変化させてみて、何か欠陥はないかと探すのだ。私たちは単なるポパー的生物ではなく、グレゴリー的生物であって（第5章参照）、自分の未来の行為をデザインするために思考道具を使うのである。他にこんなことをする動物はいない。

　この種の思考をなしうる私たちの能力は、どんな専門化した脳構造によっても達成できず、他の動物に見いだされることもない。例えば「説明者神経核」なるものが存在しているわけではない。私たちの思考は、さまざまなバーチャルマシンから作られたさまざまなバーチャルマシンから作られたさまざまなバーチャルマシンから作られている。このような多くの有能性《コンピータンス》の重層構造を、ボトムアップ式の神経科学だけで（つまり認知神経科学の助けを借りずに）描き出し、説明することを目指すのは、みなさんのスマートフォン上のアプリの集合体を、ハードウェア回路のデザインとメモリの中のビット列の解読によってボトムアップ式に、つまりユーザーインターフェースをのぞき見せずに[11]、解読することを目指すのと同じぐらいに迂遠な目的である。アプリのユーザーインターフェースが存在するのは、アプリの有能性《コンピータンス》〔機能〕に、ユーザー――人々――が、アプリの動作の込み入った詳細を知りえず、また知る必要《ニード・トゥ・ノウ》がなくとも、アクセスできるようにするためである。そして脳に蓄積されたすべてのアプリのユーザーイリュージョンが存在するのは**それと同じ理由からである**――すなわち、私たちの有能性に、ユーザー――**他の人々**――が、込み入った詳細を知りえず、知る必要《ニード・トゥ・ノウ》がなくとも、（何らかの仕方で）アクセスできるようにするためである。さらに、私たちがそれらの有能性を自分自身で利用するようになるのは、おおむねこれと同じ条件においてである。すなわち、私たちは、私たち自身の脳におけるゲストとして、それらの有能性を利用するのである。

　これと似たようなユーザーイリュージョンが他の動物に――文化的というよりも遺伝的に――進化するための別の経路も存在しうるのかもしれないが、私にはその経路を説得力ある詳細を補って思い描くことができないし、また動物行動学者、ロボット工学者であるデイヴィド・マクファーランド（McFarland 1989）が展開した論証によれば、「コミュニケーションとは、生物が自分自身の制御《コントロール》システムへの自己監視を必要とする、唯一の行動である」ということである。ある生物は、お互いに競合し合っており、ただし近視眼的に働くような、条件的に活性化される（つまり空腹やその他の生理的欲求、都合のよい機会の感知、備え付けの優先順位づけ、等々によって活性化される）タスク〔作業〕コントローラーの集合体を用いて、効果的な自己制御を果たすことができる。現在活性化されているタスクコントローラーの活性化条件を上回る活性化条件が別のタスクコントローラーに与えられた場合、その別のコントローラーが現在実行中のコントローラーに介入し、処理される作業《タスク》が速やかに変更されるのである。（オリヴァー・セルフリッジ（Selfridge 1959）の「伏魔殿《パンデモニアム》モデル」は、後の多くのモデルの先祖である。）[12] そこでの目的は、各々のタスクコントローラーを導くフィードバックループの中に暗黙的に表象されているだけであり、大局的《グローバル》な、または高次のレベルの表象はそこにはない。進化は、これらのモジュール〔ここではタスクコントローラー〕[13]に対する動的な介入の仕組みを最適化する方向へ働き、またそれは誰にも知られずに《ノーバディズ・ザ・ワイザー》進む。[14] これはつまり、誰一人として一挙に賢く《ワイザー》なる〔＝グローバルな表象を得る〕必要はない、ということである。

　マクファーランドの主張では、コミュニケーションという行動上の新機軸がすべてを一新した、という。コミュニケーションには、情報の何らかの中心が必要である。というのも、生物が自分の現在の状態を、競争相手の生物たちに筒抜けにしてしまうことを防ぐための、緩衝装置が必要だからである。ドーキンスとクレブス（Dawkins & Krebs 1978）が示したように、コミュニケーションの進化を理解するためには、コミュニケーションを、純粋な協力行動よりもむしろ操作〔他個体を操ること〕に基礎づけて考察する必要がある。ポーカーフェイスができない生物、つまり自分の状態を聞き手すべてに「コミュニケート」してしまう生物は無防備なカモとなり、すぐに絶滅してしまうはずである（von Neumann & Morgenstern 1944）。[15] このような自己の状態の露出を抑制するために進化せねばならなかったのが、私秘的《プライベート》で私有的なコミュニケーション制御用の緩衝装置である。このような緩衝装置が現れると、方向づけられた欺きの余地——またこれに随伴する、自己欺瞞の余地（Trivers 1985）——が創り出される。それが可能になるのは、この緩衝装置が、神経系の進化史上初めて、その生物〔自身〕の現在の状態の明示的、かつ、大局的《グローバリィ》にアクセス可能であるような表象を創り出したことによる。[16] この表象はそれが表象している作業《タスク》から切り離し可能なものであり、それにより、欺きの行動を、他の行動へのコントロールに介入せずに組みたて、コントロールすることができるようになったのである。

ここで明記しておかねばならないのは、マクファーランドが「コミュニケーション」と呼んでいるのが、〔私たちしか行わない〕**言語的**コミュニケーションに限定されない、**戦略的**コミュニケーション一般である、ということである。[17]〈ある者の現実の目的および意図〉と〈ある者が聞き手にコミュニケートしようとする目的と意図〉との区別という決定的な分離を果たすのが、この戦略的コミュニケーションである。多くの種が、比較的単純なコミュニケーション行動を遺伝的に備えていることに疑いの余地はない（Hauser 1996）。ストッティング〔跳ね歩き〕、警戒声、なわばりのためのマーキングやなわばりの防衛などがそうである。敵対的な出会いをした場合にははったりをかける、といった類型的な欺きは普通に見られるが、欺きのためのもっと生産的で応用性の高い才能のためには、マクファーランドが言う私秘的《プライベート》な作業空間《ワークスペース》が必要である。一世紀かそれ以上の間、哲学者たちは私たちの内的思考の「私秘性《プライバシー》」を強調してきたが、〈なぜ私秘性《プライバシー》がすぐれたデザイン的特徴であるのか？〉という問いかけをわざわざ発する哲学者はほとんどいなかった。（これは多くの哲学者に広まっている盲目性の一つである。彼らは外見的イメージを単なる**所与《ギブン》**と見なすだけで、それが私たちに与えられ《ギブン》たのは**何のため**でありえたのか、という問いを決して問わないのである。[18]）

私たちの外見的イメージはいかにして私たちにとっての外見となるのか？

ここにはまた別の〈奇妙な逆転〉がある。コミュニケーション行為によって他者と情報を共有し、理由を与えかつ要求する、というこの実践が、私たちの個人的なユーザーイリュージョンを創り出したという〈奇妙な逆転〉である。単細胞生物からゾウに至るすべての生物は、ある原初的な「自己の感覚」をもつ。アメーバは有害な物質を器用に回避し、有益な物質を取り込むことで、自らの生命を仕切っている境界を防護する。ロブスターは自分の肢は引き裂いたり食べたりするものではないことを「熟知して」いる。すべての**生物《オーガニズム》**〔有機体〕の行動は自己防衛を中心に**組織《オーガナイズド》**〔有機化〕されている。私たち人間がなす、行動の中には、隠された思考にもとづく行動が大量に含まれているが、このような行動は私たちが文化化の途上で採用した行動であり、そして文化化の過程は、同種個体との外面的な相互作用を数多く必要とする過程である。そこでは習練《プラクティス・メイクス・パーフェクト》がものを言うのであり[19]、また文化化に伴って得られたさまざまな才能を磨き、拡張することは、お互いのお互いに対するアクセス可能性が高い水準で成り立っていることによって可能になる。仔イヌや仔グマのじゃれ合いは、互いの動きを予期し、自分自身の行為と反応を知覚し、調整する能力を鍛えることで、成体になったときの、より真面目な活動の優れた準備となる。私たち人間はコミュニケーションを学ぶとき、同様の相互の交流を発達させる必要に迫られ、そこからその〔コミュニケーションの〕行動を実行する際に、**私たち自身を**知覚する必要が出てくる。それによって私たちは、原初的自己ならざる、より「自己っぽい〔selfy〕」[20]意味での自己をもつようになったのだ。つまり私たちは、どの手足が自分の手足であるかとか、手足を使って自分が何をやっているのか、といったことを追尾する必要があるだけでなく、どの思考が自分の思考であるか、とか、その思考を他者と共有すべきかどうか、といったことをも追尾する必要があるのだ。この〈奇妙な思想《アイデア》〉は、ほぼ逆説になってしまうとはいえ、次のようなひねりを加えた言い換えが可能である——あなたであるとはしかじかの感じがする。**なぜなら**、あなたは私たちに、〈あなたであるとはどんな感じのことか〉を語る——または語ることを避ける——ことができる**からである！**

　私たちが**私たち**へと進化したとき、すなわち、情報交換をなしうる生物からなるコミュニケーション共同体として進化したとき、私たちはある一つのユーザーイリュージョンのシステムの受益者になった。そのユーザーイリュージョンのシステムは、私たちの認知過程——このシステムなしでは、代謝過程と同様に知覚不可能であった過程——**の複数のバージョン**を、コミュニケーションの目的のため、**私たち**にアクセス可能にするシステムである。私たち自身を他者に説明するという活動が、人間の意識のアーキテクチャ〔基本設計〕を創り出した研究開発をもたらす新たな活動である、という思想《アイデア》を表明したのはマクファーランドが最初というわけではまったくない。前節冒頭のエピグラフ[21]がそれを示している[22]。この思想の主眼は、はっきり人間のものと言えるような意識がどう進化したのか、という永年の問題の解明に基礎を提供することにある。たとえこの思想が誤りであったとしても、少なくともこの思想は、説明が成功するには何を果たさなければならないのかに関する一つのモデルを提供することにはなる。近年、数多くの思想家が、これに類する思想やこれと親和的な思想にまっすぐ突き進んでいる。その中にはダグラス・ホフスタッターの「能動的シンボル」の思想（Hofstadter 1979, 1982b, 1985（特に pp. 646ff），2007）や、心理学者マシュー・リーバーマン（Lieberman 2013）、神経科学者マイケル・グラツィアーノ（Graziano 2013）、哲学者ラド・ボグダン（Bogdan 2013）らが二〇一三年に出版した三つの著作がある。

ミームの進化は一つのユーザーインターフェースの進化のためのさまざまな条件を整えた。このユーザーインターフェースがミームたちを「自己」にとって「可視的」なものたらしめた――他者とコミュニケートし、**物語りの重心**であり（Dennett 1991）、発言とふるまいの本人《オーサー》〔作者〕であるもの（ないし者）としての「自己」にとって。共有された話題に対する共同注意[23]が必要となる場合（Tomasello 2014 の第12章の議論を参照）、一人目の人物と二人目の人物が共に注意を向けるべき諸事物――諸々のアフォーダンス――が存在している必要があるが、**このこと〔この必要性〕こそが、私たちの外見的イメージを私たちにとって外見的なものたらしめている。**もしも私たちに、自分の現在の思考や計画、事柄がどうであったのかの自分の記憶、その他についてお互いに語り合う必要がなかったとしたら、私たちの脳が、現在進行中の活動の編集されたダイジェスト――すなわち、意識の流れとされているもの――のために時間やエネルギーや灰白質を浪費することはなかったはずである。脳で生じつつあることに対して限られたアクセスしかもたない自己というのは、新たなミームを取り入れ、既存のミームを拡散させ、お互いに情報を交換し合うためのすぐれたデザインである。このような自己とは何ものだろうか？　神経回路の専門分化した区画ではない。むしろ、オペレーティングシステムのエンドユーザー〔一般ユーザー〕によく似た何かである。ダニエル・ウェグナー[24]が画期的著作『意志的自己という幻想〔錯覚〕』（Wegner 2002）で提起したように、「私たちが、私たちの行動に働きかける、驚異的な数の機械的影響について知るようになれる可能性は（ましてそれを追尾できる可能性は）全くない。なぜなら私たちは途方もなく複雑な機械に住まう住人だからである」(p.27)。ウェグナーのこの、私たちの自己を身体に住まう独立した**居住者**と見なすという、一見すると二元論的な見方が、私たちにとってどれほどなじみやすいものであるか、その点にこそ注目すべきである！「私たちが住まう」これらの機会は、私たちの利益に役立つ事物を単純化〔して提示〕するのであり――「それゆえ意志の経験は、その機械の動作を、私たちの心が、私たちに向けて描写するためのやり方であるのであって、その機械の現実の動作ではないのである」(p.96)。

ここで興味深いのは、私たち自身の心に対する、私たちの**一人称的**な観点が、他者の心に対する、私たちの**二人称的**な観点とそれほど違ってはいない、ということだ――私たちは、自分の脳内で紡ぎ出されてくる込み入った神経科学的機構の働きを見たり、聞いたり、感じたりすることはできず、一つのユーザーイリュージョンとしての、解釈を施されたダイジェスト版で満足していかなくてはならない。しかしそのユーザーイリュージョンは私たちにとって極めて親しみ深いものとなっているため、私たちはそれを実《リア》在物《リティ》と見なすのみならず、その実在物《リアリティ》こそがどんなものよりも疑いえず、最も親密に知られた実在物《リアリティ》なのだと見なすようになっているのである。〈私たちであるとはどのような感じのことか〉の説明は以上である。私たちは他者について、彼らが何を言っているのかを、彼らの言葉を聞いたり読んだりすることによって知るようになる。そして私たちが自分自身について知るようになる仕方は、これと全く同じだ、というのがその説明である。これは新しい思想《アイデア》ではなく、絶えず再発見され続けている思想であるように思われる。偉大な神経科学者ジョン・ヒュージリング・ジャクソンはかつてこう言った――「私たちが話をするのは、他者に自分の思考を語るためだけではなく、私たち自身に自分の思考を語るためでもある」(Jackson 1915)。私を含む多くの人々がこれまで小説家、批評家のE・M・フォースターの言葉として引用してきた次の一節は、実は誤った引用であった――「私が、自分が何を言っているのか分かるようになるまで、自分が何を考えているのかなどどうやったら分かるというのか？」この一節の一バージョンはたしかに、フォースターの文芸批評の書『小説の諸相』（Forster 1927）の中に登場するのだが、フォースターはここで皮肉を意図しているのであり、またそれは、この一節の元になった、過去のある逸話への言及としてなされているのである。R・J・ヒークス（Heeks 2013）によると、フォースターのミームのこの感染性《バイラル》の大きな突然変異は幅広く拡散しており、またヒークスが明らかにしたところでは、この引用は元々の文脈では、アンドレ・ジッドの執筆手法をけなすことを意図していたものだ、ということである。

> もうひとりの高名な批評家がジッドと意見を同じくしています。おばさまは論理的じゃないわ、と姪たちから非難された老婦人の話です。論理的とはどういうことなのか、老婦人はすぐには理解できませんでしたが、やがてそれがどういうことかわかると、腹を立てるよりも軽蔑の叫びを発しました。「論理学！　なんてこと！　なんてくだらないんでしょ！　自分が思ってることなんて、口に出して言うまでわかりゃしませんよ」教養ある若い姪たちは老婦人を時代遅れの人間と思いましたが、じつは、老婦人のほうが姪たちよりも現代的だったのです。（Forster 1927, p.71）[25]

この記録を正確に――あるいは、老婦人とその姪たちの逸話の出典を見つけることはできなかったので、以前よりも正確に近い形で――掲示できたのは幸いであったが、それよりここで私が示唆したいのは、フォースターは、たとえ反直観的であっても重要な可能性に、それと気づかずに歩み寄っていたのだ、ということである。私たちの思考に対する私たちのアクセス、またとりわけ、思考のサブパーソナル[26]な部分での因果作用や動態に対する私たちのアクセスは、実のところ消化作用に対する私たちのアクセスと大差ないものである。私たちは、〔意識という〕非常に狭く、大幅な編集を受けた経路に依存せざるをえないのであり、この経路は、私たちの絶え間ない好奇心と、使用者に親切《ユーザー・フレンドリー》な〔「私たち」に受け取りやすい形の〕報告に対して反応し、家族や友人が思い抱く〈本当《リアル》の私〉へのアクセスよりも、ほんの一歩だけ〈本当《リアル》の私〉に近い。もう一度繰り返しておけば、意識とは単なる自分自身との対話ではない。そこには、私たちの人生の中の目覚めている時間に獲得し、磨き上げた、あらゆる形態の自己刺激[27]と反省が含まれている。それらの自己刺激や反省は単なる脳内の偶発事ではなく、私たちが取り組む行動の一種なのであり（Humphrey 2000, 2006, 2011）、その一部は（遺伝的進化に由来する）本能的なものであり、残りは（文化進化、文化的伝達、および個人の探求に由来する）獲得されたものである。

私たちはなぜ事物をこのように経験しているのか？

ウェグナーの言うように、「その機械の動作を、私たちの心が、私たちに向けて**描写する**」〔強調は引用者〕のだとしたら、また（すぐ前の節で述べたように）、みなさんの個人的意識が、コンピューター画面上のユーザーイリュージョンによく似た何かだとしたら、それは結局、〈デカルト劇場〉は**存在する**、ということを含意するのではないか？——すなわち、この描写がなされる場所、あるいは、〔パソコンの〕デスクトップ画面のショーによく似たショーが上演される場所としての〈デカルト劇場〉が？ そんなことにはならない。だが、この〈デカルト劇場〉に何を代入すべきかを説明するためには、想像力のある程度の拡張が必要である。

私たちは、コンピューターのデスクトップ画面上にあるトークン〔「タイプ」の具体例としての――二八〇頁参照〕に備わっている性質を列挙することができる――ファイルは青い長方形をしており、カーソルは黒い矢印型で、語は黒字に黄色いハイライトを施され、タイムズ・ニュー・ローマン・12ポイントのフォントを使っている、等々。では、私たちの脳内にある、内的で、再同定可能で、私秘的《プライベート》なトークンに備わる、これと対応する性質とはどんなものだろう。私たちはそれを知らない――今のところは。第9章では、どんな語もいまだに結びついていないむき出しの意味というものが、意識内で注意を引くときのあり方を考察した。中でも〈言葉が舌先まで出かかっている〔思い出せそうで思い出せない〕〉現象には特に注目した。これらむき出しの意味は純然たるトークンである。何のトークンかと言えば、ミームのトークンであり、あるいは、私たちが生まれもっている感覚タイプのトークンであり、またあるいは、再認《リコグナイズド》され、再同定されうる、その他の想起されたアフォーダンス――〔今のところ〕何のミームももっていないかもしれない――のトークンである。目を閉じ、青い大文字のAを想像してほしい。できただろうか。これでみなさんは今、脳内に一つのトークンを創り出したことになるが、ここで私たちはそのトークンが青くないと確信できる。それは、ワープロのファイル中のその文字が丸くはない、というのと同じくらいに確かなことだ。ここで形成されたトークンは、神経回路の活動の中に生起した。この神経活動は、注意の活動の中で重要な役割を果たし、関連する他のトークン群を喚起し、多くの認知的活動を調節する神経活動である。これらの〔Aの脳内トークンを構成する〕神経活動は、サッケード眼球運動[28]のような基本的活動を方向づけたり、何ダースものアプリ――ミーム――の始動として始まる高次の行動を開始させたりすることに寄与する。そしてこれら始動したミームが、いつものように、自分自身のトークン――子孫――を競技場にせっせと送り出し始めるのだ。次の文字列を見てほしい。

ここに提供した視覚経験はほぼ間違いなく、〔少なくとも英語読者の〕みなさんの心の中に、tiger〔トラ〕とstripe〔縞〕という語を喚起したはずであり、またほぼ間違いなく――お気づきだろうか？――これらのトークンはある特別な「音声的」な見かけを備えているはずである。つまり両方の語にある長く伸ばす·iは、二つの語を喚起した、ほとんど発音しようのない視覚刺激に比べて、どこか際立って見えたはずである。次にこれらの語は、みなさんの神経的な作業空間《ワークスペース》に黒と黄色[29]の縞模様の表象を導入した〔入植させた[30]〕はずである――ただしその、〔神経的〕表象そのものが黒や黄色であるわけではもちろんない。〔みなさんは視覚的に想像された黒と黄色の虎縞に実際に気づいただろうか？　気づかなくともおかしくない。というのも、この場合の活性化は極めて強いというほどのものではないからである。しかしみなさんは、このサブパーソナルな（そして無意識的な）トークンが活性化したことを確信できる。というのも、これらのトークンは、別の実験を設定すると、みなさんの別の問いに対する一定の回答を「プライミングする〔呼び水を差す[31]〕」はずだからである。〕

このすべてのサブパーソナルな神経レベルの活動が、みなさんの認知能力を生み出している現実の因果的相互作用が生じる場で働いているのであるが、しかし「みなさん」がアクセスできるのは〔それらの活動そのものではなく〕その産物に限られる。tigr から tiger に進み、そこからトラの「心的イメージ」に進んで、そのトラの縞模様に注目する、という経過がどのように進んでいるのかは、内省によっては知ることができない。みなさんは、自分の経験の中で何が生じているのかを私たちに語ろうとするとき、いつの間にか、どうしようもなく比喩的な言い回しに頼ってしまうものだが、その理由は単純だ。つまりみなさんは、**自分の内部で**何が進行しているのかについて、そういう言い回し以上に深い知識も、真なる知識も、正確な知識も何らもっていないのだ。みなさんは虚偽の――しかし深い魅力を備えた――モデルを使って、この無知を和らげようとする。つまり、手を振ってごまかしたり、詫《わ》びる言葉を述べたりして、**自分の外部**で何が生じているのかを自分が知るに至るときの日常的なモデルの模造品を作り出すのである。

　具体例で見ていこう。おなじみの、よく理解していることを思い出すことから始めるのがよい。外的世界のどこかの場所――家の近所にしておこう――を観察し、報告してくれる人を決め、その人にそこに行ってもらう。電話が鳴ったので出ると、家の前の壁に四つの窓がある、と彼がこちらに伝えてくる。どうやって知ったのか、とこちらが聞くと彼は答える、「だって目の前にあるものを見てるんだ。はっきり見えるんだよ！」こういう返事を聞いた場合、私たちは通常、彼にそれがはっきり見えるという事実が、彼が例の事実をどうやって知ったのか〔というこちらの質問〕の説明になるのはどうしてなのか、などと彼に問いかけたりはしない。見ることはすなわち信じることであり、[32]あるいは、信じることに似た何かなのだ。つまり私たちは暗黙の内に、彼の開いた目と彼の話す口との間をつなぐ未知の経路が、信頼に足るものだと見なしているのである。これは、彼の携帯電話と私たちの電話の間をつなぐ、電波塔相互の経路が正常に働いている、という場合の私たちの態度に似ている。こういう場合私たちは、電話がどういう仕組みで動作しているのかに興味をもたず、それがちゃんと働くのは当然のことだと思う。同じように私たちは、彼はどうやって、明るい場所で、自分の前にあるものについて、ただ目を開けているだけで、非常に信頼できる回答を返すことができているのだろう、といった問いに困惑し、頭をかきむしったりはしないものである。なぜなら、（目が不自由な場合を除き）私たちはみなそれができるのだから。だがそれはどういう仕組みで働いているのか？　私たちはその仕組みを知らないし、普通は興味をもたない。

　私たちが外部世界についてではなく、外部世界についての彼の**主観的経験**、つまり彼の**内的**世界に興味を抱き、それを記述してほしいと彼に頼む場合、私たちの質問は彼を困惑させるようになる。こういう場合私たちは、非常に不自然なことをやってみせてほしい、と彼に頼んでいることになるからである。そしてその結果は――彼が何らかの学派に属する、訓練を積んだ内省の達人《イントロスペクター》でもない限り――、がっかりするものになるのが普通である。「分からない。目を向ければ家が見えるんだ。つまり、自分が家を見ているんだ、って思うんだ。家の形をしたものがあって、だいたい五〇ヤードぐらい離れているように見える。それに、四つの窓みたいな形のものがついていて……それから、もし目を閉じても、また開けばやっぱりそこにあって……」

私たちに見えるものを人々に語る、という過程の外面的な部分は相対的にアクセスが容易で、なじみ深い――私たちは目を開き、焦点を合わせばならないとか、注意を向けなければならないとか、光がなければならない、といったことを知っているのだ。そしてこのアクセスの容易さ、なじみ深さが、この過程のそれ以外の部分のあからさまな空白を、私たちから（つまり内省の視座から、あるいは単純な自己吟味から）見えないところに隠してしまう。私たちはこの過程に対する特権的なアクセスなどもっていないのであり、つまり私たちのこの過程に対する関わりは、報告役の彼の携帯電話と、私たちの電話の通話を確保している、複雑な過程に対するアクセスと大差ないものなのである。

――家の横に木があると、どうやって分かるんだい？
うーん、あるね。それに、ちょうど木の形をしたものがあるのが見えるよ。
――木の形をしたものがあると、どうやって分かるんだい？
うーん。ただ分かるんだよ。

――それが木である、という判断《アイディア》を固める前に、それがどんな風に見えるのかの見え方を、世界内の多くの事物と比較したかい。

いや、意識的にはやっていない。

――それに「これは木です」というラベルは貼ってあった?

貼ってはいなかったし、僕には「これは木です」なんていうラベルを見る必要はない。それどころか、もしラベルなんかがあれば、僕にはそれが読めなければならなかったはずだし、そのラベルが、それが貼られた事物のためのラベルだ、ということを知っていなければならなかったはずだ。でも僕はそれが木だとただ分かっているんだ。

みなさんに、ただ両足を開くだけで、今現在シカゴで起きている出来事について驚くほど正確な確信が得られる、という能力が備わっていると想像してもらいたい。さらに、どうやってそんなことをやれているのか、みなさん自身はまったく興味をもっていない、とも想像してもらいたい。

――どうやってやっているんだい?

ちっとも分からない。でも、ちゃんとうまくいくんだ。問題ある? 足をぴったり閉じると、もう何も浮かばなくなる。そしてまた足を開くと、今シカゴで起きている出来事で僕に興味があることが、何でもすぐに分かるようになる。僕はただそれを知っているんだ。

――それはどんな感じ?

う一ん、言ってみれば、見たり聞いたりするみたいな感じかな。ちょうど遠隔カメラの画面を見ているみたいな。ただ、何もかも同じというわけじゃない。シカゴの出来事への興味が満たされることを、何の努力もなく、ただ感じるんだ。

説明はどこかで停止せざるをえない。この場合は、パーソナルなレベルで説明が止まっている。そこでは、知る、見る、気づく、それと認める《リコグナイジング》、その他なじみ深い精神主義的《メンタリスティック》言語を用いることでは特徴づけようのない能力が語られているのだ。一人称的な視点の問題は、それが科学的イメージにではなく、外見的イメージに根差しており、また科学的イメージの資料を利用できない、ということにある。私たちが報告役の人物を問いつめる場合、標準的な仮定によれば、「僕は知っている。なぜならそれが見えるからだ」という返答は、完全に受容可能な返答である。ところがこの標準的仮定を、被験者が例えば心的イメージや記憶（あるいは、想像上の両足を開いて行う透視）について報告するような場面に持ち込むとき、私たちはありもしない人工物を創り出してしまうのだ。私たちの質問が**直接に**創り出す、あるいは引き出すのは、例えば上述の対話で見るように、一定の回答である。しかしそのような質問は、それへの回答にもとづいて、間接的にイデオロギーを創り出す。みなさんは、自分の主観的経験がいかなるものであるかを自分自身に問いかけることができるし、それについて何を言いたくなるか自分で確かめることもできる。さらにそこから、自分自身が表明した見解を支持し、信じ、そしてその信条がはらむ諸帰結を追求しよう、という決断を下すこともできる。またこういう問いかけやその後の決断は、自分の今現在の経験がどんなものであるかを声に出して言うことで行うことも、それを自分自身に向けて無言で言い聞かせることで行うことも、あるいは、自分自身で「ただそれを思考する」ことで行うこともできる。

みなさんが、自分自身の経験にアクセスできるとしても、これが限度である。そしてこれは、みなさんが自分の経験、およびその経験へのみなさんなりの説明を公開した場合に、他の人物がその経験――**みなさんの経験**――に対してなしうるアクセスと大差ないものである。みなさんの確信が当てにできるものであることは疑いないが、とはいえ、それは不可疑的なものではない。他の人物がそれらの確信の検証を手助けすることはできるであろうし、また恐らくは、それらの確信をさらに実験にかけて修正することもできよう。意識の科学的研究の手法はこういうものであり、私はそれに、不格好だが正確ではある名前として、**ヘテロ〔他者〕現象学**〔*heterophenomenology*〕[33]という名を与えている。これはすなわち、他の人物の経験に関する現象学を意味し、**オート〔自己〕現象学**〔*autophenomenology*〕すなわちある人の自分自身の経験についての現象学と対比される。[34] 従来、オート現象学の方が何らかの意味で、より対象に親密で、より権威があり、より直接的な仕方で経験の対象に到達できると考える伝統、従って「一人称的視点」を採用することこそが、およそ見込みのある意識研究の中で重要な戦略である、と考える伝統が存在してきた。しかしこれ自体が錯覚〔幻想〕なのだ。ヘテロ現象学は、嘘やその他の探求への不協力に対する統制《コントロール》を行っていさえすれば[35]、オート現象学に比べ、より正確で、より信頼性が高く、錯覚〔幻想〕に陥る可能性がより少ないのであり、みなさんは多様な状況でなされる意識研究の実験に自ら被験者として志願することで、**みなさん自身**の経験のよりよいカタログを得ることができるのである。みなさんは、自分自身の経験に備わった、自分ではまるで気づいていなかった特徴を**見せてもらうこと**ができる――その中には、想像だにしなかった盲点や弱点もあれば、自分がもっているとは知らなかった、驚くべき能力もある。

みなさん自身の意識に、他の人々と協働して探求を進めるというのは（これは自分の意識に対する「一人称的視点」である、と言いたければ言ってもよかろう）、およそ可能な限り真面目に、意識を一つの現象として捉えるための手法である。これに抵抗して、僕は自分自身の意識についてもっと多くのことを知っている、だってこれは僕の意識なんだから、とあくまで主張するとしたら、それはドグマに陥っているのであり、そうやって自分のかけがえのない経験を探求の手から守ろうとしているのであって、これは期限切れの有用性しかもたない神話を延命させることにつながる。

私たちは被験者に向かって、自分が育った家の寝室を思い浮かべ、そこに窓が何個あったか言ってほしい、と依頼する。すると彼はしばらく目を閉じてから、答える――「二つでした」。どうやって知ったのですか、と私たちが問いかけると、こう返ってくる――「それは、僕が窓に「目を向けた」から……そして「見た」からです！」言うまでもなく、彼は〔目を閉じている間に、窓に〕文字通りの意味で目を向けたのではない。彼の目は閉じられていたのである（あるいは、焦点を結ばずに見開かれ、中空に向いていたのである）。このとき、見るという過程の中の「目を用いる部分」は働いていないが、視覚を作り出す過程のそれ以外の部分――私たちが通常は問題にしない部分――の多くは働いている。彼がやったのは見ることに似た何かであり、かつ、見ることに似ていない何かであるが、それがまさにどのように働いているかは、民俗心《フォークサイ》理学的《コロジカル》な探求としての内省や自己操作[36]による本当《リアリィ》の意味でのアクセスが可能なものではない。私たちがこのおなじみの空白地帯に直面するとき、そこに生じるのは、〔前述の〕報告役の人物が観察する現実《リアル》世界の代わりを務める、一つの代理世界――心的イメージ――の存在を要請しようという、ほとんど抗しがたい誘惑である。そして私たちが、この種の代理世界は現実にあるのだ、と確信することができるとしたら、それは次のような無理のある意味においてでしかない――〈そこには何かが――つまり神経活動の中の何かが――存在しているに違いない。その何かは問われている話題に関する情報の多くに、信頼性のある仕方でしっかりとした支えを与えるものだ。なぜなら僕らは、現実世界における外的事物の観察の場合と同じぐらいの信頼性をもって、自分が「それ」から情報を引き出すことができるという事実を、簡単に確証できるのだから〉。家の「想起されたイメージ」には、実際に確認できる、豊かな情報と正確さが備わっているが、それは一定の限界も備えていて、そういった限界はすでに調べられている。これらの限界は、脳内で現実に情報がどう具体的に実現されているのかを明らかにするための重要な鍵を与えてくれるのであり、ここで私たちは、その具体的な実現は私たちにそう見える通りの仕方、つまり、取り上げて調べることのできるイメージとして実現されている、という結論に飛びついてはならない[99]。

このような視座に立つと、私たちが〈心的イメージの形成〉と呼ぶことをしているときに一体何をしているのかについて、私たちが驚くほど何も言えない、というのも意外ではなくなる。私たちは、自分の目を用いて行う、末梢レベルでの活動を自分がどうやって行っているのか、ということ以外には、自分が外的世界を見るという活動がいかなる活動であるのか、端的に何も言えないのだ。私たちはただ目を向け、そして学ぶだけであり、私たちが知っているのはそれで全部なのである。通常の視覚のサブパーソナルな過程を考えてみよう。このとき注意すべきは、これらの、通常の視覚のサブパーソナルな過程は、どこかの段階で、目を開けることで可能になる働きのすべてを生じさせることができるということだ——例えば、ブルーベリーをつまみ、野球の球を打ち、目印の建物をそれと認め《リコグナイズ》、未知の土地を通行し、文字を読む、などだ。同じように、これらの過程によって、私たちの内にある皮質状態は、記述的な発話行為を形成する際の発話サブシステムを導くのに十分な働きをするのだ。私たちはこのサブパーソナルな筋道〔の知識〕に関して着実な進歩を成し遂げつつある——その過程の大部分はいまだに全く不可解なままであるとしても。私たちは、(多くの例から一例を挙げれば)眼球から始まって口頭での報告がなされるに至る過程すべてにサブパーソナルな筋道が存在するはずであることを確信できるし、その過程の中には、内的スクリーンを観察し報告書を作成する自我《エゴ》(自己、上役《ボス》、内的証人)による、二次的な提示の過程は存在しないはずだ、ということを確信できる。私が決して倦《う》むことなく主張し続けてきたように、デカルト劇場の〔観客席の〕中にいる想像上のホムンクルスにできる仕事の**すべて**は、分解されて、脳内のより小さな作用体《エージェンシー》たちに（時間的にも空間的にも）分散して帰属されるのでなければならないのである。

さてそうなると、自己もいくつかのそれらしい部分に分解されねばならないことになる。どうなるだろうか。観察する報告者のどんな縮小体たち、どんな削減体たちによって、その業がなされることになるのか？　恐らくそれは、確信に満ちてはいるが、その確信にどうやって至ったのかについてはまるで無知な「エージェントたち」によってなされる――彼らは恐らく神託を告げる巫女によく似た、さまざまな判断を抱えているが、どうやってその確信の状態に至ったのかについてを、私たちに（もちろん、自分たちにも）何も語らない存在である。レイ・ジャッケンドフはこの論点を何年か前に論じ（Jakendoff 1996）、有益な見通しを提供していたが、近年ブルース・ヒュブナーと私は、サブパーソナルな**口走り**〔subpersonal blurt〕という概念を取り入れることで、この見通しを先に進めた（Huebner & Dennett 2009）。

ここで鍵となる洞察は、一つのモジュール[37]が「無言のまま、強迫的に思考を言語的な形式に変換し、その逆も行う」（Jakendoff 1996）、という考え方だ。図式化して言えば、ある概念化された思考が、その思考の内容を近似する言語的表象の産出の引き金を引き、そこから反射的な**口走り**が生み出される、ということになる。この種の言語的な**口走り**は前・発話行為であり、いまだ**人格**《パーソン》が発するわけでも、

（99）この問題には、ロジャー・シェパード、スティーヴン・コスリン、ゼノン。ピリシンらによる、心的なイメージ形成に関する実験的、理論的な研究や、他の多くの研究が役立つ。[38]

人格《パーソン》によるわけでもなく、サブパーソナルに発される。またそれは、外的な発信システムへ送られる（そこでパーソナルな発話行為の原材料となる）場合も、言語理解《コンプリヘンション》システムへ内的に発信され、そこから直ちに心の解読《マインド・リーディング》システムへ受け渡される場合もある。ここで生成される**口走り**は、心の解読システムが**口走り**の内容にアクセスし、その**口走り**の内容を近似する信念を反射的に生成するときに、外的に発されるかどうかのテストを受ける。次に、信念を確定させるかどうかの決定のために専門化したシステムが呼び出されて信念が更新《アップデート》され、その**口走り**の受け入れないし拒否がなされる。そしてこれらの過程は何度も繰り返される。（Huebner and Dennett 2009）

以上はすべてかなり印象論的な叙述であって、さらなる詳細を補う必要があるが、とはいえ、「物語り」の実行というこれと同様の着想《アイデア》が、さらに最近になってグスタフ・マークラ（Markkula 2015）によって掘り下げられている。そこでマークラが説得力ある仕方で論証しているのは、（大まかに言えば）〈私たちであるとはどのような感じのことか？〉と自分自身に向けて問いかけ、その答えを自分自身に向けて言うという人間の活動が、二元論を復権しようとする哲学者たちがあれほどに愛好する「クオリア」を私たちが真面目な哲学理論と見なしてしまうという、想像力による人工の産物を創り出すのだという。

ヒュームの奇妙な推理の逆転[39]

だがそれでも反論は聞こえてくる。見ること、聞くこと、嗅ぐことが、何かである感じのことでなければならないのはなぜなのか？　なぜ、目覚めている時間じゅう常にマルチメディア・ショーを上演し続けている内的な劇場が、存在するように見えるのだろうか？　たとえ科学的イメージにおいては、そこにはサブパーソナルな筋道があるに違いなくて、それが私による行動と感情的反応、意志決定と言語的報告のすべてを満足のいく仕方で説明できるのだということを私たちが認めたとしても、しかし**私**が、そのストーリーの外に取り残されてしまっている！　私と私のクオリアを世界の外に取り残すのではなく、世界の内に再び位置づけるという作業は、いまだ果たされずに残っているのである。この難問に対する応答として私が知る最良のものは、私が〈ヒュームの奇妙な推理の逆転〉と呼んでいるものである。この名は、ヒュームがダーウィンおよびチューリングが彼らなりの〈逆転〉を発見するずっと以前に、ある一つの事例――私たちの因果関係そのものの経験――について先見的な説明を与えていることに由来する。ヒュームの因果性の理論については込み入った詳細や論争が数多く存在しているし、ヒュームの説明の中の、複数世紀にわたって影響力をもってきた一定の論点は、現在ではおおむね放棄されている。しかしながら、一つの中心的な論点はなお輝きを発しており、外見的イメージと科学的イメージの関係について、そして、私たちの因果関係の経験にとどまらず、私たちの意識経験全般の本性について、ある重要な洞察を提供してくれるのだ。

ヒュームが指摘しているように、私たちは日々、例えば私たちはレンガが窓ガラスを割るのを見たり、打たれた鐘が鳴るのを聞いたりする場合のように、因果関係を**見たり**、**聞いたり**、**感じたり**しているように見える。だがヒュームが断固主張するように、私たちが常に直接に経験しているのは、AがBの**原因として働くこと**ではなく、Aが**Bに続いて生じること**、つまりそれらの継起のみである。仮にヒュームのこの主張が誤っていたなら、カートゥーンアニメ[40]は不可能になってしまう。つまりその場合、バッグスバニーがニンジンをむしゃむしゃ食べるというシーンをアニメーターが表現しようとするなら、噛む動作に合わせてボリボリという音をおさめたサウンドトラック〔効果音〕を同時に流す以外に、〈バックスの歯が閉じる動作と、ニンジンが消え、ボリボリと噛む音が聞こえてくることの間にあるのは現実の因果関係なのであって、単なる前後関係ではない〉ということを何らかの仕方で**直接的に私たちに示す**ための、何か**因果トラック**のようなものをも同時に流す必要があるだろう。だが言うまでもなく、そんな必要はない。[41] 映画の一画面に次の画面が継起することだけで、因果性の**印象**を作り出すには十分なのである。だが、ヒュームの指摘によれば、私たちが経験する因果性の印象は、外から来るものではなく、内から来るものである。つまりその印象そのものが、目覚めている間じゅうに私たちに深く染み込んできた、予期の習慣の効果なのである。（ヒュームは、このような予期の習慣はすべて、正常な幼少時代を送る間に学習されたもの、つまり獲得されたものであると断定しているが、現代の研究が強く示唆しているのは、私たちは反射のように自動的に働くある種の因果感覚を生まれつき備えているということだ。この感覚によって、私たちの感覚器官が正しい形式の刺激の継起に直面するたび、因果関係を「見る」態勢が整うのである。）Aを見た私たちは、Bを予期するように**配線されて**いる。そして、その後B が〔たまたま〕生じるとき、――これこそヒュームの肝心要の主張なのだが――私たちは自分の知覚的反応を、自分が何らかの仕方で直接的に経験しつつある外的原因に対して**誤帰属**するのである。（例えば、私たちはバッグスバニーのアニメの歯が、ニンジンが欠けた**原因である**と考える。）私たちは有用なユーザーイリュージョンに乗せられ、Bがこの後生じるだろうという予期が実現すると、それを誤って、外的世界に由来するものだと解釈する、というのがそこでの実情なのだ。これは、ヒュームの言う、心の「大なる性癖、すなわち自己を外的対象の上に広げようとする性癖」（Hume 1739, I: III, xiv）〔邦訳第一巻一九七頁〕の特別な事例である。このような、私たちの心の中の「習慣的な移り行き」こそが、私たちの因果の感覚の源泉なのであり、この感覚は「対象に属するのではなく、むしろ知覚に属する」質なのであるが、ヒュームがまた指摘するように、「これと正反対の考え方《ノーション》が心に固く打ち込まれて」いて、取り除くのが難しくなっているのである。この考え方は、すべての知覚表象は外部から流入してくるものだ、という通常吟味されることのない想定において、現在でも健在である。

〈ヒュームの奇妙な逆転〉を必要とする、これ以外の民俗的《フォーク》確信を他にも二、三挙げると、甘さは砂糖や蜂蜜に備わり、私たちがそれらを好む原因となる〔砂糖や蜂蜜に〕「内在的な《イントリンシック》」性質である[42]、とか、観察された内在的な《イントリンシック》セクシーさが私たちの情欲の原因となる、とか、私たちの外側にあるジョークの可笑しさが私たちが笑う原因となる、といった確信がある（Hurley, Dennett, & Adams 2011）。思いきった単純化をしてみると、これらの例では、外見的イメージにおける原因と結果が、科学的イメージにおいては逆転している、とも言える。ブドウ糖の化学構造を研究しても、内在的な《イントリンシック》甘さを発見することはできない。代わりに、脳内の甘さ追求機能の詳細に目を向けるべきである。私たちの脳の反応様式が原因となって、〔外見的イメージの中の〕「私たち」は、ある幻想〔錯覚〕である性質を〔外見的〕世界に「投影する」ようになるのだ。ブドウ糖の中には、私たちの神経系の甘さ反応の原因となるような構造的、化学的な諸性質――サッカリンその他の人工甘味料が模倣する構造――は存在する。だが、「私が味わっている内在的《イントリンシック》、主観的な甘さ」は、このような化学的諸性質の内的な再現やモデルといったものではないし、非物理的存在としての私たちの心の中の非常に特別な性質を、私たちの外部の世界の中の知覚可能な事物を飾りつけるために用いている、といったものでもない。それ〔主観的な甘さ〕はそもそも性質などではまったくなく一つの有用な幻《イ》想《リュージョン》〔錯覚〕〔ユーザーイリュージョン〕である。私たちの脳は私たちに、ある種の食物の中に、一つの内在的に《イントリンシカリィ》素晴らしいが、他の仕方では記述できないような性質――すなわち甘さ――が存在するように見える、という確信と判断を抱くように仕掛けてくる。私たちは甘さをそれと認め《リコグナイズ》、思い出し、夢に見ることができるが、それを記述することはできない。それはいわく言い難い、分析不可能なものなのだ。
この効果を記述するために、「投影する〔project〕」という以上になじみ深く、訴える力の大きな動詞はないが、言うまでもなく、これが単なる比喩であることは誰もが知っている。〔例えば〕色が文字通りの意味で〔スライド映写機を用いるように〕目の前の〔色のない〕物体の表面に投影されるわけではないし、まして因果性の観念《アイデア》が、ビリヤード球の衝突点に何らかの仕方で光線として放射されるわけではない。この省略語法としての「投影」を使い、外見的イメージと科学的イメージの間の不整合《ミスマッチ》について比喩的に語ろうとする場合、真実の、長い筋道はどんなものになるのだろうか？ 科学的イメージの中での、〔比喩的ではなく〕字義どおりに受け取るべき長い筋道は、どんなものになるのだろうか？ その答えの大部分は、第8章〔脳はいかにしてアフォーダンスを拾い出すか？〕で簡単に解明した予測コーディングの視座に立つことで明らかになる、というのが私の提案である。

ここでは、ベイズ的予期の反復的な適用が役割を果たす。私たちの存在論〔エレベーターの存在論《オントロジ》と同じ意味における〕は、私たちの脳が制御せねばならない行動にとって重要な、世界内の事物の一覧表を作成するという作業を、最適に近い程度まで果たしている。この作業を果たすために階層的ベイズ予測が用いられ、その結果豊富なアフォーダンスが生成される。例えば私たちは、固体には背面があり、後ろに回り込めばそれが見えるようになるとか、ドアは開くとか、階段が登ることをアフォードする〔支える〕とか、カップは液体を保持するとか、その他諸々の予期を行う。だが、私たちの環境世界《ウムベルト》内の事物の中でも、私たちの順調な生活にとって重要となる事物といえば、それは**私たち自身**である！ 私たちは優れたベイズ的予測を、自分が次に何をするのかについても――さらには自分が次に何を予測するかについても！――手に入れていなくてはならない。そして実際、私たちはそれをやれているのだ。例を一つ挙げよう。

赤ちゃんの可愛らしさを考えてみる。それはもちろん、赤ちゃんの「内在的な《イントリンシック》」性質ではない——たとえそう見えるとしても。みなさんが赤ちゃんに「投影」しているのは、皆さんに感じられた自分の性向、すなわち抱っこし、守ってあげ、育て、キスし、優しい言葉であやす——……その、かわいこかわいこちゃんを！——という性向である。これは、みなさんの可愛さ検出器（これは顔の比率などを基礎にしている）が発火すると、育てたり守ってあげたりしたくなる衝動がみなさんに生じる、というだけのことではない。みなさんは〔自分が〕まさにこれらの衝動をもつことを**予期している**のであり、そしてこの予期の多重構造そのものが、赤ちゃんの可愛さという性質の上に投影されているのである。私たちが、自分がこれよりベビーベッドの中の赤ちゃんを見ると予期するとき、私たちは同時に、自分が「赤ちゃんを可愛いと思う」ことをも予期する。つまり、私たちは自分が赤ちゃんを抱っこしようとする衝動や、その他の衝動を感じるだろうと**予期すること**を**予期する**のである[43]。私たちの予期が実現するとき、私たちの脳は、予期の誤りの不在を示す信号を、世界内の、私たちが相互作用しているその事物が、私たちが期待する通りの性質を本当に《リアリィ》もっている、ということを確証するものとして解釈するのである。性質としての可愛さは、**私たちが生きる世界の客観的な構造的部分であるためのベイズ的テストに合格する**のであり、そして必要なことはこれですべて成立しているのである。**これ以上の「投影」過程は余分であろう。**甘さや可愛さのような性質の特別な点は、これらの知覚が、それらの性質を作り出すために多大に関わっている神経系の特殊性に依存している、という点にある。このような神経系の特殊性は、私たちの制御システムをどう構成するかにおいて、バイアスのかかった役割、あるいは特権的な役割を演じる——要するに、私たちはそれらを大いに気にかける、ということである。

ここで私たちは、二つの独立した主張を混同しないように、多大な注意を払わなければならない。甘さや可愛さという性質は、私たちの神経系の特徴に依存しており、それゆえこの意味の限定された意味で主観的である。しかしこれは、例えば甘さが意識経験が帯びる内在的《イントリンシック》な性質である（すなわち主観的な性質である）、という意味で捉えられてはならないのだ！〈ヒュームの奇妙な逆転〉は素晴らしいものだが不完全である。ヒュームが心の「大なる性癖、すなわち自己を外的対象の上に広げようとする性癖」について語るとき、これは休憩〔停止〕《ストッピング・ポイント》地点ではなく、さらなる探求のための足がかり《ステッピング・ストーン》と見なされるべきである。ヒュームのイメージが秀逸きわまる《ブリリアントリィ》仕方で案出したのは、心の内的項目——ヒュームの語彙では印象〔impressions〕と観念〔ideas〕——が特有のものとして纏《まと》う、固有の（「内在的《イントリンシック》な」）色調で外的世界を塗り尽くす心、という興味深い見方である。だが、そのような絵の具は存在しない（私がかつてそれらを「空想物〔figment〕」と呼んだのはそれが理由である）。私たちは〈ヒュームの逆転〉をもう一歩強固に推し進め、心のユーザーイリュージョンのアイコンは、私たちのコンピューターのユーザーイリュージョンのアイコンとは異なり、画面上に提示される必要がない、ということを示す必要があるのだ。

志向的対象としての赤い縞

もう一つ例を挙げよう。これで私の主張の要点が明確になるはずである——ただしヒュームが言うように、それと正反対の考え方《ノーション》が心に固く打ち込まれている以上、万人を説得するには至らないかもしれないが。図14－1上段のカラー図版中央の白い十字マークをおよそ一〇秒間じっと見てから、下の四角い欄に目を移してもらいたい。何が見えるだろうか？

「アメリカの国旗が見えます。赤、白、青の」

「国旗の右上に赤い縞が見えますか？」（ここでもう一度実験をしてほしい。）

「もちろんです。ぼんやりしてかすかな赤い縞が、星柄の青い部分の右側に見えます」


だが考えてほしい。ページ上にも、みなさんの網膜上にも、みなさんの脳内にも、赤い縞は存在していない。実際には縞などどこにも存在していないのである。ただみなさんにとって、赤い縞があるように見えているだけなのだ。みなさんの脳が、存在しない赤い縞を「投影」しているのだ。（ここで重要なのは、錯覚上の縞がみなさんの頭の中にあるように見えるわけではなく、ページ上にあるように見えているということである――まるで、みなさんの額の中央にビデオプロジェクターがあって、それが投影を行っているように。）この〔錯覚上の〕縞をもたらしている、あなたの中で生じている現象は、赤い縞の形をしてはいない。その〔錯覚上の〕縞は、何らかの神経的表象システム内の表象であり、私たちはそれの場所を今のところ正確につきとめていないし、どう解読《デコード》すべきかも今のところ分かっていないが、それが赤くもなければ縞模様でもないことを、私たちははっきり確信できる。いかなる原因によって、自分が世界内の〔錯視の〕赤い縞を見ているとみなさんに見えるようになるのかについて、みなさんは正確なところを知らない。それゆえみなさんはヒューム的な誤帰属に陥る誘惑に駆られる。すなわち、自分の〔世界内に錯視の赤い縞を見ているという〕感覚（〔あるいは〕判断、確信、信念、傾向）に誤った解釈を加え、自分が見ている赤い縞が、ある主観的な性質（哲学の業界用語《ジャーゴン》を用いれば**クオリア**[44]）から生じており、その主観的性質こそがみなさんの判断〔あるいは感覚、確信等〕の**源泉**なのだと解釈するようになる、という誘惑である。だが実際には、この解釈はほぼ逆方向に進んでいる。つまり、みなさんの**能力**が「赤い縞」を**記述しているの**であり、みなさんの判断と意向が、〔目の前に赤い縞があるという）断定を作り出したのであり、「赤い縞」への（あるとしたら何らかの）感情的反応が、何らかの実体ある赤い縞が**存在する**、というみなさんの確信の源泉になっているのである。

これは、哲学の他の諸領域では詳しく検討されている誤りの形式、すなわち、信念の**志向的対象**をその信念の**原因**だと誤解する、という誤りの一例である。通常の場合、すなわち錯覚や欺瞞者によって欺かれていない場合に、みなさんが何らかの信念（例えば、自分の近辺に何らかの特徴を備えた事物が存在する、という信念）を抱くのは、まさにそのような特徴を備えた事物が、みなさんの感覚器官を刺激することによって、みなさんのその事物への信念の原因となるからである。みなさんが右手の中にリンゴがあると信じるのは、まさにそのリンゴが、目に届くように光を反射させ、下向きの重力を手のひらに働かせることで、あなたがそのリンゴの存在を信じる**原因となるからである**。この種の正常な事例では、細かい難癖（不自然な例外事項など）を脇にのけておけば、みなさんの信念の志向的対象としてのリンゴがまた、みなさんの信念の（主要な、あるいは際立った）原因でもある、と言っていいことになる。だが、これについては、周知の変則的な事例がある。例えば蜃気楼、光学的錯覚、幻覚、補色残像など——そして故意の悪巧みもまた、その変則的事例の一つだ。[45]私が仲間と結託して、オットーに意地悪ないたずらを仕掛けようと決めたとする。私たちはダン・クオリアなる偽りの人物をでっち上げ、そのための仕掛けとして、ダン・クオリアからオットー宛のeメール、文章によるメッセージ、バースデーカードなどを送り始める。さらに同時に、指紋つけたり電話をかけたりといった仕掛けをめぐらせ、さらにオットーが、このなかなか出会えない（実は虚構の人物である）クオリアなる人物と、近くで——ただし近づきすぎないように——すれ違う機会を仕組んだりする。オットーはすぐ、ダン・クオリアの最近のふるまいの非常に詳しい痕跡や、声や、立ち姿や、その他多くの手がかりによって、この人物は現実に存在する人物だと信じるようになる。このようなダン・クオリアは、オットーの何層にも重なった信念の志向的対象である。ダン・クオリアは現実には存在しないが、だとしてもそれらの信念は、すべてダン・クオリア**についての**信念である。この世にはダン・クオリア以外の現実に存在する人物が数多くいるし、〔オットーに見せられた〕指紋やeメールやその他もすべて現実に存在する対象であるが、とはいえダン・クオリアが現実に存在するわけではない。オットーのダン・クオリアに関する何層もの信念は、多数の、ある程度組織された諸原因の集まりに由来しているが、それらの原因の中にダン・クオリアなる名の人物は含まれない。だが、オットーはそれを知らない。オットーはダン・クオリアが存在していること――彼を見たこと、電話で彼に話しかけたこと、彼からの手紙を受け取ったこと、等々――を実際に確信しているのである。オットーはダン・クオリアに会ってみたいと思っているが、しかしこのときオットーが会いたがっている人物とは誰なのだろう？　彼をからかっているいたずら者の誰かではない。彼はそのいたずら者全員の知り合いだが、その中の誰とも、特にまた会いたいとは思っていない。ダン・クオリアは存在しないが、それでもオットーの探求の志向的対象であり、これはちょうど、ポンセ・デ・レオン[46]の〈若返りの泉〉の探求と似ている。ポンセ**は心の中に〈若返りの泉〉という観念《アイデア》を抱いていた**が（大雑把な言い方では、そう言ってよい）、その観念《アイデア》という心的状態は彼が追い求めている対象ではない。観念《アイデア》が探求の対象なら、彼はすでにそれをもっているのだ！　彼は観念《アイデア》ではなく、泉を追い求めているのだ。同様にオットーはダン・クオリアについての自らの心的状態を追い求めているのではない。彼は心的状態ではなくある男を追い求めている。自らの心的状態によって、その男の探求へと駆り立てられているのである。

　ここで、同じ分析を赤い縞に当ててはめてみよう。もしも補色残像について全く知らない人がいたら、その人は素朴に、外的世界の中に本当に赤い縞が存在し、同じところから同じように見えるのだ、と確信するかもしれない。もしもみなさんの信念が**このようなもの**だとしたら、この場合みなさんの信念の志向的対象は存在しないし、またその信念を生み出した原因は、緑色の縞模様の旗の絵や、みなさんの視覚皮質の多数の神経的出来事などであり、その中には赤い色は含まれないし、赤く見えるものすら含まれない、ということになる。みなさんはこれほど素朴ではなく、外部にある赤い縞など存在しないことをよく知っている。そしてこのことがみなさんに、あの誤った推測（あるいは多くの場合、断固たる確信）に至る可能性を開く。すなわち、〈自分は誤るはずがない――「主観的な」赤い縞が心の中に**存在するのだ**〉という誤った推測に至る可能性を。つまり自分はそれを**見ている！**　というわけだ――だとしてもそれは〈準《ソルタ》・見ていること〉なのだが。さらにこの理論的要請を補強するために、みなさんはこう問いかけるかもしれない――〈どこかにある何かが赤くて横向きでなければ、私が横向きの赤い縞の経験をもつことなど、いかにして**可能だ**というのか？〉この修辞疑問に対する〔著者なりの〕少々ざっくばらんな回答はこういうものになる――「簡単なことだよ。確信できないというなら、確信できるように頑張ってごらん」。

　これがクオリアが誕生する瞬間であり、すなわち、不適切な理論構築により人工の産物が生み出される瞬間である。みなさんの信念の志向的対象については何の疑問もない。みなさんは、――赤い縞が**外部のそこ**にあるわけではないとしても――（赤い縞のクオリアを備えた何かとしての）赤い縞が**内側のここ**にある、と心の奥底から信じている。結局のところ、みなさんは「それに目を向け」、「目を凝らし」、「想起し」、「享受し」、「記憶の中の同様の事物と比較して」いるのだから。クオリアは、何らかの仕方で、内的で主観的な性質であり、また私たちがより直接的に見知っている性質である、と想定されていて、これは、私たちがその通常の外的原因――現実《リアル》の赤い縞やその他の外的世界にある原因――について、それよりも直接性をいくぶん欠く仕方で見知っている、ということと対比される。みなさんがこの考え方を進めるとき、みなさんはある内的原因を提起することになる。この内的原因は、みなさんの知覚的信念の**志向的対象**の通常の原因〔すなわち表象された外的事物〕とある点を除いて全く同じ諸性質をもつ――つまりそれらは、公共的で客観的な赤さやその他の諸性質が、私秘的《プライベート》で主観的な形態をとっている、という点で異なっているのだ。だが、誤った信念の志向的対象は単純にどこにも存在しないだけだ、ということにひとたび気づいてしまえば、自分の理論または推測の中に、神秘的な性質を備えた奇妙なあれこれを要求する必要はなくなる。オットーのダン・クオリア信念の志向的対象は、エクトプラズムやらフィクトプラズムやら[47]、その他の何やらでできているわけではない。サンタクロースもシャーロック・ホームズも、そんなものでできているわけではない。それゆえみなさんには、自分が赤い縞を見ているように見えているが、しかし世界の中には、それの源泉になるような赤い縞が存在していない、という場合、自分がまさに経験しつつあると見なしている「実在的《リアル》な見え」としての（赤い空想物《フィグメント》〔五四〇頁参照〕でできた）**それ以外の事物**などが存在する必要はないのである。

そこに代入されるものは何だろう？　つまり赤い縞が存在する、というみなさんの確信を説明**する**ものは何だろう？　それは、みなさんの脳内に現に存在している**何か**によってである――もちろんその通りであり、みなさんの脳内にはそれをもたらす何かが存在しているに違いない。しかし、その何かは神経スパイク列[48]の活動を媒体とする何かであって、他の何かがそれの媒体になっているわけではない。それは非常に際立った、情報豊かなサブパーソナルな状態としての赤い縞表象のトークンであり、第9章で述べた神経上の語のトークンが騒音を発したり穏やかな音を発したりしない（また赤くも黒くもない）というのと同じく、赤くも縞模様でもないのだ。みなさんが〔クオリアと呼ばれる〕赤い縞の存在を信じるようになる原因はこういうものであるが、その原因はみなさんの志向的対象ではない（なぜならこの原因は赤くも縞模様でもないからである)。

しかし、たとえこれが私の主観的状態を完全に説明する**可能性がある**としても、しかし、クオリアの媒体が私たちの心の中に——脳の中ではないとしても——存在するわけではない、ということを、私たちはいかに知るのだろうか? つまりその「素朴《ナイーブ》」理論が誤っているということを、私たちはいかに知るのだろうか? 例の修辞疑問に対するざっくばらんな回答の代わりに、しばらくの間、相手の説得力に屈してしまったと仮定して、そこから何が帰結するのか、調べてみよう。つまりしばらくの間、ある種の主観的性質が存在し、それがみなさんの現在の内省的な確信と内省能力を説明する、と仮定してみよう。この仮定によれば、みなさんが横向きの赤い縞であるように見えるものを経験しているとき、現実にどこかに横縞の形で赤いクオリアが(それがどんなものかはさておき)存在し、そのクオリアが何らかの仕方で、〈自分は横向きの赤い縞を経験している〉というみなさんの確信の原因ないし源泉になっている、ということになる。またこの仮定では、みなさんの視覚システムの正常な動作によって生成されたすべての予期の確証(反証の不在)が原因あるいは引き金となって、[49] 何らかの未知の**媒体**の中でこのようなクオリアの**形成《レンダリング》**[50]がなされることになっている。以下、この仮定にもとづく、例の赤い残像効果のいくぶん詳しい説明らしきものの掲げてみる。この仮定をできる限り明確に提示する、という目的以外には役に立たない説明である。

現実の緑の縞が数秒間みなさんの目の前に固定されると、補色システム内の関連する神経回路に疲労が生じ、この疲労が虚偽の信号(緑ではなく赤の信号)を発し、この信号は疲労が続いている間は反証されない。ここから、どこか非常に高次の過程、すなわち網膜と……うーむ……そう、哲学的確信中枢との間のどこかの過程で、赤い縞模様のクオリアが形成《レンダー》される。そしてこのクオリアを高く評価することが、〈まさに今、みなさんは縞模様の赤いクオリアを実感しているのだ〉という哲学的確信を基礎づけ、それを駆り立て、それの情報源となり、それの原因となり、それを支持するのだ。

この説明は、例の修辞疑問の背後にある考え方《アイデア》を明確化している。つまり〈みなさんにとって確実に、赤い縞がまさに今存在しているように見えている、という否定しがたい事実を**説明する**ためには、**何かこのようなもの**が必要だ、そうでないはずがない〉という考え方である。みなさんはこれをただ言葉で語っている（補色残像をモデル化すべくプログラムされたロボットがしそうなように）というだけでなく、心と魂のすべてでこれを信じているのだ、というわけである。

結構。これで私たちはクオリアを、現在の素描的なモデルにインストールしたことになる。次に何をすればいいだろう？　この媒体内での〔クオリアの〕形成《レンダリング》に**アクセスできる**何かが存在すべきだ、ということになるだろう（さもなければそこで形成《レンダー》されたクオリアは、鍵のかかった無人の部屋に陳列された美しい絵画のように、無用で、誰にも見られず、誰にも評価されないものになってしまうだろう）。そこでこのようなアクセスのできる何らかの存在を、内的観察者と呼ぶことにしよう。さてこのような内的観察者が、このような〔クオリアの〕形成《レンダリング》を高く評価するという反応をとるとすると、それはどんなものになると思われようか？　それは、外部に、見かけ上のアメリカ国旗の一部としての赤い縞が、まさに今存在しているように確実に見えている、という判断以外の何であろうか？　だがこの結論は、予期が反証を受けないままの状態が続く、という経過においてすでに達成されている結論である。視覚空間内の特定の位置にある赤い縞は、すでにそのシステムによって特定されていた。その結論こそが、（ちょうどビットマップ〔画像データの一種〕が、コンピューター画面におけるさまざまな色の形成《レンダリング》の出力源《インフォームズ》[51]となるのと同じように）例の〔クオリアの〕内的形成《レンダリング》の出力源《インフォームド》となっていたのである。つまりクオリアを要請するというのは、果たされるべき認知的作業を単に二重化することでしかない。それが意識のために行う仕事《ワーク》（または遊び《プレイ》）[52]は、それ以上存在しないのである。

「で、それでどうなるの？」［*And then what happens?*］という問いかけを私は〈ハードクエスチョン[53]〉（Dennett 1991, p. 255）〔邦訳三〇五頁〕と呼んできたが、この問いかけを常日頃から問い続けることの重要性は、こういうところにある。意識の理論家の多くは、理論の半分で足を止めてしまう。意識の完全な理論を手に入れたいなら、いくつかの事項〔の説明〕を「意識に」引き渡してしまった後、（意識に届けられたものを何だと見なすのであれ）この問いかけを発し、そしてそれに答える作業を経なければならない。もしもそれをせず、そこで立ち止まって勝利を宣言するとしたら、それは〈主観〉ないし〈自己〉に、そこで引き渡されたものに応答して何かを果たすという課題を押しつけてしまっているのであり、必要な課題を分析されないまま放置することになる。〈ハードクエスチョン〉[54]に対する自分の回答が、「イージー」クエスチョン、すなわち、その過程のクオリアに達する前の部分での働き方に関する問いかけ《クエスチョンズ》に対する回答とそっくりであったとしたら、それはよくない兆候であって、自分は同じ円の上をぐるぐる回っているのだという結論を下してもよい。立ち止まり、考え直すべきなのだ。

クオリアは内省的信念の原因であると同時にその志向的対象（しかも**現実に存在する**志向的対象）でもある、という思想《アイデア》にどこまでも頑固に従っていくと、さらなる人工の産物としての空想的思想が色々と出てくる。中でも最も途方もないのは〈他のいかなる因果性の知識とも異なり、心的因果に関する私たちの知識は不可疑的かつ直接的である〉という思想であり、それによれば、私たちの意識経験の諸要素についての私たちの主観的信念は、まさにそれらの諸要素を原因としているのだ、ということになる。僕らは、自分の内省による確信の**原因**または**源泉**への「特権的アクセス」を手にしている。どんないたずら者が介入する論理的な余地もそこにはない！　そこで僕らはどんな幻想〔錯覚〕の餌食になることもありえない！　あなたはゾンビかもしれなくて、その自覚もないまま、自分が本物《リアル》のクオリアを備えた本物《リアル》の意識をもっていると思い込んでいるのかもしれない。でも僕は、自分がゾンビではないと知っている！　それは違う。君は知ってなどいない。君の確信の唯一の支えは、その確信そのものの強烈さだけだ。そして、ゾンビは存在しうるという理論的可能性をひとたび認めると、君は自分自身の非ゾンビ性に関する、自らの教皇じみた権威を放棄せねばならなくなる。私にこれを証明することはできないが、それでも私には、意識の理論を志す人々に対して、こういう論法が〔論者の間に〕深い亀裂を創り出してしまったことを認め、かつ、両方〔議論の両陣営〕に同時に与することはできないことを認めるように促すことならばできる。[55]

〈デカルトの重力〉の正体と、それが根強い理由

ルネ・デカルトは人間の心を説明しようとした最初の偉大な思想家ではなかったが、それでも彼が『方法序説』(Descartes 1637) および『省察』(Descartes 1641) で打ち出した見方は非常に鮮やかで説得力があったので、この話題に関するその後の思想に強い影響を与えてきた。[56] 脳の解剖学に関するデカルトの草分け的探求は、大胆不敵で想像力豊かなものであったが、彼が用いた道具と方法では、彼が〔解剖学として〕露《あら》わにした複雑な構造の、ほんの小さな断片を推定することしかできなかったし、またデカルトがかろうじて利用できた比喩——ワイヤー、滑車、流体といったものがウマの体内に張りめぐらされている、といった——はあまりに粗雑すぎたため、脳を心として唯物論的にモデル化できるのではないか、というそれなりの可能性を彼の想像力に組み入れることはできなかった。だからデカルトが、彼が「内側から」非常によ

く知っているものとしての心が、物質ではまったくない別の事物、つまり思考スル事物《レス・コギタンス》でなければならない、と考える過ちを犯したとしても、それはほとんどやむをえないことであった。かくしてデカルトは間違ったところから出発し、「一人称的視点」を、意識に対する直接的で、不可疑的ですらある認識的なアクセスと見なした。この一歩がデカルトを最初から、探求に組織立った歪曲を加えてくるユーザーイリュージョンにつなぎ止めてしまったのである。しかし彼にそれ以外の何ができただろう？ 脳の組織をじっと見るというのは、自らの思考や感覚や知覚、それへの満足や嫌悪、考案した計画、感情による気分の変化、といったものを反省する場合に比べると、馬鹿馬鹿しいほど情報に乏しい作業であった。

以来、哲学者や心理学者やその他の科学者たちは、内省というものを少なくともヒント（と問題）の豊かな源泉と目し、それに多大に依拠する一方、この驚異的な発掘品《トレジャー・トルーブ》はいかにして可能になったのか、という問いは先送りにしてきた。つまるところ、私たちの意識ある心は「観念《アイデア》」、「感覚」、「感情」で満たされており、私たちはそれらについて「**見知り**《アクィエンタンス》による知識[57]」をもち、そしてその知識は——ほとんどの思想家が同意していたところでは——あらゆる他の種類の知識よりも、その親密さと訂正不可能性の点で抜きん出ている、というのは「自明な」ことだった。「一人称的経験」の優先性は、たとえ常に公理として明言されていないとしても、ほとんどの探求者の活動における暗黙裏の前提であった。ときにはこれが、根本的な方法論的賢慮として掲げられることもある。ジョン・サール（Searle 1980）はそれを断定的に定式化してこう言う。「この種の議論において、常に一人称的視点に立っていようと断固訴え続けることを、怠ってはならない。操作主義的なごまかしの最初の一歩は、〈他の人物であることはどんな感じのことか〉がどのように知られるのか、という問題を解明しようとするときに踏み出されるのだ[100]」（p. 451）。実際にも、これまでの多くの哲学者にとっての中心的な問題は、意識経験の何らかの科学的説明を提供しようということではなく、むしろいかにして「知覚のベール」を突破し、[58]「内側のここ」から「外部世界」へ到達するか、ということであった。そして言うまでもなくデカルトの『省察』はこの思考法の幕開けとなる探求であった。

サールのアドバイスに従う場合、ある代価を支払わねばならなくなる。つまり、そこで得られる**現象**――すなわち、自らの理論が説明せねばならない出来事や事物――がすべて、科学的探求のためにデザインされた経路を通じて手に入ることがなく、むしろ時間の制約に迫られた人生のてんやわんやの中で、すぐ手に入り、素早いが雑な《クイック・アンド・ダーティ》使い方をするためにデザインされた経路を通じて手に入るものに限られてしまうのだ。この経路からでも、脳がどう働くかについて多くを学ぶことは可能だが――つまるところ、〈常にデスクトップ画面の視点に立っていよう〉と断固訴え続けることによっても、コンピューターについて多くを学ぶことはできるのだ――、しかしその場合、自分につながっている経路が、体系的に単純化された比喩的なものであって、比喩のないありのままのものではない、ということを常に念頭に置き続けると

(100) 操作主義［operationalism］とは、さかのぼること一九二〇年代に、一部の論理実証主義者たちが提起した立場で、私たちがある用語が何を意味するかを知っていると言えるのは、私たちがその用語をいつ何かに適用するのか、ということの決定のために利用できる操作《オペレーション》を定義できる場合に限る、と主張する。チューリングテストは、知性〔知能〕の操作主義的定義だと見なされるべきだ、と公言する者もいる。サールがここで警戒を呼びかけている「操作主義的なごまかし」とは、〈私たちは、他の人々の意識について学ぶ方法を明らかにするまでは、意識とは何であるかを知っていると主張することはできない〉とする主張である。これに対するサールの次のような代案は、それ自体がまったくもって明確な操作主義の事例になっている――もしも私が意識とは何かを知りたければ、測定に要する私の操作は単純だ。つまり私はただ内面の、目に入るものにただ目を向けるだけでよい――それこそ意識なのだ！　これは、彼〔内省の当事者であるサール〕にとって役立つことは言うまでもないとしても、それ以外の人には役に立たない方法である。

いう条件は、どうしても必要である。これが意味するのは、自分（だけ）がアクセスできる、特別な主観的性質一式（典型的にはクオリアと呼ばれるもの）を要請する、という誘惑にそそのかされないよう抵抗する必要がある、ということである。そのような主観的性質は、私たちの外見的イメージから見れば素晴らしい項目であっても、私たちが科学的探求に向かう場合には、現象学者たちが言うように「括弧にくくる」必要のあるものだ。この点を正しく認め損なうと、説明せねばならない事物のリストの膨張《インフレーション》を招き、その結果、例の〔チャーマーズの〕〈ハードプロブレム〉を華々しく喧伝する結果となる。しかしながら、このようなリストの膨張《インフレーション》と〈ハードプロブレム〉は人工の産物である。つまり、進化が私たちに、比喩ならざる真理を犠牲にして利益をもたらす賜物を与えたことを認め損なうとき、そのような人工物が産み出されるのだ。

人に何かアドバイスを求めたところ、「脾臓を使いましょう！」とか「肝臓を使いましょう！」という返事が返ってきた、と想像してみよう。これを聞いても、何をしたらいいのかさっぱり思い浮かばないはずだ。そして教師から「脳を使いましょう」と言われた場合も、もしこの助言を「**知性**《マインド》**〔心〕**[59]を使いましょう」の意味に解釈しなかったならば、やはりまるで途方に暮れてしまうはずだ――「脳」を「知性《マインド》〔心〕」の意味に解釈すれば話はまるで違うが、これは「知性《マインド》〔心〕」という場合、みなさんが、みなさん自身から区別するのが難しいほどに親密に見知っている、〈思考する事物〉を指すからである。私たちがこのような〈思考する事物〉を幻想〔錯覚〕の一種だと見なすことをためらうのも不思議はない。というのも、もし**それ**が幻想〔錯覚〕なら、**私たち**が幻想〔錯覚〕だということになるからである！

私たちが、つまり私たち**自身**《アウア・セルブズ》〔私たちの**自己**《アウア・セルブズ》〕が、他のさまざまなユーザーイリュージョンの一部に「すぎない」のだとしたら、それが意味するのは、人生には本当《リアリィ》は意味などないのだ、ということではないのか？　それは違う。外見的イメージは、数十億年にわたる遺伝的進化の過程と、数千年にわたる文化進化の過程の協働による修繕作業を絶えず受け続けてきたことで、高度に洗練されたシステムとなっており、その根底に位置する、科学的イメージの中で解明される実在《リアリティ》の、有益な比喩的描画《レンダリング》[60]を行ってくれる。私たちはこの外見的イメージというユーザーイリュージョンの利用において多大な熟練を遂げているため、外見的イメージを、何も塗られていない、あるがままの実在だとみなすに至っているが、実際にはそこには何層もの解釈が介入して、実在を塗りたくっているのである。この外見的イメージが私たちの環境世界《ウムベルト》を構成するのであり、そこで構成される世界は――科学に携わるとき〔の一部〕を別にすれば[61]――ほとんどすべての人間的目的を求めて私たちが生きる世界である。私たちは実在を、色、音、芳香、固体[62]、日没、虹、人々およびその意図、約束、脅し、保証、制度、諸々の人工物、といったカテゴリーを通じて学ぶ。私たちはこれらの事項にもとづいて、自分の将来の見通しをもち、自分の決意を固め、人生の計画を練り、自分の未来を切り開いていくのであり、そしてこのことが外見的イメージを――私たちにとって――**重要なもの**にしているのである。外見的イメージは私たちの生死を左右しているのであり、これ以上の重要性をもたらすものなど他にはありえないだろう。以上すべての事柄に対する私たち自身の反省は、意味ないし内容にもとづいて語られざるをえないが、この意味や内容は、私たちの両耳の間と目の後ろ〔つまり脳〕で進行している過程に対する、私たちに唯一容易に利用可能な「アクセス」なのである[63]。

サールは永年にわたり**一人称**的な視点をとること（私は何を見るのか？　**私**であるとはどういう感じのことか？）の重要性を力説してきたが、これに対し、**三人称**的な視点をとること（**それ**は何を欲しているのか？　**彼ら**〔**それら**〕は何を意識しているのか？）[64]の「解毒効果」を早くから高く評価してきた哲学者として挙げられるのが、ジョナサン・ベネットであり、彼の小著『合理性』（Bennett 1964）は、人間の合理性を、ハチの

（非）合理性の研究にもとづいて間接的に研究するという手法を打ち出した。ベネットは、三人称的な視点をとり、下等だがとてつもなく有能《コンピータント》な生物から出発しようと断固訴えることで、内省的方法を用いていることのはっきりした目印《ホールマーク》と言うべき、**内容にもとづく同定**という避けがたい実践に引きこまれてしまう誘惑を、最小限度に切り下げたのである。

　これは、私が言わんとしていることと同じである。つまり、自分の心的状態を自分自身で語ろうとする場合〔すなわち内省にもとづいて語る場合〕、その心的状態の同定は、その内容にもとづいて行わざるをえなくなる、ということだ――「どの観念《アイデア》か？　私の〈ウマ〉の観念だ。どの感覚か？　私の白の感覚だ」というように。他にやり方があるだろうか？　自分自身の心的状態を「内側から」同定するには、例えば「概念Ｊ４７」とか「色感覚２９４」のようなやり方をとることができないのだ。〔だが〕このように自分の心的状態の内容を当然のものと見なし、心的状態をその内容によって選び出すというのは、心的内容の非決定性やあいまいさに関わるすべての問題[65]に蓋をしてしまう態度につながる。自分自身の心を読むことはあまりにも簡単なことであるが、ミツバチの心を読むことは、それらの問題を前面に出し、中心に据えることにつながる。心的状態をその内容によって同定する、という外見的イメージの同定手法を、科学的イメージにもとづく同定手法によって補完するまでは――つまり、私たちが自分で操作していると見なしているユーザーイリュージョンの詳細を産み出す原因となっている、サブパーソナルな情報構造や出来事を同定する、という同定手法によって補完するまでは――私たちが意識の完全な科学を手にすることはないであろう。

　デカルト的視点が未だに発揮している力にはこれ以外の源泉もあり、ここでそれを指摘しておこう。私たちが通常の一般人は合理的存在であり、それゆえ（単に有能性《コンピータンス》のみならず）理解の力ももちあわせている、と前提するとき、私たちは暗黙裏に、日常的に行っている志向的構えの使用を、単に実践的で有益なものとしてではなく、人間の心に関する**端的な真理**である、と是認してしまう。そしてこの是認が私たちを、ある特別な存在に仲間入りさせることにつながる。つまり私たち自身を、私たちをデザインした〈知的《インテリジェント》デザイナー〉〔神〕によく似た存在たらしめるのである。私たちはこの名誉を失いたいとは思わないだろう――違うだろうか？　そしてそれゆえに私たちは通常、自分自身と同胞の人類に、自分たちの創造活動の作者としての権利を、そこに含まれた因果性についての、ありのままの見方が保証する限度を超えたところにまで付与するのであるし、私たちの悪しき行いに対しては、それが保証する限度を超えたところにまで非難を浴びせるのである。

これに加えて――そしてこれは、またもや、これまでの論考からの大きな帰結なのだが――、デカルト的な視点は、見たところ、自由意志[66]と道徳的責任という伝統的な考え方と非常にうまく合致するように思われる、ということがある。この直感《ハンチ》[67]が広く浸透していると気づいたのはかなり以前、ここで素描したような意識についての説明を、それがどんな形をとっていようと受け入れまいとさせている水面下の根拠を暴き出そうと試みたときである。そのとき私は、――一般の人々のみならず――多くの認知科学者がその種の説を**考慮する**ことすら嫌がっていることを見いだしたのであった。私が幾多の反論を葬り去ってしまった後でも、彼らはしばしば最後に口を滑らせ、「だが自由意志はどうなる？　完全に唯物論的な意識の理論は、僕らが道徳的責任を負うことができない、と示すことになるんじゃないか？」と言うことを選ぶのであった。そんなことにはならないのであって、ここでその理由をかいつまんで述べておく（私はこの問いに関する自分の主張を二冊の本[68]と数多くの論文で明らかにしたので、今回は簡略にしておきたいのだ）。伝統的な、物理的な因果関係から何らかの仕方で切り離されたパーソナルな力、という自由意志についての見方は、首尾一貫しないものであると共に、道徳的な責任と意味のための根拠として必要なものでもない。それが虚構ないし幻想《イリュージョン》〔錯覚〕だと宣言している哲学者や科学者は正しいのであり、つまりそれは外見的イメージというユーザーイリュージョンの一部なのである。これによって自由意志は色、チャンス、ドル、約束、それに愛といったもの（膨大にあるアフォーダンスの中から、特に価値の大きな少数の例を挙げた）と同じカテゴリーの中に位置づけられる。自由意志が幻想〔錯覚〕であるならばこれらも幻想〔錯覚〕なのだし、それは同じ理由からだ。自由意志は私たちが解体や消去を望むべき幻想〔錯覚〕ではない。それは私たちがその中で生きているものであり、それなしでは私たちは、現実に私たちが生きているような人生を送ることができなくなる。だが、上記の科学者と哲学者たちが、この（有用な）幻想〔錯覚〕に関する彼らの「発見」が、法に対して、また私たちが自分たちの行為や創造活動に責任を負うかどうかという問題に対して、いくつかの重要な含意をもつのだ、と主張するところにまで進むとき、彼らの論証は雲散霧消してしまう。彼らの言う通り、私たちは応報主義[69]という、人々は自分の行いに対する絶対的な責任を（神の御前で）負うという考え方を、残忍な付属物と見なして振り捨てるべきである。そうして、刑罰が要求される場合には、健全で実際の役に立ち、擁護可能であるような道徳と正義の体系を、しかるべき場所に確保すべきであるし、ただしまた、それに対して根本的に異なった枠組みと態度で取り組むべきである。これについての要点をつかむには、次のような自問自答をしてみればよい。もしも――自由意志は幻想〔錯覚〕なのだから――自分のしたことに責任を負える人など誰もいないというなら、サッカーのイエローカードやレッドカード、ホッケーのペナルティボックス、その他スポーツにおけるあらゆるペナルティの体系を私たちは破棄すべきことになるだろうか？

　自由意志と道徳的責任という現象は人間の外見的イメージの中の価値ある項目であって、伝統が当て込んでいるだけのいくらかの魔法を取り払って、それを科学的実在の中に基礎づけ直してしまえば、たくましく生き延びていく。私は、適切に改訂され理解された自由意志と責任の現象は私たちの最も真面目な存在論の中の擁護可能な要素である、と主張するものであるが、この主張の可否とは関わりなしに認識しておくべきことはある。すなわち、人間の意識を解明しようとする人々の想像力は、底流に潜んでいる強力な抵抗感によって歪められているのであり、その抵抗感は、これらの〔自由意志や道徳的責任といった〕日常生活に組み込まれた特徴が脅かされることへの恐怖に発している。そして私たちはその恐怖がどのようにして抵抗感を産み出しているのかの仕組みを認識しておく必要があるのである。

ニコラス・ハンフリーはその著『魂の探求——人間本性と超自然信仰』(Humphrey 1995) において、人々が「スピリチュアル」な説明を好むせいで抱きがちな、根拠のない予断に、誰よりも力強い注目を喚起した著述家である。彼が示したように、人々は超自然信仰を、単に弁明可能なものというだけでなく、道徳的称賛に値するものとして扱いがちである。軽信は信心深さの一歩手前の〔よい〕こととなっているのだ。多くの人々の考えでは、人間の心はこの世界に残る聖別された最後の砦なのであり、そのようなものとしての心を〔科学的に〕説明するというのは、それを破壊することにつながりうる。だから安全を期すために、便宜としてであっても、意識は科学の限界を超えたところにある、と宣言しておくのがよい、ということになる。また、先に見てきたように、人間以外の動物——ハイイログマ、仔イヌ、イルカ——には心があって、彼らの心は、人間の心と何もかも同じではないとしても、少なくとも彼らに何らかの道徳的地位を——恐らく道徳的責任ではなかろうが、しかし少なくとも虐待されない権利を——をもたらすには十分なものだ、という想定に疑問を投じる恐れのある考察に対しては、それがどんなものであれ、途方もない規模の感情的な反発が存在している。

以上すべての理由から、〈デカルトの重力〉への抵抗は厳しい想像力の鍛練を要するものとなっており、しかも私たちは自分たちの抵抗感を度を越して攻撃することもまた、避けなければならない。私たちは、ほとんど疑いようがないかに見える直観のいくつかを脇にのけなければならなず、その一方で一見逆説的に見えるいくつかの提案を真面目に受け止めねばならない。困難な課題だが、科学は私たちに何度も繰返し、どうやってそれを果たせばいいかを示してきた。今や小学生の子供でも、何らひるむことなく前コペルニクス的、前ガリレオ的な直観を捨てることができるし、ティーンエイジャーになる頃には、ニュートン的な直観のいくつかをアインシュタイン的な直観に置き換えても、それになじんでしまえるようになる。量子力学になじむ、というのは未だ果たされていない課題である——告白すれば、私にとってはそうであり、心の柔軟体操をさんざん試みたものの、いまだになじめていない。それよりも（ともかく私にとって）簡単なのは、ダーウィンの、そしてチューリングとヒュームの、〈奇妙な推理の逆転〉を受け容れることである。私が本書で行ってきたのは、〈デカルトの重力〉の諸原因の素描を提供することで、いまだ納得のいっていない人々が、自分の想像力の不備がどこにあるかを見極め、それを克服できるように手助けすることであったのだ。

人間の意識は、他の動物たちのさまざまな形態の意識すべてと異なり、大部分が文化進化の産物で占められているという特色をもつ。文化進化が、さまざまな語、およびその他多数の思考道具という豊かな賜物を脳内にインストールしたのであり、またそれによって、動物たちの「ボトムアップ式」の心とはかけ離れた認知的アーキテクチャ〔基本設計〕が創り出されたのである。このアーキテクチャは、私たちの心にさまざまな表象システムを据え付け、それによって私たち一人一人に一つの視座——ユーザーイリュージョン——を装備させる。私たちはこの視座に立って、自分の脳の働きに対して、制限され、バイアスのかかった仕方でアクセスするのであり、かくして〔その制限とバイアスゆえに〕私たちは不随意的に、自分の脳の働きを誤解し、脳が、世界内に位置する外的な諸性質の描画《レンダリング》（色や、芳香や、音や……）、および、私たちの多くの内的反応の描画《レンダリング》（実現した予期、同定された欲求、等々）を、（外的世界、または私秘的《プライベート》なスクリーンないし〔劇場の〕舞台の上で展開されるものとして）行っているのだと、誤って思い込んでしまうのだ。私たちは、人生の目覚めている時間を通じて、奔流のような自己探査と反省の不断の活動に携わっており、私たち――だけ――は、この不断の活動によって、自分の有能性《コンピータンス》と、世界がなぜこのようなあり方をしているのかの理由の多くを理解《コンプリヘンド》することができるようになる。私たちの脳は、このように働く文化的に進化した共生体としての情報構造による侵入を受けたおかげで、さまざまな人工物、それに私たち自身の人生の知的《インテリジェント》デザイナーになる権能を得たのである。

第15章　ポスト知《インテリジェント》的デザインの時代

私たちの理解力の限界はいかなるものか？

仮に脳が私たちに理解できるほど単純なものであったとしたら、その場合それほどに単純な私たち自身がそれを理解することは、やはりできないことになるはずだ。

――エマーソン・M・プー『人間的価値の生物学的起源』(Pugh 1978)[1]

人間の理解力《コンプリヘンション》は、有史以前の時代から着実な成長を遂げてきた。四千年かそれ以上の間、私たちは知《インテリジェント》的デザインの時代に生きている。その中で私たちは壺、道具、武器、衣服、住居、乗り物を工作し、音楽や詩を創作し、美術品を制作し、農業を発明してそれを洗練させ、軍隊を組織してきた。それは伝統への従順な服従と、無頓着で場当たり的な即興と、知識と意図に導かれた体系的な研究開発との混合物によってなされ、また時折「霊感に満ちた」天才が現れて、この時代を不規則に分断してきた。私たちはありとあらゆる領域で知《インテリジェント》的デザインを称揚し、幼い頃から、自分の創造活動が人に認められることを熱望する。私たちが創造した人工の産物の中には、〈知《インテリジェント》的デザイナー〉としての神の概念があるが、これも私たち自身の似姿《イメージ》に似せて創造された概念である。[2]これほどまでに私たちは、私たちの社会の中で知的《インテリジェント》デザイナーに高い価値を置いている。

私たちは、このような自分たちの労働の成果の価値を認めており、また私たちの法や伝統は、私たちが蓄積してきた富を保存し増進させられる人工的環境を創り出せるようにデザインされてきた。この環境は完全な意味で**実在する**《リアル》環境であって、単なる**バーチャル**な世界ではないが、しかしそれはまた完全な意味での人工物でもあり、私たちはそれを**文明**と呼んでいる。私たちは、自分たちの種が他のあらゆる種と同じく絶滅の可能性を免れているわけではなく、疫病や技術がもたらす破局によって全滅したり、あるいは――ほんの少しだけ悲惨でない結末として――文明の破壊と、ホッブズの言う「自然状態」、すなわち不潔で、粗野で、短い人生を送るしかない状態に逆戻りしてしまう可能性があることを、自覚している。だが、この理解力ある英雄たちの時代が単純に消尽の時を迎え、ホモ・サピエンスはそのまま生き延びるが、もはや知恵あるヒト亜科生物という名には値しなくなる、といった可能性が一度でも現実化したことがあっただろうか？　現在、不安をかき立てる一つの兆候がある――すなわち、私たちが多大に依存するようになった、労力削減のための多種多様な巧妙な発明によって、私たちの文明化が進みすぎ、私たちがポスト・知的《インテリジェント》デザインの時代に突入しつつある、という兆候である。

本章のエピグラフには、私たちの脳を用いて私たちの脳を理解しようという大胆不敵な試みに対する、プーの明敏な考察を掲げた。この考察は色々なバージョンで多くの著述家に帰されてきたし、何度も独立に再発明されてきた可能性も大きい。その一変種の中には、ジョージ・カーリン[3]による私が大好きなジョークがある。

僕はずっとずっと長い間、僕の体の中で一番大事な臓器は**脳**なんだと思っていた。だけどある日気づいて、考えが変わった――「ん？　僕に**それ**を言ってくるのは誰だよ？」ってね！

このような考察の背後には重要な真理が隠されているのだろうか？　それともこれは、人間の意識を理解しようとする探求から私たちを遠ざけるための、〈デカルトの重力〉のまた別のやり口なのだろうか？　ノーム・チョムスキー（Chomsky 1975）は、大いに注目を集め、わずかの弟子たちを転向させた、**問題**《プロブレム》と**神秘**《ミステリー》という一つの区別を提起した。それによれば**問題**とは私たちに解決可能なもの、**神秘**とは私たちには解決不可能なものである。科学と技術は数多くの**問題**を解決してきた。例えば物質、エネルギー、重力、電気、光合成、DNA、それに潮汐や、結核や、インフレや、気候変化などの原因に関わる問題がそうである。他の何千もの問題についても、日々進歩が成し遂げられている。しかし、科学的な問題解決がどれほど進歩しても、人間の理解力《コンプリヘンション》を完全に超えたところにある問題は存在し、その種の問題は〈神秘〉と呼ぶのが恐らく適切である。チョムスキーが筆頭に挙げるいくつかの〈神秘〉の中には、意識があり、自由意志もある。思想家の中には――現在では**神秘論者**《ミステリアン》と呼ばれるようになっているが――チョムスキーの権威に依拠して、この証明されていない主張を熱心に支持し、チョムスキーと共にそれを訴えている人々がいる。現在も今後も、体系的に人間の視野を逃れ続けるような〈神秘〉というものが存在する可能性はある。しかしチョムスキーやその他の神秘論者《ミステリアン》たちが提起している、この、意気阻喪させる結論を支持するための論拠は、説得力を欠いている。以下、さまざまなバージョンを元にして翻案した、〈認知的閉包（Cognitive Closure）にもとづく「〈神秘〉の存在の」論証〉をお目にかけよう。

私たちの脳が、他のどんな生物の脳とも同じように、厳密な制限を課されたものであるというのは、否定しがたい生物学的事実である。私たちには、**相対的に**オリュンポス的な〔神のごとき高所からの〕視点に立つことで、魚は賢明な生き方をしているが、プレートテクトニクスを理解する素養を備えていないのは明らかであるとか、たとえイヌに民主主義の概念が与えられたとしても、イヌはそこから何も得ないだろう、ということが分かる。どんな脳も**認知的閉包**（McGinn 1990）を免れることはなく、端的に言って人間の脳の限界を超えた、想像も推量もできない無数の主題にこの認知的閉包が関わっている。私たちは両耳の間に奇跡じみた思考スル事物《レス・コギタンス》を備えているわけではなく、物理学と生物学の法則に従う、大量の脳組織を備えているだけなのだ。

ここまでは大いに結構。この前半の、物理的世界に関する論争の余地のない言明に関して、私には何の異論もない。しかしこの後、この論証はこう続くのだ。

私たち人間の脳が、何らかの仕方でこの自然的な制約を免れているはずだ、という仮定ほど、真底非生物学的な仮定が、一体ありうるものだろうか？　この種の誇大妄想は、私たちの前科学的時代から引き継がれた、時代遅れの遺物である。

この論証が説得力をもつのは、人間の脳は今や数々の拡張機能《アドオン》[4]、すなわち何千にもおよぶ思考道具を装備するようになっており、それが私たちの認知能力を途方もない桁数で倍加させている、という同じぐらいに自明な生物学的事実を度外視する場合だけである。これまで見てきたように、言語はそこで要《かなめ》となる発明品であり、私たち個々人の認知能力を一つに集め、およそ思考に携わったことのあるすべての賢明な人類にそれを付与するための媒体として働くことで、私たち個々人の認知能力を拡張するのである。最も賢いチンパンジーも、彼女のグループの他のチンパンジーとノートを見せ合う〔情報交換する〕ことは思い付かないし、まして、それ以前にこの世を去った何千ものチンパンジーたちとそれをしようなどとは思い付かない。

〈認知的閉包にもとづく論証〉の主な弱点は、これぞ〈神秘〉である、という適切な具体例を挙げようとすると、その努力が体系的にはぐらかされてしまう点にある。というのも、この立場から、これこそ私たちには決して答えられないはずだ、と主張するために何らかの問いかけを提起すると、それ自体が直ちに、まさに自らの主張の誤りを十分に証明しそうな対応につながってしまうからだ。つまりその問いかけの提起は、この先の探求へ向けた主題の提起になってしまう。そしてそうなると、たとえその問いかけが間違った出発点から始まっていた場合でも、その問いかけに答える試みを繰り返す中で、いずれその事実〔出発点の間違い〕が明らかになる結果となる。発された問いすべての「メタ」に向かうことは、哲学に特徴的な、再帰的《リフレクシブ》な好奇心であり、それによってこのような「メタ」への問いかけのより明快な変種の可能性——ランダム同然の探索も、秀逸きわまる仕方で《ブリリアントリィ》方向づけられた探索である場合もある——を、網羅的に近い形で探索することがほぼ常にできる、という保証が与えられるのである。このように、発する問いかけを次々に改善していく営みは、私たちにとっての「神秘」の解決の探索法を洗練するための鍵であり、また言語をもたないどんな生物の力をも明らかに超えた能力である。「民主主義とは何か？」イヌがその答えを決して知らないのは確かだが、そもそもイヌは問いを理解することすら決してないはずなのだ。私たちはその問いを理解できるのであり、その事実が私たちの探求を根本的に変化させ、想像すらできない〈神秘〉であったものを、解決に値する〈問題〉に変えるのである。

恐らく、このように私たちの理解の範囲を拡張できるという、言語の実際上無際限な力の考察によって、チョムスキーは近年、自分の立場を和らげるようになっている（Chomsky 2014）。それによれば、たしかに〈問題〉と〈神秘〉の間には「概念的区別」が存在するのだが、それでも、「私たちは科学が与えうる最善の説明を受け入れる」のであり、たとえその説明がどう働くかを想像できない場合ですらそうする。「私たちがそれを超えて何を概念できるかは問題にならない。私たちはそれについては諦めてきたのだ」。これは言い換えれば、私たちは言語、およびそれが可能にした科学の道具《ツールズ》のおかげで、何らかの困惑してしまう現象に関するしかるべき科学理論を手に入れることができるのであり、その理論は、たとえそれを**本当には**《リアリィ》理解していなくとも、支持するに値する理論なのだ、ということである。つまり私たちは、その理論がどのように、またなぜうまく働くのか理解しないまま、それを正当に受け入れることが可能であろうし、それどころか、その理論の予測の真理に人生を賭けることすら正当化されうるであろう、ということだ。チョムスキーのこの改訂案は、神秘論者《ミステリアン》たちが気に入るかどうかはともかく、十分に興味深い思想《アイデア》である。だがこれが真実であることはありうるだろうか？

私たちは、文化的に獲得されてきた何千もの思考道具をダウンロードすることで、自分の力を劇的に拡大することができるようになったが、これは認知的閉包をただ先送りしているだけではないのか？　一個人の心／脳はどれだけ多くの学識を積めるのか？　ここで私たちは、神秘論者《ミステリアン》の推測の中に、一つのあいまいさがあることに気が付く。神秘論者の主張は、**いかなる単一の人間の心によっても**理解《コンプリヘンド》できない〈神秘〉がある、というものなのか？それとも、文明全体に**蓄えられた**理解力《コンプリヘンション》をも超えた〈神秘〉がある、というものなのか？　分配される理解力という思想――集団《グループ》としての私たちが、私たち個々人の誰一人として完全には理解できないものを理解できるかもしれない、という思想――を荒唐無稽なものだと感じる人々もいる。このような人々は、そのすべてを解明する天才という、〈すべてを一人でこなす《ドゥ・イット・ユアセルフ》〉〔日曜大工的な〕知的《インテリジェント》デザイナーという理想にあまりにも忠実である人々である。[5] この理想は、多くのおなじみの変奏をもたらした一つの**モチーフ**となっている。レンブラントの工房が産み出した絵画は、レンブラント自身の筆になる絵画よりも評価が低い。小説は単独の小説家のものとされることがほとんどであるし（大変な苦労を払って最終草稿を手直しする編集者の寄与が認められることはほとんどない）、また創造的なチームが成功を収めた場合は――ギルバートとサリヴァン、[6] ロジャースとハマースタイン[7] のような――、ほとんど常に何らかの分業がそこに関わっている。例えば一方が歌詞、一方が作曲を担当する、というように。しかしノンフィクションのジャンルでは何世紀にもわたり、共著は一般的であったし、現在の科学では、単一著者の論文の方が稀であるような分野がある。

　認知科学における一つの発見の記録として、ジョージ・ミラー、ユージン・ガランダー、カール・プリブラムが著した『行動の計画と構造』（Miller, Galanter, & Pribram 1960）がある。同書によるＴＯＴＥ（Test-Operate-Test-Exit――テスト・操作・テスト・退出）ユニットという思想《アイデア》の導入は、フィードバックループという思想の初期の定式化であり、[8] 行動主義から認知的モデリングへの移行[9]における重要な役割を演じた。同書は、公刊直後に影響力はあったにもかかわらず、当時は読まれることが稀であり、ある時期よく言われたジョークに、同書はミラーが書き、ガランダーが形式化を行い、プリブラムはそれを信じた、というものがあった。その当時、このような分業がおよそ可能でありうる――しかも成功しうる――というのは嘲笑される話であったが、これは現在ではもう成り立たない。今や科学は至るところ共同研究で満ちあふれた場であり、その中で、数学に精通している理論家たちと、それほど数学に精通していない実験家やフィールドワーカーたちが協働して共同研究を創り出しているのであり、このような研究の多くは、共同研究者各人にしか、その細部が理解されていない。特定の専門的な理解を結合して大きな共同研究にするやり方は他にもいくつかあり、同様に盛んに実施されている。

そこで、多くの著者による、何巻もの『意識の科学理論』という本[10]があり、科学者共同体に異論の余地なく受け入れられている、と想像しよう。さらに、必要ならこうも想像しよう。これらの巻本は人間の意識に関する標準的な教科書になっており、神経科学、心理学、哲学、およびその他の、意識が重要な現象となる分野を通じて利用されている——ただし、一部の勇猛果敢な魂の持ち主が、自分は全巻ボックスセットを読破した、と主張することはあっても、すべてのレベルの説明をマスターしたとは誰も主張できない、と。これは——意識は、どの単独の理論家も本当に《リアリィ》はそれを把握していないのだから、やはり〈神秘〉なのだ、という理由で——チョムスキーの神秘論的《ミステリアニズム》立場の弁護の一種だと認められるだろうか？ それとも、神秘論者が挙げる測り知れない〈神秘〉の候補が、また一つ打ち負かされたことになるのか？

私たちは文明の進歩と共に、分業が多くのことを可能にすることを学んできた。単一の人物ないし単一の家族でも、単純な家やカヌーを建造することはできるし、小さな共同体でも家畜小屋や家畜用の柵を建造することはできる。しかし、大聖堂や快速帆船[11]の建造のためには、何ダースもの異なる才能をもった労働者が何百人も必要になる。現在、共著者数が何百人もいる査読付き論文がＣＥＲＮ〔欧州原子核研究機構〕やその他の〈巨大科学〉の要塞的な機関から公表されている。多くの場合、このような研究チームのメンバーの誰一人として、計画全体に関しては鳥瞰的な理　解《コンプリヘンション》以上のものはもちあわせていないのであり、事態は、何人かの最も才知豊か《ブリリアント》な単独の研究者ですら、しばしば専門的なフィードバックや確証に関しては明らかに共同研究者たちに依存していることがよくある、というところにまで至っているのである。

プリンストン大学の才知豊か《ブリリアント》な数学者、アンドリュー・ワイルズを考えてみよう。一九九五年に、〈フェルマーの最終定理〉[12]の証明という、数学史に残る偉大な業績を成し遂げた数学者である。彼の証明までの歩み全体を、誤った出発点や、証明の最初のバージョンに気づかれずに含まれていた穴《ギャップ》なども含めて詳しく見ていくと、この勝利が実際には、コミュニケーションを取り合う専門家たちの共同体という、多くの精神による成果であったことが明らかになる。そこには、栄光を目指して協力した人々も、競争しあった人々も含まれており、ワイルズの証明が依存している、さまざまなレベルでの実績ある百戦錬磨の数学者たちがいなければ、実のところ、ワイルズや他の誰かがこの定理を証明した、と判断することすら不可能であったはずなのだ[101]。つまり一匹狼の数学者がいて、自分は〈フェルマーの最終定理〉を証明したのだ、と思ったとしても、**自分はたしかに〈フェルマーの最終定理〉を証明したか、さもなければ気が狂ってしまったのか**、という二者択一を迫られるのであり、これまで多くの才知豊《ブリリアント》かな数学者が、自分は成功したと思いこむ妄想に陥ってしまったことを歴史が示している以上、その数学者も二番目の選択肢を真剣に検討しなければならないのである。他の数学者たちによる正式な容認と、その後の祝辞を受けて初めて、その不安は解消されうるはずなのだし、そうであるべきなのだ。

芸術家、詩人、音楽家といった、個性や「天啓」が尊重される人々ですら、自分の先駆者たちの作品に対する深くて実質的な知識と理解をもっている場合にこそ、最も優れた作品を作り出すものである。二〇世紀には、「正規の規範《カノン》」の拒否をある種物神崇拝的に行っていた反逆者たちがいたが、彼らは今や忘却されつつあるか、さもなければ、彼らの創作物が依然として発揮し続けている力が、彼ら自身が認めたが

（101） サイモン・シンの「物語の全貌」http://simonsingh.net/books/fermats-lasttheorem/the-whole-story/ は、『プロメテウス』誌に掲載された小論の再編集版であるが、現在のところ私が見つけた中で最も分かりやすい説明である。

る度合い以上に伝統のおかげをこうむっている、ということを証明しつつある。画家のフィリップ・ガストン[13]はかつて、他の人々による知的《インテリジェント》デザインから引き出し、消化したものへの自分自身の間接的依存について、雄弁に語ったことがある。

> たしかジョン・ケージはかつて私に、こんなことを語ってくれたと思います。「君が制作を始めるとき、君の工房にはあらゆる面々がいる——過去、友人、敵、芸術界、それに何より、君自身の着想《アイデアズ》——すべてがそこにある。ところが君の絵が進んでくると、その面々が一つまた一つと姿を消し、やがて君ただ一人になる。さらに、君にとって幸運な場合、君自身すらそこからいなくなるんだ。」
> (Guston 2011, p.30)

私たちが生まれもっている脳の限界は、どのような種類の限界なのであろうか？ 今のところ私たちは、その限界が実際上のものであろうと絶対的なものであろうと、私たちが抱える脆弱性としてのその限界に直面することを先送りする回避策を見つけだしていて、しかもその回避策をほぼ完璧な形にまで整備している——回避策とはすなわち、体系的に互いに情報を与え合う協働作業である。集団《グループ》はさまざまな事柄をうまくこなすことができ、個々人には不可能な事柄を理解できる（と言ってよさそうである）し、また私たちの力の多くはこの〔集団《グループ》という〕発見に由来している。集団《グループ》の理解力《コンプリヘンション》というこの思想に抵抗することは可能だが、しかしそれをするには——私の知る限り——理解力《コンプリヘンション》というものを神秘の頂点に引き上げ、自分自身や他者が備えている、私たちが問題を解決するために、そして、私たちの手になる優れた業績を作り上げるために、〔実際に〕依拠している理解力《コンプリヘンション》とは縁もゆかりもないものに変えざるをえなくなる。そしてこれは、神秘論者《ミステリアン》の論証の刃を鈍らせることになる。つまり協動的理解の力を無視することは、理解力は全か無かの賜物であり、もし得られるとしても稀にでしかない、といった時代遅れの主張を復活させることにつながるのである。

デカルトは彼が生きた時代にあって、彼の言う「明晰判明な」観念《アイデアズ》に対する完全な理解力《コンプリヘンション》を確保することに多大な関心をもち、そのために、善良で全能の、欺かない神の存在を証明する必要が自分にはある、と論じた。デカルトは、もしもその証明が果たされなければ、彼が抱いている最も確固たる確信すらも欺こうと待ちかまえている、邪悪な魔物が存在するかもしれない、という思考実験的な仮説を提起したのであった。そしてこの「原理上の可能性」がデカルトの方法を確定させた——そしてデカルトの手足を見事なまでにしっかりと縛りつけてしまったのだ。デカルトにとっては、私たちがこれ以上ないほど明白な数学的真理（2＋2＝4とか、平面上の三角形には三つの辺があるとか、その内角の和は二直角に等しい、といった）によって確保できるような確実性だけが、本物《リアル》の知識と見なされるのに足る資格をもつのであり、また最大限に単純な証明の各ステップについて私たちがもちうるような、結晶化した理解力《コンプリヘンション》だけが、完全な理解力と見なされうるのである。デカルトは自分の証明の保証者として神に依拠したが、他方で現在の私たちは、複数の思索者が異なる経路を通って同一の誤った結論に至ることはほとんどありそうにない、という見通しに依拠している。（この見通しは、帆船に乗り込む際に少なくとも三つのクロノメーターを持参しておけば、時間の不一致が生じた場合、少数派のクロノメーターが間違っている見込みが非常に大きい、という原理の応用であることに注意されたい。）私たちは、多くの人々が、例えばかけ算や割り算で同じ回答に独立に至った、という厖大な分量の経験を共有しているという事実の重要性を見逃しがちであるが、仮にこの経験が（集団的経験であるという理由で）私たちの経験ではないということになると、数学の内在的な必然性に対する——あるいは、善良なる神の存在に対する——分析的な反省をどれほど加えても、私たちの計算に対する信頼について、私たちが確信することはなかろう。算術は健全な計算体系であるのか？ **ほぼ間違いなく《プロバブリィ》**そうである——それは非常に蓋然的にそうなので、喜んでそれに全人生を賭けることができるほどなのだ。

「ママ見て、ひとりでできた《ノー・ハンズ》よ！[14]」

文明の進歩は、私たちがそれについて思考せずとも遂行できるような重要な操作の数が増していくことによってなされる。

——アルフレッド・ノース・ホワイトヘッド

自分が創り出せないものは、私には理解できない。
——リチャード・ファインマン

これまで、基礎的な、ボトムアップ式で無知な、自然選択によってなされる研究開発が、漸進的にクレーンを——つまり、デザインワークをより効果的なものにしてくれる、労力節減のための産物を——創り出し、それが将来のクレーンのための〈デザイン空間〉を切り開き、またそれにつれて、トップダウン式で、反省的で、理由設定を行う、体系的で、予見に導かれた研究開発が盛んになされる可能性に開かれた場としての、知的《インテリジェント》デザインの時代への上昇が日々加速していく、という過程を論じてきた。この過程は、私たちと他のすべての生物を作り上げてきた選択圧のバランスを変化させることに成功し、また、自分自身を創造した過程そのものを過去に遡及して説明する、予測力が非常に高い理論〔すなわち進化論〕を創り出すことに成功した。このようなクレーンの多段連鎖《カスケード》は奇跡でもなければ神の賜物でもなく、〈生命の樹〉〔系統樹〕の他の果実同様に、基本的な進化の過程が産み出した自然の産物である。

振り返っておこう。何千年もかけて、私たち人類は個々人の心の力を高く評価するようになってきた。私たちは、すべての生物に備わる本能的習慣にもとづいて、食物と毒物を見分けるし、他のすべての移動可能な生物と同様に、他の動くものの心の有無[15]（その手がかりとしての動き方）に格別に敏感であるし、またさらに、動[16]くものを導く信念と欲求（それらが備える情報と目的）には何より敏感であって、隠れたり追いかけたりする私たち自身の努力を導くために、**誰が何を知っているか**、および、**誰が何を欲しているか**をできる限り上手に追尾する。このような生得的バイアスが、志向的構え——すなわち、おおむね真なる信念と、おおむね適切に順序づけられた欲求に導かれ、お互いを合理的行為者《ラショナル・エージェント》として取り扱う私たちの実践——の遺伝的基礎である。これらの主題に対する私たちの絶え間ない関心は、**民俗心理学**《フォークサイコロジー》を産み出し、私たちはそれに依拠してお互いを意味づける。私たちは民俗心理学を用いて、周囲の人物や自分自身の反復的行動の予測や説明を行ったり、誰かが弁明できないほど愚かなことをした場合の「強いられた動き」の予測や説明を行ったりするだけでなく、「天才」の証である「洞察」のひらめきの多くについても予測や説明も行う。すなわち、私たちの予期は非常に頻繁に確証され、そのことによって私たちの志向的構えへの忠誠はより強固になるし、他方で私たちの予期が困惑に陥ると、私たちは自分の失敗の「説明」に頼ることになり、これはよくとも鋭敏な当て推量の作業であるし、悪くすれば見当違いの神話作成になるのである。

私たちは子供に、好奇心をもち、創造的であれ、と促すものだし、自分自身の思考過程がはまりこんでいる類型や制約を意識的に突き止め、それを乗り越えようと試みるものだ。私たちが賛辞を送る心の持ち主とは、〔その人のふるまいについての〕予測可能性が大きすぎる（退屈で、進取の気性に乏しい）こともなければ、あまりに混沌としすぎているわけでもないような心の持ち主である。人は習練で完璧になる《プラクティス・メイクス・パーフェクト》。[17] そして私たちはチェス、囲碁、ポーカーといった、自分の心の働かせ方の反復練習《リハーサル》を鼓舞するゲームを発明してきたし、さまざまな補助装具――望遠鏡、顕微鏡、時計、その他何千もの道具――を発明し、ますます人工的で洗練されたものになっていく環境に合わせて自分の心を働かせることを可能にしてきた。私たちが探求とデザインを行うすべての領域には、高度に組織された研究者集団がいて、協働して理論やその他の人工物を創り出し、完成させており、またこれらの企図に時間、エネルギー、資材を投入できるような伝統と市場原理を選び取ってきた。私たちは、祖先たちが知的《インテリジェント》デザイナーのために知的《インテリジェント》にデザインした世界の中で生きる、知的《インテリジェント》デザイナーである。そしてこのような展望を夢見た幾多の世紀を経て、現在私たちは、人工物をデザインし生産できる人工物（をデザインし生産できる人工物……）をデザインし、生産するようになり始めている。

手が多ければ仕事は楽になる［*Many hands make light work*］。このもう一つの諺《ことわざ》は、家畜小屋に当てはまるだけではなく、精神的な作業にも当てはまる。とはいえ、私たちは今や、**ひと任せ《ハンズ・オフ》〔機械任せ〕**のデザインワークが、しばしば仕事をこれまでより楽に、簡単にしてくれるだけでなく、近年デザインされた人工物のおかげで、これまでよりも――一言で言って――有能《コンピータント》である、ということを見いだしつつある。

化学と材料科学の急成長分野として、今や原子と原子を組み合わせた人工物の構築を始めつつあるナノテクノロジーは、ナノメートル単位（一ナノメートルは十億分の一メートル）の大きさの物質片に対するさまざまな操作（動かす、切断する、分離する、固定する、といった）のための洗練された道具を開発した開拓者たちによる、秀逸きわまる《ブリリアント》労多き手仕事を積極的に取り上げてきた。ナノテクノロジーは、それに先立つGOFAI（古き良きよそおいのAI）と同様、当初はトップダウン式の知的《インテリジェント》デザインとして始まった。当初のそれは、「特効薬《ミラクルドラッグ》」や「スマート材料」[18]やその他のナノロボットからなる大がかりな品揃えを手作業で創り出していくための秀逸きわまる《ブリリアント》方法であった。ナノテクノロジーは勝利を収め、今後それ以上のものを手に入れる見込みを確固たるものとしているが、これは、とりわけCRISPR[19]を用いた新たなナノ単位の道具《ツール》を自在に操れるようになったことによるところが大きい（簡潔な非専門家向けの紹介としては Specter 2015 参照）。遺伝子配列の解明法に革命をもたらした技術であるPCR（ポリメラーゼ連鎖反応《チェーンリアクション》）〔三一七頁〕同様、CRISPRを用いると、遺伝子をある程度まで任意に編集し、つなぎ合わせることができるようになる。この技法は労力節減の発明として、従来の、労力を要する、高度に込み入った技法にとって代わり、必要な時間と努力は何桁も減少した。カリフォルニア大学バークレー校のジェニファー・ドゥードナ、および、現マックス・プランク研究所のエマニュエル・カーペンタイアーの二人は、この新たなクレーンの相互補完的な知的《インテリジェント》デザイナー[20]である。

これらの技法は、ピクサーやその他のコンピューターアニメ制作会社と同様、ボタン一つで動作する自動的な過程を創り出し、以後、その過程が、何千日も要する秀逸きわまる《ブリリアント》単調作業にとって代わることになった（「秀逸きわまる単調作業［*brilliant drudgery*］」とは決して語義矛盾ではない――高度の才能を備えた人々が、極度に反復作業が多く、それでいて多大な配慮を要求する作業に携わるのである）。ウォルト・ディズニー・プロダクションが一九三七年に公開した『白雪姫と七人の小人』〔邦題『白雪姫』〕は、当時その生き生きとしたアニメーションで世界をあっと言わせた。このアニメーションは何百人もの才能あるアニメーターたちの労苦の成果であり、彼らは高度に組織化されたチームを作って作業し、生き生きとした動きを実現するという問題の解決に取り組み、現実《リアリティ》のあらゆる揺れや弾みも盛り込みながら、何千ものセル画、フレーム、フィルムとしてそれを完成させていった。これらの英雄的な芸術版・労働搾取工場は、現在では過去の遺物となっており、この種のフレームを一枚一枚作成するアニメーターに必要な才能は、もはやおおむね不要なものとなっている。そして現在ではこれと同じことが、初期の分子生物学者に要求された才能についても当てはまるようになっている――当時の分子生物学者は、遺伝子の断片を精巧な手際で分離し、その断片に遺伝子配列を白状させようと根気よく説得を行い、その結果一度にコドン一つ分を解明できるだけ、という作業を行っていたのである。同様の、それまでの退屈な知的作業が自動化されるようになったという物語は、天文学からテキスト解析に至る、その他の分野についても語ることができよう。総じて、この種の作業は大規模なデータを収集し、分類し、整理する、という作業からなっており、自動化のおかげで人間のデータ解釈者は結果を反省するための自由時間がより多く得られるようになっている。（これについては今後決して忘れることがないだろう思い出がある。その時期私は、ある前途有望な若い神経科学者の研究室に滞在していた。私は彼彼はマカックザルの脳に長期間電極を埋めこんで行う実験のデータ収集を行っていた。滞在が終わりに近づいた頃、私は彼に、当時白熱していた、さまざまな脳領域の活動が意識の調整にどんな役割を果たすのか、という理論的論争について、彼自身の見解を尋ねてみた。すると彼はため息をついてこう答えたのだ、「僕には考えている時間はないんだ！　実験を進めるので大忙しなんだよ」）。秀逸《ブリリアント》きわまる単調作業を最小化してくれる新たな技法は、驚くほど有能《コンピータント》であるが、それでもその技法は――ロボットの研究仲間ではなく――あくまでも道具であって、知的な道具使用者《インテリジェント》と統率者《ディレクター》——研究室の責任者《ディレクター》や〔アニメの〕スタジオの監督《ディレクター》——の決断と意図にはっきり依存している。

とはいえ、現在私たちはオーゲルの第二規則、すなわち「進化は君よりも賢い」の真価を知り、その法則を利用するようになり始めている。つまりボトムアップ式で、倦むことを知らない自然選択のアルゴリズム（およびそのごく近い親類）を、知的《インテリジェント》デザイナーたちが活用《ハーネス》する動きが多くの分野で始まっており、それに厖大な探索活動という汚れ仕事をやらせて、さまざまな種類の干し草の中から貴重な針を発見しているのだ[22]。

この種の研究の中には、実験室の中で現実の生物学的自然選択を作り出し、利用する研究がある。例えばカルテック〔カリフォルニア工科大学〕のフランシス・アーノルドは、新しいタンパク質を創り出すために、一言で言えばタンパク質の育種《ブリーディング》を用いる、というタンパク質工学に携わっており、この研究は賞〔二〇一六年ミレニアム技術賞〕も受賞している。彼女が考案したシステムは、まず厖大な規模の、変異遺伝子——タンパク質を合成するレシピとなるＤＮＡ——からなる個体群を生成し、それから産み出されたタンパク質の才能を検証する。これにより、それ以前には決して自然界で見いだされることのなかった、さまざまな才能をもつタンパク質が見いだされるのだ。

> 私たちはタンパク質工学《エンジニアリング》のための新たな道具を開発し、新たな、効率のよい触媒作用を創り出しています。これらの触媒作用は、炭素同化、セルロースのような再生可能ポリマーからの糖放出、および石油やさまざまな化学物質の生物による合成などに利用できます。（Arnold 2013）

彼女が認識したのは、可能なタンパク質空間〔宇宙〕は、現実に存在するタンパク質空間〔宇宙〕よりも

〈超厖大〉[23]な広がりをもつため、これまで一度も探索されてこなかったどんな終着点に対しても——すなわち、特効薬《ワンダー・ドラッグ》、不可思議な組織《ワンダー・ティシュー》[24]、驚異の触媒《ワンダー・カタリスト》その他、ひとたび発見すれば私たちに呼び出し可能になる大量のナノロボットたちのいる終着点に対しても——、それに至る、漸進的進化によって踏破可能な経路が、ほとんど確実に存在する、ということである。彼女の大学院生時代、ある先輩の科学者が、君が得たがっているようなタンパク質に少しでも似たタンパク質など、これまで全く知られていないのだよ、という警告を彼女に発した。これに対して彼女は、こんな大胆な返答を行った——「それは、そのタンパク質に対する〔自然〕選択がこれまで一度もなされてこなかったからです」。

> 従って、私の言うような酵素〔触媒作用をもつタンパク質〕が、以前の薬理化学的な努力によっては発見できなかったような、全く新たな「化学空間」を開くことはありうるのです。(Arnold 2013)

フランシス・アーノルドは新たなタンパク質——すなわち、アミノ酸の長い系列であり、ひとたびつなぎ合わされれば、折りたたまれて、目覚ましい力を備えた、進化の産物たるナノロボット[25]となる——を生成するための技術を創り出した。これとは大いに異なった技術を開発したのが、カリフォルニア大学サンタクルーズ校の音楽科名誉教授、デイヴィド・コープ[26]である。コープは新たな音楽——音符と和音の長い系列であり、ひとたびつなぎ合わされれば、目覚ましい力を備えた新たな曲をもたらす——を生成するためのコンピュータープログラムを使用する。すなわちコープのプログラムは、バッハの模倣、ブラームスの模倣、ワーグナー、スコット・ジョプリン[27]、さらにはミュージカルコメディの歌まで模倣する力をもつ(Cope & Hofstadter, 2001)。コープのＥＭＩ(Experiments in Musical Intelligence——音楽的知性の実験)が紡ぎ出した作曲は、どれほど「オリジナル」であるのだろうか？　確かなのは、それらの曲は、スタイルの模倣元である偉大な作曲家たちの二次的派生物であることが明らかであり、彼らから多大な借用を行っている、ということだ。だが、それにも関わらず、それらの作曲は単なるコピーではないし、単なるコピーに多少のランダムな突然変異を加えただけのものでもなく、それよりもずっと優れたものだ。つまりそれらの曲には、大家たちの作品を吸収し、消化し、その作曲家の核心、骨子《ギスト》、スタイルをその計算過程から引き出し、そのスタイルの中で新たな作品を作曲する、という、極めて洗練された音楽的妙技が含まれているのである。

（音楽の心得のある方は、純然たるショパンなりモーツァルトなり――あるいはカウント・ベイシーなりエロル・ガーナーなり――であると言えるピアノ曲の作曲を自分で試み、確かめてほしい。単純なパロディや戯画化《カリカチュア》はそれほど難しくはなく、特にエロル・ガーナー流のジャズピアニストについてはそうである。しかし、よい音楽を作曲するためには――人間の作曲家の場合には――格別の音楽的な洞察と才能が必要となるのだ。）[28][29]

〈音楽的知性の実験〉〔ＥＭＩ〕はコープの三〇年以上にわたるデザインと改善の産物であるが、それが産み出した数多くの巧みに編まれたピアノ曲、歌、交響曲、その他の作曲のすべてに、コープ自身の編集の手は加わっていない。コープが担当したのはただ、豊富に産み出された曲から、聴かれるに値する曲を選定するという、審美的な判断だけである。私は、二〇一五年一二月に開かれたモントリオール・バッハフェスティバルで、ＥＭＩのテストを行い――これは永年にわたって行ってきた数多くのテストの一つに過ぎない――上出来の結果を得た。その時私は、本書の主要な論点のいくつかをかいつまんで話し、締め括りとして、ウクライナのピアニスト、セルゲイ・サロフにより短いピアノ曲が四曲演奏された。私はそれに先立ち、三〇〇人を超すバッハ愛好者の聴衆に向け、この四曲中少なくとも一曲はバッハの作で、少なくとも一曲はＥＭＩの曲なのです、と伝えていた。そして演奏後に聴衆に（目をつむった状態で）どの曲がそれだと思うかを〔手を挙げて〕投票してもらった。[30] 結果、聴衆中の何ダースかの人々——多分半数は越していないが、それに近い数の人々——が、ＥＭＩによるインベンション[31]二曲をバッハの真作であると宣言した。その後私が、すべて正解した方は起立して下さいとお願いしたところ、立ち上がったのはおよそ一ダースの人々で、彼らはひとしきり拍手を浴びた。

コープはアーノルドと同じく、ゴールを設定し、いつ勝利を宣言するのかを決定するが、それ以外のところでは無介入《ハンズ・オフ》である。この点で、彼らの研究計画は非常に異なったものでありつつも、共にダーウィンの**方法的選択**という主題《テーマ》の変奏〔変種〕であり、そこでは自然選択の選択的力が、識別力と目的と予見力を備えた行為者の神経系を通じ、焦点を絞られている。とはいえそこでなされている多大な持ち上げ《リフティング》は、探索過程を漸進的に洗練していく、理解力なしの《アンコンプリヘンディング》生成−テストサイクルの多段連鎖《カスケード》の中で働く、自然選択というアルゴリズムの冷徹なパターン発見力に委ねられているのである。

自然選択は、少数の単純な性質さえ備えていればどんな媒体においても生じうる、さまざまなアルゴリズムからなる基質中立的な一群《ファミリー》[32]であるため、イン・シリコの（すなわち、コンピュータープログラム上でシミュレートされた）進化は、イン・ビボの〔実際の生物個体群内での〕[33]進化よりも速く進み、安価である場合があるし、またおよそどんな問いかけないし問題を立てても、それに適用することが可能である。ペドロ・ドミンゴスの近著『マスターアルゴリズム』（Domingos 2015）は、ダーウィン的な、そして——こういう呼称を提起したいが——**ダーウィネスク**〔*Darwinesque*〕な「機械学習」ないし「ディープラーニング[34]」システムの新たな変種すべての、最新の信頼できる概観である。ドミンゴスは、現在の開発の殺到状態を五つの「機械学習部族」に分類する。すなわち、記号主義者（ＧＯＦＡＩの後継者たち）、コネクショニスト（マカロフとピッツの論理的ニューロン——第6章参照——の後継者たち）、進化主義者〔evolutionaries〕（ジョン・ホーランドの遺伝アルゴリズムとその継承者たち）、ベイズ主義者（ベイズ予期生成階層ネットワークのさまざまな有能性《コンピータンシーズ》を実現するための実用的なアルゴリズムを考案した人々）、類比装置論者［analogizers］[35]（フィックスとホッジが考案した最近傍アルゴリズム（Fix & Hodges 1951）の後継者たち）である。この五者は、異なった仕方でだが、すべて自然選択のパターンをなぞっている。そして明白なことだが、これらはコンピューターを基礎としている以上、すべて究極的には、チューリングによるこの上なく単純な、理解力《コンプリヘンション》を要しない有能性《コンピータンス》（条件分岐と算術）から構成されており、そして、恐らく記号主義者による創造物を除けば、他はみなボトムアップ式の、〈干し草から針を発見する〉型の反復機械として、漸進的に、多大な信頼性をもって、途方もない問題の適切な回答（あるいは十分まともな回答）へとまっしぐらに向かっていくのである。

　最近物故したジョン・ホーランドは、みなに慕われ、サンタフェ研究所とミシガン大学で何ダースもの才知豊か《ブリリアント》な認知科学者、コンピューター科学者の師となった人物であるが、彼が考案した遺伝アルゴリズムは、自然選択との平行関係が明白なアルゴリズムである。すなわちまず、コーディング〔プログラム〕の多様な変種からなる大規模な個体群を生成し、次いでその各々に問題解決を先に進めるチャンスを与える。するとこの環境によるテストの勝者たちは自己複製を果たすのである（おまけにこの過程には、生殖と〔遺伝子の〕「交差」に当たるものも備わっていて、精子と卵子による受精卵の創出において生じるランダムな遺伝子の混合に似たことを行う）。やがて多くの世代を経るうち、当初ランダムに配合されていたコンピューターコードの有能《コンピー》性《タンス》は何倍にも増し、洗練されていくのだ。遺伝アルゴリズムは、カール・シムズの魅力的な、進化するバーチャル生物のデザインにも使用されているし（この想像力の真面目な競技場を専門に取り上げている数多くのウェブサイトを参照されたい）[36]、また同様の、すぐれて実用的な工学《エンジニアリング》上の勝利をおさめた、回路基板やコンピューターープログラムのデザインにも使用されている。ドミンゴスの指摘では（Domingos 2015, p. 133）、二〇〇五年、遺伝的にデザインされた工場最適化システムへの特許が発効されたという（レズリー・グローヴス中将、彼らはあなたに接近しつつあります）。[37] 建築家たちはすでに、遺伝アルゴリズムを使って建物の機能特性の最適化――例えば建物の強度、安全性、使用する素材、光量やエネルギーの使用量などに関する――を行うようになり始めている。

　科学研究では、機械学習は、端的に言って人間による分析の及ばない問題を、力ずくで解決するために活用《ハーネス》されている。才知豊《ブリリアント》かな理論物理学者リチャード・ファインマンが晩年、彼による方程式を用いた魔法《ウィザードリィ》のような手法を受け付けない物理学上の諸問題を、スーパーコンピューターを用いて解くために、人生の残りの時間を使っていたというのは、注目に値する事実だ。さらに言えばファインマンは、生前のうちに、自分の格言〔本節エピグラフ参照〕が何かしら時代遅れになってしまった、という判定を下されるのを目にした。たしかに、人は自分が創り出せないものを理解できない、というのは依然として真理であるが、他方で、人が何かを創り出したからといって、かつてのようにそれが、その人に理解が備わっていることの保証である、とは言えなくなっている。現在私たちは、自分がやらせたいことをやってくれるが、それを本当《リアリィ》には理解できていないようなものを――ごく間接的なやり方で――作ることが可能になっている。このような状況は時に〈ブラックボックス科学〉と呼ばれる。[38] そこで人は最新のハイテクブラックボックスを購入し、それに未加工のデータを与えると、分析され出力される。グラフができあがり、後は印刷と出版を待つばかりとなるが、それを購入した当人はそれがどう働くかも、故障したらどう直すのかも詳しく説明できないし、**他の誰かならばそれを説明できるのかどうかも定かではない**。言うまでもなく、私たちがこういう状況に陥る可能性はかつても常に存在していた。私たちは、私たちが「手ずから」作り上げる存在（ボート、橋、エンジン、交響曲）については、その構築の途上で常に、各段階をすべて理解しながら、制御することができる。だが私たちが「昔ながらのやり方で作り出す」存在（子供、孫……）[39]は、私たちの理解力《コンプリヘンション》をはねのける。なぜなら、彼らを創り出す過程の詳細は、私たちの目を逃れてしまうからである。現在、私たちは頭脳の子供《ブレイン・チルドレン》〔頭脳の産物〕、頭脳の孫《ブレイン・グランドチルドレン》、頭脳の曾孫《ブレイン・グレート・グランドチルドレン》を産み出しつつあるが、それらは、たとえそれらがもたらす結果が信用に値することを、私たちに証明可能であるとしても、しかし私たちがその詳細を追いかけることができない過程に依存して働くのである。

研究におけるコンピューターの使用は、ファインマンの格言に対する非常に異なった種類の挑戦をいくつももたらしてきた。コンピューターによって（部分的に、または完全に）遂行されるいくつかの数学的証明は、あまりにも長すぎるという単純な理由で、証明の各ステップを一人の人間の数学者が確かめること——これこそ何千年もの間、もっともな理由から、証明が受容されるための基準とされてきたのだが——が無理である。代わりにどんな基準を用意するべきなのか？　有名な例として、一九七六年にコンピューターの支援を用いてなされた四色定理の証明がある。四色定理とは一八四〇年代のメビウスの議論を発端とする定理で、共有された境界線で隔てられた、隣接する複数の領域を含むいかなる地図も、四色あれば、境界の両側に同じ色が来ないように塗り分けることができる、という定理である。世界的に有名な数学者を含む多くの人々による証明が失敗した後、ケネス・アペルとヴォルフガング・ハーケンが、〔証明のために〕二〇〇〇近くある異なった排除すべき可能性——この点自体も証明されている——を取り上げ、退けるためにコンピューターを活用《ハーネス》した。当初、彼らの証明は広く受け入れられることがなかった。というのもこの証明には、コンピューターによる、人間には確かめられない一連のステップが含まれているように見られていたからである。しかし現在の数学者の間には、これが証明された定理である、という広い合意が形成されている。（それ以後も別の証明も行われているが、それもやはりコンピューターを用いた証明である。）この定理の証明は「直観にかなう」結果に終わった――つまりそれの明確な反例を作り出そうとする人物は、何世紀かに一人の例外を除けば全くおらず、ほとんどすべての数学者は、証明以前からこの定理（証明以前は「問題」）が真理であろうと思っていたのであった。しかし、コンピューターの助けを借りて証明された定理の中には、反直観的な定理もある。例えばチェスには五〇手ルールというものがあった。これは、お互いに五〇手の間コマの取り合いもポーンの移動もなければどんなゲームも引き分けを宣言されるというルールである。このルールは長い間熟練者たちから非常に親切なルールであるとみなされてきたのだが、ある発見のせいで覆ってしまった。すなわち、ある種のメイティングネット（一方の側がそれを開始したら、もはや逃れることができなくなる手）が――コンピューターによる分析を用いて――発見されたのだが、そこで発見されたメイティングネットの中には、五〇手どころか、何百手もの間コマを取ることもポーンを動かすこともしないものが含まれていたのである。数値を変えた実験を何度も繰り返した末、この〔チェスという〕ゲームの国際的統率機関であるＦＩＤＥは、五〇手ルールを残すという決断を下した。そのようなメイティングネットはあくまで〈原理上の可能性〉であり、真剣な（人間による）対局には決して登場しないだろう、というのがその理由である。[40]

チェスの盤面を分析するコンピュータープログラムは、数学の定理を証明するプログラムと同様、伝統的なトップダウン式の知的に《インテリジェントリィ》デザインされたプログラムである。ドミンゴスが主な関心を向けているプログラムは、これらとは極めて異なったものだ。ドミンゴスの言葉を使えば、「私たちは機械学習を、逆プログラムとして考えることができる。これはちょうど、平方根が二乗の逆であり、積分が微分の逆だというのと同じ意味である」（Domingos 2015, p.7）。つまり、それはさらに別の〈推理の逆転〉であり、あるいはむしろ、基本的なダーウィン的逆転、すなわち理解力《コンプリヘンション》なき有能性《コンピータンス》の、また別の**一例**だということである。ドミンゴスの書物の「中心仮説」は、次のような、大胆不敵どころでは済まない仮説である。

すべての知識――過去の、現在の、未来の――は、ただ一つの万能学習アルゴリズムによってデータから抽出可能である。

私はこの学習する存在を〈マスターアルゴリズム〉と呼んでいる。もしもそのようなアルゴリズムが可能なら、それを発明することは全時代中で最大の科学的業績となるであろう。実のところ〈マスターアルゴリズム〉は、私たちが発明せねばならない最後の発明品となるであろう。なぜなら、ひとたびそれが解き放たれれば、それはおよそ発明可能な他のすべてのものを発明することへ向かうはずだからである。そうなると私たちに必要なのはただそれに十分な量の適切なデータを与えることだけになる。あとはそれが対応する知識を発見するのだ。(p.25)

ここでドミンゴスが実のところ何を言わんとしているのかは明らかではない。というのも、彼はすぐに次のように退却してみせるからである。

こう主張する人はいよう。よかろう。機械学習はデータから統計的規則性を発見できる。だがそれは決して、ニュートンの法則のような深い何かを発見することはないはずだ――と。これまでそうであった、というのはもっともである。だが私は、機械学習が今後そのような発見をしていくという方に賭ける。

つまり、彼が今回の書物で示した論拠で確保できたと考えているものは、〈賭け〉なのであって〈仮説〉ではない、ということだ。いずれにしても、彼の言明を一つの極端な展望として扱うのは役に立つ。というのも、まさにこのような事態を、半ば実現しつつある悪夢と見なして悩んでいる人々が数多くいるのは疑いないことであり、彼の極端な言明は、その事態に対する懐疑の光を向けるのに役立つのだからである。このような懐疑的な主張に対し、ドミンゴスは〈賭け〉を持ち出して応じたわけだが、私たちはその主張を出発点にすることができる。機械学習が今後、「統計的規則性」の発見を超えたところへ進むことは可能なのか、そうではないのか？　ドミンゴスは「可能」という方に賭けた。だが、彼のそんな楽観主義の根拠は何なのだろうか？

知的《インテリジェント》行為者の構造

私たちは、ベイズ的ネットワークがいかにして、生物にとって重要な統計的規則性――その生物にとってのアフォーダンス――を見事に拾い出すのかを見てきた。動物の脳は、自然選択によってこの種のネットワークを付与されていることにより、その脳が住まう身体を目覚ましい巧妙さで導くことができるが、しかしそれ自身では**新たな視座を採用できる能力**をほとんどもっていない。これまで論じてきたように、別のどこかでデザインされて脳にインストールされる認知的な有能性《コンピータンス》（習慣、やり方《ウェイズ》）としてのミームの蔓延が求められるのは、このことが理由である――これらの習慣がそれを宿す脳の認知的なアーキテクチャ〔基本設計〕を根底から変化させ、最終的にそれらの脳を心へと変えていったのだ。現在のところ、このような装備を備えた脳をもつ動物はホモ・サピエンスのみである。

真核細胞は、相対的に急激といえる**技術移転**の事例となる出来事によって誕生したが――すなわち、二つの異なった研究開発の遺産が、共生という出来事によって一挙に大躍進を遂げたのだが――、これとちょうど同じように、**理解力ある**《コンプリヘンディング》心としての人間の心は、二つのおおむね異なった研究開発の遺産[41]の成果が結合した共生の産物である――そしてそうであらざるをえない。すでに論じたように、私たちの出発点である動物の脳は、すでに多大な度合いで、他のどこかでデザインされた思考道具――すなわちミーム――のための優れた基礎としてデザインされ直されていた。その思考道具の筆頭こそ語《ワーズ》であった。私たちは自分の用いる語のほとんどすべてを無意識的に**獲得する**――無意識的にとはすなわち、幼少期に一日七語ずつ新しい語を習得したことを自覚しておらず、またほとんどの語――つまり明示的な導入を経ずに学んだ語――については、その語に関するそれ以前の経験にパターンを発見する、という無意識的過程の働きで、もっぱら漸進的にその語の意味に接近していったということだ。私たちはひとたび語を**有して**しまうと、その語を**使用**し始めるが、その際必ずしも自分が何をしているのかに気づいているとは限らない。（みなさんの語彙に含まれているどんな語にも一番最初のトークン、すなわち、みなさんが公的発話か、内的独白ないし沈思黙考かのいずれかのために、その語を最初に使った時がある。例えば過去十年の間、自分の実際に運用している語彙の中に入ってきた新たな語を最初にいつ使ったのか、どの程度自覚しているだろうか？　一度でも自覚があっただろうか？）語というものが、単なる状況に結び付けられた音声ではなく、私たちのおなじみの道具になってしまうと、私たちは語を用いて、自分たちが遭遇するあらゆるものについての新たな視座を創り出すようになるのだ。

今のところは、ディープラーニングを行う機械の素早く増大する有能性《コンピータンス》の中に、（新たな視座の創出という）この種の現象が創発する兆しはほとんどない。ドミンゴスが強調するように、さまざまな学習機械は、ダーウィネスクなボトムアップ式の自己再デザイン過程をうまく利用できるように、（極めて知的に《インテリジェントリィ》）デザインされている。ＩＢＭのワトソンは二〇一一年、テレビのクイズ番組「ジェパディ」[42]のチャンピオンであるケン・ジェニングズとブラッド・ラッターと競い、彼らに勝った。このときワトソンはさまざまな語を有能《コンピータント》につなぎ合わせて正解を返していたが、そのときのワトソンにとっての語は思考道具ではなく、多くの結節点《ノード》[43]からなる多次元空間内に位置づけられた結節点《ノード》であったに過ぎない——それは人類のミームの生痕化石以上のものではなく、人類の信念と実践に関する途方もない量の情報がそこに保持されてはいても、ワトソン自身はその実践の能動的参加者ではないのだ。いつかそうなる日が来るかもしれないが、今のところは違う。要するにワトソンは、多くの語について多大な量の統計的情報を手にしていながら、それらの語を用いて思考をするには至っていないのである。ワトソンは、問いかけに答えることはできる（実際にできるのであり、これは「ジェパディ」の奇妙なルールのおかげである。すなわちワトソンには「ジェパディ」のヒント〔いわゆる問題〕が回答になるような問いかけを組み立てることができる、ということだ。つまり例えば「ジェパディ」が「イリノイ州の州都です」というヒント〔問題〕を出すと、回答者は「スプリングフィールドですか?」という疑問文で答えるのである）。しかしながら、これは会話とは言えないものだ。

〔人間の〕心が現在のような大躍進《ブレイクスルー》を果たす力を得たのは、自己監視《セルフ・モニター》[44]の能力によっている——すなわち、脳の反応パターンを、もう一度別のパターン識別作業の対象にする（さらにはもう二度、あるいはもう七度、それを行う）ことができる能力である。[102] 機械学習が置かれている現在の環境においては、評価、調整、批判、微修正、頻繁に生じる疑わしい結果の破棄、といった役割を務める立場にいるのは、彼女のタンパク質工房にいるフランシス・アーノルドや、彼の〈音楽的知性の実験〉をとり扱っているデイヴィド・コープといった、人間のユーザーである。彼らのような批判者による品質調整活動がさらなる〔自然〕選択の力を生み出し、その結果これらのシステムが理解力《コンプリヘンション》と呼べる域に達し、それらのシステムが道具《ツール》ではなく研究仲間《コリーグ》になる、という可能性も「原理上は」存在するが、しかしそれは非常に大きな一歩、ないし、複数の非常に大きな一歩の連鎖である。このような視座から見るとき、ミームに感染した私たちの心が**ユーザー**をその内に宿していること――すなわち私たちの動物的な脳が打ち出した評決の批判者を宿していることが、よりはっきり見えるようになる。仮にこのような批判者が不在であるとしたら、私たちは他の哺乳類と同程度に素朴な存在となり、自分の土俵の上では狡猾にふるまっても、本格的な新奇性に直面するとなすすべがなくなってしまうであろう。

好奇心はネコを殺す、[45]とあるミームは教える。そして〔たしかに〕多くの種にとって、新奇性の存在によってボトムアップ的にこみ上げてくる動物的好奇心を備えるというのは、リスクと応報のはなはだ大きな、重大な事態となる。しかし唯一人類だけは、制御され、体系的で、予見にもとづく、仮説検証的な好奇心をもつ能力を備えている。それは個々の脳内に創発するユーザーが備えている特徴であり、それは、統計的規則性を発見できるという、自らの脳の厖大な能力を利用できるユーザーである。意識というユーザーイリュージョンは、ワトソンやその他のディープラーニングシステムに備わっている〈人間‐コンピューター・インターフェース〉が果たしているのと同じ役割を、私たち一人一人の中で果たしている。つまりこれらのインターフェースは、さまざまな才能のショーケース、あるいは「観念《アイデア》の市場」を提供し、その中でなされるリアルタイムの評価と競合が、品質管理の速度と精度を増進する、という役割を果たし

(102) 注目すべき点だが、ワトソンにはいくつかの自己監視に特化した層《レイヤー》が備わっており、いくつかの候補となる回答の各々に対する「自信」の度合いに必ずアクセスするようになっており、その自信の閾値を調整し、リスクの大きな回答をしたり、リスクの小さな回答をしたりすることもできる。私にワトソンを見くびるつもりはない。ワトソンは多層的《マルチレイヤード》で多くの才能を備えたシステムなのである。

ているのである。

　このようにして、人間の**思考**が――ダーウィンが**方法的選択**という名で呼んだ現象に見いだしたように――、家畜化〔栽培化〕を行う人間の知覚および**動機づけ**のシステムを通じ、〔自然〕選択の力の焦点を絞り込むことによって、自然選択を加速するのだ。フランシス・アーノルドは彼女のタンパク質に対する単なる**畜産**《ファーミング》〔**農産**〕をしているわけではない。彼女が行っているのは、新たなタンパク質の、集約され、方向づけられた**育種**《ブリーディング》なのである。ここから私たちは一つの警告を引き出すべきである。つまり、私たちの驚異的な心は気まぐれや空想を免れるわけではなく、それゆえ、それらが私たちの自己再デザインの努力を歪め《バイアス》、奇怪で、さらには自己破滅的なものにしてしまう可能性を免れてはいない、という警告である。方法的〔選択を行う〕ハト愛好家の強引な介入で存在するに至った、無用きわまりない羽根飾りや、さまざまな「愛玩《トイ》〔おもちゃ〕」犬の中に、念入りなエンジニアリングの結果組み込まれた悲惨な機能不全の数々と同じように、人類もまた――多くの場合、熱心な共犯者たちに促されて――自分たちの心を、役に立たないか、悪化させてしまうようなグロテスクな人工物に作り変えてしまうことがありうるのだ。

　このことは一つの可能性を示唆する――示唆するだけで、証明するわけではないのは確かだとしても。すなわちディープラーニングマシンは、それが導き出した結果に、私たちマシン**ユーザー**が批判的で洞察力を用いた解釈を加えることをしないまま、統計的規則性の発見というボトムアップ的作業において、〔私たちを含む〕動物の脳を何桁分もしのぐ規模で有能性《コンピータンス》を増大させることはありうるが、しかし、そこに〔私たちのような〕理解力《コンプリヘンション》がもたらされることは決してありえない、という可能性である。だがこれに「だからどうしたの?」と応じる人もいるかもしれない――「だって、コンピューターが備えているボトムアップ式の理解力《コンプリヘンション》は、最終的に人類を水没させてしまうんだ。つまりその学習の圧倒的な規模とスピードで人類を乗り越えてしまうのさ」――と。AIの分野における最新の画期的業績である〈アルファ碁〉は最近、多くの人々が世界一優秀な人間の棋士と目する李世乭《イセドル》に勝利したディープラーニングプログラムであるが、このプログラムは今述べたような予測を、少なくともある点で――別の点ではいざしらず――支持するものだ。先ほど指摘したのは、フランシス・アーノルドとデイヴィッド・コープはどちらも、彼ら自身が横で見ているだけの生成過程における、要となる品質管理の役割、つまり科学的判断、または審美的判断を下し、どの道を進むべきかを決定するという、批判的検討者の役割を果たしているということであった。こう言ってもいいだろうが、彼らは自分たちが開発した、〈デザイン空間〉を突き進んでいくための探索機のパイロットなのである。しかるに、公式の報告によれば〈アルファ碁〉は、それ自体がそのパイロットに似た役割を果たすという。つまりそれは何千もの囲碁の対局を自分自身と行い、そしてその対局すべてについて、小規模な探索用の突然変異をいくつも作り出す。それからどの突然変異が前進する（見込みが非常に大きい）のかを**評価し、**そしてその評価をさらなる練習用の対局の調整のために利用するという。これは、現実《リアル》世界のノイズやそれに直結する重要な事柄とほとんど切っても切り離せないものとしての〔つまり多大な予測不可能性をはらむ〕囲碁の対局の中に、〈生成‐テスト〉のレベルを一つ増やした、というだけのことなのだが、それでも〈アルファ碁〉は、コンピュータープログラムが総ざらい的な仕方で見分けるのを非常に得意とするはっきりした目印《ランドマーク》が、ほとんど手に入らないよう状況でも、「直観的な」判断を行うことを学習しつつあるのだ。自動運転自動車の一般使用の準備がほぼ整った時代――ほんの数年前までは、あまりに楽観的過ぎるとして、大多数の人が真面目に取り合わなかった展望が実現しつつあるのだ――、自動運転の科学的探索機はどれほど遠くまでたどり着けるのだろうか？

　というわけで近い将来、私たちは、実践的、科学的、審美的な判断を人工の行為者《エージェント》たちへ押しつける、ないしは外注するようになるかもしれない。スーザン・ブラックモアが正しければ、こうした人間の判断権の放棄ないし譲渡は、すでにポピュラー・ミュージックとインターネット・ミーム――彼女の新語では〈トレーム〉（第11章三六一頁参照）――の世界では、すでに始まりの時代を迎えているという。活版印刷の初期以来何世紀もの間、ミームの過剰状態を人々が迷惑がる、という状況は続いており、その頃から人々は、時間の浪費、精神活動の妨害、苛立ち、といったものを招くミームを色々な手段でふるい分け、濾過《ろか》しようとし続けてきた。すべての詩人のすべての詩を読もうなどとしてはなりません。権威ある詩人や批評家が、格別に選りすぐりのアンソロジーを編んでくれるのを待ちましょう。でも、どの権威を信用すればいいの？　どれが自分の必要と趣味に合うの？　文学の専門誌を定期購読すれば、そういうアンソロジーや、個々の詩人の作品の評価が定期的に読めます。でも、どの専門誌を信用すべきなの？　別の専門誌も買えるから、それに載っている評判を調べてまわればいいのです。こうやって、個々のミーム追求者たちが訴えるニーズを満たすことで生活している人々は存在するし、商売に活気がなくなってきたら、その時自分が提供できるサービスを求めるような、新たなニーズを創り出してもいい。すべておなじみの話だ。しかし、私たちは新たな時代に入りつつある。すなわち、情報の選別や、先読みや、さらには今後の可能性として、流行の仕掛け役などを、人間ではなく人工の行為者《エージェント》が行う時代である。次節で見るように、これは誰もが満足する状況ではないはずだ。だが、だからといってこの種の、多くの層《レイヤー》に階層化された差異化を伴う複製者《ディファレンシャル・レプリケーターズ》たちの急成長を止められるわけではない。それゆえ私たちは〈魔法使いの弟子〉が陥った増え続けるホウキのような災厄[46]に実際に直面する可能性にさらされているのだ。

　ワトソンがボブ・ディランと「会話」をする、というＩＢＭのテレビコマーシャルがある。そこでワトソンは、自分には「一秒間に八億ページの文章が読めます」と言う。数ある学習機械の中でも、これと並び立つ象徴《アイコン》〔偶像〕的存在であるグーグル翻訳は、GOFAI型の、トップダウン式に「構文解析」を行って人間の言語を翻訳しようとするシステム（それゆえこういうシステムは少なくとも、人間の理解力《コンプリヘンション》の色あせたバージョンでの言語理解を行っていることになるのだが）を一掃してしまった。グーグル翻訳は、驚くほど素早くて優れた――いまだ完全にはほど遠いとはいえ――諸言語間の翻訳者であるが、しかしそれは人間の二言《バイ》語話者《リンガル》によってすでになされた翻訳の資料体《コーパス》（二言語話者《バイリンガル》の中には、ウェブ上で情報提供者《インフォーマント》としての支援を呼びかけられたボランティアも含まれる）に全面的に寄生している。グーグル翻訳は、パターンを予期し、すでに適切に翻訳された何百万もの文章表現（これはウェブ上で十分に見つかる）をあれこれ探し回って、許容できる見込みが（非常に）大きな翻訳に行き着くのだが、**現実にはその翻訳に対する理解《コンプリヘンション》を一切もっていないのである。**

この〔最後の太字の〕主張には異論の余地があり、それが意味するところを慎重に解きほぐす必要がある。あるイギリス人男性についてのジョークを考えてみよう。[47] その男性はこんなことを言うのだ、「フランス人はこれがクトー［couteau］だと言うし、イタリア人はコテロ［cotello］だと言うし、ドイツ人はメッセル［Messer］だと言う。僕らイギリス人はナイフ［knife］だと言う――ああ結局、**ここにあるものはどれなんだ！**」このイギリス人の独善的な視野の狭さは、彼が知っているもの――ナイフとは何であるか――に結びついているのだが、これに対応する「知識」をグーグル翻訳は備えていない（ように見える）。認知科学の業界用語《ジャーゴン》を使えば、このイギリス人がもっている「ナイフ」（および「クトー」その他の同義語）の知識は、非言語的知識、見知り《アクエインタンス》、ナイフへの馴染み深さ、といったものに**根拠づけられている**［*grounded*］――つまりその知識は、切ること、研ぐこと、肉切り《カービング》ナイフの重みや感触、ペンナイフの便利さ、等々への馴染み深さに〈根拠づけられて〉いる――ということだ。このイギリス人がknifeという語についてもっている

〔非言語的〕知識を、みなさんはほぼ間違いなくsnathという英単語についてもっていないし、たとえ、その単語はドイツ語ではSensenwurfと言うのだと教わっても、やはりその知識は得られないだろう。[48] だがちょっと待ってほしい。疑いなくグーグル翻訳には、knifeが登場する文脈に関する豊富なデータが備わっている——つまりその語の近辺には、cut〔切る〕、sharp〔鋭い〕、weapon〔武器〕などが見つかるだけでなく、wield〔振り回す〕、hold〔構える〕、thrust〔突き出す〕、stab〔刺す〕、carve〔切り分ける〕、whittle〔削る〕、drop〔斬首する〕などや、bread〔パン切り〕、butter〔バター〕、meat〔肉切り〕など、あるいはpocket〔携帯式〕、sharpen〔研ぐ〕、edge〔刃〕やその他多くの言葉が見つかり、またそれらの言葉の各々の近辺にも多数の言葉が見つかるのである。このすべての、洗練され、消化された言語的文脈についての情報は、つまるところ、knifeという語の**ある種の〔準・〕**《ア・ソート・オブ》〈根拠づけ〉《グラウンディング》に相当するのではないか？ 実のところ、私たちが「メッセンジャーRNA」や「ヒッグズ粒子」のような専門用語のほとんどすべてについてもっている〈根拠づけ〉は、もっぱらこの種のものなのではなかろうか？ このような種類の〈根拠づけ〉が翻訳の過程を、より一層適切な脈絡に至るまで、一貫して導くのだ。グーグル翻訳を自分用の二言語間翻訳者としてあてにするとしても、失望させられることは滅多にない。これは、真剣に受け取るべき水準での理解力《コンプリヘンション》を証明するのではなかろうか？ 多くの人は〈それは違う〉とはっきり答えるだろう。だが、この断固たる否認を、機械に対する単に儀礼化した軽蔑から切り離しておくべきだとしたら、グーグル翻訳の力を超える、**本物**《リアル》**の**理解力ある存在《コンプリヘンダー》が、彼または彼女の〔またはそれの〕理解力《コンプリヘンション》を使って**やってみせる**ことができる何らかの技が存在していた方がよい、ということになる。

そのような技の候補はある。例えば、ある〔大学の〕学期末レポートを英語からフランス語に**翻訳する**ことはできても、そのレポートに**成績をつける**というのはまた別のことではなかろうか。しかしこの例ではうまくいかない。というのも、トマス・ラウンダーが草分けとなった「潜在意味解析［latent semantic analysis］」の開発により（Littman et al.1998 等を参照）、すでに、まさにその技をなしうるコンピュータープログラムが作り出されているからである（Rehder et al.1998）。大学の教授は、試験用の論文の主題を設定し、その主題に関するA⁺評価の答案を自分で書いて、それをコンピュータープログラムとティーチングアシスタントの両方に、この話題に関する望ましい論文の模範例として与える。（このとき、このA⁺の答案を、受験する学生に見せないというのはもちろんである。）その後コンピューターとティーチングアシスタントが、全学生の答案の成績評価を行う。すると、プログラムがつけた成績の方が、同じ分野の新進の専門家であるはずのティーチングアシスタントが記入した成績よりも、教授の判断によく一致するのである。これは、少なくとも――と言っておくが――不安を掻き立てる結果である。このコンピュータープログラムは英語を理解していないし、ましてその授業のテーマなどまるで理解しておらず、ただ単に（！）モデルとなった教授の論文に見いだされる複雑な統計的性質を基礎に、同じ出題への学生の答案を、高い信頼性をもって評価しただけなのである。理解力《コンプリヘンション》なき、評価する有能性《コンピータンス》である！（ラウンダーは、学生が、完全なナンセンスでありつつも適切な統計的性質をすべて備えている答案をでっち上げることは、原理的には可能だと認めている。とはいえ、もしそんなことができる学生がいたら、いずれにしてもA⁺を得る資格があるだろう！）

では、人間と意味のある会話をただ行うだけ、という課題はどうであろうか？　これは古典的なチューリングテスト[49]であるが、正真正銘《リアリィ》、もみ殻から麦粒を、あるいはヤギの群れからヒツジを〔いずれも「無能なものから有能なものを」の喩え〕選り分けることができる。ワトソンはテレビのクイズ番組「ジェバディ」でケン・ジェニングズとブラッド・ラッターという二人の人間のチャンピオンを破ったかもしれないが、クイズ番組は自由気ままな会話の場ではないし、ワトソンと、ジェニングズや、〔ボブ・〕ディランや、

（女優が演じる）がんを乗り越えた若者とのおしゃべりは、ぶっつけ本番ではなく、台本が用意されていた。言葉を話す行為者二者間での、現実《リアル》の、終わりを定めない会話は、デカルト（Descartes 1637）が言葉を話す自動機械という、その驚くべき先見的な想像において考察しているように、偉大な認知的技能――デカルトが大胆に主張するように、**無限な**技能ではないとしても――の目覚ましい発露である。なぜか？ それは、あたりまえの人間の会話が、グライス的浮遊理由が支配する可能性の空間の中で行われるからである！ 私は、私が今話していることが真理であると（あるいは、今話していることが皮肉や、冗談や、一目で分かる誇張表現であると）あなたに**信じ**させよう、という私の意図をあなたが**それと認める**《リコグナイズ》ことを、必ずしも明示的に**意図**しなくともよいが、しかしもしあなたがこの種の再認を果たせず、また、これと同様の、あなた自身の応答や反問を説明する浮遊理由をその内に備えた発話行為を開始できないとしたら、あなたは相手をひきつけ、説得できる対話者ではない。グライス的な何重もの認識の層《レイヤー》は必ずしも、ある特定の言語運用《パフォーマンス》の際の基底として、常時その場で正確に表象されねばならない特徴ではないが、だとしてもそれらの認識の層《レイヤー》は、そこに特定の有能性《コンピータンス》〔言語能力〕[50]があるということを指し示しているのである。[51]

強力な能力に裏づけられた会話に参加する者は、それ自身の言語的行為《アクション》〔作用〕と応答《リアクション》〔反作用〕に含まれているパターンをそれと認める《リコグナイズ》能力をもっていなければ、仮説的なシナリオを組み立てたり、冗談を解したり、はったりをかけたり、話が退屈だと悟って話題を変えたり、相手が疑問を感じた場合にそれまでの発話行為を説明したり、その他諸々のことができない。このようなやりとり、その中でなされる、心的行為とその結果の言語行為はすべて――それが魔法でない限りは――それを準備するために、会話者たちが一定の区別を表象し、それを識別できていることを必要としている。例えば、私が冗談を言っていることを話相手が（ある最小限の、閾下的《サブリミナル》であってもよいような意味で）気づかない、ないし気づけないとしたら、その話し相手は、偶然そうなった場合を除けば、私の冗談に付き合って話を合わせることができないだろう。この種の気づきは、話し相手の動物的な脳が何かを識別する、というだけの単純な問題ではない。それはむしろ、そこで気づかれたものが以前よりも大きな影響力をふるうようになる、という問題なのだ――その影響力は、そこでの気づきの対象を、気づきをめぐる他の競争相手を押しのけ、過去に遡及してはっきり認めさせるが、しかしそれにとどまらず、同じくらい重要なこととして、**自らを気づかせる単位**〔*noticer*〕を創り出すのに一役買う。このような〈自らを気づかせる単位《ノーティサー》〉は、比較的長い期間存続し、「管《エグゼ》理職《クティブ》」の役を務める。それは脳のどこかの部分ではなく、むしろその後ある一定期間続く〔気づきをめぐる〕競争において主導権を握る力を備えた、ある種の〔脳の諸活動の〕同盟関係である。それが現れた後に生じる諸帰結の違い（「では、次に起きるのは何か？」の違い）は、強烈なものでありうる。

語の一部を見せられ、それを完全な語にするように言われた、と想像されたい（「語幹完成実験法」という）。そして、次の二つの語の断片〔語幹〕を見せられたと想像しよう。

sta____

または、

fri____

何を思い浮かべただろう？　例えば、start や stable や station、あるいは、frisk や fried や friend や frigid が

浮かんだだろうか？[52] ここで自分が、語幹からできる語を思いつく数秒前、sta____が映された一秒後に、回答の語、例えば、

staple〔ホチキスの針〕

が、ごく短い瞬間だけスクリーン上に閃く、と想定されたい。「stapleです」と答えたくなる誘惑はもちろん、非常に大きくなるだろう。だがさらにここで実験者が、実験に先立ってこんなことを言っていた、と想定してみよう――「スクリーンに閃いた語が見えた場合、その語を答えに使ってはなりません！」。驚くことではないが、こういう場合の大部分で、みなさんはこみ上げる衝動を乗り越え、何か違う語――多分stake〔杭／賭け金〕やstraight〔まっすぐ〕など――を言うことができるだろう。こういう場合のみなさんがstapleと言いそうにないのは、みなさんが、実験者が提示した使用禁止の方針に従うことができるからである。しかしこれは、みなさんが一瞬閃く語に気づく（あるいはそれを意識する）場合に限られる。もしもその語がほんの五〇ミリ秒だけ閃き、その語の後に「マスク」――模様で埋められた画面――が五〇〇ミリ秒続くと、みなさんはたとえ実験者の指示に従おうとしていても、「stapleです」と言ってしまう見込みがより大きくなる（Debner & Jacoby 1994）。[53] この実験の設定《デザイン》がいかに周到なものであるかに注目されたい。被験者は二グループに分けられていて、一つのグループは「プライミング〔呼び水、先行刺激〕」[54]語が適切な回答であった場合にその語を用いるように言われており、もう一つのグループには、「プライミング」語が適切な答えであった場合、その語を用いてはいけない、と言われている。いずれのグループも五〇ミリ秒か、五〇〇ミリ秒かのいずれかの長さのプライム〔先行刺激〕を与えられ、その後それへのマスクが施

される。このマスクが、五〇〇ミリ秒の長いプライムをマスクすることはない――被験者はそれに気づき、それを報告することができ、それを意識し、リクエストどおりにそれを利用または除外することができる。ところが、そのマスクは五〇〇ミリ秒のプライムについては、それをマスクする――つまり被験者はどんなプライミング語もまったく見なかったと主張する（これは標準的な「バックワードマスキング〔過去に遡及するマスク〕」現象である）。プライミングが短い場合も長い場合も、いずれでも脳によるプライムの識別がなされていることは、プライミング語を用いてはならないと要求された条件で、短時間のプライムはプライミングが与える回答を答える確率を上げ、長時間のプライムはその確率を下げる、という事実が示している。ドゥアンヌとナキャッシュ（Dehaene and Naccache 2001）は、「被験者たち（つまり管理職《エグゼクティブ》たち――引用者注）にとっての、無意識的情報の戦略的使用の不可能性」を指摘している。

それゆえ私は、ディープラーニングは（今のところ）**識別すること**〔*discriminate*〕はできても**気づくこと**〔*notice*〕はできない、と主張する。[55] すなわち、ある〔ディープラーニングの〕システムが取り入れる大量のデータの中で、そのシステムにとって重要なのは、そのシステムにとって「消化」できるさらなる「食物」だけだ、ということである。[56] そのシステムはベッドから起き上がれない状態にあり、自分を養う必要がないため、自らが蓄える、適切に指標づけされた情報を増大させること以上の目的はもっていないのだ。私たちとワトソンやその他のディープラーニングマシンが共に備えている、経験から抽出した統計的規則性に依存するノウハウを獲得する能力以外に、自分の現在の目標が与えられた場合に何を探索すべきか、また**なぜそうすべきか**を**決定する**能力というものが存在する。真に目覚ましい働きをするワトソンと平凡な正気の人々とを（今のところ）区別しているのは、**実践的理由**《プラクティカル・リーズン》〔実践理性〕、すなわち、多様でしばしば変化する、自ら生成した目的追求のために活用《ハーネス》される知性〔知能〕である。ワトソンがいつか、人間が行っている理由提供と理由評価の実践に参加できるレベルにまで洗練されるまでになるとしたら、そのときワトソンは単なる道具であることをやめ、私たちの仲間《コリーグ》となるはずだ。そしてそのとき、ワトソンの創造者と維持者だけでなく、ワトソン自身が、自らの行為に責任を負う存在だと見なされるであろう。

ディープラーニングマシンがどのように人間の理解に依存しているのかについては、さらに詳しく研究する価値がある。第8章で（二四二―八頁）、私たちはディーコンによる、伝統的ＡＩへの大胆な批判を考察した。それによれば、心と呼びうるものをデザインしようとして、エネルギー獲得と自己防衛の必要性を捨象してしまう者は、それによって自分の研究を、人間の保守管理に常時依存する寄生的なシステム――道具であって、仲間《コリーグ》ではない存在――の研究に限定してしまう、ということであった。今や私たちに分かるのは、さまざまなＡＩシステムが現在披露している種類の理解力《コンプリヘンション》は――驚くべき勢いで、人間による最も優れた理解力《コンプリヘンション》に匹敵するものになりつつあるのだが――同様に寄生的な理解力《コンプリヘンション》であり、それが引き出すことができる、人間の理解力《コンプリヘンション》の厖大な遺産に厳然と依存している、ということである。グーグル翻訳は、それが当てにする何百万もの、二言語話者《バイリンガル》による適切な翻訳がなくては役立たずになってしまうであろうし、ワトソンがもつ、人間の及ばない概略的事実知は、それがインターネットから日々吸収し続けている何百万ものページに、同様に依存している。再度ニュートンの有名な指摘を持ち出すなら、これらのプログラムは巨人の肩の上に乗って、それに先立つ知的《インテリジェント》産物において陳列されているあらゆる知恵を自分の役に立てているのである。

これをうまく例示してくれるのが、ワトソンが「ジェパディ」でジェニングズとラッターを破ったときに私が学生に出した課題である。私が出したのは、ワトソンを圧倒できるが、ジェニングズかラッター（または通常の人間）ならば簡単に答えられる問題を考え出すように、という課題であった。（「ジェパディ」が、ワトソンの都合に合わせて、ルールに修正を加える必要があったということは注意すべきである。例えば出された問題はすべて言語的なものであって、視覚や、音の聞き取りを要求するものは含まれなかった。）ワトソンを圧倒する見込みがあるのは、（私の意見では）何らかの点で想像力を必要とする問題である。

楽しい〔英〕単語で、ステッキと、フラフープと、〔おもちゃの〕ぱちんこ《スリングショット》を使ってつづることができます。

回答者——joy〔喜び〕ですか？〔JOYの字形に注目〕

小さい動物から一文字変えて大きな動物を作って下さい。

回答者——mouse〔ネズミ〕から moose〔ヘラジカ〕ですか？

0から9までの数字で、浴槽とプールが並んだ設備を作るのに適しています。

回答者——8ですか？

私の手もとにはもっといい例もあるのだが、それを出版する——あるいはインターネット上に公開する——つもりはない。なぜなら、そんなことをしたらほぼ間違いなくワトソンはそれを拾い上げて、将来のコンテスト用に確保するはずだからだ！　ワトソンは、他者の想像力を横取りできる場合には、想像力を必要としないのである。この点でワトソンは真底ダーウィン的であるということに注意しよう。つまりワトソンも自然選択も、予見や想像力に依存することがないのであり、なぜならそれらは情報を容赦なく、理解力《コンプリヘンション》なしで抽出する過程によって動かされているからである。両者はいずれも、自らの選択《セレクション》過程に〔たまたま〕生じてこなかったタイプの出来事には盲目なのである。言うまでもなく、日の下に本当《リアリィ》に新しいことなど存在しないとすれば、限界などは存在しないことになる。とはいえ、私たち人間が備えている、単純な山登りに当たる過程――現在の私たちをここまで引き上げてきた過程――ではアクセスできない実《リアリ》在《ティ》を思い描く、想像力という能力は、試合の流れを変えた〔情勢を一新させた〕主要な能力であって、私たちはその能力によって、予見力あるデザインによって新たな状況を創り出し、そこから最終的に、他の方法では産み出されえなかったはずの営みや人工物を創り出すことができるようになったのである。意識ある人間の心とは奇跡ではないし、自然選択の諸原理に違反した存在でもなく、むしろそれらの原理の新たな拡張、すなわち新たなクレーンとして、進化生物学者スチュアート・カウフマンが、**隣接可能性**の概念で捉えた可能性に〔拡張的な〕修正を加える――すなわち、〈デザイン空間〉の中で、**私たちに**隣接した場所〔可能性〕は、〔他の生物の場合よりも〕ずっと多く存在しているのであり、なぜなら私たちはそれらを思考し、またそれらを追求したり遠ざけたりする能力を進化させてきたからである。[57] ドミンゴスやその他のディープラーニングの支持者たちがいまだに答えを出していない問いかけがある。すなわち、何らかのシステム（マスタープログラムと呼ばれるコンピュータープログラム）は、想像力と、理由提供の能力を備えた、十分詳細で動的な行為者《エージェント》の**理論を**学習することで、[58] そのような行為者《エージェント》の能力を〔自ら〕産み出して自分に役立てることができるのかどうか、つまりは、一人の人物《パーソン》〔人格〕の道徳的に重要な力のすべてを〔自ら〕産み出すことができるのかどうか？　という問いかけである。[103]

　ディープラーニングが、近年、警戒心のこもった注目を大いに集めつつある「超人間的知性〔知能〕」の類を――今後五〇年間は――もたらすことはないというのが、〔今なお〕私の見解である〔「超人間的知性」についてはBostrom 2014参照。これに先立つ同種の訴えとしてはMoravec 1988; Kurzweil 2005; and Chalmers 2010を参照。また〔『エッジ』誌による〕「エッジ今年の世界的疑問二〇一五年〔the annual Edge world question 2015〕」およびKatchadourian 2015も参照〕。ディープラーニングを旗印にして進行しつつある、ＡＩにおける有能性《コンピータンス》の加速的成長は、私自身のような、それを見守ってきた解説者、批判者だけでなく、その分野の専門化の多くですら驚かせている。

ＡＩの分野には、その最初期に端を発する、誇大広告の長い伝統が存在しており、私たちの多くは、最新の「革命的大躍進《ブレイクスルー》」を、だいたい七〇％かそれ以上割り引いて受けとる習慣を十分に身につけてきたのだが、イーロン・マスクのようなハイテク界の玄人や、マーティン・リーズ卿、スティーヴン・ホーキングといった世界的科学者たちが、近いうちにＡＩがどれほど激しい天変地異的な破壊を、何らかの仕方で人類文明に対してもたらすだろうか、という警鐘を鳴らし始めた以上、そういう習慣を抑制し、疑念を見直す時なのだ。私はその抑制と見直しを実行した。私の判定はそれでも変わらなかったが、かつてよりも暫定的なものになった。私はこれまでずっと「強いＡＩ」は「原理的には可能な」ものであると断定してきた——しかし、あまりにもコストがかかりすぎる割に、私たちが本当に必要とするものをほとんど何も与えないという理由から、実践的には無視できる可能性[59]であると見なしてきた。ドミンゴスや他の論者は、私が過小評価していた、その課題への実現可能な（つまり技術的かつ経済的に実現可能な）が経路がいくつも存在することを示してくれた。しかしそれでもその課題は、それを応援する人々が主張してきたよりも何

（103）スパイク・ジョーンズのＳＦ映画『ｈｅｒ——世界でひとつの彼女』（二〇一三年）は、ホアキン・フェニックス演じる男性が、スカーレット・ヨハンソンが声優を担当する、男性の携帯電話の中にいるＳｉｒｉ〔アップルの検索ＡＩ〕に似た声の人格に恋する物語であり、この問いかけへの、現在最新の思弁的探求を行った作品として、アレックス・ガーランドの『エクス・マキナ』（二〇一五年）と双璧をなす。

桁分も規模が大きい、困難な課題であると私は依然として考えており、その理由は本章と第8章（ニューヨーカボットの例、二五三―四頁）で示した通りである。

それゆえ私は、人類が超知性的行為者《スーパー・インテリジェント・エージェント》の種族を創造し、その種族が私たちを奴隷化するという運命が訪れるのだ、といった懸念は抱いていない。とはいえ、私が何の懸念も抱いていないということではない。私はこれ以外の、これほどドラマチックではないが、これよりもありそうなシナリオが近い未来に実現しうると思っている。それは重要な、直ちに対応策を講ずべきシナリオなのだ。

この先、私たちに何が生じるか？

人間の有能性《コンピータンス》をはるかにしのぐ有能性を備えた人工物はすでに存在している――そして現在、さらに多くのそのような人工物が開発中である。それらは、そのような有能性ゆえに、さまざまな事柄に関するエキスパートとして私たちの権威を奪ってきた――知的《インテリジェント》デザインの時代の夜明け以来、一度も疑問に付されてこなかった権威を。そして私たちがこのような人工物に自分たちの主導権《ヘゲモニー》を譲り渡す場合、それを実践的にも道徳的にも支持する、非常にもっともな理由がいくつも存在しているはずである。私からすると、一定のGPSシステムを搭載していない船に旅客を乗せて大西洋横断ヨットクルーズに出るというのは、すでに**犯罪的な職務怠慢行為**であると思える。六分儀、コンパス、クロノメーター、天測暦《ノーティカル・アルマナック》を用いた天測航行というのは、大鎌の研ぎ方や、雄牛の群れの誘導と同様の、廃れてしまった有能性の古風な痕跡である。この種の技能に喜びをおぼえる人々は、インターネットでそれを探して、それに好きなだけふけることができるし、私自身を含む天測航行者は、〔非常用の〕バックアップシステムが必要となるごく稀な機会のための知恵として、こういう古くさい装備を持ち運び、そのための練習を積むのだ。とはいえ私たちには、利用可能なハイテクの仕掛けを遠ざけて命の危険を招く権利はない。

私たちは未だにかけ算表を一二×一二まで学び〔日本では九×九が普通〕、それより大きな数についてその表をどう使うかも学んでいて（そのはずでしょう？）、大きな数の割り算も紙と鉛筆で解くことができるが、平方根を引き出すためのアルゴリズムをどうやって実行するのかは、ほとんどの人が知らない。だからどうした？　ちょっとキイボード〔電卓の文字盤〕を叩いたり、あるいはグーグルなりＳｉｒｉなりに質問するだけで外注できる作業で、努力と脳細胞を無駄づかいするのはもったいないじゃないか。こう文句をつける人に対する、標準的な応答は用意されている。つまり、私たちは自分の子供を教育するとき、私たち自身が今のところ巧みに使いこなしているすべての方法の**原理**を教え込む必要があり、そしてこの原理の理解《コンプリヘンション》のためには、それらの方法に対するある最低限度の経験を得るのが実際上有効なのだ、という応答である。とはいえ私たちは、子供たちに古くさい単調な作業を命じなくとも、（ほぼ間違いなく）その原理を子供たちに根付かせることができるのだが。いずれにせよ、ここまではまことに分かりやすい話である。だが、これをどこまで一般化できるものだろうか？

医療教育を考えてみよう。ワトソンは、最も優れた診断医や、その他の分野の専門家たちを上回る能力を示し始めたコンピューターベースのシステムの、数あるうちの一つにすぎない。自分が好んでかかっている医師が、コンピューターベースの、どんな専門の医師たちよりも信頼のできる仕方で、稀で発見しにくい症候を何百回も発見できることが証明されているシステムに依拠するよりも、昔ながらの、症候を「直観的に」読み取る手法をとりたがっているとしたら、**みなさんなら**、彼女のその欲求をそのままかなえさせようという気になるだろうか？　健康保険アドバイザーならばみなさんにその〔コンピューターベースの〕検査を受けねばならないと勧告するだろうし、良心的な医師であれば、英雄的な診断者になりたいという自分の願望を抑え込み、機械の方が自分より権威が大きいと認め、自分はボタンを押すだけで、後は機械に従うだろう。では、このような状況は、医師を目指す人々の教育への、どのような帰結をはらんでいるだろうか？　私たちは、巨大な規模の伝統的医療教育――解剖学、生理学、生化学――を、長除法〔割り算の筆算〕を行ったり地図を読んだりする能力もろとも、よし投げ捨てよう、という気になるだろうか？　**使用せよ、さもなければ廃れるのみ**、という経験則がここでは引き合いに出されるし、この経験則を裏づける事例は数多く存在する。みなさんの子供たちは、みなさんと同じぐらい簡単に地図を読めるだろうか？　それとも、すでにＧＰＳのガイドに依存するようになっているだろうか？

私たちは知的《インテリジェント》機械への依存を強めつつあり、それによって自分自身を鈍化させつつあるのだが、この事態についてどういう配慮をとるべきであろうか？　今のところは、私たちの「周縁的な」知的《インテリジェント》能力（知覚、アルゴリズム的な計算、記憶など）を増強する機械と、計画や意思決定のような、理解力《コンプリヘンション》に属する私たちの「中枢的な」知的《インテリジェント》能力（想像する能力も含む）にとって代わる機械、あるいは少なくともそれを目指して作られた機械との間には、実に明確な境界線が引かれている。手回し計算器や、ＧＰＳシステムや、ピクサーが用いる、フレームとフレームの間を補完したり、陰影の付け方を計算したり、質感を調整したりなどのためのＣＧシステム、遺伝学におけるＰＣＲとＣＲＩＳＰＲ、といったものは、すべて文句なく明瞭に、この境界線の〈周縁〉側に位置しており、これはたとえ、それらが達成する課題が、そう遠くない過去には内容の濃い熟練を要求するものであったとしても変わらない。私たちは、**どこに境界線があるのか**をわきまえ続ける限りで、今後ますます多くの認知的な作業が単調作業化され、この境界線が揺らいでいくことを、好ましい変化として期待してよい。私が思うに、真に危険なのは、私たちよりも知的《インテリジェント》な機械が、自らの運命の指導者としての私たちの役割を横取りするようになる、という未来ではなく、むしろ私たちが自分たちの最新の思考道具の理解力《コンプリヘンション》を過大評価し、それら思考道具の有能性《コンピータンス》を超えた権威を、機が熟すよりもずっと前に、思考道具たちに譲り渡してしまう[60]という未来である。

たとえ、境界線が揺らぎうるものだと私たちが認めているとしても、境界線を誰の目にも明らかになるように強引に引いてしまえる場合はいくつもある。この境界線を侵犯する技術革新は当然登場するし、近年の歴史を道案内にするなら、私たちはどんな新たな進歩についても、それを買いかぶるような期待をするはずなのだ。すでに存在する〔このような過大評価への〕解毒剤を、今後、一定の手間をかけて常に提供できるようにしていくべきである。私たちは自分たちが、何であれ賢そうな印象を与える存在に対しては志向的構えを直ちに採用する、ということを知っている。そして志向的構えは合理性（または理解力《コンプリヘンション》）を初期設定《デフォルト》の想定としている。であるなら、人々が擬人的な〔つまり人間らしく見えるように設定された〕システムとやりとりをするとき、自分自身の信じやすさをどうにか緩和するための方法を人々に知らせるための、積極的な方策を講じるべきである。最初に私たちは、システム内の余分で実体を欠く擬人的な仕掛けを暴露し、それを嘲笑しておくべきである――例えば、可愛らしくて本物以上に人間くさい声や、快活な（しかし狡猾に仕組まれた）独白などである。**コンピューターとやりとりするときには、自分がコンピューターとやりとりしているのだという自覚をもつべきなのだ。**それ自体の有能性の欠如《インコンピータンス》に発する短絡や穴《ギャップ》を故意に覆い隠すようなシステムは、詐欺を行っていると見なされるべきであるし、そのシステムの創造者は、人間になりすます人工知能を創り出し、使用した罪で投獄されてしかるべきである。

私たちは、超穏健主義の伝統の発展を奨励し[61]、そのための多様な宣伝を行っていくべきであり、またそこで〔コンピューターの〕既知の限界、短所、未確認の穴《ギャップ》、その他、〔コンピューターに対する〕認知的な錯覚

〔幻想〕の一覧表を義務として必ず添えていくべきである（私たちは現在、製薬会社が新薬をテレビで宣伝する場合には必ず、既知の副作用に関する滑稽なまでに長いリストを述べるように義務づけているが、それと同じである）。チューリングテストに並ぶ、理解力《コンプリヘンション》の限界を暴露するための競技を開催するのは、人々が、人間の詐欺師を突き止めることに誇りをおぼえるのと同様の、機械の中に仕組まれた詐欺行為を疑ってかかる能力への誇りを奨励するという点で、いい新案かもしれない。誰が最も素早く、もっとも確実に、目の前の知的《インテリジェント》道具の限界を暴露する方法を発見できるでしょう?――というわけだ。（興味深いことだが、私たちが子供たちに、風変わりな相手にも寛容と礼儀をもって接しなさい、と促してきたことが、今では彼らに望ましくない副次効果をもたらしている。つまり彼らは、自分たちが出会うおしゃべりな行為者ならざる存在《ノンエージェント》の群れに対する、だまされやすいユーザーになってしまっているのだ。彼らは、新たに出会った「アシスタント」たちに対しては攻撃的で無礼なまでに疑り深くなるべきだということを学ばねばならない。）

私たちは、新しい認知的な補助装具が、寄生的な、道具であっても仲間《コリーグ》ではない存在として今後もデザインされていくことを望むべきである。彼らの創造者が設定した、彼らの唯一の「生得的な」目的は、ユーザーの要求に、建設的かつ透明な仕方で応答する、ということに限定されるべきである。一つの懸念事項は、学習機械が、ユーザーの意図をかなり確実に判定することに一層有能《コンピータント》になるにつれて、学習機械が私たちについて、それらに「有益」な外挿〔一般化〕[62]を行いながらもそれを隠すようにデザインされうるようになっていく、ということである。私たちはすでに、スペルチェッカーが打ち間違いと見なした語が、こちらが望んでもいないのに自動的に「修正」されてしまう、という苛立たしい状況を知っていて、私を含め、この機能を停止している人は多い。というのも大抵の目的について、それらの現在の力では、私たちの意図を誤解する可能性がいまだあまりにも大きいからである。そしてこの状況は、私たちが対処しなければならない半・理解力《セミ・コンプリヘンション》の、最も表面に位置する層であるに過ぎないのだ。

現在の〔この種の技術の〕発展の周囲には、すでにストレスが波状的に広がりつつあり[63]、〔識者の〕論評が必要になっている。〔例えば〕グーグルは、サーチエンジンの増強のために、ユーザーが文字列を入力すると、ユーザーが本当は何を意図しているのかを自動的に推測しそれを反映させるプログラムを取り入れている（http://googleblog.blogspot.com/2010/01/helping-computers-understand-language.html）。これが多くの目的の役に立つことは疑いないであろうが、しかしすべての目的に役立つわけではない。ダグラス・ホフスタッターは、かつての教え子で、当時グーグルでこのプロジェクトに携わっていた人物に公開書簡を書き、その中でそれを指摘した。

> 私は悩んでいます。グーグルがやろうとしていることは、私がこれまでずっと毎日頼りにしていた作業を、台無しにしてしまうことになるのです。実のところ、非常に苛立っています。
>
> 私が何かをグーグルで検索するとき、いつもそれが字義通りに受け取られることを意図しており、これにはちゃんとした理由があります。例えば（これは色々とある中のほんの一例なのですが）、私は著述において慎重さを心がけているので、何らかの言語で何かを言うときに、いつも何が一番よい言い方なのかをはっきりさせようとします。そしてそのとき、二つの表現の候補を比較し、どちらかが非常に頻度が高い表現だったり、非常に頻度が低い表現だったりするかどうかを確かめる、という作業をかなり頻繁に行うのです。これは私が、語法に関わる事柄をちゃんと見つけるための、これ以上ないほど大事なやり方なのです。ところが、もしもグーグルが私の語法を文字通りに受け取らず、私が打ち込んだ文字列の裏側にある他の語句をいい加減に推測して勝手に置き換えてしまい、それがヒット

率の高い表現であったとしたら、私はまったくの誤解に導かれてしまうことになります。こういうところに、私は非常に苛立っているのです。

私は機械に、信頼できる仕方で機械的に働いてほしいと思っています。毎度毎度私の依頼から逸れてほしくないのです。機械の中の「知能〔知性〕」と想定されているものが、役に立つ場合もありえます。しかしまた、それが極度に不便で、実のところ有害な場合もありうるのです。私の経験では、昨今、技術を駆使した機器に次々に搭載されるようになっている人工知能は（ここで私は「人工《アーティフィシャル》」を「まがい物の」や「本物でない」の意味で使っているのですが）、ほぼ常に、私の性に合うものではありません。

そういうわけで、私はあなたのグループが行っていることを喜ぶ気にはなりませんし、実を言えばそれに対して大変頭を悩ませています。あなたのグループが行っているのは、お話ししたような、信頼性を欠く機器をもう一つ付け足すというだけのことなのです。あなたはグーグルにXをしてほしいと頼む。このときあなたはグーグルが、他でもなくXに相違ないことをやってくれると想定している。ところが実際にはグーグルはXではなくYを行う。グーグルはYこそあなたの念頭にあるものだと「考えた」のです。私にとって、この種の、こちらの心を読み取ろうという試みは、危険ではないとしても、とてつもなくわずわらしいものです。というのも、それは必ずと言っていいほど、正しくないし、それどころか大まかな正解にすら達していないからです。私が機械に、信頼できる仕方で機械的に働いてほしいのは、私が今何に関わっているのかを自分で確かめられるようにするためです。私が機械に、私の「裏をかく《アウトスマート》」ようなことをしてもらいたくないないのは、それをしようとしても、結局必ず私を間違った方に導き、混乱をもたらすことになるからです。これは非常に初歩的な点ですが、それなのにグーグル（あるいは、少なくともあなたのグループ）では、それがまるで無視されているように見えます。これは非常に大きな過ちであると私は思います。（Hofstadter 2010、Abhijit Mahabal との個人的往復書簡）

最低限言うべきなのは、この種のシステムは、（1）単に「機械的」にふるまうことを超えて「心の解読者」になろうとする場合には、それがはっきり分かるような告知をせねばならず、また、（2）あまりに口うるさいスペルチェッカーをオフにできるのと同じように、ユーザーが「理解力《コンプリヘンション》」を望まない場合には、それをオフにできる選択肢をユーザーに提供せねばならない、ということだ。何らかの「無過失責任[64]」を定める法があれば、〔ＡＩの〕設計《デザイン》において今後大いに必要となる〔設計者にとっての〕動機づけを作り出すことにつながるかもしれない。その法によれば、ＡＩの**ユーザーとなり**、人々の生命と福祉に大きく影響する意思決定を行う者は、他の危険で強力な装置のユーザーと同じように、訓練を受け（また恐らく損害補償の契約も行い）、通常よりも高い結果責任[65]の基準を引き受けねばならないことになる。それによって、ユーザーたちにとっては、自分が使用する装置とのやりとりにおいて装置に欺かれないように、極度に入念に、懐疑的で厳密な態度をとることが、自分自身の利害関心に常に一致することになる。そしてこのような法があれば、その種のシステムの設計者《デザイナー》たちにも、システムを特別に透明かつ穏当なものにしようという間接的な促しが与えられることになろう。なぜならユーザーたちは、過誤訴訟[66]という破滅への甘い道にいざなうシステムを、遠ざけるようになるからである。

私たちが認知的責任を放棄してしまうこと[67]を妨げるのに役立ちうる、これ以外の政策も存在する。「私たちを強化してくれる」テクノロジーを考えてみよう。これには、ブルドーザー型の手法と、ノーチラスマシン〔ボディビル用のトレーニングマシン[68]〕型の手法の二通りがある。第一の手法は、使用すると驚異的な技を駆使できるようになるが、使用者本人は九八ポンド〔約四四キログラム〕の虚弱な肉体のままである。二番目の手法を使うと、自分自身の力で大きな力を使った作業ができるようになる。私たちの認知能力を増強するソフトウェアのほとんどはブルドーザー型であり、望遠鏡や顕微鏡に始まり、ゲノム解析装置やディープラーニングを用いた新開発の装置に至るまでがこれに属する。個々人の理解《コンプリヘンション》の能力を増大させる、ノーチラス型のソフトウェアも存在しうるだろうか？　実際に存在しうるのであり、さかのぼること一九八五年、ジョージ・スミスと私は、プログラマーのスティーヴ・バーニーとスティーヴ・コーエンと共に、タフツ大学にカリキュラー・ソフトウェア・スタジオを設立したのだが、その目的は「想像力の補助装具」すなわち学生の心にさまざまな装備と訓練を提供するソフトウェアを創出し、それによって悪名高い〈教育のボトルネック〉[69]を押し広げ、学生たちが集団遺伝学、層序学〔岩石の層から地質学的歴史を解釈する学問〕、統計学、それにコンピューターそのもの、といった複雑な現象に関する、円滑で、動的で、正確なモデルを自分の想像力の中で展開させることができるようにする、ということにあった。そこでの目的は、ひとたびそのシステムに習熟すれば、ユーザーが諸原理を内面化し、熱心な探求にもとづいて自分なりの理解《コンプリヘンション》力を得られるほどのレベルに達するため、それなしでもやれるようになるようなシステムを作る、ということにあった。恐らくは現代こそ、私たちが直面する数多くの複雑な現象について、人々の創造的で正確な思考の支援のためにデザインされた、より大規模な計画を立てる時期である。それによって人々が、与えられた技術の賜物の単なる受動的かつ無批判な受益者ではなく、開発されていく認識の補助装具の、自立した、知的で、理解力《コンプリヘンディング》あるユーザーになりうることが期待できるのである。

＊＊＊

私たちは本章で、これまで長い間私たちの種における理解の力の品質証明《ホールマーク》となってきた**創造に対する支配権**を、私たちが放棄することにつながるさまざまな技術革新の、わずかな例のみを考察してきた。舞台の袖で出番を待っている新技術はまだまだ数多く存在している。私たちは何千年もの間、ファインマンの「自分が創り出せないものは、私には理解できない」という格言が表現する思想《アイデア》によって動機づけられてきた。しかし近年になって、私たちは自らの創意の才により、一つの〈滑りやすい坂道[70]〉を創り出した。すなわち私たちは気づいてみるといつのまにか、自分たちが間接的に作り出した存在物を自分たちが部分的にしか理解しておらず、しかもそれらの存在物が、今度は私たちにはまったく理解できない存在を創り出すことがありうる、という状態に至っていた。この種の存在物の中には驚異的な力を備えたものがあるため、私たちは理解というものの価値――あるいは少なくとも、理解というものの価値の卓越性――を疑い始めてもおかしくない状況にある。「理解力《コンプリヘンション》はすっかり盛リヲ過ギ《パッセ》、すっかり時代遅レ《ビュウ・ジュウ》になり、すっかり過去のものになってしまった！　私たちの誰もが、骨の折れる努力を免除してくれる人工物の受益者になれる時代に、誰が理解など必要とするだろうか？」

これに対する適切な応答は存在するだろうか？　私たちが、理解力《コンプリヘンション》とは、それが直接にもたらすどんな利益とも独立の、内在的《イントリンシカリィ》[71]に善きもの――それ自身における善――であると主張するか、あるいは、理解力《コンプリヘンション》は私たちにとって重要であるような生を私たちが営み続けるためには実際上不可欠のものだ、と主張するかしたいのならば、そのためには伝統以上の何かが必要になる。私のような哲学者たちは、こんな未来に落胆して退却を決め込むだろうと予想されるかもしれない。ソクラテスは「吟味を受けない人生は生きるに値しない」という有名な言葉を遺したが、そのソクラテス以来、私たちは**万物について**より大きな理解を達成することこそ、私たちが――絶対的にとは言わなくとも――少なくとも専門家〔哲学者〕として望みうる最も高い目標である、ということを当然のことと見なしてきた。だが別の哲学者、後期のカート・ベイヤー[72]がかつてそれにつけ加えて言ったように「吟味されすぎた人生というのもまた、何の変哲もないものになってしまうものである」のだ。ほとんどの人々は、技術、医療、科学的事実の発見、芸術的創造などの受益者となり、これらの「魔法」がどのように創り出されるのかにはほとんど無知のままでいることに満足している。**文明化しすぎた**人生を肯定し、私たちの人工物を私たちの平穏な人生の管理者として信用する、というのは、それほどに恐るべきことなのだろうか？

私自身は――理解力《コンプリヘンション》を人生最大のスリルの一つだと自分では思っているとはいえ――理解力が「内在的に《イントリンシカリィ》」価値あるものだという魅力的な結論を説得できる論証をこしらえ出すことはできない。とはいえ、深い**実践的な**理由にもとづいて、人間の理解力《コンプリヘンション》を保存かつ増強し、**かつ**、現在ディープラーニングにおいて発展中の、理解力の人工的な変種からそれを保護するためのもっともな論拠ならば考え出せる。すなわち、人工物は故障しうるのであり、もしもそれを修理するだけの、または、修理に相当する代わりの対応をとれるだけの理解を備えた人々がほとんどいなかったら、私たちはひどい苦境に置き去りにされて、皆でそのひどい状況に居続けることになるかもしれない、ということだ。多くの人々がすでに気づいていることであるが、私たちのハイテク人工物の中には、修理できる人材が減りつつあるか、すでに存在しなくなっているものがある。新しいカラープリンターとスキャナの複合機を買う方が、故障した古い機械を修理するよりも安くつく。だから古い機械を捨てて新しく始めるのがよろしい。パソコンのオペレーティングシステムも、これと同じ方針の別バージョンに従っている。つまり、ソフトウェアが動作を停止したり破損したりした場合、わざわざエラーの場所を診断して修復しようとするのではなく――つまりどこかに侵入した突然変異を突き止めてそれを復旧させようとするのではなく――、再起動すればよいのだ。そうすれば、お気に入りのプログラムの最新バージョンがメモリ内の安全なストレージから持ってこられて、欠損ができてしまったそれのコピーに置き換わるはずだ。だが、この過程をどこまで進められるものだろうか？

テクノロジーに対する理解力なしの依存の典型的な事例を考えてみよう。順調に走る自動車[73]は人生の喜びの一つである。それに乗り込めば、多大な信頼性をもって行きたい場所にすぐに行けるし、また大抵の場合、音楽をかけたり、快適に空調を維持したり、道案内にGPSを用いたりして、到着までの過程も上首尾に進む。私たちは先進国にあって自動車は当然のものだと見なしがちで、それを人生における不変項《コンスタント》の一つ、いつでも利用可能な資源として扱いがちだ。私たちが人生設計を立てる場合、自動車を当たり前の環境の一部分として前提する。ところがいったん自動車が故障すると、人生は深刻な混乱に陥る。筋金入りのカーマニアで、技術的な訓練も受けている人物でもなければ、自分がレッカー車の作業員や、技師や、カーディーラーや、その他もっと大勢の人々からなる網の目に依存しているのだ、ということを認めねばならなくなる。そしてどこかの地点で、日増しに調子が悪くなっていく自動車を下取りに出し、新品のニューモデルで新たにやり直す決断を固める。かくして、ちょっとしたさざ波を除けば、人生は順調に進んでいく。

だが、以上すべてを可能にしている巨大なシステム――高速道路、原油精製所、自動車メーカー、保険会社、銀行、株式市場、政府など――についてはどうだろうか？　私たちの文明は――何度かの深刻な中断を挟みつつも――何千年もの間順調に進んで、複雑性と力を成長させてきたが、それが停止することはありうるのだろうか？　その通り、ありうるのであるが、ではその場合私たちは、文明を元の道に戻すために、誰の助けを借りられるだろうか？　自分の文明が崩壊したとしても、新しい文明を購入するわけにはいかないので、私たちは自分たちの有する文明を、良好に修理されている状態に置き続けるべきなのだ。だが、信頼できる修理工を務めるのは誰なのか？　政治家、裁判官、銀行家、工場経営者、大学教授といった人々——要するに、私たちの社会のリーダーたち——は、恐らくみなさんの推測以上に、平均的な自動車ドライバーと大差ない立場にある——彼らは、全体のからくりの中の自分の持ち場の舵を取るという、局所的で断片的な仕事を行っている一方、システム全体が依拠している複雑性にはおめでたい無知の状態でいられている、ということだ。経済学者であり進化論思想家でもあるポール・シーブライト（Seabright 2010）によれば、彼らが活動する際に依拠している楽天的な視野狭窄は、システムにおける嘆かわしい、正すべき欠陥なのではなく、むしろ彼らの活動を可能にするための一つの条件なのだという。これは、このような部分的理解力《コンピータンス》の分配〔分業〕が最適な状態だということではない。むしろ私たちの生活を極めて多くの側面において形づくっている巨大な社会的構築体が、私たちの〈その構造は健全であって、私たちによる世話を必要としない〉という近視眼的な確信に依存している成り立っている、ということだ。

　シーブライトは、ある一つの点で、私たちの文明が蟻塚と類比できることを指摘している。すなわちいずれも工作物《アーティファクト》であり、巧妙なデザインを何重にも重ね、それを支持する地盤の上に高々と組み立てられた、巧妙なデザインの驚嘆すべき成果であり、正確に行為する厖大な数の個による産物である。従って両者ともそれらの個〔個人／個体〕を創り出し形づくった進化の副産物であるし、また両者いずれについても、そこで観察される目覚ましい信頼性と実効性の元となっているデザイン上の革新は、個々の成員の頭脳の産《ブレインチルド》物《レン》ではなく、むしろ何世代にもわたる、個々の成員のおおむね無自覚で近視眼的な努力の幸運な産物である。とはいえ、文明と蟻塚との間には根深い相違点もある。人間の**協働**〔*cooperation*〕というのはデリケートで特異な現象であって、ほぼ無精神的と言ってよいシロアリの協働とは全く類似していないし、実のところ自然的世界において前例のない現象であって、進化において単一無比の祖先をもつ、単一無比の特徴なのだ。すでに見てきたように、人間の協働は、ウィルフリッド・セラーズの言う「諸理由の空間」に互いに参加し合うという私たちの能力に依存している。シーブライトが論ずるところでは、〔人間の〕協働は信用〔trust〕に依存しており、信用とは偉大かつ恐るべき計画を可能にする、ほとんど不可視の社会的な紐帯なのであって、このような信用は実のところ、自然選択が私たちの脳に固定配線した「自然的本能」ではない、という。それは自然選択の産物にしては新しすぎるのである[104]。つまり信用とは、社会的諸条件の一つの副産物であり、その〔信用という〕副産物を可能ならしめる条件であると同時に、その〔信用という〕副産物から生じる最も重要な産物でもある。私たちは、現代文明という圧倒的な高みにまで自分自身を持ち上げ《ブートストラップ》てきたのであり[74]、この新たな環境では、私たちの自然的な諸感情やその他の本能的諸反応は、もはや必ずしも役に立つものではなくなっているのである。

文明とは現在進行中の活動であり、それを理解することを放棄しようとすれば、私たち自身を危険にさ

---

(104) シーブライトの指摘では、チンパンジーやボノボの群れ《バンド》で、よそ者の同席――つまり家族や同じグループのメンバーではない同種の近接――という、私たちが事実上毎日、平然と経験している状況に寛大な対応をとるものは、一つもないという。これは根本的な相違点である。有蹄類の多くの種は、水飲み場で群れをなしていても（相対的に）平然としているが、このような平然さは信用ではなく、見知った非捕食者に対する本能的な無関心であって、私たちが同じ地にいる他の人類に対してとる態度によりも、私たちが木や灌木に対してとる態度にずっと近い。信用とは文化的な現象なのであり、この点は第7章で見てきた通りである。

らすことになる。蟻塚を考えてみよう。私たち人間の観察者は蟻塚の卓越性と複雑性を評価できるが、これはそこに住む住人たちの神経系には全く手の届かない業である。私たちは、自分自身による人工的な世界についても同様のオリュンポス的な〔神の目からの〕視座を是非とも手に入れたいと切望することができる。これは、人類だけが想像しうる離れ業である。それに成功しなければ、私たちは最善の意図を抱きつつも、私たちのかけがえのない創造物を解体の危機にさらすことになる。遺伝的および文化的という二つの領域の進化は、私たちの中に自己自身を知る能力を創り出してきた。しかし、知的《インテリジェント》デザインが数千年にわたって拡張の一途をたどってきたにもかかわらず、私たちはいまだに大量の問題、難題の中でどうにか沈まずにいる状態で、しかもそれらの多くは私たち自身の理解《コンプリヘンション》への努力が創り出した問題や難題である。さらに、私たち――または私たちの子孫――が貪欲な好奇心を満たすことができる前に、私たちの探求を早々と打ち切ってしまうという危険な可能性も存在しているのである。

旅を終え《ホーム・アット・ラスト》、帰還へ

これで、バクテリアからバッハへ至り、帰還する[75]という私たちの旅は完結する。くぐり抜けるのが困難な土地を横断する、長く入り組んだ旅程だった。出くわした地域の一部は哲学者が滅多に旅しない場所であり、また別の地域は、哲学者がたむろしているが、典型的な科学者は避けて通る場所であった。〔序論において〕私はみなさんに、いくつかのはっきり直観に反する考え方《アイデアズ》を飲み込んでもらうよう誘いかけておいた。そしてそれらの考え方がこの旅の道程をどれほど明るく照らし出してくれるかを示そうとしてきた。ここで、この旅が通ってきた場所の主要なランドマークの要約を提供し、これらのランドマークを通り抜けることがこの旅にとって必要だとなぜ私が考えるのか、改めてみなさんに思い出してもらいたいと思っている。[76]

私たちは心という問題と、デカルトによるこの問題の有力な二極化から出発した。一方の側には、物質と運動とエネルギーに関する科学、およびそれらが、進化の働きによって、いかに生命を支えているかに関する科学があり、他方の側には、ごく親密でなじみ深いが、同時に際立って神秘的で私秘的《プライベート》な現象としての意識がある。この二元論の傷〔ディーコンの言う「デカルトの傷」〕をいかにして癒すことができるのか？

この問題を解くための最初の一歩は、ダーウィンの**奇妙な推理の逆転**であると私は論じた。この逆転は革命的な洞察であり、それによれば、生命圏に存在するすべてのデザインは、究極的には盲目的で、理解力《アンコンプリヘンディング》を欠き、目的もない過程としての自然選択の産物でありうるし、そうあらざるをえない、ということになる。もはや私たちは、〈心〉をそれ以外の万物の〈原因〉と見なす必要がないのである。[77]

自然選択による進化が無精神的に見つけだすのは、**理由づける者〔推理する者〕なき諸理由**〔*reasons without reasoners*〕、すなわち諸々の浮遊理由《フリーフローティング・ラショナルズ》であり、それらの理由が、生物はなぜこのようなあり方をしているのかを部分的に説明する。この説明は、**「いかにして生じたのか？」**および**「何のためにあるのか？」**という二つの問いに共に答える説明である。まずダーウィンが、自然選択の過程そのものの中で働く、**理解力《コンプリヘンション》なき有能性《コンピータンス》**の最初の偉大な例を提供した。次に**チューリングの奇妙な推理の逆転**がもう一つの例を提供し、理解力なき有能性の別の変種の可能性を探求するための作業台となった。その第二の例こそコンピューターである。それはかつてその名で呼ばれていた人間の行為者たち〔計算技師たち《コンピューター》〕とは異なり、自らが極めて有能《コンピータントリィ》に利用する技法を、理解している必要がない存在である。理解力をほとんど要しない有能性によって達成されるものは、非常に多く存在する――蟻塚やアンテロープのストッティング〔跳ね歩き〕を考えよう。そしてこのことから私たちは、新たな難問に直面する。すなわち、理解力とは何のために存在し、またバッハやガウディのような人間の心はいかにして生じたのか？　という難問である。コンピューターは、理解力ある人間の思考者のためにそれまで取り置かれていた作業を達成できるが、その際コンピューターは情報をどのように理解しているのだろうか？　この問いをより詳しく見ていくことは、シロアリ――および自然選択そのもの――が示す「ボトムアップ式」のデザイン過程と、「トップダウン式」の知的《インテリジェント》デザインの過程との区別をはっきりさせるのに役立つ。この区別から引き出されるのが、**盗用する価値のあるデザインとしての情報**――「盗用する」は「購入する」や「コピーする」に置き換えて構わない――という考え方《アイデア》である。シャノンによる卓抜な情報理論は、基本的な考え方《アイデア》――すなわち**〔重要な〕差異を作り出す差異**〔としての情報〕という考え方《アイデア》――をはっきりさせて、この考え方《アイデア》の健全な理論的居場所と、情報を測定する方法を提供した。しかし私たちには、そこから違う方面へ進み、その〔差異を作り出す〕差異は、なぜそもそも測定するに値するほどの価値をもつのか？　という問いを検討する必要があった。

　自然選択による進化の過程は一様ではなくさまざまであり、ある過程は他の過程よりも「よりダーウィン的」であるが、ただしどの過程も同程度に実在的《リアル》で、それぞれの生物の生態的地位《ニッチ》において同程度に重要である。そしてそれゆえ、**ダーウィニズム〔的進化〕**の**ダーウィニズム〔的進化〕**〔*a Darwinian about Darwinism*〕が重要になってくる。ゴドフリー＝スミスの〈ダーウィン空間〉の思考道具として優れた点は、さまざまな種が進化するそれぞれの様式間の関係を定位するのに役立つというだけでなく、進化そのものがさまざまな仕方で進化し、その進化のそれぞれの様式間の関係を定位するのに役立つ、というところにある――このように、進化そのものが長い時間をかけて多様な進化を経る内に、ある系統は脱ダーウィン化を示すようになるのだ。

　ここで私たちは、何十億ものニューロンからできている脳は、いかなるトップダウン式のコントロールシステムもなしで、一体いかにして人間のような心に発展することができたのか？　という難問に戻り、ニューロンたちが自らを養うために行う、中心のない、分散化した制御《コントロール》の可能性を探求する。そしてこの可能性の中には、**野生化したニューロン**という可能性がある。これは、新たな環境的特徴が作り出した選択圧の下で、従順で家畜化された召使い、というかつての役割から解放されたニューロンたち、すなわち、文化的侵略者を指す。**自己複製に努める語**《ワーズ》やその他のミームたちは、さまざまな適応を誘発してきたと見込まれる。例えばその中には、〔ミームとの〕共進化的な反応による脳構造の修正などがある。文化的な伝達が、私たちの種の主要な行動上の新機軸として確保されてしまうと、神経のアーキテクチャ〔基本設計〕における重要な諸変化の引き金が引かれるだけでなく、環境にも新奇性が――何千ものギブソン的アフォーダンスという形をとって――付け加わることになる。そしてこの新たに付け加わった新奇性が、人類の存在論を豊かにし、それが今度は、この新たに作られたさまざまな状況をすべて追尾し続けるための適応――すなわち思考道具――を促進するようなさらなる選択圧を提供するのである。**文化進化そのものもまた進化してきたのであり**、その進化は方向性のない「ランダムな」探索から出発し、より効果的なデザイン過程としての、予見と目的を備え、行為者《エージェント》たち――すなわち知的《インテリジェント》デザイナーたち――の理解力《コンプリヘンション》に依存するデザイン過程に至る。人間の理解力をもたらすには、莫大な数の思考道具を配置することが必要なのである。文化進化は、それ自身の果実によって自らを脱ダーウィン化したのだ。

　この眺望から見渡すとき、ウィルフリッド・セラーズの有益な用語を用いて〈外見的イメージ〉と呼ばれてきたものを、特殊な種類の人工物と見なすことが可能になる。この人工物は、部分的には遺伝的に、また部分的には文化的にデザインされた、ある格別に効果的なユーザーイリュージョンとして、一生を通じ時間の制約に追われ続ける生物が、俊敏に動くことを支援する。このユーザーイリュージョンはさまざまな（過剰）単純化をうまく利用し、それによって**私たちがそこで生きる世界**のイメージが創り出される。このイメージ〔外見的イメージ〕は、その外見的イメージの創発を説明するために立ち戻らなければならないものとしての科学的イメージと、一定の緊張関係に立っている。ここで私たちはまた別の革命的な**推理の逆転**に出会う。この推理の逆転は、デイヴィッド・ヒュームによる、私たちの因果性の知識に関する説明に登場する。かくして私たちは人間の**意識を、一つのユーザーイリュージョンと**見なすことができるようになる。このユーザーイリュージョンはデカルト劇場の中に形成《レンダー》されたものではなく（そもそもデカルト劇場など存在しない）、むしろ脳の表象活動と、それに結びついた、その表象活動への適切な反応（「次に何が生じるのか？」）によって構成されたものである。

　これで例のギャップ[78]、あるいはデカルトの傷は埋められる。とはいえこれは、この重要きわまる統合のただの素描に過ぎないことは明らかである。しかしながら、この素描には一定の細部が含まれていて、それは、人間の心がどれほど知的《インテリジェント》で理解力《コンプリヘンディング》があるとしても、想像しうる限り最も強力な認知システムではないということ、そして、私たち〔人類〕に属する知的《インテリジェント》デザイナーたちが、今や機械学習システム——ボトムアップ式の過程を利用し、またそれによって〈進化は君よりも賢い〉というオーゲルの第二規則をまたもや証明するシステム——の創出において劇的な前進を遂げた、ということを明らかにするには十分なものだ。私たちは、ダーウィン的視座の普遍性をひとたび適切に認めてしまえば、個人として、また社会としての私たちの現在の状況が、不完全《インパーフェクト》であり、かつ、恒久的《インパーマネント》ではないということを自覚するようになる。私たちはいつの日かこの惑星を、私たちのいとこであるバクテリアたちの手に、そして彼らの穏健なボトムアップ式のデザイン改善の手法に、返却するのかもしれない。あるいは私たちはポスト知的《インテリジェント》デザインの時代において、ほとんどの認知的持ち上げ《リフティング》を自分自身で行う〔ディープラーニングマシンのような〕人工物たちの手を借りて創り出された環境の中で、繁栄を続けていくのかもしれない。現在存在しているのはミームと遺伝子の共進化だけではない。それに対応する、私たちの心のトップダウン式の推理《リーズニング》〔理由づけ〕の能力と、私たちの動物的な脳のボトムアップ式の理解力なし《アンコンプリヘンディング》の才能との共進化もまた存在している。そしてもし私たちの未来が過去と同じ軌道をたどるなら——つまり、部分的には私たちの制御下にある軌道をたどるなら——、私たちの作る人工知能は、たとえ私たちが、より慎重にそれらに依存するとしても、依然として私たちに依存し続けることになるだろう。

付録——本書の背景〔1〕

本書で紹介した諸思想《アイデアズ》やその論証は、私がこの半世紀の間構築してきた一連の論証を前景へもってきたものである。それを本書の形にまとめようとしてきたのは、読者が本書以前のそうした私の仕事を知らずに済ませられるようにするためであった。この理由から、私は過去の業績に関してはごくわずかの参考文献しか掲載してこなかった。読者の中の、本書の内容にいまだ説得力をおぼえられていない方で、私が展開した主張には本書に掲げた以上の裏付けもあるのだろうか、と疑問に思う方もいるだろう。そしてその答えはイエスなのだ。読者の中にはまた、私の論証の歴史を知り、進化を続けてきたさまざまな主張の軌跡を追いかけてみたい、と思う方もいるかもしれない。そこでこの付録で、本書の基盤となった〔著者による〕著作類のすべて、および、それらが喚起してきた批判的著述の中でも最も有益なもののいくつかへの参照を提示する。

しかし、本書の背景となったこれらの著作を取り上げる前に、本書四四九頁の原注（91）でピーター・

カルーサーズについて行っていた約束を果たし、同時に、本書に重大な関連性をもつ著作をいくつか紹介したい。これらは、その重要性に気づいていながらも、本書に組み込むほど消化する時間をとれなかった著作である。私が推奨したいこの種の著作として、前述のカルーサーズの『中心化された心』(Carruthers 2015)とそれ以前の著作の他、次のものを挙げておく――マレイ・シャナハン『身体化と内的生』(Shanahan 2010)、ラドゥ・ボグダン『私たち自身の心――自己意識の社会文化的基盤』(Bogdan 2010)および『心の飛び越し――偽装と想像の社会文化的基盤』(Bogdan 2013)、アンディ・クラーク『不確実性の上をサーフィンする』(Clark 2015)、オリヴィエ・モラン『伝統はいかに生まれいかに死ぬか』(Morin 2016)。どこか理想の世界では、私はこれらすべてを自家薬籠中におさめる時間を作れたであろうし、それによって本書がよりよいものになったことは疑いない。だが人はどこかの地点で窓のブラインドを下ろし、執筆に専念せざるをえなくなる。これらの著作(およびその他の著作)については、近いうちにコメントを公開したい。その場合、公開はウェブサイト上になるはずである。

第1章

32　**ロマン派**と**興醒まし**《キルジョイ》という用語。私が最初に動物の心に関する**ロマン派**と**興醒まし**との間の勢力争いを分析したのは、「認知動物行動学における志向システムたち――パングロス主義パラダイムの擁護」(Dennett 1983)においてであり、この論文は『行動と脳の科学』[*Behavioral and Brain Sciences*]誌〔以下ＢＢＳと略記〕のその号のターゲット論文となった。[2] この論考はまた、グールドおよびレウォンティンによる、悪い意味で名の知られた「パングロス主義パラダイム」論考への私の批判の端緒になり、私はその後の一二年〔一ダース年〕を超える年月をかけてその批判を、グールドの著作に見いだされる誤誘導《ミスディレクション》[3]への、より分量が大きくて詳細な攻撃へと発展させた。例えば『ダーウィンの危険な思想』（以下ＤＤＩと略記）（Dennett 1995）のグールドに関する章や、その後の『ニューヨーク・レビュー・オブ・ブックス』紙でのグールドとの紙上討論（Gould 1997, Dennett 1997b）および私デネットによる論考「ダーウィン原理主義」（Dennett 1997）を参照。

35　論敵を突き落とす絶壁。この絶壁の叙述は「心の哲学の現在の諸争点」（Dennett 1978b）で行った。

41　修辞疑問に対して……**答えようと**してみること。修辞疑問は論証の弱点の分かりやすい目印である、という点は『思考の技法』（以下ＩＰ）（Dennett 2013）を参照。

42　誇大に描き出し、深遠で形而上学的なものにしてしまっている。ハンフリーとデネットの「私たちが自分自身に対して話すこと」（Humphrey & Dennett 1989）はデネット『頭脳の産物《ブレインチルドレン》たち』（Dennett 1998）に再録されている。

第２章

54　他の星雲からやってきた知的《インテリジェント》デザイナー。ＢＢＳ誌掲載の、デネット「生物学への責任転嫁」（Dennett 1980）を参照。

58　リバースエンジニアリングの視点は生物学のどんなところにも登場し……。生物学は工学《エンジニアリング》の一種であるという点はＤＤＩ（Dennett 1995）第８章で詳しく取り扱ってある。

70　「デザイン的構え」は「志向システム」(Dennett 1971)で初めて導入され、以後、私の著作で非常に目立つ主題となってきた。特に『ブレインストームズ』(Dennett 1978)、「志向的心理学の三種類」(Dennett 1981a)〔邦訳は『「志向姿勢」の哲学』第3章〕、「私たちの自己を意味づける」(Dennett 1981b)、『「志向姿勢」の哲学』(Dennett 1987)を参照。

79　痕跡的。人工物の中の存在理由を失った構造のいくつかの例を取り上げた議論は、DDI(Dennett 1995, p.199)〔邦訳二六九―七〇頁〕を参照。

81　サイクル。さまざまなサイクル――自己複製のサイクルには限られない――が、新たなものが生じる確率を高めた、という主張はEdge.orgの二〇一一年の〔公開〕質問、「万人の認知的道具箱をよりよいものにしてくれそうな科学上の概念は何でしょう?」への私の応答となる論考の主題である。この論考はジョン・ブロックマン編[4]『賢くなりたければ、これ』に再録されている(Dennett 2012c)。

88　〈最初の哺乳類〉。デイヴィド・サンフォードによる、哺乳類は存在しないという論証を取り上げた議論は、『自由は進化する』(Dennett 2003)[5]で行い、IPでも再度行った。

90　浮遊理由。私が「浮遊理由〔free-floating rationales〕」という用語を最初に導入したのは「認知動物行動学における志向システムたち」(Dennett 1983)においてであり、その後DDI(Dennett 1995)、IP(Dennett 2013)その他でさらに内容を練り上げた。

第4章

95　本章は私の2009年PNAS〔米国科学アカデミー紀要〕論文、「ダーウィンの奇妙な推理の逆転」（Dennett 2009）および「チューリングの奇妙な推理の逆転」（Dennett 2013d）を元に、多くの改訂を加えたものである。

第5章

130　ペンローズのＡＩに反対する論証——また結果的に、自然選択に反対する論証でもある！——は、ペンローズの著作に対する私の書評「大伽藍の中のぼやき」"Murmurs in the Cathedral"（*Times Literary Supplement* 1989所収）、ＤＤＩ（Dennett 1995、第15章）、『頭脳の産物たち《ブレイン・チルドレン》』（Dennett 1998）の、特に第II部のＡＩとＡＬ〔人工生命〕を論じた箇所で詳しく論じた。

134　最適性。進化生物学における最適性の仮定に関して、より詳しくは「認知動物行動学における志向システムたち」（Dennett 1983）、ＤＤＩ（Dennett 1995）を参照。

第6章

179　ジャックとシャーロックの例は「三種類の志向心理学」（Dennett 1981）〔『「志向姿勢」の哲学』第3章〕から採られたもので、ＩＰ（Dennett 2013）にも登場している。初期のいくつかのバージョンでは、私は何らかの志向システム〔人間、動物など〕が抱く信念を明示的に取り上げて議論し、この例を、「思考の言語」――すなわち、すべての信念がその中に何らかの仕方でコード化《エンコード》されている〔脳内の〕言語――という、人を惹き寄せる結論に滑っていくことに抵抗するために用いていた。これは、私の著作のあちこちに顔を出してきたテーマである。『「志向姿勢」の哲学』（Dennett 1983）、およびウェストバリーとデネット「未来構築のための過去発掘――知識の形態としての記憶と信念」（Westbury & Dennett 1998）も参照。現在私は、情報について語ることによってこの論点を一般化しつつある。鳥が飛ぶ際の媒体〔つまり大気〕の粘性の**情報**は、鳥の翼〔と翼の制御〕の中に**具体化**〔*embodied*〕されているが、デザインの中に**コード化**〔*encoded*〕されている必要はないということだ。私は志向的構えという概念を〔情報の概念の導入によって〕修正し拡張したが、それに伴ってこのテーマのさらなる明確化と拡張を行った（ことになっていればいい、と思っている）――すなわち、情報的／志向的な視座を採用して利益を得られている場合でも、その利益は必ずしも、意味論的情報という価値ある品物をコード化《エンコード》する表象の体系の存在に依存しては**いない**、ということだ。

182　明け透けであること〔transparency〕。この「明け透けであること〔透明性〕」の危険性については、IP（Dennett 2013）および Dennett and Roy（2015）を参照。

186　**cui bono?**〔利益ハ誰ニ？〕という問いを発することの重要性を最初に議論したのはＤＤＩ（Dennett 1995）においてである。

191　〈妙手〉〔Good Tricks〕および「なぜなぜ物語〔just-so stories〕」の定義や議論はＤＤＩ（Dennett 1995）でなされている。

200　〔ある生物の内部では……信用が優位を占める。〕内的信用についての別の視座からの考察は、『行動および脳の科学』に掲載された、マッケイとデネットによる「誤信の進化」（McKay & Dennett 2009）参照。

201 〔実在《リアル》するパターン〔a real pattern〕。〕存在論と識別可能なパターンとの関係に関する立ち入った分析については「リアル・パターン〔Real Patterns〕」（Dennett 1991b）参照。

211 スポーク付きの車輪をもつ荷車の例は、『解明される意識』（以下CE）（Dennett 1991, p.204）〔邦訳二四三頁〕およびDDI（Dennett 1995, p.348）〔邦訳四五九―六〇頁〕の両方で議論した。

第7章

216 この三つの要因すべてが存在しているときにはいつでも……。これはダーウィン的「アルゴリズム」であり、DDI（Dennett 1995）で詳しく論じた。

227 フッター派信徒。私はウィルソンとソーバーによるフッター派信徒についての分析[6]を、DDIの「貪欲な倫理的還元主義のいくつかの形態」（Dennett 1995, pp. 467–481）〔邦訳六二三―四四頁〕で批判的に議論している。

第8章

240 並列型のアーキテクチャ。ポール・チャーチランドと私は並列型アーキテクチャ〔基本設計〕の力に関して、長期間にわたる論議を行ってきた。私の書いたものとして最も新しい文章〔キーリィ編『ポール・チャーチランド』の担当章〕のタイトル「意識に接近するための二つの歩み」（Dennett 2006d）から明らかであるように、私たちの間の相違点は減少しつつある。『自由は進化する』の議論も参照（Dennett 2003, pp. 106ff）〔邦訳一五四―六頁〕。

243 ディーコンの著書に対する私の書評「真空の作成《メイキング・ボイド》とやるせない空虚さ《アーチング・ボイド》」（Dennett 2013b）を参照。

251 テカムセ・フィッチ。この前後の六つの段落は、[7] 二〇〇八年のEdge.orgの公開質問「あなたが考え方を変えた事柄とその理由を教えて下さい」に対する私の寄稿（Dennett 2008）を元にして、それに修正を加えたものである。

256 脳はいかにしてアフォーダンスを選び出すか？ この節の内容はデイヴィド・バスラー（David Baßler）との討議のおかげをこうむっており、メッツィンガー編『オープン・マインド』掲載の「意識が、現に意識がそう見えているような仕方で見えているのはなぜであり、またそれはいかにしてであるか？」（Dennett 2015c）と「私たちのクオリアへの信念はいかに進化したか？ そして私たちはなぜそれをこれほど気にかけるのか？――デイヴィド・バスラーへの応答」（Dennett 2015d）および、BBS誌に掲載されたClark（2013）へのコメント論文「私たち自身が予期することを予期すること――投影装置《プロジェクター》[8]としてのベイズ的脳」（Dennett 2013c）を元に、それらに修正を加えたものである。

257 〈有能性《コンピータンス》モデル〉対〈遂行《パフォーマンス》モデル〉。これと関連する（ただしこれより優れた）、認知科学で大きな影響力をもっている区別として、デイヴィド・マーとトミー・ポギオ（Marr & Poggio 1976）が提起した三つのレベルの区別がある――すなわち、計算レベル〔computational〕、アルゴリズムレベル〔algorithmic〕、実装レベル〔implementation〕の区別である。アレン・ニューウェル（Newell 1982）は、知識レベル、記号《シンボル》レベル、ハードウェアレベルという区別を提起した。私の志向的構え、デザイン的構え、物理的構えという三つの「構え〔stances〕」はこれらよりも先に提起されており（Dennett 1971）、またある点でこれらよりもより一般的である。これらは基本的に同じ論点を表現する異なった手法であり、それぞれの弱点を備えている。マーとポギオの「計算〔的〕」という用語は、スペック〔仕様、性能〕のレベルを呼ぶための用語としては誤解を招きやすい。ニューウェルの「記号レベル」はＧＯＦＡＩ的なバイアスを表明している。私の「志向的構え」は認知科学に、論争を招きやすく、いつも誤解される哲学の業界用語《ジャーゴン》の一端を押しつけるものである。

262　不可思議な組織《ワンダー・ティシュー》なる用語を最初に出版物で用いたのは一九八四年の「認知の車輪」（Dennett 1984b）においてである。

第9章

272　アヴィタルとジャブロンカの書物（Avital and Jablonka 2002）について、より詳しくは、『進化生物学雑誌』〔*Journal of Evolutionary Biology*〕誌に掲載された私の書評（Dennett 2002b）を参照。

284　「民主主義をぶっつぶせ！」。脳の活動の「暗号解読」は信念帰属の方法としては変動が激しすぎるものだ、というのは、一九七五年以来の私の中心主題である。『ブレインストームズ』（Dennett 1987）に再録されている「ブレインライティング[9]と心の読み取り」"Brain Writing and Mind Reading"を参照。

第10章

333　新しい形式やより広い文脈。認知動物行動学〔cognitive ethology〕と、人間以外の動物への、高階の志向的構え[10]の帰属の問題に対する私の関心は、一九八三年のBBS誌ターゲット論文「認知動物行動学における志向システムたち――パングロス主義パラダイムの擁護」(Dennett 1983)にさかのぼり、以来断続的にその関心を追求してきた。例えば、「認知動物行動学――お買い得品の探索《ハンティング》か、それとも野生のガンの追跡〔無駄な骨折り〕か?」(Dennett 1989)、「動物は信念をもつか?」(Dennett 1995b)、「動物の意識――問題の所在とその理由」(Dennett 1995d)など。

第11章

339 リアル・パターン〔実在するパターン〕についてはDennett 1991bで分析した。

349 誤義〔thinko〕。誤義《シンコ》という概念を最初に紹介したのは「誤記《タイポ》から誤義《シンコ》へ――漸次上昇する進化が意味論的規範に至るとき」(Dennett 2006b)においてである。

第12章

384 ハンフリー。私は『ケンブリッジ古生物学雑誌』掲載の「洞窟絵画・自閉症・人間の心の進化」(Dennett 1998b)でニコラス・ハンフリーへの応答を行っている。

386 〔ミームに〕操られる脳をもつ類人猿。これについては、CE(Dennett 1991)およびDDI(Dennett 1995)の関連する章と、「文化進化」(Dennett 2001b)を参照。

387 とがった葉の先端によじ登るアリの中にいるランセット吸虫については、「文化の進化」(Dennett

2001b）および『解明される宗教』（Dennett 2006b）を参照。

401　ベルベットモンキーの警戒声〔alarm calls〕。認知動物行動学に関する私のＢＢＳ誌の〔ターゲット〕論文（Dennett 1983）は、動物の知能〔知性〕の科学的証拠と逸話を区別することの困難さを議論している。「信念への信念」（Dennett 1978d）は、プリマックとウッドルフによるＢＢＳ誌のターゲット論文「チンパンジーは心の理論をもつか？」（Premack & Woodruff 1978）に対する私のコメント論文であるが、その後同論文に続き、フィールドワークと実験室の両方において、動物および子供における高階の志向性のしるしとなるものに関する、非常に多様な研究（例えば偽なる信念を扱う課題など）がなされることになった。例としては、ホワイトゥンとバーンの『マキャベリ的知性と心の理論の進化論』の第Ｉ巻（Whiten & Byrne 1988）と第II巻の『……拡張と評価』（Whiten & Byrne 1997）やトマセロ、コール〔Call〕、ポリネリ〔Povinelli〕、他数多くの研究がある。私は『心はどこにあるのか』（Dennett 1996）において、信念についての信念と思考についての思考の間の違いについて議論し、またこれらの文献のいくつかに対する論評を行った。私の「哲学的論考としての『利己的な遺伝子』」（Dennett 2006）の中での議論も参照。

419　自然選択によってＬＡＤのデザインを。ＢＢＳ誌に〔コメント論文として〕掲載された「生物学への責任転嫁」（Dennett 1980）において、私は同誌のターゲット論文となっていたチョムスキーからの論文に対する友好的改善策だと自分では考えていたものを提供したところ、チョムスキーの一切妥協を拒む応答を受け、仰天したのであった。私の考えでは、文法のデザインをもたらした主要な研究開発は、スキナー的なものでも、ポパー的なものでも、グレゴリー的なものでもなく、ダーウィン的なものであった、というのがＬＡＤという概念のすべてを尽くしている、ということだと思われたのだが、それは誤りだったのだ。

444　そこに成立している秩序。私はこのアンスコムの一節について「リアル・パターン」で議論した（Dennett 1991b, p. 43）。

446　McGeer（2004）。自閉症の文脈での基礎的な足場固めについてはGriffin & Dennett（2008）を参照。

454　私はホフスタッターの寸言「僕には、君がすることは何でもメタにできる」を「ホフスタッターの探求」（Dennett 1995c）で引用した。ホフスタッターは、私こそこの寸言の作者だと主張しているが、どちらが最初に思いついたかは重要ではない。[11] 二〇〇四年のEdge.orgの、〔公開質問〕「あなたの法則を教えて下さい」で、チャールズ・シモニー〔Charles Simonyi〕は「およそなされうるものは、何でもメタにされうるであろう」を〈シモニーの法則〉として公布していた。いい思いつき《アイデアズ》は〈妙手《グッド・トリックス》〉であって、頻繁に再発明される傾向があるのだ。

456　ＪＶＭとその他のバーチャルマシン。バーチャルマシン、およびそのハードウェアやソフトウェアとの関係についてのより詳しい紹介はＩＰ（Dennett 2013、第4章、「コンピュータを論じる幕間」）で行った。一種の入門書として参照されたい。

480　オスカー・ワイルド。必死で名言を考え出しているオスカー・ワイルド、という例は「本物になれ」"Get Real"（Dennett 1994）で初めて議論した。

481　意識に関する、「ハードプロブレム」および「本物《リアル》のマジック」についての長い議論は、『スウィート・ドリームズ——意識の科学に対するさまざまな妨害物』〔邦訳は副題なし〕（Dennett 2005）およびＩＰ（Dennett 2013）でなされている。

483 『スパムレット』とショイクスペア〔原語ではスペイクシェア〔Spakesheare〕〕という思考実験は、アメリカ哲学協会東部部会会長就任講演「ダーウィンの航跡を追って、私はどこにある〔いる〕のか？」（『アメリカ哲学協会紀要』所収、Dennett 2000）に初めて登場した。

501 延長された心。環境内の記号の使用の有益さについては、『心はどこにあるのか』（Dennett 1996）および「学習とラベルづけ」（Dennett 1993）で議論した。

第14章

508 火星人の科学者たち。意識が火星人の科学者たちには自明である、というこの論点は『スウィート・ドリームズ』（Dennett 2005）で初めて展開した。

509 「それはどんな感じのことか？〔What is it like?〕」については、ホフスタッターとデネットの『マインズ・アイ』（Hofstadter & Dennett 1981）所収のホフスタッターの面白く洞察豊かな考察を参照（pp.403-414）〔邦訳二五九―二七四頁〕。

517 von Neumann。ゲーム理論と私秘性《プライバシー》については、『自由は進化する』（Dennett 2003）を参照。

517 言語的コミュニケーション。本節を締めくくるこの二つの段落は、私の「私の身体にはそれ自身の心がある」（Dennett 2007c）および「「なぜ？」の進化」（Dennett 2010）を元にして、それに大幅な修正を加えたものである。なお、後者の論考は、ここで支持している立場の源泉となった、McFarland（1989, 1989b）、Drescher（1991）、Brandom（1994）、Haugeland（1998）、Millikan（2000b）といった研究についての議論も行っている。併せて、マクファーランドの二〇〇九年の書物『罪深いロボット、幸福なイヌ』*Guilty Robots,*

Happy Dogs に対する私の書評（Dennett 2009b）も参照。

519　「色っぽい〔sexy〕」をモデルにした造語「自己っぽい〔selfy〕」についてはＣＥ（Dennett 1991）で議論した。

520　ウェグナー。自由意志は幻想〔錯覚〕の一種であるというウェグナーの見解についての詳しい議論は『自由は進化する』（Dennett 2003）で行っている。

530　ヘテロ〔他者〕現象学。ここの数段落は「ヘテロ現象学再考」（Dennett 2007b）にもとづく部分が大きいが、そちらの方がより十分な議論を行っている。特に、この論文中で行ったSchwitzgebel（2007）への応答、および同論文の注6で行ったSiewert（2007）への応答を参照されたい。彼らの思想は私が自分の考え方を練り直す助けになった。ヘテロ現象学（Dennett 1982, 1991, 2003c, 2005, 2007c）は、私たちがある人物の「概念世界〔notional world〕」内のアフォーダンスを、その存在論を私たちの科学的世界像の一部に組み入れずに追跡することを可能にしてくれる。

533　原注（99）。心的イメージ形成の研究は、Shepard and Metzler（1971）が、この研究の現在のような爆発的増大をもたらした秀逸《ブリリアント》きわまる引き金となって、Pylyshyn（1973）およびKosslyn（1975）と共に、以後のさまざまな論争（例えばKosslyn 1980, Kosslyn et al. 1979, Kosslyn et al. 2001, Pylyshyn 2002）のためのお膳立てを整えた。心的イメージについての私の議論としては、『内容と意識』（Dennett 1969、「イメージの本性と内省の罠」）、『ブレインストームズ』（Dennett 1978、第9—10章）、ＣＥ（Dennett 1991）、「あなたの脳は自分の中でイメージを使用しているか？　使用しているとしたら、それはどのようにしてか？」（Dennett 2002、ＢＢＳ誌掲載のPylyshyn 2002に対するコメント論文）を参照。

534　ヒュームの奇妙な逆転。ヒュームの奇妙な逆転を取り上げたこれら数段落は、ＢＢＳ誌掲載のClark

(2013）へのコメント論文（Dennett 2013c）を元に、それに修正を加えたものである。ここで述べた着想の提示は、これ以前にも『ヒトはなぜ笑うのか』（Hurley, Dennett, & Adams 2011）で行っている。

548 〈ハードクエスチョン〉。〈ハードクエスチョン〉に関する詳しい議論はCE（Dennett 1991）を参照。また、〈ハードクエスチョン〉の例とそれに対する回答に取りかかる例については「意識という托鉢僧の房毛」（Dennett 2015b）を参照。

549 両方〔議論の両陣営〕に同時に与することはできない。私にできるのは、当初、私の主張を全く理解不《インコンプリ》可能《ヘンシブル》だと見なす人々が、少なくともその主張を思い浮かべることができるようにするための直観ポンプ〔思考実験〕をいくつか提供することである。とりわけ「調律済みの〔特別発注〕トランプデッキ」〔という直観ポンプ」を参照。これは、「意識のマジックを説明すること」（Dennett 2002c）（これに先立つ数段落では、この論文からいくつかの題材を引いた）、『スウィート・ドリームズ』（Dennett 2005）、IP（Dennett 2013）に登場する。

553 ベネット、およびここで論じた意味による同定に関して、より詳しくは「ジョナサン・ベネットの「合理性」」（Dennett 2017）参照。意味というものが、現実に存在するものではないにもかかわらず、私たちの現象学の内部に住まっているのはいかにしてであるか、という点は**Azzouni**（2015）参照。

555 「自由意志」。サム・ハリス（Harris 2012）や他の人々（例えばCoyne 2012など）は近年、自由意志が存在しないことを科学は示しており、このことが道徳、法、犯罪、刑罰、報償についての私たちの政策に（何なのか特定されていない）革命的な諸帰結をもたらす、と論じている。彼らが見逃しているのは、外見的イメージは私たちがその中で生きる、私たちにとって重要なものだという事実である。色というのは、科学的イメージからすれば一つの錯覚〔幻想〕であるが、それでもやはり私たちにとって重要なものであり、私たちが自分たちの周囲を価値の認められた配色で彩るために時間と労力を割くというのは賢明なことである。ハリスや他の人々が論じているのは、貨幣とは錯覚〔幻想〕なのだから私たちはそれを放棄すべきなのだ、と言わんばかりの主張である。私には彼らが、錯覚〔幻想〕だという自分たちの貨幣を投げ捨てているようには見えないし、彼らの意図的な行為に対する責任を回避しているようにも見えないので、彼らが、自分たちが示している思想をどのように考えているのかは明らかではない。自由意志についてのこれ以上の事柄については以下を参照されたい。『エルボウ・ルーム――求めるに値する種類の自由意志』（Dennett 1984（改訂版 2015））、『自由は進化する』（Dennett 2003）、私のエラスムス講義「エラスムス――スピンドクター[12]も時には正しい」（Dennett 2012b）、ハリスの著書への書評「『自由意志』についての考察」（Dennett 2014b）、ポッドキャスト『哲学の逆襲』〔*Philosophy Bites Again*〕収録の「ダニエル・デネット、求めるに値する自由意志について語る」（Dennett 2014）。

第15章

561　プー。引用元はジョージ・E・プー『人間的価値の生物学的起源』（Pugh 1978, p. 154）。ここには脚注が付されていて、著者はこの言葉を彼の父エマーソン・プー〔Emerson Pugh〕の一九三八年頃の言葉として引用している。この引用句は、ライアル・ワトソン〔Lyall Watoson〕（一九三九年生まれ）の言葉としても広まっている。http://todayinsci.com/P/Pugh_Emerson/PughEmerson-Quotations.htm.

568　意識に関する何巻もの本。『解明される宗教』（Dennett 2006）第8章「信じることに価値がある〔Belief in Belief〕」において、私は異なる分野の科学者間の、互いの専門性を信じ合う分業（「理解は彼らの仕事で、私たちの仕事は信じることだ！」）を議論し、神学においては、重要な問題が、議論で用いられている用語の意味を誰も理解していないままで述べられることがしばしばある、という指摘を行った。

578 進化してきたナノロボット。マクロレベルでの進化するロボットもまた、すでに非常に単純な領域で印象深い結果を達成しており、私は、サセックスのインマン・ハーヴェイとフィル・ハズバンド（Harvey et al. 1997 など）による進化ロボット工学についてしばしば語ってきた。しかしこの議論を出版したことはない。

578 デイヴィド・コープ。コープの『バーチャル音楽』（Cope & Hofstadter 2001）にはダグラス・ホフスタッター、作曲家たち、音楽学者たち、および私による論考がおさめられている。私の論考は「衝突判定[13]、ミューゼロット[14]、走り書き――創造性に関するいくつかの考察」"Collision Detection, Muselot, and Scribble: Some Reflections on Creativity"である。同書所収の諸論考は注目すべき考察に満ちており、また同書にはたくさんの楽譜と付録のＣＤもおさめられている。

580 基質中立的。基質中立性〔substrate neutrality〕についてはＤＤＩ（Dennett 1995）参照。

581 類比装置論者〔analogizers〕。アナロジー〔類比〕を発見するという営みの重要性についての、ダグラス・ホフスタッターの多くの著述も参照されたい。とりわけ下記を参照。『メタマジック・ゲーム』（Hofstadter 1985）、『流暢な概念と創造的アナロジー』（Hofstadter 1995）、『表層と本質――思考の燃料および炎としてのアナロジー』*Surfaces and Essences: Analogy as the Fuel and Fire of Thinking*（エマニュエル・サンダー〔Emmanuel Sander〕との共著。同書は二〇一三年四月の英語版出版に先立ち〔同年に〕『思考の核心としてのアナロジー』〔Coeur de la pensée〕と題されたフランス語版が出版されている）。

582 建築家たち。遺伝アルゴリズムの建築への応用例は、Sullivan-Fedock（2011）、Asadi et al.（2014）、Yu et al.

(2014) を参照。電子的な区画再編成の最適化については Chou et al.,(2012) を参照。

588 自己監視《セルフ・モニター》。私はこのデザイン戦略をある未出版の論文「知性への一つの経路――過剰単純化と自己監視」(Dennett 1984c) で議論しており、この論文は私のウェブサイトで読める。http://ase.tufts.edu/cogstud/dennett/recent.html

595 チューリングテスト。真正の理解力《コンプリヘンション》のテストとしてのチューリングテストの分析と擁護については以下を参照――「機械は思考できるか?」(Dennett 1985) (同論文は二つの後記 (Dennett 1985, 1997) を付して、『頭脳の産物 (ブレインチルドレン)』(Dennett 1998) に再録されている)、「素速い思考」(『「志向姿勢」の哲学』(Dennett 1987) 所収)、また特に「中国語の部屋」(ＩＰ (Dennett 2013) 所収。pp. 326–327 〔邦訳四八七―八〕では、会話でのやりとりに組み込まれざるをえない認知的な多層化 [cognitive layering] のいくつかの例を議論している)。

598 Debner & Jacoby (1994)。それ以外のこの種の実験については、私の「私たちはもう意識を説明しているのか?」(Dennett 2001c) を参照。また、Merikle et al. (2001) で議論されている Dehaene and Naccache (2001) および Smith and Merikle (1999) も参照。

602 想像力を備えた行為者《エージェント》の**理論**。私は、知的《インテリジェント》行為者このような強力な理論またはモデルへの展望に関する議論と、元来のチューリングテストの決定的なあいまいさの指摘を、ジミー・ソーによる『her――世界でひとつの彼女』〔六〇三頁原注 (103) 参照〕がはらんでいる含意についてのインタビューの中で行っている。このインタビューは『デイリー・ビースト』に掲載されている。http://www.thedailybeast.com/articles/2013/12/31/can-robots-fall-in-love-and-whywould-they.html.

603 実践的には無視できる可能性。私は、強いＡＩは原理的に可能だとしても実践的には不可能だとなぜ考えるのかの理由を説明するとき、よくそれを、コマドリと同じ重さをもつだけではなく、飛んでいる昆虫を捕らえたり、木の枝に止まったりすることもできるロボット鳥を作るという課題になぞらえる。私は、この種のロボット鳥が宇宙的神秘などではないとはっきり断言できるが、それを現実化するために必要な工学技術《エンジニアリング》はマンハッタン計画一ダース分ほどのコストを必要とするであろうと見込まれ、一体何の目的でそんなものを？　ということになるだろう。飛翔の原理について、さらに言えば鳥の飛翔の原理について、そのコストのほんの一かけらを使い、もっと単純なモデルを作って私たちの理論を検証することで、必要なことは学べる。最近、コマドリよりも小さい、飛んでいる昆虫と同じぐらいの大きさの、最新型の超小型ドローンを私に突きつけ、この考えを変える気はないか、と尋ねてくる人々がいる。答えはノーである。なぜなら、それは自律的な自己制御ロボットではなく、電気仕掛けの操り人形であるし、それ以外にも、ハエを捕まえたり木の枝にとまったりすることはできないからである。ドローンがそういうことをできるようになる日もいつか来るかもしれないが、それにはＤＡＲＰＡ[15]が何十億ドルもの予算を浪費する必要があるだろう。また私は、いわゆる〈シンギュラリティ[16]〉について、「デイヴィド・チャーマーズの神秘」（Dennett 2012）と「シンギュラリティ——都市伝説だろうか？」（Dennett 2015）で議論したことがある。

607　権威を、機が熟すよりもずっと前に譲り渡してしまう。私はこの問題に対する取り組みを、「情報・技術・無知の美徳」（『ダイダロス』［*Daedalus*］誌一九八六年掲載、『頭脳の産物《ブレインチルドレン》』（Dennett 1998 所収）と、「シンギュラリティ——都市伝説だろうか？」（Dennett 2015）で行っている。

615　自動車の故障。この数段落はシーブライトの『よそ者たちの集まり』*The Company of Strangers* 第二版への私の序言を元に、それに修正を加えたものである。

訳者あとがき

本書は二〇一七年に刊行された Daniel C. Dennett, *From Bacteria to Bach and Back: The Evolution of Minds* の全訳である。テーマの包括性と、著者永年の探究の到達点を真正面から主題化するという性格、さらに言えばその分量（原書で全四七六ページ）からして、著者の主著の一つに加えられるべき本と呼んで差し支えないと思われる。

これに先立つ著者の理論的な大著として、訳者も共訳者として関わらせて頂いた『思考の技法——直観ポンプと77の思考術』（Dennett 2013）がある。同書の中心部分は著者の専門である「心の哲学」の重要なトピックとしての「意味（または志向性）」「意識」「自由意志」を主題とするが、それに匹敵する分量を「進化」と「コンピューター」に割いている点は、同書の大きな特色であった。そしてこの性格は、自然選択説を唱えた「ダーウィン」と、現代のコンピューターの基本的着想を提起した「チューリング」を二本の柱とする本書においてより鮮明になっている。進化論とコンピューター科学の両面から「心」を脱神秘化、自然化するというのが著者の基本構想であり、本書ではその構想が徹底した仕方で実現されていると言える。

『思考の技法』は著者のこれまでの思想のエッセンスの紹介（アマゾンのあるレビュアーの表現を借りれば「ベスト盤」）という性格が強かったが、デネットが一時たりとも歩みを止めない哲学者であることは同書からも読み取れた。例えば「サイクル」と題された章（第46章）では、自己複製する生物を前提とするダーウィン的進化の世界とそれ以前の世界を架橋する試みがなされているが、これは『ダーウィンの危険な思想』以来の視界を拡張する新展開と言えよう。また同書は「理解力なき有能性」という印象的なキイワードを打ち出し、それをてこに、ダーウィン批判者の言葉「ダーウィン氏の奇妙な推理の逆転」を、ダーウィンの洞察を評価する概念に転じ（三三六頁）、さらにダーウィンの洞察に匹敵する洞察として「チューリングの奇妙な推理の逆転」を指摘し、それを扱う論文を予告していた（四八六頁。これはDennett 2013dとして公刊された）。他に著者は、同書で詳しく扱えなかったミーム論の本格的な弁明を行う小著をいずれ公刊したい、という構想を述べ（邦訳四一五頁）、あるいはゴドフリー＝スミスの「ダーウィン空間」について、「思考道具」のカタログたる同書に是非とも掲載すべきだったが、紹介に分量をとりすぎるために掲載を見送ったことを残念がっていた（六三八頁）。

本書を読み進めて目を見張ったのは、本書においてこれらの構想がすべて鮮やかに展開されている点である。「サイクル」のビジョンは本書の序盤、生命と「理由」の起源を論じる箇所で「差異化を伴う存続」の概念として展開され（第1～3章）、またあらゆる意味で本書全体の構造を象徴する概念となった（一例を挙げれば、本書の「言語の起源」を「生命の起源」と類比的に論ずる議論は（第12章）、まさに「サイクルの中のサイクル」という構造の体現である）。「ダーウィンの奇妙な推理の逆転」と「チューリングの奇妙な推理の逆転」は「理解力なき有能性」の二つの形態として包括的に論じられ（第4章）、本書全体を貫く基本思想となった。ミーム論の弁明は本章第11章として実現し、ここで新たに武装されたミーム論は本書後半を導く基本思想となった。スミスの「ダーウィン空間」は一つの章（第7章）を費やして詳しい紹介がなされただけでなく、有益な思考道具として本書全体で活用されるに至った（第13章など）。同書の主題である「思考道具」の概念自体が、本書冒頭から重要概念としての役割を演じている。前著で予告したこれらの論点を、読者の予想をはるかに超えるボリュームと深さでたちまち実現してしまう著者のエネルギーには驚嘆するしかない。

もちろん、邦訳では本書が初登場となる新思想も、本書には多数散りばめられている。シャノン的情報と区別され、「盗用（またはコピー）するに値するデザイン」と定義された「意味論的情報」の概念（本書第6章）は、簡潔な定義の中に「（自己）複製」「デザイン」「価値」という概念を組み込んだ大胆な「情報」概念の提起である。ミーム概念を「野生化したニューロン」に結び付ける提案（本書第10章）などは前代未聞の思想と言えよう。

本書全体の狙いや全体の構成については「はじめに」と第1章「序論」の中で丁寧に論じられており、最終章の終わりにも簡潔な振り返りがなされているので、そちらに直接に当たってもらうのが最善であると言えそうである。デネットが依拠する自然主義や唯物論という立場に説得力をおぼえる読者も、抵抗や反感をおぼえる読者も、生命・心・文化についての、「世界をさかさまにし」かつ「心を裏返しにする」という著者の思想を体感してみてほしい。

本書の原題は、訳せば『バクテリアからバッハへの往還路——心の進化』とでもなるだろう。原題の"and Back"の部分がとりわけ意味深いと思われるのだが（第15章訳注75で、訳者なりの考察は与えてみた）、語呂を合わせた原題のインパクトごと日本語に移すのはとても無理で、訳題には反映できなかったことを注記しておく。表題に掲げるべき「知的《インテリジェント》デザインの頂点」の象徴として「アインシュタイン」でも「ピカソ」でもなく「バッハ」を選んだ理由も、第2章の冒頭でこのような語感のインパクトにあると著者は述べており、これは文字通り受け取ってよさそうなのだが、その上で訳者がどうしても連想してしまうのはコンピューター科学者ダグラス・ホフスタッターの一九七九年の著作『ゲーデル・エッシャー・バッハ』である。同書もまた、デネットの言う「貪欲な還元主義」から距離をとりつつ、さまざまな題材を通じて人間の心の還元主義的な解明を指向する書であった。デネットの「ダーウィン」はとりわけドーキンスのアイデアと密接に結びついているが（デネットには、「ダーウィンのブルドッグ」と呼ばれたトマス・ハックスリーにちなんだと思われる「ドーキンスのブルドッグ」という通称があるという）、デネットの「チューリング」に関してこれと比較できそうな現代思想家として、ホフスタッターの名を挙げることができるかもしれない。両者の普段からの緊密な知的、人間的交流がデネットの思索に着想を吹き込んでいることが、例えば本書の第13章四五六－七頁に付された「本書の背景」での解説（およびそこに付した訳注で紹介したエピソード）から伺われるのである。

表記について注記しておくと、訳書による補足を〔　〕で、また原則として、原文のイタリック体で強調されている語句は太字（ゴチック体）で示し、大文字を使って表記されている（キャピタライズされている）語句、および、訳者が強調が必要と判断した語句は〈　〉でかこって示した。ただし、この原則に従っていない箇所もかなり多く存在する。例えば原文のイタリック化された箇所に太字ではなく「　」をあてるなどである。これは原則どおり機械的な置き換えをするのが難しいと考えたからであるが、原文との分かりやすい対応が失われてしまうという不便については、読者にお詫びしなくてはならない。

本書の翻訳は原著の刊行間もなく、『思考の技法』を訳した阿部文彦氏と木島のもとに依頼が来たが、阿部氏がご多忙のため辞退されたことで木島の単独訳となった。『思考の技法』の翻訳の折、面識のなかった自分にお声をかけて下さった阿部文彦氏には、eメールでの質問に丁寧に返事を下さった著者のデネット教授と併せて、とりわけ感謝を申し上げたい。阿部氏と共同で訳出した同書の訳語や訳文で、今回いくつか参考にさせて頂いたことについてもお礼を申し上げる。同じく、『思考の技法』の翻訳に協力してくれた鈴木賢三氏の担当箇所で、今回の訳の参考にした部分がいくつかあり、これも感謝したい（今回も採用した「超厖大（Vast）」と「消えそうなほど微かな（Vanishingly）」の訳語は彼のアイデアである）。既出の邦訳文献については、著者の引用箇所をそのまま訳し、該当する邦訳頁数を記載した場合も、邦訳を利用させていただいた場合もあるが、いずれにしても邦訳文献の訳者の方や、ウェブ上の資料の提供元の方など、他にも感謝を述べるべき方は多い。妻直子には、実生活ではもちろん、翻訳の過程でも色々と相談に乗ってくれたことに改めて感謝したい。怠慢な訳者に辛抱強くお付き合い下さった青土社の篠原氏と加藤氏にもお礼を申し上げたい。

最後に、本書の末尾で述べられるように、人類の未来の不確定さをこそ強調する本訳書を、未来を担う自分の二人の子供に捧げたい。特に生き物が大好きな長男には、いずれ本書を読んでみてもらいたいと思う。彼にも今すぐ読めるほど平易な訳文を作れればと思って取り組んだが、結局はこなれているとは言いにくい訳文になってしまった。この先の課題としたい。

二〇一八年　六月八日

木島泰三

訳注

はじめに

［1］ philosophy of mind。人間の心または精神の本性やその身体との関係などについて、哲学的な考察を行う分野を指す。英語圏の分析哲学と呼ばれる伝統では、二〇世紀半ばのライルの哲学的行動主義以降、連綿と盛んな研究がなされてきた。デネットの主要な業績の一部である志向性（intentionality）や意識の研究はこの分野に属する。

［2］ 原語の mainstay は航海用語で「メインマストを前方に支える支索」を指す。デネットは『思考の技法』序論で自分がヨット乗りを趣味にしていることを語っている。

第1章

［1］ 「ランドマーク（landmark）」はすでに日本語化しつつあると思われるが、海上の船舶や路上の旅人の目印になる地形や建物、その地にゆかりのある歴史的建造物を指し、転じて画期的な出来事や業績を指す。本書は「旅」として叙述されていることもあり、landmark の比喩はしばしば登場するので、原則「ランドマーク」と音訳する（またルビで示す）ことにする。

［2］ competence に対する「有能性」という訳語についてはこの後の第3章訳注［29］参照。「能力」や「機能」に類する意味の言葉である。

［3］ 原文で R & D と略記される research & development は、訳せば「研究開発」で略する必要がないので、慣例に従い原則的に「研究開発」と訳す。

［4］ innovation は、技術上の革新の過程を指しているときは「革新」、その革新がもたらした新たな個々の技術や産物を指している場合は「新機軸」のように訳し分ける。

［5］ 『思考の技法』第44章「種分化はいつ生じるのか？」でもデネットは同様の思想を論じており、そこでは almost never を「まずほとんど〜ない」と訳したが、ここでは almost never という表現のやや逆説めいた性格を強調し、「ほぼ絶対に〜ない」と訳す。ほぼゼロだがゼロではなく、そのごくわずかの例外が進化的改善につながるのである。

［6］ worm はミミズやうじのような足のない長い虫のこと。

［7］ 巻末参考文献への指示について、著者はこのように著者名と出版年を並記する場合以外に、本文中で著者名が明らかな場合などで、著者名を省略する場合がある。しかし著者名が片仮名化されている場合に文献検索が困難になるなどの不便を考慮し、本訳書では、原著で著者

名が省略されている場合でも、漏れなく著者名を補って記載することにする。

[8] ポール・マクレディについては『解明される宗教』五〇二頁にも言及がある。(以下、既存文献との話題の重複に関しては、この箇所と同様、巻末付録「本書の背景」に記載がなく、読者に有益と思われるもののみ指摘を行う。)

[9] 中生代と新生代を画する大絶滅。二つの時代を分ける地層は白亜紀(Cretaceous)と古第三紀(Paleogene)の(発音上の)頭文字をとってK-Pg境界と呼ばれる。

[10] 本章訳注[8]でも触れたが、著者はこの箇所をはじめとする一定の主題について、巻末の「付録」で背景の説明をしているが、原著のままの形式だと該当箇所が分かりにくいので、以下、「付録」で取り上げられている主題にはこのように訳注で指示する。

[11] 哲学史を概観する限り、古代中世を通じて「非物質的な魂」の思想は単なる理論以前の通念ではなく、一定の理論化が試みられてきたと見られるので、少なくともこのまとめ方は強引に思われる。ただしデカルトの心の理論については、本書の後の章でより正確と思われる位置づけもなされる(第14章五四九頁)。

[12] 巻末「本書の背景」参照。

[13] 神経スパイク列(neural spike train)は0と1の波長(スパイク)の連なり(列)として表現された神経活動。

[14] intuitionには「直観」、hunchには「直感」という訳語をあてる。hunchは漠然とした、根拠がはっきりしないがそれでも正しいと感じられる予感や確信を指す。

[15] orientationの原義は「東向き」ということで、どちらが東かを定めるという意味から、「方向感覚」「方向定位」「方向定位する力」「方向の確定」「方向や環境への順応」「進路指導」など様々な意味が出てくる。ここでは、空間内での、自分なりに把握された方向定位を指しており、この後、「一人称」と「三人称」という二様の見方が二様のorientationになぞらえられることになる。訳としては原則的に「方向感覚」を用いる。

[16] Shazam!はアメリカン・コミックのヒーロー「キャプテン・マーヴル」が変身するときに唱える呪文。この名を冠した楽曲名検索アプリもある(原注(47)参照)。

[17] 巻末「本書の背景」参照。

[18] 巻末「本書の背景」参照。

[19] 過剰学習ないし過学習(overlearning)とは、(人間や学習機械における)学習の過程で、本来不要なものまで学んでしまうことで、これに対処する手法として逆学習(unlearning)がある。ただしここでは厳密な術語というより「深く身に付きすぎている」というほどの意味で受け取ってもいいかもしれない。

[20] 適応主義(adaptationism)は、進化の産物を(まずは)自然選択の産物として、つまり何らかの適応として考察しようとする方法を指す。その批判と擁護をめぐる詳しい議論は次章五八頁以でなされる。

［21］「リバースエンジニアリング（reverse-engineering）」は訳せば「逆向きの工学」で、できあがった製品からその製造工程などを再構成すること。本書第6章に登場する例のように、例えばある企業がライバル企業の製品を模倣しようとする場合にこの手法が用いられるが、デネットは『ダーウィンの危険な思想』などにおいてこの手法と進化生物学の研究を比較する。

第2章

［1］語尾を揃えている（脚韻を踏んでいる）のだと思われる。

［2］mind は重要なキイタームなので原則的に「心」という慣例的な訳語と対応づけるが、「心」で違和感が生じそうな場合はここでのようにルビを振った上で訳し分ける。「心」以外の訳語はほぼ「精神」のみだが、例外もある（第14章五五二頁。

［3］Aristotles, Bach, Copernicus, Dickens, Einstein とアルファベット順である。

［4］Ada Lovelace（1815-1852）については『思考の技法』一九九頁二〇一頁の第4章原注4でも取り上げられている（音訳を「アダ」から「エイダ」に修正した）。それによれば詩人バイロン「娘」で、数学者としてバッベジ（Charles Babbage: 1791 - 1871）の解析機関（現代のコンピューターの先駆と言われる）のイタリア語の解説（講演録）に長大な注を付して出版した。その中にはベルヌーイ数を解析機関で計算する方法が含まれており、しばしば世界最初のコンピュータープログラマーと言われている。（なお、解析機関のプログラムを書いていたのは事実だが、問題のプログラムはバッベジによるものだとも言われる）。

［5］Hypatia of Alexandria（生年三五〇年から三七〇年の間没年四一五年）はローマ時代の数学者、天文学者、新プラトン主義の哲学者。アレクサンドリアの新プラトン主義の学校で校長を務めた人物であったが、暴徒化したキリスト教徒によって異教徒として虐殺された。

［6］形容詞 brilliant（名詞は brilliance、副詞 brilliantly）はもともと「輝かしい」という意味で、「非常に素晴らしい」を意味するが、ここでも示唆されているように、「輝かしさ」には知的優秀性という含意があり（例えば類義語の bright も「賢い」を意味する）、人物に関しては知的優秀性、デザインの産物についてはその考案の優秀さを高く賞賛するために特に用いられる。そしてこの含意がこの先、「デザイン」概念の著者独特の拡張と連動して、拡張して用いられていく。このように重要な語句であるため、以下、人物を形容する場合には「才知豊か」、デザインの産物を形容する場合には「秀逸きわまる」と訳し分けた上で訳語を統一し、ルビを振ることにする。

［7］natural selection の訳語には「自然選択」と「自然淘

汰」の二つが定着しているが、本訳書では『思考の技法』に準じ「自然選択」を採用する。近年は改めて「自然淘汰」への統一が進みつつあるようだが、（少なくとも現状では）いずれの訳語にも一長一短があると訳者は考えている。

[8] この一文は原著では地の文の一部のようになっているが、著者に確認したところ、このような引用文の形式を意図していたということなのでそれに従う。

[9] 「意味する（mean）」と「遺伝子（gene）」を結び付けたドーキンスの造語で、文化的（自己）複製子、あるいはダーウィン的文化進化の単位。詳しくは第10〜11章で論じられる。

[10] design は日本語のいわゆる狭義の「デザイン」の他、「設計」「計画」「意図」などとも訳しうるが、以下、これらすべてを包括する英語の design を意味する訳語として「デザイン」を用い、文脈によっては「設計《デザイン》」のようにルビで原語の単一性を示す。

[11] 大文字で書かれる Intelligent Design（論）は、科学的自然研究の結果、この自然には何らかの知性によるデザインの産物が見いだされることが判明した、と主張する立場を指す。デネットや他の論者が指摘するように、「神」という言葉を明言しないだけの創造説の主張といってよい。

[12] 第2章訳注［6］で示したように、以下、「デザイン」概念の拡張と連動して、brilliant やその派生語が狭義の（人間のデザイナーによる）知的デザインの産物以外の対象にも積極的に付されていく。

[13] ミスディレクション（misdirection）とは手品師、詐欺師、スリなどが大げさな身振りなどで重要でない動作を重要そうに見せかけ、相手の注意をそちらに惹き付けるトリック。

[14] 巻末「本書の背景」参照。

[15] 「漸進的に」の原語は gradually。「徐々に」という日常語として訳せる語だが、著者がダーウィン主義の重要な性格として漸進性ないし漸進主義（gradualism）を強調している点を重視し（『ダーウィンの危険な思想』などを参照）、他の語に紛れないように、特に進化の過程を形容する際には、gradual（gradually）は一貫して「漸進的（に）」と訳す。

[16] cascade は多段階式の電気回路、化学の実験器具、生化学における「前段の反応産物によって順次活性化されていく酵素群により触媒される一連の反応」（『ランダムハウス英語辞典』）等、術語的に用いられる用語だが、もともとは小さい流れが何段にも連なって落ちていく滝を指し、同様の多段的な過程を表すために一般的に使われる。画像検索で cascade を検索するとイメージがつかめるかもしれない。

[17] ここで用いられている動詞 emerge やその形容詞形 emergent、名詞形 emergence は（ある系の複雑化などに伴って）従来存在していなかった新たな性質の出現を指

す場合、専門用語として「創発」と訳される。ただしこの箇所も含め、本書では必ずしも厳密な専門用語として用いられていないように見える場合も多いが、原語と訳語の対応を明確にするためと、専門用語として用いられる意味との連続性を考慮し、過度に不自然になる場合を除き、原則的に「創発（する）」と訳することにする。

［18］　巻末「本書の背景」を参照。

［19］　邦訳、ヴォルテール『カンディード』（上田裕次訳、岩波文庫）、二八一頁。ただし訳はデネット（グールドら）が引用している英訳から行った。ここで言われている「性病（venereal）」は梅毒を指すと思われる。またコチニール（カイガラムシの一種）の赤い色素は最近では食品添加物にも用いられるが、ここで想定されているのは衣料用の染料や画材としての用途であると見られる。

［20］　フランス語でオブジェトゥルーヴェ（objet trouvé）、英語でファウンドオブジェクト（found object）と呼ばれるのは、シュールレアリスト、ダダイストらの手法として、漂流物などの自然物や古タイヤなどの人工物が、それ自体で芸術作品として提示されたり、作品の一部とされるものを指す（『ランダムハウス英語辞典』）。ここでは、あり合わせの素材を非効率につなぎ合わせたもの指すために用いられているので、このように意訳した（進化に関する似た比喩として、実用品、日用品を寄せ集めの材料で作る「ブリコラージュ（ティンカーリング）」がある）。他にも著者は、進化の過程において偶発的に（優れた）機能を獲得したものをこれにたとえる場合もある（本書四一九頁や、『解明される宗教』邦訳一三六頁など。同邦訳では「めっけ物」と訳されている）。

［21］　「ルーブ・ゴールドバーグ装置」はもともと漫画家の Rube Goldberg（1883-1970）が描いた、無駄な仕掛けを数多く含む非効率な機械を指し、「ヒス・ロビンソン装置」ともいう。割り注の「ピタゴラ装置」はＮＨＫの子供番組「ピタゴラスイッチ」のオープニングに登場する装置で、いわゆるルーブ・ゴールドバーグ装置（の小型版）を実際に組み立てたものとして知名度が大きいので補足として補った。

［22］　「理由」の原語 reasons は本書の重要用語である。reason には他に、動詞として用いられて「理由づける／推理する」を指す用法、また理由づけや推理を行う能力としての「理性」を指す名詞としての用法もある。本書で名詞として用いられる場合、ほぼ例外なく「理由」という訳が適切であるが、「理由」が能力としての「理性」、および行為や信念の「合理性（rationality）」と不可分の概念であることは注意すべきである（rationality の語根であるラテン語 ratio は英語の reason の語源であると共にその同義語である）。本書においては、「何のために」という問いの答えに当たる、何らかの目的を指すものとしての「理由」を指すために用いられるのが第一の意味であるが、その際、その目的やそれを達成するための適切な（つまり「理にかなった」）手段を他者に理路整然

と説明し、納得させられるような目的である、という意味合いが込められている（これはreasonの別の意味としての「論拠」とのつながりから出てくる意味合いである）。従って、単なる目的というより、目的を達成する適切な（合理的な）手段も含んだ概念であると言えよう。

第3章

［1］ teleologyには、（1）自然の中には「目的を目指す」ような過程が存在している、という学説を指す場合と、（2）そのような過程そのものを指す場合とがある。「目的論」という訳語は基本的には（1）を意味するが、慣例的に（2）についても「目的論」と呼ぶ場合が多く、本訳書でもおおむねこの慣例に倣うが、「目的論〔的過程〕」のように（2）の意味であることをはっきりさせる場合もある。

［2］ エンテレケイアと訳したentelechiesはアリストテレスの概念で、「可能態」にある存在が実現すべく目指す最終的な目的を指し、「完成態」や「完全現実態」などと訳される。entelechyのteleはテロス（目的）を指し、アリストテレス自然学の中の明確に目的論的な要素である。

［3］ リボソームはいわゆる細胞内小器官の一種で、メッセンジャーRNAにもとづき、アミノ酸と結びついた転移RNAをつなぎ合わせてタンパク質を合成する過程（翻訳）を行う。クレブス回路《サイクル》はTCA回路、クエン酸回路とも呼ばれ、酸素からエネルギーを取り出すための、回路状の連鎖をなす化学反応（電子回路《サーキット》のような固定した機関ではない）。モータータンパク質は筋肉を構成するミオシンなどの、化学反応によって運動を作り出すタンパク質。ヘモグロビンは周知のように赤血球の主要成分で、酸素と結合しやすいという化学的性質が酸素呼吸に役立つ機能ないし目的を与えられている。

［4］「～の方に過つべきだ（it is best to err on the side of …）」は、不確かな選択を迫られた場合、採用した選択肢が誤っていた場合のリスクが小さい方を選択せよ、という一種の格言ないし格律である。

［5］ これ以降の三つの段落とほぼ対応する内容は『思考の技法』第38章でもなされている。

［6］ 巻末「本書の背景」参照。

［7］ それぞれphysical stance, design stance, intentional stance。「構え」と訳したstanceは「姿勢」や「態度」とも訳される。また、intentionalには「意図的」と訳される意味と「志向的」と訳される意味のはっきり区別される二つの意味があるという点は『思考の技法』第13章他を参照。「志向的」と訳される場合、心の状態（あるいは文字記号その他）が何かに向けられている、あるいは何か「についてのもの」であるというあり方としての「志向性（intentionality）」または「ニツイテ性（aboutness）」を備えていることを示している。

［8］「追いしたがう」と訳した原語はtrack。内容的には、理由＝目的を目指し、また目的追求のための適切な（理にかなった）方法にしたがう（かのようにふるまう）、ということで、「理由にもとづいて」と訳してよさそうなあり方を指していると思われるが、track（跡を追う）という原語の含みを表に出す方が望ましいと考え、ややぎこちないが「追いしたがう」という訳語を用いる。

［9］「そうです、ヴァージニア」はかつて存在した新聞『ザ・サン』紙に掲載された社説（一八九七年九月二一日刊、フランシス・チャーチ筆）の言葉「そうです、ヴァージニア、サンタクロースはいるのです」のもじりであろう（『サンタクロースっているのでしょうか［改装版］』中村妙子訳、東逸子画、偕成社、二〇〇〇年を参照）。

［10］process narrative は business process narrative と共に「業務記述書」という訳語があてられ、ビジネス関連用語として用いられるが、ここで字句通り「過程の叙述ないし記述」が意図されていると思われたので「過程記述」の訳をあてた。

［11］出版後に公開された正誤表にもとづき、Lou Michaels を Jack Michael に修正して訳出する。なお、正誤表や著者への確認などにもとづいて行った修正については主要なもののみを指摘し、すべては明記しない。

［12］「報酬（reward）」は行動主義心理学の術語で、ある行動（反応）に対する（正の）強化をもたらす刺激（強化子）を指す。要するに、自分の発言はあくまでオペラント条件付けの結果として説明されるのだ、と断固主張しているのである。

［13］前後から見て子供の質問の一環として訳したが、原文は Why don't we want strangers taking our things? で、親（らしき人物）の方が「じゃあ、知らない人に家の中の物を持っていってもらっちゃおうか？」と返事をしているとも読めるかもしれない。

［14］生物の進化的、生態的に意味のある体色と色覚の共進化（色覚をもつ捕食者に対応する保護色や警戒色の共進化、あるいは昆虫の色覚と花の色彩の共進化など）を意味するとも解されるが、むしろ色覚は環境世界（その生物の存在論）の中に「色」という存在者（アフォーダンス）の追加と同時に生じるが、理由を理由として認めるためには長い進化が必要だった、ということであろう。

［15］巻末「本書の背景」参照。

［16］巻末「本書の背景」参照。

［17］parameter は数学用語で補助変数または媒介変数を意味するが、一般用語として「規定要因」や「条件」を意味し、またコンピューター用語では実行の際に特定の値をとる変数を指す。本書ではおおむね数値化されうる規定要因、それを示す変数、あるいはその値を表していると見てよい。

［18］「ふるい分け」と訳した sorting は、地質学の専門用語では「淘汰作用」と呼ばれるが、この場合の「淘汰」

はダーウィン的な selection に「淘汰」の訳語があてられる以前の、「(砂金などを)水にひたして選り分ける」という古い語義に直接由来する意味である。

[19] differential reproduction（または differential replication）は進化生物学では、自己複製が繰り返される中で、（環境からの選択により）生存率に差をもたらす(differential）ような変異体（複製ミス）が生じるような過程を指す。ほぼ、突然変異と自然選択による進化というダーウィン的過程そのものを指すと言ってもよい。なお、「(自己)再生産」とも訳しうる reproduction は、ほぼ同義の replication と同様、self reproduction（replication）と同義の概念を指すと見なし「自己複製」と訳すことが多いが（例えばドーキンスが遺伝子やミームを一般的に呼ぶ用語として用いる replicator は一般に「自己複製子」とも訳される）、無論「自己」をつけずに訳出する場合もある。

[20]「富める者はますます富む」は新約聖書「マタイによる福音書」第13章12節に「おおよそ、持っている人は与えられて、いよいよ豊かになるが、持っていない人は、持っているものまでも取り上げられるであろう」（口語訳聖書）という言葉があり、それを下敷きにしていると見られる。社会学、教育学などには、同じ型の現象を呼ぶための「マタイ効果」という用語もある。

[21]「準」と訳した sorta はもともと a sort of（ある種の）の省略表現で、「〜のようなもの」を意味する。『思考の技法』第21章では、幼児やコンピュータが有する、人間の成人が有している理解や信念より単純で未完成な類比物を「準・理解（理解みたいなもの）」や「準・信念（信念みたいなもの）」と呼ぶ語法を「操作子・準（sorta operator）の付加」と呼んでいる。例えば「パパはお医者さんなの」と発言する幼児は「医者」の何たるかについての「準・理解」しかもっていないし、チェスプログラムが次の一手を決定する過程は「準・判断」と言われる。

[22] 巻末「本書の背景」参照。これはサンフォードによる「いかなる哺乳類も存在しない」という命題の次のような「証明」を指している。「(前提1）すべての哺乳類にはその母親の哺乳類がいる。（前提2）ともかくも哺乳類が存在しているとすれば、その数は有限である。（帰結）しかるに、たとえ一匹でも哺乳類が存在するならば、前提1により哺乳類の数は無限であることになるが、これは前提2に矛盾する。ゆえにいかなる哺乳類も存在しない」。これは受け入れがたい帰結だが、デネットによればこの論証の問題点は「最初の哺乳類」なるものを考えることができるという本質主義的な思考方法にある。どこからが哺乳類型爬虫類で、どこからが哺乳類である、という明確な一線は存在せず、その移行は漸進的だということである。

[23] デネットは無精神的な理由の「追いしたがい」と対比させて、理由を表象し、自覚的にそれを追求する人間

の心のあり方を、owing reaspon や having reason と表現する。この語法を明確にするため、前者には「理由を所有する」、後者には「理由を有する」という訳語を対応づける。

［24］ make a difference は単に「差異を作り出す」というより、「何か重要な差異を作り出す」という意味になり、ある要因が重要で大きな結果をもたらす、という状況を表している（日本語で「何の変哲もない」というのが、単に変化がないということではなく、重要な変化ないし結果がない、という意味になる、というのと比較できよう）。ただしこの箇所の下敷きになっている a difference that makes a difference という表現に関しては「差異を作り出す差異」という訳語が定着していることもあり、「重要な」に〔 〕を付す。これに関してはこの後の第6章とその箇所の訳注［15］参照。

［25］ enhancement は、本書ではあまり術語的には用いられないが、障害のある人への補助装具に用いられるような技術を健常な人の能力を標準以上に高めることを指すために用いられる場合があり、この意味では「(能力)増強」ないし「エンハンスメント」などと訳される。以下、このような含みにも留意しつつ、文脈に応じて「増強」「増進」「増幅」に訳し分ける。

［26］ ここでの for cause は「原因」よりは「理由」に近い意味だと思われるが、デネットは「理由」と「原因」の語としての区別を明確にさせようという意図から、あえて言い換えを強調したのだと思われる。

［27］ 「浮遊理由」と訳した free-floating rationales の初出等の情報については巻末「本書の背景」参照。この用語は概念的にも平易とは言えず、訳しにくい用語であり、以下、訳者なりの理解にもとづく補足をしておく。まず、名詞の rationale（「合理的」を意味する形容詞 rational の派生語）はほぼ reason と同義語であるため（第3章訳注［6］も参照）、耳慣れない訳語や冗長な訳語、reason との意味の近さが見えにくくなる訳語は避け、reason と訳し分けずに「理由」と訳する。ただし、本書や他の著作での使われ方を見ると、ratinale（また特に free-floating rationale）は、広義の行為者《エージェント》、つまり（ダーウィン的進化の産物として）何らかの目的へ向かっていると見なされる存在者が採用する、一定の状況において目的達成のために適切な（すなわち理にかなった、さらに言えば目的への手段として合理的な）ふるまい方、方法、戦略ないし方略（strategy）を指すために用いられるのが主である。しかしまた、rationale という語の意味合いからして、そこで名指されているのは方法ないし戦略そのものではなく、「なぜその戦略を採用するのか？」という問いに対する答えを構成するものとしての「理」つまり「理由」と見られるので、この点でやはり「理由」と訳すのが適切である。また「浮遊《フリーフローティング》」とは、行為者がこの理由を〈理由づけ《リーズニング》／推理〉という精神活動によって見いだし、あるいは論証するという知的な過程を経るのではな

く、むしろ進化における無精神的な研究開発のおかげで、無自覚のままそれに「追いしたがう」ようになっている、というあり方を指している。

［28］ 一般的な表現だが、この箇所の原語のprobablyは確信の度合いの強い推測（助動詞ではshouldに当たる）を表現する語で、特に著者はほぼ確定している事柄を指すために使う場合が多いので、「〜という見込みが大きい」「〜はずである」、あるいはここでのように「ほぼ間違いなく〜」のように蓋然性の大きな表現を用い、「多分〜」、「恐らく〜」、「〜であろう」といった、推測である点を強調する表現はあてないことにする。（なお、第1章訳注［5］で述べた、「ほぼ絶対に〜ない」と訳すalmost neverとは意味合いがまったく異なるので注意されたい。）

［29］「理解力なき有能性（competence without comprehension）」（あるいはほぼ同義表現の「理解力なしの有能性（uncomprehending competence）」は本書のキイワードの一つで、この後も頻出する。competenceは「能力、資格」を表す言葉で（例えば言語学では言語「能力」と訳される）、ある程度一般的な能力の高さを指す場合と、（特に複数形で）具体的な個々の技能を指す場合があるが、power, ability, capacity, skillといった類語と紛れることを防ぐために、訳語は「有能性」というやや固い訳語で統一した。意味としては単なる「力」ではなく、何らかのノウハウを前提とした能力ないし技能を指している（『思考の技法』第III部訳注23参照）。他方のcomprehension（および動詞comprehend）は、類語のunderstanding（動詞understand）と意味の違いはないと言われているため（本書一〇〇―一頁、および『思考の技法』前掲訳注参照）、共に「理解」の訳語をあてる。ただしunderstandingには「理解」（これは「知性」とも訳出可能である）、comprehensionには「理解力」という訳し分けを原則として行うが、例外もあり、その場合はルビで示す。ルビのない「理解」はunderstand, understanding（あるいは、稀にそれ以外の言葉）の訳語であると解されたい。

第4章

［1］ 巻末「本書の背景」参照。

［2］「呪縛を解いた［broke the spell］」というフレーズは、デネットの著書『解明される宗教』の原題『呪縛を解く』*Breaking the Spell*にも用いられている。

［3］「トリクルダウン」の名を冠した経済理論があり、それを念頭に置いているとも見られる。それによれば、富裕層が十分豊かになれば、シャンパンタワーの下のグラスにシャンパンが滴《したた》り落ちるように、貧しい層にも（おこぼれのように）富が回ってくるとされる。

［4］ ベヴァリー（「マッケンジー」）からの引用は『ダーウィンの危険な思想』邦訳九二頁、『思考の技法』邦訳

三三六頁にも登場する。

[5] 原語はAbsolute Ignoranceで、この後の「絶対的英知」が「神」を指しているのと同じで、抽象概念の人格化（神格化）を意図していると思われる。

[6] 〈 〉で括られた部分は、原文ではすべて大文字で表記され、これ以上ないほど強調されている。

[7] 「デザイン空間」と言われる多次元空間の中の、複雑さや洗練の度合いの大きい方向を「上」とし、デザインをそのような「上」の方向に移動させることを指している。この後登場する「スカイフック」と「クレーン」はこのような「リフティング（lifting）」のための対照的な二つの方法である。以下、「持ち上げ」と訳し、原語明記のため常時ルビを振る。

[8] 原文はgradually ratchet up。ラチェットないしつめ車（一方向に進める（ないし回す）ことはできても、逆方向に戻すことができない構造の歯車）が付いているかのように、進んだら戻らないような歩みで「着実に上昇する」様子を表す。

[9] 以下、ベヴァリーの対応する文章と同じく、すべての文字が大文字化されている。

[10] 数字付き絵の具キット（paint-by-numbers kit）とは、下絵と絵の具に番号が振られていて、番号通りに色を付けていけば絵が完成するキットのこと。

[11] 『解明される宗教〔呪縛を解く〕』では、宗教信仰そのもの、および、宗教信仰は尊重すべきである、という社会通念が「二重の呪縛」となって人間の思考に制約を課しているとされたが、ここでも似た構造の思考の制約が「呪縛」として指摘されている。

[12] odes to nightingalesはジョン・キーツの詩「ナイチンゲールに寄せて（あるナイチンゲールへの頌歌〔Ode to a Nightingale〕）」（一八一九年）を複数形にしたものと思われる。

[13] 以下で述べられるように、ontologyはコンピューター用語として用いられ、その場合「オントロジ」と片仮名で訳される。

[14] ルパート・シェルドレイクが提唱しているオカルト的（ないし擬似科学的）な理論に登場する概念。

[15] manifest imageはSellars（1962）の邦訳では「日常的人間像」と訳されている。理解しやすい訳語と言えるが、本書ではmanifestのもともとの意味（「現れている」や「顕在的」）にさかのぼる考察も登場するので（第14章など）、『思考の技法』に続き「外見的イメージ」という訳語を採用する。

[16] ここを初めとしてdollarsは貨幣単位というよりも普通名詞的に「お金」を一般的に指すために用いられる場合が多いが、より具体的に「ドルで支払われるお金」として訳さないと訳しにくい箇所があり、以下、いくぶん不自然だがそのまま「ドル」と訳していく。

[17] 「それと認める」の原語はrecognize。字面どおりには「再－認する（re-cognize）」だが、何かを二度以上認

めるという意味より、すでに見知っている何かを知識に照らしてそれだと確認する、という意味になる場合は「それと認める」と訳す。

[18]「民俗形而上学」とは「民俗心理学 [folk psychology]」(この後の第10章、三二四頁)「民俗物理学 [folk physics]」と同様の、科学的、哲学手反省を経る前に人が素朴に抱いている形而上学的な見解を指していると見られる。

[19]「ダークエネルギー」は現在観測されている膨張宇宙のあり方を説明するために必要とされている未知のエネルギー。「弦 [strings]」と「膜 [branes]」はいずれも現代物理学の一理論としての超弦理論(超ひも理論)が想定する宇宙の基本単位。

[20] 文字通り訳せば、「前向きのエンジニア」で、完成品からデザインに遡る「逆向きの(リバース)エンジニア」に対して、まずデザインを構想し、それにもとづいて完成品を作り上げるという通常のエンジニア(技術者)を指している。

[21] 直示的指示(deictic reference)とは、人称代名詞(私、あなた、など)や指示代名詞(この、あの、など)、時制の指示語(今、さっき、など)のように指示対象が文脈に依存して定まる指示表現。

[22] ソースコードとはコンピューターに実際に命令として与えることができる機械言語で書かれた命令ないしプログラム。

[23] レズリー・グローヴス(Leslie Groves: 1896-1970)は米国空軍の軍人でマンハッタン計画の責任者。マンハッタン計画の司令官に任命された一九四二年当時は准将で、一九四四年に少将、一九四八年に中将に昇進している。General Leslie Groves と記載されている場合(厳密な史的記述以外は)最終の階級で「レズリー・グローヴス中将」と訳しておく。

[24] レオ・シラードが依頼し、アインシュタインが執筆した手紙。ナチス・ドイツが核兵器の開発を進める事への懸念が記されている。レオ・シラード(Leo Szilard : Szilárd Leó, 1898-1964)。はハンガリー生まれのアメリカのユダヤ系物理学者・分子生物学者。手紙の送付後、原爆開発にも関わっている。

[25] 概念実証(proof of concept)とは、新しいアイデアや理論の実現可能性を確かめるためにその簡略で不完全な実現を行うこと。

[26] ウラン化合物を気化させて行うウラン濃縮法(ガス拡散法)を行う施設。

[27] 原語は pleasant。デリケートな問題なので訳出にあたり注意したが、この訳でよいと思う。

[28]「活用する」と訳した動詞 harness の含みについてはこの後の第15章訳注 [21] を参照。

[29] 以下GOFAIという略称をそのまま訳語に用いる。おそらくは Go fight!(さあ戦え!)という勇ましい言葉との語呂合わせも込められた略称である。

［30］　top-down / bottom-up という対比はこの後頻出する。例えば君主制と直接民主制に見られる意思決定の方向の違いを示す対照であり（同時に、階層的なシステムの構成原理として、まず上位のシステムから出発するか、要素的な単位から出発するか、という対比とも重なる）、訳せばそれぞれ「上意下達」と「下からの決定」とでもなるが、ある程度片仮名語として定着していることも踏まえ、以下「トップダウン式／ボトムアップ式」と訳す。本章冒頭の「上から滴（したた）り落ちる（trickle-down）／下からわき上がる（bubble-up）」も同主旨の対比だが、より具象的で、また制御の構造よりも発生の順序により重点が置かれている。

［31］　「ビッグデータ」は従来の手法では処理しきれないほどの巨大なデータを指す。「データマイニング（data mining）」は、文字通りには「データ発掘」だが、現在では人工知能などの発展による、データ分析の新技術を指す分野、技法を指す名となっており、前述のビッグデータを取り扱うための技術として期待されている。「ディープラーニング（deep learning）」とは、ニューラルネット（神経回路網を模した分散処理型のコンピューター）の、階層型ニューラルネットと呼ばれるタイプの内、層の数が多いもの（深層型）のものを用いた機械学習を指し、深層学習とも訳され、やはりビッグデータ、データマイニングに関連する分野で活用されることが見込まれる技術である。

［32］　これらの情報処理技術の主題的考察は最終章である第15章でなされる。

［33］　「創発的現象［an emergent effect］」については第2章訳注［17］を参照。この箇所は術語的に用いられていると見てよい。

第5章

［1］　「有能性」と訳しているcompetenceがcompetencesと複数形になる場合、一般的な能力ないし技能ではなく、個々の特定の能力、技能、機能などを指す（「有能な技能」ないし「有能な機能」と訳す方がこの場合はより分かりやすいかもしれない）。ここでの場合、「算術演算」と「条件分岐」が「有能な機能」に相当する。

［2］　巻末「本書の背景」参照。

［3］　bootstrap（靴ひも）は（再帰）動詞として用いると「自分の靴ひもを持って自分自身を空中へ引き上げる」という「ほら男爵（ミュンヒハウゼン男爵）」に出てくるようなありえない動作を意味する。ただし「不可能な」という含意は必ずしもなく、例えばパソコンの「ブート」はこの「ブートストラップ」の略である。

［4］　artificial（artifact）には「人工（物）」の訳語をあてているが、ここやこれ以下のいくつかの箇所のように、人間以外の生物が作り出すアーティファクトは「人」工とはいえないので「工作物」と訳することにする。

[5] afford は他動詞で「どうにか〜できる、(支障なく)〜しても大丈夫だ、〜する余裕がある」という意味と、「(物・事が)(人に)(利益・喜びなどを)与える、もたらす」および「〜を供給できる、産む」という意味があり、ギブソンはおおむね二番目の意味の afford を用いて環境内の諸事物と動物の関わりを描き、そのような諸事物と動物の関係を一般化する名詞として affordance を導入する。また、opportunity と動詞の afford は慣用的に連語を作るので (opportunity affordrd by... で「〜によって提供される機会」という意味になる) afford という語になじんでいるネイティブの話者にはこの言い方がピンとくるのではないかと思われる。

[6] この箇所はそのまま訳すと「……エレベーター存在論の概念は、私たちが最初から必要としていたものに他ならない (is just what we need at the outset)」で、やや意味がはっきりしなかったので著者に問い合わせたところ、「私たちは、意識も理解も問題にならない、非常に単純な生命形態の有能性を説明するために、エンジニアリングの概念を必要としている」というのが文の主旨であるとのことだったので、それを反映させて訳した。

[7] 巻末「本書の背景」参照。

[8] 旧約聖書(「創世記」第11章1〜9節)に登場する神話で、人々が天に届きそうな高い塔を建てた結果神罰が下り、人々は互いに言葉が通じなくなり、全地に散ったという。

[9] 原語は (are) effective except when they aren't で、論理的に考えれば無意味な同語反復だが、「結局はいつも効果を発揮する」という主旨のおどけた表現と見られる(似た表現は検索すると一定数見つかる)。

[10] 進化的軍拡競争 (arms race) の別の例としては、擬態する被捕食者とその擬態を見破る捕食者の間の(競争的な)共進化などがある。進化と対抗進化の連鎖が、ちょうど冷戦期の軍拡競争のような仕組みで、進化的改善の爆発的な進行が生じるということである。

[11] 校正酵素 (proofreading enzimes) は遺伝情報の複製の際の「校正」に関わる酵素(機能をもつタンパク質)を指す。例えばDNAポリメラーゼにはこのような機能をもつものがある。

[12] ダブルスタンダードないし二重基準(つまり同等に有効な二つの基準の容認)の「二重」の内実がはっきり主題化されていないが、ここで言われているような記述や説明が、単純な物理・化学過程だけを用いた記述や説明(これはどんな過程についても常に成り立つ)と両立する別の基準として創発した、ということだと見られる。

[13] gifted とは特に「生まれつきの英才児」を指す。

[14] 「初期設定」と訳した default は、ここではパソコンなどで個人用設定(カスタマイズ)をする前の、「工場出荷状態」を指す「デフォルト」に近く、他の考慮すべき追加の想定がない限り、最初に採用されるべき想定、というほどの意味である。

［15］　第2章訳注［7］で、（natural）selection の訳語としての「選択」と「淘汰」には一長一短があると指摘したが、「選択」の短所の一例はこの箇所である。「淘汰」は単独で用いても、selection, selective, selectively などがダーウィン的セレクションの意味を担っていることを示しうるが、（日本語の）「選択」は意味が一般的に過ぎるため、ここでのように「〔自然〕選択の」と補う必要があるのである。

［16］　巻末「本書の背景」には記載されていないが、以下のストッティングの例は『思考の技法』第42章や、それに先立つ「リアルパターン」（Dennett 1991b）などで、ほぼ同じ文章を使い回して紹介されている。

［17］　「相殺取引」と訳した trade-off は、二つの選択肢の一方を多く採用すると、それに応じて他方を断念せねばならないという、「あちらを立てればこちらが立たず」の関係を指す。ある存在を理由づけの主体と見なせば見なすほど、それを浮遊理由の受動的受益者と見なす解釈はその分だけ力を失うし、逆もまた然りということである。

［18］　ここで environmental niche と言われているのは。「生態（学）的地位」と訳される ecological niche と同じものを指す。「生態的地位」は「生物の種が、生息する環境において果たしている生態的な役割あるいは地位」を指す（『知恵蔵』二〇一五年）。niche はそのまま「ニッチ」と音訳されてマーケティング用語などで用いられる場合も多くなっているが、本訳書では単なる niche も「生態的地位」と訳す。

［19］　illusion は「錯覚」と「幻想」のいずれか一方に決めかねる語であり、一応「錯覚」を主として「錯覚〔幻想〕」と並記する（「幻想」を主とする場合もある）。

［20］　ビアトリクス・ポター（Beatrix Potter: 1866-1943）は『ピーターラビットのおはなし』などで有名なイギリスの絵本作家。

［21］　実装（implementation）はさまざまなレベルでの設計を現実のものとして組み立て、組み入れる作業を指す。（いわゆるハードウェアの組み立てに限らず、設計どおりのソフトウェア作成も含む。）

［22］　「ホイッグ史観（Whig history）」という名称は、イギリスの自由党の前身であるホイッグ党がこの種の史観によって自派を正当化したことに由来している。

［23］　二重盲検法（double-blind studies）とは、例えば新薬の臨床試験において、新薬に関する情報を投与される患者からも投与する医師からも遮断した状態で行う方法（例えば一方の群には該当する新薬、他方の対照群には効果のない偽薬を与え、医師も患者もどちらの群に属するかは知らされないようにする）。これによって例えば事前の思い込みによる結果の偏り（プラセボ効果）を防ぐことができる。

［24］　つめ車（ratchet）という比喩については第4章訳注［8］参照。

[25] ホットボタン（hot button）とは激烈な論争の争点（あるいは消費者の潜在的な強い購買欲など）などや、それらを駆り立てるきっかけを喩える言葉。

[26]「民俗的（folk）」の意味合いについては第4章訳注[18]を参照。

[27] 行動的理解力（behavioral comprehension）は本書で何度か登場し、概念としてはむしろ「有能性」に近く、いわゆるノウハウを含む能力を指すが、ここでは理解力に漸進的な度合いの差異を認める立場から、「準・理解力」としての広義の理解力と一種位置づけられている。

第6章

[1]「百聞は一見にしかず」に相当する諺《ことわざ》、A picture is worth a thousand words（一枚の絵には千語の言葉と同じ価値がある）をまぜっかえした警句で、千語の言葉と一枚の絵が等しいなら、千一語の言葉であれば優劣は逆転し、言葉の方が勝ることになるわけである。ただし要点はむしろ、言語情報の情報としての価値の高さを強調することにある。

[2] 帯域幅ないしバンド幅（bandwith）は、本来は周波数の幅を意味するが、しばしばインターネットなどの通信における、帯域幅によって測られる転送レートなどを指すために転用される（「ブロードバンド」の「バンド」がこれに当たる）。ここでは「ギガバイト」と並べられているので、秒あたり何ギガバイトの情報を転送できるかといった単位として述べられていると思われる。

[3] かつてはMercury（水星）、Venus（金星）、Earth（地球）、Mars（火星）、Jupiter（木星）、Saturn（土星）、Uranus（天王星）、Neptune（海王星）、Pluto（冥王星）の九つだったが、二〇〇六年に「惑星」の定義が変更になり冥王星が惑星から準惑星になったので、最後のPがなくなったのである。

[4] 神経スパイク列（neural spike train）については第1章訳注[13]参照。

[5] 閾（threshold）とは文字通りには「敷居《しきい》」を指し（この意味での閾を「しきい」と読む場合もある）、一般的には、刺激や入力がある強度ないし値（閾値）に達して初めて反応が生じるような仕組み。同じく「閾」と訳される類義語としてlimenもある。知覚の場合は反応を引き起こすための刺激の強さの下限を指す（閾値に達せず、知覚されない刺激が「閾下刺激（subliminal stimulus）」である）。ここでは「賛成票」や「反対票」が一定の数（閾値）に達したときに初めてシグナルの引き金が引かれるような仕組みを指している。なお、以下ではthresholdのみで「閾値」と訳す場合もある。

[6] 論理ゲートとは、ここで言われているような、AND（かつ、論理積）、OR（または、論理和）、NOT（〜ではない、否定）のような論理関数を用いた演算を行う電気回路を指す。ただしここでは、それと同じ機能

を果たすニューロンを指している。

［7］ アーキテクチャ（architecture）はもともとは建築、あるいは建築物の構造を指すが、コンピューター用語としてはコンピューターの基本設計、設計思想、あるいは基本的な仕様を指す。

［8］ 巻末「本書の背景」参照。

［9］ 巻末「本書の背景」参照。

［10］ この場合の differential は、ちょうど differential replication が、自然選択のふるい分けによって生存率の差異を産み出す複製過程であるのと同じように、それを所有するかしないかの差異がその後の命運を左右するような情報、という意味合いだと思われる。

［11］ 二重盲検法については第5章訳注［23］参照。

［12］「バイアス（bias）」は心理学などで「認識の偏り」ないし「偏った認識」を意味する。

［13］ 誤った情報ないし誤情報（misinformation）とは事実と一致しない不正確な情報、虚偽（の）情報（disinformation）とは、故意に事実から外れた情報を与えることを指す（「虚偽」には、論理学や哲学で単に「事実と一致しない」を意味する false の訳語として用いられることがあるが、ここでは「嘘、虚言、欺瞞」という日常の用法に沿った意味を示す）。

［14］ これは〈デザイン〉を〈意味論的情報を切り出す過程〉と定義しつつ、〈意味論的情報〉を〈デザインの改善に役立つ情報〉と定義していると解されるので一種の循環的定義だが、無意味な同語反復ではなく、循環を通じて新たなものが産み出されていく前進的な過程である、という主張だと思われる。具体的な内容は次段落で詳しく説明される。

［15］ difference that makes a difference の make a difference は「重要な違いをもたらす＝重要な結果をもたらす」という意味で、本訳書でもおおむねそのように訳している。これを単に「差異を作り出す」とだけ訳すと微妙に意味がずれるが、ベイトソンのフレーズを「差異を作り出す差異」のように訳す慣行は広く行き渡っているので、このフレーズに関してはそれを踏襲し、「重要な」は〔 〕にくくるか、あるいは文脈上冗長に過ぎる場合には表記しないことにする。

［16］ 巻末「本書の背景」参照。

［17］ 原語は「意味論的情報という傘（umbrella）の下に」。複数の分類群を包括する用語を「アンブレラ・ターム」と呼ぶのと同じ言い方である。

［18］ 議論の密度が濃いので簡単に整理しておく。スミスの詩の場合、手を振るという本来は有益な（使用者に利益をもたらす）信号の体系が成り立っているからこそ、それに依存して痛ましい誤解（不利益）が成り立つのであって、この体系を共有しないカモメには「誤解」自体が成り立たない。虚偽情報の場合も、行為者の識別システムが本来はその行為者に利益をもたらすからこそ、それが裏切られることによる不利益が生じる。ここまでは

誤情報の場合と同じだが、虚偽情報の場合はさらに、識別システムの悪用によって虚偽情報の提供者が利益を受けることまでがデザインの一部になっている。そして「利益ハ誰ニ《クイ・ボノ》?」の問いかけは、このようなデザインの「受益者」がそれぞれ誰に当たるのかを明確にする点で役立つのである。

［19］ この箇所は原文の意味がとりづらく、著者に確認したところ、「彼［スティルレルニー］が言っているのは、狩猟採集を行う（食糧収集者としての）人類は、彼らが食糧として収集する動植物について莫大な情報の蓄積を有している、ということです。「植物相［flora］」とは彼らが植物について蓄積した知識、「動物相［fauna］」とはその地域の動物たちについての彼らの知識を指しています」との返答を頂いたので、それを反映させて訳した。

［20］ 写真記憶（photographic :memories）とは目で見た映像を写真のようにそのまま記憶し、後からそれを呼び起こして細部（文字など）を調べ直すことができる能力を指す。

［21］ コルゲートとゼオックの情報の定義は非常に抽象的だが、彼らの論文を読む限り、定義に含まれている「選択（selection）」の特殊例として「ダーウィン的選択」を挙げているので、日常的な意味での選択ではなく、ダーウィン的選択（ないし淘汰）をより一般化したような概念であると思われる。

［22］ 原文では in-*formed* と語の一部がイタリックになっている。すぐ前の「自分たちの形を調整する」と訳した adjusting their *form* と、「必要な情報を与えられている」という意味の are informed をかけ、情報を意味する inform, information という語の語源に近い意味を表に出そうとしていると見られる。

［23］ 「富める者はますます富む」については第3章訳注［20］を参照。

［24］ 「干し草から針を探す（look for a needle in a haystack）」は「見つかるあてのないものを探す、無駄骨を折る」を意味する慣用句だが、ここでは「不可能に近い探索を現に成し遂げる」のような意味になっている。類似の転用として、ハル・クレメントのSF『二十億本の針』（原題 *Needle*）や、グールドのエッセイ「干し草の中の恐竜」が思い浮かぶ。

［25］ 共変的（covary）とは、二つの変数が連動して変化するという意味だが、ここでは二つの事象の変化のパターンが（たまたま）連動している、というような意味で用いられていると見られる。

［26］ 巻末「本書の背景」参照。good trick の trick は「うまい小技」というほどの意味。例えば囲碁の定石などは「研究開発」の過程で発見され共有される「妙手」の例である。

［27］ 巻末「本書の背景」参照（前注と同じ項目）。「なぜなぜ物語」と訳される just so stories（忠実に訳せば「……というお話だったとさ」だろうか）は、キプリング『ゾ

ウの鼻が長いわけ』のような空想的な由来話を指し、社会生物学に代表される適応主義的な進化論的説明を、まことしやかだが根拠に乏しい憶測として揶揄するためにグールド、レウォンティンらによって用いられた。

［28］ synanthrope は「共に」の syn- と「人間」の anthropos を結び付けた語で、「人間と共生する生物」の意味。漢語の定訳はないようなので「シナントロープ」と音訳する。（なお一見紛らわしい北京原人の旧学名「シナントロプス（Sinanthropus）」は、同じく anthropos の派生語ではあるが、接頭辞のつづりが異なる。）

［29］ 原語は to steam open an envelope。このイディオムで検索すると、封筒を密かに開封する手口としてよく知られているらしいことが分かる。

［30］「アンポンタンポカン、三つ数えよ」は原文では fiddle-de-dee-count-to-three。fiddle-de-dee は「ばかばかしい」という軽蔑を示す間投詞、あるいは「ばかげたこと」を表す名詞。「ムニャムニャムニャムニャ」は原文では blahblahblahblah で、これは「たわごと」を表す。

［31］ know-how は事実の知識に対比される「やり方」の知識で、いわゆる知識のみならず、やり方を身につける、習得するという技能も含む。日本語の「ノウハウ」はやや使用される場面が限定されるが、原語との対応がはっきりするので以下も片仮名訳で統一する。

［32］ hand-waving は「大げさな身振りでごまかす」という意味があるが、ここでは前掲のスミスの詩の、溺れている人物を念頭に置いているとも思われる。いずれにしても、根本的にあいまいで誤解に開かれたコミュニケーションの実践を、できる限り規律の取れた（disciplined）ものにする努力をしていくしかない、という意味と解されよう。

［33］ halmark は他の箇所では（一種の比喩として）「品質証明」と訳しているが、ここでは「明確な指標」と訳した。「アライグマの目に明白な逃げ道」がどんな対象であるかを単純に特定する目印は存在しないかもしれない、ということである。

［34］ 逆学習（unlearning）については第1章訳注［19］参照。「反学習」「学習棄却」「学びほぐし」などの訳語も見かける。

［35］「進化的逆学習」についてデネットはこれ以上詳しく論じていないが、特殊化しすぎた種が幼形進化によって汎用性を取り戻すような過程（ガルスタングの説など）が想定されているのではないかと思われる。

［36］ 巻末「本書の背景」参照。「信用（trust）」はすぐれて人間社会に固有の制度である、という主張が二二七頁や六一七頁でなされていることからすると、これはあくまで一種の比喩と見るべきかもしれない。

［37］ ゲノム刷り込み（またはゲノムインプリンティング）はゲノム内のいくつかの遺伝子について見られる、片方の親から受け継いだ遺伝子のみが選択的に発現する性質を指す。遺伝子に両親のいずれに由来するかの「し

るし」ないし「記憶」が「刷り込まれている」ことから「ゲノム刷り込み」と呼ばれる。

［38］ 巻末「本書の背景」参照。Dennett 1991b などによれば、「実在するパターン」あるいは「リアルパターン」は、パターンと呼ばれるものについての一種のリアリズム（実在論ないしは実念論）を支持する概念と言える。ただしリアルであるといっても、「誰の目にも明らかな」客観性が直ちに保証されるようなものではなく、むしろ認識主体の知覚装置による同定に依存するリアリティがそこでは理解されている。

［39］ 原語は are cognitively head and shoulders above で「認知的に頭と肩の分だけ高い」だが、日本語として一般的でなく、そもそも比喩表現なので意訳した。

［40］ 架空の意味ありげな装置の名のようだ。

［41］ CAD-CAM はコンピューター援用設計／製造システムで、このシステムに読み込み可能な形式をファイルを指している。

［42］ 医療用の「CTスキャナ」と基本的には同じものを指す。

［43］ ゼタバイトは 1000^7 または 10^{21} の桁の記憶容量。

［44］ 「消えそうなほど微か（Vanishingly）」はデネットが提案する、とてつもなく小さい数字を形容する用語。この後の原注（36）参照。

［45］ 言うまでもないがこの方法は、ここに挙げられた選択肢のうちで、スパイが利用するには最も非現実的な方法だと思われる。

［46］ 「干し草の中の針」については本章訳注［23］参照。同じ比喩はこの後も何度か登場する。

［47］ 名詞および動詞の copy（およびその派生語）はとりわけ文化的な（自己）複製子としての「ミーム」との関連で重要となる語句であり、この後頻出する。訳せば「模写（する）」が適当な場合が多いが、可能な場合は「コピー」と片仮名で訳し、なるべく原語の統一性が目に見えるように訳していく。

［48］ telltale は通常は「見てそれと分かる」というほどの一般的な意味だが、ここでは「秘密を暴露する」という字義通りの意味に忠実に用いられていると見られる。

［49］ 本節表題「志向システムとしての高等動物」やこの箇所から明らかであるように、「志向システム（intentional system）」とは、志向性（信念や欲求や意図など）をもつと見なされた人間や動物そのものを指しており、人間や動物内で志向性（何かに心を向けているという性質）を産み出すメカニズムを指しているわけではないことに注意されたい。より厳密に定式化すれば、デネットの言う「志向的構え」を帰属することで予測や説明が容易になる対象はすべて志向システムと呼ばれうる。例えばチェスプログラムをチェスのルールに従うプレイヤーと見なして、そのプログラムの挙動を予測したり説明したりする場合、そこでチェスプログラムは志向システムとして扱われていることになる。

［50］訳注［47］と関わるが、「著作権」と訳される copyright は文字通りには「コピーに関する（正当な）権利」を意味し、それゆえ本書のこれ以降のキイワードの一つ copy と密接に関わる概念である。

［51］原詩は左記の通り。

This verse［この詩は］is terse.［短い］

［52］原著では「著作権」の項目で引用されていると記述されていたが、現在では「実質的類似」の項目になっているので修正して訳した。著者に問い合わせたところ、項目の分割が行われたのではないかということである。

［53］巻末「本書の背景」参照。

［54］以下で著者は、〈動詞＋er〉の語形の、用途にちなんだ名をもつ（つまり、環境内のアフォーダンスにいかに働きかけるかに着目して名付けられた）器具類を列挙している。そのため、なるべくそれが分かるように適宜ルビを振って訳した。

第7章

［1］巻末「本書の背景」参照。

［2］word および words は原則として「語」と訳す。詳しくはこの後の第9章［1］を参照。

［3］「実現される（realized）」に鍵括弧が付されているのは、機能主義の心の哲学で言われる「多重実現可能性（multiple realizability）」を念頭に置いているのではないかと思われる。そこでの「多重実現可能性」とは、機能が実現される媒体ないし基質がタンパク質でできた脳であってもシリコンチップでできたデジタルコンピューターであっても、同じ機能が実現されていれば同じ心が実現されていると考えてよい、という思想を指す。（なお、おおむね同じ概念を逆方向から表現する用語として「基質中立性（substrate neutrality）」があり、これについてはこの後の第15章訳注［32］も参照。）

［4］やや分かりにくいが、ダーウィンの理論の「本質」や、その「完全に」適切な事例という発想が、ここでいう「本質主義」を引きずっている、ということと解される。

［5］「適応度地形（fitness landscape）」はフィッシャーら初期の集団遺伝学者が考案した図で、生物の適応度を高さ（三次元ならばz軸）に対応づけた図形。例えば高い峰から高い峰への進化的な変化は困難だが、低い場所での移動（進化的変化）は比較的容易であるなど進化の過程を可視化できる点で、「ダーウィン空間」のまた別の図式化とも見られる。

［6］内在的性質（intrinsic property）とは、ある事物に外的に帰されたのではなく、その事物に固有に備わっている見るべき性質を指す。典型的には「関係的性質」（「東京駅から一〇〇メートル離れている」など）や、「規約的性質」（「妻である」など）と対比された、例えばボー

ルについての「丸い」という性質などを指す（ただし、何が真の内在的性質であるかも議論の対象になる）。現在の文脈で言えば、過去の研究開発に裏づけられた遺伝的性質が内在的性質の典型であり、外的な状況からたまたま獲得した性質が外在的性質である、ということになると見られる。

［7］　遺伝的浮動（genetic drift）は、個体群中での遺伝子の固定が自然選択ではなく端的な偶然によってもたらされることを指す。

［8］　調査対象となる母集団の要素すべてを調べることができない場合、母集団から（無作為抽出のような手法で）任意に取り出した標本（サンプル）の値を母集団全体を代表する値と見なす調査法を「標本調査」といい、標本（サンプル）を調べて得られる値と、母集団の（標準的な）値とのずれを「標本誤差（sampling error）」という。標本数が多かったり、母集団内のばらつきが少なかったりすれば、標本誤差は小さくなる。

［9］　ここでは、受精卵や種子に始まる細胞分裂の系譜を追っていくとき、厖大な数に増加した細胞のうちの性細胞のみが次世代に継承され、残りは死滅するという「縮小」が「ビンのくび（bottle-neck）」にたとえられている。例えば株分けで植物を増やす場合はこのような極端な「縮小」は生じない。多細胞生物の複雑化への進化におけるこのようなボトルネックの重要性は、例えばドーキンスが『延長された表現型』で、繁殖様式を異にする二種類の水草、という印象的な思考実験を用いて論じている（日高敏隆、遠藤知二訳、紀伊國屋書店、一九八七年、第14章、四七五〜九頁）。アリやシロアリといった社会性昆虫の、大部分が不妊のワーカーからなるコロニーを考えるのも分かりやすいかもしれない。

［10］　ループ・ゴールドバーグ装置については第2章訳注［21］参照。

［11］　巻末「本書の背景」参照。フッター派（Hutterite）は再洗礼派（Anabaptist）の一派で、一六世紀のドイツで発祥し、現代アメリカにも共同体が存在している。避妊を禁じているために人口の増加率が高く、集落が大きくなると分村を行う。

第8章

［1］　hit the ground running は「時間を無駄にせず熱心に新しいことを始める」という意味の慣用句だが、ここでは（慣用句の意味も示しつつ）文字通りの情景描写に用いられている。

［2］　ヒトの進化における晩成性の役割に注目した有名な研究として、A・ポルトマン『人間はどこまで動物か――あたらしい人間像のために』（高木正孝訳、岩波新書、一九六一年）およびグールド『系統発生と個体発生』（仁木帝都、渡辺政隆訳、工作舎、一九八七年）がある。なお、グールドは同書でネオテニー（幼形成熟）

と晩成性を関連づけている。

[3]　コンピューター用語の「プラットフォーム (platform)」はソフトウェアの動作環境全般を指し、最も一般的にはハードウェアとオペレーティングシステム（OS）を指す。

[4]　出版後公開された「正誤表」に従い、原文中の括弧でくくられた一節を削除した。

[5]　「モジュール的 (modular)」とは「モジュール (module)」を用いて処理されることを指す。「モジュール」は認知科学で、脳内に想定される相対的に自立した高度の情報処理を専門的に担う単位を指すことが多いが、ここやこの後の箇所では、前述のドーキンスの引用で「サブルーチン」にたとえられた、さまざまな状況で何度も利用される、相対的に自立した機能的単位を一般的に指すために用いられている。

[6]　巻末「本書の背景」参照。並列型とは複数の演算を同時平行的に行う設計の演算装置を指す。巻末「本書の背景」で触れられているように、デネットとチャーチランドは脳や意識にとっての並列処理的な演算の役割に対して対立する立場をとっていた。単純な要約は難しいが、デネットが並列処理マシンである脳が直列処理の「バーチャルマシン」を実行している（これが意識の基礎になる）ことの重要性を強調するのに対し（本書二四〇頁）、チャーチランドは脳が並列処理装置であることの利点と特性を強調する、という対比がある。

[7]　アーキテクチャ (architecture) については第6章訳注[7]参照。

[8]　「フォン・ノイマンのボトルネック」とは、フォン・ノイマン・マシンと呼ばれるコンピューターの処理速度がCPU（中央処理装置）と記憶装置をつなぐ共通経路（バス、bus）が伝達できる情報量によって制約されることを指す。一部の経路の狭さによって伝達できる情報量全体が制約される構造が「ビンのくび (bottle-neck)」にたとえられている。

[9]　「サイクル・タイム」はコンピューター用語で記憶装置に一回アクセスしてデータを読み込む、あるいは書き出すための一連の操作に要する時間を指す。

[10]　profile は「輪郭、略歴」等を意味し、コンピューター用語としては何らかの対象（キーボードや画像ファイル）に関する属性や設定などの情報を列挙したデータ集合を指す。

[11]　巻末「本書の背景」参照。

[12]　磁性領域 (magnetic regions) はテープレコーダー、フロッピーディスク、ハードディスク、あるいは磁気式定期券などの磁気メディアの記憶領域を、また「プラスチックの円盤上のミクロな細孔」はCD、DVD，ブルーレイディスクといった光学メディアの記憶領域をそれぞれ指す。

[13]　「脳が身体を動かしている」という説明を粗雑に解すると、「脳」を身体を具えた人間全体のようなもの、

つまり小人（ホムンクルス）であると想像し、「ではその小人の脳はどうなっているのか」という無限後退を招いてしまう、という陥りがちな誤りを一般的に指している。意識のスクリーンを「私」なる存在が眺めるという「デカルト劇場（Cartesian Theather）」（本書二八三頁他）はその一変種である。また「意味理解の中心」としてのホムンクルスとは、J・R・サールに代表される、生きた脳にしか不可能な「本源的志向性」と外的なメディアやコンピューターにも可能な「派生的志向性」の区別を念頭に置いていると思われる（『思考の技法』第29章参照）。

［14］ この一節は『思考の技法』第20章でも引かれており、これ以下の議論も同箇所での議論と重なるが、本書の方がこの立場への自己批判をより鮮明に打ち出している。

［15］ 「上下関係」の原語は reporting relationship。部下が上司の前に出頭して報告を行うような、職務上の上下関係を指している。

［16］ 『魔法使いの弟子』（*Sorceror's Apparentice*）もともとゲーテの詩で、ポール・デュカスの交響曲、およびそれを用いたディズニーのアニメ『ファンタジア』で有名になった。魔法使いの弟子が魔法でたくさんのホウキを動かし、水汲みをさせるが、魔法の未熟さから制御が効かなくなり、ホウキが暴走して床が水浸しになり、さらにホウキが増殖して収拾のつかない状況になりかけるが、魔法使いが帰還してことをおさめる。

［17］ 巻末「本書の背景」参照。

［18］ スケジューラと呼ばれるプログラムはいくつかあるが（例えば人間のスケジュール管理のプログラムや、プログラムの定期更新を管理するプログラムもこう呼ばれる）、ここではオペレーティングシステムの中で、CPUの資源《リソース》を効率的に共有するためのプログラムを指す。

［19］ マシンサイクルはCPU上でなされる命令読み出し、命令解読〔デコード〕、命令実行、という循環する処理で、命令実行の基本単位。この場合、優先順位の高い命令が優先的に呼び出され、実行されるような配分がなされているということになる。

［20］ 「民俗的（folk）」という形容詞の意味合いについては第4章訳注［18］参照。

［21］ 「最悪の事態（worst case scinario）を想定せよ」というのはリスク・マネジメントの基本思想とされている（第3章訳注［4］の格言と通底するものがあるかもしれない）。しかしこのように「先を見越した」明確な配慮を事前に施してしまうと、自然進化において可塑性や学習がもたらしうる柔軟性は期待しにくくなる、ということであろう。

［22］ mobile life は文字通りには「運動・移動が可能な生物」で、鞭毛や繊毛で移動する単細胞生物も含みうるが、「脳」への言及があるので「動物」と意訳した。

［23］ エボデボ（evo-devo）は進化発生生物学（evolutionary developmental biology）の略称で、（主に実験

室での）発生生物学的研究から進化生物学にアプローチする試み。

［24］「報酬が与えられる（rewarded）」と「強化される（reinforced）」はどちらもスキナー派の行動主義心理学の用語であり、「強化」はある行動の頻度が高まることを、また「報酬」はそのように頻度を高めるように働く刺激を指す。第3章訳注［12］も参照。

［25］巻末「本書の背景」参照。

［26］第3章訳注［24］で述べたように、make a difference で「意味がある、重要である」という意味になるので、ここも「その生物にとって重要となる事柄は」とも訳せるが、ここでは「差異」が主題化されているのでその点を明示して訳す。

［27］バイアス（bias）については第6章訳注［12］参照。なお、ここでは生物の生得的なバイアスが、生存に有益な情報のみを抽出し、その他はノイズとして無視するという適応的な機能として位置づけられている。

［28］動詞 afford の意味とそのギブソン的な概念化については第5章訳注［5］参照。

［29］巻末「本書の背景」参照。「有能性」と訳した competence は、この文脈では「能力」と訳される場合が多い。チョムスキー学派の言語学の場合、competence／performance は「（言語）能力／（言語）運用」と訳される。

［30］「事前確率」と訳した prior は prior pobability の略。新たな証拠を手に入れる前の、出発点における、その行為者にとってさまざまな事象が生じる見込みないし確率を指す（ここで話題になっている「ベイズの定理」はこのような事前確率と事後確率（posterior probability）を関係づけて条件付き確率を導く定理である）。「一連の事前確率から恩恵をこうむっている（blessed with a set of prior）」とは、生得的な予期やそれまでの経験にもとづく予期が正確な予測と適切な行為の選択に結びついていることを、また「一連の事前確率から災厄をこうむっている（cursed with a set of prior）」とは、それらの予期が不正確な予測や有害な結果を生みやすくなっていることを指すと見られる。行為者のこのような主観性が、ここで行為者が直面しているデザイン上の問題の不可欠の一部をなしている、というのが批判者に対する著者の応答の主旨であろう。

［31］Practice makes perfect は「練習を積むことで完璧になる」ないし「習うより慣れろ」のような意味の慣用句で、本書でもこの後何度か引き合いに出される。

［32］ここで言う経路（pathway）とは、神経細胞が連なった刺激の伝達経路を指す。

［33］ここで共に「組織」と訳した fabric および tissue はいずれも元々は「織物」を指し、そこから fabric は「建材」、tissue は生物の「体組織」をも意味するようになった言葉である（いずれにも、社会における団体を指す意味での「組織」の意味はない）。また「不可思議な組織

（wander tissue）」については巻末「本書の背景」も参照。これは生物の有機的な体組織（あるいはタンパク質という材質）が、無機物には不可能な独特の生命的能力を備えている、という一九世紀から二〇世紀初頭に提起されていた見方を指している（このような立場は生気論と呼ばれ、この後の二九四頁で説明される）。

［34］　内容の解説は訳者の手に余るので名称の解説のみ行っておく。まず「マルコフ連鎖」は、「マルコフ性」を備えた確率過程（マルコフ過程）の内、離散的な（つまり自然数や整数のように不連続な値をとる）過程を指す。「マルコフ性」はある過程の条件付き確率（ベイズの定理が扱う確率──本章訳注［30］参照）に関わる性質で、数学者アンドレイ・マルコフの名に由来する。「モンテカルロ法」は乱数を用いた確率計算を指し、カジノで有名なモナコの都市名に由来する（他に「ラスベガス法」という手法もあるという）。

［35］　lifting については第4章訳注［7］参照。

［36］　一般にコンピューター用語の「レガシー（legacy）」は、時代遅れになって最新の機器で利用できなくなったものを指し、「レガシー・コード」はもはや読み込まれなくなった古いプログラム（の一部）を指す。

［37］　コードの一部ではなく、コードに付され、人間がコードを理解するためのメモとして使用する領域が「コメント」であったが（本書第4章参照）、そのような領域としてのコメントの一部にレガシー・コードを組み込む（くくり出す）、ということである。

［38］　ムスタングまたはマスタング（mustang）はアメリカの平原地帯にいるスペイン種の小形で頑健な（半）野生馬。

［39］　rehearse は日本語になっている「リハーサル」の元になった動詞で、何かを繰り返し唱えたり、反復練習する、といった意味になるが、この先の「ミーム」論において、ミームの「自己複製」の重要な場としてこの rehearse や rehearsal が強調されるため、以下、注意喚起のため常時ルビを振る。

第9章

［1］　英語の word は、とりわけ複数形で words として用いられる場合、狭義の「語、単語」を指すだけでなく、「言葉」「語られた（書かれた）もの」を一般的に指すこともあるので、「語」や「単語」という訳語ではやや狭くなってしまうのだが、著者は英文法の単位としての word を言語や「ミーム」の重要な基礎的構成要素として重視するので、忠実に訳さざるをえない。また日本語の「単語」（名詞、動詞、形容詞のような自立語以外に、助詞や助動詞のような付属語も含む）と、英語の word では、それが名指している文法的な概念も微妙に異なっている可能性があるので「単語」ではなく「語」にする。なお、この点も含め本書の言語をめぐる議論はあくまで

英語について言われているものであり、いくつかの議論の日本語への厳密な「翻訳」は不可能かもしれないことはあらかじめ注記しておく。

［2］巻末「本書の背景」参照。

［3］選択圧または淘汰圧（selection pressure）とは、自然選択が課す圧力、ないし強い方向性をもつ自然選択の働きのこと。

［4］つめ車ないしラチェット（rachet）については第4章訳注［8］参照。

［5］生痕化石（fossil trace）とは、生物の身体の一部ではなく、生物が活動した痕跡（足跡や這い跡、巣穴など）が化石化したもの。

［6］（Great）Tree of Life はいわゆる系統樹を指しているが、例えば「それに実った果実」のような比喩も用いられるので、「生命の（大）樹」という比喩的な表現（旧約聖書の「創世記」にその名の樹木が登場する）を残して訳出する。

［7］glossogenetics は「言語起源論」と訳される。ギリシャ語の「言語」に由来する glosso と、（この場合は）「発生」を意味する genetic を結び付けた用語である。

［8］ピジン（pidgin）は異なった言語を用いる人々の間の貿易などで用いられる混合言語。ピジンを話す人々の次の世代に、ピジンが母語として用いられるようになったものをクレオール（creoles）という。

［9］イグルーは（ここでは）雪を固めて作ったブロックで組み立てられたシェルター。カヤックは浸水を防ぐために甲板を覆う構造になっているカヌーの一種。

［10］（図版9－2への注）原書では「すべての言語の言語系統樹」と記載されているが、内容に合わせ修正して訳する。出版後公開された正誤表にも反映されている。

［11］（図版9－2への注）原図には「語派、語群」に当たる languages はないが、補って訳した。

［12］（図版9－2への注）原図に Brittanic とあるので「ブリテン諸語」としたが、「ブリソン（Brythonic）諸語」、および「ブリトン（Brittonic）諸語」または「ブリティッシュ（British）諸語」という呼称の方が一般的のようである。

［13］（図版9－2への注）原図には Bretton とあったが、Breton を指すと解した。

［14］日本語の場合、「語」／は／語／で、／この／文／に／「語」／の／トークン／が／三／度／登場／する。と区切り、単語の登場回数をトークン一五回、タイプ一三回と数えた。

［15］巻末「本書の背景」参照。

［16］片仮名にすると分かりにくくなるが、Alan, Beth, Cory, Dave, Emily と頭文字がアルファベット順になっている。

［17］声道（vocal tract）とは、人間で言えば声帯を含む、息を音声に変える役割を果たす空洞を指す。

［18］ 原著刊行後公開された正誤表に従い、この文の冒頭についていた丸括弧は削除する。

［19］ 原文は、前の文の後にコロン（：）が打たれ、その後に those things it is like something to be, and those that it is not like anything to be が続く、という文で、かなり意訳してある。下敷きにしているのは明らかにネーゲルの論文「コウモリであるとはどんなことか［どのようなことか］」"What Is It Like to Be a Bat?" で、ネーゲル以降、このWhat is it like? は意識現象固有の与えられ方を指す語法として利用されてきた経緯があり、ここでもそれが踏まれていると見られる。構文としては、it は to be …以下の不定詞句を受ける仮主語で、ネーゲルの What … is like（どのような感じのことか）に当たる部分が is like something（まさにある特定の感じのことである）または is not like anything（他のいかなる感じのことでもない）になる。those thing は文脈上「意識をもつ」のような内容を指し、この句が to be の補語である。つまり前半は、it is like something to be those thing (being conscious)（「それらの事柄（＝意識をもつこと）は、ある一定の事柄に似た感じのものである」）という文を、those things（それらの事柄＝意識をもつこと）を先行詞にした関係文（「ある一定の事柄に似た感じであるところの、それらの事柄」）に変形させたものであり、後半はこれが否定文になっている。

［20］ élan vital はベルクソンが提起した生命原理（ただし、「不可思議な材料」云々はデネットの作文である）。生気論または生命主義（vitalism）は古代から存在したと見られる立場だが、一九世紀から二〇世紀初頭にかけて有力な支持者を得ていた。ベルクソン以外に有名な生気論的思想としては、ハンス・ドリーシュ（Hans Driesch: 1867-1941）の「エンテレヒー（Entelechie）」の思想などがある。

［21］ 第8章訳注［10］で紹介したコンピューター用語の「プロファイル」と近い意味合いと解されよう。共有された言語規範の、個人ごとの（いわば）カスタマイズということである。

［22］ アトラクタ（attractor）は物理学の用語で、カオス理論などで用いられる抽象的な数学的概念だが、この場合神経科学的な発生におけるとりやすい経路（その経路が発生の過程をいわば自らの方へ「引き入れる（attract）」）、およびそれを決定づける遺伝的要因を指していると見られる。

［23］ 「凍結した偶然（frozen accident）」はもともと遺伝暗号の起源についてワトソンとクリックが唱えた、DNAの塩基配列とアミノ酸の対応関係は偶然に定まり、そのまま固定されて現在に至っているとする説で、「機会固定説」などと訳される。ここではより広い意味で、適応とは無関係の偶発的な変異がそのまま保存されて現在まで持ち越されている、という過程を一般的に呼ぶために用いられている。

〔24〕 PCやタイプライターの標準的な文字配列を指す（QWERTYUIOPはアルファベット最上段のキーの並び）。配列の効率性によってではなく、広く用いられていることによって定着しているものの例として引き合いに出されることが多いが、より掘り下げた考察に関してはこの後の本文を参照。

〔25〕 この議論はグールドが詳しく取り上げているが(Gould 1991, Ch.4)、同じ事例から、ここでのデネットの「適応主義的な」考察とは対照的な意味づけを引き出している。

〔26〕 「地理的隔離」は同じ種の個体群が地理的に交雑できないように隔てられること。「生殖隔離」は同じ種の個体群内の異なった下位集団の個体が、同じ場所にいたとしても相互に交雑しないこと。いずれも十分長い時間が過ぎれば異なった種に分化していくと見込まれる。

〔27〕 英語のselectionにはダーウィン以前から「育種」の意味があり、ダーウィンもその意味を下敷きにnatural selection（この意味を強くとれば「自然による育種」）の概念を提起したという（cf. Thierry Hoquet, "Translating natural selection: true concept, but false term?" *Bionomina*, vo.3, 2011, pp.1-23.）。

〔28〕 原語はdomesticator。domesticationやその関連語は本訳書では（ミームに関する比喩も含め）「家畜化」等と訳しており、本書の文脈ではこれでほぼ問題ないが、ダーウィンの著書 *The Variation of Animals and Plants under Domestication* の邦訳タイトルが『家畜・栽培植物の変異』であることからも分かる通り、domesticationは植物に関しては「栽培植物化」と訳すべきである。少なくともダーウィンの著作は動物、植物両方のケースを取り上げているので、この書物に関連するdomesticationに関しては「栽培植物化」を括弧内に補う。これ以外の「家畜化」も、原語の意味は「栽培植物化」も含むものであることには注意されたい。（なお、少し前に出てきたdomesticatorはオオカミのイヌへの家畜化を担った人々を指しているので「家畜馴致者」と訳した。）

〔29〕 the Establishmentとは、文字通りには、一定の語がある言語や分野で公認され、地位を確立している（established）という事態を指していると思われる。これを「権力者側」「体制派」を指すいわゆるエスタブリッシュメントとかけて語っているのであろう。

〔30〕 音素（phoneme）は単語を構成し、単語と単語の区別の基礎となる抽象的な単位。異なる物理的音声にすべて異なる音素が対応するわけではなく、弁別特徴ないし示差特徴（distinctive feature）とされている音声の差異のみが音素の差異に対応する。具体例はこの後の本文を参照。

〔31〕 おおむね基本単語だが、訳語を記しておく。catは「ネコ」、batは「コウモリ」、patは「軽く叩く」、satはsit（座る）の過去形、slopは「(液体を)こぼす」または「こぼれ水」（など）、slotは「細長い隙間」ないし

「空所」。

［32］ 前注同様に訳語を記しておくと、tuck は「押し込む」、truck は「(車両の) トラック」、duck は「カモ」および「アヒル」(ガンカモ科の水鳥の総称)。

［33］ バレーガール (Valley girl) とは、ロサンゼルス郊外の高級住宅地サン・フェルナンド・バレーに住む少女たちを指し、八〇年代にこの地域の少女の話し方が若い少女の間で流行し、今に至っているという。

［34］ 原文をそのまま訳せば「プロクルステース的なふるい［フィルター］を通じて強引に押しやられて (that get pushed through the procrustean filters)」。プロクルステースは伝説に登場する強盗で、旅人を誘い込み、自分の寝台の大きさに合わせて旅人の足を切ったり、身体を拷問で無理やり伸ばしたりしたという。

［35］ いずれも英語の、無意味な音を組み合わせた慣用表現。fiddle-de-dee は第6章訳注［30］でも述べたように「ばかばかしい!」、razzamatazz は「けばけばしい活動」「活力」「あいまいな言い方」「陳腐な、感傷的な」、yada yada は blah-blah-blah (第6章訳注［30］参照) と同義で「くだらないおしゃべり」を表す。

［36］ 以下の説明のように、「ユーザーイリュージョン」はアイコンのクリック、ドラッグなどのコンピューター上の直観的に使用しやすいインターフェース (ここでは機械と人間が接する入出力部分やそれを支援するプログラム) を指すが、この用語を「意識」のメタファーに用いたノーレットランダーシュの本 (Nørretranders 1998) とその思想の方が有名になっているように思われる。デネット自身、本書ではこの箇所や第14章でこの用語にもとづく比喩を積極的に用いており、また原注 (98) で詳しく説明されるように、この比喩の使用はノーレットランダーシュとほぼ同時に、お互いに独立に考案されたという (『解明される意識』(Dennett 1991) 第10章第4節は「ユーザーイリュージョン」が表題の一部になっている)。

［37］ 「アイコン」「クリック」「ドラッグ」「ファイル」「ドロップ」「フォルダー」等、すべてパソコンの基本操作であるが、これらがもともと直観的に理解しやすい日用品になぞらえた記号と、ごく単純な動作の組み合わせであることに注意を喚起するというのが著者の狙いであると見られるので、ここでは原義に忠実に訳した。なお、「小さい茶色の書類入れ」と訳した little tan folders は、厚紙でできた事務用の書類入れを指すと思われる。「薄茶色」と訳した tan はいわゆる茶封筒の色であろう。

［38］ インターフェース (interface) については本章訳注［36］参照。

［39］ おおむね基本単語だが訳を付しておくと、bad は「悪い」、bed は「ベッド」、ball は「ボール」、bill は「札」または「請求書」(など)、fall は「落ちる」または「秋」(など)、full は「満たされた」。

［40］ hand-waving (手を振る動作) にはいくつかの含みが

ありうるが、ここでは「大げさな身振りでごまかす」の意味と解される。

［41］　ここで強調されている「使用（use）」と「言及（mention）」の対比は、言語哲学で用いられる区別を下敷きにしていると見られる。例えば「ソクラテスはギリシャ人である」における「ソクラテス」は「使用」されているが、「『ソクラテス』は五文字である」の場合、「ソクラテス」は対象を名指すために使用されるのではなく、一つの語として「言及」の対象とされている。語は科学の営みの中で「言及」されないとしても、「使用」されざるをえない「道具」であり、それゆえ外見的イメージの一部であるということである。

第10章

［1］　「ミームの目からの視点（The meme's eye point of view）」は、大もとは「鳥瞰（the bird's eye view）」だが、直接的にはW・G・ハミルトンが一九六〇年代に提起した「遺伝子の目からの視点（The gene's eye point of view）」を下敷きにした表現と思われる。ハミルトンはこの見方を、血縁選択を説明する際に、個体ではなく遺伝子を自然選択の単位と見なす見方として提起した。このアイデアを徹底させ一般向けに広めたのがドーキンスの「利己的な遺伝子」という見方、あるいは遺伝子選択説であるが、ミーム選択説も自己複製子を単位にした自然選択として、同じ「〜の目からの視点」という言い換えが可能ということになる。

［2］　「範列」や「連合」と訳されるparadigmは、「連辞」や「統辞」と訳されるsyntagmと対で用いられる、ソシュール以来の言語現象の分類である。例えば「主語‐修飾語‐述語」のように文法カテゴリーに従って語を時系列の中で「縦に」並べていくのが連辞ないし統辞であり、その各項目に選ばれうる候補となる複数の語の「横の」並びが範列である。

［3］　誤情報（misinformation）と、虚偽情報（disinformation）の区別（第6章訳注［13］）に注意されたい。いずれも事実に一致しない不正確な情報という点では一致するが、前者は単に正しい情報（＝価値ある存在）であると誤認されているだけであるのに対し、後者はその誤認から（他者が）積極的な利益を引き出すべくデザインされており、それゆえそれ自身として「盗用ないしコピーする価値のあるもの」だと言えるのである。

［4］　「変化を伴う由来（descent with modification）」は、『種の起源』の時期のダーウィンが、現在「進化（evolution）」と呼ばれている概念（つまり種の地質時代を通じた変化）を指すために用いていた用語。和訳しにくい用語で、意味としては、祖先‐子孫の系譜関係（descent）が続いていく中で、変化または修正が生じていく（with modification）、という過程を指している。ここでは岩波文庫の訳その他である程度定着した慣例にな

らい、「変化を伴う由来」という訳を採用しておく。

［5］　原語は unattended features。ここでの unattended は例えば踏切が「無人の」や配電盤に「管理者がいない」のように、特定の仕掛け人がいない、つまり自然発生的であることを指している（features は文脈上、衣装や装飾を指しているので「ファッション」と訳した）。

［6］　これは神による大文字の「インテリジェントデザイン」に代表される、「はじめに知性ありき」の「スカイフック」の理想である。一方、進化の産物としての小文字の「知的《インテリジェント》デザイン」と「クレーン」は、「地に足のついた」仕方で、このような空想的な理想に相対的に近い研究開発を実現する、というのが著者の主張ということになる。

［7］　この節の原題は What's good about memes? で、次章原題の前半 What's wrong with memes? と対をなしており、それぞれ「ミームのよい点は何か?」「ミームのよくない点は何か?」と訳せる。ただ、論じられるのは文化的単位としてのミームがもたらす益や害（デネットが言う「相利共生」や「寄生」）ではなく、文化理論ないし文化進化の理論にミーム概念、ないしミーム説を採用することの功罪なので、それぞれ「ミーム概念の利点」「ミーム概念の難点」と意訳にした。

［8］　identity condition というのは、用語が指し示す対象を特定ないし同定できる条件（必要十分条件）ということで、広い意味での用語の「定義」に相当する。

［9］　二〇世紀前半に気象学者ヴェーゲナーが、大陸の地形や古生物の分布などの他分野からの証拠をもとに大陸移動説を唱えたが、大陸が移動するメカニズムの提起が伴っていなかったこともあって、受容されなかった。その後二〇世紀後半になり、地球内部のマントルが固体でありながらも、長いタイムスパンにおいては液体のように流動して表面の大陸を運ぶ、というプレートテクトニクスの理論が提起されると共に、ヴェーゲナーが挙げた証拠が見直され、大陸移動説が受容されるに至った。

［10］　ウィルスの大半が有害な共生者（つまり寄生者）ではなく無害な共生者（偏利共生者）である、という点は第7章二二七頁で述べられている通りだが、有益な（相利共生的）ウィルスについては、著者はこのように慎重な述べ方をしている。この点を原著者に問い合わせたところ、次のような返答を頂いた。「私の知る限り、今のところ相利共生的なウィルスの存在を〈証明した〉人はいません。とはいえ、適応度を減少させる［＝寄生者である］ことが証明されているウィルスのパーセンテージはごく小さいものです（私が思うに、一パーセント未満です）。ということは、それ以外のウィルスは、たとえ相利共生者ではないとしても、偏利共生者ではあるということになるわけです。」

［11］　巻末「本書の背景」参照。

［12］　やや分かりにくいが、説得を受けた当人は、理由の改訂そのものには知的なレベルで納得しているが（つま

りその合理性を認めているが)、感情、心情がそれに伴わないという状況であり、それゆえに「繰り返し」(rehersal には「反復練習」の意味合いがある――第8章訳注[39]参照)によって自らの心情をその理由に合わせようとしていく、ということである。reason は「理性」でもあり、伝統的な頭と心、理性と感情の対立、という図式に当てはめてもいいかもしれない。

第11章

[1] ポルターガイストは「騒霊」とも訳され、霊が無人の場所で食器や家具などを移動させたり散乱させたりするとされる超常現象。フロギストンは「燃素」と訳され、一八世紀には火を構成する物質として想定されていたが、後に存在を否定された。エラン・ヴィタルについては二九四頁および第9章訳注[20]を参照。

[2] この学生のレポートは『思考の技法』第5章でも引かれていた。

[3] 「稠密な物体」の原語は solid objecr。「固体」でもよいが、「固さ」というより、「中身がぎっしり詰まっている」という意味であり、物質を構成する原子核と電子の間には膨大な空間が広がっており、決して稠密で中身がぎっしり詰まっているわけではない、という科学的イメージが教えるリアリティのあり方と対比される。

[4] 「お金、貨幣」に当たる概念を「ドル」と訳すことについては第4章訳注[16]を参照。

[5] 巻末「本書の背景」参照。「リアルパターン」と呼ばれる概念については第6章訳注[38]も参照。

[6] folk という形容詞の意味合いについては第4章訳注[18]参照。

[7] 際どい議論であり、やや分かりにくいが、著者は虚構主義者ではなく、あくまでも意識や自由意志は実在すると主張している。ただし、実在する意識、実在する自由意志の性格について批判者たちとは見解を異にしており、しかも批判者たちの意識や自由意志の理解には説得力がない、と見ているのである。

[8] 「離散的(discrete)」は、切り離された不連続な要素から構成されていることを指す。例えば実数に対する自然数や整数は離散的な数である。

[9] 「調性音楽(tonal music)」という用語は、二〇世紀に「無調音楽(atonal music)」という新たなジャンルが生まれた際に、西洋でそれまでに発達してきた古典的な音楽を指すためにできた言葉だとされる。専門的には、「何らかの中心音(tonal center)をもつ音楽」として定義されているが、本文で見るように、デネットはおおむね、ドレミの音階で記譜可能な音楽、というほどの広い意味で用いている。

[10] ルビで示したように、英語の copy には印刷された書物を指す意味がある。そして見たところ著者は他の箇所での「コピー」や「模写(物)」と同じ概念をこれら

についても理解している。

[11] 日本だと「この作品はフィクションです。実在の人物、団体等とは無関係です」に当たるような、フィクションに付される免責条項(disclaimer)で、本来は「○○の登場人物と実在する人物の間のいかなる類似点も、単なる偶然の一致です」のようになる。なお、通常は実在するモデルとの類似を否定する免責条項であり、他のフィクションとの類似関係(剽窃)を否定するための免責条項ではない(現実には、そのような剽窃を告白するに等しい「免責条項」を掲げるクリエイターはいないと思われる)。

[12] 原文はScamrlbed wrdos rae aesliy nusracmbedl. Mst ppl wll hv lrtl trbl rdng ths sntnc. で、Scrambled words are easily unscrambled. Most people will have little troubled reading this sentence. という二つの文の、一文目は単語の並びを入れ替え、二文目は単語の文字を一部削ったものと見られる。復元された文を訳せば、「ごちゃまぜにされた語をもとどおりにするのは簡単である。ほとんどの人は、この文を読むのに大した苦労をしなかったはずである」となる。

[13] 巻末「本書の背景」参照。

[14] typoは、字義通りにはデネットの定義通りtypographical error、つまり活版印刷における誤りを指す語の略語で、この意味に従えば通例に従い「誤植」と訳すのがむしろ適切である。しかし日本語の「誤植」は(厳密な意味では)活版印刷における植字上の誤りを指すが、typoは執筆段階での書き手のタイピングの誤りも含めた、誤表記全般を指すために使われているという点で日本語の「誤植」よりも意味が広い(特にプログラミング言語の場合、活字はもちろん、そもそも印刷するという工程が入る必要がない)。とはいえ日本語の「誤植」も現状ではtypoに近い用法で用いられているように見えるし、そもそも本邦でも海外でも印刷のデジタル化が進み、活版印刷もその中の植字の工程もなくなっている時点で、用語と現実の間にズレが生じているとも言えよう。

[15] つまりコメントアウトを行うということであり、この作業を怠るとマシンがコメントを命令として処理しようとしてしまう。コメントやコメントアウトについては第4章 一一四頁以下、第8章訳注[37]など参照。

[16] Truman Capote (1924-1984) はアメリカの小説家。『ティファニーで朝食を』(一九五八年)、『冷血』(一九六六年)など。

[17] folk dancingはいわゆるフォークダンスを指しているが、語源ないし語形に注目すれば、民間で自然発生し進化したダンスという意味で、「民俗心理学《フォーク・サイコロジー》」や「民俗《フォーク・》理論《セオリー》」などとの意味のつながりも見いだされる(第4章訳注[18]他参照)。引用符はそのつながりに注意を喚起するものであろう。

[18] choreographyは舞踊などの振り付けや演出を一般的に指すこともできるが、この後での論じ方からして、

(後述の「ラバノーテーション」のような)一連の表記法によって舞踊の動きを表す振り付け法、構成法(『ランダムハウス英語辞典』)を指していると思われる。

[19] 日本でも「オクラホマ・ミキサー」の振り付けとして定着しているフォークダンス。

[20] Rudolf von Raban(1879-1958)はドイツの舞踊家。

[21] 「漸進的」でありながら「突然」の変異というのは語義矛盾に聞こえるが、この奇妙さは用語の歴史的事情に由来する。「突然変異」はmutationの訳語で、当初はメンデル主義者が、当時のダーウィン主義者が進化の主要な源泉と考えていた連続的な「変異(variation)」と対照して、不連続で規模の大きな遺伝的変化を指すために用いていた(この意味では「突然変異」という訳語は適切である)。しかし後に集団遺伝学が成立しメンデル主義とダーウィン主義の総合がなされて後は、小規模ないし連続的な変化も含め、遺伝子の変化はすべて「突然変異」と呼ばれるようになった。デネットはダーウィン主義の漸進主義(gradualism)としての性格を強調するが、この思想は、個々の突然変異(ミューテイション)がおおむね小規模なものであることを含意している。そしてここではこのような漸進的な遺伝的進化とそこでの微小な突然変異(ミューテイション)の類比で文化進化が考えられているのである。

[22] automatic, automaticallyは機械が「自動式」という以外に、筋肉運動などが「自動性の(無意識的な)」、行動などが「無意識の、習慣的な、反射的な」、感情などが「自然に湧き上がる」など、運動などが意図や意識なしに進む様子を一般的に指す。

[23] DNAを構成する四種類の塩基アデニン、グアニン、シトシン、チミンの略称で、これらがいわば遺伝子配列のアルファベットになる。

[24] ハンチントン舞踏病(現在ではハンチントン病と呼ばれる)もテイ=サックス病も遺伝性の難病。

[25] 上で「座」と訳してきたlociはlocusの複数形で、どちらも同じ語である。

[26] 例えば英語版WikipediaのBegging the questionの項目を引くと、現代の用法としては「問題を提起する(rise tha question)」以外にも、「問題を抱く(bear the question)」、「問題を提示する(suggest the question)」、「問題を導き入れる(invite the question)」、「問題を回避する(evade the question)」、「問題を無視する(ignore the question)」などが挙げられている(ただし最後の二つは原義の「論点先取」に近い意味とも解されよう)。

[27] selendipitousという形容詞については、第3章八六頁の、(ソフトウェア開発における)「セレンディピティ(selendipity)」の説明も参照。

[28] tonicは通常の意味では強壮剤、ヘアトニック、および酒を指す。frappeについては、まず、フランス語からの外来語frappé(発音は[fræpéi]、フランス語原音どおりならば[frape])があり、これは「果汁を凍らせた

もの、食前、食後の飲み物」、または「かき氷にリキュールをかけた食後の飲み物」を指す。著者が引くfrappe[frJp]はここから転じた言葉で、辞書によれば「アイスクリームで作るミルクセーキ」を指し、frappéをこれを指すために用いる場合もあるという。（日本語の「フラッペ」にも似たような意味のぶれがあるように思われる。）

［29］ウィキペディア他ウェブ上のソースによると、"Me and Bobby McGee"は一九六九年にロジャー・ミラーが初めて吹き込み、クリストファーソン自身は一九七〇年のアルバムで歌っているという。その後、一九七一年にジャニス・ジョプリンのシングルレコードが大ヒットして有名になった。

［30］"Hey, Jude"はビートルズの一九六八年の曲、"Satisfaction"はローリング・ストーンズの一九六五年の曲。

［31］offloadとはコンピューター内のデータを周辺装置や他のコンピューターに転送すること。

［32］evo-devoすなわち進化発生生物学については本書第8章二五五頁、第8章訳注［23］参照。

［33］「表現型（phenotype）」は「遺伝子型（genotype）」と対をなす概念で、通常はDNA上の塩基配列を「遺伝子型」、その遺伝子に対応する発現した形質（化学物質、形態、行動などさまざまだが直接的には遺伝子が合成した多様なタンパク質に由来する）を指す。ただしここでは「遺伝子型」にあたる情報がDNA以外の場所にあるケースが述べられている。

［34］おおむねドーキンスの言う「遺伝子」とその「乗り物（vehicle）」（または「生存機械」）に相当する区別。

［35］ジャッケンドフの「辞書的項目」の概念については第10章三一四頁参照。

第12章

［1］「起源」がoriginsと複数形になっている理由は本文中で明らかになっていくが、これが「言語が複数回起源した」という主張を強く打ち出すことを意図したものではない、という点には注意されたい。

［2］「干し草の中の針」については第6章訳注［24］参照。

［3］巻末「本書の背景」参照。

［4］巻末「本書の背景」参照。

［5］巻末「本書の背景」参照。

［6］「概念実証（proof of concept）」については第4章訳注［25］参照。

［7］ここでの著者の「動的均衡」に関する説明は、進化生物学におけるよく知られた議論（ドーキンスの『利己的遺伝子』にさまざまな事例が出てくる）を前提に進められていると思われ、それゆえに説明が簡略に過ぎると思えるので、以下、一般的な例を引いて概要を述べる。

まず、餌を努力して入手するよりも、同種の他の個体から餌を横取りする方がコストがかからないような動物がいるとする。このような動物からなる個体群中で、「常に他の個体から横取りする」という戦略と「常に自分で餌を入手する」という戦略は単独では（進化的に）安定した戦略にはならない。むしろ横取り戦略を採用する個体がある数を越すと、自分で餌を入手する個体が有利になり、自分で餌を入手する個体がある数を越すと、横取り戦略を採用する個体が有利になる、という「頻度依存選択」がそこに働くため、この二つの戦略を一定の比率で使い分けるような「混合戦略」が安定した戦略（ないし安定した状態）になる。このときこの二つの戦略はこの個体群中で動的な均衡状態を保っている、と言える。本文の議論に戻れば、「自ら研究開発を行う／他者の研究開発をコピーする」という戦略は、これとよく似た動的均衡状態にあるというのがここでの考察である。その前で「相殺取引（トレードオフ）」（この用語については第5章訳注［17］参照）と言われているのも、このような均衡ないし拮抗の関係を指している。

［8］　閾＝敷居については第6章訳注［5］参照。ここでは文化的伝達が成立するために満たされるべき条件をまたぐべき「敷居」と見なして「閾条件（threshold condition）」と呼んでいる。以下、単にthresholdとのみ言われている場合も同じものを指していると見られるので「閾条件」と訳す。

［9］　童話『三匹のクマ』では、大、中、小と大きさが違う三匹のクマの住む家に迷い込んだ少女ゴルディロックスが、大きすぎる椅子と小さすぎる椅子、ぬるすぎるスープと熱すぎるスープ、大きすぎるベッドと小さすぎるベッド、等々を退け、中間の「ちょうどいい」椅子やスープやベッドを選ぶ。この童話にもとづく比喩は、例えば天文学で「ハビタブル（居住可能）ゾーン」と言われる領域を形容するためにも用いられる。恒星から近すぎても（太陽系では水星など）、遠すぎても（土星など）生命の誕生や生育には適さず、「ちょうどよい」距離にある惑星がハビタブルゾーン、ないしゴルディロックスゾーンに位置する、と言われる。

［10］　共同注意（joint attention）とは、他者が注意を向けている対象を把握し、同じ対象に自ら注意を向ける働きを指す。共有注意（shared attention）とも言われる。

［11］　ここで「ランナウェイ過程」はおおむね「正のフィードバック」とされる過程を指す。例えばサーモスタットは温度が一定の値を越えるとそれを系にフィードバックして温度上昇を停止する働きをするが、これは「負のフィードバック」である。反対に温度上昇の感知がフィードバックされてさらなる温度上昇の引き金を引くような過程は「熱暴走」と訳される熱的ランナウェイ（thermal runaway）の過程であり、「正のフィードバック」である。進化生物学では、このようなランナウェイ過程によって性選択（による、異性に誇示する装飾などの発

達）を説明する仮説もある。

［12］　グルーミング（grooming）は「毛づくろい」とも訳され、身体に付いた寄生虫やごみを取り除く作業。ここでは特にサルの群れなどに見られる、相互にグルーミングをし合う社会的な行動を指している。

［13］　本章訳注［1］で予告した点だが、このように説得力のある複数の仮説の併存状態（現実にはその一つしか正しくないとしても）が、本章表題の「言語の諸起源」およびこの後の節の表題（Winding Paths と「道」が複数形になっている）を説明する。似たような状況が生命の起源に関してもあることは、本書第2章で指摘された通りである。

［14］　巻末「本書の背景」参照。

［15］　「オシツオサレツ（pushmi-pullyu）」はロフティング『ドリトル先生』シリーズに登場する、両側に頭があるシカに似た架空の動物。ミリカンはこの名を命令文と平叙文の機能を同時に担う、より原始的な記号を呼ぶために用いた。原語は push me, pull you の意味で、井伏鱒二による「オシツオサレツ」以外に、「ソレオセヤレヒケ」「ボクコチキミアチ」という邦訳名もある。

［16］　少なくとも訳者は自他共に、身振りなしの会話がそこまで困難だという印象を感じたことがないので、ここには文化の違いがあるのかもしれない。（ただしこれは、会話の身振りの遺伝的、進化的を直ちに否定するということではない。）

［17］　Tralala は歓喜、陽気さを表す発声、nonny nonny はエリザベス朝の歌で使われた無意味なはやし言葉、fala は古謡の折り返し句、E-I-EI-O は aEe-igh, ee-igh, oh! の略式表記で、*Old MacDonald Had a Farm*（『マクドナルドじいさんの農場（ゆかいな牧場）』）に出てくるはやし言葉。derida derida は著者に確認したところ、哲学者ジャック・デリダ（Jacques Derrida）に引っかけた著者のジョークで（ナンセンスにも見える難解な文章を書くためであろう）、マドリガル（伝統歌謡のジャンル）で用いられる derrydown, derrydown というリフレインをもじったのだという。

［18］　原語は competent language。competent, competence は意味の広い言葉で、この場合「言語」を修飾しているため、「有能」というより「正当な、資格のある」のような意味である。

［19］　日本語の場合、同様の働きをする要素としては助詞などの付属語も挙げられよう。

［20］　第8章二四八頁で引かれたフランソワ・ジャコブの言葉「すべての細胞の夢は二個の細胞になることである」という比喩を指している。

［21］　テトロミノ（tetromino）は四つの正方形を辺が接するようにして組み合わせた図形。ゲーム『テトリス』で上から落ちてくる図形である。

［22］　著者の説明はやや簡略すぎるので、クレディエールらの論文に当たり、実験の内容の補足説明をしておく。

まず、五〇個の盤面をランダムに生成しておき、それを一匹目（第一「文化世代」）の訓練済みのヒヒに順次試行させる。結果、五〇個の盤面が「回答」として残される（デネットの言うように、中には「正解」で餌をもらえた盤面も、「不正解」の盤面も含まれるが、訓練済み個体の正解率は八割前後と、かなり高いらしい）。次に、この五〇個の盤面の順番をシャッフルして、二匹目（第二「文化世代」）の別の訓練済みのヒヒに「課題」として順次試行させる。結果、五〇個のまた別の「回答」の盤面群が残され、これをシャッフルしたものが三匹目（第三「文化世代」）のヒヒへの「課題」となる。この手続きを一二匹目（第一二「文化世代」）まで繰り返した結果、変異が「伝言ゲーム」式に蓄積し、図12－1のような「進化」が見いだされる、ということである。

［23］「組み込まれる」の原語はpopulatesで、「データベースにデータを追加する」ことをpopulate a database with dataと表現するのと同じ語法と判断した。ただしpopulateはpopulation（個体群、人口、集団）と同系統の語で、字義通りには「居住させる、入植させる」の意味であり、「ミームの入植」の意味合いもあるかもしれない。

［24］scramは間投詞で「出て行けと促す言葉」になるという。著者に確認したところ、beat it!やAway!のような意味だということである。

［25］「主題」はおおむね主語となる名詞、「コメント」はおおむね述語動詞に相当し、それゆえこの前後で言われている「主語と述語」と同じ事柄を指している。

［26］どちらの場合も、対話が重ねられる中で、半ば無意識的に方向的な進化が進んでいく、という点は同じだが、第一の仮定の場合、話者の、経済性に促された意識的工夫がある程度働くのに対し、第二の仮定の場合、効率化へ向けた「取捨選択」の働きはもっぱらミームに働く自然選択が担い、話者はそれをまったく意識せず、単純に目の前の会話に没頭している、という違いがある。

［27］赤ん坊の独り言にしてはませた口調と思われるかもしれないが、そもそも言語習得前の赤ん坊にこのような文字通りの独り言ができるはずはなく、これはあくまで第5章一五一頁のフェチドリの「独り言」のようなものと解するべきである。

［28］ディープラーニングについては第4章訳注［31］参照。

［29］fellは「残忍な、致命的な」を意味する形容詞、swoopは「急襲、急降下」を意味する名詞で、「致命的な一撃」という分析ができそうにも思われる。cahootは単独で用いられることがなく、go in cahootで「山分けする」、in cahoot (s) with …で「…と結託して」、in cahoot (s) over …で「…を企んで」の意味になる。

［30］wear their histories on their sleevesはwear one's heart on one's sleeve「袖に自分の（恋）心を飾り付けている＝心情（特に恋心）をあからさまに示す」の転用と思われる。

昔、男が恋人からもらったリボンを自分の袖に結んだならわしがあったことにもとづく表現とされる（『ランダムハウス英語辞典』）。（本書の他の箇所でも何度か使わる表現だが、そこでは普通に「誇示する」のように訳してある。）

［31］ grammaticalization（または動詞 grammaticalize）にはいくつかの意味があるが、ここでは内容語（名詞、動詞、形容詞など）やその一部が文法的な形態素に転用されることを指していると思われる。例えば英語における形容詞や副詞の接尾辞 -lic は、古英語では body を表す名詞 lic に由来する（『ランダムハウス英語辞典』）、などである。

［32］ 巨大な数を表す「超厖大（Vast）」という用語については第6章原注（36）参照。

［33］ 巻末「本書の背景」参照。

［34］ merge には、溶け込ませる、混ぜ合わせる、同化させる、結合する、合体させる、（会社などを）合併させる、（米俗語で）結婚する、などの意味がある。「併合」はいくつかの言語学関連のウェブページなどを参考にした。他に山形浩生氏による「統合」という訳語もある。

［35］ found object はフランス語 objet trouvé の英訳。オブジェ・トルーヴェに関しては第2章訳注［20］とそれを付した箇所参照。そこでは「がらくたオブジェ」と訳した。

［36］ ロシア人形（マトリョーシカ）は、よく知られていると思われるが、木でできたダルマかこけしのような人形で（実際、日本由来との説もあるという）、中身が空洞の人形の中に少し小さい人形が入り、その人形の中にさらに小さい人形が入る、という入れ籠《こ》構造をしている。

［37］ どんな有限な長文を作成しても常にそれよりも長い文を作成できるということで、文の長さの潜在的な無限性を別様に言い換えている。

［38］ 最後の「ちなみに」以下は、原文では which で始まる関係節であり、埋め込みの一種であるが、日本語でこれを埋め込み節と見るのは難しいかもしれず、その場合埋め込みの数は六つではなく五つということになる。

［39］ 「ピダハン」という音訳は Everett (2004) の邦訳を参考にした。

［40］ 日本語のワードでは、対象の文字列を選択し、「書式」→「フォント」→「文字飾り」で「上付き」「下付き」を選択すれば表示できる。

［41］ 例えば「2の3乗」を「2^3」とする表記法を指している。ここで2は基数または底（base）、3が指数（power / exponent）である。（なお、原文では power となっているが、厳密には power は2^3という数全体（2×2×2＝8）を指し、指数のみを指す場合は exponent と呼ぶべきだとも言われる。）

［42］ 「2の3乗の3乗の……」のように。

［43］ この文の最後の部分の文意がはっきり読み解けず、著者に確認した上で訳したが、それでもなお著者の意図

を十分汲めていないかもしれない。

［44］ 超人ハルク（The Incredible Hulk）はマーベルコミック『（超人）ハルク』の主人公。科学者が事故で多量のガンマ線を浴びたことで、怪物的な超人ハルクに変身するようになる。

［45］ コンラッド（Joseph Conrad: 1857-1924）はポーランド出身で英国に帰化した作家。『闇の奥』など。ナボコフ（Vladimir Nabokov: 1899-1977）は帝政ロシア出身でアメリカに亡命した作家。『ロリータ』など。いずれも英語のネイティブスピーカーではなかった、ということであろう。

［46］ バレーガールについては第9章訳注［33］参照。

［47］ population thinking はエルンスト・マイアが提唱したダーウィン主義的な思考法で、「集団思考」と訳されることが多いが、意味を明確にするためにここでは「個体群思考」と訳した。おおむね、生物個体を無時間的な「本質」ではなく、（進化へ開かれた）個体群ないし（互いに繁殖行動が可能な）生物集団としての population に関連づけて思考する思考法を指す。

第13章

［1］ 第10章の原注（68）参照。

［2］ ヒトに分類される種とそれ以外の種が分岐した直後の、別の枝の根元にいる種を指していると見なされよう。

［3］ 共同注意については第12章訳注［10］参照。

［4］ 転位因子（transposable element）またはトランスポゾン（transposon）は「動く遺伝子」とも呼ばれ、ゲノムのある部分から別の部分に転移することができる塩基配列を指す。

［5］ 分離歪曲因子（segregation distorter）は染色体の減数分裂に介入してメンデルの「分離の法則」を歪め、それ自身が子孫に受け継がれる確率を高める遺伝子。「利己的ＤＮＡ」と呼ばれることもある。

［6］ 晩成性（altriciality）については第8章二三四頁参照。人類の進化における晩成性の役割については、その箇所に付した第8章訳注［2］も参照。

［7］ face time は人と実際に合って対話する時間で、電話やチャットによる会話と対比して用いられる。

［8］ 原文は What was it like for these pioneer meme host? Was it like anything? で、第9章訳注［19］で示した、What is it like ? の本訳書での訳し方に沿って訳した。「初期の宿主にミームはどのように意識されたのか？ そもそもそれは意識されたのかされなかったのか？」というのがここでの問いかけの主旨であると思われる。

［9］ このような自己感知や識別はエレベーターの「存在論」に含まれる「事物」であるので、仮に「意識」をこれらをも含むほどに薄めて理解するならば、その場合には「エレベーターに「意識」はある」と言えることになる。しかしこれは「意識」の意味を広く取りすぎであろ

うということである。
〔10〕グライスは意味を自然的な規則性にもとづく「自然的意味（natural meaning）」と慣習的、規約的な関係としての「非自然的意味（nonnatural meaning）」に分け、言語的な意味は後者に属するとした。
〔11〕recognize を「それと認める」と訳すことに関しては第4章訳注〔17〕参照。この動詞はこの後頻出する。
〔12〕intentional はこの場合「志向的」ではなく「意図的」の意味と解される。
〔13〕ストッティング（跳ね歩き）の詳しい説明は一四八―九頁参照。
〔14〕日本語で順序よく訳そうとすると内側の副文を前に訳す形式になる。英語原文では、"S (1) intends A to (2) recognize that S (3) intends A to (4) believe that p." と、外側から内側に向かう順序（数字の順）で副文が並ぶ。ただし日本語でも「Sは（1）Aが（2）Sが（3）Aが（4）pということと信じることを意図しているということをそれと認める、ということを意図している」のように、（主語の順序を）数字の順に訳すことも可能である。
〔15〕直観ポンプ（intuition pump）は『思考の技法――直観ポンプと77の思考術』の主題になった概念で、訴えたい論点をはっきりさせるような直観を引き出すことを目的とした思考実験を指す。揶揄的な意味で用いられることもあるが、同書では有益な直観ポンプも人を惑わせるよくない直観ポンプ（ブームクラッチ）もある、とされる。
〔16〕「素質に恵まれた」と訳した部分の原語は名詞 gift に対応し、本書第5章一四三頁で「天与の英才」と訳した gifted と意味の上で関連する言葉である。
〔17〕デネットは他の著書で、ルイ・アームストロングが「ジャズとは何か」と聞かれたときに「あんたがそんな質問をしなけりゃならないなら、一生その答えを知ることはないだろうさ」と答えたという伝説的な逸話を紹介している（『解明される宗教』邦訳四一六頁、『思考の技法』邦訳四四七頁）。
〔18〕邦訳の本文中では intention は「意志」と訳されているが、本書の他の箇所に合わせて「意図」と訳す（「意志」は「自由意志（free will）」など、will の訳語とする）。
〔19〕巻末「本書の背景」参照。
〔20〕巻末「本文の背景」参照。
〔21〕（ソフトウェア・）アプリケーションの略称は日本語では「アプリ」だが、英語では app で、この app に指小辞 -let を付したものが applet であり、他のアプリケーションに組み込まれて実行される小さいプログラムを指す。また、特にＪａｖａアプレットを指して用いられる場合もある（Ｊａｖａアプレットはウェブブラウザ内で作動するアプレット。次節で取り上げられる）。
〔22〕「二度見」と訳した double-take は、典型的には、一度見て特に気にも留めなかった何かに、遅れて「エ

ッ！」と気づいてまじまじと見返す様子を指す。

[23] phase shift は「位相シフト」という特殊な物理現象を指す言葉だが、ここではより日常的な「氷→水→水蒸気」のような相転移（phase transition, phase change）の現象を指していると見られる。

[24] この三つの変化は、本章冒頭で再掲された図 13 - 1（図 7 - 5）の三つの座標軸の正方向への移動に対応する。

[25] 遺伝的進化においては「候補となるものの生成」は遺伝子の突然変異、「成功の基準」は遺伝的適応度の増大を指す。自然選択の素材となる突然変異が完全にランダムではなく、何らかの方向性や法則性にもとづいて生じているとしても、その方向性が遺伝的適応度の増大とは無関係な方向であるならば（つまり適応的な突然変異のみが選択的に発生するようなことがなければ）それは「候補となるものの生成」と「成功の基準」が「分離されている」（つまり「ランダム」と見なされる）と言えることになる。

[26] pandemonium は無数の魔神ないし魔物（デーモン）が住まう神殿を指すが（「百鬼夜行」と訳されることもある、ここでは、五一六頁で紹介されているようにオリヴァー・セルフリッジ（Selfridge 1959）による、学習機械の分散型アーキテクチャの名である。本来「ボトムアップ式」のモデルだが、ここではこのモデルに似たものを踏まえた上での、トップダウン的な理想化が語られ

ているのを踏まえた上での、トップダウン的な理想化が語られていると言えよう。

[27] Pickwickian は正確には「名ばかり」というよりも「言葉を通常とは異なった（風変わりな）意味で用いる」の意味。ディケンズの小説『ピクウィック・クラブ』The Pickwick Papers の主人公にちなんだ用語。

[28] 原文の a tourist-wise grizzly がよく分からず、著者に問い合わせたところ、同公園のハイイログマは人によく慣れていて（ただし、依然として危険であるが）、写真を撮るツーリストたちを喜ばせる仕草等を熟知しており、それで餌をもらうこともよくある（ただし公園管理者はクマへの餌やり等を厳重に禁止している）、という。

[29]「自己刺激（self-stimulation）」は自閉症の症候の一種として知られるが、ここではそれを含め、より一般的に、一定の反応を誘発する刺激が外部からもたらされる（通常の行動心理学的な「刺激‐反応」の図式）のではなく、自身の活動によって、自己の反応を誘発する刺激を自ら産み出す過程を指していると見られる。例えば、外部の対象からの刺激を指しているのではなく、自らが形成した語や図表を刺激として心的状態を形成する、ということである。『解明される意識』第 7 章第 5 節でも「自己刺激」は主題的に論じられている。

[30] 巻末「本書の背景」参照。

[31] 巻末「本書の背景」参照。

[32] コンパイル（すなわちコンパイラプログラムにかけ

ること）については第4章一一五—六頁を参照。

[33]「インターフェース」は、本書では前述（第9章訳注[36]）のように人間と機械の接点となる入力機器を指す場合が多いが（この意味では特に「マン・マシン・インターフェース」とも言われる）、それ以外にコンピューターと周辺機器、あるいはコンピューター同士のデータのやりとりを媒介するものを一般的に指すこともある。この場合はあるハードウェアまたはオペレーティングシステムと、バーチャルマシンとの間を媒介する行うということである。

[34] ソフトウェア、ハードウェアに対して人間の脳をこう呼ぶことがある。

[35] 原著が想定する読者は英語話者なのでEVMが主題になっているが、日本の読者は「EVM」を「日本語バーチャルマシン」に適宜置き換えて理解するのがよい（紛らわしくない略称をどう設定すべきかは読者にお任せする）。

[36]「デスクトップ」は卓上型コンピューター、「ラップトップ」はひざ上型、つまり持ち運び可能なコンピューターを指すが、その類推で「ネックトップ」は「首の上型コンピューター」として人間の脳を指している。

[37] 邦訳副題が示すように同書は七七章からなるが、第1章「誤ること」と第IX部「哲学者であるとはどのようなことか？」の四つの章を除くと七二章になる。

[38] フリッカー値（flicker-fusion rate）は点滅する光がちらついて見えるか連続して見えるかの境目の周波数。食虫性の鳥の、飛んでいる昆虫を補足できる目はこの値が大きいため、映画がスライドショーのように見えるはずだ、という議論が同書に出てくる。

[39] 物質名詞（mass term）は不定形の素材など（水、氷、家具類）を指す不可算名詞。アリクイにとってのアリの群れは不定形の塊であり、物質名詞で表される存在であろう、という議論が出てくる。

[40] ソータル（sortal）は可算名詞によって指示される存在を一般的に指すための用語。その存在論的な位置づけに関しては多くの議論がある。

[41] タイミング・パルス（timing pulses）は周期的なパルスを発生させる装置（によって産み出されるパルス）で、ここではCPU内の処理を制御する「クロック」を指すのではないかと思われるが、詳細は確認できなかった。

[42] 偽装サイトのphisingは「釣り（fishing）」の同音異記語（というより、意図的にfishingのつづりを変化させた語）であり、従って「疑似餌（lure）」という比喩とも呼応関係がある。

[43] ミスディレクションについては第2章訳注[13]参照。

[44]「えーと」の原語はlikeで、「まあその」のような表現の選択の迷いや、「みたいな」のように後ろに来る形容詞の強調ないし中和を示す間投詞。意識的にも無意識、

習慣的にも発される。

[45] 「(音楽)学校」を意味するconservatoryは語源的には「貯蔵所、保存所」を意味するので、ここでの主旨にぴったり適う。

[46] イギリスの民族舞踊。

[47] 一九世紀のウィーンで流行し広まったワルツ。

[48] ホイッグ史観については第5章の原注(22)および同章訳注[22]を参照。

[49] 片仮名だと分かりにくいが、Raphael, Rembrandt, Rubens Rodinと頭文字がRで揃っている。

[50] 著者の同じエピソードは『思考の技法』第77章「一〇パーセントの優れたもの」にも登場する。同章全体が、本段落と同主旨の思想を若干異なる視角と具体例によって論じる章である。

[51] backlogは文字通りには暖炉の奥に積んである丸太を指し、「在庫」や「残務、未処理分」などの意味になる。使われるあてのない、大量の予備燃料、というイメージであると思われる。

[52] 「鍛え上げる」と訳した部分の原語はtested the mettle ofで、そのまま訳せば「～の根性、気概を試す」という意味。

[53] 地球の周囲の大気のある領域を大気圏(atomosphere)、生物の住まう領域(または、その領域とそこに住む生物から構成される領域)を生物圏(biosphere)と言うが、それと類比的に、地球を取り囲むミームから構成される領域をミーム圏(memosphere)と呼んでいる。

[54] go viralはメールやインターネットを通じて流行などがあっという間に拡散していく様子を指す言葉。viralは「ウィルスのように」の意味だが、拡散の勢いを指すために用いられており、「有害なもの」という意味合いは必ずしも含まない。文化的情報のミームとしての性格をよく示す語法としてデネットは強調したのであろう。

[55] 「ブレインストーミング」は集団でアイデアを出し合う会議の形式の名だが、ここでは「脳内の攪乱《かくらん》」とも言い換えられるように、脳内の激しく乱雑な情報処理を指している。*Brainstorm*および*Brain Storm*はそれぞれダグラス・トランブル監督のSF映画(一九八三年)、リチャード・ドゥーリングの法廷サスペンス小説(一九九八年/邦訳二〇〇三年、講談社文庫)のタイトルだが、デネットの哲学書*Brainstorms*(Dennett 1978)の方が刊行は早い。

[56] 文意がややとりにくいが、脳内の過程のどこをとっても「脳内の嵐」または「脳内の攪乱《かくらん》」しか見あたらない、という主張に異を唱え、脳内の過程の(少なくとも)一部は「脳内の嵐」でありつつも、それを越えた何かでもありうる、といった主張を、著者が想定する仮想の批判者の思想として表現しようとしていると見られる。

[57] 巻末「本書の背景」参照。

[58] アメリカのコメディアン・俳優のスティーヴン・ラ

イトを指す。『ヒトはなぜ笑うのか』（Hurley, Dennett, & Reginald 2011）にこの件を扱った次のようなインタビュー記事（?）が紹介されている――「ポーランド人で最高のコメディアンと言えば?」「ぼくだね」「それでは、あなたの成功の秘……」「タイミング!」（邦訳四三六頁）

［59］ 以下の「リアルマジック」の話題については巻末「本書の背景」参照。

［60］「意識のハードプロブレム」はデイヴィッド・チャーマーズが提起した概念。チャーマーズは意識の解明に関して、脳の機能の問題として論じられる問題を「イージープロブレム（簡単な問題）」、意識の現象的な質（クオリア）の解明に関わる問題を「ハードプロブレム」と呼んで峻別した。なお、この問題に関する著者のこれまでの議論（の一部）は巻末「本書の背景」の前注と同じ箇所を参照。

［61］ 巻末「本書の背景」で紹介されているように、この思考実験とそれに関する議論は『思考の技法』第49章『スパムレット』の作者は誰か?」でもなされている。同書訳注で行った、表記に関する二、三の注記をここでも行っておくと、まず「ショイクスペア」は原文ではSpakeshareだったが、シェイクスピアのもじりであることが分かりにくいので『思考の技法』の邦訳時に（原著者の了解を得て）変更したものを踏襲している。また「スパムレット（Spamlet）」は「ハムレット（Hamlet）」の「ハム」を、缶詰肉の「スパム」に置き換えたもじりで、（原則）ブロック肉を薫製にするハムに代わる、成形肉を使った人工的な代替品、という意味合いと、「スパムメール」の連想があると思われる。

［62］「干し草の中の針」に関しては第6章訳注［24］参照。

［63］「遡行的分析によれば」と訳した箇所の原文はworking backwardで、結果や目的からさかのぼって構造や原因を突きとめる、マーケティングなどで用いられる手法を指していると見られるが、この文脈では内容的に「リバースエンジニアリング」と重なる。

［64］〈消えそうなほど微かにまで（Vanishingly）〉については第6章原注（36）参照。

［65］〈超厖大（Vast）〉についても前注と同じく第6章原注（36）参照。

［66］『思考の技法』同様、思考実験を調節するためのknobは「つまみ」ではなく「調節ダイヤル」と意訳する。同訳書序論訳注5参照。思考実験を構成する状況や対象の設定を色々と変更することを「さまざまなダイヤルの調節」にたとえた比喩である。

［67］一九四二年の『雄牛の頭部』を指す。

［68］オブジェ・トルーヴェないしファウンドオブジェクトについては第2章訳注［20］も参照。

［69］原文を直訳すれば「神を私たちの（外見的）イメージの中で創造した」となるが、明らかに、神が人間を

「神の似姿（image of God）」として創造した、というキリスト教の神学思想を逆転させているのでこのように訳す。なお、これは必ずしも新奇な思想ではなく、近代のフォイエルバッハはもちろん、擬人神観を批判した古代のクセノパネスをはじめ、西洋思想には古くから同様の発想があった。

［70］ informative は「情報豊か」という意味において有益、有効ということで、本書の用語を用いれば「コピーする価値のあるデザイン」としての「意味論的情報」が格別に豊富に集約された、という意味合いが込められていると思われる。

［71］ Irving Berlin（1888-1989）はアメリカの作曲家、作詞家。代表作「ホワイト・クリスマス」、「ゴッド・ブレス・アメリカ」（アメリカ合衆国第二の国歌とも言われる）。

［72］ 原文では鍵盤そのものがスライドするようにも読めるが、映像資料などを参考にしてこのように訳した。

［73］ Cole Poter（1891-1964）はアメリカの作曲家、作詞家。

［74］ George Garsshwin（1898-1937）はアメリカの作曲家。

［75］ Leonard Bernstein（1918-1990）はアメリカの作曲家、指揮者。

［76］ ティン・パン・アレイ（Tin Pan Alley）はニューヨーク、マンハッタンのブロードウェイ近辺の一角で、かつてブロードウェイのミュージカルに向けた音楽の会社がにぎわっていた地域。

［77］ これまで取りられてきた音楽家・ミュージシャンの主要な名の一覧だが、よく見るとすべてBで始まっている。

［78］ Kenneth Clark（1903-1983）はイギリスの美術史家。

［79］ Wynton Marsalis（1961-）はアメリカのトランペット奏者、作曲家。

［80］ Steohen Greenblatt（1943-）はアメリカの文芸評論家。

［81］ 出版後公開された正誤表にもとづき、主語の men を補って訳した。

［82］ 原語では crap shoot。サイコロを使った、博打に似たゲーム。

［83］ もともと旧約聖書（『士師記』第12章5－6節）で、ギレアド人が「シボレス」という単語を発音できるかどうかで自分の部族とエフラム人を見分けたという物語に由来し、そこから同様のテストについて用いられるようになった。

［84］ 巻末「本書の背景」参照。

［85］ 動詞 compete は「有能性」と訳している competence と同根の言葉だが、「張り合う、競う、匹敵する」を意味する。

第14章

［1］ これらの問いは、この章の、本節を含む最初の四節

に対応している（本節が2、次節が1、その後の二つの節が3、4を順に扱う）。

［2］これ以下のit is like等の訳し方は第9章訳注［19］に準ずる。

［3］この箇所は原文が簡潔すぎて解釈に迷い、著者に確認した文意を元に、語を補って訳した。

［4］巻末「本書の背景」参照。

［5］すべてpから始まっているが特に意味はなさそうである。

［6］巻末「本書の背景」参照。

［7］原語はcrutch（松葉づえ）。日本語の「つっかい棒」は「自分が立つのを支える棒」よりも「物を支える棒」を指すのが慣用とも思われたが、「一時しのぎの支え」という意味を広くとってこう訳した。

［8］過剰補償（overcompensating）または補償過剰は精神分析で、劣等感や罪の意識を克服しようとして逆に過度の行動に走ること。第3章六七頁で批判的に検討されていた、目的論に対する過剰な否定に走る態度と同様の態度と言えよう。

［9］behavioral comprehensionが本来の意味の完全な「理解力」よりは「理解力なき有能性」に近い、ノウハウの習得を指している点は第5章訳注［27］を参照。

［10］ここでデネットが強調しているthingsはセラーズが定義した「外見的イメージ」の構成要素としての「事物」を意識したものと見られる。英語のthingは日本語の「物」よりも意味が広く、「事物・事柄」を一般的に指すことができる。『思考の技法』第16章（二一七頁）で引用されているセラーズの哲学の定義は、この点をより明確にしている——「哲学の目的を抽象的に規定すれば、それは、可能な限り最も広い意味での事物《シング》たちが、いかにして、可能な限り最も広い意味でまとまりを形成するのかを理解することである」（Sellars, 1962, p.1〔邦訳一頁〕）。この箇所のように人間の行為については「事物」という訳語（あるいは『思考の技法』の「〈モノ〉」という訳語）もあてにくいが、それもまたこのような広い意味のthingsの一つに数えられる。

［11］出版後公開された正誤表に従い、peakをpeekに修正して訳出する。

［12］セルフリッジのpandemonium modelについては第13章［27］も参照。

［13］ここでの「モジュール（module）」は脳内の専門化した作業を担うサブシステム一般を指す。第8章訳注［5］も参照。

［14］nobody's the wiserは直訳すれば「誰一人賢くならない」だが、ここでは「誰も気づかない」の意味で、進化の過程が誰にも知られずに進む、つまり明示的な表象なしに進むことを指していると見られる。これを受けて、「誰かが急に賢くなる（anybody home to be wiser）必要はない」、すなわち自己制御能力の進化は大局的《グローバル》表象を備えた知的《インテリジェント》デザイナーを必要とせずに進む、という主旨

の次の文につなげていると見られる。

[15] 巻末「本書の背景」参照。

[16] これまでの議論を踏まえれば、これこそ「ユーザーイリュージョン」としての「意識」の誕生と言えそうである。ただし著者の漸進主義・反本質主義に従えば、これを決定的な不連続的事象と位置づけるべきではなかろう。

[17] 巻末「本書の背景」参照。

[18] 「所与（given）」にもとづくこのような思想への異議は、「外見的イメージ／科学的イメージ」という区別を提起したデネットの師セラーズが「経験論と心の哲学」（Sellars 1962 邦訳第3章）で行った、「所与の神話（the myth of the given）」への批判を思わせる。

[19] この諺《ことわざ》に関しては第8章訳注[31]を参照。

[20] 造語 selfy の成り立ちについては巻末「本書の背景」参照。

[21] 原文では「本節冒頭の」となっていたが、著者に確認の上修正して訳す。この修正は本書刊行後に公開された「正誤表」にも反映された。

[22] デネットが言及していない類似の重要な思想と思われるものとして、デネットの師セラーズの「ライル的祖先」の思考実験を挙げられよう（Sellars 1962 邦訳第3章第一二節以下）。実際、本書でのデネットの議論はセラーズの思弁的、概念的な思考実験を、進化論的知見にもとづいて歴史化し、肉付けを行ったものであるようにも見受けられる。

[23] 共同注意については第12章訳注[10]参照。

[24] 巻末「本書の背景」参照。

[25] 邦訳一五二頁。この箇所は同邦訳を利用させて頂いたが、訳者の補足と思われる箇所の削除など、いくつか変更がある。なお、引用箇所の前後、および同邦訳の解説を読む限り、フォースターはここで、ジッドの方法論に全面的に同意しているわけではないとはいえ、ジッドの文学的目標について（また従って老婦人の発言に対して）、おおむね好意的に評価していると思われる。

[26] subpersonal は人の「人物（peroson）」としての心の働きとしての「パーソナルな（personal）」心の働きを作り出している、それよりも下位のレベルでの働きを指す。心理学者の間でも用語の厳密な定義に関する合意はないようであるが、デネットの場合はほぼ常に、第8章で描かれたような、全体としての脳活動を作り出している下位のサブシステム（「エージェント」ないし「ホムンクルス」）の働きを指していると見てよさそうである。

[27] 第13章訳注[29]参照。

[28] 眼球の（無意識の）急速な振動運動。対象の正確な捕捉などのために生じる。

[29] 原語では「黒とオレンジ色」で、これはネコがニャーと鳴くか mew と鳴くかのような文化の違いであろう。

[30] 第12章訳注[23]でも述べたように、動詞 populate には「入植させる」の他、「(データベースなどにデータ

を）追加、投入する」の意味もある。

［31］「プライミング効果（priming effect）」と呼ばれ、先行刺激と言われる一定の刺激をあらかじめ与えておくと、その刺激が「ポンプに呼び水を差す」ように働いて、他の特定の刺激を誘発しやすくする効果を指している。

［32］「見ることは信じること」は「百聞は一見にしかず」に当たる諺《ことわざ》。

［33］巻末「本書の背景」参照。

［34］「ヘテロ（hetero-）」は「他の」を、「オート（auto-）」は「自己の」を意味する接頭辞。

［35］「統制（controle）」とは実験の再現性、客観性を確保するために実験条件を整えること。「対照実験」を意味するcontrole（またはcontrole experiment）は代表的な統制の一種である。

［36］この場合のself-manipulationは、例えば自分の心的イメージを自分なりに変化させてその結果を確かめる、といった活動を指していると見られる。

［37］本章訳注［13］および第8章訳注［5］を参照。

［38］巻末「本書の背景」参照。

［39］巻末「本書の背景」参照。

［40］cartoonはもともと風刺画、ないしいわゆるポンチ絵を指すが、「カートゥーンアニメ」と訳したanimated cartoonは昔で言うマンガ映画、『トムとジェリー』や『ルーニートゥーンズ』（または『マンガ大作戦』）のようなドタバタアニメを指す。

［41］心理学者ミショット（Albert Michotte）の研究を元に、「因果の直接知覚説」を唱えてヒュームに異を唱える哲学者が一定数存在するが、デネットはここで、そのような現代の哲学者に対して、ヒュームの洞察を改めて支持しているとも見られる。

［42］「内在的な性質（intrinsic property）」については第7章訳注［6］参照。

［43］これは訳というより内容の問題かもしれないが、ここで言う「予期（expect / expectation）」は意識的な、あるいは推理にもとづく予測ではなく、第8章二五七頁で「ここで生物が何かを〈予期している〉と言ったのは、生物が、部分的にあらかじめデザインされていて、いつでも発動できるようになっている適切な反応を装備するようになっている、ということである」と言われていた意味で解する必要がある。つまりここで理解されているのは脳内のベイズ的予期生成装置が産み出すサブパーソナルな「予期」である。この点に注意しないとこの箇所の説明に説得力が減ぜられる恐れがある。

［44］qualiaは「感覚質」などとも訳される、経験の現象的な質を指す哲学用語。デネットの『スウィート・ドリームズ』はこの概念の批判にほぼ一冊を費やしている。なお、qualiaは複数形で、この箇所は単数形のqualeになっているが、日本語の術語として「クオリア」が定着しているため、単数形の場合も日本語では「クオリア」と訳す。

［45］　原文ではこの人物の名はDan Quale（ダン・クエール）であるが、これは明らかにqualeつまりクオリア（前注参照）の概念への批判を導入するためのネーミングなので、名前の忠実さやリアリティよりも思考実験の仕掛けを優先させることにした。

［46］　Juam Ponce de León（1474-1521）はスペインの探検家で、若返りの泉を探す内にフロリダを発見したという伝承がある。

［47］　エクトプラズム（ectoplasm）は霊媒師の体から出るとされる何かで、霊体つまり霊の（非物質的な）肉体とも言われる。フィクトプラズム（fictoplasm）は恐らく即興の造語で、類推するに虚構（fiction）の存在を作り上げている非物質的な素材なのであろう。

［48］　神経スパイク列（neural spike train）については第1章訳注［13］参照。

［49］　第8章および前節で取り上げられたベイズ的予期生成システムを念頭に置いていると見られる。それによれば「ベイズネットワークの中では、沈黙は確証の証と見なされる。高次の階層でなされた推測は、それがどんなものであれ、反証が不在である限り、初期値《デフォルト》として、現実だと見なされるのである」（二六二頁）。

［50］　コンピューター用語の「レンダリング（rendering）」は、コンピュータープログラムで一定のデータを元に画像、音声などを生成することを指し、それを念頭に置いた言い方と思われる。

［51］　information（情報）の元になった動詞informは「知らせる、情報を与える」以外に、「(作品などを）特徴づける」のような意味になるが、恐らくこれに近い意味で、前注で述べた「レンダリング」におけるデータからレンダリングを行う過程を指すために用いられている。

［52］　playは必ずしも「遊び」ではなく、「役割」のような意味にもなりうるが、workと対で使われるときは「仕事と遊び」という対比が意図されているようである。

［53］　巻末「本書の背景」参照。『思考の技法』第VII部訳注1参照。

［54］　pre-qualia partという言葉の詳しい説明はないが、先ほどの予期の反証や確証に関わる過程のように、意識を含む大きな過程の中の、意識、およびそれに特権的に結びついた性質とされるクオリアが関わらない、サブパーソナルな過程を指していると思われる。

［55］　この一文はやや分かりにくいが、『思考の技法』の中で、チャーマーズの言う「意識のハードプロブレム」（第13章訳注［60］参照）を論じた次の一節が参考になると思われる――「私たちの中には、〈ハードプロブレム〉のまさにその存在を疑う人たちがいる一方、それに疑いを抱く私たちを、正気を失っているに違いないと考えている人たちもいる。……これら二つの選択肢をお互いに歩み寄らせる手段はない。一方の側か他方の側かどちらかが、まったくの間違いなのだ」（四〇七頁）。巻末の「本書の背景」のこの箇所への注釈も参照。

［56］ 第1章訳注［11］で述べた、デカルトの心の理論のより正確な位置づけと呼んだのがこの一節である。

［57］「見知りによる知識」と訳した knowledge by acquientance はバートランド・ラッセルが導入した用語で、『哲学入門』(原題 *Problems of Philosphy* 高村夏輝訳、ちくま学芸文庫、二〇〇五年、他邦訳多数)では「記述による知識 (knowledge by description)」と対比され、推論や真理の知識なしに直接的に自覚(意識)される (directly aware of) ような事柄の知識を指す。ラッセルの場合、センスデータないし感覚与件がこのような知識の対象の筆頭として挙げられ、他にも記憶、普遍概念、それに自己意識がこの種の知識の対象とされる(同書第5章)。このような知識への特権的なアクセスを疑ったのが本書でも何度か登場したデネットの師セラーズであり、デネットのここでの議論はこのようなセラーズの批判を継承するものとも見られよう(本章訳注［18］も参照)。なお、acquientance の訳としては「見知り」(中村秀吉訳)の他、「面識」(前記高村訳、八木林二訳)や、「直接(知)」(新井慶訳)などもある。

［58］「知覚のベール (veil of perception)」とは、私たちの心は知覚を通じてしか世界を知りえないが、知覚は世界を忠実に表象せず、心と世界の直接的な関わりを隔てる「ベール」にもなっていると考え、外部世界に関する懐疑論を引き出す考え方。この後でも名が出るジョナサン・ベネット (Jonathan Bennett) が *Locke, Berkeley, Hume* (Oxford University Press, 1969) の中でジョン・ロックの観念 (ideas) の理論を論ずる際に用いたのが最初で、その後広く用いられるようになったらしい。

［59］ 第2章訳注［2］で述べたように、mind は「心」(または「精神」)と訳してほぼ問題ないが、この場合「心を使う」とは普通言わないので「知性」を主な訳語にした。日本語の「心」は、情緒や感性の働きを担うという含みがかなり大きいように思うが、英語の mind には、思考、認識、判断を担い、感情や意志に対して特に知的な働きを指す、という意味合いがあるので(『ランダムハウス大英和辞典』)、本文でのような使い方が自然にできるのである。

［60］ ここでの rendering は明らかに、描画ソフト、音声合成ソフト、3Dプリンターなどが、データにもとづいて画像や音声や立体物を「レンダリング」する、という意味合いで用いられている(本章訳注［50］参照)。訳語として用いた「描画」はさまざまなレンダリングの一種に過ぎないが、あくまで比喩的な代表例として解されたい。

［61］ 原文の表現が簡潔で文意の確定に迷ったので著者に問い合わせたところ、「私たちは科学に携わっているとき、(時々)自分を科学的イメージの中に生きていると見なす場合がある」という説明を頂いたのでそれをもとに文意を補った。

［62］「固体」と訳した solid object は厳密に訳せば「稠密

な（つまり中身がぎっしり詰まった）物体」。第11章訳注［3］参照。

［63］デカルトの「第六省察」や他の箇所には、これとよく一致する思想も見いだされる。デカルトによれば色、音、匂いといった感覚（およびさまざまな情念）は心身合一体としての人間が物質世界を適切に生き延びるために（神から）付与された能力であり、私たちは日常生活を送る際にはそれらに依拠してよいし依拠せざるをえない。しかしそれを真理認識の基礎にするとさまざまな哲学的誤りが生まれる、ということになる。

［64］デネットのベネット論については巻末「本書の背景」参照。本章訳注［58］でも紹介したように、ベネットは心や言語の哲学以外に、ロック、スピノザ、カントなどの哲学史的研究でも著名な哲学者であるが、デネットは『志向姿勢の哲学』（邦訳四〇四頁）やその他の場所でも、学問的な接点や交流があまりなかったにもかかわらず、ベネットと自らの思想がよく一致することを強調し、ある場所では「これで、他にセネット（Cennett）という哲学者が出てきたらどうしたものか」というジョークを発している（Dennett 2017）。（これを見ても、名前を間違えられたことはお互い多かったのではないかと推察する。）

［65］詳しくは『志向姿勢の哲学』や『思考の技法』の第III部、第V部などを参照。

［66］巻末「本書の背景」参照。

［67］「直感」と訳したhunchについては第1章訳注［14］参照。

［68］未訳の *Elbow Room*（Dennett 1984）と『自由は進化する』（Dennett 2003）を指す。

［69］刑罰論における応報主義（retributivism）とは帰結主義（consequentialism）と対立する立場で、後者が刑罰はなされた犯罪の結果にもとづいて正当化されると主張するのに対し、前者は犯罪（ないし罪）そのものが刑罰を正当化する、というのが大きな区別である。なお、デネットはこのように原則的に応報主義をしりぞけ、帰結主義を支持するものの、ある討論では単純に応報主義を消去してしまうのではなく、応報的刑罰の概念を帰結主義的に正当化する、という立場を訴えている（"Exchange on Waller's "Against Moral Responsibility" TOM CLARK" <http://www.naturalism.org/resources/book-reviews/exchange-on-wallers-against-moral-responsibility>、二〇一八年四月取得）。

第15章

［1］巻末「本書の背景」でも解説されているが。エマーソン・M・プーは同書の著者ジョージ・エジン・プーの父である物理学者で、エマーソンの著書の中のエピグラフに父ジョージ・エジンの言葉が用いられている。

［2］この思想については第13章訳注［69］参照。

［3］ George Carlin（1937-2008）はアメリカのコメディアン。

［4］「アドオン」はコンピューター用語でソフトウェアの拡張機能を指すが、ここではまさにその意味を念頭に置いた比喩として述べているのだと思われる。

［5］ 第10章（三二二頁）で著者は「集団精神《グループマインド》」や「民衆的天分《ジーニアス・オブ・ピープル》」なるものをミーム説以前の神話として退けていたが、それらの思想とここで著者が明らかに肯定している集団的理解力とは区別されるべきである。前者は「浮遊理由」を読み解くために志向的構えを適用したことに伴って生じる錯覚（つまり擬人化）であり、万事を一挙に見通す神話的な知性として退けられているが、ここでは理解力があくまで有能性に依存し、「漸進的に到来する」（第3章）ものとして捉え直された上で、集団的な分配ないし分業が可能なものと見なされているのである。

［6］ 劇作家W. S. Gilbert（1836-1911）と作曲家Arthur Sullivan（1842-1900）のコンビ。

［7］ 作曲家Richard Rodgers（1902-1979）と作詞家、劇作家のOscar Hammerstein II（1895-1960）のコンビ。

［8］ TOTEは、目標を定め、そのための何らかの操作を定めて実行し（＝操作）、その結果を検証する（＝テスト）。不成功だった場合は別の操作を実行し（＝操作）その結果を検証する（＝テスト）。このループを繰り返し、テストで目標が達成されたと判定されるとループを終了する（＝退出）、というモデル。このモデルでは、前のループの不成功が次のループへのフィードバックとして位置づけられている。

［9］ 一九六〇―七〇年代頃までは人間を含む動物全般の行動を〈刺激－反応〉の連鎖として捉える行動主義心理学のモデルが支配的だったが、その後認知科学、認知心理学などの発展により、刺激と反応を媒介する認知過程を分析するモデルが主流になっていったことを指すと見られる。

［10］ 巻末「本書の背景」参照。

［11］ clipper ship。特に蒸気船の出現する前の時代（一八四五―一八七〇年）の快速帆船を指す（『ランダムハウス英語辞典』による）。

［12］ 3以上の自然数について、$x^n + y^n = z^n$になる自然数の組（x, y, z）は存在しない、という定理。数学者フェルマー（Pierre de Fermat: 1601-1665）による「真に驚くべき証明を発見。しかしこの余白はそれを書くには狭すぎる」という書き込みがあったことからこの名で呼ばれ、永らく数学上の大問題として知られていた（証明以前は「フェルマー予想」とも呼ばれていた）。

［13］ Philip Guston（1913-1980）はアメリカの画家、版画家。

［14］ 原語のno handsは、ここでは「手助けなしで」のような意味で、産み出された存在が、自分を産み出した存在から自立していく、という本節の主題を象徴的に表

していると見られよう。
［15］　原語は「有生性（animacy）」で、言語学で生命の有無にもとづく文法カテゴリー上の区別（日本語の「ある／いる」や、英語の he, she / it など）を指すための用語だが、この場合はより一般的な意味で用いられている。またこの文脈では「生命」の有無というより、「心」に当たるものの有無（信念や欲求を帰属できそうかどうか）を指している（語源のラテン語 anima（「魂」）には「生命」の意味も「心」の意味もある）。
［16］　hide and seek は「かくれんぼ」だが（つまり鬼から隠れ、鬼になった場合は探し回る）、この場合文字通り訳す方が分かりやすい。
［17］　Practice makes perfect という諺については第8章訳注［31］参照。ここでは直訳に近く訳す。
［18］　「知的材料」とも訳される。smart は「スマートフォン」や「スマート家電」同様「賢い」の意味で、状況に応じてある程度自律的で適切なふるまい（自己修復や、光を感知した変化など）をとることができる素材を指す。
［19］　Clustered Regularly Interspaced Short Palindromic Repeat（「規則的に空白が挿入された短い回文的反復配列の集合体」と訳されよう）の略称で、もともと原核生物の中に見いだされた構造が遺伝子工学に利用されるようになった。より詳しい説明は本文参照。
［20］　ピクサー（Pixer）・アニメーションスタジオはアメリカの映像制作会社で、一九九五年に世界初のフルＣＧアニメ『トイ・ストーリー』をディズニーと共同制作して以降、主にディズニーとの共同制作でアニメ映画を制作している。
［21］　「活用する」という訳語を当てた動詞 harness は元々「馬具、馬の引き綱」の意味の名詞で、そこから「（乗り物などに）引き綱をつけて引かせる」の意味になり、さらに「（自然力を）利用する」の意味にも転用されるようになった。従って自動過程としての自然選択（あるいはコンピューター）に「馬具をつけて引かせる」、あるいはそれを飼い馴らして有効活用する、といった具象的なイメージもちらつく表現だが、訳にうまく反映させるのは難しい。この前でも何度か登場したが、特にこの箇所以降、「活用する」の原語 harness にこのような意味の広がりのあることに留意されたい。
［22］　「干し草の中の針」については第6章訳注［24］参照。
［23］　「超厖大（Vast）」という用語については第6章原注（36）参照。
［24］　「不可思議な組織（wonder tissues）」に関しては第8章訳注［33］参照。ただし、そこでは存在しない生気論的な物質が名指されていたが、ここではそれに匹敵する「クレーン」的な、つまり何らかの技術的に実現可能な高機能の有機的素材のようなものが意味されている。
［25］　巻末「本書の背景」参照。
［26］　巻末「本書の背景」参照。

［27］ Scott Joplin（1868-1917）はアフリカ系アメリカ人作曲家、ピアニスト。
［28］ Count Basie（1904-1984）はアメリカのジャズピアニスト。
［29］ Erroll Garner（1921-1977）はアメリカのジャズピアニスト、作曲家。
［30］ 原文だけだと細部の状況がやや不鮮明だったので、著者に何点か詳細を確認して訳出した。
［31］ バッハを模した曲なのでいわゆるインベンション（対位法的な手法を用いた曲）であったのだろうが、invention はＥＭＩが「考案」した曲、という意味も兼ねているかもしれない。
［32］ 「基質中立的（substrate-neutral）」はよく機能主義の心の理論と関連づけて論じられる概念で、例えば古典的な機能主義の心の概念によれば、機能が保持されていれば基質（構成素材）が何であっても（例えばタンパク質であっても、シリコンチップであっても）、同じ心と認められるとされ、このようなあり方を基質中立的という。本文の場合、機能が共通ならば基質がさまざまでも自然選択という同一の過程が働く、という構造を指すために用いられている。巻末「本書の背景」および第7章訳注［3］の「多重実現可能性」も参照。
［33］ もともと、実際の生物体内で進む過程を in vivo（「生体内で」）、生体外、実験室内でのその再現を in vitro（「試験管内で」）と呼び分ける語法があったが、それとの類推でコンピューターシミュレーションによる（生物的過程の）再現を in silico（「シリコンチップ内で」）と呼ぶようになった。
［34］ ディープラーニングについては第4章訳注［31］参照。
［35］ 巻末「本書の背景」参照。なお、「アナロガイザー」はＣＤ音楽などのデジタル音声をアナログ（analogue）音声に近づける装置の名にも用いられているが、ここでは類比、類推を行う装置を意味する。
［36］ シムズのバーチャル生物に関しては『思考の技法』第50章にもこれより詳しい紹介が載っている。
［37］ 巻末「本書の背景」参照。
［38］ 「ブラックボックス（黒い箱）」は仕組みが分からないまま使われる装置等を一般に指す名称。
［39］ 「人工知能を作るための昔ながらの方法」というのは、例えばアーサー・Ｃ・クラークの『二〇〇一年宇宙の旅』（一九六八年）に出てくる「〔機械による人工知能を作るよりも〕単純労働で生きた脳を作る方が単純であり続けるはずだ」というジョークをはじめ、人工知能をめぐる古典的なジョークであるらしい。
［40］ 五〇手ルールをめぐるエピソードは『思考の技法』第76章でも紹介されているが、ＦＩＤＥ（フランス語の「国際チェス連盟（Federation International des Eches）の略称）の決定に関しては触れられていない。
［41］ 「二つ」が何を指すかはっきり述べられていないが、

これまで論じられてきた遺伝–文化の共進化を指しているのは確かであり、より詳しくは、この後の文や第12章の議論からして、「脳」と、言語との「共生」を指すのではないかと思われる。

[42] Jeopardy! は一九六四年以来アメリカで放映されているクイズ番組(jeopardy は「危険、危機」)。三人の回答者がジャンルと難易度(高いほど高額の賞金がつく)を選んで問題のパネルを開いて回答し、賞金額を競い合う。日本の「クイズグランプリ」はこの番組をもとにしていた。

[43] node はネットワークつまり網の目の線と線をつなぐ結節点を指す。コンピューターのネットワーク、電話回線などの構成における専門用語として用いられるが、ここではさまざまな語の相互のつながりをネットワークとして捉え、語をそのネットワークの結節点として位置づけていると見られる。

[44] 巻末「本書の背景」参照。

[45] 「好奇心はネコを殺す」は、過度の好奇心ないし詮索好きを戒める諺。

[46] 『魔法使いの弟子』については第8章訳注[16]参照。

[47] ウェブ上で見つかる別バージョンによれば、「グランドツアー(大陸旅行)中のとあるイギリス人貴族」ということである。

[48] 辞書によると、scythe すなわち大鎌の、柄の部分を指すらしい。

[49] 巻末「本書の背景」参照。古典的チューリングテストはある存在に知性(知能)が備わっているか否かを判定するテストで、一人の人間が、ディスプレイとキーボードにあたる装置ごしに、一人の人間と、テストの対象となるコンピューター(プログラム)を相手に会話を行い、どちらが人間でどちらがコンピューターかをその人間が判定できなければ、テストに合格したことになる。

[50] 第8章訳注[29]でも注記したように、特にチョムスキーの流れを汲む言語学では、performance は個々の現実の「言語運用」、competence はその運用をもたらす「言語能力」という対をなす概念として用いられる。

[51] 第12章では、グライスの理論は意識的な言語運用の描写と見る限り「知的な集団幻覚(mass intellectual hallcination)」に等しいものだという批判がなされていたが、同じ箇所でも明記されているようにグライスの理論は、サブパーソナルな「浮遊理由」の理論と見なされる場合には、非常に有効な説明を提供することを筆者は認めている。

[52] 基本単語も多いが、注記しておけば、start は「始める」、stable は「安定した」、station は「駅」、frisk は「飛び跳ねる(自動詞)、揺り動かす/ボディチェックをする(他動詞)」、fried は「揚げた」、friend は「友人」、frigid は「寒い、冷淡な、堅苦しい」。

[53] 巻末「本書の背景」参照。

[54] 心理学の「プライミング（priming）」については第14章訳注［31］参照。この後用いられるように、他の語の誘発ないし「呼び水」となる先行刺激となる語を「プライム（prime）」とも言う。
[55] 言うまでもなく、ここまでの議論は機械学習ではなく人間の脳のサブパーソナルな情報処理が主題であったが、著者は躊躇なく一方の考察から得られた帰結を他方に適用している。第8章の議論などを踏まえればこの論述も正当化されよう。
[56] 原文では目的語の「大量のデータ（flood of data）」と『消化』できる『食物』（"food" to "digest"）」の語呂を合わせていると思われる。
[57] カウフマン（Kauffman 2003）の「隣接可能性（adjacent possibility）」概念については原注（20）と、それが付された一三八頁の箇所も参照。カウフマンの主張は、複雑な生物ほど、その生物の置かれた〈デザイン空間〉上の隣接する場所＝可能性が増大する（そして進化はそのような複雑性を増大させる）、というものであるが、ここで著者は、人間は言語や予見力を進化させたおかげで、〈デザイン空間〉上の隣接する場所、つまりすぐに実現できる可能性の数が他の動物と比べて飛躍的に増大した、という考察をつけ加えることで、カウフマンの主張を修正しているのである。
[58] 巻末「本書の背景」参照。
[59] 巻末「本書の背景」参照。
[60] 巻末「本書の背景」参照。
[61] 「超穏健主義（hypermodesty）の伝統」とは、著者への問い合わせへの応答などをもとに訳者なりにまとめると、この後に言及される薬品の広告や、あるいは家電などの使用説明書に見られる、過剰なまでに詳しく親切な注意書きなどを例とする、人間（製品の使用者）の誤りやすさ、欺かれやすさを十二分に考慮に入れようとする姿勢を指すようである。つまり、万が一の間違いも未然に防止するため、人間一般の能力や判断力を決して買いかぶらないという謙遜（modesty）の姿勢を徹底させる方針ということになるだろう。
[62] 外挿（extrapolation）とは既知の数値の変化率などを拡張して未知の数値を予測することで、この場合は私たちの既知の挙動や意向から未知の挙動や意向を予測するということ指していると見られる。
[63] 原語に即せば「応力線（stress lines）が展開されつつあり」。ユーザーたちの間でのいわゆるストレス（心労、苛立ち）の広がりを、文字通りの「応力（stress）」を図示する線にたとえていると見られる。
[64] 「無過失責任（strict liability）」は「厳格責任」とも訳され、損害が生じた場合の加害者の犯意や過失が立証されなくとも加害者に問われる賠償責任。公害、環境汚染などについてこの種の責任が問われる。本文の例の場合、その導入により、ＡＩのユーザーにとって、ＡＩがもたらす危険性を「知らなかった」という弁明が難しく

なる。

［65］「結果責任」の原語は accountability。元々の意味は「説明能力としての責任」で、デネットの言う「理由提供（reason giving）の能力」にまさに相当する。ここから「説明責任」と訳されることもあるが、responsibility が「道義的責任」を指すのに対し、具体的な損害賠償などの主体となることを引き受ける責任として用いられるのが一般的とされるので、「結果責任」と訳す。

［66］過誤訴訟の原語は malpractice suits で、通常は「医療過誤訴訟」と訳される。この場合は、ユーザーのＡＩ使用が第三者に損害をもたらして訴えられる、という状況を指している。

［67］原語は the abdication of our cognitive responsibilities。abdication は「（王位などの）放棄や退位」を指す。直接的には、上の段落で言われる、ＡＩの製造や使用の責任をより明確に人間の主体に帰す、という主張を受けているが、本節全体の主題としての、「認知的補助装具」が整備されていく中、核心となる理解力《コンプリヘンション》を（当分は）人間の主体が保持し続けるはずだし、そうすべきだという著者の主張を述べていると思われる。

［68］ノーチラス（Nautilus）は筋力増強などを行うトレーニングマシンの商品名で、オウムガイ（nautilus）型の部品を用いているのが名称の由来という。

［69］原語は pedagogical bottlenecks。用語としての厳密な調べがつかなかったが、教育関連での「ボトルネック」はおおむね「フォン・ノイマンのボトルネック」（第8章訳注［8］参照）同様、全体の「流れ」の中に一箇所でも「くびれ」があると、その箇所が全体の流れを制約する、というたとえで、すなわち一箇所苦手なポイントがあるために全体の習得が滞ることを指すために使われる。多くの高度な知識や技能の習得を求められる専門教育においては、一つの点でつまずくと、たとえ他の点では潜在的に有能であったとしても、全体の習得に困難をきたす、ということだと思われる。

［70］ある一見中立無害な主張を容認すると、連鎖的に大量の（その論者にとって）容認しがたい思想の（世論による）容認を招くような議論とその論理構造は、しばしば「滑りやすい坂道」にたとえられる。ここでは状況そのものをそれにたとえている。

［71］「内在的（intrinsic）」（ここでは副詞の intrinsically）については第7章訳注［6］参照。ここでは理解力に内在的性質としての「善さ」が備わっているかどうかが問われているとも言えよう。

［72］Kurt Baier（1917-2010）はオーストラリア出身でオーストラリアおよびアメリカで活動した道徳哲学者。

［73］巻末「本書の背景」参照。

［74］「自己持ち上げ（bootstrap）」については第5章訳注［3］を参照。

［75］「バクテリアからバッハへ至り、帰還する」と訳した from bacteria to Bach and back は本書の原題そのままで

ある（ただし書名では冒頭のFromとBacteriaおよびBackも大文字）。それゆえこの箇所が示唆するように、原題のand Backの一つの意味は「旅からの帰還」であったことになる。ただしこのand Backの意味合いはそれだけではない。第13章までの議論で、私たちが図7－5（図13－1として再掲）の（0、0、0）に位置する「バクテリア」を産み出したダーウィン的進化の時代から、（1、1、1）に位置する「バッハ」を産み出した知《インテリジェント》的デザインの時代へと進化を遂げてきたことが明らかになったが、本章に至り、知《インテリジェント》的デザインの時代が終焉を迎え、ディープラーニングを典型とする「ダーウイネスク」と呼ばれる研究開発が支配的となる、ポスト知《インテリジェント》的デザインの時代が到来することが予告された。このようなダーウィン的過程への回帰もまたand Backによって含意されていると言えよう。

［76］ 以下の太字（原文ではイタリック）になっている一二のトピックが著者の言う「ランドマーク」であるが、これは本書第1章「序論」の中でリストアップされていた一二のトピックと同じである。

［77］ 大文字の〈心〉（Mind）や〈原因〉（Cause）は万物の創造主である霊的存在としての神を指しているのだと思われる。

［78］ 第1章四四頁の「説明上のギャップ」（Levine 1983）を指すと思われる。

付録

［1］ 本付録、および巻末の参考文献についても、正誤表や著者とのやりとりで確認した要修正箇所（記載事項の誤りや未記載事項の追加など）を反映させてある（目立つもの以外は特記していないのは本文と同じである）。また、原書刊行後、訳稿完成までの間に出版された文献については、原著の「近刊（forthcoming）」の記載を改め、出版物の書誌情報を補った。他に、書誌の略記法などの不統一を統一した箇所がある。原著では出版年のみが記載されている場合にも著者情報を補った点も本文と同じである。

［2］ 『行動と脳の科学』誌の誌面構成について『思考の技法』の中に以下のような詳しい叙述が登場する――「同誌は、各号ごとにいくつかの長い『ターゲット論文』と、それぞれの分野の専門家たちによる何ダースかのコメント論文、および論文の著者によるコメント論文への応答を掲載するという、独特の誌面構成で刊行されている。BBS誌は学際性を重んじることに熱心なので、コメント論文の著者となる専門家は、大抵多様な分野から選ばれ、有益で時宜に適った分野横断的なやりとりが読者に提供されるのである。」（邦訳四七―八頁）。

［3］ ミスディレクションについては第2章訳注［13］参照。デネットは『ダーウィンの危険な思想』や『思考の技法』でも、グールドが巧妙なレトリックで読者にミス

ディレクションを仕掛けている、という批判を行っている。

[4] 文献表には「J・ブロックマンとEdge.org」とあるが、ブロックマンは同誌の編集長に当たる人物であり、実質的に編集の主体と言えるということだと思われる。

[5] 原著では『ダーウィンの危険な思想』になっていたが正しくはこちらであり、著者に確認の上修正して掲載する（著者公開の正誤表にも反映）。

[6] この箇所の文献表と文献参照には誤りがあったが本邦訳では訂正されている。

[7] 原文では「この箇所の前の六つの段落」とあるが、読み比べると、この箇所の節冒頭からの六段落ほどが、同記事を（一部配列を前後させつつ）元にしているようである。

[8] Projectorは、いわゆる心的内容の外界への「投影」を行うとされる脳の機能を、文字通りの投影装置としての「プロジェクター」になぞらえたものと思われる。本書第13章五三八―九頁参照。

[9] 「ブレインライティング」は「ブレインストーミング」（第13章訳注[55]）のバリエーションである発想術の名だが、文字通り外科的その他の手法による「脳への書き込み」を意味することもある。

[10] 高階の（higher order）志向的構えとは、何か「についての」と言いうる構えとしての志向的構えそのものについての志向的構え（信念や欲求等についての信念や欲求等）で、複数のレベルへと再帰的に反復されうる（例えば「信念についての欲求についての後悔についての懸念」は四階の志向的構えである）。

[11] 出版後に公開された正誤表でクリス・フリースの指摘として紹介されているように、デネットは『思考の技法』邦訳二七―二八頁で、この寸言をデネットがホフスタッターに語った言葉として紹介しており、デネットはフリースの指摘に対しこんな返答を行っている、「この寸言について、ダグは私が最初に思いついたと考えており、私はダグが最初に思いついたと考えている。真相は誰にも分からない。思うに、私たちはギルバートとサリヴァン（あるいはチェイスとサンボーン［コーヒーのブランド］）と似たやり方で、著作権を二人で共有すべきなのだろう。」

[12] スピンドクター（spin doctor）とは、ニュースなどで特定の政策や党派に偏った発言をする助言者のこと。

[13] 衝突判定（collision detection）はコンピューター上で再現された物体相互が衝突したかどうかの判定を指す。ゲームの場合「当たり判定」訳される。

[14] 同論文（p.290）によると、ミューゼロット（muselot）は「音楽のグラメロット（gramelot）」を意味するデネットの造語。同論文の少し前の箇所によると、グラメロットとは、1997年のノーベル文学賞受賞者でイタリアの詩人・風刺劇作家・コメディアンであるダリオ・フォ（Dario Fo）が名付けたという表現スタイルで

あり、あたかも外国語のように聞こえるが、実際には何の意味のあることも話していない表現を指す。（なお、ウィキペディア等で調べると、「グラメロット」の表記はgrammelotまたはgromalotで、フォは考案者や命名者ではなく普及者とされている。）

［15］DARPAについては三三〇頁参照。

［16］「シンギュラリティ（the Singularity）」は「技術的特異点（technological singularity）」の略称で、ＡＩの発展が進んで人類の知能を上回る時点を、数学や物理学に登場する特異点にたとえ、技術的進歩が非常に独特な段階に達した時点と見なして名指す呼称。

FROM BACTERIA TO BACH AND BACK:
The Evolution of Minds
by Daniel C. Dennett

Printed in the United States of America
First Edition

心の進化を解明する

バクテリアからバッハへ

2018年7月18日　第1刷発行
2021年6月30日　第2刷発行

著者——ダニエル・C・デネット
訳者——木島泰三

発行者——清水一人
発行所——青土社

〒101-0051　東京都千代田区神田神保町1-29　市瀬ビル
［電話］03-3291-9831（編集）　03-3294-7829（営業）
［振替］00190-7-192955

印刷・製本——シナノ印刷

装幀——戸田ツトム＋今垣知沙子

ISBN 978-4-7917-7075-5 C0010　Printed in Japan

［著者］ダニエル・C・デネット（Daniel C. Dennett）
1942年生まれ。ハーヴァード大学哲学科卒業、オックスフォード大学院にて博士号を取得。
タフツ大学哲学教授、同認知科学研究センター所長。主著に『解明される意識』『ダーウィンの危険な思想』『解明される宗教』『思考の技法』（青土社）、『自由は進化する』『スウィート・ドリームズ』（NTT出版）、『心はどこにあるのか』（ちくま学芸文庫）、『ヒトはなぜ笑うのか』（共著、勁草書房）ほか多数。

［訳者］木島泰三（きじま・たいぞう）
1969年生まれ。法政大学大学院人文科学研究科哲学専攻単位取得満期退学。現在法政大学非常勤講師。主要業績として、"Translating “natural selection” in Japanese: from “shizen tôta” to “shizen sentaku”, and back?"（Thierry Hoquetとの共著、Bionomina）「現代英語圏におけるスピノザ読解――分析形而上学を背景にした、スピノザの必然性概念をめぐる側面的考察」（上野修ほか編『主体の論理・概念の倫理――20世紀フランスのエピステモロジーとスピノザ主義』所収）、訳書に、ダニエル・C・デネット『思考の技法――直観ポンプと77の思考道具』（阿部文彦との共訳、青土社）、キース・E.・スタノヴィッチ『現代世界における意思決定と合理性』（太田出版）などがある。

索引

さ行

た行

な行

は行

ま行

や行

ら行

わ行

ABC

文献表

Alain, Chartier. (1908) 1956. *Propos d'un Normand 1906–1914*. Parais: Gallimard.（アラン『アラン初期プロポ集：propos 1906-1914』高村昌憲訳 , 土曜美術社 , 2005）

Allen, Colin, Mark Bekoff, and George Lauder, eds. 1998. *Nature's Purposes: Analyses of Function and Design in Biology*. Cambridge, Mass.: MIT Press.

Anscombe, G. E. M. 1957. *Intention*. Oxford: Blackwell.（G.E.M. アンスコム『インテンション：実践知の考察』菅豊彦訳 , 産業図書 , 1984）

Arnold, Frances. 2013. Frances Arnold Research Group. http://www.che.caltech.edu/groups/fha/Projects3b.htm.

Asadia, Ehsan, Manuel Gameiro da Silva, Carlos Henggeler Antunes, Luis Dias, and Leon Glicksman. 2014. "Multi-Objective Optimization for Building Retrofit: A Model Using Genetic Algorithm and Artificial Neural Network and an Application." *Energy and Buildings* 81: 444–456.

Avital, Eytan, and Eva Jablonka. 2000. *Animal Traditions: Behavioural Inheritance in Evolution*. Cambridge: Cambridge University Press.

Azzouni, Jody. 2013. *Semantic Perception: How the Illusion of a Common Language Arises and Persists*. New York: Oxford University Press.

Bailey, Ida E., Felicity Muth, Kate Morgan, Simone L. Meddle, and Susan D. Healy. 2015. "Birds Build Camouflaged Nests." *The Auk* 132 (1): 11–15.

Baron-Cohen, Simon. 2003. *The Essential Difference: Male and Female Brains and the Truth about Autism*. New York: Basic Books.（サイモン・バロン゠コーエン『共感する女脳、システム化する男脳』三宅真砂子訳 , 日本放送出版協会 , 2005）

Bateson, Gregory. 1973. *Steps to an Ecology of Mind: Collected Essays in Anthropology, Psychiatry, Evolution, and Epistemology*. St Albans, Australia: Paladin（G. ベイトソン『精神の生態学』佐藤良明訳 , 新思索社 , 2000）

Baum, Eric B. 2004. *What Is Thought?* Cambridge, Mass.: MIT Press.

Behe, Michael. 1996. *Darwin's Black Box: The Biochemical Challenge to Evolution*. New York: Free Press.（マイケル・J. ベーエ『ダーウィンのブラックボックス：生命像への新しい挑戦』長野敬 , 野村尚子訳 , 青土社 , 1998）

Bennett, Jonathan Francis. 1964. *Rationality: An Essay Towards an Analysis*. London: Routledge.

Bennett, Jonathan. 1976. *Linguistic Behaviour*. London: Cambridge University Press.
Berger S. L., T. Kouzarides, R. Shiekhattar, and A. Shilatifard. 2009. "An Operational Definition of Epigenetics." *Genes Dev*. 23 (7): 781–783.
Bernstein, Leonard. 1959. "Why Don't You Run Upstairs and Write a Nice Gershwin Tune?" In The Joy of Music, 52–62. New York: Simon and Schuster.
Beverley, R. M. 1868. *The Darwinian Theory of the Transmutation of Species Examined.* (Published anonymously "By a Graduate of the University of Cambridge.")
London: Nisbet (quoted in a review, *Athenaeum* 2102 [Feb. 8]: 217).
Bickerton, Derek. 2009. *Adam's Tongue: How Humans Made Language, How Language Made Humans.* New York: Hill and Wang.
———. 2014. *More Than Nature Needs: Language, Mind, and Evolution.* Cambridge, Mass.: Harvard University Press.
Blackmore, Susan. 1999. *The Meme Machine*. New York: Oxford University Press.（スーザン・ブラクモア『ミーム・マシーンとしての私』上・下 , 垂水雄二訳 , 草思社 , 2000 年）
———. 2008. "Memes Shape Brains Shape Memes." *Behavioral and Brain Sciences* 31: 513.
———. 2010. "Dangerous Memes, or What the Pandorans Let Loose." In *Cosmos and Culture: Cultural Evolution in a Cosmic Context*, edited by Steven Dick and
Mark Lupisella, 297–318. NASA SP-2009-4802.
Bogdan, Radu J. 2013. *Mindvaults: Sociocultural Grounds for Pretending and Imagining.* Cambridge, Mass.: MIT Press.
Borges, J. L. 1962. *Labyrinths: Selected Stories and other Writings*. New York: New Directions.
Bostrom, Nick. 2014. *Superintelligence: Paths, Dangers, Strategies*. New York: Oxford University Press.（ニック・ボストロム『スーパーインテリジェンス：超絶 AI と人類の命運』倉骨彰訳 , 日本経済新聞出版社 , 2017）
Boyd, Robert, and Peter J. Richerson. 1985. *Culture and the Evolutionary Process*. Chicago: University of Chicago Press.
———. 2005. *The Origin and Evolution of Cultures*. Oxford: Oxford University Press. http://site.ebrary.com/id/10233633.
Boyd, Robert, P. Richerson, and J. Henrich. 2011. "The Cultural Niche: Why Social Learning Is Essential for Human Adaptation." PNAS 108 (suppl. 2): 10918–10925.
Brandom, Robert. 1994. *Making It Explicit: Reasoning, Representing, and Discursive commitment.* Cambridge, Mass.: Harvard University Press.

Bray, Dennis. 2009. *Wetware: A Computer in Every Living Cell*. New Haven: Yale University Press.（デニス・ブレイ『ウェットウェア：単細胞は生きたコンピューターである』熊谷玲美・田沢恭子・寺町朋子訳 , 早川書房 , 2011）

Brenowitz E.A., D. J. Perkel, and L. Osterhout. 2010. "Language and Birdsong: Introduction to the Special Issue." *Brain and Language* 115 (1): 1–2.

Brockman, John, ed. 2011. *This Will Make You Smarter*. New York: Harper Torchbook.

Bromberger, Sylvain. 2011. "What Are Words? Comments on Kaplan (1990), on Hawthorne and Lepore, and on the Issue." *Journal of Philosophy* 108 (9): 486–503.

Burt, Austin, and Robert Trivers. 2008. *Genes in Conflict: The Biology of Selfish Genetic Elements*. Cambridge, Mass.: Belknap Press.（Austin Burt, Robert Trivers『せめぎ合う遺伝子：利己的な遺伝因子の生物学』藤原晴彦・遠藤圭子訳 , 共立出版 , 2010）

Butterworth, G. 1991. "The Ontogeny and Phylogeny of Joint Visual Attention." In *Natural Theories of Mind*, edited by A. Whiten, 223–232. Oxford: Basil Blackwell.

Bybee, Joan. 2006. "From Usage To Grammar: The Mind's Response To Repetition." Language 82 (4): 711-733.

Byrne, Richard W., and Andrew Whiten. 1988. *Machiavellian Intelligence*. Oxford: Clarendon Press.（リチャード・バーン , アンドリュー・ホワイトゥン編『マキャベリ的知性と心の理論の進化論：ヒトはなぜ賢くなったか』藤田和生・山下博志・友永雅己訳 , ナカニシヤ出版 , 2004）

Carruthers, Peter. 2015. *The Centered Mind: What the Science of Working Memory Shows Us about the Nature of Human Thought*. Oxford: Oxford University Press.

Cavalli-Sforza, L. L., and Marcus W. Feldman. 1981. *Cultural Transmission and Evolution: A Quantitative Approach*. Princeton, N.J.: Princeton University Press.

Chalmers, David. 1996. *The Conscious Mind: In Search of a Fundamental Theory*. New York: Oxford University Press.（ディヴィッド・J. チャーマーズ『意識する心：脳と精神の根本理論を求めて』林一訳 , 白揚社 , 2001）

———. 2010. "The Singularity: A Philosophical Analysis." *Journal of Consciousness Studies* 17 (9–10): 7–65.

Cheney, Dorothy L., and Robert M. Seyfarth. 1980. "Vocal Recognition in Free-Ranging Vervet Monkeys." *Animal Behaviour* 28 (2): 362–367.

———. 1990. "Attending to Behaviour versus Attending to Knowledge: Examining Monkeys' Attribution of Mental States." *Animal Behaviour* 40 (4): 742–753.

Chomsky, Noam. 1965. *Aspects of the Theory of Syntax*. Cambridge: MIT Press.（N. チョム

人：自然淘汰は偶然か？』中嶋康裕ほか訳，日高敏隆監修，早川書房，2004）
———. 2004. *The Ancestor's Tale: A Pilgrimage to the Dawn of Evolution.* Boston: Houghton Mifflin.（———『祖先の物語：ドーキンスの生命史』垂水雄二訳，小学館）
———. 2004b. "Extended Phenotype———But Not Too Extended. A Reply to Laland, Turner and Jablonka." *Biology and Philosophy* 19: 377–396.
Dawkins, Richard, and John R. Krebs. 1978. "Animal Signals: Information or Manipulation." *Behavioural Ecology: An Evolutionary Approach*, 2: 282–309.
de Boer, Bart, and W. Tecumseh Fitch. 2010. "Computer Models of Vocal Tract Evolution: An Overview and Critique." *Adaptive Behaviour* 18 (1): 36–47.
Deacon, Terrence William. 1997. *The Symbolic Species: The Co-Evolution of Language and the Brain.* New York: W. W. Norton.（テレンス・W. ディーコン『ヒトはいかにして人となったか：言語と脳の共進化』金子隆芳訳，新曜社，1999）
———. 2011. *Incomplete Nature: How Mind Emerged from Matter.* New York: W. W. Norton.
Debner, J. A., and L. L. Jacoby. 1994. "Unconscious Perception: Attention, Awareness, and Control." *Journal of Experimental Psychology. Learning, Memory, and Cognition* 20 (2): 304–317.
Defoe, Daniel. 1883. *The Life and Strange Surprising Adventures of Robinson Crusoe of York, Mariner: As Related by Himself.* London: E. Stock.（ダニエル・デフォー『ロビンソン・クルーソー』武田将明訳，河出書房新社，2011）
Dehaene, S., and L. Naccache. 2001. "Towards a Cognitive Neuroscience of Consciousness: Basic Evidence and a Workspace Framework." *COGNITION* 79 (1–2): 1–37.
Dennett, Daniel C. *Content and Consciousness.* 1969. London and New York: Routledge and Kegan Paul, and Humanities Press.
———. 1971. "Intentional Systems." *Journal of Philosophy* 68 (4): 87–106.
———. 1978. *Brainstorms: Philosophical Essays on Mind and Psychology.* Montgomery, Vt.: Bradford Books.
———. 1978b. "Current Issues in Philosophy of Mind." *American Philosophical Quarterly* 15 (4): 249–261.
———. 1978c. "Why Not the Whole Iguana?" *Behavioral and Brain Sciences* 1 (1): 103–104.
———. 1978d. "Beliefs about Beliefs." Commentary on Premack and Woodruff. *Behavioral and Brain Sciences* 1 (4) 568–570.

———. 1980. "Passing the Buck to Biology." *Behavioral and Brain Sciences* 19.

———. 1981. "Three Kinds of Intentional Psychology." *In Reduction, Time and Reality*, edited by R. Healey, 37–60. Cambridge: Cambridge University Press.

———. 1982. "How to Study Consciousness Empirically: Or Nothing Comes to Mind." *Synthese* 53: 159–180.

———. 1983. "Intentional Systems in Cognitive Ethology: The 'Panglossian Paradigm' Defended"; and "Taking the Intentional Stance Seriously." *Behavioral and Brain Sciences* 6 (3): 343–390.

———. 1984. *Elbow Room: The Varieties of Free Will Worth Wanting*. Cambridge, Mass.: MIT Press.

———. 1984b. "Cognitive Wheels: The Frame Problem of AI." In *Minds, Machines and Evolution,* edited by C. Hookway, 129–151. Cambridge: Cambridge University Press 1984.

———. 1984c. "A Route to Intelligence: Oversimplify and Self-monitor." Available at http://ase.tufts.edu/cogstud/papers/oversimplify.pdf.

———. 1987. *The Intentional Stance.* Cambridge, Mass.: MIT Press.（ダニエル・C. デネット『「志向姿勢」の哲学——人は人の行動を読めるのか？』若島正・河田学訳 , 白揚社 , 1996）

———. 1989. "Cognitive Ethology: Hunting for Bargains or a Wild Goose Chase?" In Goals, No-Goals and Own Goals, edited by D. Noble and A. Montefiore, 101–116. Oxford: Oxford University Press.

———. 1991. *Consciousness Explained.* Boston: Little, Brown.（———『解明される意識』山口泰司訳 , 青土社 , 1998）

———. 1991b. "Real Patterns." *Journal of Philosophy* 88 (1): 27–51.

———. 1993. "Learning and Labeling." Commentary on A. Clark and A. Karmiloff-Smith, "The Cognizer's Innards." *Mind and Language* 8 (4): 540–547.

———. 1994. "Get Real." *Philosophical Topics* 22 (1): 505–568.

———. 1995. *Darwin's Dangerous Idea.* New York: Simon and Schuster.（———『ダーウィンの危険な思想』石川幹人・大崎博・久保田俊彦・斎藤孝訳 , 青土社 , 2001）

———. 1995b. "Do Animals Have Beliefs?" In *Comparative Approaches to Cognitive Sciences,* edited by Herbert Roitblat and Jean-Arcady Meyer, 111–118. Cambridge, Mass.: MIT Press.

———. 1995c. "Hofstadter's Quest: A Tale of Cognitive Pursuit." *Complexity* 1(6): 9–12.

———. 1995d. "Animal Consciousness———What Matters and Why." *Social Research* 62 (3): 691–710.
———. 1996. *Kinds of Minds: Toward an Understanding of Consciousness.* New York: Basic Books.（———『心はどこにあるのか』土屋俊訳 , 草思社 , 1997）
———. 1997. "Darwinian Fundamentalism: An Exchange." *New York Review*, 64.
———. 1998. *Brainchildren: Essays on Designing Minds.* Cambridge, Mass.: MIT Press.
———. 1998b. "Reply to Nicholas Humphrey, Cave Art, Autism, and the Evolution of the Human Mind." *Cambridge Archeological Journal* 8 (2): 184–85.
———. 1999. Review of *Having Thought: Essays in the Metaphysics of Mind,* by John Haugeland, *Journal of Philosophy* 96 (8): 430–5.
———. 2001. "In Darwin's Wake, Where Am I?" *Proceedings and Addresses of the American Philosophical Association.* 75 (2): 11–30.
———. 2001b. "The Evolution of Culture." *The Monist* 84 (3): 305–324.
———. 2001c. "Are We Explaining Consciousness Yet?" *Cognition* 79: 221–237.
———. 2002. "Does Your Brain Use the Images in It, and If So, How?" *Behavioral and Brain Sciences* 25 (2): 189–190.
———. 2002b. "Tarbutniks Rule." Review of *Animal Traditions: Behavioural Inheritance in Evolution,* 2000 by Eytan Avital and Eva Jablonka, *Journal of Evolutionary Biology* 15 (2): 332–334.
———. 2002c. "Explaining the 'Magic' of Consciousness. Exploring Consciousness, Humanities, Natural Science, Religion. *Proceedings of the International Symposium*, Milano, November 19–20, 2001 (published in December 2002, Fondazione Carlo Erba), 47–58.
———. 2003. *Freedom Evolves.* New York: Viking.（『自由は進化する』山形浩生訳 , NTT 出版 , 2005）
———. 2003b. "The Baldwin Effect: A Crane, Not a Skyhook." In *Evolution and Learning: The Baldwin Effect Reconsidered*, edited by Bruce H. Weber and David J. Depew. Cambridge, Mass.: MIT Press, 60–79.
———. 2003c. "Who's on First? Heterophenomenology Explained." *Journal of Consciousness Studies* 10 (9–10): 19–30.
———. 2005. *Sweet Dreams: Philosophical Obstacles to a Science of Consciousness.* Cambridge, Mass.: Bradford Book/MIT Press.（———『スウィート・ドリームズ』土屋俊 , 土屋希和子訳 , NTT 出版 , 2009）
———. 2006. *Breaking the Spell: Religion as a Natural Phenomenon.* New York: Viking.（—

——『解明される宗教——進化論的アプローチ』阿部文彦訳，青土社，2010）
———. 2006b. "The Selfish Gene as a Philosophical Essay." In *Richard Dawkins: How a Scientist Changed the Way We Think*, edited by A. Grafen and M. Ridley, 101–115. Oxford: Oxford University Press.
———. 2006c. "From Typo to Thinko: When Evolution Graduated to Semantic Norms." In *Evolution and Culture*, edited by S. Levinson and P. Jaisson 133–145. Cambridge, Mass.: MIT Press.
———. 2006d. "Two Steps Closer on Consciousness." In *Paul Churchland*, edited by Brian Keeley, 193–209. New York: Cambridge University Press.
———. 2007. "Instead of a Review." *Artificial Intelligence* 171 (18): 1110–1113.
———. 2007b. "Heterophenomenology Reconsidered." *Phenomenology and the Cognitive Sciences* 6 (1–2): 247–270.
———. 2007c. "My Body Has a Mind of Its Own." In *Distributed Cognition and the Will: Individual Volition and Social Context*, edited by D. Ross, D. Spurrett, H. Kincaid, and G. L. Stephens, 93–100. Cambridge, Mass.: MIT Press.
———. 2008. "Competition in the Brain." In *What Have You Changed Your Mind About?*, edited by John Brockman, 37–42. New York: HarperCollins.
———. 2009. "Darwin's 'Strange Inversion of Reasoning.'" *Proceedings of the National Academy of Sciences of the United States of America* 106: 10061–10065.
———. 2009b. "What Is It Like to be a Robot?" Review of *Guilty Robots, Happy Dogs,* by David McFarland. BioScience 59 (8): 707–709.
———. 2010. "The Evolution of Why?" In *Reading Brandom: On Making It Explicit*, edited by B. Weiss and J. Wanderer, 48–62. New York: Routledge.
———. 2012. "The Mystery of David Chalmers." *Journal of Consciousness Studies* 19(1–2): 86–95.
———. 2012b. E*rasmus: Sometimes a Spin Doctor Is Right.* Amsterdam: Praemium Erasmianum Foundation.
———. 2012c. "Cycles." In *This Will Make You Smarter,* edited by J. Brockman and Edge. org, 110–119. New York: Harper Torchbook.
———. 2013. *Intuition Pumps and Other Tools for Thinking.* New York: W. W. Norton.(———,『思考の技法：直観ポンプと 77 の思考術』阿部文彦・木島泰三訳，青土社，2015）
———. 2013b. "Aching Voids and Making Voids." Review of *Incomplete Nature: How*

Mind Emerged from Matter, by Terrence W. Deacon, *Quarterly Review of Biology* 88 (4): 321–324.

———. 2013c. “Expecting Ourselves to Expect: The Bayesian Brain as a Projector.” *Behavioral and Brain Sciences* 36 (3): 209–210.

———. 2013d. “Turing’s ‘Strange Inversion of Reasoning.’” In *Alan Turing: His Work and Impact,* edited by S. Barry Cooper and J. van Leeuwen, 569–573. Amsterdam: Elsevier.

———. 2014. “Daniel Dennett on Free Will Worth Wanting.” In *Philosophy Bites Again*, edited by D. Edmonds and N. Warburton, 125–133. New York: Oxford University Press.

———. 2014b. “Reflections on Free Will.” Review of *Free Will*, by Sam Harris. Naturalism.org.

———. 2015. “The Singularity———An Urban Legend?” In *What to Think about Machines That Think*, edited by John Brockman, 85–88. New York: HarperCollins.

———. 2015b. “The Friar’s Fringe of Consciousness.” In *Structures in the Mind: Essays on Language, Music, and Cognition in Honor of Ray Jackendoff,* edited by Ida Toivonen, Piroska Csuri, and Emile van der Zee, 371–378. Cambridge, Mass.: MIT Press.

———. 2015c. “Why and How Does Consciousness Seem the Way It Seems?” In *Open MIND*, edited by T. Metzinger and J. M. Windt. Frankfurt am Main: MIND Group. doi: 10.15502/9783958570245.

———. 2015d. “How Our Belief in Qualia Evolved, and Why We Care So Much———A Reply to David H. Basler.” In *Open MIND*, edited by T. Metzinger and J. M. Windt. Frankfurt: MIND Group. doi: 10.15502/9783958570665.

———. 2017. "Jonathan Bennett's Rationality." In edited by E. Schliesser *Ten Neglected Classics*, Oxford: Oxford University Press: 256-71.

Dennett, Daniel C., and Ryan T. McKay. 2006. “A Continuum of Mindfulness.” *Behavioral and Brain Sciences* 29: 353–354.

Descartes, Rene. (1637) 1956. *Discourse on Method.* New York: Liberal Arts Press.（ルネ・デカルト『方法序説』山田弘明訳 , ちくま学芸文庫 , 2010）

———. 1641. *Meditations on First Philosophy*. Paris: Michel Soly.（———『省察』山田弘明訳 , ちくま学芸文庫 , 2006）

Diamond, Jared. 1978. “The Tasmanians: The Longest Isolation, the Simplest Technology.” *Nature* 273: 185–186.

Diesendruck, Gil, and Lori Markson. 2001. “Children’s Avoidance of Lexical Overlap: A Pragmatic Account.” *Developmental Psychology* 37 (5): 630–641.

Domingos, Pedro. 2015. *The Master Algorithm: How the Quest for the Ultimate Learning Machine Will Remake Our World*. New York: Basic Books.

Drescher, Gary L. 1991. *Made-up Minds: A Constructivist Approach to Artificial Intelligence*. Cambridge, Mass.: MIT Press.

Dyson, Freeman J. 1988. *Infinite in All Directions: Gifford Lectures Given at Aberdeen, Scotland, April–November 1985*. New York: Harper and Row.（フリーマン・ダイソン『多様化世界：生命と技術と政治』新装版，鎮目恭夫訳，みすず書房，2000）

Edelman, Gerald M. 1989. *The Remembered Present: A Biological Theory of Consciousness*. New York: Basic Books.

Eigen, Manfred. 1992. *Steps Towards Life*. Oxford: Oxford University Press.

Eldredge, Niles. 1983. "A la recherche du docteur Pangloss." *Behavioral and Brain Sciences* 6 (3): 361–362.

Eliasmith, Chris. 2013. *How to Build a Brain: A Neural Architecture for Biological Cognition*. New York: Oxford University Press.

Emery, N. J. 2000. "The Eyes Have It: The Neuroethology, Function and Evolution of Social Gaze." *Neuroscience & Biobehavioral Reviews* 24: 581–604.

Everett, Daniel L. 2004. "Coherent Fieldwork." In *Linguistics Today*, edited by Piet van Sterkenberg, 141–162. Amsterdam: John Benjamins.

Fisher, D. 1975. "Swimming and Burrowing in *Limulus anti Mesolimulus*." *Fossils and Strata* 4: 281–290.

Fitch, W. Tecumseh. 2008. "Nano-Intentionality: A Defense of Intrinsic Intentionality." *Biology & Philosophy* 23 (2): 157–177.

———. 2010. *The Evolution of Language*. Cambridge: Cambridge University Press. http://dx.doi.org/10.1017/CBO9780511817779.

Fitch, W. T., L. Huber, and T. Bugnyar. 2010. "Social Cognition and the Evolution of Language: Constructing Cognitive Phylogenies." *Neuron* 65 (6): 795–814.

FitzGibbon, C. D., and J. H. Fanshawe. 1988. "Stotting in Thomson's Gazelles: An Honest Signal of Condition." *Behavioral Ecology and Sociobiology* 23 (2): 69–74.

Floridi, Luciano. 2010. *Information: A Very Short Introduction*. Oxford: Oxford University Press.

Fodor, Jerry, 1998. "Review of Steven Pinker's *How the Mind Works*, and Henry Plotkin's *Evolution in Mind*." *London Review of Books*. Reprinted in Fodor, In Critical Condition. Cambridge, Mass.: Bradford Book/MIT Press.

———. 2008. *LOT 2: The Language of Thought Revisited*. Oxford: Clarendon Press.

Forster, E.M.. 1927. *Aspects of the novel*. London: E. Arnold.（E.M. フォースター『E. M. フォースター著作集８』中野康司訳，みすず書房，1994 所収）

Francis, Richard C. 2004. *Why Men Won't Ask for Directions: The Seductions of Sociobiology*. Princeton, N.J.: Princeton University Press.

Frischen, Alexandra, Andrew P. Bayliss, and Steven P. Tipper. 2007. "Gaze cueing of Attention: Visual Attention, Social Cognition, and Individual Differences." *Psychological Bulletin* 133(4): 694–724.

Friston, Karl, Michael Levin, Biswa Sengupta, and Giovanni Pezzulo. 2015. "Knowing One's Place: A Free-Energy Approach to Pattern Regulation." *Journal of the Royal Society Interface*, 12: 20141383.

Frith, Chris D. 2012. "The Role of Metacognition in Human Social Interactions." *Philosophical Transactions of the Royal Society B: Biological Sciences* 367 (1599): 2213–2223.

Gelman, Andrew. 2008. "Objections to Bayesian Statistics." *Bayesian Anal*. 3 (3): 445–449.

Gibson, James J. 1966. "The Problem of Temporal Order in Stimulation and Perception." *Journal of Psychology* 62 (2): 141–149.

———. 1979. *The Ecological Approach to Visual Perception*. Boston: Houghton Mifflin.

Godfrey-Smith, Peter. 2003. "Postscript on the Baldwin Effect and Niche Construction." In *Evolution and Learning: The Baldwin Effect Reconsidered*, edited by Bruce H. Weber and David J. Depew, 210–223. Cambridge, Mass.: MIT Press.

———. 2007. "Conditions for Evolution by Natural Selection." *Journal of Philosophy* 104: 489–516.

———. 2009. *Darwinian Populations and Natural Selection*. Oxford: Oxford University Press.

Gorniak, Peter, and Deb Roy. 2006. "Perceived Affordances as a Substrate for Linguistic Concepts." *MIT Media Lab*. See also Gorniak's MIT dissertation, "The Affordance-based Concept."

Gould, Stephen Jay. 1989. *Wonderful Life: The Burgess Shale and the Nature of History*. New York: W. W. Norton.（スティーヴン・ジェイ・グールド『ワンダフル・ライフ：バージェス頁岩と生物進化の物語』渡辺政隆訳，ハヤカワ文庫 NF, 2000）

———. 1991. *Bully for Brontosaurus: Reflections in Natural History*. New York: W. W. Norton.（———,『がんばれカミナリ竜：進化生物学と去りゆく生きもの

たち』上・下 , 広野喜幸ほか訳 , 早川書房 , 1995）
———. 1997. "Darwinian Fundamentalism." Part I of review of *Darwin's Dangerous Idea, New York Review of Books*, June 12.
———. 1997b. "Evolution: The Pleasures of Pluralism." Part II of review of *Darwin's Dangerous Idea*, June 26.
Gould, Stephen Jay, and Richard C. Lewontin. 1979. "The Spandrels of San Marco and the Panglossian Paradigm: A Critique of the Adaptationist Programme."
Proceedings of the Royal Society of London, the Evolution of Adaptation by Natural Selection (Sept. 21), Series B, *Biological Sciences* 205 (1161): 581–598.
Graziano, Michael S. A. 2013. *Consciousness and the Social Brain*. Oxford, New York: Oxford University Press.
Grice, H. Paul. 1957. "Meaning." *The Philosophical Review* 66: 377–388.
———. 1968. "Utterer's Meaning, Sentence Meaning, and Word Meaning." *Foundations of Language*, 4. Reprinted as ch. 6 in Grice 1989, 117–137.
———. 1969. "Utterer's Meaning and Intentions." *Philosophical Review,* 78. Reprinted as ch. 5 in Grice 1989, 86–116.
———. 1972. *Intention and Uncertainty*. London: Oxford University Press.
———. 1989. *Studies in the Way of Words*. The 1967 William James Lectures at Harvard University. Cambridge, Mass.: Harvard University Press.（ポール・グライス『論理と会話』清塚邦彦訳 , 勁草書房 , 1998）
Griffin, Donald R., and Carolyn A. Ristau. 1991. "Aspects of the Cognitive Ethology of an Injury-Feigning Bird, the Piping Plover." In *Cognitive Ethology: The Minds of Other Animals: Essays In Honor of Donald R. Griffin*. Hillsdale, N.J.: L. Erlbaum Associates.
Griffin, R., and Dennett, D. C. 2008. "What Does The Study of Autism Tell Us about the Craft of Folk Psychology?" In *Social Cognition: Development, Neuroscience, and Autism*, edited by T. Striano and V. Reid, 254–280. Malden, Mass.: Wiley-Blackwell.
Griffiths, Paul, 1995. "The Cronin Controversy." *Brit. J. Phil. Sci.* 46: 122–138.
———. 2008. "Molecular and Developmental Biology." In *The Blackwell Guide to the Philosophy of Science*, edited by Peter Machamer and Michael Silverstein, 252–271. Oxford: Blackwell.
Guston, Philip. 2011. *Philip Guston: Collected Writings, Lectures, and Conversations,* edited by Clark Coolidge. Berkeley, Los Angeles, London: University of California Press.
Haig, David. 1997. "The Social Gene." *Behavioural Ecology: An Evolutionary Approach,* edited by John R. Krebs and Nicholas Davies, 284–304. Oxford: Blackwell Science.

———. 2008. “Conflicting Messages: Genomic Imprinting and Internal Communication.” In *Sociobiology of Communication: An Interdisciplinary Perspective*, edited by Patrizia D’Ettorre and David P. Hughes, 209–223. Oxford: Oxford
University Press.

Halitschke, Rayko, Johan A. Stenberg, Danny Kessler, Andre Kessler, and Ian T. Baldwin. 2008. “Shared Signals———‘Alarm Calls’ from Plants Increase Apparency to Herbivores and Their Enemies in Nature.” *Ecology Letters* 11 (1): 24–34.

Hansell, M. H. 2000. *Bird Nests and Construction Behaviour.* Cambridge: Cambridge University Press.

———. 2005. *Animal Architecture*. Oxford: Oxford University Press.

———. 2007. *Built by Animals*. Oxford: Oxford University Press.（マイク・ハンセル『建築する動物たち：ビーバーの水上邸宅からシロアリの超高層ビルまで』長野敬 , 赤松眞紀訳 , 青土社 , 2009）

Hardy, Alister, 1960. “Was Man More Aquatic in the Past?” *The New Scientist,* 642–645.

Hardy, Thomas. 1960. *Selected Poems of Thomas Hardy.* London: Macmillan.（Thomas Hardy, J.Stevens Cox ほか編注『トマス・ハーディ詩選』竹村出版 , 1970）

Harris, Sam. 2012. *Free Will.* New York: Free Press.

Harvey, I., P. Husbands, D. Cliff, A. Thompson, and N. Jakobi. 1997. “Evolutionary Robotics: the Sussex Approach.” *Robotics and Autonomous Systems* 20 (2–4): 205–224.

Haugeland, John. 1985. *Artificial Intelligence: The Very Idea*. Cambridge, Mass.: MIT Press.

———. 1998. *Having Thought: Essays in the Metaphysics of Mind*. Cambridge, Mass.: Harvard University Press.

Hauser, Marc D. 1996. *The Evolution of Communication.* Cambridge, Mass.: MIT Press.

Hauser, Marc D., Noam Chomsky, and W. Tecumseh Fitch. 2002. “The Faculty of Language: What Is It, Who Has It, and How Did It Evolve?” *Science* 298 (5598): 1569–1579.

Heeks, R. J. 2011. “Discovery Writing and the So-called Forster Quote.” April 13. https://rjheeks.wordpress.com/2011/04/13/discovery-writing-and-the-so-called-forster-quote/.

Henrich J. 2004. “Demography and Cultural Evolution: Why Adaptive Cultural Processes Produced Maladaptive Losses in Tasmania.” *American Antiquity* 69(2): 197–221.

———. 2015. *The Secret of Our Success.* Princeton, N.J.: Princeton University Press.

Hewes, Gordon Winant. 1973. *The Origin of Man*. Minneapolis: Burgess.

Hinton, Geoffrey E. 2007. “Learning Multiple Layers of Representation.” *Trends in Cognitive Sciences* 11 (10): 428–434.

Hofstadter, Douglas. 1979. *Godel, Escher, Bach: An Eternal Golden Braid.* New York: Basic

Books.（ダグラス・R.. ホフスタッター『ゲーデル、エッシャー、バッハ：あるいは不思議の環』20 周年記念版 , 野崎昭弘・はやしはじめ・柳瀬尚紀訳 , 白揚社 , 2005）

———. 1981. “Reflections.” In *The Mind's I*, edited by Hofstadter and Dennett. 403–404.

———. 1982. “Can Creativity Be Mechanized?” *Scientific American* 247: 20–29.

———. 1982b. “Who Shoves Whom Around Inside the Careenium? Or What Is the Meaning of the Word ‘I’?” *Synthese* 53 (2): 189–218.

———. 1985. *Metamagical Themas: Questing for the Essence of Mind and Pattern.* New York: Basic Books.（——— 『メタマジック・ゲーム：科学と芸術のジグソーパズル』新装版 , 竹内郁雄 , 斉藤康己 , 片桐恭弘訳 , 白揚社 , 2005）

———. 2007. I Am a Strange Loop. New York: Basic Books.

Hofstadter Douglas, and Daniel Dennett, eds. 1981. *The Mind's I: Fantasies and Reflections on Self and Soul.* New York: Basic Books and Hassocks, Sussex: Harvester.（ダグラス・R. ホフスタッター , ダニエル・C. デネット編著『マインズ・アイ：コンピュータ時代の「心」と「私」』坂本百大監訳 , ティビーエス・ブリタニカ , 1992）

Hohwy, Jakob. 2012. “Attention and Conscious Perception in the Hypothesis Testing Brain.” *Frontiers in Psychology* 3 (96): 1–14.

———. 2013. *The Predictive Mind.* New York: Oxford University Press.

Huebner, Bryce, and Daniel Dennett. 2009. “Banishing ‘I’ and ‘We’ from Accounts of Metacognition.” Response to Peter Carruthers 2008. “How We Know Our Own Minds: The Relationship Between Mindreading and Metacognition.” *Behavioral and Brain Sciences* 32: 121–182.

Hughlings Jackson, J. 1915. “Hughlings Jackson on Aphasia and Kindred Affections of Speech.” *Brain* 38: 1–190.

Hume, David. 1739. *A Treatise of Human Nature.* London: John Noon.（デイヴィッド・ヒューム『人間本性論』全 3 巻 , 木曾好能 , 石川徹 , 中釜浩一 , 伊勢俊彦訳 . 法政大学出版局 , 2011）

Humphrey, Nicholas K. 1976. “The Social Function of Intellect.” *Growing Points in Ethology*: 303–317.

———. 1995. *Soul Searching: Human Nature and Supernatural Belief.* London: Chatto and Windus.

———. 1996. *Leaps of Faith: Science, Miracles, and the Search for Supernatural Consolation.*

New York: Basic Books.
———. 1998. "Cave Art, Autism, and the Evolution of the Human Mind." *Cambridge Archeological Journal* 8 (2): 184–185.（「洞窟絵画・自閉症・人間の心の進化」、ニコラス・ハンフリー『喪失と獲得』垂水雄二訳 , 紀伊國屋書店 , 2004, 第 7 章 , pp.122-159）
———. 2000. *How to Solve the Mind-Body Problem*. Thorverton, UK: Imprint Academic.
———. 2006. *Seeing Red: A Study in Consciousness.* Cambridge, Mass.: Harvard University Press.（ニコラス・ハンフリー『赤を見る：感覚の進化と意識の存在理由』柴田裕之訳 , 紀伊國屋書店 , 2006）
———. 2009. "The Colour Currency of Nature." In *Colour for Architecture Today*, edited by Tom Porter and Byron Mikellides, 912. London: Taylor and Francis.
———. 2011. *Soul Dust: The Magic of Consciousness.* Princeton, N.J.: Princeton University Press.（———『ソウルダスト：〈意識〉という魅惑の幻想』柴田裕之訳 , 紀伊國屋書店 , 2012）
Humphrey, Nicholas K. and Daniel Dennett. 1989. "Speaking for Ourselves: An Assessment of Multiple Personality-Disorder." Raritan———*A Quarterly Review* 9(1): 68–98.（「自己について語る——多重人格障害の評価」, ハンフリー『喪失と獲得』, 第 4 章 , pp.31-71）
Hurford, James R. 2014. *The Origins of Language: A Slim Guide*. New York: Oxford University Press.
Hurley, Matthew M., D. C. Dennett, and Reginald B. Adams. 2011. *Inside Jokes: Using Humor to Reverse-Engineer the Mind.* Cambridge, Mass.: MIT Press.（マシュー・M. ハーレー , ダニエル・C. デネット , レジナルド・B. アダムズ Jr.『ヒトはなぜ笑うのか：ユーモアが存在する理由』片岡宏仁訳 , 勁草書房 , 2015）
Jackendoff, Ray. 1994. *Patterns in the Mind.* New York: Basic Books.（レイ・ジャッケンドフ『心のパターン：言語の認知科学入門』水光雅則訳 , 岩波書店 , 2004）
———. 1996. "How Language Helps Us Think." *Pragmatics and Cognition* 4 (1): 1–34.
———. 2002. *Foundations of Language: Brain, Meaning, Grammar, Evolution.* New York: Oxford University Press.（———『言語の基盤：脳・意味・文法・進化』郡司隆男訳 , 岩波書店 , 2006）
———. 2007. *Language, Consciousness, Culture: Essays on Mental Structure.* Cambridge, Mass.: MIT Press.
———. 2007b. "Linguistics in Cognitive Science: The State of the Art." *Linguistic Review* 24: 347–401.

Jackendoff, Ray, Neil Cohn, and Bill Griffith. 2012. *A User's Guide to Thought and Meaning.* New York: Oxford University Press.

Jakobi, Nick. 1997. "Evolutionary Robotics and the Radical Envelope-of-Noise Hypothesis." *Adaptive Behavior* 6: 325–367.

Jolly, Alison. 1966. *Lemur Behavior: A Madagascar Field Study*. Chicago: University of Chicago Press.

Kameda, Tatsuya, and Daisuke Nakanishi. 2002. "Cost-benefit Analysis of Social/Cultural Learning in a Nonstationary Uncertain Environment: An Evolutionary

Simulation and an Experiment with Human Subjects." *Evolution and Human Behavior* 23 (5): 373–393.

Kaminski, J. 2009. "Dogs (*Canis familiaris*) are Adapted to Receive Human Communication." In *Neurobiology of "Umwelt:" How Living Beings Perceive the World,* edited by A. Berthoz and Y. Christen, 103–107. Berlin: Springer Verlag.

Kaminski, J., J. Brauer, J. Call, and M. Tomasello. 2009. "Domestic Dogs Are Sensitive to a Human's Perspective." *Behaviour* 146: 979–998.

Kanwisher N., et al. 1997. "The Fusiform Face Area: A Module in Human Extrastriate Cortex Specialized for Face Perception." *Journal of Neuroscience* 17 (11):

Kanwisher, N. and D. Dilks. 2013. "The Functional Organization of the Ventral Visual Pathway in Humans." In *The New Visual Neurosciences*, edited by L. Chalupa and J. Werner. Cambridge, Mass.: MIT Press.

Kaplan, David. "Words." 1990. *Proceedings of the Aristotelian Society, Supplementary Volumes*: 93–119.

Katchadourian, Raffi. 2015. "The Doomsday Invention: Will Artificial Intelligence Bring Us Utopia or Destruction?" *New Yorker,* November 23, 64–79.

Kauffman, Stuart. 2003. "The Adjacent Possible." Edge.org, November 9, https://edge.org/conversation/stuart_a_kauffman-the-adjacent-possible.

Keller, Helen. 1908. *The World I Live In*. New York: Century.（『ヘレン・ケラー全集』第1巻, 岩橋武夫ほか訳, 三省堂, 1937）

Kessler, M. A., and B. T. Werner. 2003. "Self-Organization of Sorted Patterned Ground." *Science* 299 (5605): 380–383.

Kobayashi, Yutaka, and Norio Yamamura. 2003. "Evolution of Signal Emission by Non-infested Plants Growing Near Infested Plants to Avoid Future Risk." *Journal of Theoretical Biology* 223: 489–503.

Kosslyn, Stephen Michael. 1975. "Information Representation in Visual Images." *Cognitive*

Psychology 7 (3): 341–370.

———. 1980. *Image and Mind.* Cambridge, Mass.: Harvard University Press.

Kosslyn, Stephen M., et al. 1979. "On the Demystification of Mental Imagery." *Behavioral and Brain Sciences* 2 (4): 535–548.

Kosslyn, S. M., et al. 2001. "The Neural Foundations of Imagery." *Nature Reviews Neuroscience* 2: 635–642.

Kurzweil, Ray. 2005. *The Singularity Is Near: When Humans Transcend Biology*. New York: Viking.（レイ・カーツワイル『ポスト・ヒューマン誕生：コンピュータが人類の知性を超えるとき』井上健監訳 , 小野木明恵 , 野中香方子 , 福田実訳 , 日本放送出版協会 , 2007）

Laland, Kevin, J. Odling-Smee, and Marcus W. Feldman. 2000. "Group Selection: A Niche Construction Perspective." *Journal of Consciousness Studies* 7 (1): 221–225.

Landauer, Thomas K., Peter W. Foltz, and Darrell Laham. 1998. "An Introduction to Latent Semantic Analysis." *Discourse Processes* 25 (2–3): 259–84.

Lane, Nick. 2015. *The Vital Question: Why Is Life the Way It Is?* London: Profile.（ニック・レーン『生命、エネルギー、進化』斉藤隆央訳 , みすず書房 , 2016）

Levin, M., 2014. "Molecular Bioelectricity: How Endogenous Voltage Potentials Control Cell Behavior and Instruct Pattern Regulation in Vivo." *Molecular Biology of the Cell* 25: 3835–3850.

Levine, Joseph. 1983. "Materialism and Qualia: The Explanatory Gap." *Pacific Philosophical Quarterly* 64: 354–361.

Levitin, Daniel J. 1994. "Absolute Memory for Musical Pitch: Evidence from the Production of Learned Melodies." *Perception & Psychophysics* 56 (4): 414–423.

Levitin, Daniel J., and Perry R. Cook. 1996. "Memory for Musical Tempo: Additional Evidence That Auditory Memory Is Absolute." *Perception & Psychophysics* 58 (6): 927–935.

Lewis, S. M., and C. K. Cratsley. 2008. "Flash Signal Evolution, Mate Choice and Predation in Fireflies." *Annual Review of Entomology* 53: 293–321.

Lieberman, Matthew D. 2013. *Social: Why Our Brains Are Wired to Connect*. New York: Crown.（マシュー・リーバーマン『21 世紀の脳科学：人生を豊かにする 3 つの「脳力」』江口泰子訳 , 講談社 , 2015）

Littman, Michael L., Susan T. Dumais, and Thomas K. Landauer. 1998. "Automatic Cross-Language Information Retrieval Using Latent Semantic Indexing." In *Cross-Language Information Retrieval*, 51–62. New York: Springer.

Lycan, William G. 1987. *Consciousness*. Cambridge, Mass.: MIT Press.

MacCready, P. 1999. "An Ambivalent Luddite at a Technological Feast." *Designfax*, August.

MacKay, D. M. 1968. "Electroencephalogram Potentials Evoked by Accelerated Visual Motion." *Nature* 217: 677–678.

Markkula, G. 2015. "Answering Questions about Consciousness by Modeling Perception as Covert Behavior." *Frontiers in Psychology* 6: 803–815.

Marr, D. and T. Poggio. 1976. "From Understanding Computation to Understanding Neural Circuitry." *Artificial Intelligence Laboratory. A.I. Memo*. Cambridge, Mass.: MIT.

Marx, Karl. (1861) 1942. Letter to Lasalle, London, January 16, 1861. *Gesamtausgabe*. International Publishers.

Mayer, Greg. 2009. "Steps toward the Origin of Life." Jerry Coyne's blog, https://whyevolutionistrue.wordpress.com/2009/05/15/steps-toward-the-origin-of-life/.

McClelland, Jay, and Joan Bybee. 2007. "Gradience of Gradience: A Reply to Jackendoff." *Linguistic Review* 24: 437–455

McCulloch, Warren S., and Walter Pitts. 1943. "A Logical Calculus of the Ideas Imminent in Nervous Activity." *Bulletin of Mathematical Biophysics* 5: 115–133.

McFarland, David. 1989. *Problems of Animal Behaviour*. Harlow, Essex, UK: Longman Scientific and Technical.

———. 1989b. "Goals, No-Goals and Own Goals." In *Goals, No-Goals and Own Goals: A Debate on Goal-Directed and Intentional Behaviour,* edited by Alan Montefiore and Denis Noble, 39–57. London: Unwin Hyman.

McGeer, V. 2004. "Autistic Self-awareness." *Philosophy, Psychiatry & Psychology* 11: 235–25l.

McGinn, Colin. 1991. *The Problem of Consciousness: Essays towards a Resolution.* Cambridge, Mass.: Blackwell.

———. 1999. *The Mysterious Flame: Conscious Minds in a Material World.* New York: Basic Books.（コリン・マッギン『意識の〈神秘〉は解明できるか』石川幹人, 五十嵐靖博訳. 青土社, 2001）

McKay, Ryan T., and Daniel C. Dennett. 2009. "The Evolution of Misbelief." *Behavioral and Brain Sciences* 32 (6): 493.

Mercier, Hugo, and Dan Sperber. 2011. "Why Do Humans Reason? Arguments for an Argumentative Theory." *Behavioral and Brain Sciences* 34: 57–111.

Merikle, Philip M., Daniel Smilek, and John D. Eastwood. 2001, "Perception without Awareness: Perspectives from Cognitive Psychology." *Cognition* 79 (1/2): 115–134.

Miller, Geoffrey F. 2000. *The Mating Mind: How Sexual Choice Shaped the Evolution of*

Human Nature. New York: Doubleday.（ジェフリー・F. ミラー『恋人選びの心：性淘汰と人間性の進化』１・２, 長谷川眞理子訳 , 岩波書店 , 2002）

Miller, George A., Eugene Galanter, and Karl H. Pribram. 1960. *Plans and the Structure of Behavior*. New York: Henry Holt.（G.A. ミラーほか『プランと行動の構造：心理サイバネティクス序説』十島雍蔵ほか訳 , 誠信書房 , 1980）

Miller, Melissa B., and Bonnie L. Bassler. 2001. "Quorum Sensing in Bacteria." *Annual Reviews in Microbiology* 55 (1): 165–199.

Millikan, Ruth Garrett. 1984. *Language, Thought, and Other Biological Categories: New Foundations for Realism*. Cambridge, Mass.: MIT Press.

———. 1993. *White Queen Psychology and Other Essays for Alice*. Cambridge, Mass.: MIT Press.

———. 2000. *On Clear and Confused Ideas: An Essay about Substance Concepts*. Cambridge: Cambridge University Press.

———. 2000b. "Naturalizing Intentionality." In *Philosophy of Mind, Proceedings of the Twentieth World Congress of Philosophy,* edited by Bernard Elevitch, vol. 9, 83–90. Philosophy Documentation Center.

———. 2004. *Varieties of Meaning*. The 2002 Jean Nicod Lectures. Cambridge, Mass.: MIT Press.（ルース・G. ミリカン『意味と目的の世界 (ジャン・ニコ講義セレクション)』信原幸弘訳 , 勁草書房 , 2007）

———. 2005. *Language: A Biological Model*. Oxford: Clarendon Press.

———. 2017. *Beyond Concepts: Unicepts, Language, and Natural Information*. Oxford: Oxford University Press.

Minsky, Marvin. 1985. *The Society of Mind*. New York: Simon and Schuster.（マーヴィン・ミンスキー『心の社会』安西祐一郎訳 , 産業図書 , 1990）

Misasi J., and N. J. Sullivan. 2014. "Camouflage and Misdirection: The Full-on Assault of Ebola Virus Disease." *Cell* 159 (3): 477–486.

Moravec, Hans P. 1988. *Mind Children: The Future of Robot and Human Intelligence*. Cambridge, Mass.: Harvard University Press.（H. モラヴェック『電脳生物たち：超 AI による文明の乗っ取り』野崎昭弘訳 , 岩波書店 , 1991）

Mordvintsev, A., C. Olah, and M. Tyka. 2015. "Inceptionism: Going Deeper into Neural Networks." Google Research Blog. Retrieved June 20.

Morgan, Elaine. 1982. *The Aquatic Ape*. New York: Stein and Day.（エレイン・モーガン『人は海辺で進化した：人類進化の新理論』望月弘子訳 , どうぶつ社 , 1998）

———. 1997. *The Aquatic Ape Hypothesis*. London: Souvenir Press.（———,『人類

の起源論争：アクア説はなぜ異端なのか？』望月弘子訳，どうぶつ社，1998）
Morin, Olivier. 2016. *How Traditions Live and Die: Foundations for Human Action*. New York: Oxford University Press.
Nagel, Thomas. 1974. "What Is It Like to Be a Bat?" *Philosophical Review* 83 (4): 435–450.（「コウモリであるとはどのようなことか」，トマス・ネーゲル『コウモリであるとはどのようなことか』永井均訳，勁草書房，1989, 第 12 章，pp.258-282 ／トマス・ネーゲル「コウモリであるとはいかなることか？」Hofstadter & Dennett 1981 邦訳下巻，第 24 章，pp.232-258）
Newell, Allen. 1992. "The Knowledge Level." *Artificial Intelligence* 18 (1): 87–127.
Nimchinsky, E.A., E. Gilissen, J. M. Allman., D. P. Perl, J. M. Erwin, and P.R. Hof. 1999. "A Neuronalmorphologic Type Unique to Humans and Great Apes." *Proc Natl Acad Sci.* 96 (9): 5268–5273.
Norretranders, Tor. 1998. *The User Illusion: Cutting Consciousness Down to Size*. New York: Viking.
Peirce, Charles S. 1906. *Collected Papers of Charles Sanders Peirce*, edited by Charles Hartshorne and Paul Weiss. Cambridge, Mass.: Harvard University Press.
Penrose, Roger. 1989. *The Emperor's New Mind: Concerning Computers, Minds, and the Laws of Physics*. Oxford: Oxford University Press.（ロジャー・ペンローズ『皇帝の新しい心：コンピュータ・心・物理法則』林一訳，みすず書房，1994）
Pinker, Steven. 1997. *How the Mind Works*. New York: W. W. Norton.（スティーブン・ピンカー『心の仕組み』上・下，椋田直子訳，ちくま学芸文庫，2013）
———. 2003. "Language as an Adaptation to the Cognitive Niche." *Studies in the Evolution of Language* 3: 16–37.
———. 2009. "Commentary on Daniel Dennett." Mind, Brain, and Behavior Lecture, Harvard University, April 23. https://www.youtube.com/watch?v=3H8i5x-jcew.
———. 2010. "The cognitive niche: evolution of intelligence, sociality, and language." *Proceedings of the National Academy of Sciences of the United States of America* 107 suppl. 2: 8993-8999.
Pinker, Steven, and Ray Jackendoff. 2005. "The Faculty of Language: What's Special about It?" *Cognition* 95 (2): 201–236.
Powner, M. W., B. Gerland, and J. D. Sutherland. 2009. "Synthesis of Activated Pyrimidine Ribonucleotides in Prebiotically Plausible Conditions." *Nature* 459 (7244): 239–242.
Pugh, George Edgin. 1978. *The Biological Origin of Human Values*. New York: Basic Books.
Pylyshyn, Zenon. 1973. "What the Mind's Eye Tells the Mind's Brain: A Critique of Mental

Imagery." *Psychological Bulletin* 80: 1–24.

———. 2002. "Mental Imagery: In Search of a Theory." *Behavioral and Brain Sciences* 25 (2): 157–182.

Quine, W. V. 1951. "Two Dogmas of Empiricism." *Philosophical Review* 60: 20–43.

Rehder, M. F., Michael B. Schreiner, W. Wolfe, Darrell Laham, Thomas K. Landauer, and Walter Kintsch. 1998. "Using Latent Semantic Analysis to Assess Knowledge:

Some Technical Considerations." *Discourse Processes* 25 (2/3): 337–354.

Rendell L., R. Boyd, D. Cownden, M. Enquist, K. Eriksson, M. W. Feldman, L. Fogarty, S. Ghirlanda, T. Lillicrap, and K. N. Laland. 2010. "Why Copy Others? Insights from the Social Learning Strategies Tournament." *Science* 328(5975): 208–213.

Richard, Mark. Forthcoming. *Meanings as Species.*

Richerson, P. J., and R. Boyd. 2004. *Not by Genes Alone*. Chicago: University of Chicago Press.

Ridley, Matt. 2010. *The Rational Optimist*. New York: Harper Collins.（マット・リドレー『繁栄：明日を切り拓くための人類 10 万年史』大田直子・鍛原多惠子・柴田裕之訳，ハヤカワ文庫 NF, 2013）

Ristau, Carolyn A. 1983. "Language, Cognition, and Awareness in Animals?" *Annals of the New York Academy of Sciences* 406 (1): 170–186.

Rogers, D. S., and P. R. Ehrlich. 2008. "Natural Selection and Cultural Rates of Change." *Proceedings of the National Academy of Sciences of the United States of America* 105 (9): 3416–3420.

Rosenberg, Alexander. 2011. *The Atheist's Guide to Reality: Enjoying Life without Illusions.* New York: W. W. Norton.

Roy, Deb. 2011. "The Birth of a Word." TED talk, http://www.ted.com/talks/deb_roy_the_birth_of_a_word0.

Sanford, David H. 1975. "Infinity and Vagueness." *Philosophical Review* 84 (4): 520–535.

Scanlon, Thomas. 2014. *Being Realistic about Reasons*. New York: Oxford University Press.

Schonborn, Christoph. 2005. "Finding Design in Nature." *New York Times*, July 7.

Schwitzgebel, Eric. 2007. "No Unchallengeable Epistemic Authority, of Any Sort, Regarding Our Own Conscious Experience———Contra Dennett?" *Phenomenology and the Cognitive Sciences* 6 (1–2): 1–2.

Seabright, Paul. 2010. *The Company of Strangers: A Natural History of Economic Life*. Rev. ed. Princeton, N.J.: Princeton University Press.（ポール・シーブライト『殺人ザルはいかにして経済に目覚めたか？：ヒトの進化からみた経済学』山形浩生・森

本正史訳 , みすず書房 , 2014）

Searle, John. R. 1980. “Minds, Brains, and Programs.” *Behavioral and Brain Sciences* 3 (3): 417–457.

———. 1992. *The Rediscovery of the Mind.* Cambridge, Mass.: MIT Press.（ジョン・R. サール『ディスカバー・マインド！：哲学の挑戦』宮原勇訳 , 筑摩書房 , 2008）

Selfridge, Oliver G. 1958. “Pandemonium: A Paradigm for Learning in Mechanisation of Thought Processes.” In *Proceedings of a Symposium Held at the National Physical Laboratory*, 513–526.

Sellars, Wilfrid. 1962. *Science, Perception, and Reality*. London: Routledge and Paul. Seung, H. S. 2003.（ウィルフリッド・セラーズ『経験論と心の哲学　双書プロブレーマタ』神野慧一郎 , 土屋純一 , 中才敏郎訳 , 勁草書房 , 2006）“Learning in Spiking Neural Networks by Reinforcement of Stochastic Synaptic Transmission.” *Neuron* 40 (6): 1063–73.

Seyfarth, Robert, and Dorothy Cheney. 1990. “The Assessment by Vervet Monkeys of Their Own and Another Species’ Alarm Calls.” *Animal Behaviour* 40 (4): 754–764.

Seyfarth, Robert, Dorothy Cheney, and Peter Marler. 1980. “Vervet Monkey Alarm Calls: Semantic Communication in a Free-Ranging Primate.” *Animal Behaviour* 28 (4): 1070–1094.

Shanahan, Murray. 2010. *Embodiment and the Inner Life.* New York: Oxford University Press.

Shannon, Claude Elwood. 1948. “A Mathematical Theory of Communication.” *Bell System Technical Journal* 27 (3).

Shannon, Claude Elwood, and Warren Weaver. 1949. *The Mathematical Theory of Communication.* Urbana: University of Illinois Press.（クロード・E. シャノン , ワレン・ウィーバー『通信の数学的理論』植松友彦訳 , ちくま学芸文庫 , 2009）

Shepard, Roger N., and Jacqueline Metzler. 1971. “Mental Rotation of Three Dimensional Objects.” *Science* 171 (3972): 701–703.

Shepard, Roger N., and Lynn A. Cooper. 1982. *Mental Images and Their Transformations.* Cambridge, Mass.: MIT Press.

Siegel, Lee. 1991. *Net of Magic: Wonders and Deceptions in India*. Chicago: University of Chicago Press.

Siewert, Charles. 2007. “In Favor of (Plain) Phenomenology.” P*henomenology and the Cognitive Sciences* 6 (1–2): 201–220.

Simmons, K. E. L. 1952. “The Nature of the Predator-Reactions of Breeding Birds.”

Behaviour 4: 161–171.

Simon, Herbert A. 1969. *The Sciences of the Artificial.* Cambridge, Mass.: MIT Press.（ハーバート・A. サイモン『システムの科学　第三版』稲葉元吉・吉原英樹訳 , パーソナルメディア , 1999）

Skutch, Alexander F. 1976. *Parent Birds and Their Young.* Austin: University of Texas Press.

Smith, Brian Cantwell. 1985. "The Limits of Correctness in Computers." Symposium on Unintentional Nuclear War, Fifth Congress of the International Physicians for the Prevention of Nuclear War, Budapest, Hungary, June 28–July 1.

Smith, S. D., and P. M. Merikle. 1999. "Assessing the Duration of Memory for Information Perceived without Awareness." Poster presented at the 3rd Annual Meeting of the Association for the Scientific Study of Consciousness, Canada.

Smith, Stevie. 1957. *Not Waving but Drowning; Poems.* London: A. Deutsch.

Sontag, Susan. 1977. *On Photography.* New York: Farrar, Straus and Giroux.（スーザン・ソンタグ『写真論』近藤耕人訳 , 晶文社 , 1979）

Specter, Michael. 2015. "The Gene Hackers: The Promise of CRISPR Technology." *New Yorker*, Nov. 16, 52.

Sperber, Dan, ed. 2000. *Metarepresentations: A Multidisciplinary Perspective.* Oxford: Oxford University Press.

Sperber, Dan, and Deirdre Wilson. 1986. *Relevance: Communication and Cognition.* Cambridge, Mass.: Harvard University Press.（D. スペルベル , D. ウイルソン『関連性理論：伝達と認知』内田聖二ほか訳 , 研究社出版 , 1993）

Sterelny, Kim. 2003. *Thought in a Hostile World: The Evolution of Human Cognition.* Malden, Mass.: Blackwell.

———. 2012. *The Evolved Apprentice.* Cambridge, Mass.: MIT press.（キム・ステレルニー『進化の弟子：ヒトは学んで人になった　ジャン・ニコ講義セレクション 8』田中泉吏・中尾央・源河亨・菅原裕輝訳 , 勁草書房 , 2013）

Strawson, Galen. 2003. Review of *Freedom Evolves*, by Daniel Dennett. *New York Times Book Review*, March 2.

Strawson, Peter F. 1964. "Intention and Convention in Speech Acts." *Philosophical Review* 73 (Oct.): 439–460.

Sullivan-Fedock, J. 2011. "Increasing the Effectiveness of Energy Wind Harvesting with CFD Simulation-Driven Evolutionary Computation." Presented at the Seoul CTBUH 2011 World Conference. CTBUH: Seoul, South Korea.

Swiss, Jamy Ian. 2007. "How Magic Works." http://www.egconf.com/videos/how-magic-

works.

Szostak, Jack. 2009. "Systems Chemistry on Early Earth." *Nature*, May 14, 171–172.

Tegla, Erno, Anna Gergely, Krisztina Kupan, Adam Miklo, and Jozsef Topa. 2012. "Dogs' Gaze Following Is Tuned to Human Communicative Signals." *Current Biology* 22: 209–212.

Thomas, Elizabeth Marshall. 1993. *The Hidden Life of Dogs*. Boston: Houghton Mifflin.(エリザベス・M. トーマス『犬たちの隠された生活』深町眞理子訳, 草思社文庫, 2011)

Thompson, D'Arcy Wentworth. 1917. *On Growth and Form*. Cambridge: Cambridge University Press.（ダーシー・トムソン『生物のかたち』柳田友道ほか訳, 東京大学出版会, 1973）

Tinbergen, Niko. 1951. *The Study of Instinct*. Oxford: Clarendon Press.（N. ティンベルヘン『本能の研究』永野為武訳, 三共出版 ,1957）

————. 1959. *Social Behaviour in Animals, with Special Reference to Vertebrates*. London: Methuen.

————. 1961. *The Herring Gull's World; A Study of the Social Behaviour of Birds*. New York: Basic Books.（————,『セグロカモメの世界　世界動物記シリーズ 11』安部直哉・斎藤隆史訳, 思索社, 1975）

————. 1965. *Animal Behavior*. New York: Time.（————,『動物の行動』丘直通訳, タイムライフインターナショナル, 1969）

Tomasello, Michael. 2014. *A Natural History of Human Thinking*. Cambridge: Harvard University Press.

Tononi G. 2008. "Consciousness as Integrated Information: A Provisional Manifesto." *Biological Bulletin* 215 (3): 216–42.

Trivers, Robert. 1985. *Social Evolution*. Menlo Park, Calif.: Benjamin/Cummings.（ロバート・トリヴァース『生物の社会進化』中嶋康裕訳, 産業図書, 1991）

Turing, Alan M. 1936. "On Computable Numbers, with an Application to the Entscheidungs Problem." *Journal of Math* 58 (345–363): 5.

————. 1960. "Computing Machinery and Intelligence." Mind: 59: 433–460. von Neumann, John, and Oskar Morgenstern. 1953 (c1944). *Theory of Games andEconomic Behavior*. Princeton, N.J.: Princeton University Press.

von Uexkull, Jakob. 1934. "A Stroll through the Worlds of Animals and Men: A Picture Book of Invisible Worlds." In Instinctive Behavior: *The Development of a Modern Concept*, translated and edited by Claire H. Schiller. New York: International

Universities Press.

Voorhees, B. 2000. "Dennett and the Deep Blue Sea." *J. Consc. Studies* 7: 53–69.

Walsh, Patrick T., Mike Hansell, Wendy D. Borello, and Susan D. Healy. 2011. "Individuality in Nest Building: Do Southern Masked Weaver (Ploceus velatus)
Males Vary in Their Nest-building Behaviour?" *Behavioural Processes* 88 (1): 1–6.

Wegner, Daniel M. 2002. The Illusion of Conscious Will. Cambridge, Mass.: MIT Press.

Westbury, C., and D. C. Dennett. 2000. "Mining the Past to Construct the Future: Memory and Belief as Forms of Knowledge." In *Memory, Brain, and Belief,* edited by D. L. Schacter and E. Scarry, 11–32. Cambridge, Mass.: Harvard University Press.

Whiten, Andrew, and Richard W. Byrne. 1997. *Machiavellian Intelligence II: Extensions and Evaluations*. Cambridge: Cambridge University Press.（アンドリュー・ホワイトゥン , リチャード・バーン編『マキャベリ的知性と心の理論の進化論２（新たなる展開)』友永雅己監訳 , ナカニシヤ出版 , 2004）

Wiener, Norbert. (1948) 1961. *Cybernetics: Or Control and Communication in the Animal and the Machine.* 2nd rev. ed. Paris/Cambridge, Mass.: Hermann and Cie/MIT Press.（ウィーナー『サイバネティックス：動物と機械における制御と通信』池原止戈夫 , 彌永昌吉 , 室賀三郎 , 戸田巖訳 , 岩波文庫 , 2011）

Wills, T., S. Soraci, R. Chechile, and H. Taylor. 2000. "'Aha' Effects in the Generation of Pictures." *Memory & Cognition* 28: 939–948.

Wilson, David Sloan. 2002. *Darwin's Cathedral: Evolution, Religion, and the Nature of Society*. Chicago: University of Chicago Press.

Wilson, David Sloan and Elliot, Sober. 1994. "Reintroducing group selection to the human behavioral sciences. " *Behavioral and Brain Sciences* 17(4): 585-654)".

Wilson, Robert Anton. http://www.rawilson.com/sitnow.html.

Wimsatt, William, and Beardsley, Monroe. 1954. "The Intentional Fallacy." In T*he Verbal Icon: Studies in the Meaning of Poetry*. Lexington: University of Kentucky Press.

Wrangham R., D. Cheney, R. Seyfarth, and E. Sarmiento. 2009. "Shallow-water Habitats as Sources of Fallback Foods for Hominins." *Am. J. Phys. Anthropol.* 140 (4): 630–642.

Wright, Robert. 2000. *NonZero: The Logic of Human Destiny.* New York: Pantheon Books.

Wyatt, Robert, and John A. Johnson. 2004. *The George Gershwin Reader.* New York: Oxford University Press.

Yu, Wei et al. 2015. "Application of Multi-Objective Genetic Algorithm to Optimize Energy Efficiency and Thermal Comfort in Building Design." *Energy and Buildings* 88: 135–143.

Zahavi, Amotz. 1975. "Mate Selection———A Selection for a Handicap." *Journal of Theoretical Biology* 59: 205–214.